Mayer
Führungsinformationssysteme für die internationale Management-Holding

D1719714

GABLER EDITION WISSENSCHAFT

Rechnungswesen und Controlling

Herausgegeben von
Professor Dr. Dr. h.c. Hans-Jürgen Wurl

In dieser Schriftenreihe werden vor allem aktuelle Forschungsergebnisse im Bereich der externen Rechnungslegung und des
Controlling zur Diskussion gestellt. Bevorzugt aufgenommen werden hervorragende wissenschaftliche Beiträge mit einem unmittelbaren Praxisbezug und einer konzeptionell internationalen
Ausrichtung.

Jörg H. Mayer

Führungsinformations-systeme für die internationale Management-Holding

Mit einem Geleitwort
von Prof. Dr. Dr. h.c. Hans-Jürgen Wurl

Deutscher Universitäts-Verlag

Die Deutsche Bibliothek - CIP-Einheitsaufnahme

Mayer, Jörg H.:
Führungsinformationssysteme für die internationale Management-Holding
/ Jörg H. Mayer. Mit einem Geleitw. von Hans-Jürgen Wurl.
- Wiesbaden : Dt. Univ.-Verl. ; Wiesbaden : Gabler, 1999
(Gabler Edition Wissenschaft : Rechnungswesen und Controlling)
Zugl.: Darmstadt, Techn. Univ., Diss., 1999
ISBN 3-8244-7077-2

D 17

Alle Rechte vorbehalten

© Betriebswirtschaftlicher Verlag Dr. Th. Gabler GmbH, Wiesbaden, und
Deutscher Universitäts-Verlag GmbH, Wiesbaden, 1999
Lektorat: Brigitte Siegel / Stefanie Brich

Der Gabler Verlag und der Deutsche Universitäts-Verlag sind Unternehmen der
Bertelsmann Fachinformation GmbH.

Das Werk einschließlich aller seiner Teile ist urheberrechtlich geschützt. Jede
Verwertung außerhalb der engen Grenzen des Urheberrechtsgesetzes ist
ohne Zustimmung des Verlages unzulässig und strafbar. Das gilt insbesondere für Vervielfältigungen, Übersetzungen, Mikroverfilmungen und die
Einspeicherung und Verarbeitung in elektronischen Systemen.

http://www.gabler-online.de
http://www.duv.de

Höchste inhaltliche und technische Qualität unserer Produkte ist unser Ziel. Bei der Produktion und
Verbreitung unserer Bücher wollen wir die Umwelt schonen. Dieses Buch ist deshalb auf säure-
freiem und chlorfrei gebleichtem Papier gedruckt. Die Einschweißfolie besteht aus Polyäthylen
und damit aus organischen Grundstoffen, die weder bei der Herstellung noch bei der Verbren-
nung Schadstoffe freisetzen.

Die Wiedergabe von Gebrauchsnamen, Handelsnamen, Warenbezeichnungen usw. in diesem
Werk berechtigt auch ohne besondere Kennzeichnung nicht zu der Annahme, dass solche Namen im Sinne der Warenzeichen- und Markenschutz-Gesetzgebung als frei zu betrachten wären
und daher von jedermann benutzt werden dürften.

Druck und Buchbinder: Rosch-Buch, Scheßlitz
Printed in Germany

ISBN 3-8244-7077-2

Geleitwort

Die Entwicklung geeigneter Konzepte zur Gestaltung effizienter Führungsinformationssysteme gilt spätestens seit Beginn der neunziger Jahre als eine der zentralen Herausforderungen für die Betriebswirtschaftslehre.

Die vorliegende Arbeit bezieht sich auf diesen Problembereich. Der Verfasser konzentriert sich in seinen Untersuchungen auf die Informationsversorgung der Führungsspitze international tätiger Konzerne in der Organisationsform einer Management-Holding, weil - wie empirisch belegt - dieses konzernspezifische Strukturkonzept immer mehr an Bedeutung gewinnt. Gleichwohl dürften sich die gewonnenen Erkenntnisse - mutatis mutandis - auch für andere Konzentrationsformen als relevant erweisen.

Die Arbeit zeichnet sich sowohl durch eine beeindruckende methodologische Stringenz als auch durch die konsequente pragmatische Ausrichtung aus. Das vorgestellte Systemkonzept ist durch eine umfangreiche empirische Studie fundiert und wurde unter konkreten Rahmenbedingungen erfolgreich getestet. Sie ist das Ergebnis eines dreijährigen Kooperationsprojektes (1996 - 1998) zwischen dem Fachgebiet „Rechnungswesen und Controlling" der Technischen Universität Darmstadt und einem Teilkonzern der Metallgesellschaft AG. Dieses Projekt wurde durch Herrn Karlheinz HORNUNG, Mitglied des Vorstandes der Metallgesellschaft AG, begleitet und maßgeblich gefördert.

Nicht zuletzt aufgrund dieser in jeder Hinsicht fruchtbaren und erfolgreichen Zusammenarbeit kann unterstellt werden, daß die entwickelten Untersuchungsergebnisse nicht nur die wissenschaftliche Diskussion innerhalb der Betriebswirtschaftslehre nachhaltig beeinflussen, sondern auch für die Wirtschaftspraxis von unmittelbarem Nutzen sein werden.

Die Arbeit wurde im Herbst 1999 sowohl mit dem mit 80.000,- öS dotierten Österreichischen Controller-Preis als auch gemeinsam mit zwei anderen wissenschaftlichen Beiträgen mit dem mit 50.000,- DM dotierten 5. Schmalenbach-Preis ausgezeichnet.

Prof. Dr. Dr. h.c. Hans-Jürgen Wurl

Vorwort

Die vorliegende Arbeit stellt eine leicht modifizierte Fassung meiner im Juli 1999 vom Fachbereich Rechts- und Wirtschaftswissenschaften der Technischen Universität Darmstadt angenommenen Dissertation dar. Es ist mir ein ehrliches Anliegen, all jenen zu danken, die mich in Forschung und Wirtschaftspraxis unterstützten und somit zum Gelingen der Arbeit beigetragen haben:

Meinem verehrten akademischen Lehrer, Herrn Prof. Dr. Dr. h.c. Hans-Jürgen WURL, bin ich zu besonderem Dank verpflichtet; er befruchtete die Arbeit nicht nur durch eine Vielzahl konzeptioneller Anregungen, sondern fand auch immer Zeit für die mir sehr wichtigen Fachgespräche. Für die Übernahme des Korreferats danke ich Herrn Prof. Dr. Thomas REICHMANN. Er bot mir im Rahmen verschiedener GfC-Veranstaltungen die Möglichkeit, meine Ergebnisse mehrfach vor breitem Publikum zur Diskussion zu stellen.

Den Interviewteilnehmern der empirischen Untersuchung und der Fallstudie danke ich. Sie haben mich durch die Weitergabe ihrer Erfahrungen oder einfach durch die Vermittlung weiterer Kontakte nachhaltig unterstützt. Namentlich möchte ich Herrn Karlheinz HORNUNG, Mitglied des Vorstands der Metallgesellschaft AG, herausstellen. Er schuf mir nicht nur Arbeitsinhalte bei der Metallgesellschaft, die das Gelingen dieser Arbeit maßgeblich förderten. Er unterstützte auch die Umsetzung der Ergebnisse in die Praxis und gab dabei eine Reihe wertvoller Hinweise. Des weiteren bin ich Herrn Dr. Peter MELCHER, Sprecher der Geschäftsführung der KPMG Consulting GmbH, und Herrn Dipl.-Kfm. Walter HORSTMANN, Partner der gleichen Gesellschaft, sowohl für die Weitergabe ihrer Erfahrungen mit der Balanced Scorecard als auch für die Möglichkeit, verschiedene FIS-Generatoren in ihrem Hause testen zu dürfen, zu großem Dank verpflichtet.

Meinem „Projektteam", Herrn Dipl.-Wirtsch.-Ing. Jens ROHNE, mittlerweile Merck KGaA, Herrn Dipl.-Wirtsch.-Ing. Jean Christoph DEBUS, mittlerweile Roland Berger und Partner GmbH, und Herrn Dipl.-Wirtsch.-Ing. Helgo W. BREITUNG, mittlerweile Debis Systemhaus AG, danke ich. Sie haben mit exzellenten Diplomarbeiten die vorliegende Arbeit maßgeblich unterstützt.

Mein größter Dank gilt letztendlich meinen Eltern. Sie haben durch langjährige Investitionen in meine Ausbildung erst die Basis für diese Arbeit geschaffen. Insbesondere danke ich meiner Mutter, die mir in den vergangenen Jahren die vielen kleinen Dinge des „täglichen Lebens" abnahm, so daß ich die Doppelbelastung Beruf und Verfassung der vorliegenden Monographie bewältigen konnte. Ihnen sei diese Arbeit in Dankbarkeit gewidmet.

Jörg H. Mayer

Inhaltsübersicht

Geleitwort V

Vorwort VII

Inhaltsübersicht IX

Inhaltsverzeichnis XI

Abbildungsverzeichnis XIX

Abkürzungsverzeichnis XXIX

I. Einleitung 1

   1. Problemstellung und Zielsetzung 1

   2. Terminologische und thematische Abgrenzungen 7

   3. Forschungskonzeption und Aufbau der Arbeit 11

II. Theoretische Grundlagen 19

   1. Management-Holding als organisatorisches Strukturkonzept für
      internationale Konzerne 20

   2. Kriterien betrieblicher Führungsinformationen für die Konzernleitung
      der internationalen Management-Holding 47

   3. Führungsinformationssysteme für die internationale Management-
      Holding 61

III. Anforderungen an die Gestaltung effizienter Führungs-
     informationssysteme für die internationale Management-
     Holding 79

   1. Funktionsbestimmung 79

   2. Gestaltungsgrundsätze 99

IV. Methodologischer Ansatz zur Gestaltung effizienter
     Führungsinformationssysteme für die internationale
     Management-Holding 133

   1. Entwicklungsstand bestehender Führungsinformationssysteme
      in der internationalen Management-Holding 134

   2. Sequentielle Methodenverkettung als technologisches Alternativ-
      konzept 157

   3. Inhaltliche Gestaltung effizienter Führungsinformationssysteme
      für die internationale Management-Holding 178

   4. Formale Gestaltung effizienter Führungsinformationssysteme
      für die internationale Management-Holding 285

   5. Generierung synergetischer Effizienzen 391

V. Exemplarische Umsetzung der entwickelten System-konzeption 407

1. Einführende Betrachtungen 407

2. Analyse des Informationsbedarfs mit der Methode strategischer
   Erfolgsfaktoren 412

3. Beurteilung der Primärinformationen mit der modifizierten
   Portfolio-Technik 428

4. Informationsaufbereitung mit der Erfolgsfaktoren-basierten
   Balanced Scorecard 432

5. Informationsübermittlung mit dem SAP BW 443

6. Schutz vor Manipulationen durch Anwendung eines wertorientierten
   Anreizschemas auf Grundlage des Economic Added Value 450

VI. Schlußbetrachtung 459

1. Zusammenfassung 459

2. Kritische Würdigung 461

3. Ausblick 464

Anhang 469

Literaturverzeichnis 509

Inhaltsverzeichnis

Geleitwort V
Vorwort VII
Inhaltsübersicht IX
Inhaltsverzeichnis XI
Abbildungsverzeichnis XIX
Abkürzungsverzeichnis XXIX

I. Einleitung 1

1. Problemstellung und Zielsetzung 1
2. Terminologische und thematische Abgrenzungen 7
3. Forschungskonzeption und Aufbau der Arbeit 11

II. Theoretische Grundlagen 19

1. **Management-Holding als organisatorisches Strukturkonzept
   für internationale Konzerne** 20
   1.1. Definition und Abgrenzung des Konzernbegriffs 20
   1.2. Systematisierung möglicher Strukturkonzepte für Konzerne 22
        1.2.1. Grundelemente der Konzernorganisation 22
        1.2.2. Stammhauskonzerne 23
        1.2.3. Holdingkonzerne 25
   1.3. Trennung von Strategie und operativer Umsetzung als konstitutives
        Strukturmerkmal der Management-Holding 27
        1.3.1. Entwicklungsgründe 27
        1.3.2. Begriff und Präzisierung des Strukturkonzepts 29
        1.3.3. Abgrenzung der Management-Holding von organisatorischen
               Strukturalternativen 33
               1.3.3.1. Differenzierungsmerkmale 34
               1.3.3.2. Empfohlene Umfeldbedingungen 38
        1.3.4. Bedeutung der Management-Holding in der betrieblichen Praxis 39
   1.4. Entstehung und Besonderheiten der internationalen Management-Holding 42

2. **Kriterien betrieblicher Führungsinformationen für die
   Konzernleitung der internationalen Management-Holding** 47
   2.1. Begriff und Bedeutung von Informationen im Kontext betriebs-
        wirtschaftlicher Fragestellungen 47
   2.2. Charakteristische Merkmalsausprägungen betrieblicher Führungs-
        informationen in der internationalen Management-Holding 55

3. **Führungsinformationssysteme für die internationale
   Management-Holding** 61
   3.1. Gestaltung von Führungsinformationssystemen als Aufgabe des Controlling 61
   3.2. Historische Entwicklung und Abgrenzung von anderen betrieblichen
        Informationssystemen 65
   3.3. Systemstruktur und Einordnung in die Informationssystempyramide der
        internationalen Management-Holding 71

III. Anforderungen an die Gestaltung effizienter Führungsinformationssysteme für die internationale Management-Holding

III. Anforderungen an die Gestaltung effizienter
Führungsinformationssysteme für die inter-
nationale Management-Holding 79

1. Funktionsbestimmung 79

   1.1. Fundierung einer strategieorientierten Funktionsausrichtung als
      konstitutives Merkmal effizienter Führungsinformationssysteme
      für die internationale Management-Holding 79

      1.1.1. Ableitung originärer Konzernführungsaufgaben in der inter-
          nationalen Management-Holding 80

          1.1.1.1. Normative Aufgaben 81

          1.1.1.2. Strategische Führung 81

          1.1.1.3. Finanzmanagement 82

          1.1.1.4. Serviceleistungen 83

      1.1.2. Bedeutung einzelner Führungsaufgaben für die Konzernleitung
          der internationalen Management-Holding 84

   1.2. Präzisierung der strategieorientierten Funktionsausrichtung effizienter
      Führungsinformationssysteme für die internationale Management-
      Holding 86

      1.2.1. Grundüberlegungen 86

      1.2.2. Informatorische Unterstützung der strategischen
          Planung 88

      1.2.3. Informatorische Unterstützung der strategischen
          Steuerung 91

      1.2.4. Informatorische Unterstützung der strategischen
          Kontrolle 96

2. Gestaltungsgrundsätze 99

   2.1. Grundkriterien zur Konkretisierung des Prinzips der Wirtschaftlichkeit 99

   2.2. Gestaltungskriterien 101

   2.3. Operationalisierung der Gestaltungskriterien durch Beurteilungs-
      kriterien 105

      2.3.1. Bestimmung der Beurteilungskriterien 105

      2.3.2. Gewichtung der Beurteilungskriterien und Ableitung des
          Soll-Profils einer effizienten Führungsinformationssystem-
          gestaltung 113

          2.3.2.1. Vollständigkeit 114

          2.3.2.2. Benutzeradäquanz 117

          2.3.2.3. Termingerechtigkeit 123

          2.3.2.4. Richtigkeit 124

          2.3.2.5. Datenbedarf 126

          2.3.2.6. Handhabbarkeit 126

          2.3.2.7. Aufwand 128

   2.4. Zusammenfassende Darstellung der Ergebnisse 130

IV. Methodologischer Ansatz zur Gestaltung effizienter Führungsinformationssysteme für die internationale Management-Holding 133

1. **Entwicklungsstand bestehender Führungsinformations-
systeme in der internationalen Management-Holding** 134
   1.1. Untersuchungskonzeption 134
      1.1.1. Auswahl der Forschungsmethode 134
      1.1.2. Strukturmerkmale der Grundgesamtheit 136
      1.1.3. Untersuchungsdurchführung 138
      1.1.4. Auswertungsmethoden 142
   1.2. Ergebnisdarstellung 144
      1.2.1. Vollständigkeit 145
      1.2.2. Benutzeradäquanz 146
      1.2.3. Termingerechtigkeit 149
      1.2.4. Richtigkeit 150
      1.2.5. Aufwand 151
      1.2.6. Interpretation der Ergebnisse und Schlußfolgerungen für
         die Gestaltung effizienter Führungsinformationssysteme 152

2. **Sequentielle Methodenverkettung als technologisches
Alternativkonzept** 157
   2.1. Verbesserung der Informationsversorgung der Konzernleitung als
      Zielgröße einer effizienten Führungsinformationssystemgestaltung
      für die internationale Management-Holding 157
   2.2. Methodische Fundierung des Alternativkonzepts 159
      2.2.1. Annahmen 159
      2.2.2. Kritik an bestehenden Gestaltungskonzepten 162
   2.3. Konfiguration des Alternativkonzepts 164
      2.3.1. Abgrenzung der Gestaltungsdeterminanten 164
      2.3.2. Darstellung der einzelnen Gestaltungsschritte 168

3. **Inhaltliche Gestaltung effizienter Führungsinformationssysteme für die internationale Management-Holding** 178
   3.1. Analyse des Informationsbedarfs 178
      3.1.1. Deskription und Vorauswahl konventioneller Methoden der
         Informationsbedarfsanalyse 179
         3.1.1.1. Nebenprodukttechnik 180
         3.1.1.2. Nullmethode 181
         3.1.1.3. System der Schlüsselindikatoren 182
         3.1.1.4. System der totalen Bedarfserhebung 183
         3.1.1.5. Methode kritischer Erfolgsfaktoren 187
      3.1.2. Methode strategischer Erfolgsfaktoren - ein neuer Ansatz
         zur Analyse des Informationsbedarfs von Führungskräften ... 190
         3.1.2.1. Entwicklungsgründe und Ziele 190
         3.1.2.2. Analyse des strategischen Zielsystems 192

3.1.2.3. Identifikation und Gewichtung individueller strategischer Erfolgsfaktoren.. 194
3.1.2.4. Deduktion konzernspezifischer strategischer Erfolgs-
faktoren... 195
3.1.2.5. Generierung von Meßkriterien für jeden strategischen
Erfolgsfaktor... 197
3.1.2.6. Ableitung der Informationsbedarfsgrößen für jedes
Meßkriterium... 198
3.1.3. Methodenevaluierung... 199
3.1.3.1. Auswahl der Beurteilungskriterien..................................... 199
3.1.3.2. Beurteilung nach der Vollständigkeit................................. 200
3.1.3.3. Beurteilung nach der Handhabbarkeit................................ 205
3.1.3.4. Beurteilung nach dem Aufwand.. 209
3.1.3.5. Zusammenfassende Beurteilung und Auswahl einer
Methode... 211
3.2. Beschaffung der Primärinformationen... 215
3.2.1. Bedeutung der Informationsbewertung und des Data Warehouse-
Konzepts als Bestandteil der Informationsbeschaffung.................... 215
3.2.2. Methoden zur Beurteilung von Primärinformationen...................... 219
3.2.2.1. BERNOULLI-Wert... 219
3.2.2.2. ABC-Analyse.. 222
3.2.2.3. Nutzwertanalyse... 224
3.2.2.4. Modifizierte Portfolio-Technik... 225
3.2.3. Kritischer Vergleich... 227
3.2.3.1. Auswahl der Beurteilungskriterien..................................... 227
3.2.3.2. Beurteilung nach dem Datenbedarf..................................... 229
3.2.3.3. Beurteilung nach der Handhabbarkeit................................. 230
3.2.3.4. Beurteilung nach dem Aufwand.. 232
3.2.3.5. Zusammenfassende Beurteilung und Methodenauswahl........ 234
3.3. Informationsaufbereitung.. 237
3.3.1. Bedeutung von Kennzahlensystemen für eine effiziente
Informationsaufbereitung... 237
3.3.2. Deskription ausgewählter konventioneller Kennzahlensysteme........... 239
3.3.2.1. Du Pont-Kennzahlensystem.. 240
3.3.2.2. ZVEI-Kennzahlensystem.. 242
3.3.2.3. RL-Kennzahlensystem.. 245
3.3.3. Balanced Scorecard als mögliche Weiterentwicklung
konventioneller Kennzahlensysteme... 248
3.3.3.1. Entwicklungsgründe und Ziele... 248
3.3.3.2. Arbeitsschritte zur Generierung einer Balanced
Scorecard... 250
3.3.4. Erfolgsfaktoren-basierte Balanced Scorecard - ein modifizierter
Ansatz zur Informationsaufbereitung für Führungskräfte.................. 256
3.3.4.1. Strategische Erfolgsfaktoren als Zielsystem eines
multidimensionalen Kennzahlensystems............................. 256
3.3.4.2. Dekomposition strategischer Erfolgsfaktoren in
finanzielle Kennzahlen und Frühindikatoren....................... 259

3.3.4.3. Definition mathematischer Verknüpfungen............................ 263
3.3.4.4. Informationsaufbereitung mit Hilfe einer Portfolio-
          Darstellung.. 266
3.3.5. Methodenevaluierung.. 268
3.3.5.1. Auswahl der Beurteilungskriterien 268
3.3.5.2. Beurteilung nach der Benutzeradäquanz 270
3.3.5.3. Beurteilung nach der Handhabbarkeit................................. 273
3.3.5.4. Beurteilung nach dem Aufwand 278
3.3.5.5. Zusammenfassende Beurteilung und Auswahl einer
          Methode.. 281

4. Formale Gestaltung effizienter Führungsinformationssysteme für die internationale Management-Holding 285
   4.1. Informationsübermittlung.. 285
        4.1.1. Vorteile von Führungsinformationssystemen für die effiziente
               Informationsübermittlung 286
        4.1.2. Deskription und Auswahl der FIS-Generatoren.......................... 287
               4.1.2.1. Hyperion Enterprise... 290
               4.1.2.2. SAP EC-EIS 292
               4.1.2.3. Oracle Express Objects... 293
               4.1.2.4. SAP BW 294
        4.1.3. Kritischer Vergleich.. 297
               4.1.3.1. Bestimmung der Beurteilungskriterien und Fundierung
                        der Vorgehensweise.. 297
               4.1.3.2. Beurteilung nach der Darstellungsqualität 299
               4.1.3.3. Beurteilung nach der Oberflächengestaltung und
                        Dialogführung 310
               4.1.3.4. Beurteilung nach dem Leistungsumfang 320
               4.1.3.5. Beurteilung nach der Handhabbarkeit....................... 337
               4.1.3.6. Beurteilung nach dem Aufwand 347
               4.1.3.7. Zusammenfassende Beurteilung und Auswahl eines
                        FIS-Generators.. 354
   4.2. Ansätze zum Schutz vor Störungen und Manipulationen 363
        4.2.1. Klassifikation möglicher Störungen und Formen der Manipulation........ 363
        4.2.2. Bedeutung der Principal-Agent-Theorie zum Schutz vor
               Manipulationen.. 365
        4.2.3. Deskription ausgewählter Anreizsysteme.................................... 367
               4.2.3.1. WEITZMAN-Schema... 367
               4.2.3.2. Anreizschema nach OSBAND und REICHELSTEIN 370
               4.2.3.3. Standardmodell der Principal-Agent-Theorie 372
               4.2.3.4. Wertorientiertes Anreizschema auf Grundlage des
                        Economic Value Added 375
        4.2.4. Methodenevaluierung.. 378
               4.2.4.1. Auswahl der Beurteilungskriterien 378
               4.2.4.2. Beurteilung nach der Richtigkeit 379
               4.2.4.3. Beurteilung nach der Handhabbarkeit....................... 381
               4.2.4.4. Beurteilung nach dem Aufwand 385
               4.3.4.5. Zusammenfassende Beurteilung und Auswahl eines
                        Anreizsystems.. 387

5. Generierung synergetischer Effizienzen 391

5.1. Synthesearbeiten als Grundlage synergetischer Effizienzen 391

5.2. Darstellung der einzelnen Syntheseschritte und Nachweis des
Forschungsfortschritts der entwickelten Systemkonzeption 393

5.2.1. Analyse des Informationsbedarfs mit der Methode strategischer
Erfolgsfaktoren 393

5.2.2. Beurteilung von Primärinformationen mit der modifizierten
Portfolio-Technik 397

5.2.3. Informationsaufbereitung mit der Erfolgsfaktoren-basierten
Balanced Scorecard 398

5.2.4. Informationsübermittlung mit dem SAP BW 402

5.2.5. Schutz vor Störungen und Manipulationen durch ein wertorientiertes Anreizschema auf Grundlage des Economic Value Added 404

5.2.6. Handhabbarkeit und Aufwand der entwickelten Systemkonzeption 405

**V. Exemplarische Umsetzung der entwickelten
Systemkonzeption** 407

1. Einführende Betrachtungen 407

1.1. Charakteristika des internationalen Rohstoff- und Produkthandels
sowie der ausgewählten Management-Holding 407

1.2. Durch den Shareholder-Value-Ansatz bedingte Vorgaben der
Muttergesellschaft 409

**2. Analyse des Informationsbedarfs mit der Methode
strategischer Erfolgsfaktoren** 412

2.1. Anwendungskonzept 412

2.1.1. Ablauf der SEF-Studie 412

2.1.2. Auswahl der befragten Führungskräfte 415

2.1.3. Frageinstrumentarium 417

2.2. Ergebnisdarstellung 418

2.2.1. Erfassung und Gewichtung individueller strategischer Erfolgsfaktoren .. 418

2.2.2. Deduktion konzernspezifischer strategischer Erfolgsfaktoren 421

2.2.3. Erfolgsfaktoren-basierte Meßkriterien und Frühindikatoren 423

**3. Beurteilung der Primärinformationen mit der modifizierten
Portfolio-Technik** 428

**4. Informationsaufbereitung mit der Erfolgsfaktoren-basierten
Balanced Scorecard** 432

4.1. Anwendungskonzept 432

4.2. Erfolgsfaktoren-basierte Balanced Scorecard „Personalqualität". 434

4.2.1. Kernteil: Finanzielle Kennzahlen 434

4.2.2. Frühindikatoren 435

4.2.2.1. Qualifikationsstand 435

4.2.2.2. Mitarbeitermotivation 437

4.2.2.3. Persönlichkeitsprofil 439

4.2.2.4. Verhalten gegenüber Geschäftspartnern 440

4.2.3. Zusammenfassende Darstellung 441

5. Informationsübermittlung mit dem SAP BW...................443
  5.1. EDV-technische Grundlagen und Systemhandhabung...................443
  5.2. Anmeldung an die Datenbank und Programm-Selektion...................444
  5.3. Übersicht über die strategischen Erfolgsfaktoren und ihre
     Balanced Scorecards...................445
     5.3.1. „Traffic Light-Coding" und Ausnahmeberichterstattung...................446
     5.3.2. OLAP-Auswertungen...................447
  5.4. Portfolio-Darstellung...................448

**6. Schutz vor Manipulationen durch Anwendung eines wert-
orientierten Anreizschemas auf Grundlage des Economic
Added Value**...................450
  6.1. Erfolgsfaktoren-basierte Meilensteine als Erweiterung eines wert-
     orientierten Anreizschemas...................450
  6.2. Umsetzung...................451
     6.2.1. Bestimmung der Erfolgskomponente...................451
     6.2.2. Bestimmung der Erfolgsfaktoren-basierten Leistungskomponente......452
     6.2.2.1. Bestimmung „strategischer Lücken"...................452
     6.2.2.2. Definition Erfolgsfaktoren-basierter Meilensteine...................458

VI. Schlußbetrachtung...................459
  1. Zusammenfassung...................459
  2. Kritische Würdigung...................461
     2.1. Stärken...................461
     2.2. Anwendungsgrenzen...................463
  3. Ausblick...................464

Anhang...................469

Literaturverzeichnis...................509

Abbildungsverzeichnis

Abb. I - 1:   Das Unternehmen im Spannungsfeld seiner Umweltfaktoren 2

Abb. I - 2:   Grundsystem strategischer Wettbewerbsfaktoren einer inter-
                 nationalen Management-Holding 3

Abb. I - 3:   Technologisch ausgerichtete Forschungskonzeption zur
                 Entwicklung effizienter Führungsinformationssysteme
                 für die internationale Management-Holding 17

Abb. II - 1:   Gestaltungsdeterminanten effizienter Führungsinformations-
                 systeme für die internationale Management-Holding 19

Abb. II - 2:   Schematische Darstellung eines Stammhauskonzerns 24

Abb. II - 3:   Organisationsspezifische Merkmale von Stammhauskonzernen 25

Abb. II - 4:   Schematische Darstellung von Holdingkonzernen 26

Abb. II - 5:   S-Kurven-Verlauf einer idealtypischen Organisationsstruktur-
                 entwicklung 29

Abb. II - 6:   Strukturkonzept einer Management-Holding 33

Abb. II - 7:   Charakterisierung idealtypischer Konzernorganisationsstrukturen
                 nach ihrem Aufbau 36

Abb. II - 8:   Charakterisierung idealtypischer Konzernorganisationsstrukturen
                 nach dem Führungsverständnis der Konzernleitung 37

Abb. II - 9:   Empfohlene Umfeldbedingungen idealtypischer Konzern-
                 organisationsstrukturen 39

Abb. II - 10:   Strukturelle Veränderungen der DAX 100-Werte 40

Abb. II - 11:   Deutsche Direktinvestitionen im Ausland 43

Abb. II - 12:   Zusammenhang zwischen Wissen und Information 49

Abb. II - 13:   Semiotische Betrachtungsebenen der Information 50

Abb. II - 14:   Schematische Darstellung des Kommunikationsprozesses
                 zur Übermittlung von Informationen 53

Abb. II - 15:   Charakteristische Merkmalsausprägungen betrieblicher
                 Führungsinformationen für die Konzernleitung einer
                 internationalen Management-Holding 60

Abb. II - 16:   Charakteristische Merkmale verschiedener betrieblicher
                 Informationssysteme 70

Abb. II - 17:   Einordnung von Führungsinformationssystemen in die
                 Informationssystempyramide des Unternehmens 73

Abb. II - 18:   Einordnung von Führungsinformationssystemen in die
                 Informationssystempyramide der internationalen
                 Management-Holding 75

Abb. II - 19:   Systemstruktur derzeitiger Führungsinformationssysteme
                 für die internationale Management-Holding 78

Abb. III - 1:   Aufgabenbezogene Arbeitszeitverteilung der befragten Vorstands-
                 mitglieder 84

Abb. III - 2:   Phasenmodell der Konzernführung 87

Abb. III - 3:   Prozeß der strategischen Planung in der internationalen
                 Management-Holding 91

Abb. III - 4:   Prinzip der Vor- und Rückkopplung im Rahmen des strategischen
                 Planungs-, Steuerungs- und Kontrollprozesses in der internationalen
                 Management-Holding 94

Abb. III - 5:   Arithmetische Mittelwerte der zwei Ausprägungen der strategischen
                 Durchführungskontrolle 95

Abb. III - 6:   Prozeß der strategischen Führung einer internationalen Management-
                 Holding und seine funktionalen Anforderungen an eine effiziente
                 Führungsinformationssystemgestaltung 98

Abb. III - 7:   Aus dem Prinzip der Wirtschaftlichkeit deduzierte Grundkriterien
                 zur Gestaltung effizienter Führungsinformationssysteme für die
                 internationale Management-Holding 101

Abb. III - 8:   Aus den Prinzip der Wirtschaftlichkeit abgeleitete Gestaltungs-
                 kriterien 104

Abb. III - 9:   Aus dem Prinzip der Wirtschaftlichkeit abgeleitete Beurteilungs-
                 kriterien 112

Abb. III - 10:   Gewichtung der einzelnen Gestaltungskriterien effizienter Füh-
                 rungsinformationssysteme für die internationale Management-
                 Holding 114

Abb. III - 11:   Bedeutung der Erfassung des objektiven und subjektiven Infor-
                 mationsbedarfs für eine effiziente Führungsinformationssystem-
                 gestaltung 115

Abb. III - 12:   Bedeutung strategischer Informationen für eine effiziente
                 Führungsinformationssystemgestaltung 116

Abb. III - 13:   Gewichtetes Soll-Profil für das Gestaltungskriterium der
                 Vollständigkeit 117

Abb. III - 14:   Bedeutung aggregierter Informationen für eine effiziente
                 Führungsinformationssystemgestaltung 118

Abb. III - 15:   Bedeutung, aggregierte Informationen wieder schrittweise
                 zurücknehmen zu können 118

Abb. III - 16:   Stellenwert der grafischen und gegebenenfalls multimedialen
                 Informationsdarstellung für eine effiziente Führungsinformations-
                 systemgestaltung 119

Abb. III - 17:   Bedeutung einzelner Oberflächengestaltungs- und Dialogführungs-
                 komponenten für eine effiziente Führungsinformationssystem-
                 gestaltung 120

Abb. III - 18:   Bedeutung möglicher Leistungsausprägungen für eine effiziente
                 Führungsinformationssystemgestaltung 121

Abb. III - 19:   Gewichtetes Soll-Profil für das Gestaltungskriterium der
                 Benutzeradäquanz 123

Abb. III - 20:   Aktualisierungsfrequenz des Datenbestands effizienter Führungs-
                  informationssysteme für die internationale Management-Holding 123

Abb. III - 21:   Gewichtete Sollausprägung für das Gestaltungskriterium der
                  Termingerechtigkeit 124

Abb. III - 22:   Bedeutung der Genauigkeit und Zuverlässigkeit bereitzustellen-
                  der Informationen für eine effiziente Führungsinformations-
                  systemgestaltung 125

Abb. III - 23:   Gewichtetes Soll-Profil für das Gestaltungskriterium der
                  Richtigkeit 125

Abb. III - 24:   Gewichtung der aus dem Gestaltungskriterium des Datenbedarfs
                  abgeleiteten Beurteilungskriterien 126

Abb. III - 25:   Gewichtung der aus dem Gestaltungskriterium der Handhabbar-
                  keit der Auswertungsmethoden und FIS-Generatoren abgeleite-
                  ten Beurteilungskriterien 128

Abb. III - 26:   Kapitalaufwand für die Konzeption und Implementierung von
                  Führungsinformationssystemen für die internationale Management-
                  Holding 128

Abb. III - 27:   Bedeutung einer schnellen Gestaltungsarbeit für eine effiziente
                  Führungsinformationssystemgestaltung 129

Abb. III - 28:   Gewichtetes Soll-Profil für das Gestaltungskriterium des Auf-
                  wands 130

Abb. III - 29:   Gewichtetes Soll-Profil effizienter Führungsinformationssysteme
                  für die internationale Management-Holding 131

Abb. IV - 1:   Übersicht über verschiedene empirische Forschungsmethoden 135

Abb. IV - 2:   Antwortverhalten der angeschriebenen internationalen
                  Management-Holdings 141

Abb. IV - 3:   Nach ihrer Branchenstruktur und Marktkapitalisierung
                  differenzierte Stichprobe 142

Abb. IV - 4:   Gegenüberstellung des gewichteten Ist- und des Soll-Profils
                  für das Gestaltungskriterium der Vollständigkeit 145

Abb. IV - 5:   Gegenüberstellung des gewichteten Ist- und des Soll-Profils
                  für das Gestaltungskriterium der Benutzeradäquanz 146

Abb. IV - 6:   Gegenüberstellung der gewichteten Ist- und Sollausprägungen
                  für das Gestaltungskriterium der Termingerechtigkeit 149

Abb. IV - 7:   Gegenüberstellung des gewichteten Ist- und des Soll-Profils
                  für das Gestaltungskriterium der Richtigkeit 150

Abb. IV - 8:   Gegenüberstellung des gewichteten Ist- und des Soll-Profils
                  für das Gestaltungskriterium des Aufwands 151

Abb. IV - 9:   Bedeutung individueller Gestaltungsmöglichkeiten effizienter
                  FIS-Generatoren 152

Abb. IV - 10:   Zeitliche Entwicklung der Einsatzhäufigkeit von Führungs-
                 informationssystemen in der internationalen Management-
                 Holding 153

Abb. IV - 11:   Gegenüberstellung des gewichteten Ist- und des Soll-Profils
                 effizienter Führungsinformationssysteme für die internationale
                 Management-Holding 155

Abb. IV - 12:   Bedeutung des Informationsstands als Grundlage einer
                 rationalen Entscheidungsfindung 158

Abb. IV - 13:   Möglicher Verlauf des zu optimierenden Informationsstands
                 der Konzernleitung in der internationalen Management-Holding.......... 161

Abb. IV - 14:   Entwicklung des Informationsstands der Konzernleitung in
                 Abhängigkeit vom Nutzen und den Kosten der Informations-
                 beschaffung 163

Abb. IV - 15:   Determinanten des Informationsstands der Konzernleitung
                 einer internationalen Management-Holding 167

Abb. IV - 16:   Ableitung des modifizierten Informationsbedarfs I* der
                 Konzernleitung einer internationalen Management-Holding................. 170

Abb. IV - 17:   Anpassung des Informationsangebots an den modifizierten
                 Informationsbedarf I* der Konzernleitung einer
                 internationalen Management-Holding.. 173

Abb. IV - 18:   „Vitalisierung" der Informationsnachfrage der Konzernleitung
                 in einer internationalen Management-Holding in Richtung des
                 bedarfsgerechten Informationsangebots.. 175

Abb. IV - 19:   Sequentielle Methodenverkettung als technologisches Alternativ-
                 konzept zur Gestaltung effizienter Führungsinformationssysteme
                 für die internationale Management-Holding.. 177

Abb. IV - 20:   KIM-Report 182

Abb. IV - 21:   Ablauf des Business Systems Planning 184

Abb. IV - 22:   Unternehmensprozesse-Datenklassen-Matrix 185

Abb. IV - 23:   Informationssystem-Architektur... 186

Abb. IV - 24:   Aufbau der Methode kritischer Erfolgsfaktoren.................................. 190

Abb. IV - 25:   „Eisbergmodell" zur Darstellung des Zusammenhangs zwischen
                 Erfolgs- und Liquiditätsgrößen sowie strategischen Erfolgs-
                 faktoren... 191

Abb. IV - 26:   Komponenten der strategischen Analyse zur Generierung
                 von Erfolgsfaktoren 193

Abb. IV - 27:   Gewichtung individueller strategischer Erfolgsfaktoren..................... 194

Abb. IV - 28:   Deduktionsmöglichkeiten konzernspezifischer strategischer
                 Erfolgsfaktoren... 196

Abb. IV - 29:   Methodologie der SEF-Studie und korrespondierende Teil-
                 ergebnisse der einzelnen Arbeitsschritte 196

Abb. IV - 30:   Katalog an SEF-basierten Meßkriterien und Informationsbedarfs-
                 größen... 199

Abb. IV - 31:   Ausgewählte Kriterien zur Beurteilung verschiedener Methoden
                der Informationsbedarfsanalyse 200

Abb. IV - 32:   Beurteilung ausgewählter Methoden der Informationsbedarfs-
                analyse nach ihrer Vollständigkeit 204

Abb. IV - 33:   Beurteilung ausgewählter Methoden der Informationsbedarfs-
                analyse nach ihrer Handhabbarkeit 208

Abb. IV - 34:   Beurteilung ausgewählter Methoden der Informationsbedarfs-
                analyse nach ihrem Aufwand 210

Abb. IV - 35:   Zusammenfassende Beurteilung ausgewählter Methoden zur
                Analyse des Informationsbedarfs 213

Abb. IV - 36:   Mögliche Struktur eines Data Warehouses 219

Abb. IV - 37:   Schematische Darstellung zur Preisberechnung von Informa-
                tionen mit Hilfe des BERNOULLI-Werts 221

Abb. IV - 38:   Mögliche auf der ABC-Analyse basierende Kennziffern zur
                Informationsbeurteilung 223

Abb. IV - 39:   Schematischer Aufbau einer Nutzwertanalyse 225

Abb. IV - 40:   Mögliches Portfolio zur Beurteilung des Aufwands und
                Nutzens zu beschaffender Primärinformationen 226

Abb. IV - 41:   Ausgewählte Kriterien zur Evaluierung verschiedener
                Methoden der Informationsbeurteilung 228

Abb. IV - 42:   Evaluierung ausgewählter Methoden der Informations-
                beurteilung nach ihrem Datenbedarf 230

Abb. IV - 43:   Evaluierung ausgewählter Methoden der Informations-
                beurteilung nach ihrer Handhabbarkeit 232

Abb. IV - 44:   Evaluierung ausgewählter Methoden der Informations-
                beurteilung nach ihrem Aufwand 233

Abb. IV - 45:   Zusammenfassende Beurteilung ausgewählter Methoden
                der Informationsbeurteilung 235

Abb. IV - 46:   Variante des Du Pont-Kennzahlensystems 242

Abb. IV - 47:   ZVEI-Kennzahlensystem 244

Abb. IV - 48:   Erfolgswirtschaftlicher Teil des RL-Kennzahlensystems 246

Abb. IV - 49:   Finanzwirtschaftlicher Teil des RL-Kennzahlensystems 247

Abb. IV - 50:   Beispiel einer Ursache-Wirkungskette 251

Abb. IV - 51:   Vier Perspektiven der Balanced Scorecard 252

Abb. IV - 52:   Prozeß-Wertkette der internen Perspektive 253

Abb. IV - 53:   Sechsstufige Vorgehensweise zur Entwicklung einer
                Balanced Scorecard 255

Abb. IV - 54:   Unterschiedliche Forschungskonzeptionen zur Zielsystem-
                definition von Kennzahlensystemen 258

Abb. IV - 55:   Grundkonzeption einer Erfolgsfaktoren-basierten Balanced
                Scorecard 262

Abb. IV - 56:   Bewertungstafel zur Charakterisierung der einzelnen Stufen
                 eines Meßkriteriums und ihrer Ausprägungen................................ 264

Abb. IV - 57:   Exemplarisches Datenblatt zur Dekomposition eines Meß-
                 kriteriums 265

Abb. IV - 58:   Gestaltung von dreidimensionalen SEF-Portfolien durch mathe-
                 matische Verdichtung der Meßkriterien und Frühindikatoren.............. 267

Abb. IV - 59:   Ausgewählte Kriterien zur Beurteilung verschiedener
                 Kennzahlensysteme... 269

Abb. IV - 60:   Beurteilung ausgewählter Kennzahlensysteme nach ihrer
                 Benutzeradäquanz 272

Abb. IV - 61:   Beurteilung ausgewählter Kennzahlensysteme nach ihrer
                 Handhabbarkeit.. 278

Abb. IV - 62:   Beurteilung ausgewählter Kennzahlensysteme nach ihrem
                 Aufwand... 280

Abb. IV - 63:   Zusammenfassende Beurteilung ausgewählter Methoden der
                 Informationsaufbereitung 283

Abb. IV - 64:   Anteile verschiedener Hersteller im OLAP-Markt (Mai 1998)............. 289

Abb. IV - 65:   Übersicht über den Aufbau des Hyperion Enterprise...................... 291

Abb. IV - 66:   Komponenteneinsatz im SAP R/3-Modul „EC-EIS".................... 292

Abb. IV - 67:   Oracle Express-Datenbank-Architektur.. 294

Abb. IV - 68:   Architektur des SAP BW... 295

Abb. IV - 69:   Ausgewählte Kriterien zur Beurteilung verschiedener FIS-
                 Generatoren.. 298

Abb. IV - 70:   Übersicht über die einzelnen Ausprägungen der Darstellungsqualität ... 300

Abb. IV - 71:   Übersicht über die für die Evaluierungsarbeiten ausgewählten
                 Grafiktypen... 301

Abb. IV - 72:   Beurteilung ausgewählter FIS-Generatoren nach ihren
                 Grafikfunktionen.. 304

Abb. IV - 73:   Beurteilung ausgewählter FIS-Generatoren nach ihren
                 Fähigkeiten, die Portfolio-Technik zu unterstützen.......................... 306

Abb. IV - 74:   Beurteilung ausgewählter FIS-Generatoren nach ihren
                 Tabellenfunktionen 308

Abb. IV - 75:   Beurteilung ausgewählter FIS-Generatoren nach ihren Text-
                 funktionen 309

Abb. IV - 76:   Beurteilung ausgewählter FIS-Generatoren nach sonstigen
                 Kriterien der Darstellungsqualität.. 310

Abb. IV - 77:   Übersicht über die einzelnen Ausprägungen der Oberflächen-
                 gestaltung und Dialogführung 311

Abb. IV - 78:   Beurteilung ausgewählter FIS-Generatoren nach ihrer
                 intuitiven Benutzerführung.. 315

Abb. IV - 79:   Beurteilung ausgewählter FIS-Generatoren nach ihrer Maus-
                 Steuerung... 316

Abb. IV - 80:   Beurteilung ausgewählter FIS-Generatoren nach ihrem
                 einheitlichen Menü- und Maskenaufbau...318

Abb. IV - 81:   Beurteilung ausgewählter FIS-Generatoren nach ihrer
                 Hilfefunktion 320

Abb. IV - 82:   Übersicht über die einzelnen Ausprägungen des Funktions-
                 umfangs...321

Abb. IV - 83:   Beurteilung ausgewählter FIS-Generatoren nach ihrer
                 aktiven Dialoggestaltung...327

Abb. IV - 84:   Beurteilung ausgewählter FIS-Generatoren nach ihrer
                 Ausnahmeberichterstattung...329

Abb. IV - 85:   Beurteilung ausgewählter FIS-Generatoren nach ihren
                 Vergleichsfunktionen..331

Abb. IV - 86:   Beurteilung ausgewählter FIS-Generatoren nach ihren
                 statistischen Funktionen..332

Abb. IV - 87:   Beurteilung ausgewählter FIS-Generatoren nach ihren
                 Prognosemethoden 333

Abb. IV - 88:   Beurteilung ausgewählter FIS-Generatoren nach ihren
                 Simulationsfunktionen 335

Abb. IV - 89:   Beurteilung ausgewählter FIS-Generatoren nach ihren
                 Schnittstellen zu externen IuK-Diensten...336

Abb. IV - 90:   Übersicht über die Beurteilungskriterien der Handhabbarkeit
                 und deren Ausprägungen 337

Abb. IV - 91:   Beurteilung ausgewählter FIS-Generatoren nach ihrer
                 Verständlichkeit..340

Abb. IV - 92:   Beurteilung ausgewählter FIS-Generatoren nach ihrer
                 Ableitungstransparenz..341

Abb. IV - 93:   Beurteilung ausgewählter FIS-Generatoren nach ihrem
                 Integrationsgrad 344

Abb. IV - 94:   Beurteilung ausgewählter FIS-Generatoren nach ihrer
                 Änderungsflexibilität...347

Abb. IV - 95:   Übersicht über die einzelnen Beurteilungskriterien des
                 Aufwands 348

Abb. IV - 96:   Beurteilung ausgewählter FIS-Generatoren nach ihrer
                 Kostenadäquanz 350

Abb. IV - 97:   Beurteilung ausgewählter FIS-Generatoren nach ihrer
                 Zeitadäquanz 354

Abb. IV - 98:   Zusammenfassende Beurteilung ausgewählter Methoden
                 der Informationsübermittlung...361

Abb. IV - 99:   Ausprägungen von Manipulationen...365

Abb. IV - 100:   Ausgewählte Kriterien zur Beurteilung verschiedener
                 Ansätze zum Schutz vor Störungen und Manipulationen...................379

Abb. IV - 101:   Beurteilung ausgewählter Ansätze zum Schutz vor
                 Manipulationen nach ihrer Richtigkeit..381

Abb. IV - 102:   Beurteilung ausgewählter Ansätze zum Schutz vor
                   Manipulationen nach ihrer Handhabbarkeit 385

Abb. IV - 103:   Beurteilung ausgewählter Ansätze zum Schutz vor
                   Manipulationen nach ihrem Aufwand 387

Abb. IV - 104:   Zusammenfassende Beurteilung ausgewählter Ansätze
                   zum Schutz vor Manipulationen 389

Abb. IV - 105:   In der Analysearbeit ausgewählte Methoden zur Gestaltung
                   effizienter Führungsinformationssysteme für die internationale
                   Management-Holding 391

Abb. IV - 106:   Sequentielle Verknüpfung verschiedener Methoden zur
                   Gestaltung effizienter Führungsinformationssysteme für
                   die internationale Management-Holding 392

Abb. IV - 107:   Erster Syntheseschritt zur Gestaltung effizienter Führungs-
                   informationssysteme für die internationale Management-Holding 395

Abb. IV - 108:   Forschungsfortschritt der entwickelten Systemkonzeption
                   hinsichtlich der Vollständigkeit 396

Abb. IV - 109:   Zweiter Syntheseschritt zur Gestaltung effizienter Führungs-
                   informationssysteme für die internationale Management-Holding 398

Abb. IV - 110:   Dritter Syntheseschritt zur Gestaltung effizienter Führungs-
                   informationssysteme für die internationale Management-Holding 400

Abb. IV - 111:   Forschungsfortschritt der entwickelten Systemkonzeption
                   hinsichtlich der Benutzeradäquanz (Teil I) 402

Abb. IV - 112:   Vierter Syntheseschritt zur Gestaltung effizienter Führungs-
                   informationssysteme für die internationale Management-Holding 403

Abb. IV - 113:   Forschungsfortschritt der entwickelten Systemkonzeption
                   hinsichtlich der Benutzeradäquanz (Teil II) 404

Abb. IV - 114:   Fünfter Syntheseschritt zur Gestaltung effizienter Führungs-
                   informationssysteme für die internationale Management-Holding 405

Abb. IV - 115:   Berechnung der Handhabbarkeit und des Aufwands der
                   entwickelten Systemkonzeption 406

Abb. IV - 116:   Forschungsfortschritt der entwickelten Systemkonzeption
                   hinsichtlich ihrer Handhabbarkeit und des Aufwands 406

Abb. V - 1:   Abhängigkeitsbeziehungen im Pilot-Konzern 408

Abb. V - 2:   Berechnung des ROCE im Pilot-Konzern 410

Abb. V - 3:   Einordnung des zu entwickelnden Führungsinformationssystems
                   in den Pilot-Konzern 411

Abb. V - 4:   Möglicher Ablauf einer SEF-Studie 413

Abb. V - 5:   Überblick über einzelne Stichprobenverfahren 416

Abb. V - 6:   Übersicht und Gewichtung individueller strategischer
                   Erfolgsfaktoren der befragten Führungskräfte im Pilot-Konzern 419

Abb. V - 7:   Deduktion konzernspezifischer strategischer Erfolgsfaktoren aus
                den individuellen Erfolgsfaktoren der befragten Führungskräfte 423

Abb. V - 8:   Portfolio zur Beurteilung des Aufwands und Nutzens zu beschaf-
                fender Primärinformationen für das Meßkriterium der Leistung 430

Abb. V - 9:   Portfolio zur Beurteilung des Aufwands und Nutzens zu
                beschaffender Primärinformationen für das Meßkriterium
                des Qualifikationsstands 432

Abb. V - 10:   Kennzahlenblatt zur Dekomposition des Qualifikationsstands
                von Rohstoff- und Produkthändlern 436

Abb. V - 11:   Kennzahlenblatt zur Dekomposition der Mitarbeitermotivation
                von Rohstoff- und Produkthändlern 438

Abb. V - 12:   Kennzahlenblatt zur Dekomposition des Persönlichkeitsprofils
                von Rohstoff- und Produkthändlern 439

Abb. V - 13:   Kennzahlenblatt zur Dekomposition des Verhaltens gegenüber
                Geschäftspartnern in bezug auf Rohstoff- und Produkthändler 440

Abb. V - 14:   Gewichtung der Meßkriterien hinsichtlich ihrer Bedeutung
                für die Personalqualität von Rohstoff- und Produkthändlern 441

Abb. V - 15:   Erfolgsfaktoren-basierte Balanced Scorecard „Personalqualität"
                des Pilot-Konzerns 442

Abb. V - 16:   Symbolleiste des SAP BW" 444

Abb. V - 17:   Bildschirmmaske „Performance Management" 445

Abb. V - 18:   Bildschirmmaske „Erfolgsfaktoren-basierte Balanced Scorecard
                mit intelligentem Traffic-Light-Coding" 446

Abb. V - 19:   Zusatzfunktionen des SAP BW in Excel... 447

Abb. V - 20:   Bildschirmmaske „OLAP-Auswertung" 448

Abb. V - 21:   Exemplarische Verknüpfung ausgewählter Meßkriterien mit
                der finanziellen Kerngröße des Rohertrag nach Zinsen und
                Vertriebskosten in einer Portfolio-Darstellung................................... 449

Abb. V - 22:   Bestimmungsgrößen des Economic Value Added.............................. 451

Abb. V - 23:   Prioritätenliste zum Schluß strategischer Lücken hinsichtlich
                des Qualifikationsstands der Rohstoff- und Produkthändler 453

Abb. V - 24:   Prioritätenliste zum Schluß strategischer Lücken hinsichtlich
                der Mitarbeitermotivation der Rohstoff- und Produkthändler 455

Abb. V - 25:   Prioritätenliste zum Schluß strategischer Lücken hinsichtlich
                des Persönlichkeitsprofils der Rohstoff- und Produkthändler............. 456

Abb. V - 26:   Prioritätenliste zum Schluß strategischer Lücken hinsichtlich
                des Verhaltens gegenüber Geschäftspartnern in bezug auf die
                Rohstoff- und Produkthändler.. 457

Abkürzungsverzeichnis

Abb.	Abbildung
Abs.	Absatz
AktG	Aktiengesetz
Art.	Artikel
Aufl.	Auflage
BB	Betriebs-Berater (Zeitschrift)
BFuP	Betriebswirtschaftliche Forschung und Praxis (Zeitschrift)
CM	Controller Magazin (Zeitschrift)
CONTROLLING	Controlling - Zeitschrift für erfolgsorientierte Unternehmenssteuerung (Zeitschrift)
DB	Der Betrieb (Zeitschrift)
DBW	Die Betriebswirtschaft (Zeitschrift)
d.h.	das heißt
Diss.	Dissertation
EDV	elektronische Datenverarbeitung
et al.	et alii (und andere)
f.	folgende (Seite)
ff.	fortfolgende (Seiten)
FM	Financial Management (Zeitschrift)
GWB	Gesetz gegen Wettbewerbsbeschränkungen
H.	Heft
HBR	Harvard Business Review (Zeitschrift)
HdSW	Handwörterbuch der Sozialwissenschaften
HM	Harvard Manager (Zeitschrift)
Hrsg.	Herausgeber
HWB	Handwörterbuch der Betriebswirtschaft
HWFü	Handwörterbuch der Führung

HWO	Handwörterbuch der Organisation
HWR	Handwörterbuch des Rechnungswesens
IM	Information Management (Zeitschrift)
is report	Zeitschrift für betriebswirtschaftliche Informationssysteme
Jg.	Jahrgang
Kap.	Kapitel
LRP	Long Range Planning (Zeitschrift)
MS	Management Science (Zeitschrift)
Nr.	Nummer
o. Jg.	ohne Angabe des Erscheinungsjahres
OM	Office Management (Zeitschrift)
o. Nr.	ohne Angabe der Heftnummer
o. V.	ohne Verfasserangabe
S.	Seite (n)
u.a.	unter anderem
vgl.	vergleiche
WiSt	Wirtschaftswissenschaftliches Studium (Zeitschrift)
wisu	das wirtschaftsstudium (Zeitschrift)
z.B.	zum Beispiel
ZfB	Zeitschrift für Betriebswirtschaft
ZfbF	Schmalenbachs Zeitschrift für betriebswirtschaftliche Forschung
ZfO	Zeitschrift für Organisation

„Die Geschichte erfolgreicher
Organisationen ist die Geschichte
eines ständigen Schritthaltens mit
ihrer Zeit. "[1]

I. Einleitung

1. Problemstellung und Zielsetzung

Durch die Veränderung ihrer nicht beeinflußbaren Umweltfaktoren sind Unternehmen sich ständig wandelnden Problemstellungen ausgesetzt. Neben den **gesamtwirtschaftlichen Rahmenbedingungen**, die durch das zugrundeliegende Wirtschaftssystem, rechtliche Restriktionen und in zunehmenden Maße durch politische Interessen determiniert werden, bestimmen steigende Einkommensverhältnisse und ein Nachfragepotential nach einer größeren Anzahl an qualitativ hochwertigen Produkten und Produktvarianten[2] die aktuelle **Nachfragesituation** von Unternehmen.

Hierzu tritt nicht nur eine **Konkurrenzsituation**, die durch eine höhere Leistungsfähigkeit der Mitbewerber und eine zunehmende Wettbewerbsintensität geprägt wird.[3] Es kann auch eine durch Deregulationsmaßnahmen des Kapitalmarkts sowie die abnehmende Ergiebigkeit der Arbeits- und der Beschaffungsmärkte zu charakterisierende **Verfügbarkeit benötigter Ressourcen** konstatiert werden. Ein **technischer Fortschritt**, der durch den Anstieg technologischer Innovationen[4] und die generelle Verkürzung von Produktlebenszyklen beeinflußt wird, begleitet diese Entwicklung noch, wodurch *verschärfte Anforderungen* an Unternehmen induziert werden.

Insbesondere Unternehmen mit „traditionellen" Organisationsstrukturen und dem derzeit zur Verfügung stehenden Controlling-Instrumentarium können diesen Anforderungen in der Regel nur bedingt gerecht werden, was zur Folge hat, daß deren Existenzsicherung und erfolgreiche Weiterentwicklung gefährdet ist.[5]

Wenn - wie die nachfolgende Abb. I - 1 zeigt - die Analyse der **Wettbewerbsfähigkeit** den weiteren Ausführungen vorangestellt wird, soll damit ihr in verschiedenen empirischen

---

1) LEVITT (Business), S. 853.
2) So stellte DORN (Unternehmen), S. 47 ff., fest, daß Automobilhersteller in den letzten zwei Jahrzehnten ihre Produktvarianten aufgrund veränderter Kundenbedürfnisse um 400 % erhöht haben.
3) In diesem Zusammenhang wird häufig auch von einem zunehmenden Kostendruck gesprochen, dem Unternehmen ausgesetzt ist. Dieser Aspekt läßt sich jedoch als Folge der bereits dargestellten Veränderungen der Konkurrenzsituation interpretieren und wird daher nicht weiter herausgearbeitet.
4) Des weiteren sind sich verkürzende Entwicklungs- und Markteinführungszeiten neuer Produkte und Dienstleistungen festzustellen. Vgl. etwa PÜMPIN / IMBODEN (Unternehmens-Dynamik), S. 8.
5) Unterstellt wird dabei, daß die Hauptinteressenträger eines Unternehmens versuchen, dessen Existenz zu sichern sowie nach Möglichkeit erfolgreich weiterzuentwickeln. Zur Fundierung dieses Zielsystems vgl. HAHN (PuK), S. 12 ff.

Untersuchungen[6] nachgewiesener exponierter Stellenwert im Zielsystem eines Unternehmens unterstrichen werden.

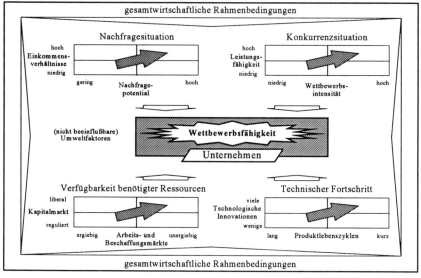

Abb. I - 1:   *Das Unternehmen im Spannungsfeld seiner Umweltfaktoren.*[7]

Viele Unternehmen haben sich der strategischen Herausforderung angenommen, ihre Wettbewerbsfähigkeit zu sichern und nach Möglichkeit auszubauen. Hiervon zeugen insbesondere zwei diametral ausgerichtete organisatorische Entwicklungen: Zum einen sind seit Mitte der achtziger Jahren erfolgreich durchgeführte **Konzentrationsprozesse** festzustellen. Neben kooperativen Formen der Unternehmenszusammenarbeit[8] spiegeln sie sich in einer stark ansteigenden Zahl vollzogener Unternehmenszusammenschlüsse wider.[9] Hierdurch entstand eine große Anzahl komplexer **Konzerne.**

6)   So belegte die Wettbewerbsfähigkeit nicht nur in einer Studie von MEFFERT / KIRCHGEORG (Umweltschutz), sondern auch bei RAFFÉE / FÖRSTER / KRUPP (Marketing) und TÖPFER (Umwelt- und Benutzerfreundlichkeit) den ersten Rang verschiedener Unternehmenszielausprägungen.

7)   Die ausgewählten Umweltfaktoren basieren auf STAEHLE (Management), S. 581 ff. Sie erheben keinen Anspruch auf Vollständigkeit. Ihre zeitlichen Veränderungen sind nur qualitativ dargestellt.

8)   Eine *Unternehmenskooperation* ist gekennzeichnet durch eine auf vertraglichen Vereinbarungen beruhenden Zusammenarbeit von mindestens zwei Unternehmen in vereinbarten Teilgebieten. Die Unternehmen verzichten hierbei *freiwillig* auf einen Teil ihrer Entscheidungsfreiheit in den festgelegten Teilgebieten, um ihre Ziele durch koordiniertes Handeln besser verfolgen zu können. In den Bereichen, die keiner vertraglichen Zusammenarbeit unterworfen sind, bleibt die rechtliche und wirtschaftliche Selbständigkeit der beteiligten Unternehmen prinzipiell bestehen.

9)   So fusionierte die Bayerische Vereinsbank mit der Bayerischen Hypotheken- und Wechselbank. Des weiteren wurden die Stahlbereiche von Thyssen und Fried. Krupp-Hoesch miteinander verschmolzen. Die „Gesamt"-Fusion der Konzerne wurde 1998 durchgeführt. Als weitere Beispiele sind die Zusammenführung der Daimler-Benz AG mit der Chrysler Corp., die Fusion von Hoechst mit der französischen Rhone-Poulenc und die Übernahme von Bankers Trust durch die Deutsche Bank zu nennen.

Auf der anderen Seite läuft seit Anfang der neunziger Jahre[10] dieser integrativen Entwicklung konträr eine Welle von **Dezentralisierungsbemühungen.** Insbesondere die Organisationsstruktur der **Management-Holding** gewinnt dabei stark an Bedeutung.[11]

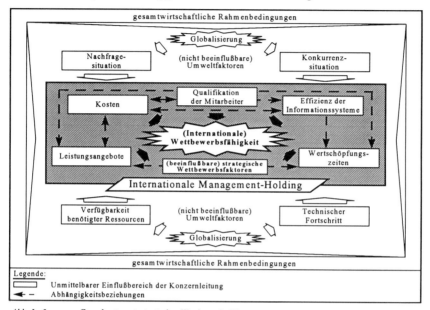

Abb. I - 2: *Grundsystem strategischer Wettbewerbsfaktoren einer internationalen Management-Holding.*[12]

Die Wettbewerbsfähigkeit einer internationalen Management-Holding wird - wie in der vorangegangenen Abb. I - 2 gezeigt - von einem **Grundsystem**[13] **strategischer Wettbewerbsfaktoren**[14] bestimmt. Es kann durch die Konzernleitung *unmittelbar* beeinflußt werden und

---

10) Zur Fundierung dieser Aussage vgl. Abb. II - 10, S. 40.

11) Durch die internationale Ausrichtung wird im Vergleich zum nationalen Unternehmen die Sicherstellung und der Ausbau ihrer Wettbewerbsfähigkeit deutlich erschwert.

12) Es wurde bewußt der Systembegriff benutzt, da Abhängigkeitsbeziehungen zwischen den Wettbewerbsfaktoren bestehen können. Die Pfeile zeigen aus Übersichtsgründen jedoch nur die wesentlichen Beziehungen auf. Die Wettbewerbsfaktoren können in einem *komplementären, konkurrierenden* oder *indifferenten Verhältnis* zueinander stehen. So kann z.B. eine Erhöhung der Mitarbeiterqualifikation eine qualitative Erhöhung der Leistungsangebote implizieren, währenddessen eine verbesserte Effizienz der Informationssysteme zu einer Kostenreduktion führen kann. Eine Verbesserung der Leistungsangebote wird keine Auswirkungen auf die Effizienz der Informationssysteme haben.

13) Ein *System* wird im Rahmen der vorliegenden Arbeit verstanden als eine geordnete Gesamtheit von Elementen, zwischen denen Beziehungen bestehen können. Vgl. ULRICH (Unternehmung), S. 105 f.; HAHN (PuK), S. 8; BLEICHER (Unternehmung), S. 3.

14) Das Grundsystem strategischer Wettbewerbsfaktoren einer internationalen Management-Holding basiert auf einem von Prof. Dr. Dr. h.c. WURL im Rahmen der Kulturwochen der Bundesrepublik Deutschland in Rumänien gehaltenen Vortrags „Strategische Wettbewerbsfaktoren" an der Polytechnischen Universität Bukarest am 04. Oktober 1995.

setzt sich aus den Leistungsangeboten, den Kosten, der Qualifikation der Mitarbeiter, der Effizienz der Informationssysteme und den Wertschöpfungszeiten zusammen.

Aufgrund der Größe einer internationalen Management-Holding und ihrer systemimmanenten Aufgabenteilung ist eine unmittelbare Übersicht über alle Konzernaktivitäten nicht mehr möglich. Der **Effizienz von Informationssystemen** kommt daher eine besondere Bedeutung zu. Insbesondere die *Konzernleitung* wird zur Bewältigung ihrer Aufgaben zukünftig mehr denn je auf die Bereitstellung bedarfsgerechter Informationen angewiesen sein.[15] Dies läßt sich nicht nur damit zu begründen, daß sie eine Vielzahl von Entscheidungen zu treffen hat, die sich langfristig auf die Wettbewerbsfähigkeit einer internationalen Management-Holding auswirken. Hinzu kommt, daß mit zunehmenden strukturellen und diskontinuierlichen[16] Umweltveränderungen ihr Erfahrungswissen an Bedeutung verliert.[17]

Zur bedarfsgerechten Informationsversorgung der Konzernleitung einer internationalen Management-Holding stehen **Führungsinformationssysteme** in lebhafter Diskussion.[18] Ob allerdings derzeitige Entwicklungsstände den Anforderungen genügen können, erscheint in mehrfacher Hinsicht fraglich:[19]

• So basieren bestehende Führungsinformationssysteme überwiegend auf Daten des *Rechnungswesens*, so daß das Informationsangebot nicht durch den Informationsbedarf der Konzernleitung, sondern durch die inhaltliche Reichweite des Rechnungswesens determiniert wird. Die Stellschrauben des Erfolgs sind somit nicht zu erfassen,[20] wodurch maßgebliche Entscheidungsfelder der Konzernleitung ausgeblendet werden.

• Weiterhin ist offensichtlich, daß eine retrograde Ergebnisbetrachtung allein keine adäquate Entscheidungsgrundlage bilden kann. *Frühindikatoren*, die die Determinanten des zukünftigen Erfolg abbilden, werden weder erfaßt, geschweige denn wird der Konzernleitung eine

---

15) Zum Informationsrecht des Aufsichtsrats bzw. einzelner Aufsichtratsmitglieder einer Holding AG vgl. ausführlich SCHNEIDER (Informationsrecht), S. 276 ff.

16) ANSOFF (discontinuity), S. 131, versteht unter einer Diskontinuität eine *signifikante Abweichung* von einer „ ... smoth extrapolation of the past experience into the future." Zu einer ähnlicher Begriffsauffassung vgl. ZAHN (Diskontinuitätentheorie), S. 21. Diskontinuitäten beinhalten somit ein Abgehen vom LEIBNIZschen Denken einer sprungfreien, evolutionären Entwicklung. Beispiele sind die deutsche Wiedervereinigung sowie der wirtschaftliche Umbruch und die Öffnung des ehemaligen Ostblocks.

17) Gleicher Ansicht sind u.a. REICHMANN / LACHNIT (Kennzahlen), S. 705, und HUMMELTEN-BERG (Managementunterstützungssysteme), S. 188.

18) Vgl. exemplarisch BEHME / SCHIMMELPFENG (Führungsinformationssysteme); BULLINGER / HUBER / KOLL (Chefinformationssysteme); JAHNKE (Führungsinformationssystem I und II).

19) Vgl. hierzu die empirische Untersuchung von WURL / MAYER (Führungsinformationssysteme).

20) PETERS (Leistung), S. 92 ff., beklagte in diesem Zusammenhang schon 1986 die zunehmende Dominanz der Finanzkennzahlen bei US-amerikanischen Unternehmen, als mittelfristig zu Fehlsteuerungen führen könne. Als Beispiel führt er die einseitige Fixierung auf die Kosten bei der Produktentwicklung an, wobei seiner Meinung nach für den langfristigen Erfolg am Markt letztendlich das Innovationspotential entscheidend sei. Gleicher Auffassung sind auch MUNARI / NAUMANN (Strategische Steuerung), S. 806, und GÄLWEILER (Kontrolle), S. 210.

Entscheidungsgrundlage zur Verfügung gestellt, um diese Stellgrößen zielorientiert im Rahmen eines Planungs- und Kontrollprozesses steuern zu können.

• Häufig kommt noch hinzu, daß die bereitgestellten Daten historisch gewachsen sind, ohne einer Abstimmung mit dem aktuellen Informationsbedarf der Konzernleitung standhalten zu müssen. Benötigte Informationen fehlen somit, während mittlerweile überflüssige Daten oftmals in hohem Detaillierungsgrad bereitgestellt werden.[21]

Des weiteren stellt die Organisationsstruktur der Management-Holding spezifische Anforderungen an Führungsinformationssysteme. Um der Gefahr einer *informatorischen Isolierung der Konzernleitung* von den operativen Einheiten vorzubeugen und um die *Schlagkraft* der Management-Holding als wirtschaftliche Einheit vorteilhaft einsetzen zu können, sind folgende Sachverhalte zu beachten:

• Die hohe Konzernsegmentierung einer Management-Holding steigert zwar ihre Flexibilität, auf veränderte Umweltfaktoren reagieren zu können. Die damit einhergehende Organisationskomplexität impliziert jedoch die Gefahr der Verselbständigung einzelner Tochtergesellschaften. Um dem entgegen zu wirken, muß der Umfang einer **gesellschaftsübergreifenden Informationsversorgung** zunehmen.

• Durch die mit dem hohen Dezentralisierungsgrad der Management-Holding einhergehenden Verlagerung der Entscheidungskompetenz in die Tochtergesellschaften wird zwar die Geschwindigkeit und Flexibilität von Entscheidungsprozessen erhöht. Die übergeordneten Zusammenhänge der Einzelentscheidungen in bezug auf die wirtschaftliche Einheit der Management-Holding werden aber zunehmend komplexer. Hierdurch verändert sich die **Art des Informationsbedarfs** der Konzernleitung. Um eine Grundlage für die Ausrichtung der Management-Holding auf gemeinsame Ziele zu erlangen, stehen für die Konzernleitung nicht operative Detailinformationen für - auf Gesellschaftsebene zu treffende - Einzelentscheidungen im Vordergrund. Vielmehr sind für sie *holistische,* d.h. den Konzern als „wirtschaftliche Einheit" betreffende, und *strategische Informationen* von besonderer Bedeutung.[22]

• Die durch die Internationalisierung zunehmende geographische Verteilung von Teilen der Management-Holding schafft zwar eine höhere Kundennähe und deutlich bessere Marktbearbeitungsmöglichkeiten.[23] Sie erschwert aber die zentrale **Koordination und Sicherstellung** einer „wahrheitsgemäßen" und aktuellen Informationsversorgung der Konzernleitung von und über räumlich oftmals weit entfernte Tochtergesellschaften und Märkte.

---

21) Vgl. u.a. BERTHEL (Informationsbedarf), Sp. 875.

22) Zu einer Charakterisierung der genannten Informationsausprägungen vgl. ausführlich Kap. II.2.2., S. 55 ff.

23) Vgl. hierzu Kap. II.1.4., S. 42 ff.

So besehen, erweist sich das zur Verfügung stehende Instrumentarium zur bedarfsgerechten Informationsversorgung der Konzernleitung einer internationalen Management-Holding als unvollständig. Soll das Potential, das Führungsinformationssystemen zur Lösung der beschriebenen Problematik beigemessen wird, ausgeschöpft werden, müssen sie unter besonderer Berücksichtigung der angeführten Anforderungen weiterentwickelt werden.

Hieraus leitet sich die **Zielsetzung der vorliegenden Arbeit** ab: Unter Berücksichtigung grundlegender verhaltenswissenschaftlicher Erkenntnisse[24] sind **Ansätze zur Gestaltung effizienter**[25] **Führungsinformationssysteme für die internationale Management-Holding** zu erarbeiten, die dem skizzierten Anforderungsprofil genügen können.

Durch die **Kombination** der bislang nur getrennt voneinander behandelten Themenkomplexe der **internationalen Management-Holding** und der **Führungsinformationssysteme** ergeben sich neue Fragestellungen.[26] Sie können in folgende **Zielklassen** zusammengefaßt werden und sind mit der vorliegenden Arbeit zu beantworten:

- Welchen Beitrag kann die Betriebswirtschaftslehre zur Gestaltung effizienter Führungsinformationssysteme für die internationale Management-Holding leisten?

- Was sind die Anforderungen an die Gestaltung effizienter Führungsinformationssysteme für die internationale Management-Holding?

- In welchem Maße entsprechen die gegenwärtig in der internationalen Management-Holding genutzten Führungsinformationssysteme den herausgearbeiteten Anforderungen?

- Wie müssen Führungsinformationssysteme für die internationale Management-Holding zukünftig gestaltet werden, um die herausgearbeiteten Anforderungen einer effizienten Systemgestaltung erfüllen zu können?

- Welche organisatorischen Probleme sind bei der Einführung effizienter Führungsinformationssysteme für die internationale Management-Holding zu beachten und wie können sie gelöst werden?

Aufgrund der konstitutiven Praxisorientierung und der theoretisch fundierten und logisch konsistenten Gestaltungsmaxime kann unter Bezugnahme auf GROCHLA von der Entwicklung eines **praxeologischen Informationsinstrumentariums** gesprochen werden.[27]

---

24)   Vgl. hierzu die Ausführungen zur Benutzeradäquanz von Führungsinformationssystemen für die internationale Management-Holding, S. 117 ff.
25)   Zur Umsetzung des Effizienzkriteriums vgl. Kap. III.2., S. 99 ff.
26)   Vgl. hierzu Kap. II.3.1., S. 61 ff.
27)   Vgl. GROCHLA (Integration), S. 617.

2. Terminologische und thematische Abgrenzungen

Wenn die bedarfsgerechte Informationsversorgung der Konzernleitung einer internationalen Management-Holding im Mittelpunkt des zu entwickelnden Informationsinstrumentariums stehen soll,[28] müssen Informationen sowohl über die „internen" Aktivitäten als auch die Umwelt verfügbar gemacht werden. Das alleinige Erfassen des Informationsbedarfs und die Beschaffung der hierzu benötigten Primärinformationen genügt jedoch nicht. Damit ein situationsadäquates Problembewußtsein entstehen kann, müssen die Informationen zielgerichtet aufbereitet und der Konzernleitung unverzüglich als unmißverständliches, nicht ignorierbares und jederzeit auf eine einfache Art abrufbares Informationsangebot zugeleitet werden. Um eine Koordination und Verfügbarkeit auch für andere Zwecke zu gewährleisten, sollten die Ergebnisse zudem in geeigneter Form gespeichert werden können.[29] Diese Informationsprozesse müssen nicht nur strukturiert, sondern auch im Gesamtkomplex der internationalen Management-Holding abgestimmt werden. Das Beziehungsgefüge, das dabei entsteht, deckt sich inhaltlich mit den Kriterien, die als konstitutiv für den Begriff des **Informationssystems** angesehen werden.[30]

Informationssysteme, die ausschließlich auf die Informationsversorgung des zur Unternehmensführung legitimierten Leitungsorgans[31] ausgerichtet sind, werden im folgenden als **Führungsinformationssysteme** definiert.[32] Die im Vergleich zu anderen Autoren[33] eher „enge" Begriffsdefinition soll zum Ausdruck bringen, daß in der vorliegenden Arbeit die Informationsversorgung der obersten, d.h. mit gesamtunternehmerischer Leitungsverantwortung ausgestatteten, Führungsebene akzentuiert wird. Für den in dieser Interpretation verwendeten Begriff des Führungsinformationssystems finden sich in der Literatur auch die Bezeichnungen

---

28) Vgl. hierzu die Zielsetzung der vorliegenden Arbeit, S. 6.

29) Die ausgewählten Tätigkeiten basieren auf den einzelnen Phasen des Informationsversorgungsprozesses, der in Kap. IV.2.3.2., S. 168 ff., ausführlich dargestellt wird.

30) Vgl. WURL (Liquiditätskontrolle), S. 18.

31) Hierbei ist insbesondere an den *Vorstand* einer Aktiengesellschaft oder die *Geschäftsführung* einer Gesellschaft mit beschränkter Haftung zu denken.

32) Eine ähnliche Begriffsauffassung vertritt JAHNKE (Einsatzkriterien), S. 30. Gleicher Ansicht sind aber auch BEHME / SCHIMMELPFENG (Führungsinformationssysteme), S. 13; KEMPER / BALLENSIEFEN (Führungsinformationssystem), S. 17. Eine Ausrichtung von Führungsinformationssystemen auf die Unternehmensführung ohne dabei einzelne Führungsebenen zu unterscheiden, findet sich bei BULLINGER / KOLL / NIEMEIER (Führungsinformationssysteme), S. 31, und BEA (Führungsinformationssysteme), S. 18.

33) Vgl. hierzu u.a. FRITZ / KUSTERER (Führungsinformationssystem), S. 158, die Führungsinformationssysteme als Auswertungsinstrumentarium einer - in der Regel unternehmensweiten - Datenbasis zur Unterstützung der Entscheidungsfindung auf *verschiedenen Unternehmensebenen* definieren. Wenn im folgenden der „engeren" Begriffsauffassung gefolgt wird, so soll damit die dezidierte Ausrichtung des zu entwickelnden Führungsinformationssystems auf das zur Unternehmensführung legitimierte Leitungsorgan gewährleistet werden.

„Executive Information System"[34] und „Chef-Informationssystem"[35]. Dabei umfassen die Begriffe „Executive" und „Chef" inhaltlich das oberste Leitungsorgan eines Unternehmens, so daß die genannten Systemausprägungen als Synonyme zum Führungsinformationssystembegriff aufgefaßt werden können.[36]

Eine weitere begriffliche Trennung fußt auf der Differenzierung zwischen der Entwicklung und der Nutzung von Führungsinformationssystemen. Hiernach kann zwischen *Führungsinforma-tionssystem-Produkten*[37], *Führungsinformationssystem-Generatoren*[38] (FIS-Generatoren) sowie den eigentlichen *Führungsinformationssystem-Anwendungen* unterschieden werden. Erstere Begriffsgruppe umfaßt die Softwarewerkzeuge, die Funktionen[39] zur maschinellen Entwicklung von Führungsinformationssystemen bieten und bildet die technische Seite von Führungsinformationssystemen ab.[40] Mit dem Begriff der Führungsinformationssysteme ist im folgenden die eigentliche **betriebswirtschaftliche Anwendung**, d.h. die „... informations- und kommunikationstechnischen Systeme zur Deckung des Informationsbedarfs der Führungskräfte"[41], gemeint, die in „Papierform" auch schon ohne die erst seit wenigen Jahren angebotenen Softwareanwendungen existiert haben.

Angelehnt an die Informationsversorgungsfunktion von Führungsinformationssystemen und um die soeben geschilderte anwendungsorientierte Sichtweise zum Ausdruck zu bringen, wird in der vorliegenden Arbeit die folgende Definition vertreten:

Führungsinformationssysteme sind spezifische Informationssysteme, die die bedarfsgerechte Informationsversorgung des zur Unternehmensführung legitimierten Leitungsorgans sicherzustellen haben.

---

34) Der Begriff geht maßgeblich auf Arbeiten von ROCKART und TREACY zurück, die 1982 einen der
     ersten Aufsätze zu diesem Themenkomplex veröffentlichten. Sie führten aus, wie wichtig mit Hilfe
     eines Führungsinformationssystems generierte zeitnahe Informationen und Analysen für Führungskräfte
     seien, um ein tieferes Verständnis für ihr Unternehmen zu bekommen. Vgl. ROCKART / TREACY
     (Executive Information Support Systems). In der deutschsprachigen Literatur vgl. u.a. BACK-HOCK
     (Executive Information Systeme), S. 48 ff.; RIEGER (Executive Information Systems), S. 104;
     SCHMIDHÄUSLER (EIS), S. 118.

35) Vgl. BULLINGER / HUBER / KOLL (Chefinformationssysteme), S. 6 ff.

36) Wird auch die Informationsversorgung des zur Unternehmensführung legitimierten Leitungsorgans in
     der vorliegenden Arbeit akzentuiert, so werden Führungsinformationssysteme in der Praxis auch von
     Personen, die die Unternehmensführung bei ihrer Aufgabenbewältigung zu unterstützen haben, benutzt
     werden. Zur empirischen Fundierung dieser These vgl. WAGNER / VOGEL (Executive Information
     Systems), S. 229. Hierbei ist insbesondere an Assistenzkräfte der Unternehmensführung zu denken. Vgl.
     OPPELT (Computerunterstützung), S. 13; JAHNKE (Konzeption), S. 6.

37) Vgl. BULLINGER / KOLL / NIEMEIER (Führungsinformationssysteme), S. 107 ff.; JAHNKE (Kon-
     zeption), S. 6; SOKOLOWSKY (Führungsinformationssysteme), S. 13.

38) Vgl. BACK-HOCK (Executive Information Systeme), S. 48. ZEILE (Führungsinformationssysteme),
     S. 2, spricht in diesem Zusammenhang von Entwicklungsumgebungen.

39) Vgl. BULLINGER / KOLL / NIEMEIER (Führungsinformationssysteme), S. 31.

40) Zur Evaluierung der wichtigsten FIS-Generatoren vgl. insbesondere Kap. IV.4.1.2., S. 293 ff.

41) BULLINGER / KOLL / NIEMEIER (Führungsinformationssysteme), S. 31.

Im weiteren Verlauf sollen Führungsinformationssysteme im spezifischen Anwendungszusammenhang einer internationalen Management-Holding analysiert und weiterentwickelt werden, wobei die akzentuierte Organisationsstruktur wie folgt erfaßt werden kann:

> Die **Management-Holding** wird als ein organisatorisches Strukturkonzept für Konzerne interpretiert. Charakteristisches Merkmal ist ihre konsequente Trennung zwischen der Konzernleitung, die für die strategische Ausrichtung des Konzerns zuständig ist, und den rechtlich und - hinsichtlich der operativen Geschäftsführung - auch wirtschaftlich selbständigen Tochtergesellschaften.

Wirken sich die hierbei zu treffenden Entscheidungen nicht nur auf das Stammland (Inland), sondern auch auf mindestens ein Gastland (Ausland) aus, kann von einer **internationalen Management-Holding** gesprochen werden.[42] Vor diesem Hintergrund zeichnet sich die internationale Management-Holding durch eine unternehmerische Tätigkeit in mehreren Nationen aus. Diese Begriffsauffassung geht auf DÜLFER zurück, der das internationale Management dadurch kennzeichnet, daß „ ... Interaktionsbeziehungen angeknüpft werden, die über die eigene Staatsgrenze hinausreichen, und .. dementsprechend die eigene Unternehmenstätigkeit in irgendeiner Weise grenzüberschreitend erfolgt."[43]

Im Kontext der internationalen Management-Holding können sowohl die Konzernleitung wie auch die Leiter der Tochtergesellschaften als zur Unternehmensführung legitimierte Leitungsorgane aufgefaßt werden. Wenn im folgenden Ansätze zur Gestaltung effizienter Führungsinformationssysteme für die internationale Management-Holding zu entwickeln sind, soll damit deren Ausrichtung auf die zur *strategischen Führung* legitimierte Konzernleitung einer internationalen Management-Holding herausgestellt werden.[44]

Um die Gestaltungsausrichtung auch terminologisch nachzuvollziehen, erscheint es sinnvoll, diesen Aspekt in das Begriffsdefiniendum von Führungsinformationssystemen aufzunehmen. Hierdurch kann die folgende Nominaldefinition[45] formuliert werden:

---

42) Hierbei ist zu beachten, daß der Begriff der Internationalität nicht an gesetzlichen Tatbestandsmerkmalen festzumachen ist. Nach verschiedenen Intensitätsstufen wird in der Literatur zum Teil zwischen internationalen, multinationalen und globalen Unternehmen unterschieden. Da diese Abgrenzung für die weiteren Ausführungen nur von untergeordneter Bedeutung ist, wird sie im folgenden *nicht* weiter berücksichtigt. Dies geschieht auch vor dem Hintergrund der Qualität dieser Abgrenzungen, zu denen DÜLFER (Internationales Management), S. 7, bemerkt: „In der neueren Literatur sind diese Abgrenzungsversuche als mehr oder weniger unfruchtbar aufgegeben worden."

43) DÜLFER (Internationales Management), S. 8.

44) Zur Bedeutung strategischer Aufgaben für die Konzernleitung in einer internationalen Management-Holding vgl. Kap. III.1.1.2., S. 86 ff.

45) Nach KONEGEN / SONDERGELD (Wissenschaftstheorie), S. 48 f., umfaßt die Nominaldefinition eine Übereinkunft über einen Begriff und seine Verwendung, die für einen bestimmten Zweck gelten soll. Demnach kann sie nicht richtig oder falsch, sondern nur zweckmäßig oder unzweckmäßig sein. Ihr Vorteil liegt in der Präzision und vor allem in der intersubjektiven Überprüfbarkeit der gewonnenen Forschungsergebnisse. Vgl. hierzu auch SCHANZ (Methodologie), S. 18.

Führungsinformationssysteme für die internationale Management-Holding sind spezifische Informationssysteme, die den organisationsbedingten Anforderungen einer derartigen Konzernstruktur angepaßt sind: Sie haben die bedarfsgerechte Informationsversorgung der zur strategischen Führung legitimierten Konzernleitung sicherzustellen.

Die skizzierte Definition beinhaltet Implikationen, mit deren Hilfe der ausgewählte Forschungsgegenstand auch **thematisch** eingegrenzt wird:[46] Werden Führungsinformationssysteme unter Realisierungsaspekten betrachtet, spielt die **Rechnerunterstützung** eine zunehmende Rolle.[47] Aus dem Begriff der Rechnerunterstützung geht schon hervor, daß die technische Komponente nur eine unterstützende Funktion in dem Sinne auszufüllen hat, daß sie den Informationsbedarf - ohne den sie gar keine Daseinsberechtigung hätte - möglichst kostengünstig zu erfassen, verarbeiten und abzubilden hat. Da im Gegensatz zu den Ausführungen vieler Software-Anbieter die Einführung von Führungsinformationssystemen in erster Linie durch eine nach betriebswirtschaftlichen Aspekten zu entwickelnde Systemkonzeption zu überzeugen hat, wird auf technische Aspekte nur dann eingegangen, wenn sie für das grundlegende Verständnis der Systemkonzeption notwendig sind.

Des weiteren impliziert die Ausrichtung des zu entwickelnden Führungsinformationssystems auf die bedarfsgerechte Informationsversorgung der Konzernleitung, daß **Führungsinformationen**[48], d.h. Informationen, die auf spezifischen Bedürfnisse des ausgewählten Informationsempfängers abgestimmt sind, im Mittelpunkt der weiteren Ausführungen stehen. Die Bereitstellung bedarfsgerechter Informationen impliziert jedoch nur die *Unterstützung* von Entscheidungen; das *Treffen* von Entscheidungen sowie das Auswählen und Veranlassen entsprechender Handlungen ist und wird auch zukünftig alleinige Aufgabe der Konzernleitung bleiben.[49]

---

46)   Wissenschaftliches Arbeiten ist immer Eingrenzung oder Reduktion einer komplexen Welt. Was in der vorliegenden Arbeit ausgegrenzt oder keine Erwähnung findet, kann für einen anderen Verfasser oder unter einem anderen Forschungsziel vielleicht von höherer Relevanz sein.

47)   Manche Autoren unterscheiden nach der Rechnerunterstützung zwischen Führungsinformationssystemen im engeren und weiteren Sinne. Führungsinformationssysteme im engeren Sinne werden dann als EDV-Systeme aufgefaßt, bei denen „... Teilaktivitäten eines Informationssystems in Form eines Mensch-Maschine-Systems.." realisiert werden. So bei PICOT / MAIER (Informationssysteme), Sp. 923, aber auch GROFFMANN (Führungsinformationssystem), S. 24, und FRITZ / KUSTERER (Führungsinformationssystem), S. 158. Da sowohl in Wissenschaft und Praxis in der letzten Zeit vermehrt auf diese Differenzierung verzichtet wird, findet sie auch in der vorliegenden Arbeit keine Verwendung.

48)   Zu einer Charakterisierung betrieblicher Führungsinformationen in der internationalen Management-Holding vgl. Kap. II.2.2., S. 55 ff.

49)   Vgl. hierzu S. 72.

3. Forschungskonzeption und Aufbau der Arbeit

Um praxeologische Ansätze zur Gestaltung effizienter Führungsinformationssysteme für die internationale Management-Holding generieren zu können, ist es unverzichtbar, eine der Problematik adäquate **Forschungskonzeption**[50] zu entwickeln. Diese Aufgabe ist auf der Grundlage wissenschaftstheoretischer[51] Erkenntnisse zu lösen.

Aus Sicht der Wissenschaftstheorie existieren für die Betriebswirtschaftslehre zwei grundsätzliche Zielausrichtungen; das **theoretische** und das **technologische**[52] (pragmatische) **Wissenschaftsziel**.[53] Während im wesentlichen unstrittig ist, worin der Inhalt theoretischer Forschung liegt und welchen Anforderungen sie zu genügen hat,[54] sind in der Literatur teilweise erheblich voneinander entfernte Auffassungen über die Aufgaben betriebswirtschaftlicher Technologie-Forschung zu finden.[55]

Vor dem Hintergrund der ausgewählten Zielsetzung können ihre Aufgaben dahingehend konkretisiert werden,[56] **Systemkonzeptionen**[57] **zur Lösung praxisrelevanter Problemstellungen** theoretisch fundiert und logisch konsistent zu entwickeln. Da Führungsinformationssysteme für die internationale Management-Holding eine Ausprägung betrieblicher Informationssysteme darstellen,[58] und deren Entwicklung als ein Problem betriebswirtschaftlicher Technologie-Forschung anzusehen ist,[59] sollen die weiteren Ausführungen unter Rückgriff auf eine technologische Forschungskonzeption erarbeitet werden.[60]

---

50) *Forschungskonzeptionen* legen in den wesentlichen Grundzügen die Abfolge verschiedener Arbeitsschritte fest, von denen sich der Forscher eine Erfüllung seiner Forschungsziele erhofft. Vgl. KÖHLER (Forschungsobjekte), S. 188.

51) Die *Wissenschaftstheorie* ist - in einem ihrer wichtigsten Teile - eine Lehre von der Vorgehensweise wissenschaftlicher Tätigkeit, wobei sie Auskunft zu geben hat, welche Forschungskonzeptionen (Ursachen) zu welchen Forschungsergebnissen (Wirkungen) führen. Insofern kann sie als metawissenschaftliche Disziplin angesehen werden. Vgl. hierzu SCHANZ (Methodologie), S. 1 f.; STÄHLIN (Forschung), S. 1.

52) Im Rahmen der vorliegenden Arbeit werden das technologische und pragmatische Wissenschaftsziel als synonyme Zielsetzungen aufgefaßt. Zur Begründung vgl. KÖHLER (Forschungsobjekte), S. 187.

53) Vgl. BRAUN (Forschungsmethoden), Sp. 1221 f.; DLUGOS (Wissenschaftstheorie), S. 28 f.; KIRSCH (Führungslehre), S. 174 ff.; MOXTER (Grundfragen), S. 37 ff.; STÄHLIN (Forschung), S. 9 ff.; SZYPERSKI (Betriebswirtschaftslehre), S. 265 ff.; WILD (Organisationslehre), S. 22 ff.

54) Vgl. ULRICH (Betriebswirtschaftslehre), S. 165; KOSIOL (Betriebswirtschaftslehre), S. 745 ff.

55) Vgl. hierzu WURL (Liquiditätskontrolle), S. 23 f., der entsprechende Beispiele anführt.

56) Vgl. KIRSCH (Betriebswirtschaftslehre), S. 172 ff.; KIRSCH (Verhaltenswissenschaften), Sp. 4142.

57) Eine Systemkonzeption wird hierbei definiert als miteinander in Beziehung stehende Aussagen, die *Ziel-Mittel-Zusammenhänge* erfassen und so die Grundzüge einer Systemgestaltung formulieren. In Anlehnung an HARBERT (Controlling-Begriffe), S. 140. Ähnlich aber auch bei KIRSCH (Betriebswirtschaftslehre), S. 178 ff., und insbesondere S. 200 ff.

58) Zur Einordnung von Führungsinformationssystemen in das System betrieblicher Informationssysteme vgl. Kap. II.3.3., S. 72 ff.

59) Vgl. KIRSCH (Betriebswirtschaftslehre), S. 201; KIRSCH (Verhaltenswissenschaften), Sp. 4144 f.

60) Die Betonung des technologischen Wissenschaftszieles bedeutet nicht, daß in der vorliegenden Arbeit ausschließlich unmittelbar anwendbare „Gestaltungsrezepte" formuliert werden sollen.

Bestehende wissenschaftstheoretische Erkenntnisse hierfür zu nutzen, erwies sich als unergiebig.[61] Im Rahmen der vorliegenden Arbeit mußte daher eine eigene technologisch ausgerichtete Forschungskonzeption erarbeitet werden, die geeignet war, Ansätze zur Gestaltung effizienter Führungsinformationssysteme für die internationale Management-Holding generieren zu können.[62] Ihre **Forschungsstufen** lassen sich wie folgt skizzieren:[63]

I.   Erfassung und Abgrenzung einer praxisrelevanten Problemstellung sowie Festlegung eines hierauf basierenden Forschungsziels

Wird auf Ausführungen KIRSCHs zurückgegriffen, sind für technologisch ausgerichtete Arbeiten **praxisrelevante Probleme** konstitutiv.[64] Ihre Erfassung und Abgrenzung kann daher als Ausgangspunkt der Forschungsarbeiten angesehen werden.[65] Anschließend muß festgelegt werden, mit welchem **Forschungsziel** an das ausgewählte Problem heranzutreten ist. KOSIOL schreibt hierzu: „Nur wenn der Forscher die richtigen Fragen stellt, bedeuten Antworten überhaupt Lösungen ...“[66].

In der vorliegenden Arbeit konkretisiert sich das Forschungsziel durch die in der Praxis erkannte Problemstellung, die bedarfsgerechte Informationsversorgung der Konzernleitung einer internationalen Management-Holding sicherzustellen. Da Führungsinformationssystemen ein großes Potential zur Lösung dieser Problematik zugemessen wird, ist deren Entwicklung zu akzentuieren.[67]

Die Betonung der technologischen Forschungskonzeption bedeutet nicht, daß die Gestaltung von Führungsinformationssystemen ohne theoretische Fundierung durchgeführt werden kann.[68] Die Ausführungen der Forschungsstufen II. und III. gehen daher der Entwicklungsarbeit als **Bezugsrahmen**[69] voraus und bilden ihren theoretischen Unterbau ab.

---

61)   Gleicher Auffassung sind auch HICHERT / MORITZ (Informationen), S. 118; VETSCHERA (Informationssysteme), S. 1. Für eine mögliche Begründung vgl. WURL (Liquiditätskontrolle), S. 24.

62)   Vgl. hierzu die Zielsetzung der vorliegenden Arbeit, S. 6.

63)   Die nachfolgenden Ausführungen basieren auf Überlegungen von WURL (Liquiditätskontrolle), S. 25 f., zum Aufbau betrieblicher Informationssysteme.

64)   Vgl. KIRSCH (Betriebswirtschaftslehre), S. 178; insbesondere aber auch KIRSCH (Verhaltenswissenschaften), Sp. 4142 f.

65)   Vgl. hierzu Abb. I - 3, S. 17.

66)   KOSIOL (Grundlagen), S. 78.

67)   Die Notwendigkeit und Bedeutung sich mit diesem Thema auseinanderzusetzen, wurde in Kap. I.1. herausgearbeitet.

68)   Vgl. CHMIELEWICZ (Forschungskonzeptionen), S. 182; aber auch von STÄHLIN (Forschung), S. 10 f.

69)   Zur Bedeutung eines fundierten theoretischen Bezugsrahmens - auch unter pragmatischer Zielsetzung - schreiben ULRICH / KRIEG / MALIK (Betriebswirtschaftslehre), S. 140: „Es ist verständlich, wenn Praktiker in erster Linie an inhaltlichen, praxisbezogenen Aussagen der Betriebswirtschaftslehre interessiert sind und theoretischen Diskussionen wenig Geschmack abgewinnen können. Es muß aber berücksichtigt werden, daß Art, Umfang und praktische Bedeutung der Erkenntnisse einer Wissenschaft in hohem Maße bestimmt werden durch den Bezugsrahmen, mit welchem die Wissenschaftler an ihre Aufgaben der Erkenntnisgewinnung und -vermittlung herantreten.“

II. Analyse der ausgewählten Problemstellung

Um effiziente Führungsinformationssysteme für die internationale Management-Holding entwickeln zu können, muß zunächst der entsprechende *Stand der Betriebswirtschaftslehre* aufgezeigt werden. In bezug auf die vorliegende Arbeit sind die **Gestaltungsdeterminanten** effizienter Führungsinformationssysteme für die internationale Management-Holding zu analysieren.

III. Ableitung eines Anforderungsprofils

Um praxeologische Lösungsansätze entwickeln zu können, sind die effektiven Anforderungen, die Führungskräfte an Informationssysteme stellen, eine wesentliche Voraussetzung. Zwar werden hierzu in der Literatur verschiedene Ansätze angeboten,[70] jedoch fehlt bislang ein in sich geschlossenes **Anforderungsprofil**, das den in der Zielsetzung manifestierten Effizienzansatz umsetzen kann.

In einem dritten Schritt sind daher - ohne den Anspruch der Vollständigkeit erheben zu wollen - entsprechende Anforderungen und sonstige Bedingungen an die Gestaltung effizienter Führungsinformationssysteme zu definieren. Sie stecken nicht nur die Zielausrichtung für die unter Forschungsstufe IV.2. zu entwickelnde Systemkonzeption ab, sondern bilden auch die Grundlage für die Beurteilung des Entwicklungsstands der gegenwärtig in großen international tätigen Management-Holdings genutzten Informationssysteme.[71]

IV.1. Empirische Untersuchung des relevanten Anwendungszusammenhangs

An die theoretische Fundierung schließt sich die Gestaltung der **Systemkonzeption** an. Sie ist zweigeteilt: Um die Systemkonzeption zielgerichtet auf bestehende Forschungslücken ausrichten zu können,[72] ist mit dem erarbeiteten Anforderungsprofil zunächst der **Entwicklungsstand** der gegenwärtig in großen international tätigen Management-Holdings genutzten Informationssysteme zu überprüfen. Hierdurch können nicht nur bestehende Mängel aufgedeckt, sondern es kann auch relevantes betriebswirtschaftliches *Erfahrungswissen* erfaßt werden.

IV.2. Theoretisch fundierte und logisch konsistente Entwicklung einer System-konzeption

Die Verwendung wissenschaftlicher Erkenntnisse sowie deren Ergänzung durch betriebs-wirtschaftliches Erfahrungswissen sind die Grundlage, um eine an den Phasen des Informa-tionsversorgungsprozesses orientierte Systemkonzeption theoretisch fundiert und logisch kon-

---

70)   Vgl. ZEILE (Führungsinformationssysteme); WAGNER / VOGEL (Executive Information Systems).
71)   Vgl. hierzu die Ausführungen zur Forschungsstufe IV.1., S. 13.
72)   SZYPERSKI (Betriebswirtschaftslehre), S. 261 ff., spricht von einer „Forschung durch Entwicklung".

sistent entwickeln zu können. Der Entwicklungsprozeß ist durch das in der Forschungsstufe III. erarbeitete Anforderungsprofil nachvollziehbar. Des weiteren liegt ihm mit der ausgewählten technologischen Gestaltungsausrichtung eine systematische Forschungskonzeption zugrunde.

V. Ableitung eines Pilotsystems zur Überprüfung der Systemkonzeption im Anwendungszusammenhang

Zahlreiche Projekte zeigen, wie insbesondere große Konzerne die Notwendigkeit verspüren, auf die Anforderungen ihrer Konzernleitung abgestimmte Informationssysteme entwickeln zu müssen.[73] Umso erstaunlicher ist, daß Anregungen aus der Betriebswirtschaftslehre vielfach nicht angenommen werden und der Entwicklungsstand von Führungsinformationssystemen für die internationale Management-Holding als derzeit *unbefriedigend* bezeichnet werden kann.

Neben theoretischen Mängeln[74] dürften sich auch **organisatorische Probleme** als nachteilig erwiesen haben. Entsprechende wissenschaftliche Ausführungen beschränken sich oft auf den unterstellten Fall eines *„Musterunternehmens"* und erschöpfen sich daher notgedrungen in gedanklichen Experimenten.

Um Aussagen über die Umsetzung und organisatorische Einbindung von Führungsinformationssystemen für die internationale Management-Holding ableiten zu können, wird im Rahmen einer Fallstudie ein auf der branchenunabhängigen Systemkonzeption basierendes **Pilotsystem** gestaltet.[75] Nur in direkter Konfrontation mit der Praxis kann das Potential der entwickelten Systemkonzeption, die Gestaltung effizienter Führungsinformationssysteme für die internationalen Management-Holding wirkungsvoll unterstützen zu können, überprüft werden.

Der Forschungsprozeß endet damit wieder in der Praxis, so daß nicht nur mögliche *Praktikabilitätsmängel* und *sonstige Unzulänglichkeiten* der entwickelten Systemkonzeption festgestellt werden können. Insbesondere können nachhaltig tragfähige **Hinweise zur Umsetzung** effizienter Führungsinformationssysteme für die internationale Management-Holding abgesichert werden.

In bezug auf die Zielsetzung, praxeologische Ansätze zur Gestaltung effizienter Führungsinformationssysteme für die internationale Management-Holding zu entwickeln, erscheint die

---

73) Dies läßt sich beispielsweise an der sehr hohen *Rücklaufquote* der im Rahmen der vorliegenden Arbeit durchgeführten empirischen Untersuchung ablesen. Vgl. S. 140.

74) Vgl. S. 4 ff.

75) Vgl. KUBICEK (Organisationsforschung), S. 32. SCHMALENBACH (Privatwirtschaftslehre), S. 307, wollte daher die Betriebswirtschaftslehre als Kunstlehre betrieben sehen, damit ihre Verfahrensregeln am Experiment überprüft werden können; denn ohne diese Bindung - so schreibt er - ist die Wissenschaft „ ... den Unzulänglichkeiten des menschlichen Gehirns stark unterworfen."

erarbeitete Forschungskonzeption insbesondere deswegen erfolgsversprechend,[76] da sie durch die rein deduktive Ermittlung des Anforderungsprofils[77] eine anfängliche Loslösung vom Ist-Zustand ermöglicht. Im Vergleich zur empirisch-induktiven Vorgehensweise kann so nicht nur der Weg zu *neuen* und eventuell besseren Lösungsansätzen gedanklich offen gehalten werden. Des weiteren wird die Gefahr umgangen, eine Soll-Konzeption zu entwickeln, die - wie in der Praxis häufig anzutreffen ist - lediglich auf die Mängelbeseitigung bestehender Führungsinformationssysteme beschränkt ist, grundlegende Veränderungen des Ist-Zustands aber *nicht* mit in ihre Überlegungen einbezieht.

Der immanente Nachteil der Deduktion, möglicherweise ein Idealkonzept effizienter Führungsinformationssysteme für die internationale Management-Holding zu entwickeln, dessen Realitätsferne so groß ist, daß seine Anpassung an reale Bedingungen unmöglich macht, wird im Rahmen der vorliegenden Arbeit dadurch „abgefedert", daß die Ergebnisse einer empirischen Untersuchung mit in den Entwicklungsprozeß der Systemkonzeption einfließen. So werden nicht nur die Vorteile sowohl der deduktiven als auch der empirisch-induktiven Vorgehensweise nutzbar gemacht. Auch die Wahrscheinlichkeit, eine effiziente Problemlösung erarbeiten zu können, dürfte relativ hoch sein.

Durch die ausgewählte Forschungskonzeption läßt sich der **Aufbau der vorliegenden Arbeit** begründen. Er umfaßt *sechs Kapitel*, deren Inhalt und gedankliche Verbindungen in der nachfolgenden Abb. I - 3 nochmals schematisch zusammengefaßt werden.

Das sich an die **Einleitung** anschließende zweite Kapitel umfaßt die **theoretischen Grundlagen**. Basierend auf einer Literaturrecherche werden die Gestaltungsdeterminanten des Forschungsgegenstands erfaßt und analysiert. Hierbei wird abgeklärt, durch welche Spezifika die *internationale Management-Holding* zu charakterisieren ist, welche *Informationen* die Konzernleitung für ihre Aufgabenerfüllung benötigt und wie diese durch ein entsprechendes *Informationsinstrumentarium* generiert werden können. Die Einzelergebnisse werden zu einem **Grundmodell effizienter Führungsinformationssysteme für die internationale Management-Holding** zusammengeführt.

Im dritten Kapitel werden die betriebswirtschaftliche Anforderungen an effiziente Führungsinformationssysteme für die internationale Management-Holding dargelegt. Hierbei wird zwischen *Sachzielen*, durch die die Art und Qualität des Informationsbedarfs determiniert wird, und den mehr formal ausgerichteten *Gestaltungsgrundsätzen* unterschieden. Letztere basieren auf einer im Herbst 1997 durchgeführten **empirischen Untersuchung**, in der die 154

---

76) Mit der Gestaltung eines auf der Systemkonzeption basierenden Pilotsystems ist diese Hypothese noch zu bestätigen.

77) Vgl. hierzu die dritte Forschungsstufe dieser Aufzählung, S. 13.

Vorstandsmitglieder der 32 im DAX[78] 100 erfaßten Management-Holdings nach ihren **Anforderungen** an effiziente Führungsinformationssysteme befragt wurden.

Die **Methodologiearbeit** schließt sich im vierten Kapitel an. Zunächst wird überprüft, inwieweit bestehende Führungsinformationssysteme in großen international tätigen Management-Holdings dem herausgearbeiteten Anforderungsprofil entsprechen. Die Ergebnisse werden dann zur Deduktion einer **Systemkonzeption** herangezogen. Als technologisches Alternativkonzept, das zielgerichtet auf bestehende Anspruchslücken einer effizienten Führungsinformationssystemgestaltung für die internationale Management-Holding ausgerichtet ist, kommt eine **sequentielle Methodenverkettung** zum Einsatz. Hierbei wird zwischen der *inhaltlichen* und der *formalen Gestaltung* effizienter Führungsinformationssysteme für die internationale Management-Holding unterschieden. Das Ergebnis konzentriert sich in einer **Erfolgsfaktorenbasierten Balanced Scorecard**.

Um die entwickelte Systemkonzeption hinsichtlich ihrer Zielerreichung zu überprüfen, wird im **pragmatisch-anwendungsorientierten Teil** der Arbeit (Kapitel V.) ein „Pilotsystem" entwickelt. Da mit der Systemkonzeption - um damit das Thema bewußt „breit" zu halten - keine Branche fokussiert wurde, verlangt die für das Pilotsystem ausgewählte, im internationalen Rohstoff- und Produkthandel tätige Management-Holding eine Anpassung an die situativen Gegebenheiten.

Die **Zusammenfassung** der wesentlichen Ergebnisse, eine **kritische Würdigung** sowie ein **Ausblick** runden mit Kapitel VI. die vorliegende Arbeit ab.

---

78)   DAX ist ein eingetragenes Warenzeichen der Deutschen Börse AG.

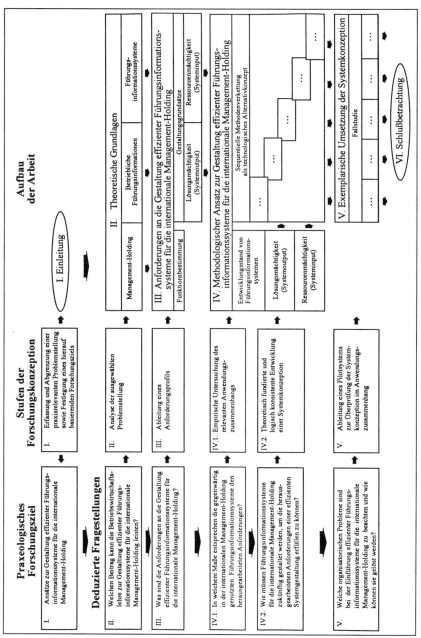

Abb. I - 3: Technologisch ausgerichtete Forschungskonzeption zur Entwicklung effizienter Führungsinformationssysteme für die internationale Management-Holding.

II. Theoretische Grundlagen

Soll die bedarfsgerechte Informationsversorgung der Konzernleitung einer internationalen Management-Holding durch Führungsinformationssysteme sichergestellt werden, ist vor der Entwicklung der Systemkonzeption abzuklären, durch welche **Gestaltungsdeterminanten** sie bestimmt wird.[1]

In Kap. II.1. ist daher zunächst die **Management-Holding als organisatorisches Strukturkonzept für internationale Konzerne** herauszuarbeiten.[2] Die Ableitung von **Kriterien betrieblicher Führungsinformationen für die Konzernleitung einer internationalen Management-Holding** schließt sich in Kap. II.2. an.[3] In Kap. II.3. ist zu klären, warum insbesondere **Führungsinformationssysteme für die internationale Management-Holding** zur bedarfsgerechten Informationsversorgung der Konzernleitung geeignet sind und wie eine organisationsspezifische Systemkonzeption zu gestalten ist.[4]

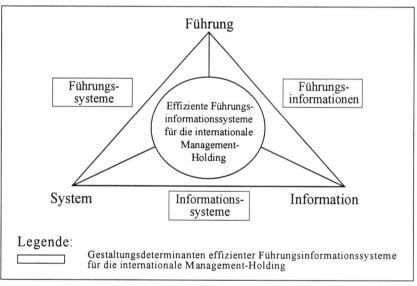

Abb. II - 1:   *Gestaltungsdeterminanten effizienter Führungsinformationssysteme für die internationale Management-Holding.*

---

1) Gleicher Ansicht ist auch KIRSCH (Verhaltenswissenschaften), Sp. 4146. Hierdurch wird die *erste* der im Rahmen der Zielsetzung herausgearbeiteten Fragen nach dem Beitrag der Betriebswirtschaftslehre zur Gestaltung effizienter Führungsinformationssysteme für die internationale Management-Holding beantwortet. Vgl. S. 6.

2) Vgl. hierzu das mit *FS* (Führungssysteme) gekennzeichnete Segment der Abb. II - 1, S. 19.

3) Vgl. hierzu das mit *FI* (Führungsinformationen) gekennzeichnete Segment der Abb. II - 1, S. 19.

4) Vgl. hierzu das mit *IS* (Informationssysteme) gekennzeichnete Segment der Abb. II - 1, S. 19.

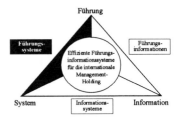

1. Management-Holding als organisatorisches Strukturkonzept für internationale Konzerne

Da die Management-Holding als organisatorisches Strukturkonzept für Konzerne herausgearbeitet wurde,[5] ist in Kap. II.1.1. zunächst auf die **Definition und Abgrenzung des Konzernbegriffs** einzugehen. In Kap. II.1.2. schließt sich die **Systematisierung möglicher Strukturkonzepte für Konzerne** an. Hierauf basiert dann die Charakterisierung einer **Management-Holding** (Kap. II.1.3.). Eine Auflistung von **Besonderheiten der internationalen Management-Holding** in Kap. II.1.4. beschließt die Ausführungen.

1.1. Definition und Abgrenzung des Konzernbegriffs

Der Konzernbegriff ist *juristischen Ursprungs* und wird im Rahmen der „Verbundenen Unternehmen"[6] in den §§ 15 - 22 und §§ 291 - 337 des Aktiengesetzes von 1965 geregelt. Die Tatbestandsmerkmale des **rechtlichen Konzernbegriffs** sind in § 18 AktG erfaßt:

- **§ 18 I AktG**: „Sind ein herrschendes und ein oder mehrere abhängige Unternehmen unter der einheitlichen Leitung des herrschenden Unternehmens zusammengefaßt, so bilden sie einen Konzern; die einzelnen Unternehmen sind Konzernunternehmen. Unternehmen, zwischen denen ein Beherrschungsvertrag (§ 291) besteht oder von denen das eine in das andere eingegliedert ist (§ 319), sind als unter einheitlicher Leitung zusammengefaßt anzusehen. Von einem abhängigen Unternehmen wird vermutet, daß es mit dem herrschenden Unternehmen einen Konzern bildet."

- **§ 18 II AktG**: „Sind rechtlich selbständige Unternehmen, ohne daß das eine Unternehmen von dem anderem abhängig ist, unter einheitlicher Leitung zusammengefaßt, so bilden sie auch einen Konzern; die einzelnen Unternehmen sind Konzernunternehmen."

---

5)   Vgl. hierzu die terminologische Abgrenzung einer Management-Holding, S. 9.

6)   Das Recht *verbundener Unternehmen* ist in § 15 AktG kodifiziert: „Verbundene Unternehmen sind rechtlich selbständige Unternehmen, die im Verhältnis zueinander in Mehrheitsbesitz stehende Unternehmen und mit Mehrheit beteiligte Unternehmen (§ 16), abhängige und herrschende Unternehmen (§ 17), Konzernunternehmen (§ 18), wechselseitig beteiligte Unternehmen (§ 19) oder Vertragsteile eines Unternehmensvertrags (§§ 291, 292) sind."

Als Tatbestandsmerkmale von Konzernen können demnach drei Aspekte herausgestellt werden: Neben der *Zusammenfassung* mehrerer Unternehmen stellt § 18 AktG auf die *rechtliche Selbständigkeit*[7] der Unternehmen ab. Während die genannten Tatbestandsmerkmale in der Regel zweifelsfrei nachprüfbar sind, wird der Begriff der *einheitlichen Leitung*[8] - das dritte Wesensmerkmal von Konzernen - nicht explizit definiert. Anstelle dessen schuf der Gesetzgeber die sogenannten **Konzernvermutungen**:

- So wird in § 18 I (2) AktG ausgeführt, daß Unternehmen als *unwiderlegbar* unter einheitlicher Leitung zusammengefaßt und somit als Konzern anzusehen sind, wenn zwischen ihnen ein **Beherrschungsvertrag** nach § 291 AktG vorliegt, oder wenn eines der Unternehmen in das andere nach § 319 AktG **eingegliedert** ist.

- Besteht zwischen zwei rechtlich selbständigen Unternehmen ein **Abhängigkeitsverhältnis**[9], ist nach § 18 I (3) AktG als *widerlegbare* Vermutung anzunehmen, daß das abhängige mit dem herrschenden Unternehmen einen Konzern bildet.

Bei dem für die vorliegende Arbeit unterstellten **Unterordnungskonzern**[10] (§ 18 I AktG) ist anzunehmen, daß die einheitliche Leitung vom herrschenden Unternehmen ausgeht und auf einem *Abhängigkeitsverhältnis*[11] basiert. Insbesondere die definitorische Offenheit der einheitlichen Leitung und die hieraus erwachsenden Interpretationsmöglichkeiten zwischen **zentraler und dezentraler Leitung** sind für eine praxisrelevante Begriffsanwendung oftmals nur bedingt geeignet.[12]

---

7) Das Tatbestandsmerkmal der rechtlichen Selbständigkeit grenzt den Konzern von anderen Zusammen-schlußformen - beispielsweise der *Fusion* - ab. Merkmal einer Fusion ist die *Verschmelzung* von zwei oder mehreren rechtlich selbständigen Unternehmen auf ein Einheitsunternehmen (§ 23 II Nr. 1 GWB), so daß mindestens ein Unternehmen seine rechtliche Selbständigkeit aufgeben muß.

8) Zur Begriffsauslegung vgl. insbesondere ADLER / DÜRING / SCHMALTZ (Rechnungslegung), § 329 AktG, Rn. 9.

9) Ein Abhängigkeitsverhältnis liegt nach § 17 I AktG dann vor, wenn ein herrschendes Unternehmen unmittelbar oder mittelbar auf ein anderes Unternehmen einen *beherrschenden Einfluß* ausüben kann. Vgl. SCHEFFLER (Konzernmanagement), S. 7; KÜTING / WEBER (Konzernabschluß), S. 7 ff.

10) Vom Unterordnungskonzern ist der in der Praxis recht selten vorkommende *Gleichordnungskonzern* (§ 18 II AktG) abzugrenzen. Letzterer ist durch die Zusammenfassung von rechtlich selbständigen Unternehmen, zwischen denen - im Gegensatz zum Unterordnungskonzern - *kein* Abhängigkeitsverhältnis besteht, zu charakterisieren. Die beteiligten Unternehmen unterstellen sich somit *freiwillig* der einheitlichen Leitung. Vgl. KÜTING / WEBER (Konzernabschluß), S. 20.

11) Das Abhängigkeitsverhältnis in einem Unterordnungskonzern kann auf folgenden Gegebenheiten basieren: 1) *Vorhandensein einer Mehrheitsbeteiligung* (faktischer Konzern): Die einheitliche Leitung erfolgt aufgrund der Beteiligungsverhältnisse. 2) *Vorliegen eines Beherrschungsvertrags* (Vertragskonzern): Ein vertraglicher Zusammenschluß verleiht dem leitenden Unternehmen eine *direkte Weisungsbefugnis* gegenüber dem Leitungsorgan der abhängigen Unternehmens. 3) *Eingliederung eines Unternehmens* (Eingliederungskonzern): Bei einer Aktiengesellschaft, deren Aktien sich mindestens zu 95 % im Besitz einer anderen Aktiengesellschaft befinden, kann durch Beschluß der Hauptversammlung das abhängige Unternehmen in das andere Unternehmen eingegliedert werden. Vgl. hierzu HOFFMANN (Konzernhandbuch), S. 28 ff.; aber auch KÜTING / WEBER (Konzernabschluß), S. 16 ff.

12) Ähnlich auch bei PAUSENBERGER (Konzerne), Sp. 2234 f.

Die Konzeption des rechtlichen Konzernbegriffs läuft daher ihrer Entwicklung in der Praxis hinterher, so daß eine Reihe von Definitionen zu finden sind, die **betriebswirtschaftlich-orga-** **nisatorische Aspekte** akzentuieren. Beispielsweise stellt THEISEN sowohl die zunehmende Bedeutung der wirtschaftlichen Verknüpfungen mehrerer Unternehmen als auch den organisatorischen Aspekt, daß die Leitung eines Unternehmen einem anderen Unternehmen untergeordnet werden kann, in den Vordergrund seiner Überlegungen. Der Forschungsfortschritt seiner 1991 veröffentlichten Konzerndefinition ist jedoch in der erstmaligen *Kombination* betriebswirtschaftlich-organisatorischer Aspekte mit den Tatbestandsmerkmalen des § 18 AktG zu sehen. Seine **Definitionsmerkmale eines Konzerns,** die auch den weiteren Ausführungen zugrunde liegen sollen, lassen sich wie folgt zusammenfassen:[13]

• Der Konzern bildet eine **wirtschaftliche Entscheidungs- und Handlungseinheit.**

• Die Konzernunternehmen behalten ihre **rechtliche Selbständigkeit** bei.

• Die Konzernunternehmen werden unter **einheitlicher Leitung** zusammengefaßt.

• Die unternehmerische Entscheidungsfreiheit an den Spitzen der Konzernunternehmen wird durch eine **Instanz mit konzernweitem Führungsanspruch** eingeschränkt.

1.2.   Systematisierung möglicher Strukturkonzepte für Konzerne

Durch den Umfang des konzernweiten Führungsanspruchs lassen sich verschiedene **Struk-** **turkonzepte für Konzerne** systematisieren. Hierzu werden in Kap. II.1.2.1. die einzelnen **Grundelemente der Konzernorganisation** abgegrenzt. Deren Kombinationsmöglichkeiten determinieren dann die Charakteristika von **Stammhaus-** (Kap. II.1.2.2.) und **Holding-** **konzernen** (Kap. II.1.2.3.).

1.2.1.   Grundelemente der Konzernorganisation

Der Umfang des konzernweiten Führungsanspruchs kann mit Hilfe eines Grundmodells der Konzernorganisation konkretisiert werden. Konzerne bestehen dabei mindestens aus zwei Elementen, die nach ihrer hierarchischen Stellung als **Spitzen-** oder **Grundeinheit** bezeichnet werden.[14] Im Bedarfsfall können noch **Zwischeneinheiten** ergänzt werden.[15] Die genannten Grundelemente der Konzernorganisation lassen sich wie folgt charakterisieren:

---

13)   Entnommen aus THEISEN (Konzern), S. 20.
14)   Vgl. BLEICHER (Gestaltung der Konzernorganisation I und II), S. 245 ff. und S. 328 ff.
15)   Vgl. hierzu insbesondere MELLEWIGT (Konzernorganisation), S. 29 f.

- Die **Spitzeneinheit**, die auch als Konzernobergesellschaft, Dachgesellschaft oder Mutter-gesellschaft bezeichnet wird, ist für die Führung des „*Gesamtkonzerns*" verantwortlich. Ne-ben der **Konzernleitung**[16], die die nach § 18 AktG vorgeschriebene einheitliche Leitung wahrzunehmen hat, besteht die Spitzeneinheit aus sogenannten **Zentralbereichen**[17]. Sie unterstehen in der Regel der Konzernleitung und erfüllen *unternehmensübergreifende* Auf-gaben, die sinnvollerweise *zentral* zu koordinieren und durchzuführen sind.[18]

- Die **Grundeinheiten** von Konzernen dienen der *Leistungserstellung und -verwertung*.[19] Sie stehen in direktem Kontakt mit den Märkten und sind entweder als rechtlich selbstän-dige Tochtergesellschaften oder als unselbständige Betriebsabteilungen (z.B. Produktions-stätten, Zweigniederlassungen) organisiert.[20]

- Zwischen der Spitzen- und den Grundeinheiten können sogenannte **Zwischeneinheiten** eingerichtet werden. Sie besitzen eine *Harmonisierungsfunktion*, da sie die Grundeinheiten einer Ebene - beispielsweise nach regionalen Gesichtspunkten - unter einheitlicher Leitung zusammenfassen. Zwischeneinheiten sind - so werden die strukturellen Veränderungen der DAX 100-Werte noch zeigen[21] - vor allem dann erforderlich, wenn die Anzahl der Grund-einheiten oder die Heterogenität der Konzerngeschäftsfelder sehr groß ist.

1.2.2. Stammhauskonzerne

Stammhauskonzerne[22] sind dadurch gekennzeichnet, daß ihre Spitzeneinheit mit mindestens einer Grund- (*Variante a*) oder Zwischeneinheit (*Variante b*) eine rechtliche Einheit bildet.[23]

---

16) Wird im folgenden von der *Konzernleitung* gesprochen, soll damit das *institutionelle Begriffsverständ-nis* akzentuiert werden. Wird von der *Führung eines Konzerns* oder der *Konzernführung* gesprochen, stehen *funktionale Aspekte* im Vordergrund.

17) In Anlehnung an die Terminologie von SCHEFFLER (Konzernmanagement), S. 25 f. *Zentralabtei-lungen* und *zentrale Stäbe* sind als synonyme Begriffe aufzufassen.

18) Hierbei ist z.B. an die zentrale Beschaffung oder die zentrale EDV-Abteilung zu denken.

19) Vgl. BLEICHER (Organisation), S. 42.

20) Vgl. MELLEWIGT (Konzernorganisation), S. 29, der sich auf BLEICHER (Gestaltung der Konzern-organisation I), S. 245, bezieht.

21) Vgl. Abb. II - 10, S. 40.

22) Der Begriff des Stammhauskonzerns wurde Ende der siebziger Jahre vor allem durch BLEICHER und EVERLING geprägt. Vgl. hierzu BLEICHER (Gestaltung der Konzernorganisation I und II), S. 243 ff. und S. 328 ff., sowie EVERLING (Konzernführung), S. 2549 ff. Von einigen Autoren wird der Stamm-hauskonzern auch als *operative Holding* oder *operative Management-Holding* bezeichnet. Vgl. hierzu HOFFMANN (Konzernorganisationsformen), S. 554; HUNGENBERG (Zentrale), S. 349. Zu letzt-genannter Begriffsverwendung vgl. SCHULTE (Holding), S. 34. Obwohl die Begriffe die gleichen konstitutiven Merkmale wie der Stammhauskonzern besitzen und daher als *Synonyme* aufzufassen sind, finden sie im Rahmen der vorliegenden Arbeit keine Verwendung. Dies läßt sich damit begründen, daß eine Abgrenzung zwischen dem Begriff des Stammhauskonzerns und den verschiedenen Ausprägungen des Holdingkonzerns auch terminologisch nachvollzogen werden soll.

23) Vgl. hierzu Abb. II - 2, S. 24.

Diese rechtliche Einheit wird in der Literatur häufig als „Stammhaus" bezeichnet.[24] Da Stammhauskonzerne aus noch mindestens einer weiteren Zwischen- oder Grundeinheit bestehen, sind sie in ihrer Minimalausprägung zweistufig aufgebaut. Die Gestaltungsvarianten sind in der nachfolgenden Abb. II - 2 grafisch zusammengefaßt.

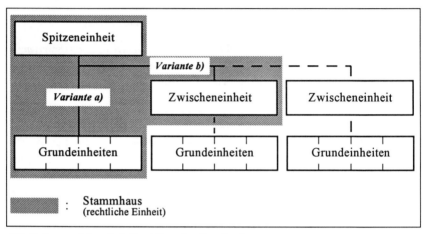

Abb. II - 2:   *Schematische Darstellung eines Stammhauskonzerns.*
Entnommen aus: BLEICHER (Organisation), S. 632 ff.

Als erstes organisationsspezifisches Merkmal von Stammhauskonzernen kann das vorrangige Ziel der Spitzeneinheit angeführt werden, **eigenunternehmerisch am Markt** aufzutreten.[25] Hierzu erstellt sie - meist in großem Umfang - Produkte und/oder Dienstleistungen, was sie *größer* und *wirtschaftlich bedeutender* als ihre Grundeinheiten macht. Die Spitzeneinheit hat daher eine **dominante Stellung** im Konzern. Den Grundeinheiten kommt oftmals nur eine Unterstützungsfunktion in den vor- oder nachgelagerten Produktionsstufen des Stammhausgeschäfts zu, so daß sie nicht nur rechtlich, sondern auch **wirtschaftlich** von der Spitzeneinheit abhängen.[26] Dies ist auch der Grund dafür, daß Stammhauskonzerne in der Regel durch ein **homogenes Leistungsprogramm** zu charakterisieren sind.[27]

Da es keine Trennung zwischen der Führung des Stammhauses und dem Gesamtkonzern gibt, kommt der Konzernleitung eine **Doppelfunktion** zu: Auf der einen Seite ist sie für das Geschäft des Stammhauses verantwortlich, auf der anderen Seite muß sie sich um die Konzern-

24) Vgl. SCHEFFLER (Konzernmanagement), S. 21; aber auch KELLER (Holdingkonzepte), S. 90, und MELLEWIGT (Konzernorganisation), S. 28.

25) Vgl. HOFFMANN (Konzernhandbuch), S. 12; EVERLING (Konzernführung), S. 2549.

26) Die *rechtliche Selbständigkeit* verbleibt somit als *einziges* Merkmal, durch das sich Tochtergesellschaften in Stammhauskonzernen von unselbständigen Betriebsführungsbereichen unterscheiden.

27) Vgl. EVERLING (Konzernführung), S. 2549.

führung kümmern. Dies führt nicht nur zur **Zentralisation von Entscheidungen.** Daneben
wird die **Notwendigkeit komplexer Koordinationsmaßnahmen** offensichtlich.[28]

Organisationsspezifische Merkmale von Stammhauskonzernen

- Spitzeneinheit erstellt eigenunternehmerisch und in großem Umfang
  Produkte und/oder Dienstleistungen für den Markt
  - dominante Stellung der Spitzeneinheit
  - rechtliche und wirtschaftliche Abhängigkeit
    der Grundeinheiten von der Spitzeneinheit
  - homogenes Leistungsprogramm

- Konzernleitung übt durch ihre Verantwortung für das Stammhaus-
  geschäft und die Konzernführung eine Doppelfunktion aus
  - Zentralisation von Entscheidungen
  - Notwendigkeit komplexer Koordinationsmaßnahmen

Abb. II - 3:   Organisationsspezifische Merkmale von Stammhauskonzernen.
In Anlehnung an: THEOPOLD (Operative Holding), S. 170.

1.2.3. Holdingkonzerne

Der **Holdingbegriff** leitet sich vom englischen Verb „to hold", d. h. „halten, beherrschen" ab.
Dementsprechend erscheint es aus etymologischer Sicht[29] sinnvoll, den Zweck der Spitzeneinheit in Holdingkonzernen dahingehend zu konkretisieren, **Beteiligungen** - in der Regel
dauerhaft - **zu halten** sowie **Einfluß** - in noch zu konkretisierender Form - **auszuüben.**

KELLER konkretisiert diesen Definitionsansatz, indem er die begriffliche Bestimmung einer
„Holding" wie folgt umschreibt: „Unter Holding bzw. Holdinggesellschaft ist eine Unternehmung zu verstehen, deren betrieblicher Hauptzweck in einer auf Dauer angelegten Beteiligung
an einer (oder mehreren) rechtlich selbständigen Unternehmung (en) liegt."[30]

Mit dem **Halten von Beteiligungen** leistet die Holdinggesellschaft einen Beitrag bei der
externen Eigenfinanzierung der Tochtergesellschaften, so daß die **Finanzierungsfunktion** sowie die damit verbundenen **Verwaltungsaufgaben**[31] als ihre *originären Tätigkeiten* inter-

---

28)   Vgl. HOFFMANN (Konzernorganisationsformen), S. 554.
29)   Vgl. hierzu KELLER (Holdingkonzepte), S. 41 ff.
30)   ebenda, S. 32.
31)   KELLER (Holdingkonzepte), S. 47, führt als Beispiel die Wahrnehmung der Kontrollrechte als Kom-
      manditist einer Beteiligungs-KG nach § 166 HGB an.

pretiert werden können.[32] Reichen der Umfang und die stimmrechtliche Gestaltung der Kapitalanlagen aus, kann die Holdinggesellschaft auch **Führungsfunktionen** über eine oder mehrere Tochtergesellschaften ausüben (institutionelle Sichtweise).[33]

Neben dieser institutionellen Auffassung kann der Holdingbegriff auch als **Organisationsstruktur für Konzerne** interpretiert werden.[34] Die Holding umfaßt dabei nicht nur die Spitzeneinheit, sondern auch die bereits skizzierten Grundelemente der Konzernorganisation.[35] Hierbei können - wie die nachfolgende Abb. II - 4 darlegt - Ausprägungen *ohne* (*Variante a*) und *mit* ein oder mehreren Zwischeneinheiten (*Variante b*) unterschieden werden.

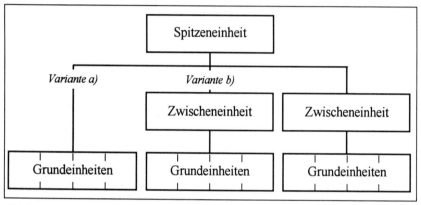

Abb. II - 4:   *Schematische Darstellung von Holdingkonzernen.*
In Anlehnung an: BLEICHER (Organisation), S. 632 ff.

Im Gegensatz zum Stammhauskonzern ist bei Holdingkonzernen die Doppelfunktion der Spitzeneinheit aufgelöst. Sie gibt - und das ist das charakteristische Merkmal eines Holdingkonzerns - ihre eigenunternehmerische Tätigkeit am Markt auf und beschränkt sich ausschließlich auf die **Aufgaben der Konzernführung**. Durch die Beteiligungen an den am Markt eigenverantwortlich auftretenden und rechtlich selbständigen Konzernunternehmen wird ihr Führungsanspruch legitimiert.[36]

---

32)   Vgl. HOFFMANN (Konzernhandbuch), S. 12; SCHEFFLER (konzernleitende Holding), S. 245.
33)   Zur Ausgestaltung vgl. insbesondere das Strukturkonzept einer internationalen Management-Holding, S. 29 ff.
34)   Vgl. beispielsweise BÜHNER (Unternehmensstruktur), S. 33; aber auch HOFFMANN (Konzern-handbuch), S. 13 f.
35)   Vgl. hierzu S. 22 f.
36)   Vgl. KRAEHE (Mittelstandsholding), S. 113.

1.3. Trennung von Strategie und operativer Umsetzung als konstitutives Strukturmerkmal der Management-Holding

Die Frage nach dem „*optimalen*" Aufbau von Holdingkonzernen kann nicht eindeutig geklärt werden, da sich die Antwort stets aus dem konkreten Kontext ergeben wird. Seit Ende der achtziger Jahre ist jedoch eine Reorganisation vieler Stammhauskonzerne auf eine **Management-Holding** festzustellen.[37]

1.3.1. Entwicklungsgründe

Als Ausgangspunkt der Reorganisationsbemühungen ist - wie die nachfolgende Abb. II - 5 erfaßt - die **funktionale Organisationsstruktur** von Stammhauskonzernen anzusehen. Durch Umsatzwachstum, das vor allem durch die Aufnahme vor- und nachgelagerter Produktionsstufen ermöglicht wurde, entstanden in den fünfziger und zu Beginn der sechziger Jahre erste **große Konzerne**. Um mit den ausgeweiteten Konzerntätigkeiten **Spezialisierungs- und Größenvorteile** realisieren zu können,[38] waren diese durch die weitgehende **Standardisierung** gleichartiger betrieblicher Funktionen - beispielsweise der Beschaffung, Produktion oder des Absatzes - gekennzeichnet.[39]

Bei sich ändernden Rahmenbedingungen stößt die funktionale Organisationsstruktur jedoch schnell an die Grenzen ihrer Belastbarkeit. Die Zunahme der Produktvielfalt, die Entwicklung neuer Geschäftsfelder, eine steigende Anzahl an Tochtergesellschaften oder das Erschließen von Auslandsmärkten bedingt einen erhöhten Informationsaustausch zwischen den einzelnen Funktionseinheiten, was aufgrund von funktional geprägten „Ressortegoismen" zu einem hohen Koordinationsaufwand und anderen Schnittstellenproblemen führt.

Beginnend in den sechziger Jahren gaben sich deshalb viele Konzerne eine **Geschäftsbereich-Organisation**[40]. Charakteristisches Merkmal dieser oftmals auch als *Divisional-* oder *Spartenorganisation*[41] bezeichneten Konzernstruktur ist es, daß die wichtigsten Konzernbereiche nach *Objektgesichtspunkten* gegliedert sind, die möglichst autonom und mit einem Spezialisierungsvorteil die Kunden-, Markt- und sonstigen Umweltbedürfnisse befriedigen sollen. Als Objekt-

---

37) Vgl. hierzu Abb. II - 10, S. 40.
38) In der Beschaffung ist beispielsweise an *günstigere Lieferkonditionen* zu denken. In der Produktion können durch eine funktionale Gliederung in der Regel *Losgrößenvorteile* realisiert werden.
39) Vgl. exemplarisch BÜHNER (Organisationslehre), S. 110.
40) In Anlehnung an die Terminologie von SCHEFFLER (Konzernmanagement), S. 25.
41) Vgl. BÜHNER / WALTER (Divisionalisierung), S. 41 f.

gesichtspunkte können u.a. Produkte, Produktgruppen, Märkte oder Regionen dienen. Im Vergleich zur funktionalen Gliederung sind die Vorteile der Geschäftsbereich-Organisation in einem *niedrigeren Koordinationsaufwand* sowie der *flexibleren Produkteinführung und -vermarktung* zu sehen.[42] Als weiteres Ziel läßt sich die **Bewältigung der zunehmenden Diversifikation des Konzerngeschäfts** konstatieren. Um Synergievorteile zwischen den einzelnen Geschäftsbereichen realisieren zu können, werden sie von **Zentralbereichen** - beispielsweise dem zentralen Rechnungswesen oder Personalwesen - überlagert.

Im Laufe der Jahre bekamen die Zentralbereiche durch eine Vielzahl disziplinarischer und methodischer Weisungsrechte immer mehr Verantwortung im Konzern. Die hieraus erwachsene Notwendigkeit zur Berücksichtigung **divisionaler Aspekte** sowie der **funktionalen Gliederung der Zentralbereiche** führte in den siebziger und achtziger Jahren bei vielen Konzernen zur sogenannten **Matrix-Organisation**.[43]

Die Zentralbereiche blähten sich immer mehr auf und verursachten nicht nur *hohe Verwaltungskosten*, sondern auch eine *steigende Anzahl an Hierarchiestufen*.[44] Trotz Matrix-Organisation hemmten sie zunehmend die schnelle und flexible Reaktion des Konzerns.[45] Seit Beginn der neunziger Jahren kommt es daher in zunehmendem Maße zu **Dezentralisierungsbemühungen**. Die Ausgliederung einzelner Geschäftsbereiche in sogenannte **Profit-Center**, die eigenverantwortlich am Markt agieren und für ihre Ergebnisse einzustehen haben, sind die Folge.

Die sich oftmals anschließende rechtliche Verselbständigung der ausgegliederten Geschäftsbereiche in Form eigenständiger **Tochtergesellschaften** führt zur derzeit in Wissenschaft[46] und betrieblicher Praxis[47] viel diskutierten Organisationsstruktur der **Management-Holding**. Die nachfolgende Abb. II - 5 faßt den schrittweisen Weg eines funktional gegliederten Stammhauskonzerns in eine Management-Holding grafisch zusammen.

---

42)   Dies läßt sich damit begründen, daß die Konzentration - z.B. auf eine Produktgruppe - eine gezieltere Ausrichtung auf bestimmte Marktsegmente und dessen Anforderungen ermöglicht.

43)   Zur Matrix-Organisation vgl. ausführlich BÜHNER (Organisationslehre), S. 146 ff.

44)   Ein beeindruckendes Beispiel stellt die Organisationsstruktur von SIEMENS im Jahr 1996 dar. Den sechs Geschäftsbereichen standen insgesamt fünf Zentralbereiche - Forschung und Entwicklung, Betriebswirtschaft, Vertrieb, Personal, Finanzen - gegenüber. So hatte jeder Geschäftsbereich fast einen gesamten Zentralbereich mit oftmals mehr als 100 Mitarbeitern mitzufinanzieren. Zitiert nach BÜHNER (Unternehmensstruktur), S. 15 f.

45)   Vgl. insbesondere BÜHNER (Unternehmensstruktur), S. 27 ff.

46)   Vgl. hierzu vor allem die Schriften von BÜHNER und HOFFMANN sowie zahlreiche aktuelle Veröffentlichungen in der Tages- und Fachpresse.

47)   Für eine Auflistung der DAX 100-Werte, die am 30. Juni 1997 als Management-Holding organisiert waren, vgl. Kap. 1 des Anhangs.

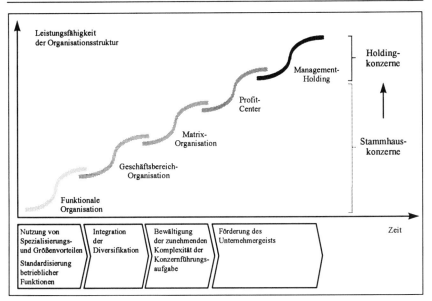

Abb. II - 5:   *S-Kurven-Verlauf einer idealtypischen Organisationsstrukturentwicklung.*

1.3.2. Begriff und Präzisierung des Strukturkonzepts

Der **Begriff der Management-Holding**[48] geht auf BÜHNER zurück,[49] der mit einem 1987 veröffentlichten Artikel zur Konzernorganisationslehre eine kontroverse Diskussion auslöste.[50] In diesem Artikel propagiert er die Management-Holding als *die* Organisationsstruktur der Zukunft.[51]

Da die einzelnen Geschäftsbereiche einer Management-Holding in der Regel nach Produkten oder Produktgruppen[52] gruppiert sind und in gesellschaftsrechtlich selbständiger Form bestehen, ordnet BÜHNER diese Strukturkonzeption eines Konzerns als **dezentrale Form der Geschäftsbereichsorganisation**[53] ein.[54]

---

48) Zu der in Kap. I.2. bereits getroffenen terminologischen Abgrenzung vgl. S. 9.

49) Vgl. BÜHNER (Management-Holding), S. 40 ff.

50) Vgl. u.a. BLEICHER (Management-Holding), S. 225 ff.; HOFFMANN (Management-Holding), S. 232 ff.; SCHNEIDER (Management-Holding), S. 236 ff.

51) Vgl. BÜHNER (Management-Holding), S. 40 ff.

52) Im Gegensatz hierzu steht die *funktionale Gliederung* eines Konzerns. Vgl. hierzu S. 27.

53) Zu den konstitutiven Merkmalen der Geschäftsbereichsorganisation vgl. S. 27.

54) Vgl. BÜHNER (Management-Holding), S. 41. Die Begriffsauffassung der Management-Holding als mögliche *Strukturkonzeption eines Konzerns* wird von BÜHNER aber nicht konsequent durchgehalten. In einigen seiner Veröffentlichung interpretiert er die *Spitzeneinheit* eines Holdingkonzerns als Management-Holding. Vgl. hierzu exemplarisch BÜHNER (Holding), S. 159.

Diese auf die Organisationsstruktur abstellende Begriffsauffassung ist - in Analogie zu den Ausführungen zum Holdingkonzern[55] - nicht unumstritten. HAUSCHILDT beispielsweise subsumiert unter dem Begriff der Management-Holding lediglich die **Spitzeneinheit**, die die rechtlich selbständigen Tochtergesellschaften auf eine einheitliche Konzernpolitik auszurichten hat.[56]

Im Rahmen der vorliegenden Arbeit soll in Anlehnung an BÜHNER die Management-Holding als eine **Organisationsstruktur für Konzerne** aufgefaßt werden.[57] So wird die mit der Management-Holding implizierte *Aufgaben- und Kompetenzverteilung* zwischen den einzelnen Holdingelementen am deutlichsten zum Ausdruck gebracht.[58]

Die in der Literatur und Praxis vereinzelt verwendeten Begriffe der strategischen Holding[59], strategischen Management-Holding[60], Strategie-Holding[61] oder der Führungsholding[62] sowie der geschäftsleitenden oder geschäftsführenden Holding[63] werden als Synonyme der Management-Holding aufgefaßt.

Das **Strukturkonzept der Management-Holding** wird - wie bereits in Kap. I.2. terminologisch fixiert wurde - insbesondere durch seine charakteristische **Trennung zwischen strategischen[64] und operativen Aufgaben** geprägt. Für die weiteren Ausführungen sind insbesondere zwei Merkmale von Bedeutung, die sich wie folgt voneinander abgrenzen lassen:

---

55)   Vgl. S. 25 f.

56)   Vgl. HAUSCHILDT (Management-Holding), S. 227.

57)   Gleicher Ansicht sind BLEICHER (Management-Holding), S. 225, und HOFFMANN (Konzernhandbuch), S. 12.

58)   Anderer Auffassung ist MELLEWIGT (Konzernorganisation), S. 36. Er verwendet den Begriff der *strategischen Holding*, da dieser seiner Meinung nach besser auf die Führung des Konzerns über strategische Aufgaben rekurriert. Ähnlich auch bei HOFFMANN (Konzernorganisationsformen), S. 554.

59)   Vgl. u.a. HOFFMANN (Konzernhandbuch), S. 16; MELLEWIGT (Konzernorganisation), S. 36.

60)   Diese Begriffsauffassung ist überwiegend in der Praxis anzutreffen. Vgl. exemplarisch die Geschäftsberichte von HOECHST (1996), S. 4; Metallgesellschaft (1994/95), S. 12.

61)   Vgl. KELLER (Holdingstrukturen), S. 15; BLEICHER (Holdings), S. 71.

62)   Vgl. LUTTER (Holding), S. 11.

63)   Vgl. HOLTMANN (Konzernführungsebene), S. 30.

64)   Ausgehend von den USA hat der *Strategiebegriff* in Deutschland seit Ende der sechziger Jahre eine starke Verbreitung gefunden. Übernommen aus dem *Militärbereich* und der *Spieltheorie* entwickelte er sich nicht nur zu einem mittlerweile „inflationär" genutzten Sammelbegriff, sondern er ist auch Inhalt zahlreicher Definitionsversuche. Zu einem Überblick vgl. WELGE / AL-LAHAM (Planung), S. 166 ff., die über 40 Begriffsdefinitionen auflisten. Aus etymologischer Sicht geht der Strategiebegriff auf die griechischen Wörter „*Stratos*" (das Heer) und „*Agein*" (Führen) zurück. Der Begriff „*Strategos*" erfaßte zunächst die Funktion des Generals im griechischen Heer, später wurde er auf die Fähigkeiten und Handlungsweisen des Generals ausgeweitet. Vgl. EVERED (strategy), S. 57 ff. In der Spieltheorie umfaßt eine Strategie den Plan eines Spielers, der sowohl die eigenen Aktionen als auch die des Gegners simultan und antizipativ berücksichtigt. Vgl. NEUMANN / MORGENSTERN (Theory). Hierauf aufbauend haben vor allem ANSOFF und andere Vertreter der „Harvard-Schule" den Strategiebegriff in die amerikanische Managementliteratur eingeführt. Vgl. hierzu ANSOFF (Strategy).

- Zum einen sind die einzelnen Geschäftsbereiche in **rechtlich selbständigen Tochter-gesellschaften** zusammengefaßt.[65] Eine produkt- oder produktgruppenbezogene Zusammen-fassung der Tochtergesellschaften auf der *zweiten* Hierarchieebene des Konzerns wird in der Praxis bevorzugt. Neben der rechtlichen Selbständigkeit entstehen aber auch hinsichtlich der **operativen Geschäftsführung** selbständige Einheiten, die im Vergleich zum Stammhaus-konzern eigenverantwortlich am Markt agieren.[66]

- Zum anderen wird das nach § 18 AktG konstitutive Merkmal der *einheitlichen Leitung* durch den **konzernweiten Führungsanspruch der Konzernleitung** sichergestellt.[67] Neben der originären Holdingaufgabe, dem Halten von Beteiligungen mit den damit verbundenen Finanzierungs- und Verwaltungsaufgaben, rücken in einer Management-Holding - wie noch näher auszuführen ist - die **strategischen Führungsaufgaben** der Konzernleitung in den Vordergrund. Nur in begründeten Ausnahmesituationen[68] - beispielsweise bei drohender Illiquidität einer Tochtergesellschaft - wird die Konzernleitung in die operative Geschäfts-führung der einzelnen Tochtergesellschaften eingreifen.

Wichtig erscheint in diesem Zusammenhang, daß die beschriebene hierarchische Aufgaben-trennung in einer Management-Holding nicht dahingehend zu interpretieren ist, daß die strate-gische Führung *ausschließlich* durch die Konzernleitung ausgeübt wird. An dieser anfangs von BÜHNER geäußerten Vorstellung[69] haben viele Autoren zum Teil scharfe Kritik geübt.[70] Die Trennung zwischen operativen und strategischen Aufgaben in einer Management-Holding ist dahingehend auszulegen, daß die Konzernleitung die alleinige Verantwortung für die **konzernweite**, d.h. die Management-Holding als „wirtschaftliche Einheit" betreffende,

---

65) Vgl. BÜHNER (Organisation), S. 426 f.

66) GRESCHNER / ZAHN (Information) schreiben hierzu: „ Um in diesem zunehmend härteren Wett-bewerbsumwelt nicht unterzugehen, müssen die alten Schlachtschiffe der freien Marktwirtschaft um-gebaut werden zu kleinen, wendigen Einheiten, die schnell und flexibel auf ungeahnte Turbulenzen zu reagieren vermögen.

67) Hierbei wird der in Deutschland dominierende *Unterordnungskonzern* unterstellt. Zur Begründung dieser Auswahl vgl. S. 21 f.

68) GUTENBERG (Betriebswirtschaftslehre), S. 138 f., spricht in diesem Zusammenhang von Störungen, „ ... die ohne Maßnahmen der Geschäftsleitung nicht beseitigt werden können, weil anderen Stellen die Autorität und die Vollmacht fehlt, oder die Verhältnisse zu ordnen, die sich menschlich, organisatorisch oder technisch als besonders schwierig erwiesen haben."

69) BÜHNER (Management-Holding), S. 42, spricht von einer *hierarchischen Trennung* von Strategie und Operation und schreibt: „Für die strategische Führung ist der konzernleitende Vorstand zuständig. ... Den Konzernunternehmen verbleiben die sie betreffenden operativen Aufgaben und Zuständigkeiten."

70) Stellvertretend sei an dieser Stelle BLEICHER (Management-Holding), S. 226, zitiert. Er wendet gegen „Vorstellungen strategieberaubter Tochtergesellschaften" ein: „ Ich vermag nicht einzusehen, wie die Beherrschung von marktlichem und technologischem Wandel durch die dezentrale Verlagerung von Entscheidungskompetenzen auf teilautonome Einheiten, also dorthin, wo die größte Beurteilungs-kompetenz im Hinblick auf marktliche und technologische Potentialitäten gegeben ist (Subsidiaritäts-prinzip), auch nur ansatzweise funktionieren soll, wenn das Management von Tochtergesellschaften um jegliche strategische Kompetenz emaskuliert wird."

Holdingstrategie trägt.[71] Gegenstand der Holdingstrategie ist u.a. die Zusammensetzung des Beteiligungs- und Geschäftsfeld-Portfolios sowie die Verteilung und funktionsübergreifende Koordination verschiedener Konzernressourcen auf die einzelnen Tochtergesellschaften.

Die jeweiligen Geschäftsfeldstrategien sowie eventuelle Funktional- und Regionalstrategien liegen im Verantwortungsbereich der Tochtergesellschaften.[72] Die **Geschäftsfeldstrategien** bestimmen die Ausgestaltung der jeweiligen *Produkt-Markt-Beziehungen*. Durch **Funktionalstrategien** wird die Ausrichtung der benötigten *Wertschöpfungs- und Unterstützungsprozesse* - beispielsweise der im Produktionsbereich angestrebte Maschineneinsatz - determiniert. **Regionalstrategien** legen fest, wie sich die internationale Management-Holding auf ihren Tätigkeitsfeldern zu verhalten hat. Hierzu gehört beispielsweise die Festlegung einer Vertriebsstrategie. Um die Geschäftsfeld-, Funktional- und Regionalstrategien der Tochtergesellschaften auf die übergreifende Konzernstrategie abstimmen zu können, sind sie mit der Konzernleitung abzusprechen und genehmigen zu lassen.[73]

Die Funktionsakzentuierung der Spitzeneinheit in einer Management-Holding wird im Rahmen der vorliegenden Arbeit terminologisch dahingehend nachvollzogen, daß sie im folgenden als **konzernleitende Gesellschaft**[74] bezeichnet wird. Die Leitungsmacht gegenüber den Tochtergesellschaften wird durch ihren Beteiligungsbesitz legitimiert. Hierbei kann zwischen einem einstufigen und einem mehrstufigen Aufbau unterschieden werden:

- In einer **einstufigen Management-Holding** sind die Tochtergesellschaften der konzernleitenden Gesellschaft *direkt* nachgeordnet (*Variante a*).

- Im Falle einer **mehrstufigen Management-Holding** sind der konzernleitenden Gesellschaft rechtlich selbständige Zwischeneinheiten unterstellt, denen wiederum rechtlich selbständige Einheitsgesellschaften unterstehen (*Variante b*). Diese Organisationsstruktur ist dann vorteilhaft, wenn es sich um *große, stark diversifizierte* Konzerne handelt, so daß die Zwischeneinheiten ihre Existenz über Harmonisierungseffekte legitimieren können.[75]

---

71) In Anlehnung an BLEICHER (Management-Holding), S. 227. BÜHNER rückte im Laufe der Zeit von der *strikten* hierarchischen Trennung zwischen den operativen Aufgaben der Tochtergesellschaften und den strategischen Aufgaben der Konzernleitung ab. Zu einer Charakterisierung der Aufgabentrennung vgl. daher auch BÜHNER (Management-Holding), S. 42 f.

72) In Anlehnung an die Abgrenzung von HAHN (Strategische Führung), S. 131 f. Kritisch dazu äußern sich STEINMANN / SCHREYÖGG (Management), S. 151.

73) Zum Informationsrecht des Aufsichtsrats bzw. einzelner Aufsichtsratsmitglieder einer Holding AG vgl. SCHNEIDER (Informationsrecht), S. 276 ff.

74) Als Synonyme für den verwendeten Begriff der konzernleitenden Gesellschaft sind in der deutschsprachigen Literatur Begriffe wie „konzernleitende Obergesellschaft", „konzernleitende Holding", „Holding-Obergesellschaft" und „Holding-Gesellschaft" gebräuchlich.

75) Als Beispiele seien die Reorganisationen der großen Energieversorger RWE, Veba und Viag auf eine Management-Holding angeführt. Vgl. hierzu S. 40.

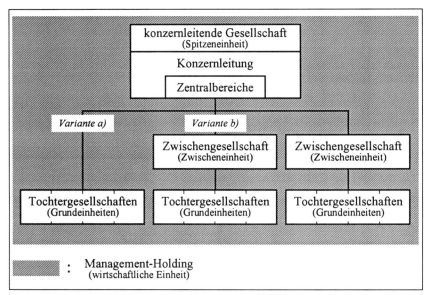

Abb. II - 6:   *Strukturkonzept einer Management-Holding.*

Wie in der vorangegangenen Abb. II - 6 dargestellt wurde, bildet die Konzernleitung mit den **Zentralbereichen** die Spitzeneinheit der Management-Holding. Funktion und Umfang der Zentralbereiche hängen *unmittelbar* von der Intensität, mit der die Führungsaufgaben von der Konzernleitung ausgeübt werden, ab.

Durch die Aufgabendifferenzierung haben die Zentralbereiche der konzernleitenden Gesellschaft überwiegend **führungsunterstützende Informations-, Koordinations- und Überwachungsaufgaben** zu erfüllen. Zu den unentbehrlichen Funktionen gehören - je nach der Größe des Konzerns - neben den Aufgaben der Konzernpolitik und -entwicklung sowie den Konzernfinanzen insbesondere das Konzerncontrolling und ein zentrales Konzernpersonalwesen.[76]

1.3.3. Abgrenzung der Management-Holding von organisatorischen Strukturalternativen

Zur Charakterisierung der Management-Holding bietet sich ein Vergleich mit ihren Strukturalternativen an. Hierzu werden in Kap. II.1.3.3.1. verschiedene **Differenzierungsmerkmale** herausgearbeitet. In Kap. II.1.3.3.2. werden dann **Umfeldbedingungen** abgeleitet, in denen

---

76) Des weiteren ist eine zentrale juristische Abteilung sowie eine zentrale EDV-Abteilung denkbar. Entnommen aus SCHEFFLER (Konzernmanagement), S. 26.

die Management-Holding ihre organisationsspezifischen Stärken zur Geltung bringen kann und
ihre Schwächen nicht zu stark ins Gewicht fallen.

1.3.3.1. Differenzierungsmerkmale

Die Management-Holding stellt - wie bereits dargelegt wurde - eine Organisationsstruktur dar,
die versucht, die *zentrale Konzernführung* mit den Komponenten einer *dezentralen operativen
Geschäftsführung* zu kombinieren. Sie kann daher in der Mitte eines Kontinuums eingeordnet
werden, das durch die „Extrempositionen" des Stammhauskonzerns und der Finanzholding
begrenzt wird.

I. Aufbau der Organisationsstruktur

Wie bereits in Kap. II.1.2.2. dargestellt wurde, ist die Spitzeneinheit von **Stammhauskonzernen**[77] dadurch gekennzeichnet, daß sie **eigenunternehmerisch und in großem Umfang
Produkte und/oder Dienstleistungen für den Markt erstellt.** Dies macht sie nicht nur
größer, sondern auch *wirtschaftlich bedeutender* als ihre Grundeinheiten, so daß die Dominanz
der Obergesellschaft über *alle* Konzernführungsbereiche als erstes Strukturmerkmal von
Stammhauskonzernen herausgestellt werden kann.

Da die Tochtergesellschaften in der Regel nur eine Unterstützungsfunktion in den vor- und
nachgelagerten Produktionsstufen des „Stammhausgeschäfts" haben, sind Stammhauskonzerne
weiterhin durch die starke wirtschaftliche Abhängigkeit der Tochtergesellschaften von der
Obergesellschaft zu charakterisieren. Die rechtlich selbständigen **Tochtergesellschaften** sind
daher in ihrer **operativen und strategischen Geschäftsführung stark eingeschränkt.**

Starke Zentralbereiche mit großem Verantwortungsbereich sichern hierbei den Einfluß der
Obergesellschaft gegenüber den Tochtergesellschaften ab. Durch die intensive Nutzung disziplinarischer und methodischer Weisungsrechte tendieren Stammhauskonzerne dabei zu einer
einheitlichen Konzernkultur und einem *einheitlichen Auftreten* der Konzerngesellschaften.[78]

Die **Finanzholding**[79] ist durch den höchsten Autonomie- und Dezentralisierungsgrad der
Tochtergesellschaften geprägt.[80] Da bis auf die Finanzierung *alle* Funktionen an die Tochter-

---

77)   Vgl. hierzu S. 23 f.
78)   Vgl. LUBE (Controlling), S. 292.
79)   KELLER (Holding), S. 59, bezeichnet die Finanzholding auch als *Holding im weiteren Sinne*. Die Be-
        griffe „Vermögens-Holding" oder „Besitz-Holding" werden in der Literatur häufig synonym zum Begriff
        der Finanzholding verwendet. Die Finanzholding soll an dieser Stelle explizit von Kapitalbeteiligungs-
        formen wie Vermögensverwaltungsgesellschaften, Unternehmensbeteiligungsgesellschaften sowie Kapital-
        anlagegesellschaften abgegrenzt werden, da letzteren das konzernkonstituierende Merkmal der ein-
        heitlichen Leitung fehlt. Vgl. hierzu ausführlich WERDICH (Finanzholding), S. 313 ff.
80)   Ähnlich bei WERDICH (Finanzholding), S. 308 ff.

gesellschaften delegiert sind,[81] zeichnet sie sich durch den Verzicht der konzernleitenden Gesellschaft auf das operative Geschäft aus (**operative Sachzielneutralität**[82]). Durch den eingeschränkten Einfluß der konzernleitenden Gesellschaft sind die rechtlich selbständigen **Tochtergesellschaften** nicht nur hinsichtlich der **operativen**, sondern auch in ihrer **strategischen Geschäftsführung selbständig.**

Durch den geringen Funktionsumfang der Konzernleitung sind auch die **Zentralbereiche auf ein Minimum beschränkt.** Sie fungieren in ausgewählten Konzernbereichen - beispielsweise bei der zentralen Kapitalbeschaffung - als **reine Dienstleistungserbringer.** Durch den nur gering ausgeprägten Konzerngedanken werden die Unternehmenskulturen der Tochtergesellschaften den Konzerngedanken dominieren, so daß kaum eine *einheitliche Konzernkultur* oder ein *einheitliches Auftreten* der Konzerngesellschaften zu erwarten ist.[83]

Da die **Management-Holding** durch eine Kombination zentraler und dezentraler Strukturelemente gekennzeichnet ist, kann sie zwischen dem Stammhauskonzern und der Finanzholding eingeordnet werden.[84] Von Stammhauskonzernen unterscheidet sie sich durch den Verzicht der konzernleitenden Gesellschaft[85] auf das operative Geschäft und damit das eigenunternehmerische Auftreten am Markt (**operative Sachzielneutralität**). Hierdurch sind die rechtlich selbständigen **Tochtergesellschaften** einer Management-Holding zwar hinsichtlich der **operativen**, nicht aber in ihrer **strategischen Geschäftsführung selbständig.**[86]

Der Umfang der **Zentralbereiche** hängt in der Management-Holding von der *unmittelbaren* Unterstützung der Führungsaufgaben der Konzernleitung ab und ist im Vergleich zum Stammhauskonzern als eher **gering** einzustufen.[87] Die Konzernkultur wird insbesondere in diversifizierten Management-Holdings durch die relativ unabhängigen Zwischeneinheiten geprägt, so daß eher die *spezifischen Subkulturen der Tochtergesellschaften* als eine einheitlich Konzernkultur vorherrschen dürften. Auch das *einheitliche Auftreten* der Konzerngesellschaften wird nur in geringem Maße ausgeprägt sein.[88]

---

81) Vgl. HOFFMANN (Konzernorganisationsformen), S. 554.
82) In Anlehnung an die Terminologie von KELLER (Führung), Rz. C 5; aber auch HOFFMANN (Management-Holding), S. 232.
83) Vgl. LUBE (Controlling), S. 297.
84) Vgl. hierzu Abb. II - 7, S. 36.
85) Zur ausgewählten Terminologie der konzernleitenden Gesellschaft vgl. S. 32.
86) Zur Abgrenzung der Konzernstrategie von den Geschäftsfeld-, Funktional- und Regionalstrategien der einzelnen Tochtergesellschaften vgl. S. 31 f.
87) Vgl. hierzu BÜHNER (Konzernzentralen), S. 7 ff.
88) In Anlehnung an LUBE (Controlling), S. 293.

Diffe- renzierungs- merkmal / Organisations- struktur	Stammhaus- konzern	Management- Holding	Finanz- Holding
I. Aufbau der Organisationsstruktur			
a) Stellung der Spitzeneinheit	• Spitzeneinheit erstellt eigen-unternehmerisch und in großem Umfang Produkte/ Dienstleistungen für den Markt	• operative Sachzielneutralität	• operative Sachzielneutralität
b) Stellung der Grundeinheiten	• rechtlich selbständige Tochter-gesellschaften, die nicht nur hinsichtlich der operativen, sondern auch in ihrer strate-gischen Geschäftsführung stark eingeschränkt sind	• rechtlich selbständige Tochter-gesellschaften, die zwar hin-sichtlich der operativen, nicht aber in ihrer der strategischen Geschäftsführung selbständig sind	• rechtlich selbständige Tochter-gesellschaften, die in der ope-rativen und strategischen Geschäftsführung selbständig sind
c) Dimensionierung und Stellung der Zentralbereiche	• starke Zentralbereiche mit großem Verantwortungs-bereich	• in Abhängigkeit der unmittel-baren Unterstützung der Konzernführungsaufgaben eher gering ausgeprägte Zentralbereiche	• auf ein Minimum beschränkte Zentralbereiche, die in ausge-wählten Bereichen als "reine Dienstleistungserbringer" fungieren
d) Konzernkultur und Auftreten am Markt	• einheitliche Konzern-kultur und einheitliches Auftreten der Konzern-gesellschaften	• kaum einheitliche Konzern-kultur oder einheitliches Auftreten der Konzern-gesellschaften	• kaum einheitliche Konzern-kultur oder einheitliches Auftreten der Konzern-gesellschaften

Abb. II - 7:   *Charakterisierung idealtypischer Konzernorganisationsstrukturen nach ihrem Aufbau.*

II. Führungsverständnis der Konzernleitung

Als weiteres Merkmal zur Abgrenzung der verschiedenen Konzernorganisationsstrukturen kann das **Führungsverständnis der Konzernleitung** herangezogen werden. Es wird zwischen dem zu verfolgenden **Führungsziel** und dem sich hieraus ergebenden **Umfang der Konzernführungsaufgabe**, mit dem in die Geschäftsführung der einzelnen Konzerngesellschaften ein-gegriffen werden kann, unterschieden.

Durch die ausgeprägte Entscheidungszentralisation ist in **Stammhauskonzernen** die Konzern-leitung per se auch in die operative Konzernführung einbezogen.[89] Das Führungsziel der Konzernleitung umfaßt daher schwerpunktmäßig die **Sicherung von Erfolgs- und Leistungs-zielen im Tagesgeschäft**. Da sich die Zielsetzung aber nicht nur auf das Stammhausgeschäft, sondern auch auf das operative Geschäft der Tochtergesellschaften bezieht, umfaßt der Um-fang der Konzernführungsaufgabe neben der finanziellen und strategischen Führung des Kon-zerns insbesondere auch die **operative Konzernführung** mit einer Vielzahl von zu treffenden Einzelentscheidungen.

---

89)   In Anlehnung an HOFFMANN (Konzernorganisationsformen), S. 554.

Die Zielsetzung der Konzernleitung in einer **Finanzholding** ist auf die **Renditemaximierung des in Form von Beteiligungen eingesetzten Kapitals** ausgerichtet. Daher konzentriert sich die Konzernleitung auf die **finanzielle Führung des Konzerns**, was u.a. die Beschaffung, Zuteilung und Kontrolle der finanziellen Ressourcen innerhalb des Konzerns umfaßt. Hierbei bedient sich die Konzernleitung der Lenkung von Finanzströmen, wozu Gewinnabführungen sowie Mittelzuweisungen - aber auch Unternehmenskäufe und -verkäufe - herangezogen werden.[90]

Zwischen diesen beiden Extremen ist das Führungsziel der Konzernleitung einer **Management-Holding** einzuordnen. Es ist in der **Erhaltung und dem Ausbau bestehender Erfolgspotentiale sowie in der Schaffung neuer Erfolgspotentiale zur Konzernwertsteigerung der Management-Holding** zu sehen. Vom Stammhauskonzern unterscheidet sich die Management-Holding durch die Trennung zwischen strategischer und operativer Konzernführung, von der Finanzholding durch die **Konzentration der Konzernleitung auf die strategische Konzernführung**.

Differenzierungsmerkmal \ Organisationsstruktur	**Stammhaus-konzern**	**Management-Holding**	**Finanz-Holding**
II. Führungsverständnis der Konzernleitung			
a) Führungsziel	• Sicherung von Erfolgs- und Leistungszielen im Tagesgeschäft	• Erhaltung und Ausbau bestehender Erfolgspotentiale sowie Schaffung neuer Erfolgspotentiale zur Konzernwertsteigerung und nachhaltigen Existenzsicherung	• Renditemaximierung des in Form von Beteiligungen eingesetzten Kapitals
b) Umfang der Konzernführungsaufgabe	• Konzentration der Konzernleitung auf die operative Konzernführung	• Konzentration der Konzernleitung auf die strategische Konzernführung	• Konzentration der Konzernleitung auf die finanzielle Konzernführung
	operativ		
	strategisch	strategisch	
	finanziell	finanziell	finanziell

Abb. II - 8: *Charakterisierung idealtypischer Konzernorganisationsstrukturen nach dem Führungsverständnis der Konzernleitung.*

---

90) Da die finanziellen Mittel die strategische Führung der Tochtergesellschaften beeinflussen, ist die Grenze zwischen Finanz- und Management-Holding fließend. Vgl. SCHULTE (Holding), S. 32.

1.3.3.2. Empfohlene Umfeldbedingungen

Da der hohe Komplexitätsgrad und die geringe Strukturflexibilität des **Stammhauskonzerns** seine Fähigkeiten einschränkt, auf veränderte Umfeldbedingungen reagieren zu können, wird diese Organisationsstruktur von vielen Autoren für eher kleine Konzerne in einem **einfachen und stabilen Umfeld** empfohlen.[91] Damit das Synergiepotential von Stammhauskonzernen zum Tragen kommt, ist des weiteren ein **homogenes Geschäftsfeld-Portfolio** Voraussetzung. Letztendlich sollte ein **starker nationaler Heimatmarkt** vorhanden sein, um die Vorteile des dominierenden Stammhausgeschäfts effizient nutzen zu können.

Mit zunehmender Diversifizierung der Konzerngeschäftsfelder wird die Bedeutung von Holdingkonzernen offensichtlich: Der Aufbau einer **Finanzholding** ist vor allem dann geeignet, wenn ein **wettbewerbsintensives Umfeld** vorliegt. Hier profitieren die Tochtergesellschaften davon, mit großer Selbständigkeit schnell und flexibel am Markt operieren zu können. Ein **heterogenes Geschäftsfeld-Portfolio** ist die Voraussetzung, daß die konzernleitende Gesellschaft ein ausgewogenes Rendite-/Risikoportfolio aufbauen kann. Durch die **internationale Ausrichtung der Konzerntätigkeit** kann dies wirkungsvoll unterstützt werden.

Die Ausgliederung der Tochtergesellschaften in rechtlich selbständige Einheiten, die eigenverantwortlich am Markt agieren, impliziert in Analogie zur Finanzholding eine *hohe Strukturflexibilität* der **Management-Holding**. Dies erleichtert nicht nur den Erwerb neuer Geschäftsbereiche, die ohne größere Anpassungsmaßnahmen integriert werden können. Auch wird das in vielen Bereichen immer wichtiger werdende Eingehen strategischer Allianzen unterstützt.[92]

Des weiteren wird der Verkauf von Tochtergesellschaften erleichtert, so daß der Management-Holding eine *sehr hohe externe Kooperationsfähigkeit* unterstellt werden kann. In einem **innovativen und dynamischen Umfeld** kann die Management-Holding diese organisationsspezifischen Stärken besonders zur Geltung bringen.

Durch die Delegation der operativen Führungsverantwortung an die Tochtergesellschaften ist ein *niedriger organisatorischer Komplexitätsgrad* als weitere Stärke der Management-Holding anzusehen. Sie stellt daher für große Konzerne, die durch ein **heterogenes Geschäftsfeld-Portfolio** charakterisiert sind, eine sinnvolle Alternative dar.[93]

---

91) Vgl. exemplarisch BLEICHER (Organisation), S. 633.

92) Vgl. MELLEWIGT (Konzernorganisation), S. 38, und die dort angegebenen Literaturverweise.

93) Zunächst empfahl BÜHNER (Management-Holding), S. 41, die Management-Holding für „technologieorientierte Unternehmen, die sich im Umbruch auf hochtechnologische Arbeitsgebiete befinden." In einem etwa ein Jahr später erscheinenden Aufsatz empfiehlt er die Management-Holding für *diversifizierte Großunternehmen*. Vgl. BÜHNER (richtige Holding), S. 54. Weitere zwei Jahre später stellt er die Management-Holding als geeignete Organisationsstruktur auch für *mittelständische Unternehmen* vor. Vgl. BÜHNER (Erfahrungsbericht), S. 141.

Die Verfolgung einer **internationalen Ausrichtung der Konzerntätigkeit** wird bei der Management-Holding nicht wie bei Stammhauskonzernen zum Problem, sondern eröffnet in Analogie zur Finanzholding nutzbare Chancen, die organisatorisch wirkungsvoll unterstützt werden können.

Organisations- struktur Diffe- renzierungs- merkmal	Stammhaus- konzern	Management- Holding	Finanz- Holding
III. Empfohlene Umfeld- bedingungen			
	• einfaches, stabiles Umfeld	• innovatives, dynamisches Umfeld	• wettbewerbsintensives Umfeld
	• homogenes Geschäftsfeld-Portfolio	• heterogenes Geschäftsfeld-Portfolio	• heterogenes Geschäftsfeld-Portfolio
	• starker nationaler Heimatmarkt	• internationale Ausrichtung der Konzerntätigkeit	• internationale Ausrichtung der Konzerntätigkeit

Abb. II - 9:   Empfohlene Umfeldbedingungen idealtypischer Konzernorganisationsstrukturen.

1.3.4. Bedeutung der Management-Holding in der betrieblichen Praxis

Daß die skizzierten Stärken der Management-Holding zunehmend auch für die betriebliche Praxis an Bedeutung gewinnen, läßt sich an der Tatsache erkennen, daß seit Ende der achtziger Jahre immer mehr Konzerne auf eine Management-Holding umorganisieren.

Zur Quantifizierung dieser Tendenz wurden die *strukturellen Veränderung* der **DAX 100-Werte** herangezogen.[94] Hierbei wurde zwischen den Strukturalternativen des **Stammhauskonzerns**, der **Management-Holding** sowie der **Finanzholding** unterschieden.

Die Ursachen der in Abb. II - 10 dargestellten Organisationsstrukturveränderungen sind vielschichtig und nicht immer eindeutig zu identifizieren: Zum einen hat wohl die bereits skizzierte **Komplexitätsreduktion der Konzernführungsaufgabe** einen großen Anteil an der Verbreitung der Management-Holding. Damit ließe sich zumindest erklären, warum gerade die großen **Versorgungskonzerne** VEBA, VIAG und RWE schon Mitte bis Ende der achtziger Jahre auf die zu diesem Zeitpunkt noch relativ „neue" Management-Holding umstrukturierten.

---

94)   Im DAX 100 sind die einhundert größten und umsatzstärksten Aktiengesellschaften erfaßt, die im amtlichen Handel an der Frankfurter Wertpapierbörse variabel gehandelt werden. Zur Auflistung aller Aktiengesellschaften, die zum 30. Juni 1997 im DAX 100 erfaßt waren, vgl. Kap. 1. des Anhangs.

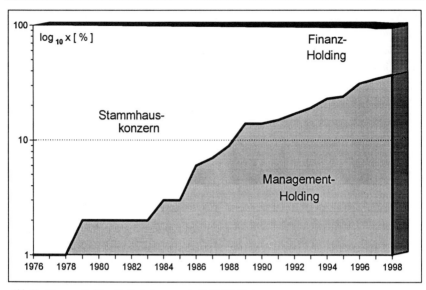

Abb. II - 10:   *Strukturelle Veränderungen der DAX 100-Werte.*

In der **Versicherungsbranche** lassen sich **gesetzliche Regulatorien** als Gründe für die skizzierten Organisationsstrukturveränderungen anführen. Insbesondere ist der § 8 Abs. 1a VAG - das „Spartentrennungsprinzip des Versicherungsaufsichtsgesetzes" (VAG) - zu nennen. Hiernach mußten Versicherungskonzerne zu Beginn der neunziger Jahre ihre mit verschiedenen Risiken behafteten Geschäfte - z.b. Lebens-, Risiko-, Kranken- und verschiedene Schadensversicherungen - in voneinander getrennte rechtlich selbständige Einheiten überführen.[95] Die DBV-Winterthur und Victoria Holding gaben sich daher schon 1989 die Organisationsstruktur der Management-Holding; Allianz und AXA-Colonia folgten 1992.

Seit Mitte der neunziger Jahre geben sich auch immer mehr im **Maschinenbau** angesiedelte Konzerne eine Management-Holding-Struktur. Die Gründe dürften denen großer Versorgungskonzerne ähneln. Durch Unternehmenskäufe stieg der Divisionalisierungs- und Internationalisierungsgrad ihrer Konzerngeschäftsfelder so stark an, so daß die **Komplexität der Konzernführung** immer größer wurde. Als Beispiele seien die 1996 und 1997 vollzogenen Umstrukturierungen von Dürr und der zum RWE-Konzern gehörigen Lahmeyer genannt.

---

95)   Die gesetzlich vorgeschriebene Separierung der einzelnen Versicherungsbereiche hatte zum Ziel, die
       Vermögensmassen risikoärmerer Versicherungsgeschäfte gegenüber risikoreicheren Sparten zu schützen.
       Vgl. hierzu KELLER (Holding), S. 1636 f., der sich auf ZIMMERER (Versicherungsaufsichtsrecht),
       S. 1 ff., bezieht.

In jüngerer Vergangenheit stellen aber auch **Konzernkrisen** einen Anlaß für Umstrukturierungen dar.[96] Dabei steht vermutlich die erleichterte Ausgliederung von rechtlich selbständigen Tochtergesellschaften einer Management-Holding im Vordergrund. Beispielhaft seien die Umstrukturierung der FAG Kugelfischer und die Neuausrichtung der Metallgesellschaft in den Jahren 1994 bis 1999 angeführt.

Auch konnten **Unternehmensübernahmen** - wie beispielsweise der Kauf der Kolbenschmidt-Anteile durch Rheinmetall 1996 oder der 1997 - nach einer due-diligence-Prüfung jedoch wieder zurückgenommene - Übernahmeversuch der AGIV durch die Metallgesellschaft - als Anlaß identifiziert werden, auf eine Management-Holding umzustrukturieren.

Als letzter der im Rahmen der vorliegenden Arbeit erfaßten Konzerne, die sich einer Organisationsstrukturveränderung auf eine Management-Holding unterzogen, ist Hoechst herauszustellen. Die bislang im **Pharma- und Chemiebereich** tätige Hoechst AG nimmt seit 01. Juli 1997 die ausschließliche Funktion einer konzernleitenden Gesellschaft im neuausgerichteten „Life-Science and Health-Care"-Konzern ein. Ob die Umstrukturierung als erleichternde Determinante der späteren Fusion mit Rhone-Poulenc anzusehen ist, kann nur als Hypothese angeführt werden. Die ebenfalls dem Pharmabereich zuzuordnende ALTANA ist seit 1988 als Management-Holding organisiert.

Die Strukturform der **Finanzholding** hat in der betrieblichen Praxis bisher wenig Bedeutung erlangt.[97] Von den analysierten DAX 100-Werten sehen sich lediglich die Volksfürsorge Holding und Herlitz als Finanzholding.[98] Dies läßt sich wahrscheinlich darauf zurückführen, daß mit dem einhergehenden Verlust der strategischen Konzernführung in einer Finanzholding eine originäre Konzernführungsaufgabe und maßgebliche Einflußdeterminante der Konzernleitung verloren geht.

Zwar stellt - wie die vorangegangene Abb. II - 10 gezeigt hat - der Stammhauskonzern derzeit noch die am stärksten vertretene Organisationsstruktur großer deutscher Konzerne dar. Der Anteil der DAX 100-Werte, die sich in den letzten Jahren die Organisationsstruktur einer Management-Holding gaben, hat aber *erheblich* zugenommen. Eine Extrapolation dieser Entwicklung läßt darauf schließen, daß in den nächsten Jahren die Dominanz des Stammhauskonzerns durch das Strukturkonzept der Management-Holding abgelöst werden wird. Für 1998/99 geplante oder schon durchgeführte Umstrukturierung von Felten & Guillaume, Holz-

---

96) Gleicher Ansicht sind auch BERNHARDT / WITT (Holding-Modelle), S. 1345.
97) Vgl. HOFFMANN (Konzernhandbuch), S. 16.
98) Vgl. Kap. 1. des Anhangs.

mann und insbesondere der Deutschen Telekom sowie der Deutschen Bahn unterstreichen diese Vermutung.

Mit der Organisationsstruktur der Management-Holding werden daher eine Vielzahl großer Konzerne ins nächste Jahrtausend gehen, so daß sie mit Recht in den Vordergrund der weiteren Ausführungen gestellt wird.

1.4. Entstehung und Besonderheiten der internationalen Management-Holding

Deutlich schneller als das Welt-Bruttosozialprodukt wächst seit Jahren das Volumen des Welthandels.[99] Diese Entwicklung hat einen Prozeß in Gang gesetzt, der faktisch auch alle großen Management-Holdings erfaßt hat: die **Internationalisierung** ihrer Geschäftstätigkeit.[100]

Die Dynamik dieser Entwicklung läßt sich exemplarisch an der **Höhe deutscher Direktinvestitionen**[101] im Ausland abschätzen, die in der nachfolgenden Abb. II - 11 für die Jahre 1976 bis 1996 dargestellt sind.[102]

---

99) Die jährliche Wachstumsrate des Welthandels betrug nach Angaben der WTO zwischen 1950 und 1995 durchschnittlich 6,0 %. Das Welt-Bruttosozialprodukt kam im gleichen Zeitraum auf ein jährliches Wachstum von durchschnittlich 3,9 %. Vgl. hierzu WTO (Trade).

100) Zur Fundierung dieser Aussage sei auf die im Rahmen der vorliegenden Arbeit durchgeführte empirische Untersuchung verwiesen. Von den 34 Management-Holdings, deren konzernleitende Gesellschaft zum Zeitpunkt der Untersuchung im DAX 100 erfaßt waren, gaben lediglich *zwei* an, daß sich deren Konzerntätigkeit faktisch ausschließlich auf Deutschland beschränkt. Vgl. hierzu Kap. 1. des Anhangs. Dies entspricht einem Internationalitätsgrad von knapp 95 %.

101) Im Rahmen der vorliegenden Arbeit wird der Begriffsauffassung der DEUTSCHEN BUNDESBANK gefolgt. Hiernach gelten *Direktinvestitionen* als solche Finanzbeziehungen zu in- und ausländischen Unternehmen, an denen der Investor mehr als 20% (25% oder mehr bis Ende 1989) der Anteile oder Stimmrechte unmittelbar oder mittelbar über ausländische Tochterunternehmen hält. Erfaßt werden Anteile am Kapital einschließlich Rücklagen, Gewinn- und Verlustvorträge und langfristige Kredite. Als Direktinvestitionen gelten weiterhin alle Anlagen im Grundbesitz. Vgl. hierzu DEUTSCHE BUNDESBANK (Zahlungsbilanzstatistik November 1996), S. 48. Hierbei ist zu beachten, daß diese Definition über die vom BUNDESWIRTSCHAFTSMINISTERIUM veröffentlichten Daten der „Vermögensanlagen zur Schaffung dauerhafter Wirtschaftsverbindungen" hinausreicht, da letztere die reinvestierten Gewinne *nicht* berücksichtigen. Vgl. hierzu INSTITUT DER DEUTSCHEN WIRTSCHAFT (Zahlen), S. 40.

102) Zur Fundierung der Direktinvestitionen als Kriterium einer internationalen Tätigkeit vgl. u.a. STEINMANN / KUMAR / WASNER (Internationalisierung). Kritisch dazu äußert sich DÜLFER (Internationales Management), S. 6 f., der neben dieser eher organisatorischen Sichtweise auf die Bedeutung funktionaler Aspekte der Internationalisierung verweist. Neben der Höhe der Direktinvestitionen im Ausland kann als Maßstab der internationalen Ausrichtung auch der *Anteil des Auslandsumsatzes am Gesamtumsatz* herangezogen werden. Vgl. hierzu die detaillierten Ausführungen von WURL (Liquiditätskontrolle), S. 12.

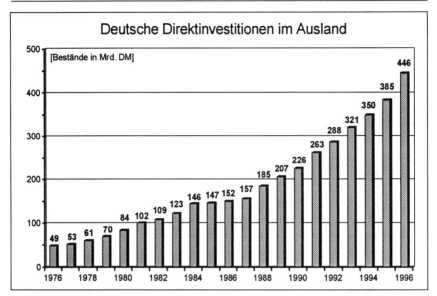

Abb. II - 11: *Deutsche Direktinvestitionen im Ausland.*
Quelle: *DEUTSCHE BUNDESBANK (Kapitalverflechtungen mit dem Ausland), S. 36.*

Die Internationalisierung einer Management-Holding ist kein singulärer Akt, sondern vielmehr ein über Jahre oder Jahrzehnte ablaufender **Prozeß**. Obwohl sich dieser aufgrund verschiedener Umweltkonstellationen und interner Gegebenheiten von Konzern zu Konzern unterscheiden wird, findet ein **Sechs-Stufen-Modell der Internationalisierung** breite Anerkennung. Es läßt sich für die Internationalisierung einer Management-Holding wie folgt modifizieren:[103]

I.   Gründung von Niederlassungen

Die Internationalisierung einer Management-Holding beginnt in der Regel über eine **Export-tätigkeit**. Mit der Steigerung des Exportvolumens werden in den Zielländern häufig **Niederlassungen** notwendig. Diese übernehmen überwiegend *Vertriebstätigkeiten*. Wenn nötig, können sie auch verschiedene Servicefunktionen, wie die Wartung und Pflege von Maschinen oder Produktionsanlagen, erbringen.

II.   Gründung rechtlich selbständiger Tochtergesellschaften

Um besser auf die Bedürfnisse des ausländischen Markts eingehen oder um Handelsbarrieren überwinden zu können, wird in einem zweiten Schritt häufig der Beschluß gefaßt, **rechtlich selbständige Tochtergesellschaften** zu gründen oder ein ausländisches Unternehmen zu erwerben und in die Management-Holding zu integrieren. Die Tochtergesellschaften beschrän-

---

103)   Die nachfolgenden Ausführungen basieren zum Teil auf MEISSNER / GERBER (Auslandsinvestition), S. 223 ff., und HENZLER (Globalisierung), S. 85 ff.

ken sich dabei nicht mehr nur auf ihre Vertriebsfunktion. Sie übernehmen auch *Teile des Leistungserstellungsprozesses* für den jeweiligen Markt.[104] Die national beschränkte Management-Holding wandelt so ihre durch Exporte bedingten indirekten Investitionen in *direkte Investitionen* im Ausland um.

III. Aufbau vollständiger Auslandsfertigungsstätten

In der dritten Stufe der Internationalisierung werden **vollständige Auslandsfertigungsstätten** aufgebaut. Das Produktionsprogramm und die betrieblichen Abläufe werden aber nur geringfügig an die lokalen Märkte angepaßt. Die oberen Führungskräfte stammen meist aus dem Stammland der Management-Holding. Die Beschaffung greift freiwillig oder durch gesetzliche Regelungen gezwungen mehr und mehr auf Zulieferer vor Ort zurück. Inländische Zulieferer der Management-Holding schließen sich dem Internationalisierungsprozeß an, indem sie eigene Tochtergesellschaften im Ausland gründen.

IV. Ausdehnung der Fertigungstätigkeit u.a. um die Produktentwicklung

In der vierten Stufe des Internationalisierungsprozesses wird das Auslandsengagement neben der Fertigung u.a. um die Produktentwicklung und andere Unternehmensbereiche ausgedehnt. Im Vergleich zu den vorangegangenen Stufen der Internationalisierung operiert die ausländischen Tochtergesellschaft auf ihrem Markt mittlerweile relativ selbständig. Die Produktion ist aber immer noch ausschließlich auf die Befriedigung der lokalen Nachfrage ausgerichtet.

V. Vollständige Wertschöpfungskette der Tochtergesellschaften im Ausland

In der fünften Stufe der Internationalisierung ist bereits eine **vollständige Wertschöpfungskette** der Tochtergesellschaft im Ausland zu erkennen. Die Tochtergesellschaft ist mittlerweile als lokal **einheimisches Unternehmen** akzeptiert. Die Produktion ist so stark angestiegen, daß sie nicht mehr nur auf den lokalen Markt beschränkt ist. Es wird zunehmend auch für den Export produziert. Mit der konzernleitenden Gesellschaft und anderen Tochtergesellschaften in der Management-Holding findet ein regelmäßiger Austausch von Führungs- und Fachkräften statt.

VI. Internationale Management-Holding

Mit der sechsten Stufe ist der **höchste Internationalisierungsgrad** der Management-Holding erreicht. Die umfassenden Wertschöpfungsketten international tätiger Tochtergesellschaften werden als **Teil der Gesamtausrichtung** der Management-Holding aufgefaßt. Die Forschung ist vielfach in sogenannte „*Centers of competence*"[105] aufgeteilt, die ohne Rücksicht auf die

---

104)   Vgl. MACHARZINA (Internationale Konzerne), S. 305.
105)   Übernommen aus HENZLER (Globalisierung), S. 84.

nationale Herkunft lokale Entwicklungsteams für globale Lösungen auf allen Stufen der Management-Holding betraut. Um Preisvorteile zu erlangen, nutzt die Management-Holding ein internationales Netz von Zulieferern und Abnehmern.[106] Moderne EDV-Systeme sichern hierbei die Kommunikation der Management-Holding ohne Berücksichtigung der räumlichen Entfernung.

Weil sich die Anzahl, die Interdependenzen und die Dynamik der auf die Management-Holding einwirkenden Umweltfaktoren mit ihrer internationalen Ausrichtung deutlich erhöhen,[107] steigt ihr **Komplexitätsgrad** sprunghaft an.[108] Internationale Management-Holdings müssen daher im Vergleich zu nationalen Gesellschaften **erhöhte Integrations- und Koordinationsbemühungen** aufweisen.

Ein wichtiger Konzernbereich, der direkt davon betroffen ist, sind die **betrieblichen Informations- und Kommunikationssysteme.**[109] Grundlegende Probleme, die durch den Internationalisierungsprozeß induziert werden, sollen daher im folgenden dargelegt werden:[110]

• Zunächst tragen **sprachliche Unterschiede** in der internationalen Management-Holding zu einem erschwerten Informationsaustausch bei. Dies betrifft aber nicht nur den **Menschen** als wichtigsten Aktionsträger. Auch müssen **verschiedene Länderversionen** - oftmals ein- und derselben Software - in den einzelnen Gesellschaften zur Verfügung gestellt werden.

• Des weiteren kann sich die teilweise große **geographische Distanz** zwischen den einzelnen Tochtergesellschaften der internationalen Management-Holding als problematisch erweisen. **Langsame Datenleitungen** können die Kommunikation erschweren, es werden auch **physikalische Störungen** zwischen dem Sender und Empfänger wahrscheinlich.[111]

• Die geographische Ausweitung der internationalen Management-Holding bedingt auch das Arbeiten in **unterschiedlichen Zeitzonen.** Das „Zeitfenster" für die gemeinsame Kommunikation wird somit verkleinert. Hierdurch werden persönliche Kontakte, auf denen insbesondere die **informelle Kommunikation** beruht, deutlich erschwert, wenn nicht sogar unmöglich gemacht.[112]

---

106) Zu einem Beispiel vgl. die Komponentenbeschaffung eines großen Automobilherstellers in PERLITZ (Internationales Management), S. 20 f.

107) Vgl. hierzu Abb. I - 1, S. 2.

108) Vgl. hierzu die Ausführungen von MACHARZINA (Unternehmensführung), S. 688; DÜLFER (Internationalisierung), S. 55.

109) Gleicher Auffassung sind auch SCHIEMENZ / SCHÖNERT (Anforderungen), S. 925. Zu den verschiedenen Ausprägungen betrieblicher Informationssysteme vgl. des Kap. II.3.3., S. 72 ff.

110) Dabei werden Aspekte, die für die Gestaltung von Informationssystemen von besonderem Interesse sind, akzentuiert.

111) In Anlehnung an WURL (Leistungsrechnungen), S. 185. Vgl. die Ausführungen zu den Sicherungsmechanismen effizienter Führungsinformationssysteme für die internationale Management-Holding, S. 377 ff.

112) Gleicher Ansicht sind auch PAUSENBERGER / GLAUM (Informations- und Kommunikationsprobleme), S. 615 ff.

- Daneben bedingen länderspezifische Rechnungslegungsvorschriften - u.a. HGB, US-GAAP oder IAS - eine **semantische Heterogenität verwendeter Begriffe**.[113] Ein durch länderspezifische Anforderungen geprägtes Berichtswesen, das häufig nicht den Anforderungen der konzernleitenden Gesellschaft entspricht, ist die Folge.

- Auch müssen die einzelnen Termine der Berichterstellung miteinander **koordiniert** werden. Insbesondere bei sehr vielen ausländischen Tochtergesellschaften kann dies einen **großen organisatorischen Aufwand** implizieren.

- Des weiteren ist die **Währungsumrechnung** als Besonderheit der internationalen Management-Holding anzuführen.[114]

- Auch müssen **Verfahren zur Neutralisierung möglicher Inflationswirkungen** und **Transferpreise** für die Abbildung der konzerninternen Leistungsbeziehungen ermittelt werden.[115]

- Aus EDV-technischer Sicht sind in der internationalen Management-Holding häufig **heterogene Informations- und Kommunikationssysteme** anzutreffen. Sie sind in der Regel in Abhängigkeit nationaler Gegebenheiten gewachsen. Ihre verschiedenen Standards implizieren dabei oftmals nur schwer zu überwindende Inkompatibilitäten. Ein direkter Datendurchgriff - beispielsweise von einem zentralen Führungsinformationssystem auf die nachgeordneten operativen Systeme in den Tochtergesellschaften - ist in der Regel nicht möglich. Zumindest erweist sich das Zusammenführen verschiedener Datenformate als schwierig.[116]

- Letztendlich ist der unterschiedliche **Ausbildungsstand der Bevölkerung** in einzelnen Ländern dieser Welt zu berücksichtigen.[117] Dies bedingt nicht nur unterschiedliche Schulungsmaßnahmen, um betriebliche Informationssysteme anwenden zu können. In der Regel müssen auch **verschieden umfangreiche Software-Versionen** in den Gesellschaften der internationalen Management-Holding eingesetzt werden.

---

113) REICHMANN / BAUMÖL (Datennetze), S. 9, führen als Beispiele Reise- und Wartungskosten an.
114) Zur Problematik der Währungsumrechnung vgl. u.a. KÜTING / WEBER (Konzernabschluß), S. 112 ff.; SCHILDBACH (Konzernabschluß), S. 117 ff.
115) Vgl. WELGE (Internationales Management), S. 242 ff.
116) Zum Teil muß daher mit einer *Kopie* des bestehenden Datenbestands gearbeitet werden, was bei dessen Änderung die Gefahr birgt, nicht mehr mit aktuellen Daten zu arbeiten. Zu einem entsprechenden Unternehmensbeispiel vgl. HORNUNG / REICHMANN / BAUMÖL (Informationsversorgungsstrategien), S. 43 ff., und HORNUNG / BAUMÖL (Kommunikation), S. 301 f.
117) Während EDV-Kurse mittlerweile zum Pflichtfach in der deutschen Schulausbildung geworden sind, kann dies nicht als Standard in Entwicklungs- und Schwellenländern vorausgesetzt werden.

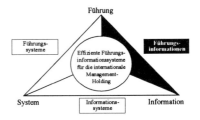

2. Kriterien betrieblicher Führungsinformationen für die Konzernleitung der internationalen Management-Holding

Da **Informationen** - u.a. über Handlungsalternativen und deren Konsequenzen - als Grundlage einer rationalen Entscheidungsfindung gelten, ist es nicht verwunderlich, daß sich zahlreiche Wissenschaftszweige mit ihr beschäftigen.[1] Daher wird im sich anschließenden Kap. 2.1. zunächst der **Begriff und die Bedeutung von Informationen im Kontext betriebswirtschaftlicher Fragestellungen** herausgearbeitet. Anschließend wird konkretisiert, welche **charakteristischen Merkmalsausprägungen** betriebliche Führungsinformationen in einer **internationalen Management-Holding** aufweisen müssen, um die bedarfsgerechte Informationsversorgung der Konzernleitung sicherzustellen.

2.1. Begriff und Bedeutung von Informationen im Kontext betriebswirtschaftlicher Fragestellungen

In der Betriebswirtschaftslehre stand der Informationsbegriff längere Zeit in der Diskussion.[2] Es sind daher zahlreiche **Definitionen** zu finden, die sich in verschiedenen Dimensionen[3] unterscheiden.[4] Werden Informationen als Ergebnis des Informierens aufgefaßt, findet eine von WITTMANN[5] verfaßte Definition breite Anerkennung:[6]

---

1) Einen umfassenden Überblick geben MACHLOP / MANSFIELD (Information).

2) WITTMANN (Information), Sp. 894, schrieb 1980: „Bis zum Ende der fünfziger Jahre wurde der Terminus „Information" in der Betriebswirtschaftslehre wenig und eher beiläufig erwähnt wurde. Inzwischen gehört er zu den am häufigsten diskutierten Begriff im Fach."

3) In der Literatur bestehen beispielsweise unterschiedliche Ansichten darüber, ob Informationen an den Menschen als *Träger* gebunden ist oder nicht. Zu den *semiotischen Ebenen* der Information vgl. S. 49 ff. Hinsichtlich ihrer *Zeitbezogenheit* können Informationen als Tätigkeit der Gewinnung oder Übermittlung von Wissen - im Sinne des Informierens - oder als das Ergebnis dieser Tätigkeit - Informationen als Zustandsgröße und Ergebnis des Informierens - aufgefaßt werden.

4) STEINBUCH (Maßlos informiert), S. 48, zählte bis 1978 über *160 publizierte Definitionen* zum Informationsbegriff. WERSIG (Information), S. 25 ff., und BEHLING / WERSIG (Typologie), S. 13 ff., geben einen Überblick über die verschiedenen Ansätze des Informationsbegriffs und ihre Entwicklung.

5) WITTMANN (Unternehmung), S. 14.

6) Gleicher Auffassung sind u.a. auch BERTHEL (Informationen), S. 27; KOSIOL (Unternehmung), S. 175; KOCH (Berichtswesen), S. 26; PICOT / REICHWALD (Informationswirtschaft), S. 252.

> „**Information** ist *zweckorientiertes Wissen*, also solches Wissen, das zur Erreichung eines Zweckes, nämlich einer möglichst vollkommenen Disposition eingesetzt wird."

Informationen werden somit unter dem Begriff des Wissens eingeordnet. **Wissen** ist als eine Abbildung von „Sachverhalten der Realität"[7] - entweder auf der **Denk-** oder der **Sprachebene** - zu verstehen.[8] Auf der Denkebene werden die Sachverhalte der Realität durch Inhalte in der Psyche von Menschen (Wissen als Denkgegenstand[9]) abgebildet. Um Wissen auch außerhalb eines Menschen zu speichern, können die Sachverhalte der Realität auch in Zeichen[10] einer Sprache formuliert werden (Wissen als Sprachabbild[11]).

WITTMANN sieht Informationen nun als denjenigen Ausschnitt aus der Gesamtheit des Wissens an, der „ ... zur Erreichung eines **Zweckes**, nämlich einer möglichst vollkommenen Disposition eingesetzt wird."[12] Hierbei haftet die Zweckorientierung Informationen nicht von vornherein an. Sie kommt erst durch den Anlaß einer möglichen *Erkenntnisverbesserung*[13] des Informationsempfängers zustande.[14]

Bei Wissen in Form von Zeichen einer Sprache, dem noch die Zweckorientierung fehlt, wird von **Daten** gesprochen.[15] Ist bei der Beschaffung eine entsprechende Zweckorientierung schon absehbar, kann - in Anlehnung an die Terminologie von WURL[16] - von **Primärinforma-**

---

7) Sachverhalte der Realität umfassen nicht nur Zustände und Ereignisse (Sachverhalte der Realität im engeren Sinne), sondern auch Objekte, deren Eigenschaften sowie deren Beziehungen untereinander. Vgl. hierzu KOCH (Berichtswesen), S. 26 ff.

8) Vgl. WILD (Unternehmensplanung), S. 119.

9) KÜPPER / WEBER (Grundbegriffe), S. 153, sprechen von *effektivem Wissen*.

10) Zu einer terminologischen Abgrenzung vgl. S. 49 f.

11) Für den Begriff des Wissens als Sprachgegenstand findet sich in der Literatur auch die Umschreibung des *potentiellen Wissens*. Vgl. KÜPPER / WEBER (Grundbegriffe), S. 153.

12) WITTMANN (Unternehmung), S. 14. Gleicher Ansicht sind u.a. auch HEINEN / DIETEL (Informationswirtschaft), S. 898, die bemerken: „Eine entscheidende Frage bei der Klärung des Informationsbegriffs ist die nach der *Zweckorientierung*." BERTHEL (Informationssysteme), S. 13, spricht von einer „spezifischen Verwendungsorientierung", die Wissen zu Informationen macht.

13) Zum Neuigkeitsgrad als konstitutives Informationsmerkmal vgl. KOCH (Berichtswesen), S. 32 ff. Er kommt in Einklang mit KOSIOL (Unternehmung), S. 175, zum Ergebnis, daß es für die Definition der Information unwesentlich ist, „ ... ob das zweckbezogene Wissen für das betreffende Wirtschaftssubjekt neu und überraschend ist oder nicht." Anderer Meinung ist KOREIMANN (Informationsbegriff), S. 51, der den Neuigkeitsgrad der Information beim Empfänger betont. In Erwiderung dieser These kommt REHBERG (Informationen), S. 14, zu dem Schluß: „Die Forderung, eine Nachricht habe neu zu sein, um beim Empfänger zur Information zu werden, ist deshalb nur so zu verstehen, daß durch sie die *Unsicherheit* über zukünftiges Geschehen verringert werden muß."

14) Hieraus läßt sich ableiten, daß die Zweckorientierung von Informationen *subjektgebunden* ist. Gleicher Auffassung ist auch KRAMER (Information), S. 12 ff.

15) Vgl. exemplarisch BERTHEL (Informationsbedarf), Sp. 872 f. In Zusammenhang mit der elektronischen Informationsverarbeitung werden Daten zunehmend auch als Informationen aufgefaßt, deren sprachliche und materielle Repräsentationsform eine *maschinelle Verarbeitung* zuläßt. Vgl. BODE (Information), S. 276. Da im Rahmen der vorliegenden Arbeit EDV-technische Aspekte eher im Hintergrund stehen sollen, wird dieser Begriffsauffassung nicht gefolgt.

16) Vgl. WURL (Liquiditätskontrolle), S. 92.

tionen ausgegangen werden. Daten - insbesondere aber Primärinformationen - können somit als potentielle Information interpretiert werden.[17]

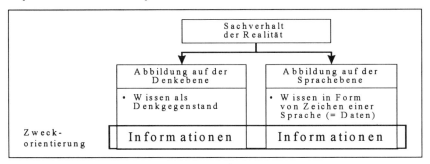

Abb. II - 12: Zusammenhang zwischen Wissen und Information.
In Anlehnung an: BERTHEL (Informationssysteme), S. 15.

Für eine Analyse des Informationsbegriffs soll nun auf Ausführungen zur **Semiotik** - der Lehre von den Zeichen, ihren Strukturen und Beziehungen zu zugrundeliegenden Sachverhalten der Realität[18] - zurückgegriffen werden. Die Semiotik unterscheidet **drei Ebenen** und erlaubt, die Zweckorientierung von Informationen weiter zu konkretisieren.[19]

- Auf der **syntaktischen Ebene**[20] der Semiotik werden **Zeichen** sowie ihre Beziehungen, nach denen sie zu Zeichenfolgen kombiniert werden, untersucht.[21] Zeichen werden aus verschiedenen Buchstaben, Zahlen und Sonderzeichen einer Sprache gebildet und sind - nach einer engen Begriffsauffassung[22] - auf die Sprachebene begrenzt. Zum besseren Verständnis sei folgendes Beispiel angeführt: „987,65" ist eine syntaktisch korrekte Dezimalzahl, da sie als Zeichenfolge nur Ziffern und ein Komma aufweist. „98,7,65" ist hingegen keine syntaktisch korrekte Dezimalzahl, da sie zwei Kommata und somit eine unzulässige Zeichenbeziehung enthält. Zeichen können durch **Signale**, d.h. physikalisch wahrnehmbare Elemente - beispielsweise als Farbe auf Papier (z.B. Buchstaben in einem Buch), in Form magnetischer Zustände (z.B. Speicherinhalt einer Diskette), elektrischer Impulse (z.B. Anzeige eines Bildschirms) oder als Schallwellen (z.B. als gesprochene Worte) - übermittelt werden.[23]

---

17) Vgl. KRAMER (Information II), S. 23.

18) Vgl. CARNAP (Symbolische Logik), S. 70 f.; BOCHENSKI (Denkmethoden), S. 38 f.

19) Die bei manchen Autoren aufgeführte vierte - sigmatische - Ebene resultiert aus einer Aufspaltung der semantischen Ebene. Vgl. hierzu beispielsweise KOCH (Berichtswesen), S. 36.

20) Für detaillierte Ausführungen zu dieser semiotischen Ebene vgl. insbesondere SHANNON / WEAVER (Communication); FEINSTEIN (Information Theory); FEY (Informationstheorie).

21) Die „mathematisch-statistischen Beziehungen" ergeben sich aus den grammatikalischen Verknüpfungen der Zeichen. Vgl. HEINEN / DIETEL (Informationswirtschaft), S. 897.

22) Zu der im Rahmen der vorliegenden Arbeit verwendeten Begriffsdefinition vgl. REHBERG (Informationen), S. 6, und MAG (Entscheidung), S. 5. In einer weiteren Begriffsauffassung kann der Zeichenbegriff auf die Denkebene ausgeweitet werden. Zeichen werden dann als neuronale Erregungszustände im Gehirn interpretiert.

23) In Anlehnung an KELLER (Informationsabgabe), S. 9, wird zwischen Zeichen und Signalen unter-

- Die **semantische Ebene** baut auf der syntaktischen Ebene auf, indem sie über die Zeichen und ihre Beziehungen untereinander (Syntax) hinausgeht und die Abhängigkeit der Zeichen zu einem Sachverhalt der Realität berücksichtigt.[24] Sie bestimmt somit die **inhaltliche Bedeutung der Zeichen**. Hierdurch entsteht eine **Nachricht**, die eine Zeichenfolge darstellt, deren Bedeutung ein Empfänger aufgrund eines gemeinsamen Zeichenvorrats versteht. Wird auf das Beispiel zurückgegriffen, kann die Zeichenfolge „987,65" auf Basis eines Dezimalsystems als **Wert** „neunhundertsiebenundachtzig Komma fünfundsechzig" interpretiert werden.

- Die **pragmatische Ebene** stellt die Beziehung zwischen den Zeichen, ihrem Sender und Empfänger in den Vordergrund und akzentuiert somit den **Zweck** einer Zeichenfolge.[25] Erst auf dieser Ebene kann daher von **Informationen** gesprochen werden. Wird wiederum auf das Beispiel zurückgegriffen, kann erst die zweckorientierte Interpretation der Zeichenfolge „987,65" auf der pragmatischen Ebene der Semiotik eine mögliche Entscheidung unterstützen. Wird sie von dem Informationssubjekt als angemessener Preis eines guten Laserdruckers erkannt, so löst sie bei ihm möglicherweise eine entsprechende Kaufentscheidung aus. Die Abb. II - 13 verdeutlicht die Zusammenhänge.

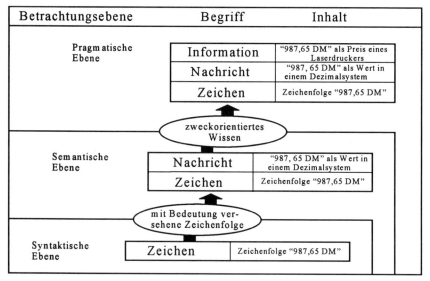

Abb. II - 13:   *Semiotische Betrachtungsebenen der Information.*

schieden: Wird auf das dargestellte Beispiel zurückgegriffen, so besteht die Zahlenfolge „987,65" aus einzelnen miteinander in Beziehung stehenden Zeichen. Zur elektronischen Speicherung oder Übertragung dieser Zeichen wird mittels eines bestimmten Codes (z.B. ASCII-Code) den Zahlen ein bestimmtes (physikalisches) Signal zugeordnet.

24) Vgl. COENENBERG (Kommunikation), S. 23, aber auch MAG (Entscheidung), S. 5.
25) Vgl. BIETHAN / HUCH (Informationssysteme), S. 26.

Aufgrund der Tatsache, daß Informationen auf der pragmatischen Ebene an das Informations-subjekt gebunden sind, läßt sich eine **Subjektgebundenheit** ableiten.[26] Neben privaten Neigungen, persönlichen Interessen oder einfach der intellektuellen Neugier kann die Zweck-orientierung von Informationen mit Hilfe der **Aufgaben** konkretisiert werden, die ein Infor-mationssubjekt zu einem bestimmten Zeitpunkt zu erfüllen hat.[27]

Da eine Aufgabenerfüllung immer zielorientierter Entscheidungen bedarf, kann die Zweck-orientierung von Informationen - in Übereinstimmung mit Ausführungen wie sie insbesondere von MAG vertreten werden - dahingehend konkretisiert werden, **Entscheidungen** ziel-orientiert zu unterstützen.[28] Informationen unterstützen dabei eine *rationale Entscheidungs-findung*, da sie im Gegensatz zur Vermutung oder bloßen Meinung eine fundierte, inter-subjektiv nachprüfbare Erkenntnisverbesserung ermöglichen.[29]

Da Informationssubjekte in der Regel unterschiedliche Aufgaben verfolgen und sich der Informationszweck im Zeitablauf ändern kann, wird die Bestimmung dessen, was im Einzelfall Informationen sind, zwischen verschiedenen Informationssubjekten und in Abhängigkeit der Zeit divergieren. Informationen sind daher immer als **personenbezogenes, zeitabhängiges Wissen** anzusehen.[30]

Ist ein Informationssubjekt für ein Unternehmen tätig, wird seine Entscheidungsfindung maß-geblich durch die Unternehmensziele determiniert.[31] Die Zweckorientierung **betrieblicher Informationen** kann daher dahingehend präzisiert werden, daß sie eine rationale Entschei-dungsfindung zur Erfüllung unternehmenszielbezogener Aufgaben unterstützt.[32]

Unter Rückgriff auf die dargestellten Aspekte ist die WITTMANNsche Informationsdefini-tion[33] nicht nur um die herausgearbeitete *Personenbezogenheit* und *Zeitabhängigkeit* zu er-gänzen. Um des weiteren den Entscheidungsbezug betrieblicher Informationen zu akzen-tuieren, kann wie folgt formuliert werden:

---

26) Vgl. SZYPERSKI (Informationsbedarf), Sp. 904, aber auch COENENBERG (Kommunikation), S. 20.

27) Zur Konkretisierung der *Aufgabenunterstützung* von Informationen vgl. BERTHEL (Informationen), S. 28 f.; KÜPPER (Controlling), S. 105; PIECHOTA (Informationsversorgung), S. 78; PICOT / REICHWALD (Informationswirtschaft), S. 245 f.

28) Zur Konkretisierung der Zweckorientierung von Informationen hinsichtlich einer *Entscheidungsunter-stützung* vgl. MAG (Entscheidung), S. 5; aber auch GAUGLER (Information), Sp. 1175; HEINEN / DIE-TEL (Informationswirtschaft), S. 898; HIRSCH (Informationswert), S. 670; REHBERG (Informa-tionen), S. 13 ff.

29) In Anlehnung an ERICHSON / HAMMANN (Informationen), S. 17.

30) Vgl. WERNER (Entscheidungsunterstützungssysteme), S. 43.

31) Vgl. BERTHEL (Informationssysteme), S. 13; HASELBAUER (Informationssystem), S. 6 f.

32) Vgl. HOFFMANN / BRAUWEILER / WAGNER (Informationssysteme), S. 3; KÜPPER (Controlling), S. 105; HIRSCH (Informationswert), S. 670; Arbeitskreis PIETZSCH der Schmalenbach-Gesellschaft (Informationsverarbeitung), S. 373.

33) Vgl. S. 48.

Betriebliche Informationen sind personenbezogenes und zeitabhängiges Wissen, das geeignet ist, rationale Entscheidungen zur Erfüllung unternehmenszielbezogener Aufgaben auf allen hierarchischen Ebenen zu unterstützen.

In arbeitsteiligen Systemen wie der internationalen Management-Holding müssen betriebliche Informationen zur Entscheidungsfindung zwischen den einzelnen organisatorischen Einheiten und über die Grenzen der Management-Holding hinaus ausgetauscht werden.[34] Den Informationsfluß zwischen einzelnen Informationssubjekten innerhalb und über die Grenzen eines Unternehmens hinaus sicherzustellen, ist Aufgabe der **betrieblichen Kommunikation**[35],[36] Sie läßt sich wie folgt definieren:[37]

Betriebliche Kommunikation ist die *Übermittlung* betrieblicher Informationen innerhalb und über die Grenzen des Unternehmens hinaus.

Da Informationen ohne die Übermittlungsfunktion der Kommunikation wertlos sind,[38] sind Information und Kommunikation sich bedingende Erscheinungen. Zur schematischen Darstellung des Kommunikationsprozesses wird üblicherweise das Übertragungsmodell von SHANNON und WEAVER verwendet, das sich aus den fünf Elementen Sender, Sendegerät, Übertragungskanal, Empfangsgerät und Empfänger zusammensetzt.[39] Da das Sende- und Empfangsgerät für betriebswirtschaftliche Fragestellungen nur von untergeordnetem Interesse sind, läßt sich die Darstellung des Kommunikationssystems für den weiteren Verlauf der Arbeit auf die drei Elemente „Informationssender", „Übertragungskanal" und „Informationsempfänger" reduzieren.

---

34)   Vgl. REICHWALD / NIPPA (Informations- und Kommunikationsanalyse), Sp. 855.

35)   In der Literatur wird häufig zwischen *formeller* und *informeller Kommunikation* unterschieden. Während die formelle Kommunikation auf organisierten Informationsbeziehungen aufbaut, basiert die informelle Kommunikation auf menschlichen Gemeinsamkeiten oder Spannungen und beinhaltet alle Kommunikationskontakte, die nicht durch organisatorische Regelungen vorgegeben sind. Vgl. hierzu GROFFMANN (Führungsinformationssystem), S. 18; MAG (Organisationslehre), S. 269. Die Wirkungen der informellen Kommunikation sind - anders als bei der formellen Kommunikation - kaum zu beeinflussen und müssen deshalb als gegeben hingenommen werden. Vgl. ALBACH (Entscheidungsprozeß), S. 397 f., und KREIKEBAUM (Organisationstheorie), S. 674. Da bei der Gestaltung von Führungsinformationssystemen nur die formelle Kommunikation gefördert werden kann, ist im folgenden mit dem Kommunikationsbegriff stets die formelle Kommunikation gemeint.

36)   Der *Kommunikationsbegriff* wird je nach Wissenschaftsdisziplin und Verwendungszweck unterschiedlich definiert. Zu einer Auflistung verschiedener Begriffsauffassungen vgl. MERTEN (Kommunikation), S. 29 ff. und S. 168 ff. Ergänzende Ausführungen finden sich bei COENENBERG (Kommunikation), S. 34 f.

37)   In Anlehnung an KOCH (Kommunikationssystem), S. 177 f.; REICHWALD (Kommunikation), Sp. 2174. Vgl. hierzu aber auch BERTHEL (Kommunikation), S. 411; HORVÀTH (Controlling), S. 97; REICHMANN (Controlling), S. 13.

38)   Vgl. WACKER (Informationstheorie), S. 44.

39)   Vgl. SHANNON / WEAVER (Communication).

Der in Abb. II - 14 dargestellte Kommunikationsprozeß beginnt mit der Informationsabgabe durch den **Sender**. Deren Übermittlung geschieht dann mit Hilfe eines **Übertragungskanals** sowie der Informationsaufnahme durch den **Empfänger**. Zu ihrer Übermittlung müssen Informationen zunächst durch einen Informationsträger - die **Nachricht** - abgebildet werden. Damit eine Nachricht übermittelt werden kann, muß sie auf der syntaktischer Ebene als **Zeichenfolge** in einer Sprache kodiert werden.[40] Die Zeichen einer Sprache werden dann mittels eines Übertragungskanals als **Signale** an den Informationsempfänger gesendet. Dieser nimmt die empfangenen Signale auf und entschlüsselt sie. Auf der semantischen Ebene ordnet er den Zeichen eine Bedeutung zu, wodurch diese zu einer Nachricht dekodiert werden.[41] Durch die Interpretation der Nachricht kann der Informationsempfänger letztendlich auf die Informationen und die damit verbundene Intension schließen.

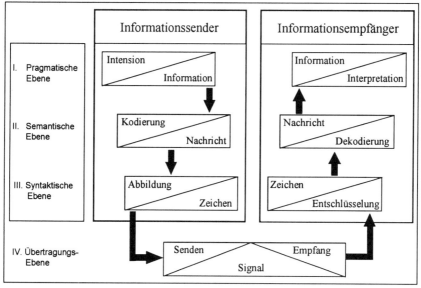

Abb. II - 14: *Schematische Darstellung des Kommunikationsprozesses zur Übermittlung von Informationen.*

Um die **Bedeutung von Informationen** hervorzuheben,[42] wird in der Literatur häufig hervorgehoben, sie seien ein betrieblicher Produktionsfaktor, der *eigenständig* neben den „klas-

---

40) Vgl. BERTHEL (Informationssysteme), S. 14.

41) Hierzu müssen Informationssender und -empfänger über den gleichen Zeichenvorrat verfügen und allen Zeichen denselben Sinn beimessen.

42) Zur Bedeutung der Information für ein Unternehmen vgl. COENENBERG (Kommunikation), S. 5; WITTMANN (Information), Sp. 902; PICOT / REICHWALD (Informationswirtschaft), S. 249 f. CHORAFAS (System), S. 10, vergleicht die Funktion der Information für ein Unternehmen mit der der roten Blutkörperchen in einem lebenden Organismus. ZAHN (Informationswesen), Sp. 982, bezeichnet das Informationswesen als „Nervensystem" des Unternehmens.

sischen" Produktionsfaktoren stehe.[43] Das Ergebnis wird um so besser ausfallen, je durchdachter und einfallsreicher die elementaren Produktionsfaktoren durch den dispositiven Faktor kombiniert werden.[44] So können Informationen als vierter elementarer Produktionsfaktor interpretiert und in das System der betrieblichen Produktionsfaktoren eingeordnet werden.[45]

Um Informationen gegenüber den anderen betrieblichen Produktionsfaktoren abzugrenzen, werden im folgenden einige wesentliche **Merkmale** aufgeführt,[46] mit denen Informationen näher charakterisiert werden können:

- Informationen sind ein **immaterielles Gut**, das auch bei mehrfacher Nutzung nicht verbraucht wird. Informationen können allerdings veralten und hierdurch ihre Zweckorientierung verlieren.[47]

- Informationen sind **kein „freies" Gut**. Zwar besitzen sie in der Regel keinen Marktpreis, ihre Kosten sind aber anhand ihres Analyse-, Beschaffungs-, Aufbereitungs- und Übermittlungsaufwands prinzipiell bestimmbar.[48]

- Informationen können **Nutzen** für den Informationsempfänger stiften. Ihr Wert hängt hierbei vom Nutzen des Informationsempfängers ab.

- Bei Informationen kann das sogenannte **Bewertungsparadoxon** auftreten, das sich wie folgt beschreiben läßt: Informationen können erst dann bewertet werden, wenn sie vollständig intellektuell durchdrungen sind. Hierdurch hat sich das Informationssubjekt diese aber bereits angeeignet.

---

43)   Hierbei wird von dem Grundverständnis ausgegangen, daß Unternehmen den Einsatz der elementaren Produktionsfaktoren „menschliche Arbeitsleistung", „Betriebsmittel" und „Werkstoffe", benötigen, um Sachgüter oder Dienstleistungen für den Bedarf Dritter herzustellen. Zur Entwicklung, Informationen als Produktionsfaktor zu bezeichnen, vgl. insbesondere die Beiträge von PICOT / FRANCK (Information I), S. 544 f.

44)   WILD (Nutzenbewertung), S. 316, schreibt hierzu: „... das Wirtschaften ist in seinem Kern als ein geistiger Prozeß der Zielsetzung, Planung, Entscheidung, Durchsetzung und Kontrolle zu begreifen. Dieser Kernprozeß ist, da Denken unauflösbar an Wissen und Information gebunden ist, ein essentiell informationeller Prozeß. Folglich muß die Information ein wichtiges Einsatzgut im Wirtschaftsprozeß bilden."

45)   Zur Begründung vgl. u.a. PICOT / FRANCK (Information I), S. 544.

46)   Die folgende Aufzählung stellt nur auf für die weiteren Ausführungen relevante Informationsmerkmale ab und daher erhebt keinen Anspruch auf Vollständigkeit. Tiefergehende Ausführungen finden sich insbesondere bei PICOT / FRANCK (Information I), S. 545, aber auch bei SPIEGEL (Managementinformationssystem), S. 15.

47)   Zur Zeitabhängigkeit betrieblicher Informationen vgl. S. 52.

48)   Vgl. hierzu insbesondere Kap. IV.2.3.2., S. 168 ff.

2.2. Charakteristische Merkmalsausprägungen betrieblicher Führungsinformationen in der internationalen Management-Holding

Wird für eine Abgrenzung **betrieblicher Führungsinformationen in der internationalen Management-Holding** die Funktion betrieblicher Informationen aufgegriffen, unternehmenszielbezogene Aufgaben auf *allen* hierarchischen Ebenen des Unternehmens zu unterstützen,[49] können erstere dahingehend eingeschränkt werden, die Entscheidungsfindung der **Konzernleitung** sicherzustellen. Es läßt sich definieren:[50]

> In der internationalen Management-Holding sind **betriebliche Führungsinformationen** personenbezogenes und zeitabhängiges Wissen, das geeignet ist, eine rationale Entscheidungsfindung der Konzernleitung zu unterstützen.

Um die charakteristischen Merkmalsausprägungen betrieblicher Führungsinformationen für die Konzernleitung der internationalen Management-Holding konkretisieren zu können,[51] sind **zwei Aspekte** von besonderer Bedeutung:[52]

- Zum einen ist dies die **inhaltliche Reichweite**. Während *operative Informationen* in der Regel zur Erfüllung wiederkehrender Ausführungstätigkeiten dienen,[53] müssen der Konzernleitung einer internationalen Management-Holding überwiegend Informationen bereitgestellt werden, die deren *strategische Führungsentscheidungen* unterstützen.[54] Im folgenden sind daher **strategische Informationen**, d.h. Größen, die Mittel und Wege zur Erreichung der angestrebten Zielsetzung abbilden können, zu akzentuieren.[55] Nur in Ausnahmesituationen - beispielsweise bei drohender Illiquidität einer Tochtergesellschaft - wird die Konzernleitung sehr wohl auch auf operative Informationen angewiesen sein.[56]

---

49) Vgl. S. 52.

50) Für weitere Definitionsansätze vgl. HORVÁTH (Controlling), S. 350, der zwischen Ausführungs- und Führungsinformationen unterscheidet. Aber auch BLOECH / GÖTZE / SIERKE (Rechnungswesen), S. 6 f.

51) Im folgenden werden ausschließlich zweidimensionale Informationsausprägungen in Form von *Gegensatzpaaren* angeführt. Einzelne Informationsmerkmale sind aus KÜPPER (Controlling), S. 134 ff., und BIETHAN / HUCH (Informationssysteme), S. 37 ff., entnommen.

52) Vgl. hierzu Abb. II - 15, S. 60.

53) Vgl. ROSENHAGEN (Informationsversorgung), S. 273.

54) Vgl. hierzu MUNARI / NAUMANN (Strategische Steuerung), S. 806.

55) Es herrscht häufig die Meinung vor, operative Informationen sind kurzfristig und strategische Informationen immer *langfristig* orientiert. Diese Begriffsauffassung ist irreführend, da Informationen - beispielsweise zum Erwerb eines Unternehmens, das überraschender Weise angeboten wird - vom zeitlichen Horizont durchaus als kurzfristig einzustufen sind, von ihrem Inhalt her aber als strategische Informationen einzuordnen sind.

56) In Anlehnung an GUTENBERG (Betriebswirtschaftslehre), S. 138 f., der von Störungen spricht, „... die ohne Maßnahmen der Geschäftsleitung nicht beseitigt werden können, weil anderen Stellen die Autorität und die Vollmacht fehlt, die Verhältnisse zu ordnen, die sich menschlich, organisatorisch oder technisch als besonders schwierig erwiesen haben."

- Aus **funktionaler Sicht** ist zwischen bereichsspezifischen und holistischen Informationen zu unterscheiden. Wie aus terminologischer Sicht einsichtig ist, beziehen sich *bereichsspezifische Informationen* auf die Funktionsbereiche der Management-Holding - beispielsweise den Beschaffungs-, Produktions- oder Absatzbereich - und haben einen konkreten Einzelfall zum Inhalt. Betriebliche Führungsinformationen für die Konzernleitung der internationalen Management-Holding sind hingegen als **holistische Informationen** zu charakterisieren. Sie sind in der Regel für mehrere Einzelfälle relevant und müssen - *unabhängig* von der funktionalen Gliederung der Management-Holding - deren Führung aus dem „*Ganzen*" heraus unterstützen.[57]

Zur Konkretisierung ihrer **strategischen Reichweite** lassen sich weitergehende Ausprägungen ableiten, durch die sich betriebliche Führungsinformationen für die Konzernleitung der internationalen Management-Holding näher eingrenzen lassen:

- Die strategische Reichweite betrieblicher Führungsinformationen läßt sich zunächst mit dem abzubildenden **Informationsobjekt** konkretisieren.[58] Hierbei können Liquiditäts- und Erfolgsgrößen, aber auch Erfolgspotentiale - d.h. anhaltende und weit in die Zukunft reichende Erfolgsmöglichkeiten[59] - Gegenstand von Informationen sein.[60] In Vorgriff auf das noch herauszuarbeitende strategische Vorsteuerungskonzept[61] muß für die Informationsversorgung der Konzernleitung einer internationalen Management-Holding[62] dem frühzeitigen *Erkennen von Entwicklungstendenzen* besondere Bedeutung zugemessen werden. Daher sind betriebliche Führungsinformationen insbesondere auf **Erfolgspotentiale** auszurichten. Sie definieren den Rahmen, innerhalb dessen alle weiteren erfolgs- und liquiditätsorientierten Entscheidungen der nachgeordneten Führungsebenen zu treffen sind.

- Da Erfolgspotentiale ihren Ursprung häufig in externen Gegebenheiten haben, werden betriebliche Führungsinformationen - eine Differenzierung nach der zugrundeliegenden **Informationsquelle** vorausgesetzt - nicht nur interner, sondern insbesondere auch externer Natur sein.[63] **Externe Informationen** können beispielsweise Aussagen über die Branche, die Konkurrenz oder über die Beschaffungs- und Absatzmärkte, in denen die Management-Holding tätig ist, beinhalten.[64] **Interne Information** hingegen bilden Sachverhalte ab, die in den operativen Tochtergesellschaften oder der konzernleitenden Gesellschaft selbst anfallen.

---

57)   Vgl. BIETHAN / HUCH (Informationssysteme), S. 38.

58)   PALLOKS (Marketing-Controlling), S. 178, spricht in diesem Zusammenhang von der *Problemrelevanz* strategischer Informationen.

59)   Vgl. GÄLWEILER (Unternehmensführung), S. 23 f.

60)   Vgl. hierzu die Abbildung 184 von REICHMANN (Controlling), S. 408.

61)   Vgl. hierzu S. 94 ff.

62)   Vgl. die Zielsetzung der vorliegenden Arbeit, S. 6.

63)   Vgl. BARTRAM (Kommunikation), S. 78 f.; HORVÁTH (Führungsinformation), S. 258.

64)   Gerade bei der Gestaltung von Managementinformationssystemen wurde oftmals die Einbeziehung externer Informationen vernachlässigt, was auch zu deren Scheitern beitrug. Vgl. S. 66 f.

- Ein weiterer wesentlicher Unterschied zwischen operativen und strategischen Informationen ist durch ihren **Zeitbezug** begründet. Während operative Informationen häufig vergangenheitsbezogene Größen abbilden, müssen betriebliche Führungsinformationen für die Konzernleitung überwiegend **zukunftsbezogene Aussagen** beinhalten.[65]

- Für eine weitere Konkretisierung strategischer Informationen kann deren **Struktur** herangezogen werden. Hiernach ist zwischen quantitativen[66] und qualitativen Informationen zu unterscheiden. Da mit betrieblichen Führungsinformationen in einer internationalen Management-Holding oftmals erstmalige Entscheidungen der Konzernleitung unterstützt werden, sind sie häufig schlecht strukturiert oder liegen nur fragmentarisch vor. Sie sind daher überwiegend als **qualitative Informationen** einzustufen, die in der Regel nur ordinal[67] meßbar sind. Seltener umfassen sie **quantitative Größen** wie beispielsweise die Umsatzentwicklung, die als metrische[68] Angabe eingeordnet werden kann.

- Betriebliche Informationen können weiterhin nach ihrem **Detaillierungsgrad** unterschieden werden. Der Detaillierungsgrad stellt darauf ab, wie präzise ein Sachverhalt der Realität mit Informationen abgebildet werden kann.[69] Da operative Informationen in der Regel eindeutige und leicht zu quantifizierende Sachverhalte der Realität beinhalten, werden sie überwiegend in einem hohen Detaillierungsgrad verfügbar sein. Aufgrund ihrer Zukunftsorientierung und ihres qualitativen Charakters sind bei betrieblichen Führungsinformationen für die Konzernleitung hingegen Einschränkungen hinsichtlich ihres Detaillierungsgrads in Kauf zu nehmen. Sie sind daher eher als **gering detaillierte Informationen** zu charakterisieren.

- Als ein weiteres Kriterium zur Konkretisierung betrieblicher Führungsinformationen für die Konzernleitung kann ihr **Neuigkeitsgrad** dienen. Während operative Informationen häufig nur das subjektive Wissen des Informationsempfängers wiedergeben, und somit als bestäti-

---

65) Der Zeitbezug strategischer Informationen darf dabei nicht mit ihrer Fristigkeit verwechselt werden. Zu einem Beispiel vgl. die Ausführungen der Fußnote 55) dieses Kapitels, S. 55.

66) Die Quantifizierbarkeit soll zum Ausdruck bringen, daß die abgebildeten Informationsobjekte auf einer metrischen Skala zu messen sind, wodurch relativ präzise Aussagen ermöglicht werden. Vgl. hierzu REICHMANN (Controlling), S. 19.

67) Charakteristisches Merkmal einer *Ordinalskala* ist, daß sich zwischen den einzelnen Merkmalsausprägungen ihrer Elemente zwar eine „größer als" - Beziehung aufstellen läßt, deren Abstände jedoch nicht quantifizierbar sind. Vgl. hierzu BLEYMÜLLER / GEHLERT / GÜLICHER (Statistik), S. 3.

68) Im Vergleich zu einer Ordinalskala können mit einer *metrischen Skala* neben der Rangordnung auch die Abstände zwischen den einzelnen Merkmalsausprägungen quantifiziert werden. Als Meßsystem können u.a. Geldeinheiten dienen.

69) Das Merkmal der Genauigkeit assoziert, daß der Nutzen von Informationen und somit die Entscheidungsqualität umso besser sein wird, je genauer sie sind. Empirische Studien widerlegen diese Hypothese, indem sie nachweisen, daß insbesondere in informatorischen Überlastungssituation durch eine zu große Detailliertheit des Informationsangebotes die Entscheidungsqualität häufig verschlechtert wird. Offenbar werden in derartigen Situationen zusätzliche mentale Ressourcen zur Durchdringung und dem Verständnis der Informationen gebunden, so daß insgesamt eine Komplexitätserhöhung der Entscheidungssituation zu bewältigen ist.

gende Informationen einzuordnen sind, besitzen betriebliche Führungsinformationen mit ihrer strategischen Ausrichtung überwiegend neuartigen Charakter. Sie sind daher als **innovative Informationen** zu kennzeichnen.

• Auf dem innovativen Charakter aufbauend können betriebliche Führungsinformationen letztendlich mit Hilfe ihres **Gewißheitsgrads** näher gekennzeichnet werden. Da operative Informationen in der Regel eindeutige Sachverhalte der Realität beschreiben, sind sie ohne weitere Erläuterungen zu verstehen und weiterzuverarbeiten. Betriebliche Führungsinformationen hingegen sind durch ihren symptomatischen Charakter und ihre qualitative Form verhältnismäßig unbestimmt. Sie sind daher stark interpretationsbedürftig[70] und so stets als **mehrdeutige Informationen** einzustufen.

In Analogie zu den soeben dargelegten Ausführungen lassen sich auch Merkmale betrieblicher Führungsinformationen für die Konzernleitung einer internationalen Management-Holding ableiten, durch die deren **holistische** Ausrichtung konkretisiert werden kann:

• Nach dem **Verdichtungsgrad** lassen sich disaggregierte und aggregierte Informationen unterscheiden. Letztere entstehen durch die Zusammenfassung verschiedener Informationen.[71] Durch die Aggregation werden keine neuen Informationen geschaffen. Sinn dieser Aufbereitungsform ist vielmehr, dem Informationssubjekt einen möglichst kompakten, aber dennoch für ihn umfassenden Überblick zu verschaffen.[72] Für die Konzernleitung einer internationalen Management-Holding kann davon ausgegangen werden, daß - oftmals auf höchstem Niveau - **aggregierte Informationen** bereitzustellen sind.[73]

• Hinsichtlich des **Integrationsgrads** kann zwischen Einzelinformationen und verknüpften Informationen differenziert werden. Verknüpfte Informationen entstehen durch das Zueinander-in-Beziehung-Setzen verschiedener Informationen, z.B. in Form einer Kennzahl wie der „Umsatzrentabilität". Sie sollen helfen, komplizierte Strukturen in relativ einfacher Weise abzubilden.[74] Da die Konzernleitung einer internationalen Management-Holding aufgrund ihrer Aufgabenstellung auf ein holistisches Informationsangebot mit vielen Auswertungsmöglichkeiten angewiesen ist, werden im folgenden **verknüpfte Informationen** akzentuiert.

---

70) PALLOKS (Marketing-Controlling), S. 179, erkennt in diesem Zusammenhang die Gefahr einer hohen Ignoranz strategischer Informationen.
71) HORVÁTH (Controlling), S. 350, spricht von verdichteten Informationen.
72) Hierbei ist zu beachten, daß jede Informationsverdichtung auch einen Informationsverlust impliziert.
73) In der Regel steigt der Bedarf an verdichteten Informationen mit zunehmender Hierarchiestufe an. Vgl. hierzu REICHMANN (Controlling-Konzeption), S. 891.
74) Vgl. REICHMANN (Controlling), S. 19 f.

- Nach dem **Verarbeitungszustand** der Informationen kann zwischen primären und sekundären Informationen unterschieden werden. Erstere werden unmittelbar durch Beobachtung eines realen Sachverhalts der Realität gewonnen. Letztere sind bereits in Hinblick auf bestimmte Ziele und Entscheidungen bearbeitet worden.[75] Da Führungsinformationssysteme betriebliche Informationen überwiegend in aggregierter Form bereitstellen, sind diese stets bearbeitet und daher als **sekundäre Informationen** einzustufen.

- Im Rahmen des **Informationsflusses** ist zwischen horizontalen Informationen, die innerhalb der gleichen Hierarchiestufe einer Organisationsstruktur kommuniziert werden, und vertikalen Informationen, welche zwischen *unterschiedlichen Hierarchiestufen* weitergegeben werden, zu differenzieren. Während bereichsspezifische Informationen überwiegend zwischen Funktionsbereichen einer Hierarchiestufe ausgetauscht werden,[76] sind betriebliche Führungsinformationen als **vertikale Informationen** anzusehen. Sie entstehen - externe Informationen einmal ausgenommen - in der Regel in den Tochtergesellschaften, werden aber auf der höchsten Hierarchiestufe der Management-Holding benötigt.

- Innerhalb der Management-Holding können Informationen hinsichtlich des **Organisationswegs** *formal*, d.h. mit Hilfe der durch die Organisationsstruktur vorgegebenen Wege, oder *informal* erfaßt und kommuniziert werden.[77] Während die formale Informationsweitergabe organisierte Informationsbeziehungen nutzt, hat die informelle Kommunikation ihren Ursprung in menschlichen Gemeinsamkeiten oder Spannungen und beinhaltet alle Kommunikationskontakte, die nicht durch organisatorische Regelungen vorgegeben sind. Da bei der Gestaltung von Führungsinformationssystemen nur die formelle Kommunikation gefördert werden kann, stehen im folgenden stets **formelle Informationen** im Vordergrund.

- Mit Blick auf den **Rhythmus der Informationsbeschaffung** ist zwischen regelmäßigen und unregelmäßigen Informationen zu differenzieren.[78] Regelmäßige Informationen werden zu bestimmten - im vornherein festgelegten - Zeitpunkten bereitgestellt, währenddessen unregelmäßige Informationen sporadisch oder bei aktuellem Bedarf eruiert werden. Auf Grund der Zielsetzung der vorliegenden Arbeit soll die standardisierte[79] Informationsversorgung

---

75) Vgl. VETSCHERA (Informationssysteme), S. 5 f. So ist beispielsweise der Auftragseingang eines bestimmtes Produkts zu einem bestimmten Zeitpunkt als eine primäre Information zu interpretieren, während eine Statistik über alle Produkte einer Produktgruppe des abgelaufenen Geschäftsjahr eine sekundäre Information darstellt.

76) In Anlehnung an ROHNER (Führungsinformationen), S. 31.

77) Vgl. PIECHOTA (Informationsversorgung), S. 91.

78) Vgl. ebenda.

79) HORVÁTH (Controlling), S. 608 f., und REICHMANN (Controlling), S. 12, unterscheiden hierbei drei Formen der Berichterstattung: Geplante oder Standardberichte, ausgelöste oder Abweichungsberichte und individuell verlangte oder Bedarfsberichte.

der Konzernleitung im Vordergrund stehen, so daß die durch das zu entwickelnde Führungsinformationssystem bereitzustellenden Informationen als **regelmäßig** einzustufen sind.

• Abschließend kann hinsichtlich der **äußeren Form** zwischen mündlichen und schriftlichen Informationen unterschieden werden.[80] Mit Hilfe des zu entwickelnden Führungsinformationssystems können aufgrund der derzeit zur Verfügung stehenden technischen Möglichkeiten lediglich Informationen in **schriftlicher Form**[81] erfaßt werden.

Die Abb. II - 15 faßt die herausgearbeiteten Kriterien betrieblicher Führungsinformationen für die Konzernleitung der internationalen Management-Holding nochmals grafisch zusammen.[82] Sie sind schwarz unterlegt.

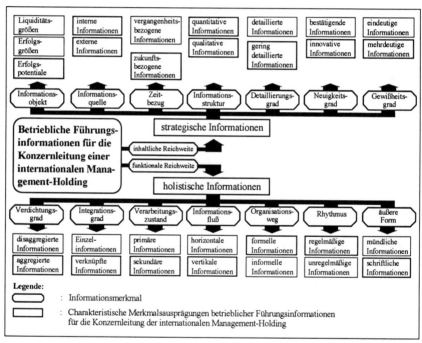

Abb. II - 15:   *Charakteristische Merkmalsausprägungen betrieblicher Führungsinformationen für die Konzernleitung einer internationalen Management-Holding.*

80)   Nach einer 1991 durchgeführten empirischen Studie von MINTZBERG, (Management), S. 26, verbringen Manager zwischen 60% und 80% ihrer Zeit mit mündlicher Kommunikation.

81)   Nach ihrer Gestalt können schriftliche Informationen in textliche, grafische und bildliche Informationen untergliedert werden. Vgl. hierzu HRUBI (Kommunikationsmanagement), S. 89.

82)   Vgl. hierzu GORRY / SCOTT MORTON (Management Information System), S. 353 f., die eine Typologisierung des Informationsbedarfs nach verschiedenen Aufgabenarten entwickelten.

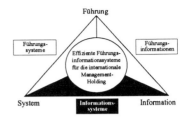

3. Führungsinformationssysteme für die internationale Management-Holding

Der letzte Teil der theoretischen Grundlagen widmet sich Führungsinformationssystemen für die internationale Management-Holding. Zunächst wird in Kap. 3.1. fundiert, warum deren Gestaltung als **Aufgabe des Controlling** eingeordnet wird. Danach wird in Kap. 3.2. ihre **historische Entwicklung** und **Abgrenzung von anderen betrieblichen Informationssystemen** dargestellt. Das Kap. 3.3. umfaßt schließlich die Ableitung einer **organisationsspezifischen Grundkonzeption** und positioniert diese in der Informationssystempyramide einer internationalen Management-Holding.

3.1. Gestaltung von Führungsinformationssystemen als Aufgabe des Controlling

Die Konzernleitung einer internationalen Management-Holding benötigt für ihre Aufgabenerfüllung Informationen. Da die benötigten Informationen nicht per se gegeben sind, müssen sie entsprechend *generiert* werden. Dies wurde als Zielsetzung von **Führungsinformationssystemen** herausgearbeitet.[1]

Hierbei stellt sich zunächst die Frage, wer für die konzeptionelle Gestaltung dieser Informationssysteme zuständig ist.[2] Im Rahmen der vorliegenden Arbeit wird dies dem **Controlling**[3] zugeordnet. Um diese Aussage zu fundieren, müssen in der gebotenen Kürze ausgewählte **Controlling-Konzeptionen** reflektiert werden.

---

1) Vgl. S. 10.

2) Dies ist insofern von Bedeutung, da viele Informatiker für sich in Anspruch nehmen, daß die Gestaltung effizienter Führungsinformationssysteme ihre Aufgabe sei. In der Praxis kommt es daher häufig zu Kompetenzstreitigkeiten zwischen dem betriebswirtschaftlich Sinnvollen, das von dem Controlling gefordert wird, und dem technisch Machbaren, das durch Informatiker realisiert werden kann. BULLINGER / KOLL / NIEMEIER (Führungsinformationssysteme), S. 23, charakterisieren diesen Sachverhalt kurz mit „*Fach- vor Technikkonzept*".

3) Zur etymologischen Abgrenzung des Controlling-Begriffs vgl. RATHÉ (Management controls), S. 32. Üblicherweise wird „to control" als Lenkung, Steuerung oder Regelung von Prozessen aufgefaßt.

Trotz zahlreicher Veröffentlichungen, die alle für sich in Anspruch nehmen, ein *einheitliches* Verständnis zu schaffen, kann etwa 25 Jahre nach den ersten Ansätzen noch *nicht* von einer allseits akzeptierten Controlling-Konzeption gesprochen werden.[4] Jedoch haben sich **drei Ansätze** herausgebildet, die sich im wesentlichen dadurch unterscheiden, wie sie die Funktionen der Planung, Kontrolle und Informationsversorgung untereinander gewichten:[5]

I. Controlling als Koordinationsfunktion

Bei der ersten Konzeption wird der **Koordinationsaspekt** akzentuiert. Begründer dieses Ansatzes ist HORVÁTH. Er definiert Controlling als „... Subsystem der Führung, das Planung und Kontrolle sowie Informationsversorgung systembildend und systemkoppelnd koordiniert und so die Adaption und Koordination des Gesamtsystems unterstützt."[6] Die Koordination hat dabei zwei Ausprägungen: „Koordination erfolgt einmal durch die Bildung aufeinander abgestimmter formaler Systeme **(systembildende Funktion)**. Koordination bedeutet aber auch Abstimmungsprozesse in einem gegebenen Systemgefüge **(systemkoppelnde Koordination)**."

Ende der achtziger Jahre griffen KÜPPER und WEBER diesen Ansatz auf und spezifizierten die Koordinationsproblematik. KÜPPER erweiterte das Koordinationssubjekt um die Teilsysteme „**Organisation**" und „**Personalführung**".[7] WEBER, der auf einem sehr hohen Abstraktionsniveau die Koordinationsfunktion des Controlling in den Vordergrund seiner Arbeiten stellt, arbeitete das „Controlling" als **Metaebene** der Unternehmensführung heraus.[8]

II. Controlling als spezielle Form der Führung

Kennzeichnend für den zweiten Ansatz ist, Controlling als **spezielle Form der Führung** einzuordnen. Es soll - in Anlehnung an eine Definition von SIEGWART[9] - der konsequenten gewinnorientierten Steuerung, Lenkung und Überwachung des Unternehmens dienen.[10] HAHN spricht in diesem Zusammenhang von einer **Führungsphilosophie** mit dem Inhalt der ergebnisorientierten Planung und Überwachung durch Zielvereinbarungen und -analysen.[11]

---

4)   Vgl. KÜPPER / WEBER / ZÜND (Controlling), S. 282. PREIßLER (Controlling), S. 10, schreibt dazu:
      „ Jeder hat seine eigene Vorstellung darüber, was Controlling bedeutet, oder bedeuten soll, nur jeder
      meint etwas anderes." WEBER (Controlling), S. 23, spricht von einem „Definitions-Wirrwar".

5)   Zu einem Überblick vgl. insbesondere SJURTS (Controlling), S. 216 ff.

6)   HORVÁTH (Controlling), S. 144.

7)   Vgl. KÜPPER (Konzeption), S. 96 ff. Vor KÜPPER schlug allerdings schon SCHMIDT (Controlling),
      S. 56 f., die Erweiterung der Führungsteilsysteme „Planung", „Kontrolle", und „Informationsversor-
      gung" um das „Organisationssystem" vor.

8)   Vgl. WEBER (Controlling), S. 43 ff. Die Einführung des Begriffs der Metaebene geht allerdings auf
      HORVÁTH (Controlling), S. 126, zurück.

9)   Vgl. SIEGWART (Controlling-Konzepte), S. 109, aber auch MANN (Controlling), S. 11.

10)   Dies hätte zur Folge, daß in nicht-erwerbswirtschaftlichen Betrieben - u.a. öffentliche Unternehmen und
      Verwaltungen - per definitione kein Controlling zur Anwendung kommen könnte.

11)   Vgl. HAHN (Entwicklungstendenzen), S. 6; aber auch SIEGWART (Controlling), S. 97 f.

III. Controlling als Informationsversorgungsfunktion

Die letzte Controlling-Konzeption rückt die **Informationsversorgungsfunktion** in den Mittelpunkt. Stellvertretend sei der von REICHMANN geprägte Ansatz angeführt.[12] Er definiert Controlling als „... die zielbezogene Unterstützung von Führungsaufgaben, die der systemgestützten Informationsbeschaffung und Informationsverarbeitung zur Planerstellung, Koordination und Kontrolle dient."[13]

Ziel dieser Controlling-Ausrichtung ist die Verbesserung der Entscheidungsqualität auf *allen* Führungsstufen des Unternehmens.[14] Durch die **empfängerorientierte Ausrichtung** ist dieser Controlling-Ansatz als eine inhaltliche Erweiterung der Informationsfunktion des Rechnungswesens einzustufen. Zur Informationsbeschaffung wird - so REICHMANN - insbesondere auf das Rechnungswesen, aber auch auf andere Vorsysteme zurückgegriffen.[15]

Es soll an dieser Stelle nicht Aufgabe sein, die angeführten Controlling-Definitionen zu bewerten oder gar zu ergänzen. Im folgenden soll das **Controlling-Verständnis** herausgearbeitet werden, das die Gestaltungsausrichtung effizienter Führungsinformationssysteme für die internationale Management-Holding determiniert und den weiteren Ausführungen zugrundeliegen wird. Als erste Gemeinsamkeit der dargelegten Controlling-Konzeptionen ist ihr Zusammenhang mit der Unternehmensführung zu nennen. Da ihre Spannbreite von einer serviceorientierten Funktion[16] bis zum Bestandteil der Führung[17] reicht, kann ihre **führungsunterstützende Funktion** als kleinster gemeinsamer Nenner konstatiert werden.

Aufgrund der sich ändernden Rahmenbedingungen und der Tatsache, daß Erfahrungswissen und Intuition insbesondere durch die Zunahme struktureller und diskontinuierlicher Veränderungen beständig an Bedeutung verliert, wird zunehmend die **Informationsversorgungsfunktion** des Controlling in deren Mittelpunkt rücken.[18] Da diese Funktionsausrichtung zwar in verschiedener Intensität, aber dennoch in allen Controlling-Konzeptionen berücksichtigt wird, kann sie als zweite Gemeinsamkeit herausgearbeitet werden.[19]

---

12) Gleicher Auffassung sind aber auch HEIGL (Controlling), S. 3; HOFFMANN (Führungsorganisation), S. 85; SCHMIDT (Controlling-Grundauffassungen); ZIEGENBEIN (Controlling), S. 23 f.
13) REICHMANN (Controlling), S. 12.
14) REICHMANN (Controlling), S. 13, spricht explizit von *allen* Führungsstufen des Unternehmens.
15) Gleicher Auffassung ist aber auch HAHN (Strategische Führung), S. 126, der schreibt: „Primäre Basis des Controlling bildet dabei das Zahlenwerk des Rechnungs- und Finanzwesens."
16) Vgl. hierzu insbesondere LACHNIT (Controlling), S. 228, aber auch HORVÁTH (Kennzahlen), S. 349.
17) Vgl. hierzu die Ausführungen zum Controlling-Ansatz als spezielle Form der Führung, S. 62.
18) Insbesondere in der Unternehmenspraxis findet dieser Controlling-Ansatz große Anerkennung. Als Beleg führen ESCHENBACH / NIEDERMAYR (Controlling), S. 58, an, daß dem Controlling oftmals die betriebliche Informationswirtschaft untergeordnet wird.
19) Die Informationsversorgung wurde von Anfang an als Kernaufgabe des Controlling angesehen. So schrieb ANTHONY (Principles), S. 433, schon 1970: „Generally the controller is responsible for the design and operation of the system be means of which control information is collected and reported but the use of this information in actual control is the responsibility of the line management."

Werden nun die führungsunterstützende und informationsversorgende Funktion des Controlling miteinander verknüpft, wird klar, daß es dessen Aufgabe sein muß, **Informationssysteme** zu gestalten.[20] Dies läßt sich insbesondere damit erklären, so die Informationserfassung, -aufbereitung und -übermittlung zumindest in großen Konzernen nicht mehr ohne entsprechende Informationssysteme zu handhaben ist.

In der Organisationsstruktur der Management-Holding ist zweifelsfrei die **Informationsversorgung der Konzernleitung** als eine der Kernaufgaben des Controlling einzustufen. Unter Rückgriff auf den Definitionsansatz von HORVÁTH[21] hat das Controlling dabei sowohl eine *systembildende* als auch eine *systemkoppelnde Funktion*:

- Die **systembildende Funktion** wird im Rahmen der vorliegenden Arbeit auf die Konzeption effizienter Führungsinformationssysteme für die internationale Management-Holding beschränkt.[22] Das Controlling nimmt seine führungsunterstützende Funktion dabei[23] durch die Analyse des Informationsbedarfs und die Aufbereitung bedarfsgerechter Führungsinformationen wahr.[24] Nur so kann die Entscheidungsqualität der Konzernführung erhöht werden.

- Nach der Konzeption und Implementierung von Führungsinformationssystemen hat das Controlling dessen informatorische Verbindungen in der Management-Holding **systemkoppelnd** zu koordinieren.[25] Dies beinhaltet zum einen das Zusammenspiel zwischen der Konzernleitung und dem Führungsinformationssystem. Die **Anpassung** von Führungsinformationssystems an einen *veränderten Informationsbedarf* der Konzernleitung, aber auch die laufende Verbesserung der *Benutzerorientierung* sind als Beispiele anzuführen.[26] Zum anderen ist aber auch die Verbindung von Führungsinformationssystemen zu den operativen Vorsystemen zu koordinieren. Insbesondere werden kontinuierliche Anpassungen an neue Datenquellen oder durch aufgetretene Veränderungen und Störungen induzierte Adaptionen nötig sein.[27]

---

20) Gleicher Auffassung sind auch REICHMANN / FRITZ / NÖLKEN (EIS-gestütztes Controlling), S. 477; KÜPPER (Controlling), S. 19; HORVÁTH (Controlling), S. 327 ff.

21) Vgl. S. 62.

22) Vgl. hierzu die Zielsetzung der vorliegenden Arbeit, S. 6.

23) Zur Bestimmung der einzelnen Phasen der Systemgestaltung vgl. Kap. IV.2.3., S. 164 ff.

24) Die Entscheidung und ihre Durchsetzung ist Aufgabe der Unternehmensführung. Hierdurch werden Unternehmensführung und Controlling voneinander abgegrenzt.

25) Basierend auf HORVÁTH (Controlling), S. 327.

26) Nur so kann sichergestellt werden, daß Führungsinformationssysteme auch von den Führungskräften genutzt wird. Gleicher Ansicht ist auch STRUCKMEIER (Führungsinformationssystem), S. 20.

27) Entnommen aus HORVÁTH (Controlling), S. 124. Vgl. aber auch Kap. IV.3.2., S. 218 ff.

3.2. Historische Entwicklung und Abgrenzung von anderen betrieblichen Informationssystemen

Der Wunsch, die bedarfsgerechte Informationsversorgung von Führungskräften durch EDV-gestützte Informationssysteme sicherzustellen, ist wohl so alt wie der Einsatz der elektronischen Datenverarbeitung selbst.[28] Nach ersten Erfolgen in der Basisdatenverarbeitung, insbesondere bei der EDV-technischen Unterstützung von Abrechnungsarbeiten, eigentlich aber erst durch das Aufkommen leistungsfähiger EDV-Systeme[29], der Entwicklung zentraler Datenbanken und erster Datenbanksysteme schien sich dieser Wunsch erstmals **Mitte der sechziger Jahren** erfüllen zu können.[30] In dieser Zeit wurde in den USA begonnen, sogenannte **Management-Informationssysteme** zu entwickeln.

Ziel dieser Informationssysteme war es, die umfassende Informationsversorgung über **alle Führungsebenen** hinweg sicherzustellen. Hierzu wurde - und dies ist wohl das wichtigste Merkmal der Management-Informationssysteme - ein Systemansatz ausgewählt, der das gesamte Unternehmen mit all seinen Daten in **einem** Informationssystem abbilden sollte. Diese anspruchsvolle Gesamtkonzeption wird in der Literatur als **„Total System Approach"** bezeichnet.[31]

Management-Informationssysteme basieren in ihrer originären Ausprägung auf einem oder mehreren **Großrechnern**, die über sogenannte „Workstations" bedient werden. Die **Datenbank** ist die zentrale Komponente dieser Informationssysteme. Sie hat neben der Erfassung *aller* Daten des Unternehmens deren Aggregation von der untersten bis zur höchsten Ebene zu ermöglichen.[32] Die Informationen sollen dabei - so ein weiterer Anspruch - auf „Knopfdruck" und zu jedem Zeitpunkt generiert und durch das Management-Informationssystem bereitgestellt werden können.

In der Literatur liegt kein einheitliches Begriffsverständnis zu Management-Informationssystemen vor. In Anlehnung an eine prägnante Definition von BEA / HAAS soll wie folgt definiert werden:[33]

---

28) Basierend auf VETSCHERA (Informationssysteme), S. I.

29) So wurden u.a. Magnetplatten als Speichermedium für Massendaten zur Standardausstattung von EDV-Systemen. Des weiteren konnten höhere Programmiersprachen eingesetzt werden und es wurde erstmals eine einheitliche Soft- und Hardware über mehrere Größenordnungen von Rechnersystemen entwickelt.

30) Insbesondere sahen aber auch die DV-Hersteller in den USA neue Absatzchancen für ihre Produkte. Vgl. hierzu STAHLKNECHT (Management-Informationssysteme), S. 265.

31) Vgl. exemplarisch GROFFMANN (Führungsinformationssystem), S. 24; WAGNER / VOGEL (Executive Information Systems), S. 26.

32) Vgl. JAHNKE (Konzeption), S. 9.

33) BEA / HAAS (Strategisches Management), S. 329. Aber auch GABRIEL / GLUCHOWSKI (Management Support Systeme II), S. 422; STAHLKNECHT (MIS), S. 265; KIRSCH / KLEIN (Management-Informationssysteme II), S. 44 f., die aus einer Vielzahl von Ansätzen einen Konsens ermittelten.

Management-Informationssysteme sind rechnergestützte Informationssysteme, die das gesamte Unternehmen mit allen anfallenden Daten abbilden, um so die umfassende Informationsversorgung *aller* Führungsebenen sicherzustellen.

Zwar kam es sehr schnell zur Verbreitung dieser Informationssysteme.[34] Ihr umfassender Totalansatz erwies sich aber als zu ehrgeizig. Etwa **Mitte der siebziger Jahre** wurden daher die Entwicklungsarbeiten eingestellt oder zumindest der Totalansatz bei der Systemkonzeption aufgegeben.[35] Für das **Scheitern** der Management-Informationssysteme sind aus heutiger Sicht insbesondere EDV-technische Gründe anzuführen, die überwiegend durch die damalige Großrechner-Technologie determiniert waren:[36]

- Zum einen konnte die Hard- und Software der Komplexität des Totalansatzes nicht gerecht werden.[37] So gab es u.a. noch keine leistungsfähigen Arbeitsplatzrechner. Durch die immensen Datenbestände, die der umfassende Systemansatz implizierte, kam es aber auch immer wieder zu **Kapazitätsproblemen**. Zum anderen war die Erfassung und Pflege der Daten mit einem großen Aufwand verbunden.[38]

- Neben der mangelnden EDV-technischen Realisierbarkeit scheiterten die Management-Informationssysteme an ihrer **Benutzerfreundlichkeit**.[39] Die Großrechner-Technologie war kompliziert und in der Regel umständlich zu bedienen.[40]

- Des weiteren war der Datenzugriff bei großen Datenbeständen mit **sehr langen Warte-zeiten** verbunden.[41] Dies läßt sich damit erklären, daß Mitte der sechziger Jahre beispielsweise noch keine relationalen Datenbanksysteme zur Verfügung standen.

- Aber auch die **fehlende Flexibilität**, auf sich ändernde Informationsbedürfnisse mit Daten-bestands- oder Programmanpassungen reagieren zu können, ist als weiterer Malus der Management-Informationssysteme anzuführen.

---

34) Ein Überblick zum damaligen Anwendungsstand gibt HEINZELBECKER (Marketing-Informations-systeme), S. 3 ff.- zitiert nach GROFFMANN (Führungsinformationssystem), S. 24.

35) Zur Fundierung vgl. eine empirische Studie von KÖHLER / HEINZELBECKER (Informationssysteme) aus den Jahren 1970 und 1975. Von den 1970 befragten Unternehmen hatten bis 1975 knapp 60 % die Integration ihrer Teilsysteme in ein umfassendes Management-Informationssystem bereits wieder auf-gegeben - zitiert nach GROFFMANN (Führungsinformationssystem), S. 24.

36) Gleicher Meinung sind u.a. auch PICOT / MAIER (Informationssysteme), Sp. 930 f. Zu einer umfassenden Auflistung möglicher Gründe vgl. STRUCKMEIER (Führungsinformationssystem), S. 11.

37) Vgl. JAHNKE (Führungsinformationssystem I), S. 46, und BEA / HAAS (Strategisches Management), S. 330.

38) Vgl. STAHLKNECHT (Management-Informationssysteme), S. 266.

39) Vgl. ACKOFF (Management Misinformation Systems), S. B-150; DAUM (Führungsinformations-systeme), S. 129; SCHMIDHÄUSLER (Exception Reporting), S. 153.

40) Beispielsweise war an mittlerweile selbstverständliche Ausstattungsmerkmale wie grafische Oberflächen oder eine Maussteuerung noch gar nicht zu denken. FLADE-RUF (EIS), S. 109, schreibt hierzu: „... man denke an die schönen Bildschirme, die besonders schön grün waren."

41) Vgl. VOGEL / WAGNER (Executive Information Systems), S. 26.

Die angeführten EDV-technischen Aspekte sollen jedoch nicht darüber hinwegtäuschen, daß auch einige **betriebswirtschaftliche Gründe** für das Scheitern der Management-Informationssysteme verantwortlich waren: So herrschte nach der Implementierung häufig das Problem des „**Mangels im Überfluß**".[42] Dies läßt sich darauf zurückführen, daß - aufgrund der nunmehr realisierten EDV-technischen Unterstützung, aber auch im Bewußtsein einer neuen „Technik-Euphorie" - eine Vielzahl an irrelevanten Daten generiert wurde, während insbesondere bei Führungskräften ein Mangel an benötigten Informationen herrschte. Die Systeme waren damit - wie die Abb. IV - 17 nochmals zusammenfaßt - **daten- und nicht informationsorientiert**.[43]

Hinzu kamen die **hohen Entwicklungs- und Hardwarekosten**, so daß letztendlich wohl die Gesamtheit der aufgeführten Gründe für das Scheitern der Management-Informationssysteme verantwortlich war.[44] Der Begriff ist bis heute negativ belegt und sollte deshalb für die aktuelle Generation von Führungsinformationssystemen **nicht** mehr benutzt werden.

Aus dem Scheitern des Totalansatzes der Management-Informationssysteme wurden umfassende Lehren gezogen. Seit **Anfang der siebziger Jahre** werden sogenannte **Entscheidungsunterstützungssysteme** (im Englischen: „Decision Support Systems") entwickelt.[45] Im Gegensatz zum Totalansatz der Management-Informationssysteme sollen sie nicht für alle Führungsebenen eines Unternehmens, sondern gezielt die Entscheidungsfindung der **mittleren Führungsebene** unterstützen.[46] Diese Einschränkung wurde vor allem mit den in der Praxis aufgetretenen Problemen des Totalansatzes der Management-Informationssysteme begründet.[47]

Im Gegensatz zur faktisch vordefinierten Berichtsstruktur der Management-Informationssysteme wird bei Entscheidungsunterstützungssystemen insbesondere der **interaktive Dialog**

---

42) In Anlehnung an ACKOFF (Management Misinformation Systems), S. B-147.

43) Als Beispiel sei die oftmals fehlende Einbeziehung externer und strategisch relevanter Informationen angeführt. Vgl. hierzu auch BEA / HAAS (Strategisches Management), S. 330. Zur Bedeutung externer Informationen und zur Konkretisierung strategischer Informationen vgl. S. 55 ff.

44) In diesem Zusammenhang resümierte ACKOFF (Management Misinformation Systems), S. B-147, schon 1967, daß es sich bei den Management-Informationssystemen wohl eher um Management-*Miß*informationssysteme handele.

45) Als eine der ersten Arbeiten auf diesem Gebiet gilt die schon 1967 erstellte, aber erst 1971 veröffentlichte Dissertation von SCOTT MORTON. Vgl. GORRY / SCOTT MORTON (Management Information System). Andere Autoren ordnen bereits die Arbeit „Industrial Dynamics" des MIT-Professors J. W. FORRESTER als Entwicklungsbeginn der Entscheidungsunterstützungssysteme ein. Auszüge dieser Arbeit wurden erstmals 1958 im HBR veröffentlicht. Vgl. hierzu FORRESTER (Industrial Dynamics).

46) KEEN / SCOTT MORTON (Decision Support Systems), S. 58, schreiben hierzu: „The key point for a DSS is to support or enhance the managers decisionmaking ability."

47) Vgl. hierzu die Abgrenzung der Abb. II - 16, S. 70. Im Laufe der Zeit wurde die Beschränkung aber wieder fallen gelassen. Vgl. hierzu u.a. die Definition von PICOT / MAIER (Informationssysteme), Sp. 933 oder BEA / HAAS (Strategisches Management), S. 331.

mit dem Anwender gefördert.[48] Der Begriff wurde 1971 am Massachusetts Institut of Technology (MIT) geprägt und läßt sich wie folgt zusammenfassen.[49]

Entscheidungsunterstützungssysteme sind interaktive rechnergestützte Systeme, die insbesondere Führungskräfte der mittleren Führungsebene bei ihrer Entscheidungsfindung unterstützen.

Entscheidungsunterstützungssysteme wurden zunächst für ausgewählte Aufgabenstellungen in verschiedenen Fachabteilungen entwickelt. Die rechnergestützte Umsetzung finanzwirtschaftlicher und statistischer Formeln bildete dabei den Kern der Bemühungen.[50] Heute basieren Entscheidungsunterstützungssysteme überwiegend auf Optimierungs- und Simulationsmodellen und beinhalten u.a. Funktionen zur Alternativengenerierung, ihrem Vergleich sowie für Sensitivitätsanalysen.[51] Neben der Datenbank sind daher **Modell- und Methodenbanken** als zentrale Bestandteile dieser Informationssysteme anzuführen.

Für unterschiedliche Entscheidungsklassen[52] und die Phasen einer Entscheidung - Problemerkennung und -analyse, Generierung von Lösungsalternativen, Wahl einer Lösungsalternative und ihrer Kontrolle - stehen mittlerweile *verschiedene Systeme* zur Verfügung, so daß Entscheidungsunterstützungssysteme eher eine **Klasse von Informationssystemen** umschreiben.[53]

Entscheidungsunterstützungssysteme basieren in der Regel auf einer **PC-Lösung**.[54] Dabei sind sie - insbesondere im Vergleich zur integrativen „client-server"-Architektur[55], in die Führungsinformationssysteme in der Regel eingebettet sind - als **„stand-alone"-Systeme** oder **teilintegrierte Partialsysteme** einzustufen.[56] Trotz aller technischen Möglichkeiten ist bei Entscheidungsunterstützungssystemen zu beachten, daß sie insbesondere bei schlecht strukturier-

---

48) Vgl. VETSCHERA (Informationssysteme), S. 13.
49) Die Begriffsdefinition stützt sich auf KEEN / SCOTT MORTON (Decision Support Systems), S. 1, und PICOT / MAIER (Informationssysteme), Sp. 931. Vgl. aber auch HUCH (Informationssysteme), S. 29, und WERNER (Entscheidungsunterstützungssysteme), S. 39.
50) Vgl. FLADE-RUF (EIS), S. 110.
51) Vgl. hierzu BEA / HAAS (Strategisches Management), S. 331.
52) Bei *strukturierten Entscheidungsproblemen* kann ein mathematisches Modell zur Entscheidungsfindung aufgestellt werden. Bei *unstrukturierten Entscheidungsproblemen* ist die Entscheidungsregel nicht in Form eines Algorithmus formulierbar. *Halbstrukturierte Entscheidungen* besitzen Komponenten, die sich als Modell formulieren lassen, wobei ein Teil dem menschlichen Urteilsvermögen überlassen bleibt.
53) Vgl. hierzu die Übersicht von KLEINHANS / RÜTTLER / ZAHN (Management-Unterstützungssysteme), S. 4.
54) Zu Beginn ihrer Entwicklung basierten Entscheidungsunterstützungssysteme auf sogenannten „Minicomputern", die für die damaligen Verhältnisse relativ kostengünstig waren.
55) Unter einer „client-server"-Architektur wird eine kooperative Informationsverarbeitung verstanden, bei der die Aufgaben zwischen Programmen auf vernetzten Rechnern aufgeteilt wird. Dabei bieten Server als Spezialisten ihre Dienste an, während „clients" diese Dienstleistungen bei Bedarf in Anspruch nehmen. Vgl. HANSEN (Wirtschaftsinformatik), S. 64.
56) In Anlehnung an BEA / HAAS (Strategisches Management), S. 331.

ten Entscheidungsproblemen keineswegs die Erfahrung und menschliche Intuition von erfahrenen Mitarbeitern ersetzen können.[57] Als Ziel dieser Informationssysteme kann es daher nur angesehen werden, bei der Entscheidungsfindung eine **effiziente Arbeitsteilung** zwischen Mensch und Maschine zu unterstützen.[58]

Den richtigen „Durchbruch" zur Unterstützung von Führungskräften - so die Ergebnisse einer empirischen Untersuchung von BENZ - schafften Entscheidungsunterstützungssysteme faktisch nicht.[59] Dies läßt sich zum einen mit ihrer komplexen Gestaltung erklären, die einen hohen Anspruch an das Methodenwissen der Benutzer stellt. Des weiteren weisen Entscheidungsunterstützungssysteme in der Regel eine geringe Benutzerfreundlichkeit auf, die sie insbesondere für Führungskräfte ungeeignet macht.[60]

Aufgrund verschiedener Weiterentwicklungen im Softwarebereich[61], vor allem aber durch das Aufkommen leistungsstarker Arbeitsplatzrechner (PCs)[62] - hat die Idee von rechnergestützten Systemen zur bedarfsgerechten Informationsversorgung von Führungskräften seit **Anfang der neunziger Jahre** wieder deutlich an Bedeutung gewonnen.[63] Gegenwärtiger Abschluß der Entwicklungsbemühungen bilden sogenannte **Führungsinformationssysteme.**[64]

Sie können zwar als geistiges Kontinuum der Management-Informationssystem-Philosophie eingeordnet werden. Im Gegensatz zum Totalansatz dieser Informationssysteme sind sie aber nur auf die informatorische **Unterstützung oberster Führungskräfte** - beispielsweise dem *Vorstand* einer Aktiengesellschaft oder der *Geschäftsführung* einer Gesellschaft mit beschränkter Haftung - ausgerichtet. Von ihrer Konzeption her verfolgen Führungsinformationssysteme einen **informationsorientierten Totalansatz.** D.h. sie haben unabhängig von der rechtlichen und funktionalen Struktur eines Unternehmens alle jene Informationen bereitzustellen, die oberste Führungskräfte zur Unternehmensführung benötigen. Im Gegensatz zu Management-

---

57) Vgl. WERNER (Entscheidungsunterstützungssysteme), S 42. Auch stellt die EDV-technische Erfassung von weichen Informationen ein bislang nicht gelöstes Problem dar.

58) Ein Ersatz der Führungskräfte - quasi eine Entscheidungsfindung auf Knopfdruck - wie sie zu Beginn der Entwicklungsarbeiten in Aussicht gestellt wurde, ist bislang nicht zu konstatieren.

59) Vgl. hierzu BENZ (Statistik-Programmpakete).

60) Vgl. PIECHOTA (Perspektiven), S. 96. Durch den Einzug der Tabellenkalkulationsprogramme ab Mitte der achtziger Jahre fanden diese Systeme aber in den Fach- und Stabsabteilung breiten Einzug.

61) Hierbei sind u.a. die Arbeitsteilung zwischen Rechnern mit Hilfe von „client-server"-Architekturen, relationale Datenbankkonzepte und die Programmiersprachen der vierten Generation als Beispiele zu nennen.

62) In diesem Zusammenhang ist die mittlerweile große Rechenleistung moderner Personal-Computer (PC) und ihre hohe *Benutzerfreundlichkeit* zu nennen.

63) Vgl. BACK-HOCK (Executive Information Systeme), S. 48; BULLINGER / HUBER / KOLL (Chef-Informationssysteme), S. 41; REICHMANN (Controlling), S. 529 ff.

64) Manche Autoren sehen *Expertensysteme* - ein Teilgebiet der Künstlichen Intelligenz - als derzeitiges Ende der Forschungskonzeptionen. Da sich hierzu aber noch keine gefestigte Lehrmeinung herausgebildet hat, soll darauf nicht näher eingegangen werden. Zur näheren Charakterisierung von Expertensysteme vgl. ausführlich OPPELT (Computerunterstützung), S.138 ff.

Informationssystemen sollen sie dabei auch externe und qualitative Informationen berücksichtigen.[65]

Auch von Entscheidungsunterstützungssystemen heben sich Führungsinformationssysteme ab. Während Entscheidungsunterstützungssysteme - wie bereits dargelegt wurde[66] - an der eigentlichen Entscheidungsfindung ausgerichtet sind, stellen Führungsinformationssysteme auf die Informationsversorgung von Führungskräften ab. Sie sind daher eher als modell- und methodenarm einzustufen und werden wegen ihrer Informationsversorgungsfunktion in erster Linie in der Planungs- und Kontrollphase von Entscheidungsprozessen eingesetzt.

Führungsinformationssysteme basieren wie Entscheidungsunterstützungssysteme in der Regel auf einer **PC-Lösung**. Zur Bewältigung der Datenmengen und zur Realisierung kurzer Antwortzeiten sind sie aber - so wird die Charakterisierung der FIS-Generatoren noch zeigen[67] - faktisch immer Bestandteil einer leistungsfähigen „**client-server**"-Architektur[68].

Aufgrund ihrer Ausrichtung auf die obersten Führungsebene wird das „**Frontend**" als zentrale Komponente von Führungsinformationssystemen angesehen. Dies läßt sich damit begründen, daß Führungsinformationssysteme *intuitiv* verständlich sein sollen und ihr Schwerpunkt auf der *Bereitstellung von Informationen* liegt. Daher sind grafische Oberflächen, deren Fehlen u.a. zum Scheitern der Management-Informationssysteme beitrug, bei diesen Informationssystemen mittlerweile selbstverständlich.[69]

Informationssystem-ausprägung / Differenzierungs-merkmal	Management-Informationssysteme	Entscheidungs-unterstützungssysteme	Führungs-informationssysteme
I. Zeit/Beginn	• ab Mitte der 60er Jahre bis etwa Mitte der 70er Jahre	• ab Anfang der 70er Jahre bis heute	• ab Anfang bzw. Mitte der 90er Jahre bis heute
II. Akzentuierte Zielgruppe	• alle Führungsebenen	• überwiegend mittlere Führungsebenen	• oberste Führungsebene ("Top-Management")
III. Ausrichtung/ Konzeption	• Datenpräsentation im Rahmen eines unternehmensumfassenden "Total System Approach"	• modell- und methodenorientierte Datenanalyse	• gezielte Bereitstellung von Informationen im Rahmen eines empfängerorientierten "Total System Approach"
IV. EDV-technische Basis	• zentraler Großrechner mit Workstations	• Personal-Computer (PC) als "stand-alone"-Lösung oder als teilintegriertes Partialsystem	• Personal Computer (PC) als Komponente einer "client-server"-Architektur
VI. zentrale EDV-technische Komponente	• Datenbank	• Modell- und Methodenbank	• "Frontend" zur Informations-Präsentation

Abb. II - 16: *Charakteristische Merkmale verschiedener betrieblicher Informationssysteme.*

65) Vgl. hierzu die Definition betrieblicher Führungsinformationen in der internationalen Management-Holding, S. 55 ff.
66) Vgl. S. 67.
67) Zur Fundierung vgl. die Deskription der FIS-Generatoren, S. 287 ff.
68) Zur Begriffsabgrenzung vgl. Fußnote 55) des zweiten Kapitels, S. 68.
69) Vgl. hierzu Abb. IV - 78, S. 315.

3.3. Systemstruktur und Einordnung in die Informationssystempyramide der internationalen ManagementHolding

Führungsinformationssysteme dürfen *nicht* losgelöst von anderen betrieblichen Informationssystemen gesehen werden. Wird als Systematisierungskriterium auf die **Art der zu generierenden Informationen** abgestellt, können in Anlehnung an REICHMANN[70] Technische Datenerfassungssysteme[71], Administrations- und Dispositionssysteme, Abrechnungssysteme, Analyse- und Berichtssysteme sowie Führungsinformationssysteme unterschieden werden. Zur Darstellung ihrer Abhängigkeitsbeziehungen wird häufig eine „**Systempyramide**"[72] herangezogen. Ihre Komponenten lassen wie folgt charakterisieren:

I.   Technische Datenerfassungssysteme

Den Sockel der Systempyramide stellen Technische Datenerfassungssysteme dar. Ihre Aufgabe ist es, grundlegende Daten im Unternehmen - beispielsweise Lagerzu- und -abgänge, Maschinenlaufzeiten, Anwesenheitszeiten des Personals - zu erfassen und den übergeordneten Informationssystemen zur Verfügung zu stellen. Als wichtigste Ausprägung der Technischen Datenerfassungssysteme sei die **Betriebsdatenerfassung** genannt.[73]

II.   Administrations- und Dispositionssysteme

Administrations- und Dispositionssysteme[74] bilden die zweite Ebene der Systempyramide. Sie dienen der *unmittelbaren Unterstützung* betrieblicher Abläufe. Mit ihnen werden überwiegend Massendaten verarbeitet, die als Primärinformationen in disaggregierter Form vorliegen.[75] Die **Administrationssysteme** speichern und verwalten dabei Kunden-, Lieferanten- und

70)   Vgl. hierzu die Controlling-Konzeption von REICHMANN (Controlling), S. 5 f. Gleicher Auffassung sind aber auch JAHNKE (Entscheidungsunterstützung), S. 125; KIRSCH / KLEIN (Managementinformationssysteme II), S. 70 ff. ZILAHI-SZABÓ (Wirtschaftsinformatik), S. 271, spricht von *Nutzungsmöglichkeiten* betrieblicher Anwendungssysteme. Je nach Zielsetzung können auch andere Differenzierungskriterien sinnvoll sein. So akzentuiert GRIESE (Informationssysteme), Sp. 1767 ff., einen *organisatorisch-funktionalen Systematisierungsansatz*. Er unterscheidet u.a. zwischen Beschaffungs-, Produktions- und Personalinformationssystemen.

71)   In Abweichung vom Original - REICHMANN (Controlling), S. 6 - wird von Technischen Datenerfassungssystemen und nicht von Technischen Datenerfassungs- und Steuerungssystemen gesprochen.

72)   Die grundlegende Idee, verschiedene Ausprägungen betrieblicher Informationssysteme in einer mehrschichtigen Pyramide zusammenzufassen, geht auf SCHEER zurück. Vgl. hierzu SCHEER (EDV-orientierte Betriebswirtschaftslehre), S. 27, und SCHEER (Wirtschaftsinformatik), S. 5.

73)   Zu weiteren Ausprägungen vgl. REICHMANN (Controlling), S. 6.

74)   Vereinzelt werden Administrations- und Dispositionssysteme auch als *Transaktionsdatensysteme* bezeichnet. Vgl. u.a. WERNER (Entscheidungsunterstützungssystem), S. 69 ff. Seltener noch findet sich der Begriff der *Transaktionsverarbeitungssysteme*. Vgl. hierzu JAHNKE / GROFFMANN (Führungsinformationssysteme), S. 2.

75)   Vgl. PICOT / MAIER (Informationssysteme), Sp. 932.

Produktstammdaten.[76] Zum anderen sind sie aber auch für die Erfassung, Bearbeitung und Kontrolle von Bestellungen, Lagerbeständen und Produktionsvorgaben verantwortlich. Die **Dispositionssysteme** unterstützen - wie der Name schon andeutet - überwiegend dispositive Entscheidungen der Ausführungsebene,[77] beispielsweise die Warendisposition oder die Losgrößen- und Reihenfolgebestimmung in der Produktion.[78]

III. Abrechnungssysteme

Auf der dritten Ebene der Systempyramide stehen die Abrechnungssysteme. Sie ergänzen die mengenorientierten Administrations- und Dispositionssysteme, in dem sie die Datenerfassung und Speicherung um die *wertmäßige Dimension* erweitern. Typische Beispiele sind die **Kreditoren- und Debitorenbuchhaltung**, die **Anlagen- und Lagerbuchhaltung** sowie die **Lohn- und Gehaltsabrechnung**.[79]

IV. Analyse- und Berichtssysteme

Die vierte Ebene der Systempyramide umfaßt die Analyse- und Berichtssysteme. Sie leiten in einer ersten *Verdichtung*[80] aus den mengen- und wertorientierten Größen der Vorsysteme Sekundärinformationen ab, die auf den jeweiligen Informationsempfänger abgestimmt sind.[81] Durch diese Verarbeitungsfunktion kann im Vergleich zu den vorangegangenen Informationssystemen erstmals von **führungsunterstützenden Informationssystemen** gesprochen werden.[82] **Berichtssysteme** stellen Informationen in vorstrukturierter Form und festgelegten Umfang zur Verfügung.[83] Als **Analysesysteme** sind die bereits charakterisierten Entscheidungsunterstützungssysteme[84] einzuordnen. Sie bereiten Informationen für die mittlere Führungsebene auf und erfassen dabei nicht nur vergangenheitsbezogene Informationen. Sie ermöglichen auch die Generierung zukunftsorientierter, durch Prognoserechnungen erstellte Informationen.

---

76) Als Beispiel sei das Microsoft Office-Paket genannt. Mit dem Textverarbeitungsprogramm Winword können z.B. Briefe geschrieben werden. Mit dem Tabellenkalkulationsprogramm Excel können Lagerbestände berechnet und mit der Access-Datenbank Kundenadressen verwaltet werden.

77) Vgl. HUCH / DÖLLE (Informationssysteme), S. 219.

78) Diese Form der Informationssysteme ist seit längerer Zeit in der Praxis verwirklicht. Vgl. JAHNKE / GROFFMANN (Führungsinformationssysteme), S. 3.

79) Vgl. hierzu Abb. II - 17, S. 73.

80) Die mit zunehmender Höhe in der Informationssystempyramide bedingte Verschmelzung der Funktionsbereiche und ihrer zugehörigen Informationssystemausprägungen wird durch die Pyramidenform zu verdeutlichen versucht. Vgl. hierzu Abb. II - 17, S. 73.

81) So können für die Kostenstellenleiter aus der Summation einzelner Positionen des internen Rechnungswesen periodenorientierte Gesamtkosten ermittelt werden.

82) Im Gegensatz zu den Berichtssystemen geben *Abfragesysteme* dem Benutzer die Möglichkeit, die benötigten Informationen - beispielsweise in „Ad-hoc"-Abfragen - selbst abzurufen. Vgl. MERTENS / GRIESE (Informationsverarbeitung), S. 4. Da diese Funktion z.T. aber auch in modernen Berichtssystemen möglich sind, wird auf diese Unterscheidung verzichtet.

83) Vgl. hierzu Abb. II - 17, S. 73.

84) Vgl. hierzu S. 67 ff.

V. Führungsinformationssysteme

An der Spitze der Systempyramide stehen schließlich **Führungsinformationssysteme**. Sie sind - wie bereits dargelegt wurde - für die individuelle und bedarfsgerechte Versorgung der obersten Führungsebene konzipiert. Wie JAHNKE formuliert,[85] handelt es sich hierbei um ziel- und entscheidungsorientierte Informationssysteme, die externe und interne Daten aus den vorgelagerten Systemen für den Informationsempfänger durch *Filterung, Verdichtung oder Verknüpfung* zu betrieblichen Führungsinformationen aufbereiten und bereitstellen.[86]

Während bei den bislang genannten Informationssystemen die Möglichkeit besteht, sie nach den einzelnen *Funktionsbereichen* eines Unternehmens - Technik, Beschaffung, Produktion, Absatz, Personal - zu gruppieren[87], sind Führungsinformationssysteme aufgrund der unternehmensbezogenen Aufgaben der obersten Führungskräfte **unabhängig von der funktionalen Gliederung des Unternehmens**. Hierbei sind überwiegend aggregierte Ergebnisgrößen in Form von **Kennzahlen** von besonderer Bedeutung.[88]

Zur Darstellung der Abhängigkeitsbeziehungen betrieblicher Informationssysteme wird häufig auf eine „**Systempyramide**" zurückgegriffen. Eine Ausprägung ist in der Abb. II - 17 dargestellt.

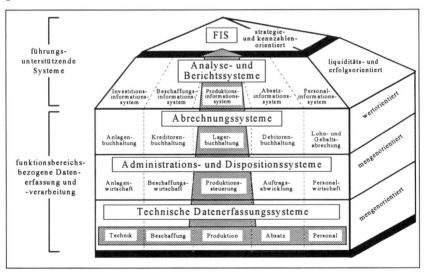

Abb. II - 17:   *Einordnung von Führungsinformationssystemen in die Informationssystempyramide des Unternehmens.*

85)   Vgl. JAHNKE (Einsatzkriterien), S. 30.
86)   Vgl. hierzu den erneuten Knick in der Informationssystem-Pyramide in der Abb. II - 17, S. 73.
87)   In Anlehnung an WÖHE (Betriebswirtschaftslehre), S. 21.
88)   Zur empirischen Bestätigung vgl. Abb. IV - 14, S. 163. Der vertikale, pyramidenartige Pfeil in der Abb. II - 17 gibt die Richtung des Informationsflusses und den Grad der jeweiligen Verdichtung an.

Wie bereits bei ihrer terminologischen Abgrenzung dargelegt wurde,[89] sind **Führungsinformationssysteme für die Management-Holding** spezifische Informationssysteme, die an
den organisatorischen Anforderungen der internationalen Management-Holding ausgerichtet
sind: Sie haben die bedarfsgerechte Informationsversorgung der zur strategischen Führung
legitimierten Konzernleitung sicherzustellen. Ihre **Integrationsleistung** schlägt sich dabei in
einer *unternehmensübergreifenden, strategieorientierten* und *vorsystemgestützten* **Funktionsausrichtung** nieder:[90]

I. Unternehmensübergreifende Funktionsausrichtung

Im Vergleich zu den bereits charakterisierten Führungsinformationssystemen in einem Unternehmen sind Führungsinformationssysteme für die internationale Management-Holding aufgrund
ihrer Zielausrichtung über die Grenzen einzelner Konzernunternehmen hinaus auszurichten.
Nur so kann sichergestellt werden, daß die in Kap. II.2.2. herausgearbeitete holistische Sichtweise betrieblicher Führungsinformationen gewährleistet wird. Es stehen nämlich nicht die
unternehmensspezifischen oder gar funktionsbereichsbezogenen Detailinformation im Vordergrund. Hierauf basierende, den Konzern als „Einheit" betreffende Führungsinformationen müssen bei der Gestaltung effizienter Führungsinformationssysteme für die internationale Management-Holding akzentuiert werden.

II. Strategieorientierte Funktionsausrichtung

Die strategische Aufgabenausrichtung[91] der Konzernleitung einer internationalen Management-Holding impliziert, daß - so wird in Kap. III.1. ausführlich dargelegt - explizit die Bereitstellung **strategischer Informationen** im Vordergrund stehen wird.[92]

III. Vorsystemgestützte Funktionsausrichtung

Da neben betrieblichen Führungsinformationen der Konzernleitung im Bedarfsfall auch Informationen aus vorgelagerten Entscheidungsebenen der internationalen Management-Holding
zur Verfügung zu stellen sind, erfordert dies die **Integration** von Führungsinformationssystemen in eine - in der Regel bestehende - Informationssystempyramide. Dieses Präzisierungs-
kriterium kann daher als drittes Charakteristikum effizienter Führungsinformationssysteme für
die internationale Management-Holding herausgestellt werden.[93]

---

89) Vgl. S. 10.
90) Vgl. Abb. II - 18, S. 75.
91) Vgl. hierzu Kap. III.1.1.1.2., S. 81 f. Zur Bedeutung strategischer Aufgaben für die Konzernleitung in
     einer internationalen Management-Holding vgl. Kap. II.1.1.2., S. 84 ff.
92) Zu den Charakteristika strategischer Führungsinformationen in der internationalen Management-Hol-
     ding vgl. S. 55 ff.
93) Die *vorsystemgestützte Gestaltungsausrichtung* wird in Abb. II - 18, S. 75, damit herausgehoben, daß
     das Führungsinformationssystem als *Spitze* der mehrstufigen Informationssystempyramide einer inter-
     nationalen Management-Holding dargestellt wird.

Als Datenbasis - so ist bei der sich anschließenden Grundkonzeption effizienter Führungs-informationssysteme für die internationale Management-Holding noch zu begründen - wird ein **Data Warehouse**[94] verwendet. Die Abb. II - 18 faßt die als konstitutiv herausgearbeitete unternehmensübergreifende, strategieorientierte und vorsystemgestützte Gestaltungsausrichtung effizienter Führungsinformationssysteme nochmals grafisch zusammen.

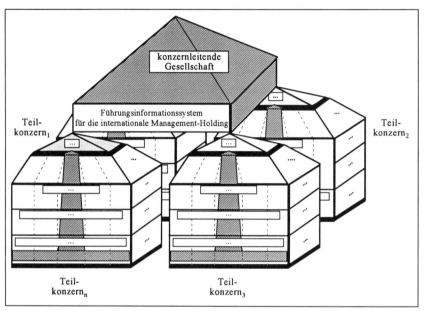

Abb. II - 18:   *Einordnung von Führungsinformationssystemen in die Informationssystempyramide der internationalen Management-Holding.*

Während an der Bedeutung effizienter Führungsinformationssysteme kaum Zweifel bestehen, existieren hinsichtlich der **Art und Anzahl ihrer Systemelemente** sowie deren **Verknüp-fungen** verschiedene Auffassungen.[95] Ohne auf die Grundlagendiskussion eingehen zu wollen, werden folgende Annahmen für die **Systemstruktur** effizienter Führungsinformationssysteme in einer internationale Management-Holding unterstellt:

---

94) Zur Charakterisierung von Data Warehouses vgl. ausführlich S. 217 ff.

95) WALL (Informationssysteme), S. 24 ff., hat eine große Anzahl unterschiedlicher Definitionen auf dieses Kriterium hin analysiert und dabei *drei Systemabgrenzungen* herausgearbeitet. In einer *engen Begriffs-auffassung* ist das Informationssystem ein rein technisches System. Hierbei bilden die technischen Einrichtungen, d.h. die Hardware-Komponenten (z.B. Rechner, Übertragungsleitungen, Drucker), die Software im Sinne der lauffähigen Programme und die Daten die Systemelemente. In einer *zweiten Be-griffsauffassung* werden über die soeben beschriebenen Elemente hinaus diejenigen menschlichen Auf-gabenträger als Systemelemente angesehen, die für dessen Entwicklungsmöglichkeiten und reibungs-losen Betrieb zuständig sind. In einer dritten Abgrenzung werden zusätzlich zu den Systemelementen der zweiten Begriffsauffassung auch die Aufgabenträger, die das Versorgungssystem nutzen, als System-elemente erfaßt.

- Die **Konzernleitung** mit ihren spezifischen Entscheidungen wird als vorgegeben angenommen. Sie nutzt das Führungsinformationssystem zwar zu ihrer Aufgabenunterstützung,
  stellt selbst aber *kein* Element des Informationssystems dar.[96] Dabei sind Führungsinformationssysteme an die Konzernleitung und ihren Informationsbedarf anzupassen und es
  ist nicht wie in der Praxis üblich der umgekehrte Schritt zu gehen.[97]

- Zur Generierung von Führungsinformationen greifen Führungsinformationssysteme auf die
  Daten der **operativen Vorsysteme** zurück.

Führungsinformationssysteme für die internationale Management-Holding stehen somit im
Spannungsfeld zwischen dem Informationssubjekt - im vorliegenden Fall die **Konzernleitung** -
sowie den **operativen Vorsystemen** dieser Organisationsstruktur. Die Systemstruktur effizienter Führungsinformationssysteme für die internationale Management-Holding läßt sich dabei wie
folgt charakterisieren:

I.   Datenbanksystem

Typisch für derzeitige Führungsinformationssysteme ist ein zentrales, auf den Informationsbedarf der Konzernleitung abgestimmtes **Datenbanksystem**. Um grundlegende Beziehungs-
zusammenhänge von den Basisdaten trennen zu können, besteht das Datenbanksystem faktisch
immer aus zwei Komponenten:[98]

- In der **Datenbank** werden führungsrelevante Primärinformationen aus verschiedenen internen und externen Datenquellen zusammenführt und zwischengespeichert.

- Im **Datenverwaltungssystem** werden Verknüpfungs- und Verdichtungsregeln definiert, die
  die Konzeption der Datenbank determinieren. Des weiteren sind dort auch die Zugriffsrechte
  für das Führungsinformationssystem hinterlegt.

Bei den heute auf dem Markt befindlichen neueren FIS-Generatoren - beispielsweise dem
Oracle Express Server oder dem SAP BW[99] - wird das Datenbanksystem häufig durch ein
sogenanntes **Data Warehouse**[100] realisiert.[101] Die Datenbasis ist dabei auf einem zentralen
Rechner - dem sogenannten „Server" - installiert, so daß eine verteilte Datenverarbeitung im
Rahmen einer „client-server"-Architektur[102] ermöglicht wird.

---

96) Vgl. Abb. II - 19, S. 78.
97) Zur Konkretisierung dieser Homologieanforderung vgl. insbesondere Kap. III.1., S. 79 ff.
98) Vgl. Abb. II - 19, S. 78.
99) Oracle und SAP sind eingetragene Warenzeichen der Oracle Corp. bzw. der SAP AG.
100) Zur detaillierten Charakterisierung von Data Warehouses vgl. S. 220 ff.
101) Zur Fundierung dieser Aussage vgl. die Deskription der getesteten FIS-Generatoren, S. 293 ff.
102) Zur Begriffsabgrenzung vgl. die Ausführungen der Fußnote 55) des zweiten Kapitels, S. 68.

II. Datenschnittstelle

Benötigte Primärinformationen werden über sogenannte **Datenschnittstellen** von Führungsinformationssystemen beschafft. Sie stellen - so eine gängige Definition[103] - die Software-
Komponente dar, mit der die Anbindung an andere EDV-Systeme gewährleistet wird. Die
Beschaffung kann hierbei manuell oder idealerweise über automatisierte Prozeduren erfolgen.
Die Zeitintervalle der Aktualisierung sind individuell wählbar. Für Direktdurchgriffe auf Daten
der operativen Vorsysteme sind häufig sogenannte „**Pipelines**" vorgesehen.[104] Hierdurch
können auch solche Informationen beschafft werden, die *nicht* in der Datenbank von Führungsinformationssystemen enthalten sind, aber *aktuell* benötigt werden.

III. FIS-Applikation

Wenn Daten aus den operativen Systemen nur in dem Datenbanksystem von Führungsinformationssystemen gesammelt und der Konzernführung einer internationalen Management-
Holding *unbearbeitet* übermittelt würden, müßte diese in einer Datenflut ersticken. Erst durch
die Fähigkeit von Führungsinformationssystemen aus der Fülle der verfügbaren Daten für die
Konzernleitung relevante **Führungsinformationen** zu generieren, läßt sich ein Nutzenvorteil
realisieren. Hierzu dienen **FIS-Applikationen**. Sie selektieren, filtern und verdichten Primärinformationen zu betrieblichen Führungsinformationen. FIS-Applikationen umfassen verschiedene Methoden und Modelle.[105]

• So werden in einer **Methodenbank** z.B. vorgefertigte Algorithmen zur Informations-
   abfrage, -präsentation und zur Analyse der Informationen gespeichert und verwaltet.[106]
   Aber auch Algorithmen für voreingestellte Dialogzyklen und elementare Entscheidungs-
   unterstützungsfunktionen sind hierunter zu subsumieren.

• Zusammenhänge zwischen einzelnen Informationen wie die Definition von Kennzahlen, aber
   auch voreingestellte Präsentationsformen - beispielsweise die Präsentation von Umsatzzahlen
   in einem zweidimensionalen Säulendiagramm - sind in einer **Modelldatenbank** - der
   zweiten Ausprägung von FIS-Applikationen - festgelegt.[107]

IV. Benutzerschnittstelle

Die bedarfsgerechte Informationsversorgung der Konzernleitung wird letztendlich durch die
Benutzerschnittstelle von Führungsinformationssystemen sichergestellt.[108] Durch sie werden

---

103) Entnommen aus GROFFMANN (Führungsinformationssystem). Vgl. hierzu Fußnote 146), S. 29.
104) Vgl. RIEGER (Executive Information Systems), S. 107.
105) Vgl. GROFFMANN (Führungsinformationssystem), S. 26 f.
106) Zu einem Beispiel vgl. BAUMÖL (Revolution), S. 96 f.
107) In Anlehnung an JAHNKE (Konzeption), S. 17 f.
108) Zu einer detaillierten Begriffsabgrenzung vgl. GROFFMANN (Führungsinformationssystem), S. 89 ff.

nicht nur die erzeugten Führungsinformationen gleich welcher Herkunft in einheitlicher Form präsentiert.[109] Über sie findet auch die Bedienung von Führungsinformationssystemen statt. Benutzerschnittstellen sind in der Regel grafikorientiert.

Da verschiedene Führungskräfte gleichzeitig auf die Datenbasis von Führungsinformations-systemen zugreifen wollen, sind diese in „client-server"-Architekturen eingebettet. Der Infor-mationszugriff wird dabei über einen **Personal Computer** realisiert, dessen gesamte Rechen-leistung für die grafische Aufbereitung und Präsentation der Informationen genutzt wird.

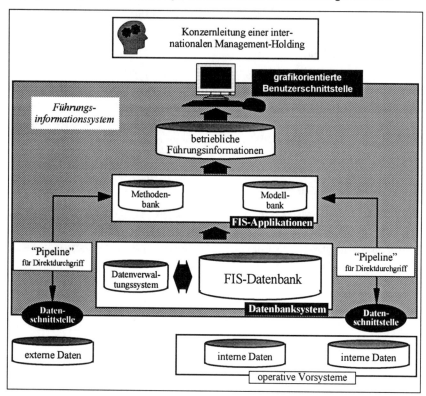

Abb. II - 19:   Systemstruktur derzeitiger Führungsinformationssysteme für die internationale Manage-
                  ment-Holding.

---

109)   Vgl. hierzu die Abgrenzung des Kommunikationsbegriffes vgl. S. 52.

III. Anforderungen an die Gestaltung effizienter Führungsinformationssysteme für die internationale Management-Holding

Um den Bezugsrahmen zur Gestaltung effizienter Führungsinformationssysteme für die internationale Management-Holding vervollständigen zu können, ist neben den theoretischen Grundlagen zu untersuchen, welchen **Anforderungen** die zu entwickelnde Systemkonzeption zu genügen hat.[1] Das Kap. III.1. beinhaltet daher zunächst eine **Funktionsbestimmung**. Sie stellt auf die *inhaltlichen Aspekte* von Führungsinformationssystemen ab und konkretisiert deren *Zweck* in der internationalen Management-Holding.[2] Zum anderen werden in Kap. III.2. **Gestaltungsgrundsätze** abgeleitet. Sie heben die eher *konzeptionellen Aspekte* effizienter Führungsinformationssysteme in den Vordergrund ihrer Ausführungen.[3]

1. Funktionsbestimmung

Wozu werden eigentlich Führungsinformationssysteme für die internationale Management-Holding benötigt? Um die bedarfsgerechte Informationsversorgung der Konzernleitung sicherzustellen, müßte nach den bisherigen Ausführungen die Antwort lauten. Für eine funktionsspezifische Gestaltungsausrichtung ist diese Antwort jedoch nicht ausreichend, so daß ihr Zweck nunmehr zu konkretisieren ist.

1.1. Fundierung einer strategieorientierten Funktionsausrichtung als konstitutives Merkmal effizienter Führungsinformationssysteme für die internationale Management-Holding

Die in den definitorischen Ausführungen akzentuierte *führungsunterstützende* Gestaltungsausrichtung effizienter Führungsinformationssysteme für die internationale Management-Holding impliziert ein im Vergleich zu operativen Informationssystemen[4] neuartiges und bislang eher wenig beachtetes Informationsproblem. Während bei der Gestaltung operativer Informationssysteme in der Regel die Bewältigung großer Datenmengen und somit EDV-technische

---

1) Vgl. hierzu die technologische Forschungskonzeption der vorliegenden Arbeit, S. 11 ff.

2) KOSIOL (Unternehmung), S. 54 und insbesondere S. 223 ff., spricht in diesem Zusammenhang von *Sachzielen*.

3) Somit kann die zweite der im Rahmen der Zielsetzung herausgearbeiteten Fragestellungen nach den Anforderungen an effiziente Führungsinformationssysteme beantwortet werden.

4) Zur Charakterisierung operativer Informationssysteme vgl. S. 71 ff.

Probleme im Vordergrund stehen, muß bei effizienten Führungsinformationssystemen für die internationale Management-Holding in erster Linie eine gezielte Aufgaben- und Entscheidungsunterstützung der Konzernleitung realisiert werden. Folgerichtig werden daher die **originären Konzernführungsaufgaben in der internationalen Management-Holding** für die Funktionsausrichtung effizienter Führungsinformationssysteme für die internationale Management-Holding herangezogen.

1.1.1. Ableitung originärer Konzernführungsaufgaben in der internationalen Management-Holding

In der Literatur ist nicht eindeutig geklärt, welches die **originären Führungsaufgaben** der Konzernleitung einer internationalen Management-Holding sind.[5] Als Deduktionsgrundlage wird daher zunächst eine im deutschsprachigen Raum[6] anerkannte organisationsunabhängige Definition herangezogen. Sie untergliedert die Konzernführungsaufgaben in die vier Subfunktionen *Unternehmenspolitik* unter Berücksichtigung der unternehmensethischen und -philosophischen Ausrichtung, *Planung und Kontrolle, Organisation und Führung* sowie die *Führungskräfteentwicklung.*[7]

Werden die aufgeführten Subfunktionen in Hinblick auf die Erfordernisse der vorliegenden Arbeit überprüft, ist zunächst zu konstatieren, daß die Führungsaufgabe der „**Organisation**" durch die in der vorliegenden Arbeit vorgegebene Organisationsstruktur der *Management-Holding* festgelegt ist. Die im Sinne einer zielgerichteten Beeinflussung *menschlichen Verhaltens* ausgerichtete „**Führung**" ist ebenso wie die „**Führungskräfteentwicklung**" in Hinblick auf die vorliegende Arbeit von untergeordneter Bedeutung und wird *nicht* weiterbetrachtet.

Übrig bleibt die Subfunktion der *Unternehmenspolitik.* Sie wird zusammen mit den unternehmensethischen und -philosophischen Aufgaben im folgenden unter den **normativen Aufgaben** subsumiert. In der **strategischen Führung** und dem **Finanzmanagement** der internationalen Management-Holding findet sich die Funktion der Planung und Kontrolle wieder. Komplettiert werden die **originären Führungsaufgaben** der Konzernleitung in einer internationalen Management-Holding durch organisationsbedingte **Serviceleistungen** und **sonstige Aufgaben**.

---

5)   Vgl. BLEICHER (Organisation), S. 645 f.; FRESE (Unternehmensführung), S. 111 ff.; SCHEFFLER (Konzernmanagement), S. 36 ff.; THEISEN (Konzern), S. 207.

6)   Im Gegensatz zu den ausgewählten Abgrenzungskriterien steht das *weite* Begriffsverständnis des anglo-amerikanischen *Managementbegriffs.* Dieses läßt sich dahingehend zusammenfassen, daß - unabhängig von ihrem Grundsatzcharakter - de facto *alle* im Unternehmen anfallenden Entscheidungen als Managementprobleme aufgefaßt werden. Vgl. hierzu MACHARZINA (Unternehmensführung), S. 41 f.; aber auch LÜCKE (Dispositiver Faktor) und die von ihm angegebenen anglo-amerikanischen Quellen.

7)   In Anlehnung an ULRICH / FLURI (Management), S. 17 ff. Ähnlich auch bei PFOHL / STÖLZLE (Planung), S. 8, die aber die Funktionen Planung und Kontrolle sowie Organisation und Führung voneinander trennen.

1.1.1.1. Normative Aufgaben

Mit Hilfe normativer Aufgaben werden die *grundlegenden Regeln* und *Normen* der internationalen Management-Holding festgelegt. Sie ermöglichen die Grundausrichtung einer erfolgreichen Konzernentwicklung und besitzen für alle Gesellschaften gleichermaßen Geltung.[8] Die normativen Aufgaben lassen sich *zweiteilen:*[9]

- Zum einen umfassen sie die Gestaltung der **Konzernverfassung**. Durch die Vergabe von Kompetenzen und Legitimationen an Holdingorgane und Personen wird so die rechtliche und betriebswirtschaftliche Führungsstruktur der Management-Holding geregelt.[10]

- Zweitens wird mit den normativen Aufgaben die **Konzernpolitik** bestimmt. Sie legt nicht nur das *zentrale Sachziel* und die *Leistungsbereiche* der Management-Holding fest. Die Konzernpolitik umfaßt auch die *Verhaltensgrundsätze* gegenüber den verschiedenen Anspruchsgruppen im Innen- und Außenverhältnis.

Die normativen Aufgaben werden durch die konzernethische und -philosophische Ausrichtung der Management-Holding determiniert.[11] Die Konzernphilosophie leitet sich dabei aus den durch Erziehung und Erfahrung individuell ausgeprägten Vorstellungen der Konzernleitungsmitglieder ab. Sie stellt das *oberste Wertesystem* der Management-Holding dar und versucht, die gesellschaftliche Legitimation des unternehmerischen Handels glaubhaft zu begründen.[12]

1.1.1.2. Strategische Führung

Auf der Ebene der strategischen Führung ist das im Rahmen der Konzernpolitik festgelegte zentrale Sachziel der Management-Holding zu konkretisieren. Unter Berücksichtigung der Stärken und Schwächen der Management-Holding sowie unter Einbeziehung der Chancen und Risiken der Holdingumwelt werden hierzu **Strategien** entwickelt.

Sie stellen Handlungsanweisungen zur Realisierung angestrebter Ziele dar und werden im Rahmen der **strategischen Planung** ausgearbeitet. Die strategische Planung umfaßt dabei die gedankliche Vorwegnahme zukünftigen Handels zur Sicherung bestehender und dem Aufbau

---

8) Vgl. BLEICHER (Integriertes Management), S. 52 ff.
9) In Anlehnung an SCHEFFLER (Konzernmanagement), S. 41.
10) Die Holdingverfassung wird durch Abschlüsse von Gesellschafts- und Unternehmensverträgen sowie die Festlegung der Führungsinstrumente konkretisiert. Vgl. KRAEHE (Mittelstandsholding), S. 221.
11) Vgl. PFOHL / STÖLZLE (Planung), S. 8.
12) Vgl. ULRICH / FLURI (Management), S. 17 und S. 77 ff.

neuer Erfolgspotentiale[13].[14] Hierbei ist festzulegen, *welche* Geschäftsaktivitäten, *wie* (Neugründung, Aufspaltung, Kauf), *mit wem* (allein, Kooperation, Joint-Venture) aufgebaut oder abgestoßen werden sollen, *welche* Ressourcen zur Verfügung zu stellen sind und *wie* sie den Tochtergesellschaften zuzuweisen sind.[15]

Die **Strategieumsetzung** ist in der Management-Holding überwiegend den Tochtergesellschaften übertragen.[16] Die Konzernstrategie bildet hierbei nur die Vorgabe, aus welcher diese ihre individuellen Geschäftsstrategien - beispielsweise die Ausgestaltung ihrer Markt-Produkt-Kombinationen - ableiten.[17]

Die Konzernleitung nimmt an dieser Stelle eine **Koordinations- und Harmonisierungsfunktionen** wahr, die aus ihrer Verantwortung für die strategische Gesamtausrichtung der Management-Holding resultiert.[18] Die Überwachung der Strategieumsetzung erfolgt mit Hilfe der **strategischen Kontrolle**. Hierbei hat die Konzernleitung zu überprüfen, wie die tatsächlich realisierten Ergebnisse mit den strategischen Zielen übereinstimmen.

1.1.1.3. Finanzmanagement

Das **Finanzmanagement** ist der dritte originäre Aufgabenbereich der Konzernleitung einer internationalen Management-Holding.[19] Er umfaßt sowohl **finanzwirtschaftliche** als auch **erfolgswirtschaftliche Aufgaben**.[20]

Hinsichtlich der finanzwirtschaftlichen Aufgaben ist die Konzernleitung zunächst für die **zentrale Kapitalbeschaffung** verantwortlich. Hierunter ist nicht nur die Grundausstattung der Tochtergesellschaften mit Eigenkapital zu subsumieren. Bei Veränderungen der Geschäftstätigkeiten der Tochtergesellschaften hat die Konzernleitung auch die Aufgabe deren Eigen-

---

13) Zur Begriffsabgrenzung vgl. S. 56.
14) Zur Definition des *Planungsbegriffs* vgl. ausführlich PFOHL / STÖLZLE (Planung), S. 2 ff. Zum Begriff der *strategischen Planung* vgl. BEA / HAAS (Strategisches Management), S. 44 ff.; aber auch HAHN (Strategische Führung), S. 122, und HORVÁTH (Controlling), S. 245.
15) Vgl. KELLER (Führung), S. 123.
16) Zur Trennung zwischen Strategie und operativer Umsetzung in der internationalen Management-Holding vgl. Kap. II.1.3.2., S. 29 ff.
17) Vgl. hierzu S. 32 f.
18) Im Vordergrund steht die Vermeidung von Ziel- und Interessenskonflikten zwischen den Tochtergesellschaften, die Realisierung von Verbundeffekten, der „Know-How"-Transfer zur Erzielung von Wettbewerbsvorteilen sowie die Technologiekoordination bei Querschnitts- und Basistechnologien. Vgl. hierzu BÜHNER (Konzernzentralen), S. 6. Des weiteren ist die Konzernleitung für eine Optimierung des Ressourceneinsatzes zuständig . Vgl. KRAEHE (Mittelstandsholding), S. 201 f.
19) Vgl. Arbeitskreis KRÄHE der Schmalenbach-Gesellschaft (Organisation), S. 103 ff.
20) Vgl. SCHEFFLER (Konzernmanagement), S. 45; SCHEFFLER (Konzernleitung), S. 2008.

kapital anzupassen.[21] In diesen Funktionen tritt sie häufig als zentraler Ansprechpartner bei Banken und anderen Kreditgebern auf.[22]

Des weiteren hat die Konzernleitung im Sinne einer *Clearingstelle*[23] die *laufenden* Mittelanforderungen und -überschüsse zu koordinieren. Es kann daher als weitere Aufgabe des Finanzmanagements angesehen werden, eine geeignete **Allokation und Koordination der Finanzmittel** innerhalb der internationalen Management-Holding sicherzustellen.

Da die Kreditwürdigkeit und Zahlungsbereitschaft der Management-Holding und ihrer Tochtergesellschaften von einem angemessenen Gewinn abhängen, schließt das Finanzmanagement die **erfolgsorientierte Planung, Steuerung und Kontrolle der Tochtergesellschaften** mit ein.

Nicht erst seit dem Inkrafttreten des KonTraG ist schließlich auch ein gesellschaftsübergreifendes **Risikomanagement** zum Finanzmanagement zu rechnen.[24] Hierbei sollen nicht nur die vielfältigen Einzelrisiken innerhalb der internationalen Management-Holding erfaßt werden. Insbesondere hat die Konzernleitung *Schutzmaßnahmen* zu initiieren, die auf verschiedene unternehmerische Risiken abgestimmt sind.

1.1.1.4. Serviceleistungen

Neben den dargelegten originären Konzernführungsaufgaben hat die Konzernleitung Serviceleistungen zu erbringen. Sie können durch die Ausnutzung besonderer Fähigkeiten oder durch die gesellschaftsübergreifende Koordinationsfunktion führungsunterstützender Zentralbereiche legitimiert werden. Serviceleistungen sind u.a. in folgenden Bereichen denkbar:[25]

*   **Steuern:**[26] Hierunter ist das Treffen von Entscheidungen im Rahmen wichtiger Steuerangelegenheiten oder bei Betriebsprüfungen anzuführen.

*   **Recht:** Als Serviceleistungen sind in diesem Zusammenhang juristische Beratungen oder eventuelle Prozessvertretungen möglich.

*   **Einkauf:** Das Treffen von Entscheidungen zum Abschluß konzernweiter Rahmenverträge mit wichtigen Lieferanten oder Kunden sind als Beispiele in diesem Bereich anzuführen.

---

21)   Vgl. KRAEHE (Mittelstandsholding), S. 220; aber auch KELLER (Führung), S. 117 ff.

22)   Durch eine in der Regel bessere Ratingeinstufung wird die konzernleitende Gesellschaft im Vergleich zu ihren Tochtergesellschaften niedrigere Zinsen sowie einen höheren Kreditrahmen erwirken.

23)   SCHEFFLER (konzernleitende Holding), S. 225, spricht von einem *Cash-Management*.

24)   Vgl. hierzu SCHEFFLER (Konzernleitung), S. 2008.

25)   Zu weiteren Funktionsbereichen, in denen Serviceleistungen durch die konzernleitende Gesellschaft möglich sind, vgl. SCHEFFLER (Konzernmanagement), S. 51.

26)   In einer 1990 von BÜHNER durchgeführten empirischen Untersuchung, konnte dieser Aspekt mit einer Gewichtung von 73 % als *wichtigste* Serviceleistung der konzernleitenden Gesellschaft der Management-Holding herausgearbeitet werden. Vgl. BÜHNER (Erfahrungsbericht), S. 147 f.

1.1.2. Bedeutung einzelner Führungsaufgaben für die Konzern- leitung der internationalen Management-Holding

Für effiziente Führungsinformationssysteme ist - wie bereits in den einführenden Bemerkungen dargelegt wurde - die Annahme vertretbar, daß sich ihre Gestaltung primär an der **Intensität** orientieren sollte, mit der die skizzierten Führungsaufgaben die Konzernleitung belasten. Über die Frage nach ihrem *zeitlichen Umfang* wurde versucht, zu Erkenntnissen über die **Bedeutung typischer Führungsaufgaben** für die Konzernleitung in der internationalen Management-Holding zu gelangen.

Die Aufgabengewichtung basiert auf Ergebnissen einer im Rahmen der vorliegenden Arbeit durchgeführten empirischen Untersuchung,[27] bei der die arithmetischen Mittelwerte der **aufgabenbezogenen Arbeitszeitverteilung** von Vorstandsmitgliedern konzernleitender Gesellschaften einer internationalen Management-Holding ermittelt wurden.[28]

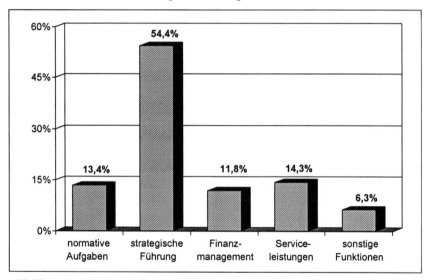

Abb. III - 1:   *Aufgabenbezogene Arbeitszeitverteilung der befragten Vorstandsmitglieder.*

Wie die vorangegangene Abb. III - 1 verdeutlicht, beanspruchen **strategische Führungs-aufgaben** deutlich mehr als die Hälfte (54,4 %) der Arbeitszeit der befragten Vorstands-mitglieder. Die Ergebnisse belegen die **herausragende Bedeutung** dieser Aufgabenstellung. Im Vergleich dazu beanspruchen sowohl die *normativen Aufgaben* als auch die *Service-leistungen* und das *Finanzmanagement* jeweils nur weniger als *15 %* der Arbeitszeit. Sie spie-

---

27)   Zur Konzeption und Durchführung der empirischen Untersuchung vgl. Kap. IV.1.1., S. 134.

28)   Zur Zusammensetzung der Grundgesamtheit vgl. Abb. IV - 3, S. 142, und die in diesem Zusammenhang getroffenen Aussagen.

len insofern eine eher untergeordnete Rolle. Die *sonstigen Funktionen* mit einer zeitlichen Belastung von insgesamt etwa *6 %* können faktisch vernachlässigt werden. Sie beinhalten überwiegend repräsentative Tätigkeiten, die insbesondere durch den Vorstandsvorsitzenden wahrgenommen werden.[29]

Aufgrund der empirischen Ergebnisse kann es als konkludente Entscheidung angesehen werden, bei der Gestaltung von Führungsinformationssystemen deren **Strategieorientierung** in den Vordergrund zu stellen. Ihre **Gestaltungsausrichtung** erhält hierdurch eine deutliche Präzisierung:

- Zum einem sind zukünftig mehr Informationen abzubilden, die die Konzernstrategie quantifizierbar machen können. Dies ist insofern nachvollziehbar, da ein Konzern der beispielsweise seine Wettbewerbsvorteile in der *Produktqualität* sucht, ein Führungsinformationssystem braucht, das seine Produktqualität erfassen kann. Wer mit der *Personalqualität* einen strategischen Erfolgsfaktor seiner Konzerntätigkeit identifiziert hat, muß auf Führungsinformationssysteme zurückgreifen können, die diese abstrakte Größe quantifizieren und somit erst im Rahmen eines Planungs- und Kontrollprozesses steuerbar machen können. Wenn die Konzernleitung mit *Portfolios* arbeitet, muß das Führungsinformationssystem in der Lage sein, u.a. die Marktattraktivität und die eigene Wettbewerbsposition messen und abbilden zu können.

- Zum anderen muß es für die Konzernleitung trotz aller Strategieorientierung möglich sein, für notwendig erachtete - in der Regel *rechnungswesenorientierte Informationen* - aus *allen Entscheidungsebenen* der Management-Holding direkt abzurufen, zentral zu verarbeiten und anschließend in den gewünschten Verdichtungsstufen grafisch aufzeigen zu können.

Die soeben dargestellten Ausprägungen einer bedarfsgerechten Informationsversorgung der Konzernleitung einer internationalen Management-Holding sind hierbei nicht sich ausschließende, sondern sich **bedingende Sachverhalte**:

- Da die Bedeutung **erfolgsorientierter Führungsgrößen** nicht zuletzt wegen des sich immer stärker im Denken der Führungskräfte verankernden *Shareholder-Value-Gedankens*[30] unbestritten ist, kann die Bereitstellung entsprechender Informationen - um es in der Sprache der Mathematiker zu formulieren - als *notwendige Bedingung* einer bedarfsgerechten Informationsversorgung angesehen werden.

- Die Ergänzung des Informationsangebots um **strategisch relevante Führungsgrößen** stellt jedoch eine sinnvolle und funktional konsistente Ergänzung dar. Ihre Bedeutung ist daher

---

29) So gab beispielsweise der Vorstandsvorsitzende eines großen Chemiekonzerns an, daß er etwa 70 % seiner Arbeitszeit für Repräsentationstätigkeiten des Konzerns im In- und Ausland aufwenden muß.

30) Vgl. hierzu ausführlich das Zielsystem des in der Fallstudie ausgewählten Konzerns, S. 409 ff.

als *hinreichende Bedingung* effizienter Führungsinformationssysteme zu gewichten. Dies läßt sich insbesondere damit begründen, daß strategische Führungsgrößen die Stellschrauben des finanziellen Erfolgs sind und somit ein immer mehr an Bedeutung gewinnendes Entscheidungsfeld der Konzernleitung einer Management-Holding darstellen.

1.2. Präzisierung der strategieorientierten Funktionsausrichtung effizienter Führungsinformationssysteme für die internationale Management-Holding

Zur Präzisierung der soeben fundierten strategieorientierten Gestaltungsausrichtung effizienter Führungsinformationssysteme für die internationale Management-Holding soll auf neuere Entwicklungen in der Management-Forschung zurückgegriffen werden. Denn erst sie werden es erlauben, das Führungsinformationssystem zielgerichtet auf die Aufgaben und den damit verbundenen Informationsbedarf der Konzernleitung auszurichten.

1.2.1. Grundüberlegungen

Strategische Führungsaufgaben in der internationalen Management-Holding sind *nicht* durch einen punktuellen Wahlakt, sondern durch eine **phasenbezogene Betrachtung** zu charakterisieren. Die phasenbezogene Betrachtung basiert auf der „Prozeß-Schule", die die **Konzernführung** als eine systematische und nacheinandergeschaltete Abfolge der Einzelfunktionen „**Planung**", „**Steuerung**" und „**Kontrolle**" definiert.[31]

Dem eigentlichen Konzernführungsprozeß vorgelagert ist die **Konzernpolitik**. Sie legt - wie bereits ausgeführt wurde[32] - unter Berücksichtigung der konzernethischen und -philosophischen Ausrichtung das *zentrale Sachziel* der Management-Holding fest. Die **Planung** transformiert dann das zentrale Sachziel in entsprechende *operationale Führungsgrößen*.

In der Phase der **Steuerung**[33] sollen die durch die Planung festgelegten Führungsgrößen durch Handlungsanweisungen konkretisiert und umgesetzt werden. Am Ende des Konzernführungsprozesses steht die **Kontrolle**. Sie überwacht, ob die Planungsvorgaben der Konzernleitung durch die Tochtergesellschaften umgesetzt werden. Hierbei liefert sie Informationen über den Zielerreichungsgrad an die Planung zurück, damit diese bei einem eventuellen Neuplanungs-

---

31)   In Anlehnung an die Terminologie von HAHN (PuK), S. 44.
32)   Vgl. S. 81 f.
33)   Zur Abgrenzung von dem Begriff der *Regelung* vgl. PFOHL / STÖLZLE (Planung), S. 13 ff.

prozeß berücksichtigt werden können.[34] Die Abb. III - 2 faßt die prozessuale Dimension der Konzernführung nochmals grafisch zusammen.

> **Konzernpolitik**
> (unter Berücksichtigung der konzernethischen und -philosophischen Ausrichtung)
>
> **Planung** ➡ **Steuerung** ➡ **Kontrolle**

Abb. III - 2:   Phasenmodell der Konzernführung.

Da alle Funktionen - so zeigt das Phasenmodell der Konzernführung deutlich auf - auf die Planerfüllung ausgerichtet sind, besitzt *allein* die Planung ein eigenständiges Umlenkungspotential der Ressourcen. Die Planung hat somit eine dominierende Stellung im Konzernführungsprozeß,[35] so daß häufig vom **Primat der Planung**[36] oder einem plandeterminierten Konzernführungsprozeß[37] gesprochen wird.

Das Primat der Planung wird durch neuere Interpretationsansätze der Konzernführung zunehmend in Frage gestellt. Ansatzpunkt der Kritik ist ihr *deterministischer* Anspruch, die Wege zur Zielerreichung *umfassend* und *verbindlich* vorgeben zu können. Diese idealtypische Konstruktionslogik setzt nämlich eine einfache und stabile Umwelt voraus. Eine durch zunehmende Komplexität, dynamische und diskontinuierliche Veränderungen gekennzeichnete Konzernumwelt[38] machen es in der heutigen Zeit aber **unmöglich**, alle wesentlichen Probleme der Konzernführung zu antizipieren und rechtzeitig in die Planung einzuarbeiten.[39]

So schickt sich der maßgeblich auf Arbeiten von STEINMANN und SCHREYÖGG zurückgehende **neugefaßte Managementprozeß** an,[40] das in Abb. III - 2 dargestellte Regelkreismodell der Konzernführung zu ersetzen.[41] Der neugefaßte Managementprozeß zeichnet sich im wesentlichen durch die **Ablösung des Primats der Planung** aus, indem er die anderen Führungsfunktionen *gleichberechtigt* neben die Planung stellt. Diese sind nicht mehr ausschließlich als Plandurchsetzungsfunktionen zu verstehen, sondern sie stehen als eigenständige, getrennt einsetzbare Lenkungspotentiale der Konzernleitung zur Verfügung.[42]

34)   Vgl. PFOHL / STÖLZLE (Planung), S. 16.
35)   Ähnlich bei KOONTZ / WEIHRICH (Management), S. 58 f.; STEINMANN / SCHREYÖGG (Management), S. 120; STEINMANN / WALTER (Managementprozeß), S. 340.
36)   Vgl. PFOHL / STÖLZLE (Planung), S. 16; SCHREYÖGG (Managementprozeß), S. 258 f.
37)   Vgl. exemplarisch STEINMANN / SCHREYÖGG (Management), S. 121.
38)   Vgl. S. 1 ff.
39)   Vgl. SCHREYÖGG / STEINMANN (Strategische Kontrolle), S. 394 f.
40)   Zum neugefaßten Managementprozeß vgl. insbesondere STEINMANN / SCHREYÖGG (Management).
41)   Gleicher Ansicht sind auch PFOHL / STÖLZLE (Planung), S. 18 ff.
42)   Vgl. STEINMANN / SCHREYÖGG (Management), S. 133 ff.; aber auch SCHREYÖGG (Managementprozeß), S. 281.

Die Planung ist somit zwar nach wie vor die Voraussetzung für zukünftiges Handeln, sie schreibt aber keine *unumstößlichen* Vorgaben mehr für die anderen Führungsfunktionen vor. Planung verliert - und dies ist für die sich anschließenden Ausführungen von zentraler Bedeutung - ihren deterministischen Anspruch zugunsten eines **selektiven Vorsteuerungscharakters**[43]. Die im vorangegangenen Kapitel als herausragende Aufgabe der Konzernleitung erkannte **strategische Führung** wird daher im folgenden als Spezifikation des neugefaßten Managementprozesses ausgebildet, wodurch die strategieorientierte Funktionsausrichtung des zu entwickelnden Führungsinformationssystems im Detail bestimmt wird.

1.2.2. Informatorische Unterstützung der strategischen Planung

Die strategische Planung der internationalen Management-Holding basiert - wie bereits dargelegt wurde[44] - auf der **Konzernpolitik**, die das zentrale Sachziel determiniert. Hat sich beispielsweise eine Management-Holding als Sachziel auferlegt, die Eigentümerin von weltweit führenden Handelsgesellschaften zu sein, ist offensichtlich, daß diese Zielsetzung nicht *unmittelbar* zur strategischen Führung anwendbar ist. Das zentrale Sachziel muß konkretisiert werden. Dies ist die Aufgabe der strategischen Planung. Sie setzt sich aus der *Analyse der gegenwärtigen Führungssituation*, der *Umfeldanalyse* und der *Konzernanalyse* zusammen.

*   Um festzustellen, wo die internationale Management-Holding derzeit „steht", beginnt der Planungsprozeß mit einer **Analyse der gegenwärtigen Führungssituation**. Hierzu werden das strategische Zielsystem, derzeitige Produkte, Kunden und Märkte sowie die wichtigsten Kennziffern - beispielsweise der Umsatz, verschiedene Ergebnisgrößen und der Cash-Flow - analysiert. Ihr Abgleich mit dem zentralen Sachziel erlaubt erste Rückschlüsse auf wichtige Aufgaben- und Problembereiche in der Management-Holding.

*   Hieran schließt sich die **Umweltanalyse** an. Sie versucht, Entwicklungen und eventuelle Umbrüche innerhalb des Geschäftsumfelds, der Branche oder bei der Konkurrenz, ebenso wie technologische Entwicklungen und Strömungen in der gesellschaftlichen und politischen Umwelt ausfindig zu machen.[45]

*   Drittes Element des strategischen Planungsprozesses ist die intern ausgerichtete **Holdinganalyse**. Hierbei wird mittels verschiedener Analysetechniken versucht, Stärken und Schwä-

---

43)   Die Vorsteuerung umfaßt die fortwährend infragezustellende Auswahl eines Handlungsprogramms, wobei unsicher ist, ob die für dieses Programm unterstellten Prämissen auch tatsächlich eintreffen werden. In Anlehnung an PFOHL / STÖLZLE (Planung), S. 19.

44)   Vgl. hierzu Abb. III - 2, S. 87.

45)   Ausführlich bei ADRIAN (Informationssystemgestaltung), S. 58 ff.

chen der Management-Holding zu bestimmen, die im Vergleich zu den Konkurrenten einen Wettbewerbsvorteil oder -nachteil begründen können.[46]

Aus entscheidungstheoretischer Sicht stellen die aus der strategischen Analyse gewonnenen Optionen lediglich Handlungsalternativen dar, deren Zielerträge die Alternativenwahl bestimmen. Den Abschluß des strategischen Planungsprozesses bildet daher das Treffen **strategischer Führungsentscheidungen**. Sie lassen sich wie folgt charakterisieren:[47]

- **Bedeutung**: Strategische Führungsentscheidungen haben aufgrund ihrer inhaltlichen Reichweite eine **besondere Bedeutung** für die Vermögens-, Finanz- und Ertragslage sowie den Bestand und die Entwicklung der internationalen Management-Holding.

- **Ausrichtung**: Strategische Führungsentscheidungen setzen zudem die Kenntnis über die gesellschaftsübergreifende **Gesamtlage**[48] der internationalen Management-Holding voraus. Sie können daher nur aus dem Gesamt-Verständnis der Management-Holding als „wirtschaftliche Einheit" heraus getroffen werden.

- **Delegierbarkeit**: Des weiteren sind strategische Führungsentscheidungen dadurch zu charakterisieren, daß sie wegen ihrer Bedeutung für die Management-Holding sowie der Übernahme ihrer Verantwortung u.a. gegenüber den Aufsichtsorganen, Kapitalgebern und Mitarbeitern von der Konzernleitung **nicht delegiert** werden können.

- **Grundsatzcharakter**: Aufgrund ihrer inhaltlichen Reichweite wirken sich strategische Führungsentscheidungen immer auf grundlegende Entscheidungsfelder der internationalen Management-Holding aus. Da sie dadurch weitere Entscheidungen implizieren und den Alternativenraum von Folgeentscheidungen eingrenzen, sind strategische Führungsentscheidungen nicht ohne weiteres zu revidieren. Strategischen Führungsentscheidungen ist daher ein **grundsätzlicher** - oftmals irreversibler - **Charakter** zu unterstellen.

- **Proaktivität**[49]: Letztendlich sind strategische Führungsentscheidungen überwiegend auf die Gestaltung *zukünftigen* Handels ausgerichtet. Strategische Führungsentscheidungen sichern daher den **zukünftigen Erfolg** der Management-Holding.

---

46) Vgl. hierzu im Detail BEA / HAAS (Strategisches Management), S. 50 ff.

47) Basierend auf grundlegenden Ausführungen von GUTENBERG (Unternehmensführung), S. 59 ff. Zu einer *empirischen Bestätigung* der GUTENBERGschen Merkmale vgl. GEMÜNDEN (Führungsentscheidungen). Ergänzend wurden Ausführungen von MACHARZINA (Unternehmensführung), S. 39 ff., und HUNGENBERG (Zentralisation), S. 57 f., herangezogen.

48) Die Gesamtlage der Management-Holding wird durch die *Ziele der Konzerngesellschaften* und deren *Zusammenhänge* determiniert. Letztere umfassen u.a. die Konzernstruktur, die finanziellen Verknüpfungen der Konzerngesellschaften, die Abstimmung der Eigenarten ihrer Geschäftätigkeiten sowie die Vermögens-, Finanz- und Ertragslage der konzernleitenden Gesellschaft.

49) In Anlehnung an die Terminologie von HUNGENBERG (Zentralisation), S. 58.

Im vorliegenden Fall der strategischen Planung kann die Auswahl einer oder mehrerer Konzernstrategien[50] als deren Ergebnis interpretiert werden.[51] In Vorgriff auf die Ergebnisse des Hauptteils der vorliegenden Arbeit sind zur Operationalisierung der Konzernstrategie **strategische Erfolgsfaktoren** herauszuarbeiten. Sie haben in Einklang mit der Konzernstrategie zu stehen und determinieren deren Umsetzung. Wird auf die Zielsetzung der Management-Holding zurückgegriffen, die Eigentümerin von weltweit führenden Handelsgesellschaften zu sein, kann sich beispielsweise die *Produkt-Service-Kombination* als strategischer Erfolgsfaktor erweisen.

Zur Operationalisierung der Konzernstrategie müssen differenzierte Zielgrößen - sogenannte **Planungsinformationen** - abgeleitet werden.[52]

Planungsinformationen sind „Soll-Größen", die der gedanklichen Vorwegnahme eines in Zukunft liegenden, gewünschten Geschehens oder Verhaltens dienen.

Entsprechend der komplexen Gestaltung der Konzernstrategie genügen der Konzernleitung nicht einzelne Planungsinformationen. Vielmehr sind ganze *„Informationsprofile"*[53] zu erstellen, die mit Hilfe des zu entwickelnden Führungsinformationssystems an die Tochtergesellschaften weiterzuleiten sind. Für die Tochtergesellschaften stellen die Planungsinformationen **Soll-Größen** dar, deren Inhalt sie im Rahmen ihrer operativen Führungsverantwortung „kleinzuarbeiten" und mit ihrer Geschäftstätigkeit zu erfüllen haben. Wird - um auf das vorangestellte Beispiel zurückzugreifen - der Ausbau einer bestehender Produkt-Service-Kombinationen als Teilaspekt der Konzernstrategie definiert, so müssen Informationen - beispielsweise über den Anteil und die Höhe von Kontrakten mit und ohne Finanzierung oder über die Anzahl möglicher vor- und nachgelagerter Wertschöpfungsprozesse - erfaßt werden.

Die nachfolgende Abb. III - 3 faßt die einzelnen Phasen des strategischen Planungsprozesses mit seinen funktionalen Anforderungen an die Gestaltung effizienter Führungsinformationssysteme für die internationale Management-Holding zusammen. Er beginnt bei der Übernahme des **zentralen Sachziels** aus der Konzernpolitik, erstreckt sich über dessen Konkretisierung in Form einer **Konzernstrategie** und endet mit der Kommunikation der hieraus deduzierten **Soll-Größen** an die Tochtergesellschaften.[54]

---

50) Zur Abgrenzung einer konzernweiten *Holdingstrategie* von den durch die Tochtergesellschaften selbständig festzulegenden *Geschäftsbereichs-, Funktional-* und *Regionalstrategien* vgl. S. 31 f.

51) Vgl. BEA / HAAS (Strategisches Management), S. 154 ff.

52) Vgl. hierzu u.a. ADRIAN (Informationssystemgestaltung), S. 97.

53) In Anlehnung an die Terminologie von REICHMANN (Management und Controlling), S. 569.

54) Die eigentlichen Planungsinhalte sowie die detaillierte Darstellung der einzelnen Planungstätigkeiten sind in diesem Zusammenhang nur von untergeordneter Bedeutung.

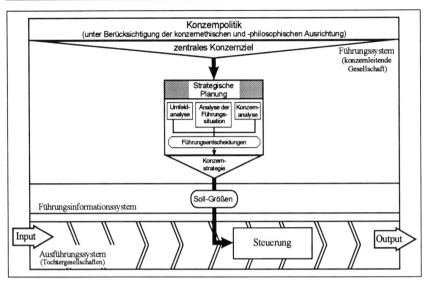

Abb. III - 3:   *Prozeß der strategischen Planung in der internationalen Management-Holding.*

1.2.3. Informatorische Unterstützung der strategischen Steuerung

An die strategische Planung schließt sich die strategische Steuerung an. Die Steuerungsaktivitäten beinhalten nicht nur die **Umsetzung** der Konzernstrategie. Des weiteren erfassen sie die **Kontrolle** der Strategieumsetzung.

Zur **Strategieumsetzung** sind von der Konzernleitung zunächst detaillierte Aktionsprogramme zu initiieren. In der internationalen Management-Holding ist ein erhöhter Koordinationsbedarf bei der Strategieumsetzung damit zu begründen, daß die von der Konzernleitung festgelegten Maßnahmen Aktivitäten bei den Tochtergesellschaften induzieren, die miteinander in Beziehung stehen und daher einer *logisch-hierarchischen Abstimmung* nicht nur zwischen der Konzernleitung und den einzelnen Tochtergesellschaften, sondern auch zwischen den einzelnen Tochtergesellschaften untereinander bedürfen. Hinzu kommen noch - wie die nachfolgende Abb. III - 4 zeigt - *Störgrößen*, die die Strategieumsetzung gefährden können. Zur Koordination der Strategieumsetzung werden daher **Steuerungsinformationen**[55] benötigt.

---

55)   In der Literatur wird auch von *Ausführungs-*, *Realisations-* oder *Durchführungsinformationen* gesprochen. Vgl. hierzu u.a. ADRIAN (Informationssystemgestaltung), S. 98.

Steuerungsinformationen konkretisieren Planungsinformationen in Form operationaler Zielvorgaben und Budgets und schaffen somit die zur Durchführung der Planungsvorgaben notwendige informatorische Grundlage.

Wird für die weiteren Ausführungen auf das in der vorangegangenen Abb. III - 3 dargestellte Modell der internationalen Management-Holding zurückgegriffen, sind Steuerungsinformationen auf der Ebene des **Ausführungssystems** (Tochtergesellschaften) einzuordnen. Unter Bezug auf das bislang unterstellte Beispiel, einer im Rohstoffhandel tätigen Management-Holding sagt die alleinige Höhe der Finanzierungs- oder Logistikdienstleistung für eine detaillierte strategische Führung nicht viel aus. Es sind vielmehr die Gründe der - beispielsweise wegen einer fehlenden Finanzierungs- oder Logistikdienstleistung - *nicht* abgeschlossenen Kontrakte von Bedeutung. Es können aber auch Notizen von Geschäftspartnergesprächen oder die Art von Kundenanfragen von Interesse sein.

Daneben muß von der Konzernleitung die Umsetzung der Konzernstrategie überwacht werden. Die **strategische Durchführungskontrolle** - als erste Ausprägungsform der strategischen Kontrolle[56] - setzt daher mit der Umsetzung der Konzernstrategie ein.[57] Anhand der Erfassung erreichter Zwischenziele ist zu überprüfen, inwieweit die Konzernstrategie bereits umgesetzt wurde. Hierzu werden **Kontrollinformationen** benötigt, die inhaltlich an den Soll-Größen der strategischen Planung ausgerichtet sind und als Tatsacheninformationen eine Aussage über die Vergangenheit machen. Kontrollinformationen können wie folgt definiert werden:[58]

Kontrollinformationen erfassen als faktische „Ist-Informationen" die tatsächlichen Veränderungen der durch die Soll-Informationen vorgegebenen Sachverhalte.

Da mit Kontrollinformationen bereits realisierte Zustände mit Planungsinformationen verglichen werden, entspricht die strategische Durchführungskontrolle in dieser Ausprägungsform[59] einem **Soll/Ist-Vergleich**.[60] Hierbei ist es sinnvoll, daß die eruierten Ist-Größen wieder für die strategische Planung nutzbar gemacht werden. Die strategische Kontrolle sollte daher nicht nur Planabweichungen im Zuge der Strategieumsetzung überprüfen, sondern gleichzeitig auch die Frage stellen, ob angesichts der ergriffenen Maßnahmen die strategische Gesamtrichtung noch beibehalten werden kann.

---

56)   Vgl. hierzu Kap. III.1.2.4., S. 96 ff.

57)   Vgl. Abb. III - 4, S. 94. Gleicher Ansicht sind auch STEINMANN / SCHREYÖGG (Umsetzung), S. 750. Zu einer Gegenüberstellung der einzelnen Ausprägungsformen der strategischen Kontrolle vgl. STEINMANN / SCHREYÖGG (Management), S. 222.

58)   Vgl. KÜPPER (Mitbestimmung), S. 45 ff.

59)   Vgl. hierzu die Ausführungen zum *zukunftsbezogenen (antizipativen) Soll-/Wird-Vergleich*, S. 93 ff.

60)   In der Literatur wird auch von einer *Feedback-Kontrolle* gesprochen. Vgl. exemplarisch SCHREYÖGG / STEINMANN (Strategische Kontrolle), S. 392.

Dieser Vorgang des Wiedereinspeisens von Abweichungen für Korrekturmaßnahmen der Planung wird aus kybernetischer Betrachtung als *geschlossener Regelkreis* aufgefaßt, der dem **Prinzip der Rückkopplung** folgt.[61] Der in Abb. III - 4 dargestellte Regelkreis gewährleistet, daß bei einer festgestellten Planabweichung entsprechende Reaktionen zur Störungsbeseitigung ausgelöst werden, so daß die Regelstrecke wieder in den durch die Soll-Größen vorgegebenen Zustand überführt werden kann.

Der Regelkreis wird dann durchbrochen, wenn die festgestellte Abweichung *außerhalb* des vorgegebenen Toleranzbereichs der Planungsgrößen liegt. Die Abweichung kann dann nicht mehr direkt durch eine „Regelungsentscheidung" kompensiert werden. Vielmehr hat die strategische Planung zu überprüfen, ob die vorgegebene Holdingstrategie zu modifizieren oder gegebenenfalls neu festzulegen ist.[62]

Da durch die Beobachtung von Ist-Größen nur bereits realisierte Soll-/Ist-Abweichungen festgestellt werden können, ist diese Art der strategischen Kontrolle stets **vergangenheitsorientiert**. Insbesondere in Branchen, die von einer hohen Dynamik geprägt sind, wird deren **schwerwiegendes Defizit** offensichtlich: Eine strategische Durchführungskontrolle im Sinne eines vergangenheitsorientierten Soll-/Ist-Vergleichs bringt der Konzernleitung faktisch nur die späte Erkenntnis, wie sie **vorher** hätte entscheiden und handeln müssen.[63]

Bei der Gestaltung effizienter Führungsinformationssysteme muß daher versucht werden, Einflußgrößen der Ist-Größen aufzudecken, so daß der Konzernleitung genügend Zeit bleibt, sich frühzeitig auf Veränderungen einzustellen und entsprechende **präventive** Gegenmaßnahmen einzuleiten, und dies *bevor* sich Konsequenzen für die internationale Management-Holding ergeben.[64] Kernpunkt einer zweiten Ausprägungsvariante der strategischen Durchführungskontrolle bildet daher die Überlegung, mit der Durchführung von Abweichungs- und Ursachenanalysen nicht bis zur Realisierung von Ist-Werten zu warten, sondern einen **zukunftsbezogenen (antizipativen) Vergleich** zu schalten.

Den Soll-Größen der strategischen Planung sind daher keine *realisierten Ist-Größen*, sondern voraussichtliche Ist-Größen gegenüberzustellen. Diese auch als **Wird-Größen** bezeichneten Informationen beruhen auf der Prognose oder Extrapolation bereits realisierter Ist-Größen, so daß - wie die anschließende Abb. III - 4 aufzeigt - der Steuerungsprozeß dem **Prinzip der Vorkopplung** folgt.

---

61)   Vgl. hierzu PFOHL / STÖLZLE (Planung), S. 15; BERTHEL (Informationssysteme), S. 91.

62)   Vgl. Abb. III - 4, S. 94.

63)   COENENBERG / BAUM (Strategisches Controlling), S. 79, sprechen von einer „Heckwasserbetrachtung", die feststellt, ob das Kind schon in das Wasser gefallen ist oder nicht. Zu einer Auflistung möglicher Defizite vgl. insbesondere aber auch die Ausführungen von SCHREYÖGG / STEINMANN (Strategische Kontrolle), S. 392 f.

64)   In Anlehnung an WURL (Liquiditätskontrolle), S. 76.

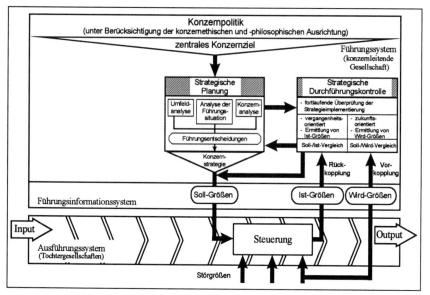

Abb. III - 4:   Prinzip der Vor- und Rückkopplung im Rahmen des strategischen Planungs-, Steuerungs-
und Kontrollprozesses in der internationalen Management-Holding.

In Wissenschaft[65] und Praxis kristallisiert sich immer mehr die Bedeutung zukunftsbezogener (antizipativer) Soll-/Wird-Vergleiche heraus. Im Rahmen der in der vorliegenden Arbeit durchgeführten empirischen Untersuchung[66] galt es daher herauszufinden, welche Bedeutung die befragten Vorstandsmitglieder einer internationalen Management-Holding dieser Ausprägung der strategischen Durchführungskontrolle zumessen.[67]

Die nachfolgende Abb. III - 5 stellt mit Hilfe der in der Untersuchung ermittelten arithmetischen Mittelwerte die Bedeutung der Ausprägungen der strategischen Durchführungskontrolle im Arbeitsablauf der Untersuchungsteilnehmer gegenüber. Hierbei zeigte sich, daß der **zukunftsbezogene Soll-/Wird-Vergleich** für die befragten Vorstandsmitglieder einer internationalen Management-Holding mit **59 %** eine deutlich höhere Bedeutung als der vergangenheitsbezogene Soll-/Ist-Vergleich aufweist.

65)   Vgl. hierzu exemplarisch PFOHL / STÖLZLE (Planung), S. 18 ff., aber auch SCHREYÖGG / STEIN-
MANN (Strategische Kontrolle), S. 391.
66)   Zur Konzeption und Durchführung der empirischen Untersuchung vgl. ausführlich Kap. IV.1.1., S. 134.
67)   Vgl. hierzu Abb. III - 5, S. 95.

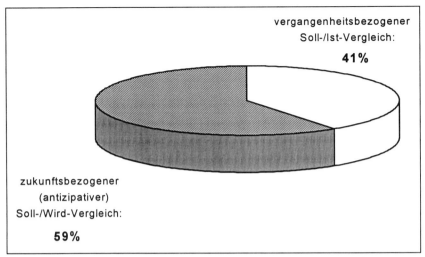

vergangenheitsbezogener
Soll-/Ist-Vergleich:

41%

zukunftsbezogener
(antizipativer)
Soll-/Wird-Vergleich:

59%

Abb. III - 5:   *Arithmetische Mittelwerte der zwei Ausprägungen der strategischen Durchführungs-*
kontrolle.

In diesem Zusammenhang drängt sich die Vermutung auf, daß die Bedeutung von Soll-/Wird-
Vergleichen durch den Umfang der strategischen Führungsaufgaben im Arbeitsablauf der
befragten Vorstandsmitglieder beeinflußt wird.[68] Eine Korrelationsanalyse mit Hilfe der auf
dem Spearmanschen Rangkorrelationskoeffizienten basierenden „Hotelling-Pabst-Statistik" bestätigt diese Vermutung.[69] Die Nullhypothese H_0: „Der Anteil der strategischen Führungsaufgaben und die Bedeutung eines antizipativen Soll-/Wird-Vergleichs sind unabhängig." kann
mit einem 5%-igen Signifikanzniveau *nicht* verworfen werden.[70]

Über eine Begründung dieses Zusammenhangs kann nur spekuliert werden. Wahrscheinlich ist,
daß gerade die Konzernleitung im Rahmen ihrer strategischen Führungsaufgabe eine Vielzahl
von Entscheidungen zu treffen hat, die sich langfristig auf die Wettbewerbsfähigkeit der internationalen Management-Holding auswirken.[71] Durch eine antizipative Kontrolltätigkeit kann
in diesem Zusammenhang wertvolle Zeit gewonnen werden, um gewissenhaft und auf solider
informatorischer Grundlage strategische Führungsentscheidungen treffen zu können, die ande-
renfalls unter Zeitdruck und unvollständiger Informationsgrundlage eventuell zu gravierenden
Fehlentscheidungen führen könnten.

---

68)   SCHREYÖGG / STEINMANN (Strategische Kontrolle), S. 396, schreiben hierzu: „Je weiter die Pla-
        nung zeitlich und sachlich ausgreift („je strategischer" sie also wird), um so schwerwiegender wird das
        Ambiguitätsproblem, umso größer wird die Gefahr von Überraschungen."

69)   Zur Hotelling-Pabst-Statistik vgl. HARTUNG / ELPELT / KLÖSENER (Statistik), S. 556 ff.

70)   Die ausführliche Darstellung des „Hotelling-Pabst-Statistik"-Korrelationstests findet sich in Kap. 3. des
        Anhangs.

71)   Vgl. hierzu die Charakterisierung strategischer Führungsinformationen in der internationalen Manage-
        ment-Holding, S. 55 f.

1.2.4.   Informatorische Unterstützung der strategischen Kontrolle

Der Aufgabenbereich der strategischen Kontrolle ist durch die strategische Durchführungskontrolle noch *nicht* erschöpft. Da unsicher ist, ob die zum Zeitpunkt der strategischen Planung prognostizierten Entwicklungen und Wirkungszusammenhänge auch tatsächlich eintreten, muß die strategische Planung *fortlaufend* hinsichtlich ihrer Prämissen überprüft werden. Hieraus erwächst die zweite Ausprägung der strategischen Kontrolle, die **strategische Prämissenkontrolle**.

Die strategische Prämissenkontrolle hat die Aufgabe, die im Rahmen der strategischen Planung gesetzten Prämissen (z.b. Annahmen über die Entwicklung bestimmter Wechselkurse, Rohstoffpreise, Absatzentwicklungen, Inflationsraten, technische Neuerungen) fortlaufend auf ihre Gültigkeit hin zu überprüfen. Hierbei werden die in der Planung angenommenen Prämissen (Wird-Größen), den mittlerweile realisierten Ist-Größen gegenübergestellt.[72] Die Prämissenkontrolle begleitet - wie die Abb. III - 6 zeigt - den strategischen Führungsprozeß vom Beginn der strategischen Planung bis zum Abschluß der strategischen Durchführungskontrolle.[73] Gravierende Abweichungen können in Analogie zur strategischen Durchführungskontrolle zu Korrekturmaßnahmen der strategischen Planung oder zur Neuplanung führen.

Da durch die *Selektionsfunktion* der strategischen Planung bewußt Teile des Entscheidungsfeldes der Konzernleitung in der internationalen Management-Holding ausgeblendet werden, muß - neben der strategischen Durchführungskontrolle und der strategischen Prämissenkontrolle - eine *dritte* Kontrollausprägung im Führungsprozeß einer internationalen Management-Holding aufgebaut werden: Im Rahmen der **strategischen Überwachung** werden die ausgeblendeten Teile des Entscheidungsfeldes der Konzernleitung überwacht. Die strategische Überwachung untersucht *global* und *ungerichtet* - quasi als eine Art „**strategisches Radar**" - die externe und interne Umwelt auf bislang vernachlässigte oder mittlerweile relevante Ereignisse, die eine mögliche Bedrohung für die strategische Ausrichtung bedeuten könnten.[74]

Insbesondere versucht sie solche Anzeichen zu erfassen, die auf für die internationale Management-Holding relevante Entwicklungen hinweisen können, die aber noch nicht allgemein wahrnehmbar sind, mit deren Eintritt aber zu rechnen ist.[75] ANSOFF spricht in diesem Zusammenhang von „**schwachen Signalen**".[76]

---

72)   Vgl. hierzu Abb. III - 6, S. 98.

73)   Vgl. STEINMANN / SCHREYÖGG (Umsetzung), S. 749.

74)   Vgl. SCHREYÖGG / STEINMANN (Strategische Kontrolle), S. 403 ff.

75)   In diesem Zusammenhang wird davon ausgegangen, daß strategisch bedeutsame Veränderungen nicht abrupt auftreten, sondern sich allmählich ankündigen. Vgl. hierzu die Ausführungen zu den Charakteristika von *Diskontinuitäten*, Fußnote 16), S. 4.

76)   Schwache Signale sind Informationen, die vorwiegend qualitativer Natur sind und „scheinbar" ohne Entwicklungsgeschichte auftretende Umbrüche und Diskontinuitäten frühzeitig anzeigen können. Vgl. hierzu ANSOFF (discontinuity), S. 129 f.

Zur Erfassung „schwacher Signale" bedient sich die strategische Überwachung eines **Früherkennungssystems**, dessen Aufgabe die *ungerichtete* Aufnahme dieser Signale ist.[77] Anstelle der exakten Vorhersage der Zukunft mittel traditioneller Prognoseverfahren soll vielmehr das frühzeitige Erkennen und Prognostizieren möglicher Strukturbrüche und neuer Trends im Vordergrund stehen.[78] Kündigen schwache Signale Veränderungen an, die für die Management-Holding von Relevanz sind, sind diese nicht nur in der strategischen Planung zu berücksichtigen. Gegebenenfalls müssen sie sogar in der Konzernpolitik „verarbeitet" werden.

Zusammenfassend kann festgehalten werden, daß die **strategische Kontrolle** mit ihren Ausprägungen der *strategischen Durchführungskontrolle*, der *strategischen Prämissenkontrolle* und der *strategischen Überwachung* versucht, die Selektionsfunktion des strategischen Planungsprozeß im neugefaßten Management-Prozeß zu kompensieren. Im Rahmen des strategischen Führungsprozesses kann sie daher als eine *komplementäre Funktion* der strategischen Planung interpretiert werden.[79] Die Bedeutung der Kontrollfunktion ist daher - im Gegensatz zur klassischen Auffassung des Managementprozesses[80] - deutlich erhöht.

Hierbei ist offensichtlich, daß die einzelnen Phasen des Planungs- und Kontrollprozesses eine **funktionale Einheit** bilden.[81] So stellt das zentrale Sachziel der Management-Holding die Grundlage für die strategischen Planung und die hieraus resultierende Konzernstrategie dar. Um die Holdingstrategie zur strategischen Führung der Tochtergesellschaften einer internationalen Management-Holding einsetzen zu können, muß sie durch strategische Vorgaben (Soll-Größen) quantifiziert werden.[82] Wenn sich in der strategischen Durchführungskontrolle herausstellt, daß Konzernziele nicht - wie angestrebt - umgesetzt werden können, muß es zu einem Rücklauf im Phasenschema des strategischen Führungsprozesses kommen.

---

77) Vgl. BEA / HAAS (Strategisches Management), S. 278.

78) MINTZBERG (Management), S. 26, beschreibt in einer Extremposition die Bedeutung qualitativer Informationen folgendermaßen: „Manager legen scheinbar großen Wert auf „weiche" Informationen, vor allem Gerüchte und Spekulationen. Der Grund liegt in ihrer *Frühwarnfunktion*. Gerüchte und Spekulationen von heute können morgen Wirklichkeit sein. Der Manager, den das Telefonat nicht erreicht, mit dem er darüber informiert werden sollte, daß sein größter Kunde mit dem Hauptkonkurrenten beim Golfspielen gesehen wurde, liest vielleicht im nächsten Quartalsbericht von drastischen Umsatzeinbrüchen. Aber dann ist es zu spät."

79) In Anlehnung an die Terminologie von SCHREYÖGG (Managementprozeß), S. 282. PFOHL / STÖLZLE (Planung), S. 12, fassen das Verhältnis von Planung und Kontrolle mit der plakativen Feststellung „Planung ohne Kontrolle ist sinnlos, Kontrolle ohne Planung ist unmöglich." zusammen. SCHREYÖGG / STEINMANN (Strategische Kontrolle), S. 392, sprechen von Planung und Kontrolle als *Zwillingsfunktionen*.

80) Vgl. hierzu S. 86 f.

81) Ähnlich auch bei SCHREYÖGG / STEINMANN (Strategische Kontrolle), S. 401.

82) Die eigentlichen Planungsinhalte sowie die detaillierte Darstellung der Planungstätigkeit sind in diesem Zusammenhang nur von untergeordneter Bedeutung.

Damit wird die gegenseitige Abstimmung strategischer Planungs- und Kontrollaufgaben der Konzernleitung nötig. Sie ist durch eine Vielzahl **informatorischer Verknüpfungen** gekennzeichnet und durch das im Rahmen der vorliegenden Arbeit zu entwickelnde Führungsinformationssystem sicherzustellen.[83]

Die nachfolgende Abb. III - 6 faßt die dargelegten Zusammenhänge nochmals grafisch zusammen und stellt die **Informationsarten** heraus, die die Funktionsbestimmung des zu entwickelnden Führungsinformationssystems für die internationale Management-Holding maßgeblich determinieren.

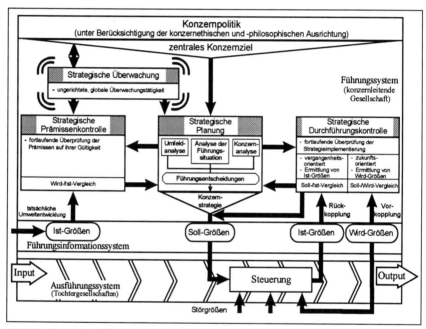

Abb. III - 6:   *Prozeß der strategischen Führung einer internationalen Management-Holding und seine funktionalen Anforderungen an eine effiziente Führungsinformationssystemgestaltung.*

---

83)   Vgl. Abb. III - 6, S. 98.

2. Gestaltungsgrundsätze

Neben der vorangegangenen Funktionsbestimmung, die auf die inhaltlichen Anforderungen an Führungsinformationssysteme abstellte, sind mit den nunmehr zu deduzierenden **Gestaltungs-grundsätzen** die **formalen Zielkriterien** einer effizienten Systemgestaltung zu konkretisieren.[1] Hierzu werden in Kap. 2.1. entsprechende **Grundkriterien** abgeleitet. Sie wiederum determinieren **Gestaltungskriterien** (Kap. 2.2), die in Kap 2.3. als **Beurteilungskriterien** in ein Scoring-Modell eingebracht werden.[2]

2.1. Grundkriterien zur Konkretisierung des Prinzips der Wirtschaftlichkeit

Um das in der Zielsetzung manifestierte Effizienzkriterium der Systemgestaltung konkretisieren zu können, erscheint zunächst der Ansatz der **Induktion** erfolgsversprechend. Nach diesem Ansatz müßten bereits praktizierte Vorgehensweisen systematisiert werden, um hieraus *allgemeingültige* Aussagen abzuleiten.[3] Dieser Schluß vom Besonderen auf das Allgemeine wird nach dem gegenwärtigen Stand der wissenschaftstheoretischen Diskussion jedoch stark kritisiert.[4] Hierzu wird angeführt, daß dieses Verfahren zwar Anregungen bei der Hypothesenbildung geben und als heuristisches Entdeckungsverfahren verwendet werden kann,[5] aber als Begründungsverfahren ungeeignet sei.[6]

Wird der umgekehrte Weg beschritten, d.h. eine Vorgehensweise vom Allgemeinen zum Besonderen ausgewählt, ist vom methodischen Konzept der **Deduktion** zu sprechen. Es läßt sich in Anlehnung an POPPER in 3 Arbeitsschritte unterteilen:[7] In einem ersten Schritt wird durch einen kreativen Akt eine - zunächst noch unbewiesene - **Hypothese** aufgestellt, aus der logisch stringente **Schlußfolgerungen** abgeleitet werden. Im abschließenden dritten Schritt sind diese durch eine Konfrontation mit der Realität auf ihre Brauchbarkeit und Zweckmäßigkeit zu **überprüfen**. Bewähren sie sich nicht - werden sie also falsifiziert - ist damit auch die Hypothese falsifiziert. Bei einer Bewährung ist die Hypothese als (vorläufig) akzeptiert anzusehen.

---

1) Vgl. S. 79.
2) Zur Problematik, Gestaltungskriterien zu konkretisieren, vgl. AMLER (Informationssysteme), S. 109.
3) Vgl. hierzu WILD (Methodenprobleme), Sp. 2666 f.
4) Vgl. POPPER (Logik), S. 3 f.; SCHANZ (Methodologie), S. 58 f.
5) Vgl. CHMIELEWICZ (Forschungskonzeptionen), S. 89.
6) Vgl. insbesondere CHMIELEWICZ (Forschungskonzeptionen), S. 88 f.; FISCHER-WINKELMANN (Methodologie), S. 70 ff.; POPPER (Logik), S. 3 f.; SCHANZ (Methodologie), S. 58 f.
7) Vgl. POPPER (Logik), S. 5 ff.

Wenn im folgenden Gestaltungsgrundsätze effizienter Führungsinformationssysteme für die internationale Management-Holding *deduziert* werden,[8] liegt es nahe, daß nur solche Ziele herangezogen werden, die mit der übergeordneten Organisationsstruktur harmonisieren.[9] Es ist daher die Hypothese vertretbar, zur Konkretisierung des Effizienzkriteriums vom **Prinzip der Wirtschaftlichkeit** auszugehen.[10] Der Gestaltungsprozeß hat sich daher nicht am konzeptionell oder technisch Machbaren, sondern am *wirtschaftlich Sinnvollen* zu orientieren.[11]

Der Versuch, dieses Prinzip unmittelbar umzusetzen, stößt auf Schwierigkeiten: Zwar lassen sich in der Regel die **Informationskosten** einigermaßen zuverlässig bestimmen; den **Ertragswert** betrieblicher Führungsinformationen zu quantifizieren, ist jedoch nach dem gegenwärtigen Erkenntnisstand der Betriebswirtschaftslehre allenfalls bedingt möglich.[12]

Infolgedessen bleibt nur die Möglichkeit, das Wirtschaftlichkeitsprinzip in ein konsistentes System operationaler **Grundkriterien**[13] aufzulösen. In Anlehnung an die sogenannte „**Blackbox-Methode**", die im Bereich des konstruktiven Maschinenbaus Anwendung findet,[14] ist unter diesem Aspekt zwischen dem **Systemoutput**, d.h. Größen, die der Konzernleitung durch Informationssysteme zur Verfügung gestellt werden können, und dem von Führungsinformationssystemen zur Generierung des Systemoutputs benötigten **Systeminput**[15] zu differenzieren.

Diese „produktionstechnisch" orientierte Betrachtungsweise führt zu Überlegungen von KIRSCH / BAMBERGER / GABELE / KLEIN, die zwei Merkmale zur Charakterisierung von Informationssystemen unterscheiden; zum einen den „**Grad der Allgemeinheit**" und zum anderen die „**Mächtigkeit**" der zu beurteilenden Informationssysteme.[16] Da im Rahmen der vorliegenden Arbeit Ansätze zur Gestaltung effizienter Führungsinformationssysteme für

---

8) Aus pragmatischer Sicht könnten die Beurteilungskriterien auch ungeprüft aus der Literatur übernommen oder - wie beispielsweise bei KOREIMANN (Informationsbedarfsanalyse), S. 158 ff. - mehr oder weniger willkürlich festgelegt werden. Aus wissenschaftlicher Sichtweise erscheint dem Autor jedoch das ausgewählte *Deduktionsverfahren* sinnvoller.

9) Gleicher Ansicht sind auch WURL (Liquiditätskontrolle), S. 87 f., und NEIDERT (Informationsbedarf), S. 225.

10) Vgl. KOSIOL (Unternehmung), S. 21. WURL (Liquiditätskontrolle), S. 75, spricht in diesem Zusammenhang von einem „Postulat der ökonomischen Realität".

11) Hierdurch läßt sich der Zusatz „Ansätze zur Gestaltung *effizienter* Führungsinformationssysteme für die internationale Management-Holding" erklären.

12) Vgl. BERTHEL (Informationssysteme), S. 47 ff.; WILD (Nutzenbewertung), S. 315 ff. Zu möglichen Bewertungsansätzen betrieblicher Informationen vgl. KELLER (Anreizsystem), S. 119 ff.; aber auch PFESTORF (Information), S. 80 ff.

13) Die Grundkriterien können wiederum als Grundlage für die Ableitung von Gestaltungskriterien herangezogen werden zu können. Vgl. hierzu S. 101 ff.

14) Vgl. MATEK / MUHS / WITTEL (Maschinenelemente), S. 4 f.

15) WURL (Liquiditätskontrolle), S. 92, spricht in diesem Zusammenhang von Primärinformationen.

16) Vgl. KIRSCH / BAMBERGER / GABELE / KLEIN (Logistik), S. 455 ff.

die internationale Management-Holding zu entwickeln sind, und der Grad der Allgemeinheit lediglich angibt, für wie viele verschiedene Probleme Informationssysteme geeignet ist,[17] wird dieses Merkmal nicht weiter betrachtet.

In Hinblick auf die Gestaltung betrieblicher Informationssysteme kann aber das zweite Merkmal - die **Mächtigkeit von Informationssystemen** - für die nachfolgende Analysearbeit in zwei **Grundkriterien** - unterteilt werden:

- Die **Lösungsmächtigkeit**[18] gibt als Parameter an, inwieweit der Systemoutput des zu entwickelnden Führungsinformationssystems geeignet ist, die bedarfsgerechte Informationsversorgung der Konzernleitung einer Management-Holding zu unterstützen.[19]

- Unter der **Ressourcenmächtigkeit** wird die Art und der Umfang des erforderlichen Systeminputs, d.h. der Bedarf an Primärinformationen, materiellen Einsatzgütern und an menschlicher Arbeitskraft, subsumiert.

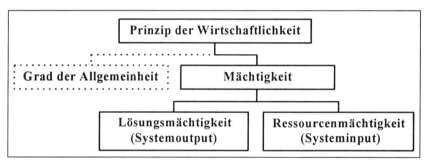

Abb. III - 7:   *Aus dem Prinzip der Wirtschaftlichkeit deduzierte Grundkriterien zur Gestaltung effizienter Führungsinformationssysteme für die internationale Management-Holding.*

2.2. Gestaltungskriterien

Die beiden Grundkriterien zur Gestaltung effizienter Führungsinformationssysteme - die Lösungsmächtigkeit und die Ressourcenmächtigkeit - lassen sich bedingt durch ihre inhaltliche Komplexität nicht eindeutig messen. Deshalb sind sie im folgenden in sogenannte **Gestaltungskriterien** aufzuschlüsseln, die im Vergleich zu den Grundkriterien einen geringeren Komplexitätsgrad aufweisen.

---

17)   Vgl. KIRSCH / BAMBERGER / GABELE / KLEIN (Logistik), S. 455.

18)   WURL (Liquiditätskontrolle), S. 75, spricht von einer „heuristischen Kraft"; SCHULTZ (Projektkostenschätzung), S. 37, von einer „Ergebnisqualität".

19)   Vgl. KIRSCH / BAMBERGER / GABELE / KLEIN (Logistik), S. 455 ff.

Da der Systemoutput von Führungsinformationssystemen durch die bereitzustellenden Informationen determiniert wird, liegt es nahe, das Grundkriterium der Lösungsmächtigkeit mit Hilfe verschiedener *Informationseigenschaften*[20] zu konkretisieren.[21] Das Gestaltungskriterium der **Vollständigkeit** hat in diesem Zusammenhang zu erfassen, inwieweit *Umfang* und *Struktur* bereitzustellender Führungsinformationen den Ansprüchen der Konzernleitung einer internationalen Management-Holding entsprechen:[22]

- Der **Informationsumfang**[23] stellt hierbei auf die *quantitative Dimension* der Informationsversorgung ab. Er umfaßt die *Menge* an Führungsinformationen[24], die der Konzernleitung einer internationalen Management-Holding bereitzustellen sind.

- Die **Informationsstruktur**[25] hingegen versucht als *qualitatives Maß* zu erfassen, inwieweit Führungsinformationssysteme die in Kap. II.2.2. herausgearbeitete inhaltliche Ausrichtung betrieblicher Führungsinformationen für die Konzernleitung einer internationalen Management-Holding erfüllen können und aus struktureller Sicht zur Führung geeignet ist.[26]

Die durch Führungsinformationssysteme bereitzustellenden Informationen mögen noch so auf den Informationsbedarf der Konzernleitung einer Management-Holding abgestimmt sein, wenn sie vom ausgewählten Informationssubjekt nicht oder nur teilweise „angenommen" werden, hat das Führungsinformationssystem seinen Zweck verfehlt.[27] Das Gestaltungskriterium der

---

20) Zu verschiedenen Aufzählungen von Informationseigenschaften vgl. ABEL (Informationsverhalten), S. 173; BERTHEL (Informationsbedarf), Sp. 874 ff.; BRÖNIMANN (Kommunikationssystem), S. 111 ff.; HASELBAUER (Informationssystem), S. 131 ff.; PFESTORF (Information), S. 80 ff.; SZYPERSKI (Informationsbedarf), Sp. 904 f. Eine systematische Analyse der Informationseigenschaften nimmt KELLER (Anreizsystem), S. 130 f., vor, der mit Hilfe bestehender Differenzierungskonzepte einen Katalog mit 13 Informationseigenschaften ableitet.

21) In Anlehnung an BERTHEL (Informationssysteme), S. 39 ff., der mit den genannten Informationseigenschaften eine „vollkommene Information" erfaßt.

22) Vgl. KOREIMANN (Informationsbedarfsanalyse), S. 163 ff.; SZYPERSKI / WINAND (Bewertung), S. 210.

23) Dieses Gestaltungskriterium unterstellt implizit, daß der Nutzen betrieblicher Führungsinformationen und somit die Entscheidungsqualität umso besser ist, je umfangreicher sie sind. Dieser Zusammenhang ist nicht ohne Problempotential, da ein Überangebot an Führungsinformationen die Entscheidungsqualität unter Umständen sogar *verschlechtern* kann. Vgl. KIRSCH (Entscheidungsprozesse I), S. 83 ff.

24) Zur terminologischen Abgrenzung vgl. S. 55.

25) Die Informationsstruktur soll hierbei nicht die von der Konzernleitung einer internationalen Management-Holding *benötigten* Informationen umfassen, sondern für den weiteren Verlauf der Arbeit wird festgelegt, daß die Informationsstruktur stets auf die betriebliche Führungsinformation abstellt, die auch *tatsächlich* durch das Führungsinformationssystem zur Verfügung gestellt werden.

26) Vgl. LEICHSENRING (Führungsinformationssysteme), S. 130 f. Aber auch WALL (Informationssysteme), S. 23; WILD (Nutzenbewertung), S. 327. BERTHEL (Informationsbedarf), Sp. 873 ff., und SPRENGEL (Informationsbedarf), S. 61, sprechen in diesem Zusammenhang von der *Problemrelevanz* von Informationen. BRÖNIMANN (Kommunikationssystem), S. 113, stellt auf den sachlichen Bezug bereitzustellender Information ab, den er mit Hilfe der *relativen Bedeutung* von Informationen für mögliche Entscheidungen in einem Unternehmen operationalisiert.

27) WALL (Informationssysteme), S. 58, spricht von dem *Verhaltensziel* eines Informationssystems, das die Zufriedenheit des Benutzers sicherzustellen hat.

Benutzeradäquanz[28] berücksichtigt daher die Notwendigkeit, die Benutzerschnittstellen von Führungsinformationssystemen dem individuellen - oftmals *kognitiven Arbeitsstil* - der Konzernleitung einer Management-Holding anzupassen.[29]

Der pragmatische Wert bereitzustellender Führungsinformationen hängt weiterhin davon ab, daß sie möglichst *frühzeitig* zur Verfügung stehen.[30] Dies ist insofern von Bedeutung, da durch ein entsprechendes Informationssystem eine möglichst kurze Reaktionszeit auf Veränderungen ermöglicht werden soll. Je früher Informationen vorliegen, um so sorgfältiger können Reaktionsmaßnahmen vorbereitet werden und umso größer ist die Chance, daß mit entsprechenden Adaptionstätigkeiten eine Reaktion mit hoher Effektivität erreicht werden kann. Hinzu kommt noch, daß die bereitzustellenden Führungsinformationen auch möglichst *aktuell* sein sollten. Dieser komplexe Sachverhalt wird durch das Gestaltungskriterium der **Termingerechtigkeit** erfaßt.

Bis der Konzernleitung einer Management-Holding Führungsinformationen bereitgestellt werden können, durchlaufen sie auf ihrem oft kontinentenübergreifenden Weg von den operativen Einheiten zur konzernleitenden Gesellschaft eine Vielzahl von Verarbeitungsprozessen. Daher besteht insbesondere in der *internationalen* Management-Holding die Gefahr,[31] daß die bereitzustellenden Führungsinformationen fehlerhaft sein können. Zur Operationalisierung des Grundkriteriums der Lösungsmächtigkeit sind daher auch Fragen nach der **Richtigkeit** zu beachten.[32] Sie erfassen die Übereinstimmung des abgebildeten Informationsobjekts mit dem zugrundeliegenden Sachverhalt der Realität.

Die Aussichten, Führungsinformationssysteme für die internationale Management-Holding erfolgreich gestalten zu können, werden nicht allein durch die Fähigkeit determiniert, betriebliche Führungsinformationen als Systemoutput bedarfsgerecht bereitstellen zu können. Daneben sind auch solche Größen zu definieren, die von dem zu entwickelnden Informationssystem zur Generierung des Systemoutputs benötigt werden. Zunächst kann sich unter Umständen der erforderliche **Datenbedarf** als eine nicht zu überwindende Restriktion erweisen.

---

28) WURL (Liquiditätskontrolle), S. 91, erfaßt diesen Sachverhalt mit der *individualpsychologischen Adäquanz* bereitzustellender Informationen. KRCMAR (Informationsmanagement), S. 149, und SCHULTZ (Projektkostenschätzung), S. 45, führen den Ausdruck der *Benutzerfreundlichkeit* an. Im Rahmen der vorliegenden Arbeit soll jedoch der Begriff der Benutzeradäquanz verwendet werden, da dieser die *individuelle Anpassung* des zu entwickelnden Führungsinformationssystems an das Informationssubjekt terminologisch am „besten" zur Geltung bringt.

29) Zur Ausrichtung von Informationssystemen auf den *kognitiven Stil* von Führungskräften vgl. ROSENHAGEN (Informationsversorgung), S. 274.

30) WILD (Nutzenbewertung), S. 326 f., spricht von dem *Alter* einer Information, das die Zeitspanne zwischen ihrer Entstehung und der Aufnahme durch den Empfänger ausdrücken soll.

31) Zu den Besonderheiten der internationalen Management-Holding vgl. Kap. II.1.4., S. 42 ff.

32) Vgl. beispielsweise KOSIOL (Unternehmung), S. 209 ff.

Des weiteren sind für effiziente Führungsinformationssysteme Gestaltungskriterien abzuleiten, die die Eigenschaften der **Auswertungsmethoden und FIS-Generatoren**[33] erfassen können. Bei dieser Input-Größe ist insbesondere die **Handhabbarkeit** von besonderer Bedeutung.[34] Hierunter werden die Anwendungsspezifika der einzelnen *Auswertungsmethoden und FIS-Generatoren* - sowohl bei der erstmaligen Implementierung als auch bei der späteren Anwendung - subsumiert.

Da die Entwicklung von Führungsinformationssystemen auch *wirtschaftlich* vertretbar sein muß, ist bei der Umsetzung des Grundkriteriums der Lösungsmächtigkeit letztendlich auch der damit verbundene **Aufwand** zu überprüfen.[35]

Die sich anschließende Abb. III - 8 stellt nicht nur die aus dem Grundkriterium der Lösungsmächtigkeit abgeleiteten Gestaltungskriterien der Vollständigkeit, Benutzeradäquanz, Termingerechtigkeit und Richtigkeit dar. Sie bildet auch die aus der Ressourcenmächtigkeit deduzierten Gestaltungskriterien des Datenbedarfs, der Handhabbarkeit der Auswertungsmethoden und FIS-Generatoren sowie des Aufwands ab.

Grundkriterium	▶ Gestaltungskriterien	
	Vollständigkeit	Informationsumfang
		Informationsstruktur
Lösungsmächtigkeit (Systemoutput)	Benutzeradäquanz	
	Termingerechtigkeit	
	Richtigkeit	
Ressourcenmächtigkeit (Systeminput)	Datenbedarf	
	Handhabbarkeit der Auswertungsmethoden und FIS-Generatoren	
	Aufwand	

Abb. III - 8:   Aus den Prinzip der Wirtschaftlichkeit abgeleitete Gestaltungskriterien.

---

33)   Zur terminologischen Abgrenzung vgl. S. 8.

34)   Vgl. u.a. BAHLMANN (Informationsbedarfsanalyse), S. 136 ff.

35)   An dieser Stelle kommt das im Rahmen der Zielsetzung herausgearbeitete Kriterium der effizienten Führungsinformationssystemgestaltung explizit zum Tragen.

2.3. Operationalisierung der Gestaltungskriterien durch Beurteilungskriterien

Da die in Kap. 2.2. herausgearbeiteten Gestaltungskriterien überwiegend mit Nutzengrößen operieren und sich ihre Ausprägungen zum Teil nur auf einer Nominalskala[36] einordnen lassen, sind sie noch nicht *unmittelbar* einsetzbar. Ziel der weiteren Ausführungen muß es daher sein, die Gestaltungskriterien so weit zu operationalisieren, daß sich deren Ausprägungen zumindest auf einer *Ordinalskala*[37] messen lassen. Um diesen Schritt auch terminologisch nachzuvollziehen, werden die aus den Gestaltungskriterien abgeleiteten Größen im folgenden als **Beurteilungskriterien** bezeichnet.

Zwar scheiden auch bei ordinal skalierten Meßkriterien viele statistische (Test-) Verfahren aus, auf ihrer Grundlage kann aber ein **Scoring-Modell**[38] entwickelt werden, das zur Beurteilung von Führungsinformationssystemen für die internationale Management-Holding herangezogen werden kann. Um durch Teilzielinterdependenzen induzierte Bewertungsverzerrungen vermeiden zu können, sind die einzelnen Beurteilungskriterien möglichst *eindeutig* und *überschneidungsfrei* zu definieren. Damit das Zielsystem überschaubar bleibt, ist weiterhin die Anzahl der **Beurteilungskriterien** möglichst klein zu halten.

Bei der Verwendung des in den anschließenden zwei Kapiteln auszuarbeitenden Scoring-Modells ist zu beachten, daß in die *Gewichtung* der einzelnen Beurteilungskriterien, die *Festlegung der Soll-Ausprägungen*[39] und die *Bewertung des derzeitigen Informationsinstrumentariums*[40] ein gewisses Maß an **Subjektivität** miteinfließt. Ihr Vorteil liegt hingegen in der Erfassung und Systematisierung einer **Mehrfach-Zielsetzung**. Damit schafft das Scoring-Modelle nicht nur eine erhebliche Transparenz bei der Führungsinformationssystemgestaltung. Auch werden die Schwerpunkte der Forschungsarbeit nachvollziehbar.

2.3.1. Bestimmung der Beurteilungskriterien

Unter Rückgriff auf das Gestaltungskriterium der **Vollständigkeit** konnte die Lösungsmächtigkeit von Führungsinformationssystemen für die internationale Management-Holding

---

36) Charakteristisches Merkmal einer *Nominalskala* ist es, daß die einzelnen Merkmalsausprägungen gleichberechtigt nebeneinander stehen und sich daher *keine Reihenfolge* zwischen ihnen bilden läßt. Vgl. hierzu BLEYMÜLLER / GEHLERT / GÜLICHER (Statistik), S. 3. Als Beispiele seien die Merkmalsausprägungen „römisch-katholisch" und „evangelisch" hinsichtlich der Religion, „männlich" und „weiblich" hinsichtlich des Geschlechts angeführt.

37) Zur Charakterisierung einer Ordinalskala vgl. Fußnote 67) des zweiten Kapitels, S. 57.

38) Vgl. BECKER / WEBER (Scoring-Modelle), S. 345 ff.

39) Vgl. S. 114 ff.

40) Vgl. Kap. IV.1.2., S. 144 ff.

mit Hilfe des Informationsumfangs sowie der Informationsstruktur operationalisiert werden.
Der **Informationsumfang** kann hierbei wie folgt konkretisiert werden:

- Wird auf die Definition betrieblicher Führungsinformationen zurückgegriffen, läßt sich ihre
  Zweckorientierung in einer internationalen Management-Holding dahingehend fixieren, eine
  rationale Entscheidungsfindung zur Erfüllung konzernzielbezogener Aufgaben zu unterstützen.[41] Der Umfang betrieblicher Führungsinformationen kann daher durch die *Aufgabenstellung* der Konzernleitung spezifiziert werden. Die **Erfassung des objektiven** - durch die
  jeweilige Aufgabenstellung determinierten - **Informationsbedarfs** soll daher als erstes
  Beurteilungskriterium von Führungsinformationssystemen für die internationale Management-Holding fixiert werden.

- Bei der objektiven Bestimmung des Informationsbedarfs wird vernachlässigt, daß jede
  Führungskraft eine *individuelle* Arbeitsweise besitzt und somit einen in der Regel vom
  objektiven Informationsbedarf abweichenden persönlichen (subjektiven) Informationsbedarf
  besitzt. Um die individuelle Ausrichtung des zu entwickelnden Führungsinformationssystems sicherstellen zu können, hat ein effizienter Gestaltungsprozeß daher auch zu gewährleisten, daß die Mitglieder der Konzernleitung einer internationalen Management-
  Holding ihre *spezifischen Informationswünsche* einbringen können. Die **Erfassung des
  subjektiven** - individuell als hinreichend empfundenen - **Informationsbedarfs** kann daher
  als zweites Beurteilungskriterium einer effizienten Führungsinformationssystemgestaltung
  angesehen werden.

Die **Informationsstruktur,** das andere aus dem Gestaltungskriterium der Vollständigkeit
abgeleitete Beurteilungskriterium, stellt nicht auf den Umfang, sondern auf die *inhaltliche
Vollständigkeit* bereitzustellender Führungsinformationen ab.

- Aufgrund der in Kap. III.1.1.2. festgestellten herausragenden Bedeutung strategischer
  Führungsaufgaben für die Konzernleitung einer internationalen Management-Holding ist die
  Struktur bereitzustellender Führungsinformationen insbesondere auf die **Erfassung strategischer Informationen** zu überprüfen. In verschiedenen Entscheidungssituationen wird die
  Konzernleitung aber auch auf *operative Informationen* zurückgreifen müssen. Daß dieser
  Sachverhalt nicht als eigenständiges Beurteilungskriterium in das Scoring-Modell aufgenommen wird, hängt damit zusammen, daß sich die Menge strategischer und operativer Informationen zum Informationsumfang der Konzernleitung addieren muß. Die Erfassung strategischer Informationen spiegelt daher - wie die empirische Untersuchung im Detail noch
  zeigen wird[42] - die **Relation zwischen der Menge strategischer und operativer Informationen** wider, die für effiziente Führungsinformationssysteme benötigt wird.

---

41)   Vgl. hierzu die Definition betrieblicher Information, S. 52.
42)   Vgl. hierzu insbesondere Abb. III - 12, S. 116, und die in diesem Zusammenhang getroffenen Aussagen.

Aufgrund der Tatsache, daß die Konzernleitung einer Management-Holding in der Regel nicht in die routinemäßigen Anwendungsschulungen für betriebliche Informationssysteme eingebunden sind, sind weiterhin Anforderungen an die Benutzerschnittstellen von Führungsinformationssystemen zu stellen.[43] Dabei umfaßt die **Benutzeradäquanz** als zweites Gestaltungskriterium einer effizienten Systemgestaltung insgesamt fünf Beurteilungskriterien, die die *eigenständige* Nutzung durch die Konzernleitung einer internationalen Management-Holding erfassen. Sie lassen sich wie folgt zusammenfassen:

- Aufgrund der Komplexität und Dynamik ihres Aufgabenrahmens und der zunehmenden zeitlichen Belastung kann die Konzernleitung einer internationalen Management-Holding nicht *alle* zur Verfügung stehenden Informationen sichten, aufnehmen und verarbeiten.[44] Um ihr einen *knappen*, aber dennoch *umfassenden Überblick* über für sie relevante Sachverhalte geben zu können, ist unter dem Aspekt der Benutzeradäquanz zunächst der **Aggregationsgrad** der bereitzustellenden Informationen zu erfassen.[45]

- Da die aggregierten Führungsinformationen sicherlich mit Skepsis betrachtet werden, wenn ihre Generierung und Zusammensetzung nicht *nachvollziehbar* ist, sollte ihre Verdichtung *schrittweise* zurückzunehmen sein, um so einen Zugriff auf die zugrundeliegenden originären Daten zu ermöglichen.[46] Auch wird durch diese Art der **Überprüfbarkeit** die Gefahr umgangen, daß wichtige Einzelheiten durch die Aggregation *gänzlich* verloren gehen.[47]

- Des weiteren spielt die **Darstellungsqualität** betrieblicher Führungsinformationen eine bedeutende Rolle. Dies läßt sich damit begründen, daß mit der Art, wie betriebliche Führungsinformationen der Konzernleitung präsentiert werden, zusätzliche - von der inhaltlichen Ausprägung des Informationsbedarfs unabhängige - Aspekte sichtbar gemacht werden können. So kann eine unkommentierte Bereitstellung betrieblicher Führungsinformationen zu einer weiteren Nachfrage - z.B. in Form erläuternder Kurzberichte - führen.[48]

- Das Beurteilungskriterium der **Oberflächengestaltung und Dialogführung** erfaßt, wie die Konzernleitung einer internationalen Management-Holding mit einem Führungsinformationssystem *kommunizieren* und sich der angebotenen Daten bedienen kann. Hierbei wird insbesondere auf die Navigationsmöglichkeiten im System abgestellt.

---

43) Vgl. auch GLUCHOWSKI / GABRIEL / CHAMONI (Management Support Systeme), S. 57.

44) Vgl. hierzu PFESTORF (Information), S. 111, aber auch WURL (Liquiditätskontrolle), S. 92, der u.a. auf KIRSCH / KLEIN (Management-Informationssysteme II), S. 90 ff., verweist.

45) REICHMANN (Controlling), S. 19 ff., spricht hierbei von dem *Verdichtungsgrad* einer Information. Ähnlich auch bei HEINEN (Kennzahlen), S. 227, und PALLOKS (Marketing-Controlling), S. 174.

46) Diese Anforderung stellt viele Software-Lösungen vor Probleme, da sie häufig mit einer separaten Datenbasis arbeiten, die in der Regel schon mehrfach aggregierte Größen als Primärinformationen umfassen.

47) Vgl. hierzu BERTHEL (Informationssysteme), S. 41, und WILD (Nutzenbewertung), S. 326 f., die von einer „Objektivität und Nachvollziehbarkeit der Informationsbeschaffung" sprechen.

48) Entnommen aus PALLOKS (Marketing-Controlling), S. 174, die sich u.a. auf MERTENS / SCHRAMMEL (Dokumentation), S. 82 f., bezieht.

- Aufgrund der Dynamik der betrieblichen Umwelt und den sich hieraus ergebenden wechselnden Aufgaben der Konzernleitung reicht es nicht aus, betriebliche Führungsinformationen lediglich bereitstellen zu können. Die *verschiedenen Analyseziele* einzelner Mitglieder der Konzernleitung erfordern, daß die bereitzustellenden Informationen mit verschiedenen Funktionen *umfassend* und *flexibel*[49] weiterverarbeitet werden können. Der **Leistungsumfang** von Führungsinformationssystemen für die internationale Management-Holding wird hierbei durch die zur Verfügung stehenden *Abfrage-, Analyse-* und *Simulationsmöglichkeiten* definiert und beurteilt, in welcher Einsatzbreite Informationen abgerufen, mit verschiedenen Funktionen analysiert und für Simulationszwecke eingesetzt werden können.[50]

Wie bereits dargelegt, fordert das Gestaltungskriterium der **Termingerechtigkeit**[51], daß die bereitzustellenden Führungsinformationen frühzeitig - in der Regel zu einem vorab definierten Zeitpunkt - der Konzernleitung einer internationalen Management-Holding zur Verfügung gestellt werden. Die Verfügbarkeit relevanter Führungsinformationen wird hierbei einerseits durch die **Aktualität**[52] **der verwendeten Primärinformationen** determiniert. Auf der anderen Seite bestimmt die Geschwindigkeit des Informationssystems, mit der die Primärinformationen zu Führungsinformationen weiterverarbeitet werden können, die Termingerechtigkeit. Da die Geschwindigkeit der Informationsverarbeitung durch die im Rahmen der vorliegenden Arbeit nicht im Detail zu untersuchende technische Seite von Führungsinformationssystemen determiniert wird, ist die Termingerechtigkeit im folgenden *ausschließlich* durch das Beurteilungskriterium der Aktualität zu operationalisieren.

Das Gestaltungskriterium der **Richtigkeit** kann in die *formale* und *inhaltliche* Richtigkeit bereitzustellender Führungsinformationen unterteilt werden. Folgende Aspekte sind hierunter zu subsumieren:

- Aufgrund der Komplexität von Führungsinformationssystemen kann es vorkommen, daß die eingesetzten Verarbeitungsmethoden durch die Struktur und Präzision ihrer Algorithmen *nicht exakt* die darzustellenden Sachverhalte der Realität abbilden und so zu Ungenauigkeiten führen.[53] Das Beurteilungskriterium der **Genauigkeit** (Validität) erfaßt daher, inwieweit der abzubildende Sachverhalt der Realität hinreichend *präzise* und *detailliert* genug mit Hilfe betrieblicher Führungsinformationen abgebildet werden kann.

---

49)   Flexibilität bedeutet in diesem Zusammenhang, bereitzustellende Informationen den im Zeitablauf
      wechselnden Problemstellungen oder Wünschen der Informationssubjekte anpassen zu können.
50)   Vgl. hierzu HICHERT / MORITZ (Management-Informationssystem), S. 238.
51)   WURL (Liquiditätskontrolle), S. 90, spricht von der frühzeitigen *Verfügbarkeit* relevanter Informationen.
52)   Mit der Aktualität der Führungsinformationen ist die *Zeitspanne* gemeint, die zwischen dem Auftreten
      des Sachverhalts in der Realität und der Aufnahme der entsprechenden Informationen durch die Konzernleitung liegt. In Anlehnung an WILD (Unternehmensplanung), S. 131; PIECHOTA (Informationsversorgung), S. 88.
53)   Als Beispiel seien Rundungsungenauigkeiten beim Abschneiden von Dezimalstellen angeführt.

• Durch beabsichtigtes oder unbeabsichtigtes menschliches Fehlverhalten als auch aus technischen Gründen können weiterhin *inhaltliche Verfälschungen* der bereitzustellenden Führungsinformationen entstehen.[54] Neben der Genauigkeit der Führungsinformationen ist daher auch die **Zuverlässigkeit**[55] (Reliabilität) des zu entwickelnden Informationssystems von Bedeutung. Hiermit wird zum einen der Tatsache Rechnung getragen, daß es gerade in einer *internationalen* Management-Holding bewußt (Manipulation[56]) oder unbewußt (Störung) gesteuerte „Größen" geben kann, die über Folgefehler zu verfälschten Führungsinformationen führen können.[57] Unabhängig davon kann es passieren, daß Teile des Systems ausfallen[58] oder daß Fehler in der Verarbeitungsmethode vorkommen.[59] Dieser Sachverhalt soll durch das Beurteilungskriterium der Zuverlässigkeit von Führungsinformationssystemen erfaßt werden.

Nachdem die aus dem Grundkriterium der Lösungsmächtigkeit abgeleiteten Gestaltungskriterien operationalisiert wurden, sind Beurteilungskriterien für die Größen zu definieren, die von dem zu entwickelnden Führungsinformationssystem für die internationale Management-Holding zur Generierung seines „Outputs" benötigt werden.

Zunächst kann sich der erforderliche **Datenbedarf** als eine nicht überwindbare Restriktion erweisen. Seine Operationalisierung äußert sich in Anlehnung an WURL in der geforderten Qualität, Art und Umfang sowie in der Erreichbarkeit und Bedarfsfrequenz.[60] Da die Beurteilungskriterien der Qualität und des Umfangs der Daten durch den Umfang und die Struktur bereitzustellender Führungsinformationen determiniert werden, die Art und Bedarfsfrequenz der Daten bereits durch die Benutzeradäquanz und Termingerechtigkeit im Anforderungsprofil erfaßt sind, finden die genannten Kriterien keine weitere Berücksichtigung.[61]

Neben der von WURL angeführten *Erreichbarkeit* der Daten wird noch das Beurteilungskriterium der *maschinellen Erfaßbarkeit* in den Kriterienkatalog aufgenommen.

• Hinsichtlich der **Erreichbarkeit** benötigter Daten kann eine interne und eine externe

---

54) Falsche Eingaben, die durch Nachlässigkeit oder Unwissenheit des Bedienungspersonals verursacht werden, können als Beispiel angeführt werden. Vgl. WURL (Leistungsrechnungen), S. 194.

55) Vgl. WALL (Informationssysteme), S. 24. HASELBAUER (Informationssystem), S. 95 ff., spricht in diesem Zusammenhang von der *sachlichen Richtigkeit* einer Information.

56) Unter einer *Manipulation* kann subsumiert werden, daß zur Informationsgenerierung benötigte Daten bewußt gefälscht, zerstört, zu spät, gar nicht oder in einem falschen Format in das System eingegeben werden.

57) Vgl. hierzu Kap. IV.4.2.1., S. 363 ff.

58) Hierbei ist beispielsweise an Verschleißerscheinungen oder an eine unsachgemäße Bedienung der im Informationsgenerierungsprozeß eingesetzten technischen Geräte zu denken.

59) Im Unterschied zu Verarbeitungsverfahrens kann es weiterhin durch einen Virusbefall zu falschen Rechenoperationen - beispielsweise 2 x 3 = 5 - kommen.

60) Vgl. WURL (Liquiditätskontrolle), S. 92.

61) Zur Problematik der Doppelgewichtung von Beurteilungskriterien in einem Scoring-Modell vgl. S. 105.

Komponente unterschieden werden.[62] In bezug auf interne Daten, die zur Generierung betrieblicher Führungsinformationen erforderlich sind, ist zu ermitteln, ob sie im Konzern aus bestehenden Datenbeständen abrufbar sind. Bei der Generierung externer Daten ist abzuklären, ob sie eigenhändig zu eruieren sind oder schon in Publikationen, amtlichen Statistiken oder Datenbanken öffentlich zugänglich sind.[63] In einem zweiten Schritt ist dann der Weg der Informationsbeschaffung aufzuzeigen[64] und der Aufwand der Beschaffung zu quantifizieren.

- Aufgrund des Umfangs bereitzustellender Informationen müssen Führungsinformations- systeme insbesondere Daten aus ihnen vorgelagerten Systemen verarbeiten können.[65] Des- halb ist die **maschinelle Erfaßbarkeit** benötigter Daten als weiteres Beurteilungskriterium zu berücksichtigen. Hiermit kann beurteilt werden, ob Informationen aus bestehenden Datenbeständen „maschinell" abrufbar, somit quasi per „Knopfdruck" zu generieren sind oder ob sie „manuell" zusammengetragen und per Hand in das zu entwickelnde Informa- tionssystem eingegeben werden müssen.

Mit dem Gestaltungskriterium der **Handhabbarkeit der Auswertungsmethoden und FIS- Generatoren** ist - wie bereits dargelegt wurde - deren Bedienerangemessenheit zu beurteilen:

- Hierbei ist zunächst die **Verständlichkeit**[66] der im Gestaltungsprozeß anzuwendenden Auswertungsmethoden und FIS-Generatoren zu erfassen.[67] Sie zielt insbesondere auf die Methodik der einzelnen Methoden ab. Ihre Bedeutung läßt sich damit begründen, daß schwer verständliche, komplexe Auswertungsmethoden und FIS-Generatoren nur schwer erlernbar sind, woraus leicht „Fehler" in ihrer Anwendung resultieren können. Dies wieder- um kann zu einem unvollständigen oder verfälschten Angebot an betrieblichen Führungs- informationen und in letzter Konsequenz gar zur Ablehnung von Führungsinformations- systemen führen.

- Um eine hohe Akzeptanz der einzusetzenden Auswertungsmethoden sicherstellen zu kön- nen, muß eine effiziente Führungsinformationssystemgestaltung weiterhin gewährleisten, daß die Ableitung einzelner Teilziele möglichst *logisch* und *intersubjektiv*, d.h. für verschie- dene Individuen mit gleichem Ergebnis, nachvollziehbar ist. Daher soll die **Ableitungs- transparenz** der Auswertungsmethoden von Führungsinformationssystemen für die inter-

62) Vgl. WURL (Liquiditätskontrolle), S. 92, insbesondere seine Ausführungen in der Fußnote 165).
63) PIESKE (Kontrolle und Steuerung), S. 11, bemerkt hierzu, daß das Problem externer Daten- beschaffung häufig überschätzt wird.
64) BAUMÖL (Informationsmanagement), S. 13, spricht von Informationspfaden.
65) Vgl. hierzu S. 215 ff.
66) KOREIMANN (Informationsbedarfsanalyse), S. 163 ff., spricht von der *Anwendbarkeit* einer Methode.
67) Vgl. hierzu SZYPERSKI / WINAND (Bewertung), S. 213; aber auch FÜRTJES (Gestaltung), S. 121 ff.

nationale Management-Holding als weiteres Beurteilungskriterium fixiert werden. In bezug auf die zu untersuchenden FIS-Generatoren wird mit dem Beurteilungskriterium der Ableitungstransparenz erfaßt, inwieweit interne, dem Anwender in der Regel verborgene Verarbeitungsalgorithmen offengelegt und nachvollzogen werden können.

- In der Praxis wird nicht allein *eine* Auswertungsmethode zur Informationssystemgestaltung eingesetzt, sondern der Gestaltungsprozeß wird sich aus der Kombination mehrerer Methoden - einem sog. *Methoden-Mix*[68] - zusammensetzen. Daher müssen die zur Anwendung kommenden Entwicklungsmethoden *modular* kombinierbar sein.[69] Das Gestaltungskriterium der Handhabbarkeit kann daher durch den **Integrationsgrad**[70] der zur Anwendung kommenden Methoden weiter operationalisiert werden. In bezug auf die FIS-Generatoren ist der Integrationsgrad dahingehend zu interpretieren, daß effiziente Führungsinformationssysteme *definierte Schnittstellen* haben müssen, mit denen komplexe Datensätze oder ganze Programmbausteine aus anderen Systemen ohne Formatierungsprobleme übernommen werden können.[71]

- Neben der im Rahmen der Funktionsumfangs erfaßten Abfrageflexibilität[72] sind aufgrund der Dynamik und Komplexität des Aufgabenrahmens des ausgewählten Informationssubjekts weiterhin Auswertungsmethoden und FIS-Generatoren zu fordern, die sich leicht an veränderte Rahmenbedingungen anpassen lassen. Deshalb ist neben den bisherigen Beurteilungskriterien eine hohe **Änderungsflexibilität** der Auswertungsmethoden und FIS-Generatoren zu fordern.

Da die Entwicklung von Führungsinformationssystemen auch *wirtschaftlich* vertretbar sein muß, ist bei der Gestaltungsarbeit letztendlich auch der damit verbundene **Aufwand** zu beachten. Dieses Kriterium läßt sich wie folgt operationalisieren:

- Zunächst sind die *Kosten* der Gestaltungsarbeit zu erfassen. Hierbei lassen sich verschiedene Kostenarten unterscheiden. So werden in Abhängigkeit der Auswertungsmethoden und FIS-Generatoren Art und Umfang und somit die *Kosten benötigter Hilfsmittel* schwanken.[73] Neben dem Mittelbedarf zur Erstellung der Systemkonzeption sind *Soft- und Hardwarekosten*

---

68)   Vgl. KOREIMANN (Informationsbedarfsanalyse), S. 167 ff.

69)   Gleicher Ansicht sind SZYPERSKI / WINAND (Bewertung), S. 212 f.

70)   Unter Integration wird in Anlehnung an NIEDERBERGER (Informationssystem), S. 85, die Eingliederung von Teilen zu einem Ganzen verstanden.

71)   Gleicher Auffassung sind auch GABRIEL / GLUCHOWSI (Management Support Systeme), S. 539.

72)   Vgl. S. 108 f.

73)   Neben Verbrauchsmaterial können beispielsweise Formulare oder zu erstellende Informationskataloge Verwendung finden. Sieht der Gestaltungsprozeß der betriebswirtschaftlichen Systemkonzeption gar den Einsatz spezieller Software vor, werden sich die Kosten entsprechend erhöhen.

sowie die *Kosten zur Integration* des Führungsinformationssystems in die bestehende EDV-Landschaft zu berücksichtigen.[74] Über den Entwicklungsprozeß hinaus sind *Personalkosten* - mögliche Interviewkosten zur Analyse des Informationsbedarfs bis hin zu den *Schulungskosten* der späteren Systembenutzer - zu beachten.[75] Um das Beurteilungsschema von 1 „sehr gering" bis 5 „sehr hoch" durchgängig verwenden zu können, wird dieser Aspekt im folgenden als **Kostenadäquanz** bezeichnet.

- Da die Gestaltung von Führungsinformationssystemen für die internationale Management-Holding wohl immer unter Zeitrestriktionen durchzuführen ist, ist letztendlich eine hohe **Zeitadäquanz** zu fordern.[76]

In der nachfolgenden Abb. III - 9 sind die aus dem Wirtschaftlichkeitsprinzip abgeleiteten Beurteilungskriterien noch einmal zusammenfassend dargestellt.

Grundkriterien	Gestaltungskriterien		Beurteilungskriterien
Lösungs-mächtigkeit (Systemoutput)	Voll-ständigkeit	Informations-umfang	Erfassung des objektiven Informationsbedarfs
			Erfassung des subjektiven Informationsbedarfs
		Informationsstruktur	Erfassung strategischer Informationen
	Benutzeradäquanz		Aggregationsgrad
			Überprüfbarkeit
			Darstellungsqualität
			Oberflächengestaltung und Dialogführung
			Leistungsumfang
	Termingerechtigkeit		Aktualität
	Richtigkeit		Genauigkeit (formale Richtigkeit)
			Zuverlässigkeit (inhaltliche Richtigkeit)
Ressourcen-mächtigkeit (Systeminput)	Datenbedarf		Erreichbarkeit
			maschinelle Erfaßbarkeit
	Handhabbarkeit der Auswertungsmethoden und FIS-Generatoren		Verständlichkeit
			Ableitungstransparenz
			Integrationsgrad
			Änderungsflexibilität
	Aufwand		Kostenadäquanz
			Zeitadäquanz

Abb. III - 9:   Aus dem Prinzip der Wirtschaftlichkeit abgeleitete Beurteilungskriterien.

---

74) Vgl. KOREIMANN (Informationsbedarfsanalyse), S. 166.

75) Vgl. BAHLMANN (Informationsbedarfsanalyse), S. 150, aber auch SZYPERSKI / WINAND (Bewertung), S. 213, die einen Katalog möglicher Kostenarten zu verschiedenen Planungstechniken vorstellen. Oftmals wird in diesem Zusammenhang auch auf externe Berater zurückgegriffen, die in nicht unerheblichem Maße *Beratungskosten* verursachen.

76) Gleicher Auffassung ist auch BAHLMANN (Informationsbedarfsanalyse), S. 148.

2.3.2. Gewichtung der Beurteilungskriterien und Ableitung des Soll-Profils einer effizienten Führungsinformationssystemgestaltung

Um zielorientiert die Gestaltungsschwerpunkte effizienter Führungsinformationssysteme für die internationale Management-Holding bestimmen zu können, sind die im vorangegangenen Kapitel abgeleiteten Beurteilungskriterien nicht nur untereinander zu **gewichten**. Auch sind ihre Ausprägungen zu erfassen, die in der Summe das **Soll-Profil** der effizienten Führungsinformationssystemgestaltung determinieren.

Hierzu ist zunächst abzuklären, durch wen die Gewichte und Soll-Ausprägungen der Beurteilungskriterien festzulegen sind. Da Führungsinformationssysteme für die internationale Management-Holding die Informationsversorgung der Konzernleitung sicherzustellen haben, erscheint es aus praxeologischer Sicht sinnvoll, daß die späteren Anwender diese soweit wie möglich *selbst* bestimmen. Die weiteren Ausführungen basieren daher - bis auf zwei Ausnahmen[77] - auf den von **Vorstandsmitgliedern internationaler Management-Holdings** geäußerten Anforderungen, die in der empirischen Untersuchung dieser Arbeit erfaßt wurden.[78]

Die Ergebnisse der Befragung sind in der nachfolgenden Abb. III - 10 dargestellt. Die Gewichtungen der erfaßten Gestaltungskriterien der Vollständigkeit, Benutzeradäquanz, Termingerechtigkeit, Richtigkeit, des Datenbedarfs und Aufwands summieren sich zu 100 %.[79]

Problematisch war die Bewertung der **Handhabbarkeit der Auswertungsmethoden und FIS-Generatoren**. Hierfür hätten die Anforderungen der *Systementwickler* von Führungsinformationssystemen eruiert werden müssen. Aufgrund begrenzter finanzieller Ressourcen konnte eine entsprechende Befragung jedoch *nicht* durchgeführt werden. Es wurde aber auf eine Untersuchung von ZEILE zurückgegriffen, die sich u.a. mit den Zielvorstellungen der Systementwickler von Führungsinformationssystemen beschäftigte.[80] Hierauf aufbauend wurde die Handhabbarkeit der Auswertungsmethoden und FIS-Generatoren **additiv mit 25 %** gewichtet. Wie die Abb. III - 10 zeigt, ergibt sich hierdurch eine Gesamt-Gewichtungssumme von **125 %**.

---

77) Vgl. hierzu S. 126 ff.
78) Zur Charakterisierung der empirischen Untersuchung vgl. Kap. IV.1.1., S. 134 ff.
79) Vgl. hierzu die Fragestellung II.1. der empirischen Untersuchung, Kap. 5.2.5. des Anhangs.
80) Vgl. ZEILE (Führungsinformationssysteme), S. 52 ff.

Grundkriterien	Gestaltungskriterien	Erläuterung	Einzel-Gewichtungen
Lösungs-mächtigkeit (Systemoutput)	Vollständigkeit {Informations-umfang / Informations-struktur}	*Welche Informationen* benötigen Sie für Ihre Führungsaufgaben und wie sind sie zu *strukturieren?*	25 %
	Benutzeradäquanz	*Wie* sind die bereitzustellenden Informationen aufzubereiten und in *welcher Form* sollen sie Ihnen zur Verfügung gestellt werden?	40 %
	Termingerechtigkeit	In welchem *Zeitintervall* sind die bereitzustellenden Informationen zu aktualisieren?	5 %
	Richtigkeit	*Wie* sind die bereitzustellenden Informationen beispielsweise gegen Manipulationen, Störungen und Verarbeitungsfehler zu *schützen?*	12,5 %
Ressourcen-mächtigkeit (Systeminput)	Datenbedarf	*Woher* sind die bereitzustellenden Informationen zu beziehen?	5 %
	Handhabbarkeit der Auswertungsmethoden und FIS-Generatoren	Welche Anforderungen stellen Sie an die Handhabbarkeit der Auswertungsmethoden und FIS-Generatoren?	25 %
	Aufwand	Welche *Kosten* und welchen *Zeitaufwand* sind Sie bereit, für die Entwicklung eines ihren Ansprüchen genügenden Führungsinformationssystems aufzuwenden?	12,5 %
		Gesamt-Gewichtungssumme:	125 %

Abb. III - 10: *Gewichtung der einzelnen Gestaltungskriterien effizienter Führungsinformationssysteme für die internationale Management-Holding.*

Aus den dargestellten Ergebnissen sind im folgenden die **Gewichtungen der einzelnen Beurteilungskriterien** zu deduzieren. Die Summe der Einzelgewichtungen muß dabei dem Zielwert des Gestaltungskriteriums entsprechen, aus dem sie abgeleitet wurden.[81] Die **Soll-Ausprägungen der Beurteilungskriterien** werden mit statistischen Verfahren aus den Ergebnissen der empirischen Untersuchung berechnet: Der *arithmetische Mittelwert* gibt als Lageparameter das Zentrum der Ergebnisverteilung an, währenddessen die dazugehörige *Standardabweichung* die Streuung der Einzelwerte um das Lagezentrum erfaßt.[82]

2.3.2.1. Vollständigkeit

Die nachfolgende Abb. III - 11 erfaßt die Bedeutung, die die befragten Vorstandsmitglieder der Erfassung des objektiven - durch die jeweilige Aufgabenstellung determinierten - Infor-

---

81)   Als Beispiel sei die Gewichtung der aus dem Gestaltungskriterium der Vollständigkeit abgeleiteten Beurteilungskriterien angeführt: Die Gewichtung der „Erfassung des objektiven Informationsbedarfs" mit *10 %*, die der „Erfassung des subjektiven Informationsbedarfs" mit *5 %* und die der „Erfassung strategischer Informationen" mit *10 %* ergibt in der Summe 25 %. Dies entspricht exakt der Gewichtung des Gestaltungskriteriums der Vollständigkeit mit 25 %.

82)   Vgl. hierzu ausführlich BLEYMÜLLER / GEHLERT / GÜLICHER (Statistik), S. 13.

mationsbedarfs und des subjektiven - individuell als hinreichend empfunden - Informationsbedarfs zumessen.[83]

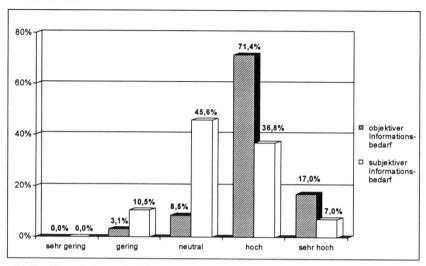

Abb. III - 11:   *Bedeutung der Erfassung des objektiven und subjektiven Informationsbedarfs für eine*
effiziente Führungsinformationssystemgestaltung.

Der **Erfassung des objektiven Informationsbedarfs** kommt nach Einschätzung von mehr
als 85 % der befragten Vorstandsmitglieder eine **hohe bis sehr hohe Bedeutung** zu. Für den
subjektiven Informationsbedarf ergibt sich hingegen eine überwiegend **neutrale Beurteilung (45,6 %).** Somit ist offensichtlich, daß die Vorstandsmitglieder der Erfassung des objektiven Informationsbedarfs einen *deutlich* höheren Stellenwert als der Berücksichtigung des
subjektiven Informationsbedarfs zumessen. Auf der von 2,5 % bis 10 % unterteilten Skala erhält
daher das erstgenannte Kriterium eine als sehr hoch einzustufende Gewichtung von **10 %**; die
Erfassung des subjektiven Informationsbedarfs wird mit einer mittleren Gewichtung von **5 %**
eingestuft.[84]

Bei der statistischen Auswertung der Häufigkeitsverteilung kommt der Erfassung des **objektiven Informationsbedarfs** mit einem arithmetischen Mittelwert von **4,21** auf der ausgewählten Skala von 1 (sehr gering) bis 5 (sehr hoch) eine **sehr hohe Bedeutung** zu. Im Vergleich
hierzu wird der Erfassung des **subjektiven Informationsbedarfs** mit einem Wert von **3,51** ein
wesentlich geringerer Stellenwert zuerkannt. Der *arithmetische Mittelwert* wird - wie in der
nachfolgenden Abb. III - 13 dargestellt ist - als Punkt auf der ausgewählten Skala erfaßt.

---

83)   Zur Abgrenzung des objektiven und subjektiven Informationsbedarfs vgl. S. 105.
84)   Vgl. hierzu Abb. III - 13, S. 117. Zusammen mit der Gewichtung der „Erfassung strategischer Infor-
         mationen" von 10 % müssen die Einzelgewichtungen wieder dem in Abb. III - 10 dargestellten Zielwert
         von 25 % des übergeordneten Gestaltungskriteriums entsprechen.

Die exponierte Stellung des objektiven Informationsbedarfs wird weiterhin durch die als sehr gering einzuordnende Standardabweichung bestätigt. Ein Wert von **0,48** belegt, daß für die befragten Vorstandsmitglieder - nahezu übereinstimmend - dem objektiven Informationsbedarf eine vorrangige Bedeutung zukommt. Die *Standardabweichung* wird durch die Länge der Fläche dargestellt, in dessen Mitte[85] sich der zugehörige arithmetische Mittelwert befindet.

Die **Informationsstruktur** - das andere aus dem Gestaltungskriterium der Vollständigkeit abgeleitete Beurteilungskriterium - stellt auf die *inhaltliche Vollständigkeit* bereitzustellender Informationen ab und spiegelt die *Relation* zwischen strategischen und operativen Informationen wider. Da strategische und operative Informationen dem Informationsbedarf *insgesamt* entsprechen müssen, wurde in der Untersuchung nur nach der **Bedeutung strategischer Informationen** gefragt. Die Abb. III - 12 legt die Untersuchungsergebnisse offen.

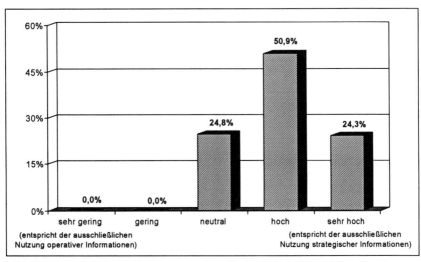

Abb. III - 12:   *Bedeutung strategischer Informationen für eine effiziente Führungsinformationssystem-gestaltung.*

50,9 % der Vorstandsmitglieder messen strategischen Informationen eine **hohe Bedeutung** zu. Für weitere **24,3 %** der Untersuchungsteilnehmer hat sie sogar eine **sehr hohe Bedeutung**. Die Erfassung strategischer Informationen erhält daher in dem zu erarbeitenden Scoring-Modell zur Beurteilung effizienter Führungsinformationssystemen für die internationale Management-Holding eine sehr hohe Gewichtung von **10 %**.

Die statistische Auswertung der in Abb. III - 12 dargestellten Häufigkeitsverteilung zeigt, daß der **Erfassung strategischer Informationen** mit einem arithmetischer Mittel von **4,01** ein - im

---

85)   Mögliche Abweichungen basieren auf den unterschiedlich dargestellten Abständen der Ratingskala. Vgl. exemplarisch die Darstellung „Erfassung strategischer Informationen" in der Abb. III - 13, S. 117.

Vergleich zur Erfassung des objektiven Informationsbedarfs - ebenfalls **sehr hoher Stellenwert** zugemessen wird. Mit einer Standardabweichung von **0,49** ist auch der Konsens, mit dem die befragten Führungskräfte die Bedeutung strategischer Informationen für ihre Arbeitsbewältigung einschätzen, als hoch zu beurteilen.

Die nachfolgende Abb. III - 13 faßt die statistisch aufbereiteten Befragungsergebnisse nochmals grafisch zusammen. Die Summe der Einzelgewichtungen addiert sich zu **25 %** und entspricht der Gewichtung des Gestaltungskriteriums der Vollständigkeit.[86]

aus dem Gestaltungskriterium der *Vollständigkeit* abgeleitete Beurteilungskriterien	Gewichtung	Soll-Profil einer effizienten Führungsinformationssystemgestaltung							
		1 sehr gering	2 gering	3 mittel	3,25	3,5	3,75	4 hoch	5 sehr hoch
Erfassung des objektiven Informationsbedarfs	10 %							●	
Erfassung des subjektiven Informationsbedarfs	5 %					●			
Erfassung strategischer Informationen	10 %							●	

Abb. III - 13:   Gewichtetes Soll-Profil für das Gestaltungskriterium der Vollständigkeit.

2.3.2.2. Benutzeradäquanz

Die Benutzeradäquanz - das zweite untersuchte Gestaltungskriterium effizienter Führungsinformationssysteme - erfaßt dessen Möglichkeiten, betriebliche Führungsinformationen *aufbereiten*, *darstellen* und mit verschiedenen Funktionen *weiterverarbeiten* zu können. Insgesamt lassen sich - wie in Kap. III.2.3.1. bereits dargelegt wurde - fünf Beurteilungskriterien unterscheiden, deren Gewichtung und Soll-Profil in Abb. III - 19 zusammengefaßt ist. Die Ergebnisse lassen sich wie folgt fundieren:

Zunächst macht die in Abb. III - 14 erfaßte Häufigkeitsverteilung deutlich, welchen hohen Stellenwert die befragten Vorstandsmitglieder dem **Aggregationsgrad** bereitzustellender Führungsinformationen zumessen. Über **90 %** schätzen seine Bedeutung mit **hoch** bis **sehr hoch** ein, so daß er eine als sehr hoch einzustufende Gewichtung von **10 %** erhält. Bei der Auswertung der Häufigkeitsverteilung errang der Aggregationsgrad die *dritthöchste Bedeutung* der empirischen Untersuchung. Mit einem arithmetischen Mittelwert von **4,12** dokumentiert dieses Kriterium den Wunsch der Vorstandsmitglieder nach einem möglichst *komprimierten Überblick*. Eine sehr geringe Standardabweichung von **0,28** unterstreicht die Interpretation der dargestellten Ergebnisse.

---

86)   Zur Gewichtung der Gestaltungskriterien effizienter Führungsinformationssysteme für die internationale Management-Holding vgl. Abb. III - 10, S. 114.

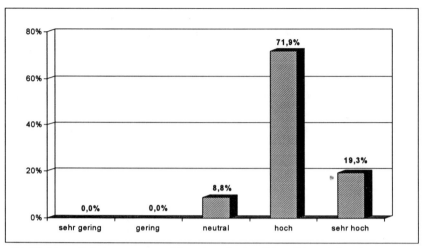

Abb. III - 14:   *Bedeutung aggregierter Informationen für eine effiziente Führungsinformationssystem-*
                   gestaltung.

Der Aggregationsgrad betrieblicher Führungsinformationen erfordert die Notwendigkeit, die einzelnen Verdichtungsstufen - beispielsweise für Analysezwecke - wieder schrittweise *zurück-nehmen* zu können. Für fast **80 %** der befragten Vorstandsmitglieder hat eine solche Funktion eine **hohe** bis **sehr hohe Bedeutung**.[87] Die „Überprüfbarkeit" bereitzustellender Führungs-informationen ist daher in Analogie zum Aggregationsgrads ebenfalls mit **10 %** zu gewichten.[88]

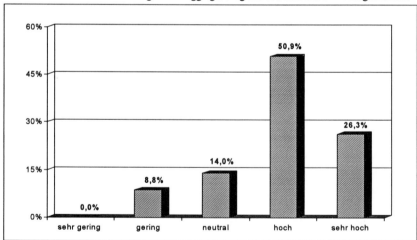

Abb. III - 15:   *Bedeutung, aggregierte Informationen wieder schrittweise zurücknehmen zu können.*

---

87)   Vgl. Abb. III - 15, S. 118.
88)   Vgl. hierzu Abb. III - 19, S. 123.

Mit einem arithmetischen Mittelwert von **4,02**, den die Überprüfbarkeit bei der Auswertung der Häufigkeitsverteilung erlangte, wird die Bedeutung, die Aggregation betrieblicher Führungsinformationen wieder zurücknehmen zu können, quantifiziert.

Das Gestaltungskriterium der Benutzeradäquanz umfaßt des weiteren die **Darstellungsqualität** bereitzustellender Führungsinformationen. Deutlich mehr als die Hälfte der Vorstandsmitglieder (**56,1 %**) messen *grafischen und gegebenenfalls multimedialen Gestaltungsoptionen* eine **hohe Bedeutung** zu. **12,3 %** der Untersuchungsteilnehmer erachten sie sogar als **sehr bedeutend**. Die Darstellungsqualität bereitzustellender Führungsinformationen wird daher mit einer **hohen Bewertung** von **7,5 %** gewichtet.

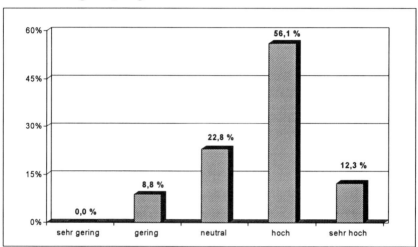

Abb. III - 16:   *Stellenwert der grafischen und gegebenenfalls multimedialen Informationsdarstellung für eine effiziente Führungsinformationssystemgestaltung.*

Die **Darstellungsqualität** betrieblicher Führungsinformationen erreichte bei der statistischen Auswertung der Häufigkeitsverteilung einen arithmetischen Mittelwert von **3,76**. Die zugehörige Standardabweichung kam auf einen als durchschnittlich einzustufenden Wert von **0,65**.

Wichtiger als die Darstellungsqualität der Führungsinformationen erschienen den in die Untersuchung einbezogenen Vorstandsmitgliedern eine leicht verständliche **Oberflächengestaltung** und eine einfach zu bedienende **Dialogführung**. Die nachfolgende Abb. III - 17 zeigt die Bedeutung der zur Auswahl stehenden Oberflächengestaltungs- und Dialogführungskomponenten auf. Hieraus läßt sich eine als **hoch** einzustufende Gewichtung von **7,5 %** ableiten.

Werden die arithmetischen Mittelwerte der einzelnen Oberflächengestaltungs- und Dialogführungskomponenten gleichbedeutend zusammengefaßt, errechnet sich ein arithmetischer Mittelwert von **3,85**.[89] Die Oberflächengestaltung und Dialogführung ist daher für die befragten Vorstandsmitglieder von **hoher Bedeutung**.[90]

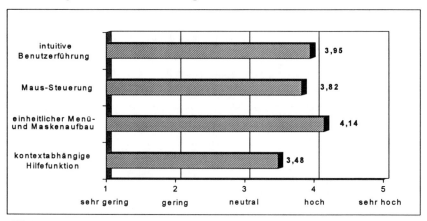

Abb. III - 17:   *Bedeutung einzelner Oberflächengestaltungs- und Dialogführungskomponenten für eine effiziente Führungsinformationssystemgestaltung.*

Die in der Abb. III - 17 erfaßten Ergebnisse können wie folgt interpretiert werden:

- Mit einem arithmetischen Mittelwert von **3,95** messen die befragten Führungskräfte der **intuitiven Benutzerführung** eine **hohe Bedeutung** zu.

- Über die Hälfte der Befragten erachten weiterhin eine tastaturarme Bedienung mittels **Maus-Steuerung**[91] als **wichtig**. Mit einem arithmetischen Mittelwert von **3,82** wird dieser komfortablen Dialogsteuerungskomponente Nachdruck verliehen.

- Die mit Abstand **höchste Bedeutung** der Oberflächengestaltungs- und Dialogführungskomponenten wird mit einem arithmetischen Mittelwert von **4,14** dem **einheitlichen Menü**[92]**- und Maskenaufbau**[93] zugemessen.

- Die Bedeutung einer **kontextabhängigen Hilfefunktion** wird von den Vorstandsmitgliedern mit einem Mittelwert von **3,48** als eher **untergeordnet** eingestuft.

---

89)   Vgl. hierzu Abb. III - 19, S. 123.

90)   Dies läßt sich wohl damit erklären, daß erst sie den Zugang zu den benötigten Führungsinformationen ermöglichen und somit maßgeblich für die Akzeptanz von Führungsinformationssystemen bei den befragten Führungskräften verantwortlich sind.

91)   Unter einer Maus wird ein *Zeigeinstrument* verstanden, mit dessen Hilfe Bildschirmpositionen in grafischen Benutzeroberflächen eingegeben werden können. Eine Maus hat eine oder mehrere Tasten, durch die Aktionen ausgelöst werden können, die in der Regel von der jeweiligen Bildschirmposition abhängen. In Anlehnung an URBANEK (Software-Ergonomie), S. 263.

92)   Ein Menü stellt eine *Auswahlliste* dar, mit der der Benutzer Texte oder Grafiken selektieren und somit Aktionen auslösen kann. Vgl. URBANEK (Software-Ergonomie), S. 264.

93)   Eine Maske ist ein auf dem Bildschirm dargestelltes *Schema* zur Anzeige und Eingabe von Daten. Vgl. hierzu DIN 66233.

Neben der Oberflächengestaltung und Dialogführung erfaßt die Benutzeradäquanz den **Leistungsumfang** des zu entwickelnden Führungsinformationssystems. Die Abb. III - 18 zeigt die Bedeutung verschiedener Leistungsausprägungen auf.

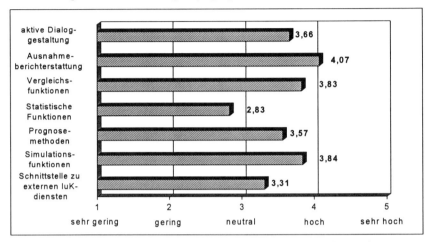

Abb. III - 18:   *Bedeutung möglicher Leistungsausprägungen für eine effiziente Führungsinformationssystemgestaltung.*

Werden die einzelnen Leistungsausprägungen *gleichbedeutend* zusammengefaßt, so läßt sich ein im Vergleich zur Oberflächengestaltung und Dialogführung geringerer Stellenwert erkennen. Der Leistungsumfang effizienter Führungsinformationssysteme für die internationale Management-Holding erhält daher eine Gesamtgewichtung von als durchschnittlich einzustufenden **5 %.**[94)]

Auch die statistische Auswertung der Häufigkeitsverteilung ergab, daß der Leistungsumfang von nachrangiger Bedeutung ist. Bei der statistischen Auswertung ergab sich ein arithmetischer Mittelwert von **3,59.** Allerdings ist hierbei zu beachten, daß - wie die Abb. III - 18 bereits darstellte - die Bedeutung einzelner Leistungsausprägungen einer erheblichen Streuung unterliegen. Sie sind daher im folgenden getrennt voneinander zu analysieren. Der Leistungsumfang von Führungsinformationssystemen läßt sich wie folgt unterteilen:

1. Abfragemöglichkeiten (Data Support)

Zur Data Support-Funktion zählen die aktive Dialoggestaltung und die Ausnahmeberichterstattung. Die mit einem arithmetischen Mittelwert von **3,66** eingestufte **aktive Dialoggestaltung** erfaßt die geäußerte Anforderung, daß Informationen in Führungsinformationssystemen nicht *präventiv*, sondern durch einen selektiven Informationszugriff, mit kurzen Antwortzeiten und in einem natürlich sprachlichen Dialogform bereitzustellen sind.

---

94)   Vgl. hierzu Abb. III - 19, S. 123.

Des weiteren wird von der Konzernleitung einer internationalen Management-Holding *nachdrücklich* die Möglichkeit einer **Ausnahmeberichterstattung** (Exception Reporting) gefordert. Unter dieser *Schwellenwertmethode* ist der Vergleich der Ist- mit den entsprechend vorgegebenen Plan-Größen zu verstehen.[95] Sie wird mit einem als sehr hoch einzustufenden arithmetischen Mittelwert von **4,07** quantifiziert.

2. Analysemöglichkeiten (Decision Support)

An die Data-Support-Funktionen schließen sich die Decision-Support-Funktionen an. Bei der statistischen Auswertung zeigte sich, daß für die befragten Vorstandsmitglieder die Decision-Support-Funktionen die **dominierende Leistungsausprägungen** einer effizienten Führungsinformationssystemgestaltung darstellen. Zu dieser Funktionsgruppe zählen nicht nur **Simulationen** (z.B. „what-if" und „how-to-achieve"-Analysen), deren Bedeutung von den befragten Führungskräften mit einem arithmetischen Mittelwert von **3,84** als hoch eingeschätzt wird.

Des weiteren sind in dieser Gruppe verschiedene **Vergleichsfunktionen** - beispielsweise Häufigkeitsverteilungen und Zeitreihenvergleiche - erfaßt. Die Vorstandsmitglieder gewichten diese Leistungsausprägung mit einer relativ hohen Bedeutung von **3,83**. Die Bedeutung von **Prognosemethoden** wird hingegen mit einer nur durchschnittlichen Bedeutung eingestuft. Sie läßt sich durch einen arithmetischen Mittelwert von **3,57** quantifizieren. Hinsichtlich ihrer Bedeutung fallen die **statistischen Funktionen** ab. Mit einem Mittelwert von **2,83** stellen sie das schlechteste Ergebnis der Untersuchung dar und sind für eine effiziente Führungsinformationssystemgestaltung als eher unbedeutend einzustufen.

3. Kommunikationsmöglichkeiten (Communication Support)

Die Communication-Support-Funktionen von Führungsinformationssystemen, die in der empirischen Untersuchung durch die Frage nach einer **Schnittstelle zu weltweiten Informations- und Kommunikationsdiensten** repräsentiert wurden, wird von den Führungskräften als eher **unbedeutend** erachtet. Mit einem Mittelwert von **3,31** erreichen sie **eine der schlechteren Bewertungen** der empirischen Untersuchung. Die Angaben sind insofern beachtenswert, da eigentlich anzunehmen ist, daß Vorstandsmitglieder internationaler Management-Holdings häufig auf Geschäftsreise sind und durch eine Kommunikationsschnittstelle wie dem *Internet* ein Informationsaustausch über Kontinente hinweg und zu jedem beliebigen Zeitpunkt ermöglicht werden könnte.

Die Abb. III - 19 faßt die fünf Dimensionen des Gestaltungskriteriums der Benutzeradäquanz nochmals grafisch zusammen. Die Gewichtungen der einzelnen Beurteilungskriterien addieren sich zu **40 %** auf, was exakt dem Gewicht der Benutzeradäquanz entspricht.

---

95) Vgl. RIEGER (Executive Information Systems) S. 116; HANSEN (Wirtschaftsinformatik) S. 292.

aus dem Gestaltungskriterium der *Benutzeradäquanz* abgeleitete Beurteilungskriterien	Gewichtung	Soll-Profil einer effizienten Führungsinformationssystemgestaltung							
		1 sehr gering	2 gering	3 mittel	3,25	3,5	3,75	4 hoch	5 sehr hoch
Aggregationsgrad	10 %								●
Überprüfbarkeit	10 %							●	
Darstellungsqualität	7,5 %						●		
Oberflächengestaltung und Dialogführung	7,5 %						●		
Leistungsumfang	5 %					●			

Abb. III - 19:   *Gewichtetes Soll-Profil für das Gestaltungskriterium der Benutzeradäquanz.*

2.3.2.3. Termingerechtigkeit

Um eine Entscheidungsfindung angemessen unterstützen zu können, müssen Führungsinformationssysteme eine permanente **Aktualisierung ihres Datenbestands** gewährleisten.[96] Wie die nachfolgende Abb. III - 20 zeigt, erachten knapp **45 %** der befragten Führungskräfte eine **wöchentliche Aktualisierung** des Datenbestands als ausreichend. Der Aktualität des Datenbestands von Führungsinformationssystemen für die internationale Management-Holding wird daher eine als durchschnittlich einzustufende Gewichtung von **5 %** zugemessen.[97]

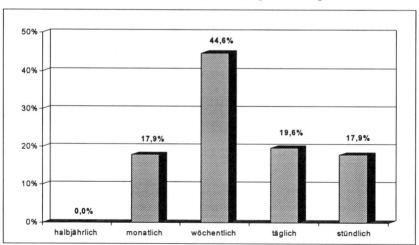

Abb. III - 20:   *Aktualisierungsfrequenz des Datenbestand effizienter Führungsinformationssysteme für die internationale Management-Holding.*

96)   Vgl. hierzu S. 103 f.
97)   Vgl. Abb. III - 21, S. 124.

Auch aus der statistischen Auswertung der Häufigkeitsverteilung ergibt sich, daß überraschenderweise die befragten Führungskräfte mit einem arithmetischen Mittel von **3,51** der zeitnahen Pflege des Datenbestands eine nur **durchschnittliche Bedeutung** beimessen.[98] Bemerkenswert erscheint in diesem Zusammenhang die sehr hohe Standardabweichung von **0,88**. Sie läßt darauf schließen, daß eine vermeitlich „richtige" Aktualisierungsfrequenz in erster Linie von der jeweiligen Entscheidungssituation abhängen wird, so daß pauschale Aussagen in diesem Zusammenhang *nicht* zu fundieren sind. Die nachfolgende Abb. III - 21 faßt die gewichtete Sollausprägung des Gestaltungskriterium der Termingerechtigkeit nochmals zusammen.

	Gewich-tung	Sollausprägung einer effizienten Führungsinformationssystemgestaltung							
		1 sehr gering	2 gering	3 mittel	3,25	3,5	3,75	4 hoch	5 sehr hoch
Termingerechtigkeit (Aktualität)	5 %					●			

Abb. III - 21:   Gewichtete Sollausprägung für das Gestaltungskriterium der Termingerechtigkeit.

2.3.2.4. Richtigkeit

Als viertes Kriterium effizienter Führungsinformationssysteme für die internationale Management-Holding erfaßt die **Richtigkeit**, in welcher Genauigkeit (formale Richtigkeit) und mit welcher Zuverlässigkeit (inhaltliche Richtigkeit) der Konzernleitung Führungsinformationen bereitzustellen sind. Wie die Abb. III - 22 darstellt, ist die **Genauigkeit** der Führungsinformationen für die befragten Vorstandsmitglieder nur von **untergeordneter Bedeutung**.

Für knapp **65 %** der befragten Vorstandsmitglieder hat das Beurteilungskriterium der Genauigkeit eine **neutrale Bedeutung** und für gut **19 %** sogar nur eine **geringe Bedeutung**. Das Beurteilungskriterium der Genauigkeit wird daher mit einer unterdurchschnittlichen Gewichtung von **2,5 %** in dem zu erarbeitenden Scoring-Modell berücksichtigt. Diese Einschätzung wird durch die statistische Auswertung der Häufigkeitsverteilung bestätigt. Mit einem arithmetischen Mittelwert von **2,96** ist dieses Beurteilungskriterium im Rahmen der vorliegenden Untersuchung als **untergeordnet** einzustufen.

Die nachfolgende Abb. III - 22 stellt weiterhin auf die **Zuverlässigkeit** der durch Führungsinformationssysteme bereitzustellenden Informationen ab. Dem Schutz, vor Manipulationen und unbeabsichtigten oder maschinell bedingten Störungen messen etwa die Hälfte der befragten Führungskräfte (**51,8 %**) eine **sehr hohe Bedeutung** und knapp **40 %** immerhin noch eine **hohe Bedeutung** zu. Das Beurteilungskriterium der Zuverlässigkeit wird daher mit **10 %** gewichtet.

---

98)   Vgl. Abb. III - 21, S. 124.

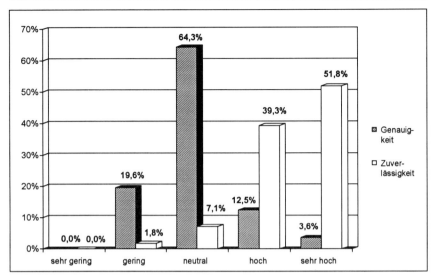

Abb. III - 22:   *Bedeutung der Genauigkeit und Zuverlässigkeit bereitzustellender Informationen für eine effiziente Führungsinformationssystemgestaltung.*

Bei der Auswertung der Häufigkeitsverteilung erreichte die Zuverlässigkeit mit einem arithmetischen Mittelwert von **4,41** die **höchste Bedeutung** der empirischen Untersuchung. Gestützt wird diese Einschätzung der Vorstandsmitglieder von einer als sehr gering einzustufenden Standardabweichung. Mit einem Wert von **0,49** wird die hohe Übereinstimmung der befragten Führungskräfte quantifiziert, einen Mechanismus zum Schutz vor Manipulationen und Störungen bei der Informationssystemgestaltung *zwingend* berücksichtigen zu müssen.

Die Gewichtungssumme der zwei zuletzt beschriebenen Beurteilungskriterien addiert sich zu 12,5 % und entspricht der Gewichtung des Gestaltungskriteriums der Richtigkeit. Die sich anschließende Abb. III - 23 faßt das gewichtete Sollprofil nochmals zusammen.[99]

aus dem Gestaltungskriterium der *Richtigkeit* abgeleitete Beurteilungskriterien	Gewich- tung	Soll-Profil einer effizienten Führungsinformationssystemgestaltung							
		1 sehr gering	2 gering	3 mittel	3,25	3,5	3,75	4 hoch	5 sehr hoch
Genauigkeit (formale Richtigkeit)	2,5 %			●					
Zuverlässigkeit (inhaltliche Richtigkeit)	10 %							●	

Abb. III - 23:   *Gewichtetes Soll-Profil für das Gestaltungskriterium der Richtigkeit.*

99)   Zur Gewichtung der Gestaltungskriterien effizienter Führungsinformationssysteme für die internationale Management-Holding vgl. Abb. III - 10, S. 114.

2.3.2.5. Datenbedarf

Nachdem die gewichteten Soll-Profile für die aus dem Grundkriterium der Lösungsmächtig-keit abgeleiteten Kriterien herausgearbeitet wurden, sind nun die Beurteilungskriterien der Ressourcenmächtigkeit zu analysieren.[100]

Zunächst zum **Datenbedarf**: Er stellt - wie bereits dargelegt wurde[101] - darauf ab, inwieweit die zur Führungsinformationsgenerierung benötigten Daten *erreichbar* und *maschinell er-faßbar* sind. Wie schon aus der in Abb. III - 10 dargestellten Gewichtung einer effizienten Systemgestaltung abzulesen war, messen die befragten Vorstandsmitglieder den zur Generierung von Führungsinformationen benötigten Daten eine als **durchschnittlich einzuordnende Bedeu-tung** zu. Die Gewichtung von 5 % wird mangels detaillierterer Untersuchungsergebnisse zu gleichen Teilen auf die Beurteilungskriterien der Erreichbarkeit und maschinellen Erfaßbarkeit aufgeteilt.

Zwar ist der Datenbedarf eine wichtige Determinante für die Effizienz von Führungsinforma-tionssystemen, für die Beurteilung möglicher Gestaltungsvarianten durch den anvisierten Nutzerkreis der Führungskräfte ist er jedoch ohne Belang. Das Soll-Profil des Datenbedarfs wurde deshalb in der durchgeführten Befragung nicht weiter thematisiert. Die Abb. III - 24 kann daher auch nur die Gewichtungen der beschriebenen Beurteilungskriterien erfassen. In ihrer Summe entsprechen sie der geforderten 5%-igen Gewichtung des Datenbedarfs.[102]

aus dem Gestaltungskriterium des *Datenbedarfs* abgeleitete Beurteilungskriterien	Gewich-tung	Soll-Profil einer effizienten Führungsinformationssystemgestaltung							
		1 sehr gering	2 gering	3 mittel	3,25	3,5	3,75	4 hoch	5 sehr hoch
Erreichbarkeit	2,5 %								
maschinelle Erfaßbarkeit	2,5 %								

Abb. III - 24:   *Gewichtung der aus dem Gestaltungskriterium des Datenbedarfs abgeleiteten Beurteilungs-kriterien.*

2.3.2.6. Handhabbarkeit

Unstrittig ist, daß die **Handhabbarkeit der Auswertungsmethoden und FIS-Generatoren** die Effizienz einer Führungsinformationssystemgestaltung maßgeblich beeinflußt. Für die Füh-

---

100) Zur Unterscheidung zwischen der Lösungs- und Ressourcenmächtigkeit von Führungsinformations-systemen für die internationalen Management-Holding vgl. Kap. III.2.1., S. 99 ff.

101) Vgl. S. 103 und S. 109 f.

102) Zur Gewichtung der einzelnen Gestaltungskriterien einer effizienten Führungsinformationssystem-gestaltung vgl. Abb. III - 10, S. 114.

rungskräfte ist dieser funktionale Zusammenhang jedoch relativ unerheblich. Für sie kommt es letztendlich nur darauf an, inwieweit die bereitzustellenden Informationen ihren Ansprüchen genügen und wie diese übermittelt werden. Deshalb ist auch dieses Gestaltungskriterium im Fragenkatalog der Untersuchung *nicht* explizit berücksichtigt worden. Auch wenn daher kein Soll-Profil für dieses Gestaltungskriterium ermittelt werden kann, ist es für die weiteren Ausführungen von Bedeutung, so daß dessen Beurteilungskriterien untereinander gewichtet werden. Auf der Grundlage einer Literaturrecherche wird daher das mit **25 %** gewichtete Beurteilungskriterium der Handhabbarkeit der Auswertungsmethoden und FIS-Generatoren[103] wie folgt in seine Teilgewichte aufgespalten:

Zunächst ist die **Verständlichkeit** der Auswertungsmethoden und FIS-Generatoren für die Gestaltung effizienter Führungsinformationssysteme von Bedeutung. Da schwer verständliche, komplexe Entwicklungsmethoden und FIS-Generatoren zu einer ineffizienten Systemgestaltung führen, wird das Beurteilungskriterium der Verständlichkeit mit **5 %** gewichtet.

Da das zu entwickelnde Führungsinformationssystem an den Aufgaben der Konzernleitung auszurichten ist,[104] müssen geeignete Auswertungsmethoden und FIS-Generatoren diesen Deduktionsprozeß **transparent** abbilden können. Hierdurch kann die Akzeptanz des zu entwickelnden Informationssystems *entscheidend* erhöht werden, so daß das Beurteilungskriterium der **Ableitungstransparenz** eine **sehr hohe** Gewichtung von **10 %** erhält.

In der Praxis wird nicht allein *eine* Entwicklungsmethode verwendet werden, sondern die Entwicklung effizienter Führungsinformationssysteme beruht in der Regel auf einer *Kombination mehrerer Methoden*. Daher müssen die verschiedenen Entwicklungsmethoden und FIS-Generatoren eine genügend große Kompatibilität aufweisen. Dieser Sachverhalt wird mit dem **Integrationsgrad** der Auswertungsmethoden und FIS-Generatoren erfaßt, dessen Bedeutung mit einer Gewichtung von **5 %** eingestuft wird.

Um auch bei veränderten Rahmenbedingungen möglichst schnell neue Gestaltungsschwerpunkte in der Systemgestaltung berücksichtigen zu können,[105] sind letztendlich **flexible Auswertungsmethoden und FIS-Generatoren** notwendig. Hierbei ist zum einen eine leichte Anpassung an wechselnde Gestaltungsziele zu fordern. Auf der anderen Seite müssen die Entwicklungsmethoden in der Lage sein, sich aus dem laufenden Analyseprozeß ergebende Aspekte zu berücksichtigen und in den Gestaltungsprozeß einzubinden.[106] Das Beurteilungskriterium der Änderungsflexibilität geht daher mit einer Gewichtung von **5 %** in das zu erarbeitende Scoring-Modell ein.

---

103) Vgl. Abb. III - 10, S. 114.
104) Zu einer Begründung vgl. Kap. III.1.1., S. 79 ff.
105) Vgl. SZYPERSKI / WINAND (Bewertung), S. 211; aber auch WURL (Leistungsrechnungen), S. 183.
106) In Anlehnung an PALLOKS (Marketing-Controlling), S. 183.

Die Abb. III - 25 faßt die Gewichtung der aus dem Gestaltungskriterium der Handhabbarkeit abgeleiteten Beurteilungskriterien zusammen. Die Summe der Einzelgewichtungen ergibt 25 % und entspricht der Gewichtung der Handhabbarkeit.

aus dem Gestaltungskriterium der *Handhabbarkeit* abgeleitete Beurteilungskriterien	Gewich-tung	Soll-Profil einer effizienten Führungsinformationssystemgestaltung							
		1 sehr gering	2 gering	3 mittel	3,25	3,5	3,75	4 hoch	5 sehr hoch
Verständlichkeit	5 %								
Ableitungstransparenz	10 %								
Integrationsgrad	5 %								
Änderungsflexibilität	5 %								

Abb. III - 25:   *Gewichtung der aus dem Gestaltungskriterium der Handhabbarkeit der Auswertungsmethoden und FIS-Generatoren abgeleiteten Beurteilungskriterien.*

2.3.2.7. Aufwand

Als letztes Beurteilungskriterium ist der **finanzielle und zeitliche Gestaltungsaufwand** von Führungsinformationssystemen für die internationale Management-Holding zu erfassen. Die Abb. III - 26 zeigt den **Kapitalaufwand**, den die befragten Vorstandsmitglieder für die Konzeption und Implementierung eines ihren Anforderungen entsprechenden Führungsinformationssystems zu investieren bereit wären.

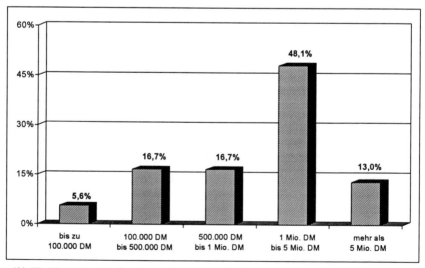

Abb. III - 26:   *Kapitalaufwand für die Konzeption und Implementierung von Führungsinformationssystemen für die internationale Management-Holding.*

Bemerkenswert erscheint, daß knapp die Hälfte (48,1 %) der befragten Vorstandsmitglieder bereit wären, **bis zu 5 Millionen DM** für eine individuell angepaßte Systemkonzeption, die benötigte Software sowie für deren Einführung auszugeben. Hieraus läßt sich eine Gewichtung des Aufwands von **5 %** deduzieren.[107]

Hinsichtlich der **Kostenadäquanz** ergibt sich ein arithmetischer Mittelwert von **3,51**. Dies entspricht einem durchschnittlichen Kapitalaufwand von **2 - 3 Millionen DM,** den die Führungskräfte für die Einführung eines ihren Ansprüchen genügenden Führungsinformationssystems zu investieren bereit wären.

Dahingegen messen - wie die nachfolgende Abb. III - 27 zeigt - knapp die Hälfte der befragten Vorstandsmitglieder (**46,3 %**) der **schnellen Entwicklung und Implementierung von Führungsinformationssystemen** eine **hohe Bedeutung** zu. Hieraus läßt sich eine als hoch einzustufende Gewichtung von **7,5 %** ableiten. Aus der statistischen Auswertung der Häufigkeitsverteilung errechnet sich für das Beurteilungskriterium des **Zeitadäquanz** ein arithmetischer Mittelwert von **3,76**. Dahinter verbirgt sich wohl der Wunsch der befragten Führungskräfte nach einem „kochrezeptartigen" Vorgehen, bei dem die einzelnen Gestaltungsphasen effizienter Führungsinformationssysteme für die internationale Management-Holding in einem vorbestimmten Zeitfenster ablaufen.

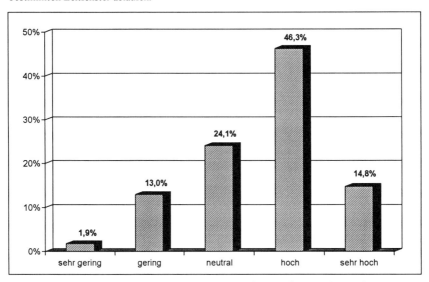

Abb. III - 27:   *Bedeutung einer schnellen Gestaltungsarbeit für eine effiziente Führungsinformationssystemgestaltung.*

---

107) Vgl. Abb. III - 28, S. 130.

Die nachfolgende Abb. III - 28 faßt das gewichtete Soll-Profil der aus dem Aufwand abgeleiteten Beurteilungskriterien nochmals zusammen. Die Einzelgewichtungen addieren sich zu **12,5 %** und entsprechen der Gewichtung des übergeordneten Gestaltungskriteriums.[108]

aus dem Gestaltungskriterium des *Aufwands* abgeleitete Beurteilungskriterien	Gewich-tung	Soll-Profil einer effizienten Führungsinformationssystemgestaltung							
		1 sehr gering	2 gering	3 mittel	3,25	3,5	3,75	4 hoch	5 sehr hoch
Kostenadäquanz	5 %						●		
Zeitadäquanz	7,5 %							●	

Abb. III - 28:   *Gewichtetes Soll-Profil für das Gestaltungskriterium des Aufwands.*

2.4. Zusammenfassende Interpretation der Ergebnisse

Die Untersuchung hat gezeigt, daß bei den befragten Vorstandsmitgliedern internationaler Management-Holdings bereits konkrete und sehr detaillierte Vorstellungen über die erforderliche Leistungsfähigkeit effizienter Führungsinformationssysteme bestehen.

In der nachfolgenden Abb III - 29 ist das entsprechende **Soll-Profil** grafisch zusammengestellt.[109] Es setzt sich zum einen aus der **Gewichtung** der in diesem Kapitel abgeleiteten Beurteilungskriterien zusammen. Auf der anderen Seite sind die von den Vorstandsmitgliedern internationaler Management-Holdings **geforderten Ausprägungen** der Beurteilungskriterien dargestellt.

---

108)   Zur Gewichtung der Gestaltungskriterien effizienter Führungsinformationssysteme für die internationale Management-Holding vgl. Abb. III - 10, S. 114.

109)   Zur weiterführenden Interpretation der Ergebnisse und der Festlegung der sich hieraus ergebenden Schwerpunkte einer effizienten Führungsinformationssystemgestaltung vgl. ausführlich Kap. IV.1.2.6., S. 152 ff.

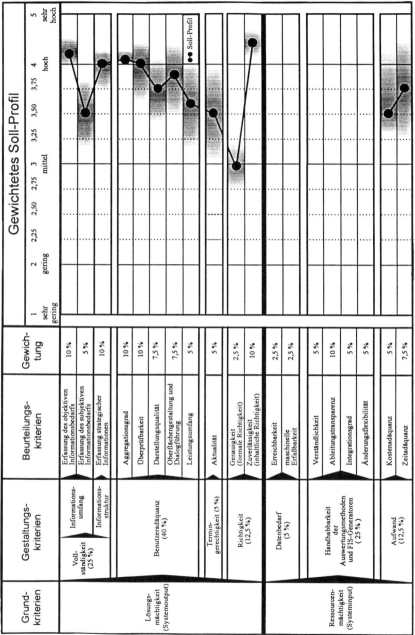

Abb. III - 29:   *Gewichtetes Soll-Profil effizienter Führungsinformationssysteme für die internationale Management-Holding.*

IV. Methodologischer Ansatz zur Gestaltung effizienter Führungsinformationssysteme für die internationale Management-Holding

Nachdem mit den vorangegangenen Ausführungen der Bezugsrahmen für die Gestaltung effizienter Führungsinformationssysteme für die internationale Management-Holding geschaffen wurde, ist in diesem Kapitel eine **Systemkonzeption** zu gestalten, die den in Kapitel III. herausgearbeiteten funktionalen und formalen Anforderungen möglichst umfassend gerecht wird.[1]

Das Kapitel ist *fünfgeteilt*: Mit den sich anschließenden Ausführungen soll verdeutlicht werden, inwieweit Führungsinformationssysteme, die *gegenwärtig* in großen internationalen Management-Holdings genutzt werden, dem herausgearbeiteten Anforderungsprofil entsprechen können. Insbesondere wird hierbei dargestellt, in welchen Bereichen **Forschungslücken** bestehen, die es mit der vorliegenden Arbeit zu schließen gilt.

Danach wird begründet, wie die bedarfsgerechte Informationsversorgung der Konzernleitung einer internationalen Management-Holding mit der **sequentiellen Methodenverkettung** sichergestellt werden kann. Die Fundierung und Gestaltung dieses **technologischen Alternativkonzepts** bestimmt den Inhalt des Kap. IV.2.

Die hierbei unterschiedenen Phasen der Informationsversorgung determinieren die Komponenten des zu entwickelnden Führungsinformationssystems. In Kap. IV.3. wird zunächst auf die **inhaltliche Gestaltung** eingegangen. Ihr Ergebnis konzentriert sich in einer **Erfolgsfaktoren-basierten Balanced Scorecard**.

Mit Kap. IV.4. werden **formale Gestaltungsansätze** effizienter Führungsinformationssysteme für die internationale Management-Holding dargestellt, bewertet und das nach einem zuvor definierten Anforderungsprofil „Beste" ausgewählt.

Das Kap. IV.5. konfiguriert letztendlich die **synergetische Effizienz** der entwickelten Systemkonzeption und führt den **Nachweis ihres Forschungsfortschritts** gegenüber konventionellen Führungsinformationssystemen.

---

1) Hierdurch wird die *vierte* der im Rahmen der Zielsetzung herausgearbeiteten Fragen nach der Gestaltung effizienter Führungsinformationssysteme für die internationale Management-Holding beantwortet. Vgl. hierzu die technologische Forschungskonzeption der vorliegenden Arbeit, S. 11 ff.

1. Entwicklungsstand bestehender Führungsinformationssysteme in der internationalen Management-Holding

Um einen repräsentativen Überblick über den Entwicklungsstand derzeitiger Führungsinformationssysteme für die internationale Management-Holdings zu erhalten, wurde im Herbst 1997 eine **empirische Untersuchung** durchgeführt.[2] Die nachfolgenden Ausführungen sind zweigeteilt: Neben der Darstellung der **Untersuchungskonzeption** beinhaltet Kapitel IV.1.2. eine detaillierte **Ergebnisdarstellung**.

1.1. Untersuchungskonzeption

Bei der Gestaltung der Untersuchungskonzeption, die in ihren Grundzügen die Arbeitsschritte und -methoden festlegt, von denen sich der Forscher die Erfüllung seiner Forschungsziele erhofft, sind verschiedene Aspekte zu berücksichtigen. Die nachfolgenden Ausführungen begründen dabei nicht nur die **Auswahl der Forschungsmethode** und die **Strukturmerkmale der Grundgesamtheit**. Des weiteren wird in der gebotenen Kürze die **Umfragedurchführung** und die **Auswahl der Auswertungsmethoden** fundiert.

1.1.1. Auswahl der Forschungsmethode

Die Auswahl der Forschungsmethode zielt auf die Wahlmöglichkeiten zwischen verschiedenen Vorgehensweisen bei einer empirischen Untersuchung ab. In Anlehnung an KUBICEK ist in der Abb. IV - 1 eine Klassifikation dargestellt, die zwischen den Eingriffsmöglichkeiten des Forschers hinsichtlich des **Forschungsgegenstands**, der **Größe der Stichprobe** und dem **zeitlichen Umfang** der empirischen Untersuchung unterscheidet.[3]

Die dargestellten Forschungsmethoden können nicht im einzelnen diskutiert werden.[4] Vielmehr sollen sie auf ihre Eignung untersucht werden, die Gestaltung effizienter Führungsinformationssysteme für die internationale Management-Holding sinnvoll unterstützen zu können:

---

2) Ihre Ergebnisse wurden bereits zur Aufgabengewichtung der Konzernleitung und zur Bestimmung des Soll-Profils effizienter Führungsinformationssysteme für die internationale Management-Holding verwendet.

3) Vgl. KUBICEK (Organisationsforschung), S. 57 ff.

4) Zu einer ausführlichen Darstellung vgl. insbesondere FRIEDRICHS (Sozialforschung), S. 189 ff.; aber auch KUBICEK (Organisationsforschung), S. 57 ff.

Sowohl das Labor- als auch das Feldexperiment sind hierzu ungeeignet. Gegen das **Labor-experiment** spricht unter anderem die Vielzahl der Einflußfaktoren und Gestaltungsdeterminanten sowie das Problem, eine komplexe Organisationsstruktur wie die Management-Holding im Labor abbilden zu müssen.[5]

Da bei einem **Feldexperiment** kontrollierte Veränderungen der Einflußfaktoren und Gestaltungsdeterminanten durchgeführt werden müßten und wohl kaum ein Konzern bereit wäre, seine Informationssysteme zu verändern, nur um auf diesem Wege einem Forscher die Gelegenheit zu geben, hieraus resultierende Wirkungen untersuchen zu können, scheidet auch diese Forschungsmethode aus.

Eingriffsmöglichkeiten des Forschers hinsichtlich des Forschungsgegenstands		
aktiv	passiv	
Labor-experiment Feld-experiment		
Größe der Stichprobe / zeitlicher Umfang	ein Unternehmen	mehrere Unternehmen
ein Zeitpunkt	Fallstudie	vergleichende Feldstudie (Querschnittsanalyse)
mehrere Zeitpunkte	singuläre Längsschnittanalyse	multiple Längsschnittanalyse

Abb. IV - 1:   *Übersicht über verschiedene empirische Forschungsmethoden.*

Um mit der empirischen Untersuchung eine möglichst „breite" Basis erfassen zu können, ist eine vergleichende Betrachtung von mehreren Management-Holdings unabdingbar. Aus diesem Grund kommt der Forschungsansatz der **Fallstudie** und der **singulären Längsschnittanalyse** für die weiteren Ausführungen nicht in Betracht.

Obwohl die **multiple Längsschnittanalyse** prinzipiell für die vorliegende Arbeit geeignet wäre, scheidet sie aus finanziellen Gründen aus. Des weiteren trägt diese Entscheidung der hohen Arbeitszeitbelastung der befragten Vorstandsmitglieder Rechnung. Es sollte bei *einer* Befragung zu dem ausgewählten Themenbereich bleiben.

Als Forschungsmethode wurde daher die **vergleichende Feldstudie (Querschnittsanalyse)** ausgewählt. Sie erlaubt nicht nur, eine Vielzahl derzeitiger Führungsinformationssysteme in verschiedenen international tätigen Management-Holdings zu erfassen, sondern unterstützt auch den komplexen und variablenreichen Charakter des Untersuchungsgegenstands.

---

5)   Gleicher Ansicht ist auch MELLEWIGT (Konzernorganisation), S. 138.

1.1.2. Strukturmerkmale der Grundgesamtheit

Ein anderes Grundsatzproblem, das abzuklären war, bezog sich auf die Festlegung der Grundgesamtheit. In bezug auf die Zielsetzung, ein Führungsinformationssystem für die internationale Management-Holding entwickeln zu wollen, kamen zunächst *alle* international tätigen Management-Holdings mit Sitz der konzernleitenden Gesellschaft in Deutschland in Betracht. Da es jedoch kein Verzeichnis derartiger Konzerne gibt,[6] ist auch das Ziehen einer repräsentativen Stichprobe, die die Kenntnis der Grundgesamtheit voraussetzt, nicht unmittelbar möglich. Deshalb wurde die Grundgesamtheit nach den folgenden **Strukturmerkmalen** bestimmt:

I. Größe

In der Literatur werden als Maßstab für die „Größe" von Konzernen häufig die Bilanzsumme, der Umsatz oder die Mitarbeiterzahl herangezogen. Gegen das Kriterium der *Bilanzsumme* spricht, daß Vergleiche zwischen Industrieunternehmen und Banken oder Versicherungen aufgrund einer anderen Bilanzstruktur nur einen begrenzten Aussagewert hätten. Gegen die Größe des *Umsatzes* spricht, daß insbesondere Handelshäuser mit einer relativ kleinen Mitarbeiterzahl sehr hohe Umsätze erzielen können[7] und somit die Grundgesamtheit verzerren würden. Auch die *Mitarbeiterzahl* erscheint aufgrund vielfältiger Reorganisationsbemühungen und dem Outsourcing ganzer Fachabteilungen als nicht mehr zeitgemäß.

Da die Management-Holding vornehmlich eine Organisationsstruktur für „große" Konzerne ist[8] und deren Leitungsorgane fast immer[9] als Aktiengesellschaft firmieren, wurden in die vorliegende Untersuchung ausschließlich Konzerne einbezogen, deren konzernleitende Gesellschaft zum 30. Juni 1997 im **DAX 100** erfaßt war. In diesem Aktienindex sind die **einhundert größten**[10] und **umsatzstärksten**[11] Aktiengesellschaften erfaßt, die im amtlichen Handel an

---

6)   Die Aussage basiert auf dem Ergebnis einer Literaturrecherche und der Auswertung mehrerer Datenbanken, insbesondere der Wirtschaftsdatenbank des HOPPENSTEDT-Verlags. Vgl. hierzu HOPPEN-STEDT (Großunternehmen).

7)   Als Beispiel sei die mg trade services genannt, die im Geschäftsjahr 1996/97 mit lediglich *760 Mitarbeiter* einen Konzernumsatz von 9,6 *Milliarden DM* erzielte. Vgl. hierzu den Geschäftsbericht der mg trade services ag 1996/97.

8)   Vgl. die empfohlenen Umfeldbedingungen der Management-Holding, S. 38 ff.

9)   Als namhafte Ausnahmen seien die Robert Bosch GmbH und Franz Haniel & Cie. GmbH genannt.

10) Das *Größenkriterium* stellt auf die *stichtagsbezogene Marktkapitalisierung* der Gesellschaften ab. Sie berechnet sich aus der Anzahl der Stamm- und Vorzugsaktien multipliziert mit dem Börsenkurs der Gesellschaft am ausgewählten Stichtag. Vgl. Deutsche Börse AG (Leitfaden), S. 28.

11) Der *zeitraumbezogene Umsatz* einer im DAX 100 erfaßten Aktiengesellschaft erfaßt die Anzahl ihrer gehandelten Stamm- und Vorzugsaktien während des dem Stichtag vorangegangenen Zeitraums von 12 Monaten. Wird beispielsweise der Bewertungsstichtag 30. Juni 1997 ausgewählt, basiert der Umsatz der ausgewählten Gesellschaft auf der vom 01. Juli 1996 bis zum 30. Juni 1997 gehandelten Stückzahl ihrer Aktien. Vgl. Deutsche Börse AG (Leitfaden), S. 28.

der Frankfurter Wertpapierbörse variabel gehandelt werden.[12] Der Auswahl dieses Größen-
kriteriums lagen die folgenden Überlegungen zugrunde:

- Da die DAX 100-Zusammensetzung in halbjährlichen Abständen überprüft und gegebenenfalls an veränderte Rahmenbedingungen angepaßt wird,[13] erfaßt der ausgewählte
  Größenmaßstab eine relativ **aktuelle Basis** großer deutscher Aktiengesellschaften.

- Des weiteren ist bei den im DAX 100 erfaßten Gesellschaften anzunehmen, daß es sich um
  „**managergeführte**"[14] Konzerne handelt, bei denen etwaige, durch spezifische Eigentums-
  verhältnisse begründete, Sondereinflüsse auf die Organisationsstruktur und die Aufgaben-
  verteilung im Konzern eher selten anzutreffen sein dürften.

- Letztendlich erschien die Begrenzung der Grundgesamtheit auf große börsennotierte Aktiengesellschaften dahingehend sinnvoll, da sie im Vergleich zu mittelständischen Gesellschaften aufgrund ihrer Komplexität ein **verstärktes Interesse** an Führungsinformationssystemen haben dürften. Zum anderen müßten sie wegen ihrer **Finanzkraft** aber auch in der
  Lage sein, eine „Vorreiterrolle" bei der Systemeinführung spielen zu können, so daß ihre
  Anwendererfahrung am ausgeprägtesten sein dürfte.[15]

II. Sitz der konzernleitenden Gesellschaft in Deutschland

Die empirische Untersuchung beschränkt sich weiterhin auf Konzerne, bei denen die **konzernleitende Gesellschaft** - und damit das dominierende Entscheidungszentrum - in **Deutschland** angesiedelt ist. Dies sollte dazu beitragen, die Grundgesamtheit der Untersuchung *homo-
gen* zu gestalten und mögliche Besonderheiten, die durch unterschiedliche länderspezifische
Rechtssysteme induziert werden, so gering wie möglich zu halten. Da im DAX 100 nur deutsche Aktiengesellschaften notiert sind,[16] ist dieses Strukturmerkmal gleichsam mit dem ersten
Auswahlkriterium erfüllt.

III. Management-Holding als Organisationsstruktur

In einem dritten Schritt war abzuklären, welche der im DAX 100 erfaßten Aktiengesellschaften
als konzernleitende Gesellschaft einer **Management-Holding** fungieren. Eine entsprechende
Recherche - insbesondere der Wirtschaftsdatenbank des HOPPENSTEDT-Verlags - war erfolg-

---

12) Vgl. Deutsche Börse AG (DAX), S. 6. Zu einer namentlichen Auflistung der DAX 100-Werte vgl.
    Kap. 1. des Anhangs.

13) Zum Austausch einzelner Indexwerte vgl. Deutsche Börse AG (Leitfaden), S. 28 ff.

14) Zum Prozeß der fortschreitenden *Trennung* zwischen Managementfunktion und Kapitaleigentum vgl.
    u.a. ULRICH / FLURI (Management), S. 14.

15) Dies war insbesondere für die Erfassung des Entwicklungsstands derzeitiger Führungsinformations-
    systeme für die internationalen Management-Holding von Bedeutung. Vgl. Kap. IV.1.2., S. 144 ff.

16) Vgl. Deutsche Börse AG (Leitfaden), S. 5; Deutsche Börse AG (DAX), S. 6.

los, da die Organisationsstruktur als Gliederungskriterium nicht vorgesehen war. Es blieb deshalb nichts anderes übrig, als die Organisationsstruktur durch die Analyse der Geschäftsberichte zu ermitteln.[17] Eine solche - vor der „eigentlichen" empirischen Untersuchung durchgeführte - **Dokumentenanalyse** bietet die folgenden Vorteile:[18]

*   Da über die schriftliche Befragung nur solche Merkmale erhoben werden, die nicht durch die Analyse der Geschäftsberichte ermittelt werden konnten, impliziert die ausgewählte Vorgehensweise eine **Entlastung** der Untersuchungsteilnehmer.

*   In den Geschäftsberichten angerissene und für die Untersuchung wichtige Sachverhalte können **gezielt** in die empirische Untersuchung aufgenommen werden,[19] um eventuelle Unklarheiten zu beseitigen oder Vermutungen zu verifizieren.

IV. Internationalität

Letztendlich mußten jene der im DAX 100 erfaßten Aktiengesellschaften identifiziert werden, die nicht nur als konzernleitende Gesellschaft einer Management-Holding fungierten, sondern auch dem Strukturmerkmal der **Internationalität** entsprachen. Hierzu war - wie bereits dargelegt wurde[20] - zu überprüfen, ob sich deren unternehmerische Tätigkeiten nicht nur auf das Stammland (Deutschland), sondern auch auf mindestens ein Gastland (Ausland) auswirken.

Insgesamt konnten so **32 Aktiengesellschaften**[21] identifiziert werden, die zum 30. Juni 1997 im DAX 100 notiert waren (Strukturmerkmale I und II), als konzernleitende Gesellschaft einer Management-Holding fungierten (Strukturmerkmal III) und durch eine internationale Konzerntätigkeit zu charakterisieren waren (Strukturmerkmal IV).

1.1.3. Untersuchungsdurchführung

Zur Erhebung der empirischen Daten wurde auf das Konzept der **schriftlichen Befragung** zurückgegriffen. Aus der definierten Grundgesamtheit wurden unabhängig von ihrer Funktion alle **154 Vorstandsmitglieder** der konzernleitenden Gesellschaft angeschrieben. Diese Vorgehensweise wurde ausgewählt, um ein personenunabhängiges Bild über den Untersuchungs-

---

17) Die Geschäftsberichtsanalysen wurden im Zweifelsfall durch *telefonische* Rückfragen bei den jeweiligen Gesellschaften unterstützt.
18) Ähnlich bei MELLEWIGT (Konzernorganisation), S. 147. Auch FRIEDRICHS (Sozialforschung), S. 354 f., empfiehlt eine solche kombinierte Vorgehensweise.
19) Dies betraf beispielsweise die Frage nach dem Datum der Umstrukturierung auf eine Management-Holding-Organisation. Vgl. hierzu die Frage I.1. des Fragebogens.
20) Vgl. S. 9.
21) Zu einer namentlichen Auflistung vgl. Kap. 2. des Anhangs.

gegenstand zu gewinnen, in dem auch die Spannweite[22] möglicher individuell bedingter Perspektivendifferenzen der Befragten aufgezeigt werden kann.

Daß diese Art der Datenerhebung aus der Vielzahl zur Verfügung stehender Methoden - u.a. wäre auch die Interviewtechnik in Frage gekommen - ausgewählt wurde, läßt sich hauptsächlich auf die folgenden Gründe zurückführen: Die schriftliche Befragung stellt die wohl **kostengünstigste Variante** dar.[23] Im Vergleich - beispielsweise zur Interviewtechnik - kommt diesem Aspekt eine besondere Bedeutung zu, da sich die zu befragenden Vorstandsmitglieder auf ganz Deutschland verteilten, so daß die Reisekosten das finanzielle Budget der empirischen Untersuchung schnell gesprengt hätten.

Neben dieser eher pragmatischen Argumentation sprechen auch **methodische Gründe** für die ausgewählte Datenerhebungsmethode:[24]

- Bei einer schriftlichen Befragung entfällt der **persönliche Einfluß des Interviewers** als potentielle Fehlerquelle.

- Zudem erlaubt die schriftliche Befragung, den **Zeitpunkt der Beantwortung** selbst zu wählen, wodurch auch schwer erreichbare Personen an der Befragung teilnehmen können. Dieser Aspekt war insbesondere für die vorliegende Untersuchung von Bedeutung, da Personen befragt wurden, die im Regelfall einer hohen zeitlichen Arbeitsbelastung ausgesetzt sind.

- Des weiteren ist die Gefahr, daß Antworten aufgrund **sozialer Erwünschtheitsaspekte** verzerrt werden, tendenziell geringer.[25]

- Letztendlich erhöht die schriftliche Befragung aufgrund ihrer Anonymität die **Bereitschaft auch eher „vertrauliche" Fragen** zu beantworten.

Die schriftliche Befragung weist allerdings auch **Nachteile** auf, die durch die nachfolgenden Maßnahmen auszugleichen versucht wurden:

- Schriftliche Befragungen sind immer durch ein **Kommunikationsproblem** gekennzeichnet, das auf der mangelnden Möglichkeit beruht, bei der Fragenbeantwortung auftretende Unklarheiten zu beseitigen. Diesem Problem wurde durch **klar formulierte Fragestellungen** und durch die Angabe eines **Ansprechpartners mit Telefonnummer** für eventuelle Rückfragen begegnet.

---

22) Die Spannweite individuell bedingter Perspektivendifferenzen wird durch die statistische Größe der *Standardabweichung* erfaßt.

23) Vgl. BORTZ / DÖRING (Forschungsmethoden), S. 231.

24) In Anlehnung an MELLEWIGT (Konzernorganisation), S. 144, der sich auf FRIEDRICHS (Sozialforschung), S. 237, bezieht.

25) Vgl. hierzu FRITZ (Unternehmensführung), S. 95.

- Da die Rücklaufquote schriftlicher Befragungen in der Regel unter denen anderer Erhebungsmethoden liegt, ist ein weiterer Nachteil in ihrer **Repräsentativität** zu sehen. Um dennoch einen möglichst hohen Rücklauf zu erzielen, wurde der Fragebogen mit einem **persönlichen Anschreiben** und einem **frankierten Rückumschlag** verschickt. Bei der Gestaltung des Fragebogens[26] wurde nicht nur auf eine klare **Strukturierung** geachtet, sondern mit einem **Umfang von nur 9 Seiten** blieb er auch deutlich unter dem kritischen „12 Seitenwert".[27] Um persönlichen Hemmnissen vorzubeugen, wurde den befragten Vorstandsmitgliedern die **Anonymität** ihrer Antworten zugesichert. Des weiteren wurde jedes Anschreiben vom Lehrstuhlinhaber und dem Projektleiter **original unterschrieben**.

Nach Abschluß einer telefonischen „**Aktualitätkontrolle**" der ausgewählten Vorstandsmitglieder wurden im Herbst 1997 **154 Fragebögen** mit persönlichem Anschreiben und frankiertem Rückumschlag verschickt.

Als nach 3 Wochen der Rücklauf allmählich abflaute, erfolgte eine **Erinnerungsaktion**. Exakt 4 Wochen nach dem Erstversand der Fragebögen wurden weitere **77 Fragebögen mit einem Erinnerungsschreiben**[28] verschickt. Hierbei wurden jedoch nur solche Gesellschaften angeschrieben, von denen bislang *kein* oder nur *ein Vorstandsmitglied* geantwortet hatten. Um die Nachfaßaktion zu unterstützen, wurde weitere 2 Wochen nach Versand des Erinnerungsschreibens eine abschließende **telefonische Rückfrage** nach dem Verbleib des Fragebogens durchgeführt. Hierzu wurden die Leiter der Vorstandssekretariate oder die zuständigen Vorstandsassistenten angesprochen.

Von den 32 angeschriebenen Management-Holdings haben letztendlich **29 Management-Holdings** an der Untersuchung teilgenommen.[29] Die **gesellschaftsbezogene Rücklaufquote** beträgt somit **91 %**.[30]

Von den 29 Management-Holdings, die sich an der Untersuchung beteiligten, haben **zwölf** Management-Holdings mit *einen* Fragebogen geantwortet, während weitere **siebzehn** Gesellschaften *zwei oder mehr* ausgefüllte und verwertbare Fragebögen zurückschickten.[31] Die nachfolgende Abb. IV - 2 faßt das **Antwortverhalten** der angeschriebenen Gesellschaften nochmals zusammen.

---

26) Vgl. hierzu Kap. 5.2. des Anhangs.
27) Vgl. MELLEWIGT (Konzernorganisation), S. 146, der sich u.a. auf FRIEDRICHS (Sozialforschung), S. 238, bezieht.
28) Vgl. hierzu Kap. 5.3. des Anhangs.
29) Zu einer *namentlichen* Auflistung vgl. Kap. 2. des Anhangs.
30) Werden die 58 verwertbaren Fragebögen auf die versendete Fragebogenanzahl von 154 bezogen, beträgt die *fragebogenbezogene Rücklaufquote* immerhin noch respektable *37,66 %*.
31) Vgl. hierzu ausführlich Kap. 2. des Anhangs.

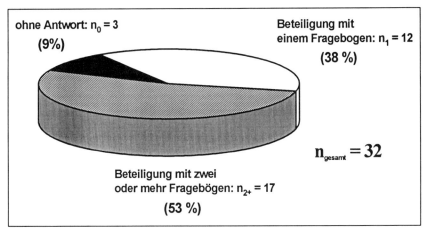

ohne Antwort: $n_0 = 3$
(9%)

Beteiligung mit
einem Fragebogen: $n_1 = 12$
(38 %)

$n_{gesamt} = 32$

Beteiligung mit zwei
oder mehr Fragebögen: $n_{2+} = 17$
(53 %)

Abb. IV - 2:   Antwortverhalten der angeschriebenen internationalen Management-Holdings.

Die Qualität empirisch gestützter Aussagen hängt nicht nur von der Rücklaufquote, sondern auch von der **Repräsentativität** der erfaßten Stichprobe ab. Repräsentativität liegt im Rahmen der vorliegenden Untersuchung vor, wenn die rücklaufbedingt verkleinerte Stichprobe ein Abbild der Grundgesamtheit[32] darstellt; Stichprobe und Grundgesamtheit somit **isomorph** sind.

Strenggenommen müßte die Repräsentativität der Stichprobe für *alle* Strukturmerkmale der Stichprobe überprüft werden. Wenn sich die Repräsentativitätsprüfung lediglich auf die in der nachfolgenden Abb. IV - 3 dargelegten Strukturmerkmale der **Branchenzugehörigkeit** und **Marktkapitalisierung** beschränkt, ist dies - neben Zeit- und Platzrestriktionen - in Anlehnung an WITTE / KALLMANN / SACHS folgendermaßen zu begründen: Die Branche „... steht stellvertretend für eine Vielzahl von einwirkenden Faktoren wie Dynamik des Unternehmens oder Konkurrenzintensität des Marktes, die möglicherweise die Organisation des Unternehmens ... beeinflussen können."[33] Die der Untersuchung zugrundegelegte Brancheneinteilung entspricht den zehn Branchenindizes des DAX 100.[34] Wie sich die Stichprobe nach den ausgewählten Kriterien zusammensetzt, ist der Abb. IV - 3 zu entnehmen.

---

32)   Zur Abgrenzung vgl. S. 136.
33)   Vgl. WITTE / KALLMANN / SACHS (Führungskräfte), S. 29.
34)   Vgl. Deutsche Börse AG (Leitfaden), S. 9.

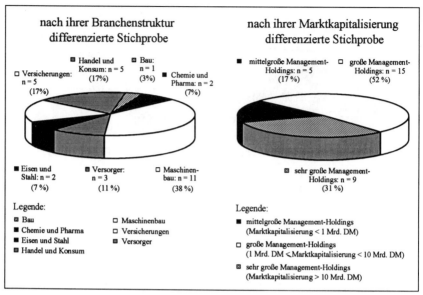

Abb. IV - 3:   *Nach ihrer Branchenstruktur und Marktkapitalisierung differenzierte Stichprobe.*

Die Überprüfung der Repräsentativität der Stichprobe wurde mit Hilfe sogenannter **Chi-Qua-drat-Homogenitätstests** vorgenommen.[35] Bei denen im Anhang dargestellten Berechnungen der *Prüfgröße v* zeigte sich,[36] daß sowohl hinsichtlich der Branchenstruktur als auch der Marktkapitalisierung *keine* statistisch signifikanten Unterschiede zwischen der Stichprobe und der Grundgesamtheit bestehen. Die zugrundeliegende **Stichprobe** stellt somit ein **repräsentatives Abbild der Grundgesamtheit** dar, so daß die in Kap. IV.1.2. dargestellten Ergebnisse als **repräsentativ** eingestuft und ohne Einschränkungen auf die ausgewählte Grundgesamtheit verallgemeinert werden können.

1.1.4. Auswertungsmethoden

Im letzten Schritt zur Beschreibung der Untersuchungskonzeption ist auf die statistischen Auswertungsmethoden einzugehen. Dies ist insofern von Bedeutung, da die **Aussagekraft** der Ergebnisse von den verwendeten Methoden abhängt.

Die Auswahl der in bezug auf die Fragestellung geeigneten Auswertungsmethoden hängt entscheidend von der Qualität des Datenmaterials - insbesondere von der **Art der verwendeten**

---

35)   Zur statistischen Fundierung vgl. BLEYMÜLLER / GEHLERT / GÜLICHER (Statistik), S. 132 f.
36)   Vgl. Kap. 3. des Anhangs.

Meßskala - ab.[37] Hierbei stellt sich das Problem, daß auf der einen Seite mit zunehmenden Antwortmöglichkeiten die Diskriminationsfähigkeit und somit die Approximation der Untersuchungsergebnisse an die tatsächlichen Verhältnisse zunimmt. Auf der anderen Seite führen aber zu viele Antwortmöglichkeiten oft zur Überforderung oder gar zum Unmut der Befragten. Die mögliche Überforderung der Befragten kann eine unachtsame Auswahl zur Folge haben. Der Unmut der Befragten kann sogar zur Verweigerung der Antwort führen. Im Rahmen der vorliegenden Arbeit wurde daher eine **Ratingskala**[38] ausgewählt.[39] Sie stellt einen möglichen „Kompromiß" zwischen den dargestellten Extrempositionen dar.

Eine **Ratingskala** stellt ein Kontinuum aus aneinandergefügten Merkmalsausprägungen dar, deren Abstände von den Untersuchungsteilnehmern als gleichgroß anzusehen sind.

Die Anzahl ihrer Rangplätze wurde in Anlehnung an BORTZ auf **fünf** festgelegt.[40] BORTZ bezieht sich bei seinen Ausführungen auf Forschungsergebnisse, nach denen eine solche Skalierung von Teilnehmern verschiedener empirischer Untersuchungen am häufigsten als angemessen eingestuft wurde.[41]

Die **Rangplätze einer Ratingskala** werden als markierte Abschnitte eines Kontinuums aufgefaßt, die unter anderem durch Zahlen, verbale Beschreibungen oder Beispiele dargestellt werden können.

Das **Meßniveau von Ratingkalen** und somit die Möglichkeit, bestimmte statistische Methoden anwenden zu können, wird in der wissenschaftlichen Literatur unterschiedlich beurteilt. Während einige Autoren für Ratingskalen ordinales[42] Meßniveau postulieren, schreiben ihr die überwiegende Zahl der Wissenschaftler metrisches Skalenniveau zu.[43]

Ohne die Grundlagendiskussion aufzugreifen, wird letzterer Auffassung gefolgt. Diese eher „liberale" Auffassung läßt sich damit begründen, daß die für die vorliegende Untersuchung ausgewählten Merkmalsausprägungen „**sehr gering - gering - mittel - hoch - sehr hoch**" als

---

37)   Vgl. BLEYMÜLLER / GEHLERT / GÜLICHER (Statistik), S. 3 f.

38)   In Anlehnung an die Terminologie von HÜTTNER (Marktforschung), S. 109 ff., und NIESCHLAG / DICHTL / HÖRSCHGEN (Marketing), S. 649. BLEYMÜLLER / GEHLERT / GÜLICHER (Statistik), S. 3, sprechen von einer *Rangskala*, der jedoch die gleichen konstitutiven Merkmale zugrundeliegen.

39)   Ähnlich bei BORTZ (Empirische Forschung), S. 118 f, der verschiedene Arten von Ratingskalen skizziert und deren meßtheoretische Probleme offenlegt.

40)   Vgl. BORTZ (Empirische Forschung), S. 123 f.

41)   In Anlehnung an HÜTTNER (Marktforschung), S. 109.

42)   Zur Charakterisierung einer Ordinalskala vgl. Fußnote 67) des zweiten Kapitels, S. 57.

43)   Metrisches Skalenniveau wird der Ratingskala beispielsweise von HOLM (Befragung), S. 44 ff., FRIEDRICHS (Sozialforschung), S. 96, HÜTTNER (Marktforschung), S. 113, NIESCHLAG / DICHTL / HÖRSCHGEN (Marketing), S. 649, unterstellt.

markierte Abschnitte eines Merkmalskontinuums aufgefaßt werden können, denen *gleiche Abstände* unterstellt werden.[44] Sie stellen somit eine „latent" **metrische Dimension** dar, die als mathematische Voraussetzung den Einsatz im Anschluß darzustellender statistischer Methoden ermöglicht.[45]

Im ersten Analyseschritt werden die Untersuchungsergebnisse mit Hilfe **univariater Methoden** der deskriptiven Statistik charakterisiert. Die verwendeten Maßzahlen sind vom zugrundeliegenden Skalenniveau abhängig: Bei den metrisch skalierten Größen werden die *absoluten* und *relativen Häufigkeiten* angegeben. Ihre statistische Auswertung erfolgt durch die Berechnung des *arithmetischen Mittelwerts* und der zugehörigen *Standardabweichung*.

Durch den Einsatz **bivariater Auswertungsmethoden** sollen dann Zusammenhänge mittels statistischer Korrelationsmaße quantifiziert werden. Verwendung finden der *Chi-Quadrat-Homogenitätstest* und die - auf dem Spearmanschen Korrelationskoeffizienten basierende - *„Hotelling-Pabst-Statistik"*.

1.2. Ergebnisdarstellung

Die nachfolgenden Ausführungen dokumentieren den Entwicklungsstand von Führungsinformationssystemen, die gegenwärtig in der internationalen Management-Holding zum Einsatz kommen. Auf eine konzernbezogene Darstellung muß verzichtet werden, da den befragten Vorstandsmitgliedern eine *Anonymitätszusage* gemacht wurde. Durch die „statistische" Auswertung der Untersuchungsergebnisse können jedoch *gesellschaftsübergreifende* Aussagen eruiert werden, die die Einschätzung der Führungskräfte hinsichtlich ihres derzeit genutzten Informationsinstrumentariums wiedergeben.[46]

Die mit der empirischen Untersuchung gewonnenen Ergebnisse werden nicht nur in einem Ist-Profil zusammengefaßt, sondern auch dem in Kap. III.2.3.2. ermittelten Soll-Profil effizienter Führungsinformationssysteme für die internationale Management-Holding gegenübergestellt.[47] Die hierbei aufzudeckenden Diskrepanzen determinieren die Schwerpunkte der sich anschließenden Gestaltungsarbeit.

---

44)   Vgl. FRIEDRICHS (Empirische Sozialforschung), S. 96; HÜTTNER (Marktforschung), S. 113; NIESCHLAG / DICHTL / HÖRSCHGEN (Marketing), S. 649 f.
45)   Vgl. BLEYMÜLLER / GEHLERT / GÜLICHER (Statistik), S. 23.
46)   Vgl. hierzu auch DEBUS (Führungsinformationssysteme), S. 65 ff.
47)   Vgl. S. 114 ff.

1.2.1. Vollständigkeit

In der Abb. IV - 4 ist das Ist-Profil für das Gestaltungskriterium der Vollständigkeit dem entsprechenden Soll-Profil gegenübergestellt. Bei der **Erfassung des objektiven Informationsbedarfs** und der **Erfassung strategischer Informationen** zeigen sich erhebliche Diskrepanzen. Dieser Aspekt wird daher als ein *erster Gestaltungsschwerpunkt* effizienter Führungsinformationssysteme für die internationale Management-Holding herausgestellt. Zum einen läßt sich dies mit der sehr hohen Gewichtung der Beurteilungskriterien von 10 % begründen. Zum anderen quantifiziert der Abstand zwischen den Ist- und Sollausprägungen eine als groß einzustufende Forschungslücke.

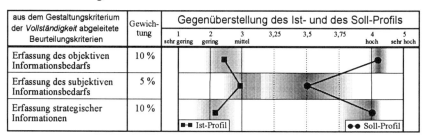

aus dem Gestaltungskriterium der *Vollständigkeit* abgeleitete Beurteilungskriterien	Gewichtung	Gegenüberstellung des Ist- und des Soll-Profils							
		1 sehr gering	2 gering	3 mittel	3,25	3,5	3,75	4 hoch	5 sehr hoch
Erfassung des objektiven Informationsbedarfs	10 %								
Erfassung des subjektiven Informationsbedarfs	5 %								
Erfassung strategischer Informationen	10 %			■–■ Ist-Profil				●–● Soll-Profil	

Abb. IV - 4:   *Gegenüberstellung des gewichteten Ist- und des Soll-Profils für das Gestaltungskriterium der Vollständigkeit.*

Nach Einschätzung der befragten Vorstandsmitglieder müssen Führungsinformationssysteme zukünftig über die reine Verarbeitung interner - oftmals ausschließlich rechnungswesenbasierter - Größen hinausgehen und funktional an der **Konzernstrategie** ausgerichtet werden.[48] Der derzeitige Entwicklungsstand zeigt jedoch, daß Führungskräfte und Systementwickler wohl gleichermaßen Schwierigkeiten haben, den zur strategischen Führung einer internationalen Management-Holding relevanten Informationsbedarf zu formulieren. Dies wird durch den sehr gering einzustufenden **Ist-Wert von 2,15** des entsprechenden Beurteilungskriteriums quantifiziert.[49]

Zum einen läßt sich dies darauf zurückführen, daß - wie in Kap. IV.3.1. noch im Detail zu fundieren ist - die zur Verfügung stehenden **Methoden der Informationsbedarfsanalyse** kaum den zur strategischen Führung benötigten Informationsbedarf erfassen können.[50] Zum anderen werden Führungsinformationen in der Praxis häufig nur durch die Aggregation operativer Daten generiert. Daß hierdurch nicht zwangsläufig Führungsinformationen entstehen, wurde bereits in den informationstheoretischen Grundlagen nachgewiesen.

48) Die im Rahmen der Funktionsbestimmung deduzierte Forderung, daß Führungsinformationssysteme für die internationale Management-Holding funktional an der Konzernstrategie auszurichten sind, wird hierdurch *empirisch* bestätigt.

49) Vgl. hierzu Abb. IV - 4, S. 145.

50) Vgl. Kap. IV.3.1., S. 178 ff.

Die vermeintlich „richtige" Gewichtung bereitzustellender Führungsinformationen wird aber nach wie vor von der *konkreten Entscheidungssituation* abhängen. Durch die auszuwählende Methode der Informationsbedarfsanalyse muß jedoch sichergestellt werden, daß die deduzierte und empirisch bestätigte Tendenz hin zu einer strategieorientierten Informationsversorgung der Konzernleitung explizit berücksichtigt wird.

1.2.2. Benutzeradäquanz

Die nachfolgende Abb. IV - 5 gibt das mit Hilfe der empirischen Untersuchung gewonnene Ist- und Soll-Profil für das Gestaltungskriterium der Benutzeradäquanz wieder. Hierbei wird offensichtlich, daß mit arithmetischen Mittelwerten von 4,12 und 4,02 sowie einer Gewichtung der Beurteilungskriterien von jeweils 10 % der **Aggregationsgrad** und die **Überprüfbarkeit** bereitzustellender Informationen bei der Gestaltung effizienter Führungsinformationssysteme für die internationale Management-Holding von besonderer Bedeutung sind.

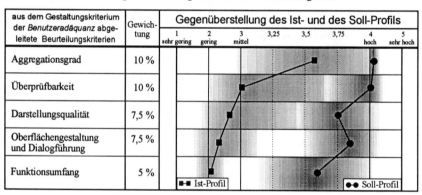

Abb. IV - 5:   *Gegenüberstellung des gewichteten Ist- und des Soll-Profils für das Gestaltungskriterium der Benutzeradäquanz.*

Aussagefähige Kennzahlen können durch ihre *Selektionsfunktion* eine wertvolle Unterstützungsfunktion wahrnehmen. Sie können nämlich eine Trennung gering verdichteter Daten von bereits für die Aufgabenunterstützung der Konzernleitung aufbereiteter Führungsinformationen sicherstellen. So helfen sie der Konzernleitung, einen knappen, aber umfassenden Überblick über alle für sie relevanten Sachverhalte zu erlangen.

Durch die Integration einer „**Drill-up-/Drill-down**"-**Funktion**[51] läßt sich in einem zweiten Schritt das sukzessive Abrufen detaillierterer Informationen ermöglichen,[52] wodurch der hohen Bedeutung des Beurteilungskriteriums der „Überprüfbarkeit" Rechnung getragen wird.

Die Entwicklung eines **hierarchisch gegliederten** und - unter Rückgriff auf die im vorangegangenen Kapitel angeführte Argumentationskette - **strategieorientierten Kennzahlensystems** wird daher als ein *zweiter Schwerpunkt*[53] effizienter Führungsinformationssysteme für die internationale Management-Holding herausgestellt. Durch die Verwendung einer „Drill-up-/ Drill-down"-Funktion kann über die Verknüpfungen des Kennzahlensystems das gewünschte sukzessive Abrufen detaillierter Informationen ermöglicht werden.[54]

Offenkundig ist auch, daß der **Oberflächengestaltung** und **Dialogführung** besondere Beachtung zuteil werden muß. Dies läßt sich nicht nur mit der als hoch einzustufenden Gewichtung von 7,5 % begründen, sondern es ist auch die als sehr hoch einzustufende Anspruchslücke zwischen Soll- und Istausprägung als Argument heranzuziehen.[55] Die befragten Vorstandsmitglieder möchten Führungsinformationssysteme schnell und ohne große Einarbeitungszeit nutzen. Die Oberflächengestaltung und Dialogführung wird daher als ein *dritter Gestaltungsschwerpunkt*[56] effizienter Führungsinformationssysteme für die internationale Management-Holding definiert. Hierbei sind folgende Aspekte zu akzentuieren:[57]

- Ein **einheitlicher Menü- und Maskenaufbau**, der die Verwendung einer ansprechenden *Fenstertechnik* beinhaltet, hat der Führungskraft zunächst das einfache Zurechtfinden im System und den schnellen Zugang zu den Führungsinformationen zu erleichtern.

- Um die Benutzerakzeptanz des zu entwickelnden Führungsinformationssystems zu erhöhen, wird von den befragten Vorstandsmitgliedern weiterhin eine **einfache und intuitive Benutzerführung** gefordert, die ihnen die Navigation innerhalb des Systems erleichtern soll. Durch die Verwendung hochkomfortabler *grafischer Oberflächen,* einer *„realitätsnahen"* Symboltechnik und die *Angabe des Programmpfads* muß zu jedem Zeitpunkt

---

51) Das *sukzessive* Abrufen detaillierter Informationen bis auf die unterste Stufe der Informationspyramide wird erst durch die hierarchische Verknüpfung von Informationen ermöglicht. In Anlehnung an VOGEL / WAGNER (Executive Information Systems), S. 27. Aber auch HANSEN (Wirtschaftsinformatik), S. 417 ff.

52) ZEILE (Führungsinformationssysteme), S. 37, spricht in diesem Zusammenhang von Konsolidierungsstufen. Da dieser Begriff durch seine Verwendung in der Konzernrechnungslegung bereits anderweitig belegt ist, erscheint er dem Autor für die vorliegende Arbeit als nicht brauchbar.

53) Zum ersten Gestaltungsschwerpunkt vgl. S. 145 f.

54) Ähnlich auch bei VOGEL / WAGNER (Executive Information Systems), S. 27.

55) Da Vorstandsmitglieder oftmals ungeübt im Umgang mit rechnergestützten Informationssystemen sind, ist dieses Ergebnis nur allzu gut nachzuvollziehen.

56) Zum ersten Gestaltungsschwerpunkt vgl. S. 145 f.; zum zweiten Gestaltungsschwerpunkt effizienter Führungsinformationssysteme für die internationale Management-Holding vgl. S. 147.

57) Vgl. hierzu Abb. III - 17, S. 120, und die in diesem Zusammenhang getroffenen Aussagen.

ersichtlich sein, in welcher Systemfunktion man sich gerade befindet und wie mögliche Programmalternativen aussehen.

• Darüber hinaus wünschen sich die befragten Vorstandsmitglieder eine tastaturarme Bedienung. Makrosprachen[58] verbieten sich von selbst. Dahingegen soll durch das Anklicken von Buttons und Feldern mit Hilfe einer **Maus-Steuerung** eine komfortable Dialogsteuerung unterstützt werden. Mit nachrangiger Bedeutung müssen **kontextabhängige Hilfefunktionen** eingebaut werden, die dem Anwender im Bedarfsfall eine bessere Navigation ermöglichen.

Um das zu entwickelnde Führungsinformationssystem auf den „kognitiven" Arbeitsstil der befragten Vorstandsmitglieder auszurichten, ist des weiteren die **Darstellungsqualität** betrieblicher Führungsinformationen von besonderer Bedeutung.[59] Eine hohe Gewichtung dieses Beurteilungskriteriums von 7,5 % und der Abstand der Sollausprägung zum derzeitigen Entwicklungsstand unterstützen diese Aussage. Bei einer effizienten Führungsinformationssystemgestaltung muß vor allem die derzeit fast ausschließlich zum Einsatz kommende zeichenorientierte Darstellung durch die Verwendung **grafischer** - und gegebenenfalls **multimedialer** - Elemente ergänzt werden. Nur so können Zahlenreihen - beispielsweise als Balkendiagramme oder Trendlinien - „zum Leben erweckt" werden, was ihre Interpretation in der Regel einfacher und schneller macht. In bezug auf die zu bewältigende Datenfülle muß das Informationssystem gewährleisten, daß die wichtigsten Führungsinformationen für die Konzernleitung **klar erkennbar** sind, bei der Bereitstellung das größte Gewicht erhalten sowie **deutlich hervorgehoben** werden.

Bei dem mit einem arithmetischen Mittelwert von 3,59 als durchschnittlich einzuordnenden **Leistungsumfang**[60] von Führungsinformationssystemen sind nach Ansicht der befragten Führungskräfte folgende Gestaltungsschwerpunkte zu berücksichtigen:

• Zunächst ist mit einem *arithmetischen Mittel von 4,07* die als sehr wichtig einzustufende **Ausnahmeberichterstattung** zu nennen.[61] Sie hat die Aufgabe, die Konzernleitung einer internationalen Management-Holding frühzeitig auf Abweichungen des Ist- vom Soll-Zustand aufmerksam zu machen.

• Des weiteren sind **Vergleichs- und Simulationsfunktionen** von Bedeutung. Dies läßt sich damit begründen, daß Daten für Vorstandsmitglieder scheinbar erst dann zu Informationen

---

58) Mit einer Makrosprache können mehrere Befehle zusammengefaßt werden. Somit ist - wenn auch in begrenztem Umfang - eine Erweiterung des Leistungsumfangs von Informationssystemen möglich. Vgl. URBANEK (Software-Ergonomie), S. 147.

59) Vgl. Abb. IV - 5, S. 146.

60) Vgl. ebenda.

61) Zu einer Begründung vgl. Abb. III - 18, S. 121.

werden, wenn sie über die Zeitachse oder mit anderen Daten verglichen und analysiert werden können. Daher sind bei einer effizienten Führungsinformationssystemgestaltung sowohl „what-if"-[62] und „how-to-achieve"-Analysen[63] als auch Zeitreihenvergleiche zu berücksichtigen.

• Letztendlich ist bei effizienten Führungsinformationssystemen eine **interaktive**, durch den Benutzer gesteuerte **Dialogführung** zu realisieren. Informationen sollen in diesem Zusammenhang durch Führungsinformationssysteme nicht präventiv bereitgestellt werden. Der Benutzer sollte vom System **Anreize** erhalten, im bearbeiteten Informationszusammenhang *weitere* relevante Informationen - z.b. über die nächste Kennzahlenebene oder mögliche „Ausreißer" - nachzufragen. Hierzu sollten ihm verschiedene Untersuchungsgegenstände und Aggregationsniveaus, aber auch unterschiedliche zeitliche Bezugspunkte zum Vergleich angeboten werden.

1.2.3. Termingerechtigkeit

Aus den in der Abb. IV - 6 herausgearbeiteten Ist- und Sollausprägungen bezüglich den Anforderungen an die Termingerechtigkeit bereitzustellender Führungsinformationen können Rückschlüsse auf den Erhebungszyklus der Führungsinformationen gezogen werden.

Als Idealzustand wäre daher sicherlich eine *online-Aktualisierung* des Datenbestands anzusehen. Der als durchschnittlich einzustufende Aktualitätswert der Sollausprägung läßt jedoch den Schluß zu, daß die Informationsinhalte durch den überwiegend langfristig ausgerichteten strategischen Führungsprozeß einer internationalen Management-Holding bestimmt werden. Es erscheint daher nicht sinnvoll, Führungsinformationen in anderer Aktualität anzubieten, als sie durch den strategischen Führungsprozeß determiniert werden.

	Gewich-tung	Gegenüberstellung des Ist- und des Soll-Profils							
		1 sehr gering	2 gering	3 mittel	3,25	3,5	3,75	4 hoch	5 sehr hoch
Termingerechtigkeit (Aktualität)	5 %	■-■ Ist-Profil				●		●● Soll-Profil	

Abb. IV - 6:   *Gegenüberstellung der gewichteten Ist- und der Sollausprägungen für das Gestaltungskriterium der Termingerechtigkeit.*

---

62) Mit „*what-if"-Analysen*, die häufig in der Szenario-Analyse Anwendung finden, werden - bei Konstanz der übrigen Parameter - die Auswirkungen einer Maßnahme auf die übergeordnete Zielgröße analysiert. Es wird somit eine Analyse von „*unten nach oben"* durchgeführt.

63) Bei „*how-to-achieve"-Analysen* wird von einer übergeordneten Zielgröße ausgegangen und untersucht, welche Aktivitäten in welchem Ausmaß durchgeführt werden müssen, um die vorgegebene Zielgröße zu erreichen. Es wird somit eine Analyse von „*oben nach unten"* durchgeführt.

Bemerkenswert erscheint in diesem Zusammenhang die sehr hohe Standardabweichung, nicht nur der Sollausprägung mit einem Wert von **0,88**, sondern insbesondere der Istausprägung mit einem Wert von **1,26**. Dies läßt darauf schließen, daß eine vermeintlich „richtige" Aktualisierungsfrequenz in erster Linie von der jeweiligen Entscheidungssituation abhängt, so daß pauschale Aussagen zur Aktualität des Datenbestands effizienter Führungsinformationssysteme für die internationale Management-Holding *nicht* zu fundieren wären.

1.2.4. Richtigkeit

In der Abb. IV - 7 sind die Ist- und Sollausprägungen für die Genauigkeit und Zuverlässigkeit bereitzustellender Führungsinformationen erfaßt. Diese Beurteilungskriterien wurden aus dem Gestaltungskriterium der Richtigkeit abgeleitet.[64]

aus dem Gestaltungskriterium der *Richtigkeit* abgeleitete Beurteilungskriterien	Gewichtung	Gegenüberstellung des Ist- und des Soll-Profils							
		1 sehr gering	2 gering	3 mittel	3,25	3,5	3,75	4 hoch	5 sehr hoch
Genauigkeit (formale Richtigkeit)	2,5 %								
Zuverlässigkeit (inhaltliche Richtigkeit)	10 %	■-■ Ist-Profil						●-● Soll-Profil	

Abb. IV - 7:   *Gegenüberstellung des gewichteten Ist- und des Soll-Profils für das Gestaltungskriterium der Richtigkeit.*

In der Gegenüberstellung des Ist- und Soll-Profils ist die besondere Bedeutung der **Zuverlässigkeit** bereitzustellender Führungsinformationen offensichtlich. Dies spiegelt sich zum einen in der sehr hohen Gewichtung dieses Beurteilungskriteriums wieder. Grund hierfür ist sicherlich, daß Führungsinformationssysteme durch ihre Ausrichtung auf die strategische Führungsebene einer internationalen Management-Holding *hochsensible Daten* enthalten, deren inhaltliche Richtigkeit von entscheidender Bedeutung für die Konzernleitung ist. Auf der anderen Seite ist eine sehr hohe Forschungslücke zwischen der derzeitigen Ist- und der Sollausprägung zu konstatieren.

Führungsinformationssysteme für die internationale Management-Holding sollten daher - um den Anforderungen der befragten Führungskräfte entsprechen zu können - ein entsprechendes **Sicherheits- und Zugriffskonzept** besitzen. Dessen Gestaltung wird daher als ein *vierter Gestaltungsschwerpunkt*[65] effizienter Führungsinformationssysteme für die internationale Management-Holding definiert. Auch diese Sicherheitsmaßnahmen können zwar keinen 100 %-igen Schutz bieten, es wird aber der Tatsache Rechnung getragen, daß es insbesondere in der *inter-*

---

64)   Vgl. S. 108 ff.

65)   Zum ersten Gestaltungsschwerpunkt vgl. S. 145 f.; zum zweiten und dritten Gestaltungsschwerpunkt einer effizienten Führungsinformationssystemgestaltung vgl. S. 147 f.

nationalen Management-Holding bewußt (**Manipulation**) oder unbewußt (**Störung**) ge-steuerte „Größen" geben wird, die zu inhaltlich verfälschten Führungsinformationen führen können.

Ein als unterdurchschnittlich einzustufender arithmetischer Mittelwert von 2,96 zeigt, daß die Konzernleitung einer internationalen Management-Holding *Einschränkungen* hinsichtlich der **Genauigkeit** bereitzustellender Führungsinformationen akzeptiert. Dies läßt sich wohl damit erklären, daß Führungsinformationen häufig strategieorientierte Aussagen beinhalten, die in der Regel nicht exakt auf die Kommastelle zu quantifizieren sind.[66)]

1.2.5. Aufwand

In der nachfolgenden Abb. IV - 8 ist das Ist-Profil für das Gestaltungskriterium des Aufwands dem entsprechenden Ist-Profil gegenübergestellt. Die in der Abb. IV - 8 dargestellten Unter-suchungsergebnisse verdeutlichen, daß offenbar **finanzielle Aspekte** bei der Gestaltung von Führungsinformationssystemen kaum eine Rolle spielen.

Dagegen klafft zwischen dem tatsächlichen und dem wünschenswerten **Zeitbedarf** der System-gestaltung eine erhebliche Lücke. Erläutert werden kann dieser Sachverhalt durch die zuneh-mende Bedeutung der Zeit als kritischer Wettbewerbsfaktor, wodurch Führungsinformations-systeme in der Praxis wohl immer *unter Zeitdruck* zu entwickeln sein dürften.

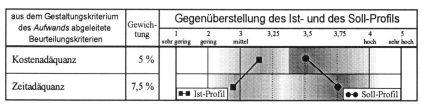

aus dem Gestaltungskriterium des *Aufwands* abgeleitete Beurteilungskriterien	Gewich-tung	Gegenüberstellung des Ist- und des Soll-Profils							
		1 sehr gering	2 gering	3 mittel	3,25	3,5	3,75	4 hoch	5 sehr hoch
Kostenadäquanz	5 %								
Zeitadäquanz	7,5 %	■-■ Ist-Profil						●-● Soll-Profil	

Abb. IV - 8:   *Gegenüberstellung des gewichteten Ist- und des Soll-Profils für das Gestaltungskriterium des Aufwands.*

Neben der Gestaltung der (betriebswirtschaftlichen) Systemkonzeption wird der Zeitbedarf effizienter Führungsinformationssysteme in erster Linie durch ihre EDV-technische Umsetzung determiniert. Im Rahmen der Systemgestaltung hat daher ein geeigneter FIS-Generator eine möglichst *schnelle* Umsetzung der Systemkonzeption sicherzustellen. Hierfür - so zeigt die nachfolgende Abb. IV - 9 - bevorzugen zwei Drittel der Befragten eine EDV-technische

---

66)   Zu einer Charakterisierung betrieblicher Führungsinformationen in der internationalen Management-Holding vgl. Kap. II.2.2., S. 55 ff.

Standardlösung mit integrierter Customizing-Funktion[67]. Sie stellt nach Einschätzung der befragten Führungskräfte den besten Kompromiß dar, um *schnell* und *mit begrenztem Aufwand* eine weitgehend *konzernspezifische Anpassung* von Führungsinformationssystemen zu ermöglichen.[68]

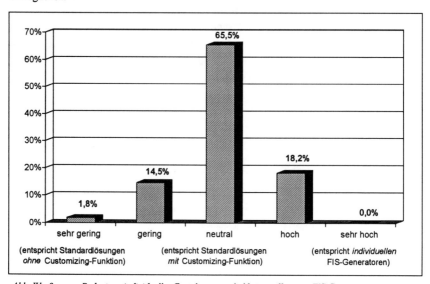

Abb. IV - 9:   *Bedeutung individueller Gestaltungsmöglichkeiten effizienter FIS-Generatoren.*

1.2.6. Interpretation der Ergebnisse und Schlußfolgerungen für die Gestaltung effizienter Führungsinformationssysteme

Die vorangegangenen Untersuchungsergebnisse haben gezeigt, daß die Informationssysteme, die derzeit in großen international tätigen Management-Holdings genutzt werden, den Ansprüchen der Konzernleitung oftmals nur *unzureichend* gerecht werden. Die damit verbundene Unzufriedenheit und die Erkenntnis, daß die problemadäquate Informationsversorgung von Führungskräften eine wichtige, wenn nicht sogar die zentrale Voraussetzung für die Sicherung der Wettbewerbsfähigkeit ist, hat dazu geführt, daß insbesondere Vorstandsmitglieder großer Management-Holdings die Einführung effizienter Führungsinformationssysteme als eine ihrer derzeit zentralen Aufgaben empfinden.

---

67)   Unter Customizing wird die *individuelle* Anpassung von Standardsoftware an konzernspezifische Gegebenheiten subsumiert. Es umfaßt insbesondere die Festlegung der abzubildenden Prozesse und erfolgt durch das Einstellen von Parametern der einzelnen Software-Funktionalitäten.

68)   Auch unter Sicherheitsaspekten bietet Standard-Software im Vergleich zu Eigenentwicklungen verschiedene Vorteile: Die Wahrscheinlichkeit von Software-Fehlern ist ebenso geringer wie die Gefahr von Datenverlusten durch unzureichende Sicherheitsmaßnahmen oder instabiles Laufverhalten.

Die Reorganisation betrieblicher Informationssysteme befindet sich daher in allen befragten Konzernen zumindest in der Planungsphase. Die entsprechenden Befragungsergebnisse sind in der Abb. IV - 10 zusammengefaßt.

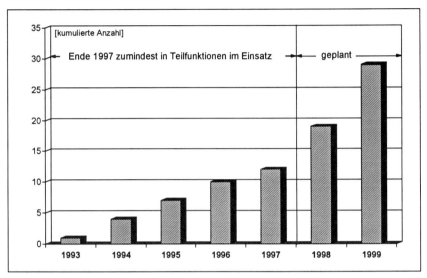

Abb. IV - 10   Zeitliche Entwicklung der Einsatzhäufigkeit von Führungsinformationssystemen in der internationalen Management-Holding.

Zwölf der befragten Management-Holdings gaben an, zum 23. September 1997 - dem Stichtag der empirischen Untersuchung - über ein im Einsatz befindliches EDV-gestütztes Führungsinformationssystem zu verfügen, das zumindest in Teilfunktionen im Einsatz ist. Die anderen 17 Konzerne haben einen entsprechenden Einsatz für 1998 oder 1999 geplant, so daß konstatiert werden kann, daß zum Untersuchungszeitpunkt EDV-gestützte Führungsinformationssysteme erst in begrenztem Umfang implementiert sind. Wird weiterhin die Tatsache berücksichtigt, daß die im Einsatz befindlichen Führungsinformationssysteme in der Regel nur Teilfunktionen erfüllen können,[69] kann festgehalten werden, daß der Markt für Führungsinformationssysteme erst am **Anfang seiner Entwicklung** steht und sich die Zahl der genutzten Systeme in den nächsten Jahren deutlich erhöhen wird.

Die identifizierten „Anspruchslücken", die sich aus der Gegenüberstellung des Ist- und des Soll-Profils der einzelnen Gestaltungskriterien ergaben, sollen die Grundlage sein, um im folgenden Ansätze zur Gestaltung effizienter Führungsinformationssysteme für die internationale Management-Holdings zu entwickeln, die zielorientiert auf die bestehende Forschungslücken ausgerichtet ist. Die mit der vorliegenden Untersuchung erarbeiteten Forschungslücken, sind in

---

69)   Vgl. hierzu die Ergebnisauswertung, S. 144 ff.

der Abb. IV - 11 nochmals dargestellt. Die hieraus deduzierten **Gestaltungsschwerpunkte** lassen sich wie folgt zusammenfassen:

- Nach Einschätzung der befragten Vorstandsmitglieder müssen Führungsinformationssysteme für die internationale Management-Holding zukünftig über die Verarbeitung interner - oftmals ausschließlich rechnungswesenbasierten - Größen hinausgehen und funktional an der *Konzernstrategie* ausgerichtet werden. Durch die anzuwendende Methode der Informationsbedarfsanalyse muß daher sichergestellt werden, daß die deduzierte[70] und mit der empirischen Untersuchung bestätigte strategieorientierte Gestaltungsausrichtung[71] entsprechende Berücksichtigung findet. Die **Erfassung des objektiven Informationsbedarfs** der Konzernleitung und die **Erfassung strategischer Informationen** konnte daher als ein erster Gestaltungsschwerpunkt herausgearbeitet werden.

- Des weiteren wurde der Wunsch der befragten Führungskräfte nach einem möglichst *komprimierten Überblick* über für sie relevante Sachverhalte offensichtlich. Die Entwicklung eines **hierarchisch gegliederten strategieorientierten Kennzahlensystems** wurde deshalb als ein zweiter Schwerpunkt herausgestellt. Durch die Integration einer „**Drill-up-/Drill-down**"-**Funktion** - so wurde ausgeführt[72] - läßt sich das sukzessive Abrufen detaillierter Führungsinformationen ermöglichen.

- Offenkundig wurde auch, daß bei der Gestaltung effizienter Führungsinformationssysteme für die internationale Management-Holding der **Oberflächengestaltung** und **Dialogführung** besondere Beachtung zuteil werden sollte. Es war daher als fundierte Entscheidung anzusehen, daß dieser Aspekt als ein dritter Gestaltungsschwerpunkt definiert wurde.

- Im Soll-Profil effizienter Führungsinformationssysteme für die internationale Management-Holding wurde weiterhin die Bedeutung der *Zuverlässigkeit* bereitzustellender Führungsinformationen herausgearbeitet.[73] Entsprechende Führungsinformationssysteme sollen ein adäquates **Sicherheits- und Zugriffskonzept** besitzen. Dessen Ausgestaltung wurde als ein vierter Gestaltungsschwerpunkt definiert.

---

70) Vgl. Kap. III.1.1., S. 79 ff.
71) Vgl. S. 114 ff.
72) Vgl. Kap. IV.1.2.2., S. 146 f.
73) Vgl. Kap. III.2.3.2.4., S. 124 ff.

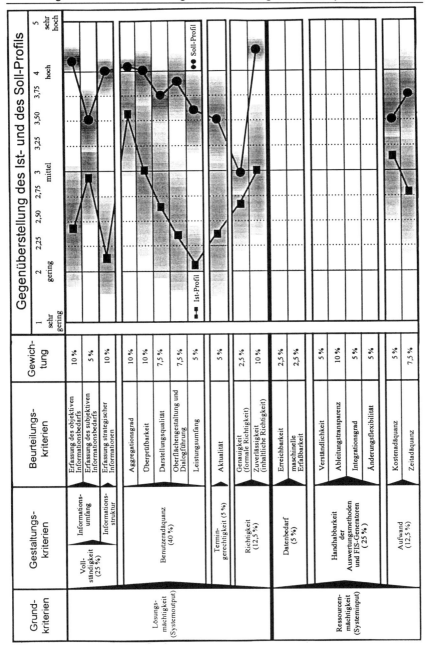

*Abb. IV - 11:   Gegenüberstellung des gewichteten Ist- und des Soll-Profils effizienter Führungsinforma-
tionssysteme für die internationale Management-Holding.*

2. Sequentielle Methodenverkettung als technologisches Alternativkonzept

Mit der empirischen Untersuchung wurden zum Teil gravierende Anspruchslücken des derzeit in der internationalen Management-Holding genutzten Informationsinstrumentariums offengelegt. Über die Gründe läßt sich zwar nur spekulieren. Im Vergleich zur Entwicklung operativer Berichtssysteme dürfte aber unstrittig sein, daß die Gestaltung effizienter Führungsinformationssysteme - wie schon ihr multidimensionales Anforderungsprofil zeigte - sehr *facettenreich* ist.

Eine **Aufspaltung** der ausgewählten Informationsproblematik erscheint daher naheliegend, so daß im folgenden die **sequentielle Methodenverkettung als technologisches Alternativkonzept** fundiert wird. Da ihre Schwerpunkte auf das Schließen der Anspruchslücken ausgerichtet sind, trägt sie der Gestaltung effizienter Führungsinformationssysteme für die internationale Management-Holding explizit Rechnung. Zuvor ist noch zu begründen, warum die Verbesserung der **Informationsversorgung der Konzernleitung** als Zielgröße der Methodenverkettung ausgewählt wird.

2.1. Verbesserung der Informationsversorgung der Konzernleitung als Zielgröße einer effizienten Führungsinformationssystemgestaltung für die internationale Management-Holding

Um eine effiziente Systemgestaltung sicherzustellen, ist zunächst zu konkretisieren, wie betriebliche Führungsinformationen die akzentuierte strategische Führungsaufgabe[1] der Konzernleitung einer internationalen Management-Holding unterstützen können.

Die sich anschließende Abb. IV - 12 zeigt auf, daß zunächst **betriebliche Führungsinformationen** über das relevante **Entscheidungsfeld** gewonnen und der Konzernleitung zur Verfügung gestellt werden müssen. Im Entscheidungsfeld[2] sind die verschiedenen *Aktionsmöglichkeiten* und die bei der Entscheidungsfindung zu beachtenden *Bedingungskonstellationen* - unter anderem Gesetze, vorangegangene Entscheidungen, verfügbare Ressourcen und der in der Praxis nie zu vernachlässigende Zeitfaktor - zusammengefaßt.

---

1) Zur Fundierung dieser Aufgabenausrichtung vgl. S. 84 ff.
2) ENGELS (Bewertungslehre), S. 94, definiert das Entscheidungsfeld als „... die Menge und Art der Personen und Sachen, die durch einen Willensakt direkt und indirekt beeinflußt werden können, und die Gegebenheiten der Umwelt, die den Erfolg der Willensakte beeinflussen."

Hierdurch wird bei der Konzernleitung ein Abbild des Entscheidungsgegenstands geschaffen, das im folgenden als **Informationsstand**[3] bezeichnet wird. Vor dem Hintergrund des zu verfolgenden *Zielsystems*, in dem - wie bereits dargelegt wurde[4] - die Wertprämissen der Management-Holding verankert sind, hat die Konzernleitung dann ihre **strategischen Führungsentscheidungen** zu treffen.[5] Durch diese Entscheidungen werden wiederum Aktionen initiiert, mit denen die intendierte Zielsetzung umgesetzt werden soll.[6]

Abb. IV - 12:   *Bedeutung des Informationsstands als Grundlage einer rationalen Entscheidungsfindung.*
In Anlehnung an: BAMBERG / COENENBERG (Entscheidungslehre), S. 1.

Die vorangegangene Abb. IV - 12 zeigt, daß der **Informationsstand** der Konzernleitung maßgeblichen Einfluß auf ihre Entscheidungsqualität hat.[7] Wenn im folgenden die Informationsversorgung der Konzernleitung als Zielgröße der Informationssystemgestaltung ausgewählt wird, soll damit der Anspruch herausgestellt werden, einen **umfassenden Ansatz** zur Gestaltung effizienter Führungsinformationssysteme für die internationale Management-Holding erarbeiten zu wollen, der von der Analyse des Informationsbedarfs, über die Informationsbeschaffung und ihre -aufbereitung bis hin zur Informationsübermittlung reicht.[8]

---

3)   BERTHEL (Informationsbedarf), Sp. 876, spricht vom *Informationsgrad* des Informationssubjekts.

4)   Zu den *normativen Aufgaben* der Konzernleitung vgl. S. 81 f.

5)   Durch die schematische Darstellung des Entscheidungsprozesses entsteht möglicherweise der Eindruck, strategische Führungsentscheidungen zu treffen, sei relativ einfach. Die intellektuellen Schwierigkeiten verstecken sich unter anderem hinter der *entscheidungslogischen Verknüpfung*, die neben dem Informationsstand maßgeblichen Einfluß auf die Entscheidungsqualität hat.

6)   Innerhalb des Entscheidungsprozesses sind *Rekursionen* zu beachten. Diese basieren zum einen auf der Ergebniskontrolle durch die Konzernleitung. Zum anderen können bei nicht zufriedenstellenden Entscheidungsalternativen weitere Führungsinformationen zu beschaffen sein. Bei Fehlen eines adäquaten Lösungsverfahrens sind auch Änderungen am Entscheidungsmodell denkbar.

7)   HEINEN (Grundlagen), S. 24, bemerkt hierzu: „Die Güte einer Entscheidung steht in unmittelbarem Zusammenhang mit den verfügbaren Informationen."

8)   Zu den einzelnen Phasen des Informationsversorgungsprozesses vgl. Kap. IV.2.3.2., S. 168 ff.

2.2. Methodische Fundierung des Alternativkonzepts

Die Verwendung des Ausdrucks „optimaler Informationsstand" läßt die Frage auftauchen, wie sich ein solches Optimum bestimmen läßt. In Kap. 2.2.1. sind zunächst die hierzu getroffenen **Annahmen** offenzulegen. Anschließend werden in der gebotenen Kürze zwei konventionelle Optimierungskonzepte dargestellt. Ihre **kritische Betrachtung** wird zeigen, warum sie für die Optimierung des Informationsstands der Konzernleitung einer internationalen Management-Holding ungeeignet sind. Insbesondere wird aber auch offengelegt, wo ein neuer Ansatz ansetzen muß, um das Optimierungsproblem auf anderem Wege lösen zu können.

2.2.1. Annahmen

Der Informationsstand der Konzernleitung (IS) kann als Funktion der **tatsächlich von der Konzernleitung genutzten Führungsinformationen ($I_{tat.}$)** und den **zur Entscheidungsfindung notwendigen Führungsinformationen ($I_{notw.}$)** erfaßt werden:[9]

$$IS \quad = \quad f\,(I_{tat.}, I_{notw.}) \qquad (1)$$

mit: IS   : **Informationsstand der Konzernleitung**

$I_{tat.}$: **tatsächlich von der Konzernleitung genutzte Führungsinformationen**

$I_{notw.}$: **zur Entscheidungsfindung notwendige Führungsinformationen**

Die **zur Entscheidungsfindung notwendigen Führungsinformationen** $I_{notw.}$ lassen sich aus ihrer strategischen Führungsaufgabe deduzieren.[10] Sie werden in einer konkreten Entscheidungssituation und zu einem bestimmten Zeitpunkt[11] als **konstant** angenommen.[12] Die **tatsächlich von der Konzernleitung genutzten Führungsinformationen** $I_{tat.}$ sind als **Variable** anzusehen. Der Wert des Informationsstands kann somit zwischen „0" und „1" differieren, wobei für die weiteren Optimierungsarbeiten drei Fälle relevant sind:[13]

---

9)   Vgl. BERTHEL (Informationsbedarf), Sp. 876. Ähnlich auch bei WITTMANN (Information), Sp. 897. Die dargestellte Relation hat nicht den Zweck, zu ziffernmäßigen Optimierungsausdrücken zu gelangen, sondern hat vielmehr die ausgewählte Informationsproblematik durch die Abbildung ihrer *Abhängigkeitsverhältnisse* zu erhellen.

10) Zur Bedeutung *strategischer* Führungsaufgaben für die Konzernleitung der internationalen Management-Holding vgl. S. 84 ff.

11) Zur Zeitabhängigkeit der Information vgl. S. 51 f.

12) Vgl. hierzu den Verlauf der Konstante I_n in der Abb. IV - 13, S. 161.

13) In Anlehnung an MAG (Entscheidung), S. 127.

- **Vollkommene Ignoranz (Informationsstand = „0")**

Ein Informationsstand mit dem Wert „0" besagt, daß die Konzernleitung über *keine* Informationen für ihre Aufgabenerfüllung verfügt. Dieser Extremfall ist dann gegeben, wenn die zu bewältigende Führungsaufgabe neu ist und somit Informationen verlangt, die bisher noch nicht ermittelt wurden.[14]

- **Vollkommener Informationsstand (Informationsstand = „1")**

Ein Wert von „1" repräsentiert einen vollkommenen Informationsstand. Würde - wie es oft üblich ist[15] - dieser Prämisse gefolgt, dann entstünde ein Informationsproblem überhaupt nicht. Die Konzernleitung würde aufgrund ihrer Informationsversorgung zwangsläufig zur optimalen Entscheidung „gedrängt". In der Praxis kann es eine solche Situation aber nie geben, da bereits durch den Abbildungsprozeß des Entscheidungsgegenstands in Form von Informationen ein *subjektiv eingefärbtes Situationsbild* geschaffen wird.[16]

- **Unvollkommener Informationsstand („0" < Informationsstand < „1")**

Da die Fälle 1. und 2. aus praxeologischer Sicht als unbedeutend einzustufen sind,[17] wird im folgenden der *umfangreiche Bereich* des unvollkommenen Informationsstands fokussiert.[18] Ein Wert größer als „0" und kleiner als „1" zeigt an, daß lediglich ein *Teil* der zur Bewältigung der strategischen Führungsaufgaben notwendigen Informationen verfügbar ist und von der Konzernleitung *tatsächlich* genutzt wird.

Beim unvollkommenen Informationsstand sind zwei Fälle zu unterscheiden:[19] Zum einen kann er als **fixiert** angesehen werden. Zum anderen kann er als **variabel** definiert werden, so daß er durch das Beschaffen weiterer Informationen zu verbessern ist. Wird im folgenden die Annahme des variablen, unvollkommenen Informationsstands unterstellt, so zeigt die sich anschließende Abb. IV - 13 einen möglichen Funktionsverlauf auf.

---

14) GROFFMANN (Führungsinformationssystem), S. 15, schreibt hierzu: „Bei regelmäßig wiederkehrenden, nicht stark variierenden Aufgabenstellungen, die von einem bestimmten oder bezüglich ihres Informationsnachfrageverhaltens ähnlichen Aufgabenträgern zu bewältigen sind, wird zumindest ein Teil des geplanten Informationsangebots der vom Aufgabenträger geäußerten Informationsnachfrage entsprechen."

15) Vgl. hierzu u.a. MAG (Entscheidung), S. 17 ff.; aber auch WITTMANN (Unternehmung), S. 18 ff.

16) Vgl. hierzu Abb. IV - 12, S. 158. Zu einer weiterführenden Begründung vgl. GROFFMANN (Führungsinformationssystem), S. 12, und die dort angegebenen Literaturverweise.

17) Zu gleichem Ergebnis kommt auch MAG (Entscheidung), S. 126, der sich auf MORGENSTERN (Vollkommene Voraussicht), S. 345, bezieht.

18) Vgl. hierzu Abb. IV - 13, S. 161.

19) In Anlehnung an MAG (Entscheidung), S. 127.

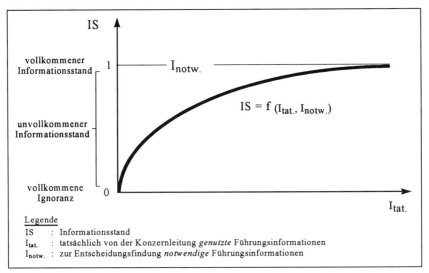

Abb. IV - 13:   *Möglicher Verlauf des zu optimierenden Informationsstands der Konzernleitung in der internationalen Management-Holding.*

Da für die Entscheidungsfindung wesentliche Führungsinformationen zunächst relativ *leicht* zu beschaffen sind, steigt der Informationsstand der Konzernleitung rasch an. Der Informationsstand der **vollkommenen Ignoranz** kann ohne größeren Aufwand überwunden werden. Aufgrund der Tatsache, daß strategische Führungsentscheidungen in dieser Phase des Informationsversorgungsprozesses nur *intuitiv* getroffen werden können, unterliegen sie einem *hohen Risiko.*

Da der Grenznutzen, d.h. der Nutzenzuwachs einer zusätzlichen Informationseinheit, umso *mehr* abnimmt, je höher der Informationsstand der Konzernleitung bereits ist, nimmt der absolute Zuwachs des Informationsstands ab.[20] In der Endphase des **unvollkommenen Informationsstands** wurden bereits *hinreichende* Anstrengungen zur Erlangung eines möglichst umfassenden Informationsstands unternommen, so daß sich strategische Führungsentscheidungen als zunehmend informatorisch fundiert erweisen.

Am Ende des Informationsversorgungsprozesses werden zu fast allen wesentlichen Aspekten des Entscheidungsgegenstands Führungsinformationen vorliegen. Weitere Informationen sind dann nicht nur schwer zu beschaffen. Da sie häufig lediglich der Validierung bereits „gedanklich" getroffener Entscheidungen dienen, werden sie auch nur noch vereinzelt aufgenommen. Eine Erhöhung des Informationsstands wird somit schwerer. Der Funktionsgraph nähert sich zwar dem **vollkommenen Informationsstand** an, kann diesen aber nicht erreichen.[21]

---

20)   Grafisch wird dieser Sachverhalt dadurch erfaßt, daß der Funktionsverlauf des Informationsstands zunehmend abflacht.

21)   Erfaßt wird dieser Sachverhalt durch den *asymptotischen Funktionsverlauf.*

2.2.2. Kritik an bestehenden Gestaltungskonzepten

Um unter den gesetzten Annahmen den Informationsstand zu optimieren, sind in der Literatur verschiedene Lösungsansätze entwickelt worden:[22] Vertreter der **ökonomischen Theorie**[23] stellen **Kosten-Nutzen-Relationen** in den Vordergrund ihrer Überlegungen. Vorausgesetzt die Kosten der Informationsbeschaffung und der Nutzen der Informationen für eine Entscheidung können erfaßt werden, läßt sich das Informationsoptimum der Konzernleitung einer Management-Holding nach dem ökonomischen Prinzip wie folgt bestimmen:

> Im Rahmen des Entscheidungsprozesses sind betriebliche Führungsinformationen in der Art und Menge zu beschaffen, daß ihr Nutzen für eine strategische Führungsentscheidung größer ist als die Kosten ihrer Beschaffung.

Für den Optimierungsprozeß wird - wie bei den Annahmen fundiert wurde - von der Tatsache ausgegangen, daß der Nutzen zusätzlicher Informationen umso *mehr* abnimmt, je höher der Informationsstand des Entscheidungsträgers ist. Wurde bereits ein gewisser Informationsstand erreicht, kann zwar eine Vielzahl weiterer Informationen beschafft werden. Im Vergleich zu den zu Beginn des Informationsversorgungsprozesses bereitgestellten Informationen ist der Nutzen aber kleiner. Trägt man den **Nutzen** der bereitgestellten Informationen über dem Informationsstand auf, so hat er - wie die sich anschließende Abb. IV - 14 zeigt - einen progressiv *fallenden* Funktionsverlauf. Wird weiterhin angenommen, daß die Kostenentwicklung *progressiv* ansteigt, existiert genau **ein Informationsoptimum**. Bei ihm sind die Kosten einer zusätzlich beschafften Informationseinheit (Informationsgrenzkosten) gleich dem Grenznutzen der beschafften Informationseinheit.[24]

In der Regel ist die Konzernleitung über die Kosten und den Nutzen der Führungsinformationen nur *unvollständig* informiert, oder sie ist aufgrund der Schwierigkeiten bei der Informationswertermittlung zumindest nicht in der Lage, die Betrachtungsweise von Informationsgrenzkosten und -nutzen anzuwenden.[25] Für eine praxeologische Anwendung kann dieser Optimierungsansatz daher in der Regel keine verwertbaren Aussagen liefern.

---

22) Grundlegende Verfahren gehen insbesondere auf MARSCHAK zurück. Vgl. MARSCHAK (Economic Theory), S. 187 f., und MARSCHAK (Organizational Forms), S. 307 f. In der neueren Literatur vgl. BERTHEL (Informationsbedarf), Sp. 875 ff., aber auch MAG (Informationsbeschaffung), Sp. 1891 f., und PREßMAR (Unternehmensplanung), S. 23 f.

23) Vgl. exemplarisch PREßMAR (Unternehmensplanung), S. 20 ff.

24) Dies gilt nur, wenn die Kosten- und Nutzenentwicklung der Informationen *nicht* proportional vom Informationsstand abhängen und keiner der beiden Verläufe eine Parallele zur Abszisse ist.

25) Den Ertragswert von Informationen zu quantifizieren, ist nach dem gegenwärtigen Erkenntnisstand der Betriebswirtschaftslehre allenfalls bedingt möglich. Vgl. hierzu die Fußnote 12) des dritten Kapitels, S. 100. Zur Informationsbewertung vgl. insbesondere ALBACH (Informationswert), Sp. 720 ff.; TEICHMANN (Informationsbewertung), Sp.1894 ff. WILD (Nutzenbewertung), S. 322, bemerkt hierzu: „Während die Kostenermittlung - zumindest retrospektiv (auf Ist-Kosten-Basis) - prinzipiell möglich erscheint, ist die Nutzenbewertung problematisch ...".

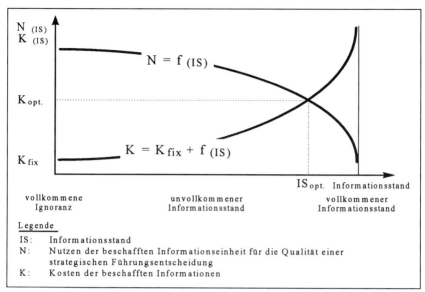

$$N = f\,(IS)$$

$$K = K_{fix} + f\,(IS)$$

| vollkommene Ignoranz | unvollkommener Informationsstand | vollkommener Informationsstand |

Legende

IS: Informationsstand
N: Nutzen der beschafften Informationseinheit für die Qualität einer strategischen Führungsentscheidung
K: Kosten der beschafften Informationen

Abb. IV - 14:   *Entwicklung des Informationsstands der Konzernleitung in Abhängigkeit vom Nutzen und den Kosten der Informationsbeschaffung.*

Die Vertreter der **verhaltenspsychologischen Theorie**[26] unterstellen, daß von den Entscheidungsträgern - im Gegensatz zur ökonomischen Theorie - kein *maximaler Nutzen*, sondern nur ein **befriedigender Nutzen** angestrebt wird. Dies wird damit begründet, daß das Erkennen und die Entwicklung optimaler Alternativen die gegebenen Möglichkeiten der Entscheidungsträger übersteigen.[27] Daher versucht jeder Entscheidungsträger ein *individuell* als ausreichend empfundenes Informationsniveau zu erlangen.[28] Aus verhaltenspsychologischer Sicht lautet daher die Informationsregel in einem Entscheidungsprozeß:

„Es ist so viel Informationsaktivität zu entfalten, als notwendig ist, um im Zuge des Suchprozesses mindestens eine *befriedigende* Alternative zu finden."[29]

Auch dieser Ansatz kann aufgrund seines individuellen, nicht zu schematisierenden Beurteilungsmaßstabs keine verwertbaren Aussagen für einen weiterzuverfolgenden Optimierungsansatz liefern.

26) Vgl. u.a. SIMON (Behavior); MARCH / SIMON (Organizations); SIMON (Models); CYERT / MARCH (Behavioral) - zitiert nach GROFFMANN (Führungsinformationssystem), S. 14. Aber auch KIRSCH (Entscheidungsprozesse I - III); WILD (Organisationsforschung); MAG (Grundfragen).

27) Zur beschränkt rationalen Handlungsweise von Informationssubjekten vgl. BRUBAKER (Rationality), S. 49 ff., und SIMON (Choice), S. 99 ff.

28) Das als ausreichend empfundene Informationsniveau kann über die Zeit *variabel* sein. Vgl. SAUERMANN / SELTEN (Anspruchsanpassungstheorie), S. 577.

29) Vgl. GUTENBERG (Betriebswirtschaftslehre), S. 292.

2.3.   Konfiguration des Alternativkonzepts

Wenn auch eine mathematisch exakte Optimierung des Informationsstands der Konzernleitung nicht möglich ist, soll dennoch versucht werden, das ausgewählte Informationsproblem zumindest *näherungsweise* zu optimieren. Hierzu bietet sich eine **Heuristik** an.

2.3.1.   Abgrenzung der Gestaltungsdeterminanten

Da die von der Konzernleitung *tatsächlich* zur Entscheidungsfindung genutzten Führungsinformationen in der Regel nur eine Teilmenge der hierzu *notwendigen* Führungsinformationen sind,[30] kann der zu optimierende Informationsstand als Schnittmenge zwischen **Informationsbedarf, Informationsnachfrage** und **Informationsangebot** definiert werden.[31]

Aufgrund verschiedener Auffassungen zum Informationsbegriff[32] ist auch die Abgrenzung des **Informationsbedarfs** in der Literatur *nicht* einheitlich.[33] Wird für die weiteren Ausführungen auf die Charakteristika betrieblicher Führungsinformationen in der internationalen Management-Holding zurückgegriffen[34] kann ihr Informationsbedarf der Konzernleitung wie folgt abgegrenzt werden:[35]

Der **Informationsbedarf** der Konzernleitung einer internationalen Management-Holding umfaßt die *Gesamtheit* betrieblicher Führungsinformationen, die geeignet sind, rationale Entscheidungen zur strategischen Führung einer derartigen Holding zu unterstützen.

Je nachdem, ob der Informationsbedarf aus Sicht der Konzernführungsaufgabe oder aus der individuellen Sichtweise der Konzernleitung heraus analysiert wird, können zwei Teilmengen voneinander abgegrenzt werden.[36] Im ersten Fall ist von einem **objektiven Informations-**

---

30)   Zur Begründung vgl. Kap. IV.2.2.1., S. 159 ff.

31)   In Anlehnung an BERTHEL (Informationsbedarf), S. 875 f.

32)   Vgl. hierzu S. 47 ff.

33)   KOREIMANN (Informationsbedarfsanalyse), S. 65, versteht unter dem Informationsbedarf „... die Summe aller Informationen, die erforderlich sind, um einen Sachverhalt ... abzubilden." Dagegen stellt BERTHEL (Informationssysteme), S. 29, die Aufgabe in den Mittelpunkt seiner Überlegungen, so daß bei ihm der Informationsbedarf „ ... die Gesamtheit aller derjenigen Informationen, die für die Erfüllung einer bestimmten (Steuerungs-) Aufgabe notwendig sind", umfaßt.

34)   Vgl. Kap. II.2.2., S. 55 ff.

35)   Basierend auf BERTHEL (Informationssysteme), S. 29; PICOT / FRANCK (Information II), S. 609; SZYPERSKI (Informationsbedarf), Sp. 904; GEMÜNDEN (Information), Sp. 1726 ff.

36)   Vgl. exemplarisch BERTHEL (Informationssysteme), S. 29; PICOT / FRANCK (Information II), S. 609. Für kritische Anmerkungen zur Differenzierung zwischen objektivem und subjektivem Informationsbedarf vgl. GROFFMANN (Führungsinformationssystem), S. 15.

bedarf[37)] zu sprechen. Hierbei ist der Objektivitätsbegriff dahingehend zu interpretieren, daß dieser Informationsbedarf ausschließlich durch die *Aufgabenerfüllung* des Informationssubjekts determiniert wird. Der objektive Informationsbedarf ist daher *mehrseitig*, d.h. unabhängig vom einzelnen Informationssubjekt, zu analysieren.[38)] Im Kontext der internationalen Management-Holding kann der objektive Informationsbedarf der Konzernleitung dahingehend konkretisiert werden, daß er aus ihren **strategischen Führungsaufgaben** abzuleiten ist:[39)]

> Der **objektive Informationsbedarf** der Konzernleitung einer internationalen Management-Holding umfaßt die durch eine *Aufgabenanalyse* gewonnene Gesamtheit betrieblicher Führungsinformationen, die zur strategischen Führung erforderlich sind.

Davon abzugrenzen ist der **subjektive** - individuell vom Informationssubjekt als erforderlich empfundene - **Informationsbedarf**[40)]. Er akzentuiert die Subjektorientierung und spricht diejenigen Informationen an, die das Informationssubjekt aufgrund seiner persönlichen Informationsbedürfnisse als erforderlich *erachtet*.[41)] Der subjektive Informationsbedarf der Konzernleitung einer internationalen Management-Holding läßt sich wie folgt definieren:[42)]

> Der **subjektive Informationsbedarf** der Konzernleitung einer internationalen Management-Holding umfaßt die Gesamtheit betrieblicher Führungsinformationen, die das ausgewählte Informationssubjekt zur strategischen Führung als erforderlich erachtet.

Es würde einem Idealzustand entsprechen, wenn die Konzernleitung ihren gesamten subjektiven Informationsbedarf auch artikulieren würde. In der Regel wird sie nur einen *Teil* nachfragen,[43)] so daß die **Informationsnachfrage** wie folgt fixiert werden kann.[44)]

> Die **Informationsnachfrage** der Konzernleitung einer internationalen Management-Holding umfaßt diejenige Teilmenge ihres subjektiven Informationsbedarfs, die *tatsächlich* von ihr artikuliert wird.

---

37) Die zum Teil in der Literatur verwendeten Begriffe des *aufgabenbezogenen* oder *effektiven Informationsbedarfs* werden als Synonyme des objektiven Informationsbedarfs angesehen.

38) In Anlehnung an den Objektivitätsbegriff des Bibliographisches Institutes (Duden), S. 503.

39) Die vorliegende Definition wurde ausgerichtet an Ausführungen von KÜPPER (Controlling), S. 137, und PICOT / REICHWALD / WIGAND (Unternehmung), S. 106.

40) Vereinzelt wird auch von einem *Informationsbedürfnis* gesprochen. Vgl. GEMÜNDEN (Information), Sp. 1726, und ABEL (Informationsverhalten), S. 133. GAUGLER (Information), Sp. 1180, spricht von *subjektiven Informationswünschen*.

41) Vgl. PICOT / FRANCK (Information II), S. 609.

42) In Anlehnung an Ausführungen von KÜPPER (Controlling), S. 137. Vgl. aber auch PICOT / REICHWALD / WIGAND (Unternehmung), S. 106, und GEMÜNDEN (Information), Sp. 1726.

43) Vgl. GARBE (Informationsbedarf), Sp. 1875; PICOT / FRANCK (Information II), S. 609.

44) Die Definition basiert auf PICOT / FRANCK (Information II), S. 609. In der Literatur wird auch vereinzelt von einem geäußerten Informationsbedarf gesprochen. Vgl. GARBE (Informationsbedarf), Sp. 1875.

Bislang wurde nur auf die „Verwenderseite" betrieblicher Führungsinformationen eingegangen. Die Nutzung von Informationen durch die Konzernleitung einer internationalen Management-Holding setzt jedoch ihre Verfügbarkeit voraus. Hierzu ist ein entsprechendes **Informations-angebot** nötig, das sich wie folgt definieren läßt:[45]

Das **Informationsangebot** für die Konzernleitung einer internationalen Management-Holding umfaßt die Gesamtheit betrieblicher Führungsinformationen, die dem Informations-subjekt zu einem bestimmten Zeitpunkt an einem bestimmten Ort zur Verfügung stehen.

Die in der Abb. IV - 15 erfaßte Konstellation des objektiven und subjektiven Informations-bedarfs (Rechteck I und II) sowie der Informationsnachfrage (Rechteck III) und des Infor-mationsangebots (Rechteck IV) versucht, die in der empirischen Untersuchung eruierten Anspruchslücken[46] effizienter Führungsinformationssysteme für die internationale Manage-ment-Holding nachzuzeichnen:

• Es ist zu erkennen, daß der objektive und der subjektive Informationsbedarf der Konzern-leitung voneinander abweichen.[47]

• Des weiteren zeigt die Abbildung auf, daß der subjektive Informationsbedarf der Konzern-leitung auch Daten beinhaltet, die für die rationale Entscheidungsfindung *nicht* notwendig sind, die die Konzernleitung aber als erforderlich erachtet (Segment 3).[48]

• Letztendlich steht dem Informationsangebot (Rechteck IV) eine ungedeckte Nachfrage der Konzernleitung an Führungsinformationen (Segmente 1 bis 5) gegenüber.

Bei der Konzernleitung herrscht somit ein als „**Mangel im Überfluß**"[49] zu charakterisierender Informationsstand vor. Der Informationsstand der Konzernleitung (Segment 7) ist entspre-chend klein.

---

45)   Auch wenn in Informationssystemen in erster Linie *Daten* bereitgehalten werden, die erst durch ihren *Zweckbezug* zu Informationen werden, soll in Anlehnung an KOREIMANN (Informationsbedarfs-analyse), S. 67, und ZAHN (Informationsangebot), S. 965, stets von einem *Information*sangebot gespro-chen werden. Ähnlich auch bei BAHLMANN (Informationsbedarfsanalyse), S. 42 f. Er hebt jedoch auf die Möglichkeit des zur Verfügungstellens ab und definiert daher *nicht* die tatsächlich angebotenen Informationen, sondern die *potentiell anbietbaren* Informationen als Informationsangebot.

46)   Vgl. hierzu Kap. IV.1.2.6., S. 152 ff.

47)   So ist die Konzernleitung aufgrund der mangelnden Strukturiertheit und des Umfangs ihrer Führungs-aufgaben unfähig, alle relevanten Wert- und Wissensaspekte des objektiven Informationsbedarfs zu erfassen. Zur Begründung vgl. BRUBAKER (Rationality), S. 49 ff., und SIMON (Choice), S. 99 ff.

48)   Die individuelle Übernachfrage der Konzernleitung kann u.a. mit dem in der Praxis auftretenden Prestigebedürfnis „Wissen ist Macht" begründet werden. Vgl. BERTHEL (Informationssysteme), S. 32.

49)   Übernommen aus WILD (Nutzenbewertung), S. 316.

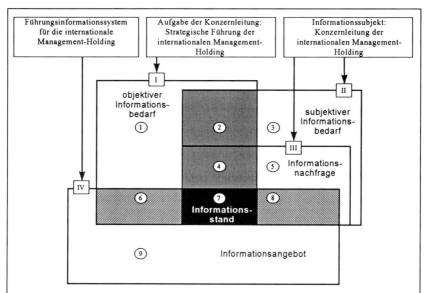

Legende

1 : Betriebliche Führungsinformationen, die zur strategischen Führung der internationalen Management-Holding notwendig sind, aber weder von der Konzernleitung als erforderlich erachtet werden - daher auch nicht nachgefragt werden - noch von dem Führungsinformationssystem angeboten werden.

2 : Betriebliche Führungsinformationen, die zur strategischen Führung der internationalen Management-Holding notwendig sind, von der Konzernleitung auch als erforderlich erachtet werden, aber weder von ihr nachgefragt noch von dem Führungsinformationssystem angeboten werden.

3 : Daten, die weder zur strategischen Führung der internationalen Management-Holding notwendig sind, noch von der Konzernleitung nachgefragt oder von dem Führungsinformationssystem angeboten werden.

4 : Betriebliche Führungsinformationen, die zur strategischen Führung der internationalen Management-Holding notwendig sind, von der Konzernleitung auch nachgefragt, aber von dem Führungsinformationssystem nicht angeboten werden.

5 : Daten, die weder zur strategischen Führung der internationalen Management-Holding notwendig sind, noch von dem Führungsinformationssystem angeboten, aber von der Konzernleitung nachgefragt werden.

6 : Betriebliche Führungsinformationen, die zur strategischen Führung der internationalen Management-Holding notwendig sind, von dem Führungsinformationssystem auch angeboten, aber von der Konzernleitung nicht nachgefragt werden.

7 : Betriebliche Führungsinformationen, die zur strategischen Führung der internationalen Management-Holding notwendig sind, von der Konzernleitung nachgefragt und von dem Führungsinformationssystem auch angeboten werden (originärer Informationsstand).

8 : Daten, die nicht zur strategischen Führung der internationalen Management-Holding notwendig sind, aber von der Konzernleitung nachgefragt und von dem Führungsinformationssystem auch angeboten werden.

9 : Daten, die weder zur strategischen Führung der internationalen Management-Holding notwendig sind, noch von der Konzernleitung nachgefragt werden, aber von dem Führungsinformationssystem angeboten werden.

Abb. IV - 15:   Determinanten des Informationsstands der Konzernleitung einer internationalen Management-Holding.

2.3.2. Darstellung der einzelnen Gestaltungsschritte

Die Komplexität, den Informationsstand der Konzernleitung einer internationalen Management-Holding mit einer Heuristik optimieren zu wollen, aber auch die allgemeine Erkenntnis, daß bei der Gestaltung effizienter Führungsinformationssysteme einzusetzende „Methoden" immer nur *einzelne* Gestaltungsaspekte abdecken können, läßt den **nacheinander geschalteten Einsatz mehrerer, aufeinander abgestimmter Methoden** als Gestaltungsprinzip (Paradigma) zweckmäßig erscheinen.

Dieses im folgenden als **sequentielle Methodenverkettung** bezeichnete Alternativkonzept hat den Vorteil, daß es verschiedene Ansatzpunkte bietet, die aufgedeckten **Anspruchslücken**[50] **nacheinander zu schließen**. Da die Ergebnisse dann - wie Kap. IV.5. zeigen wird - noch zu einem *Aussageverbund* zusammengefügt werden können, wird die Induzierung von **Synergieeffekten** wahrscheinlich.

Die ausgewählte Optimierungsheuristik ist nicht so ungewöhnlich, wie sie zunächst vielleicht erscheinen mag. Für einen Ingenieur ist es geradezu selbstverständlich, zur Herstellung eines Werkstücks mehrere, sich ergänzende Fertigungstechnologien *hintereinander* anzuwenden.[51] Je nachdem, welche Werkstückeigenschaften er anstrebt, wird er das Drehen, Fräsen, Schleifen oder eine elektrochemische Behandlung miteinander kombinieren und nacheinander anwenden.

Die Optimierungsheuristik läßt sich für die weiteren Ausführungen als eine **Flächenmaximierung** des Informationsstands (Segment 7 der Abb. IV - 15) konkretisieren. Ihr Ansatz mündet in einer dreifachen **Gestaltungsproblematik**:

• Zunächst ist abzuklären, **wie** und **in welcher Reihenfolge** Informationsbedarf, Informationsangebot und Informationsnachfrage der Konzernleitung **zueinanderzuführen** sind.

• Danach ist festzulegen, **mit welchen Methoden** die ausgewählte Optimierungsstrategie erreicht werden kann (*Kap. IV.3.1. - 3.3.* und *Kap. IV.4.1. - 4.2.*)

• Im letzten Arbeitsschritt sind die **ausgewählten Methoden** miteinander zu verknüpfen, um *Synergieeffekte* zu induzieren (*Kap. IV.5.*)

Zur ersten Fragestellung: Da das Informationsangebot mit betriebswirtschaftlichen und technischen Auswertungsmethoden variiert werden kann, ist der Optimierungsprozeß derart zu gestalten, daß das Informationsangebot dem Informationsbedarf anzupassen ist. Die Verbesserung

---

50)   Vgl. hierzu Kap. IV.1.2.6., S. 152 ff.

51)   In Anlehnungen an WURL (Liquiditätskontrolle), S. 110 f., der mit seinen Ausführungen jedoch den *gleichzeitigen Einsatz* mehrerer Verfahren begründet.

des Informationsstands der Konzernleitung wird durch *drei Optimierungsschritte* realisiert, die sich wie folgt zusammenfassen lassen:

1. Optimierungsschritt: Analyse des modifizierten Informationsbedarfs I*

Der Informationsbedarf der Konzernleitung einer internationalen Management-Holding kann aus der Sicht der *Konzernführungsaufgabe* oder aus der *individuellen Sichtweise des Aufgabenträgers* heraus analysiert werden.[52] Da nach Ansicht des Autors Aufgabe und Aufgabenträger bei der Entscheidungsfindung eine **Einheit** bilden sollten, ist eine getrennte Ermittlung weder theoretisch begründbar noch praktisch sinnvoll.[53]

Zur Gestaltung effizienter Führungsinformationssysteme für die internationale Management-Holding ist - wie die Abb. IV - 16 zeigt - daher zunächst der **modifizierte Informationsbedarf I*** (Rechteck I*) der Konzernleitung herauszuarbeiten. Er setzt sich aus ihrem objektivem und subjektivem Informationsbedarf zusammen und bildet die zentrale Zielgröße der Optimierungsheuristik.

Hierbei wird *keine* Gleichgewichtung der Informationsbedarfe (Rechteck I und II) angestrebt. Um die *Erfassung des objektiven Informationsbedarfs* und die *Erfassung strategischer Informationen* - dem ersten Gestaltungsschwerpunkt effizienter Führungsinformationssysteme für die internationale Management-Holding[54] - akzentuieren zu können, ist zunächst der objektive Informationsbedarf *logisch-deduktiv* aus der strategischen Führungsaufgabe der Konzernleitung in der internationalen Management-Holding abzuleiten. Anschließend ist er mit dem *empirisch-induktiv* ermittelten subjektiven Informationsbedarf (Rechteck II) zu vergleichen und um solche Informationen zu ergänzen, die die Konzernleitung als *unbedingt* erforderlich erachtet (Segmente 3a, 5a und 8a). Nur durch die Kombination dieser logisch-deduktiven und empirisch-induktiven Analysekomponenten kann eine hohe Akzeptanz der ausgewählten Methode zur Informationsbedarfsanalyse der Konzernleitung erreicht werden.

---

52)   Vgl. S. 164 f.
53)   Ähnlich auch bei PICOT / FRANCK (Information II), S. 609.
54)   Vgl. hierzu S. 145 f.

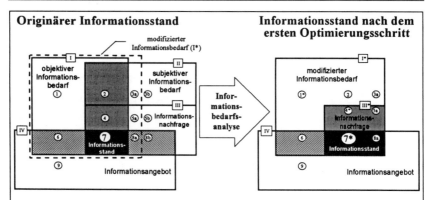

Legende

1 : Betriebliche Führungsinformationen, die zur strategischen Führung der internationalen Management-Holding notwendig sind, aber weder von der Konzernleitung als erforderlich erachtet werden - daher auch nicht nachgefragt werden - noch von dem Führungsinformationssystem angeboten werden.

1* : Empirisch-induktiv bestätigte betriebliche Führungsinformationen, die zur strategischen Führung der internationalen Management-Holding notwendig sind, oder von der Konzernleitung als unbedingt erforderlich erachtet werden, aber weder nachgefragt noch von dem Führungsinformationssystem angeboten werden.

2 : Betriebliche Führungsinformationen, die zur strategischen Führung der internationalen Management-Holding notwendig sind, von der Konzernleitung auch als erforderlich erachtet werden, aber weder von ihr nachgefragt noch von dem Führungsinformationssystem angeboten werden.

3 : Daten, die weder zur strategischen Führung der internationalen Management-Holding notwendig sind, noch von der Konzernleitung nachgefragt oder von dem Führungsinformationssystem angeboten werden.

4 : Betriebliche Führungsinformationen, die zur strategischen Führung der internationalen Management-Holding notwendig sind, von der Konzernleitung auch nachgefragt, aber von dem Führungsinformationssystem nicht angeboten werden.

4* : Empirisch-induktiv bestätigte betriebliche Führungsinformationen, die zur strategischen Führung der internationalen Management-Holding notwendig sind, oder von der Konzernleitung als unbedingt erforderlich erachtet werden, auch nachgefragt, aber von dem Führungsinformationssystem nicht angeboten werden.

5 : Daten, die weder zur strategischen Führung der internationalen Management-Holding notwendig sind, noch von dem Führungsinformationssystem angeboten, aber von der Konzernleitung nachgefragt werden.

6 : Betriebliche Führungsinformationen, die zur strategischen Führung der internationalen Management-Holding notwendig sind, von dem Führungsinformationssystem auch angeboten, aber von der Konzernleitung nicht nachgefragt werden.

7 : Betriebliche Führungsinformationen, die zur strategischen Führung der internationalen Management-Holding notwendig sind, von der Konzernleitung nachgefragt und von dem Führungsinformationssystem auch angeboten werden (originärer Informationsstand).

7* : Empirisch-induktiv bestätigte betriebliche Führungsinformationen, die zur strategischen Führung der internationalen Management-Holding notwendig sind, oder von der Konzernleitung als unbedingt erforderlich erachtet werden, daher auch nachgefragt und von dem Führungsinformationssystem auch angeboten werden (Informationsstand nach dem ersten Optimierungsschritt).

8 : Daten, die nicht zur strategischen Führung der internationalen Management-Holding notwendig sind, aber von der Konzernleitung nachgefragt und von dem Führungsinformationssystem auch angeboten werden.

9 : Daten, die weder zur strategischen Führung der internationalen Management-Holding notwendig sind, noch von der Konzernleitung nachgefragt werden, aber von dem Führungsinformationssystem angeboten werden.

Abb. IV - 16:   *Ableitung des modifizierten Informationsbedarfs I* der Konzernleitung einer internationalen Management-Holding.*

Ist - wie die vorangegangene Abb. IV - 16 darstellte - der modifizierte Informationsbedarf I*
der Konzernleitung herausgearbeitet, impliziert dies die folgenden **Segmentveränderungen**:

- **Erweiterung der Segmente 1 und 2 um Segment 3a zu Segment 1***

  Betriebliche Führungsinformationen, die zur strategischen Führung der internationalen Management-Holding notwendig sind, aber weder von der Konzernleitung nachgefragt, noch von
  dem Führungsinformationssystem angeboten werden (Segmente 1 und 2), sind nicht nur
  empirisch-induktiv auf ihre Zielausrichtung, die strategische Führung der internationalen
  Management-Holding zu unterstützen, zu überprüfen. Sie werden aus *Akzeptanzgründen*[55]
  auch um diejenigen Teile des subjektiven Informationsbedarfs erweitert, die die Konzernleitung als *unbedingt* erforderlich erachtet (Segment 3a). Das **neu definierte Segment 1***
  umfaßt somit empirisch-induktiv bestätigte betriebliche Führungsinformationen, die zur
  strategischen Führung der internationalen Management-Holding notwendig sind, von der
  Konzernleitung als *unbedingt* erforderlich erachtet werden, aber weder nachfragt noch von
  dem Führungsinformationssystem angeboten werden.

- **Erweiterung des Segments 4 um Segment 5a zu Segment 4***

  Des weiteren werden betriebliche Führungsinformationen, die zur strategischen Führung der
  internationalen Management-Holding notwendig sind, von der Konzernleitung auch nachgefragt, aber von dem Führungsinformationssystem nicht angeboten werden (Segment 4),
  empirisch-induktiv auf ihre Zielausrichtung überprüft, die strategische Führung der internationalen Management-Holding zu unterstützen. Sie werden um Daten erweitert, die die
  Konzernleitung der internationalen Management-Holding als *unbedingt* erforderlich erachtet
  (Segment 5a). Das **neu definierte Segment 4*** umfaßt somit empirisch-induktiv bestätigte
  betriebliche Führungsinformationen, die zur strategischen Führung der internationalen Management-Holding notwendig sind, oder von der Konzernleitung als *unbedingt* erforderlich
  erachtet werden. Sie werden von der Konzernleitung auch nachgefragt, aber von dem
  Führungsinformationssystem nicht angeboten.

- **Erweiterung des Segments 7 um Segment 8a zu Segment 7***

  Der zu optimierende Informationsstand (Segment 7) wird durch den ersten Optimierungsschritt um diejenigen Teile des subjektiven Informationsbedarfs erweitert, die die Konzernleitung der internationalen Management-Holding als *unbedingt* erforderlich erachtet, sie
  dementsprechend nachfragt und die von dem Führungsinformationssystem auch angeboten
  werden (Segment 8a). Der originäre Informationsstand (Segment 7) wächst dadurch um das
  Segment 8a auf den **Informationsstand nach dem ersten Optimierungsschritt** (Segment
  7*) an.

---

55)   Vgl. hierzu S. 169.

- **Eliminierung der Segmente 3b, 5b und 8b**

  Um eine Überversorgung an Informationen zu vermeiden, ist die Konzernleitung im ersten Optimierungsschritt weiterhin zu überzeugen, diejenigen Teilbereiche des subjektiven Informationsbedarfs *nicht* mehr nachzufragen, die den Anforderungen des modifizierten Informationsbedarfs nicht genügen können. Der zu eliminierende Informationsumfang wird durch die Segmente 3b, 5b und 8b beschrieben.

2. Optimierungsschritt: Anpassung des Informationsangebots an den modifizierten Informationsbedarf I*

Die Analyse des modifizierten Informationsbedarfs I* der Konzernleitung schafft zwar die Grundlage für eine effiziente Systemgestaltung. Wird das Informationsangebot (Rechteck IV) aber nicht auf den modifizierten Informationsbedarf I* der Konzernleitung (Rechteck I*) abgestimmt, kann nur ein Teil der benötigten Informationsbedarfsgrößen bereitgestellt werden.

Zum anderen besteht das Problem, daß der Konzernleitung immer noch Daten zur Verfügung gestellt werden, die *nicht* ihrem modifizierten Informationsbedarf I* entsprechen (Segment 9). Hierdurch werden ihre intellektuellen Ressourcen unnötig belastet, so daß - wie die nachfolgende Abb. IV - 17 zeigt - im zweiten Optimierungsschritt das Informationsangebot (Rechteck IV) am modifizierten Informationsbedarf I* (Rechteck I*) auszurichten ist.[56] Dies bedingt **zwei Handlungsaktionen**:

- Zum einen ist abzuklären, wie die Daten für die im ersten Optimierungsschritt ermittelten Informationsbedarfsgrößen *beschafft* werden können. Die Analyse benötigter Datenquellen sowie die systematische Darstellung der Informationspfade[57] für die einzelnen Informationsbedarfsgrößen wird als Aufgabe der **Informationsbeschaffung** definiert.

- Das Informationsangebot muß aber auch durch eine adäquate **Informationsaufbereitung** an den modifizierten Informationsbedarf I* angepaßt werden. Mit der Entwicklung eines *hierarchisch gegliederten* und *strategieorientierten Kennzahlensystems* kann dem in der empirischen Untersuchung deduzierten zweiten Gestaltungsschwerpunkt effizienter Führungsinformationssysteme für die internationale Management-Holding[58] Rechnung getragen werden.

---

56)   Grundsätzlich käme auch eine Ausrichtung des Informationsangebots an der Informationsnachfrage in Betracht. Da die Aufgabenträger aber kaum ihren gesamten Informationsbedarf kennen und ihn daher auch nicht nachfragen werden, ist diese Gestaltungsvariante nicht weiterzuverfolgen.

57)   In Anlehnung an die Terminologie von BAUMÖL (Informationsmanagement), S. 13.

58)   Vgl. hierzu S. 146 f.

Informationsstand nach dem ersten Optimierungsschritt

Informationsstand nach dem zweiten Optimierungsschritt

Legende

1* : Empirisch-induktiv bestätigte betriebliche Führungsinformationen, die zur strategischen Führung der internationalen Management-Holding notwendig sind, oder von der Konzernleitung als unbedingt erforderlich erachtet werden, aber weder nachgefragt noch von dem Führungsinformationssystem angeboten werden.

4* : Empirisch-induktiv bestätigte betriebliche Führungsinformationen, die zur strategischen Führung der internationalen Management-Holding notwendig sind, oder von der Konzernleitung als unbedingt erforderlich erachtet werden, auch nachgefragt, aber von dem Führungsinformationssystem nicht angeboten werden.

6 : Betriebliche Führungsinformationen, die zur strategischen Führung der internationalen Management-Holding notwendig sind, von dem Führungsinformationssystem auch angeboten, aber von der Konzernleitung nicht nachgefragt werden.

6** : Empirisch-induktiv bestätigte betriebliche Führungsinformationen, die zur strategischen Führung der internationalen Management-Holding notwendig sind, oder von der Konzernleitung als unbedingt erforderlich erachtet werden, von dem Führungsinformationssystem auch angeboten, aber von der Konzernleitung nicht nachgefragt werden.

7* : Empirisch-induktiv bestätigte betriebliche Führungsinformationen, die zur strategischen Führung der internationalen Management-Holding notwendig sind, oder von der Konzernleitung als unbedingt erforderlich erachtet werden, daher auch nachgefragt und von dem Führungsinformationssystem auch angeboten werden (Informationsstand nach dem ersten Optimierungsschritt).

7** : Empirisch-induktiv bestätigte betriebliche Führungsinformationen, die zur strategischen Führung der internationalen Management-Holding notwendig sind, oder von der Konzernleitung als unbedingt erforderlich erachtet werden, daher auch nachgefragt und von dem Führungsinformationssystem auch angeboten werden (Informationsstand nach dem zweiten Optimierungsschritt).

9 : Daten, die weder zur strategischen Führung der internationalen Management-Holding notwendig sind, noch von der Konzernleitung nachgefragt werden, aber von dem Führungsinformationssystem angeboten werden.

Abb. IV - 17:   Anpassung des Informationsangebots an den modifizierten Informationsbedarf I der Konzernleitung einer internationalen Management-Holding.*

Die sich hieraus ergebenden Segmentveränderungen lassen sich wie folgt zusammenfassen:[59]

- **Erweiterung des Segments 6 um Segment 1* zu Segment 6****

Wird das Informationsangebot (Rechteck IV) an dem modifizierten Informationsbedarf I* ausgerichtet, so werden betriebliche Führungsinformationen, die zur strategischen Führung der internationalen Management-Holding notwendig sind, von dem Führungsinformations-system auch angeboten, aber von der Konzernleitung nicht nachgefragt werden (Segment 6), um Informationen des Segments 1* ergänzt. Das **neu definierte Segment 6**** enthält dann empirisch-induktiv bestätigte Führungsinformation, die zur strategischen Führung der internationalen Management-Holding notwendig sind, oder von der Konzernleitung als unbedingt erforderlich erachtet werden, von dem Führungsinformationssystem auch ange-boten, aber von der Konzernleitung nicht nachgefragt werden.

- **Wegfall des Segments 9**

Der zweite Optimierungsschritt impliziert weiterhin, daß sämtliche Daten des Informations-angebots, die der Anforderung nicht genügen (Segment 9), die strategische Führung der Management-Holding zu unterstützen, aus dem Informationsangebot (Rechteck IV**) eli-miniert werden. Empirische Studien unterstreichen die Bedeutung dieses Arbeitsschritts, in-dem sie belegen, daß eine Erhöhung des Informationsangebots - insbesondere in informa-torischen Überlastungssituation - die Entscheidungsqualität erheblich verschlechtert, da offen-bar zusätzliche mentale Ressourcen zur Verwaltung der Informationen benötigt werden.

- **Erweiterung des Segments 7* um Segment 4* zu Segment 7****

Dieser Optimierungsschritt beinhaltet die Erweiterung des Informationsstands der Konzern-leitung (Segment 7*) um Segment 4*. Empirisch-induktiv bestätigte betriebliche Führungs-informationen, die zur strategischen Führung der internationalen Management-Holding not-wendig sind, oder von der Konzernleitung als unbedingt erforderlich erachtet werden, auch nachgefragt, aber von dem Führungsinformationssystem bislang nicht angeboten werden konnten, können nun zur Verfügung gestellt werden.

3. Schritt: „Vitalisierung"[60] der Informationsnachfrage in Richtung des bedarfsgerechten Informationsangebots IV*

Jedes Informationsangebot erfüllt nur dann seinen Sinn, wenn es auf eine entsprechend artikulierte Nachfrage trifft.[61] Die Ausrichtung des Informationsangebots (Rechteck IV**) am modifizierten Informationsbedarf I* (Rechteck I*) genügt daher noch nicht, um den

---

59)   Vgl. hierzu Abb. IV - 17, S. 173.

60)   In Anlehnung an die Terminologie von WITTE (Informationsverhalten), S. 74.

61)   Gleicher Ansicht ist auch SZYPERSKI (Informationsbedarf), Sp. 905.

Informationsstand der Konzernleitung zu seinem Optimum zu führen. In der erreichten Determinantenkonstellation läßt sich der Informationsstand noch durch eine **Vitalisierung der Informationsnachfrage III*** in Richtung des bedarfsgerechten Informationsangebots IV* vergrößern.[62] Die dritte und abschließende Aufgabe der effizienten Systemgestaltung besteht daher darin, aktiv auf das Informationsangebot aufmerksam zu machen.[63] Nur so kann die Informationsnachfrage der Konzernleitung (Rechteck III*) angeregt werden, ihren modifizierten Informationsbedarf I* auch nachzufragen.[64]

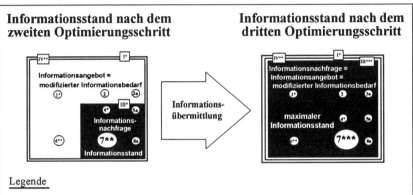

Informationsstand nach dem zweiten Optimierungsschritt

Informationsstand nach dem dritten Optimierungsschritt

Legende

6**   :   Empirisch-induktiv bestätigte betriebliche Führungsinformationen, die zur strategischen Führung der internationalen Management-Holding notwendig sind, oder von der Konzernleitung als unbedingt erforderlich erachtet werden, von dem Führungsinformationssystem auch angeboten, aber von der Konzernleitung nicht nachgefragt werden.

7**   :   Empirisch-induktiv bestätigte betriebliche Führungsinformationen, die zur strategischen Führung der internationalen Management-Holding notwendig sind, oder von der Konzernleitung als unbedingt erforderlich erachtet werden, daher auch nachgefragt und von dem Führungsinformationssystem auch angeboten werden (Informationsstand nach dem zweiten Optimierungsschritt).

7***   :   Empirisch-induktiv bestätigte betriebliche Führungsinformationen, die zur strategischen Führung der internationalen Management-Holding notwendig sind, oder von der Konzernleitung als unbedingt erforderlich erachtet werden, nachgefragt und von dem Führungsinformationssystem auch angeboten werden (Informationsstand der dritten Optimierungsstufe = maximal möglicher Informationsstand).

Abb. IV - 18:   *„Vitalisierung" der Informationsnachfrage der Konzernleitung einer internationalen Management-Holding in Richtung des bedarfsgerechten Informationsangebots.*

---

62)   Diese Aussage basiert auf Ergebnissen verschiedener empirischer Untersuchungen, die belegen, daß die Unvollkommenheit des Informationsstands eines Entscheidungsträgers zum Teil auch aus seiner unvollkommenen Informationsnachfrage resultiert. Vgl. WITTE (Informationsverhalten), S. 74. SZYPERSKI (Informationsbedarf), Sp. 905, schreibt hierzu: „Jedes Informationsangebot kann .. nur wirksam werden, wenn es auf eine artikulierte Nachfrage stößt."

63)   MERTENS / SCHRAMMEL (Dokumentation), S. 91, sprechen von einem „Informations-Marketing".

64)   WITTE (Informationsverhalten), S. 50 ff., bestätigt die getroffene Aussage, indem er nachwies, daß die Menge der Informations-*Nachfrage*-Aktivität zur Lösung komplexer Entscheidungsprobleme in *positivem Zusammenhang* mit der Effizienz der erarbeiteten Entschlüsse steht.

Wie die Abb. IV - 18 zeigte, müssen der Konzernleitung die eruierten Führungsinformationen als ein unmißverständliches, nicht ignorierbares und jederzeit auf eine einfache Art abrufbares Informationsangebot *übermittelt* werden.[65] Die benutzergerechte **Informationsübermittlung** betrieblicher Führungsinformationen wird daher als dritter Gestaltungsschwerpunkt definiert. Sie berücksichtigt die im Rahmen der empirischen Untersuchung herausgearbeitete sehr hohe Gewichtung der *Benutzeradäquanz* von Führungsinformationssystemen. Durch diesen dritten Optimierungsschritt werden folgende Segmentveränderungen determiniert:[66]

- **Erweiterung des Segments 7** um Segment 6** zu Segment 7*****

  Durch die Anpassung der Informationsnachfrage (Rechteck III*) an das bedarfsgerechte Informationsangebot (Rechteck IV*) wird der Informationsstand des zweiten Optimierungsschritts (Segment 7**) um empirisch-induktiv bestätigte Führungsinformationen erweitert, die zur strategischen Führung der Management-Holding notwendig sind, oder von der Konzernleitung als *unbedingt* erforderlich erachtet werden, von dem Führungsinformationssystem auch angeboten, aber von der Konzernleitung *nicht* nachgefragt wurden (Segment 6**). Der bisherige Informationsstand der Konzernleitung (Segment 7**) wächst hierdurch um das Segment 6** auf den Umfang des Segments 7*** an.

Zusammenfassend kann festgehalten werden, daß die sequentielle Methodenverkettung zum einen die **inhaltliche Gestaltung**[67] von Führungsinformationssystemen berücksichtigt:[68]

- Hierbei ist der notwendige **Informationsbedarf** der Konzernleitung **zu analysieren**.

- Danach sind die notwendigen Primärinformationen **zu beschaffen**.

- Letztendlich sind die Primärinformationen **bedarfsgerecht** zu Führungsinformationen **aufzubereiten**.

Damit die Konzernleitung die bereitgestellten Informationen auch nutzt, müssen aber auch **formale Aspekte**[69] berücksichtigt werden:

- Es ist sicherzustellen, daß die Informationen der Konzernleitung in *adäquater Form*, d.h. als ein unmißverständliches und nicht ignorierbares Informationsangebot, **übermittelt** werden.

Auch wenn die Informationsbedarfsgrößen der Konzernleitung noch so gewissenhaft analysiert, in ihrem ganzen Umfang beschafft, aufbereitet sowie den Anforderungen der Informations-

---

65)   Zur Bedeutung dieses Gestaltungsschwerpunktes vgl. Abb. III - 10, S. 114.

66)   Vgl. Abb. IV - 18, S. 175.

67)   Zur *inhaltlichen* Gestaltung effizienter Führungsinformationssysteme für die internationale Management-Holding vgl. Kap. IV.3., S. 178 ff.

68)   Vgl. hierzu Abb. IV - 19, S. 177.

69)   Zur *formalen* Gestaltung effizienter Führungsinformationssysteme für die internationale Management-Holding vgl. Kap. IV.4., S. 285 ff.

subjekte entsprechend übermittelt werden können. Sie werden - so zeigte die empirische Untersuchung[70] - unberücksichtigt bleiben, wenn sie nicht *rechtzeitig* bereitgestellt werden können
oder wenn auch nur geringste Zweifel an ihrer *inhaltlichen Richtigkeit* bestehen. Effiziente
Führungsinformationssysteme für die internationale Management-Holding haben daher auch
Sorge dafür zu tragen, daß die Führungsinformationen nicht nur in ihrem Design adäquat,
sondern auch rechtzeitig und inhaltlich richtig zur Verfügung gestellt werden:[71]

- Um die **Termingerechtigkeit** sicherzustellen zu können, sind die Zeitpunkte der Informationsbereitstellung festzulegen. Hierbei konnten mit der empirischen Untersuchung keine
  pauschalen Aussagen zur Termingerechtigkeit von Führungsinformationen abgeleitet werden.
  Die sehr hohe Standardabweichung sowohl der Soll- als auch der Istausprägung der Termingerechtigkeit läßt vermuten, daß diese von der jeweiligen Entscheidungssituation abhängt.
  Dieser Gestaltungsaspekt effizienter Führungsinformationssysteme wird daher **nicht** weiter
  berücksichtigt.

- Um die inhaltliche Richtigkeit bereitzustellender Führungsinformationen gewährleisten zu
  können, sind **Ansätze** zum Schutz vor möglichen Störungen und Manipulationen zu entwickeln. Dieser Aspekt wird als fünfter und letzter Gestaltungsschwerpunkt des technologischen Alternativkonzepts festgelegt.

Die nachfolgende Abb. IV - 19 faßt die ausgewählten Teilaspekte effizienter Führungsinformationssysteme für die internationale Management-Holding nochmals zusammen.

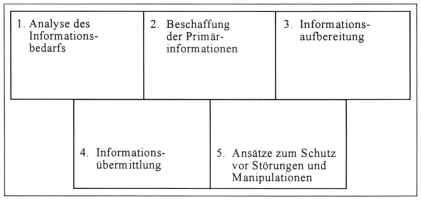

Abb. IV - 19:   *Sequentielle Methodenverkettung als technologisches Alternativkonzept zur Gestaltung*
                 effizienter Führungsinformationssysteme für die internationale Management-Holding.

---

70)   Vgl. hierzu insbesondere Kap. IV.1.2.4., S. 150 f.
71)   Vgl. hierzu Abb. IV - 19, S. 177.

3. Inhaltliche Gestaltung effizienter Führungsinformationssysteme für die internationale Management-Holding

Wie der soeben abgeleitete Methodologieansatz zeigt, ist die *inhaltliche Gestaltung*[1] effizienter Führungsinformationssysteme für die internationale Management-Holding durch **drei Gestaltungsfelder** gekennzeichnet. Das sich anschließende Kapitel 3.1. beinhaltet die Darstellung und Evaluierung verschiedener Methoden der **Informationsbedarfsanalyse**. Hieran knüpfen die Ausführungen zur **Beschaffung der Primärinformationen** an. In Kap. 3.3. werden verschiedene Methoden der **Informationsaufbereitung** dargestellt und beurteilt.

3.1. Analyse des Informationsbedarfs

Bei der Gestaltung effizienter Führungsinformationssysteme ist zunächst die Frage zu klären, *welche* Informationen das ausgewählte Informationssubjekt benötigt. Dies ist Aufgabe der **Informationsbedarfsanalyse**. In bezug auf die Gestaltungsarbeit in der internationalen Management-Holding kann wie folgt definiert werden:

> Bei der Gestaltung effizienter Führungsinformationssysteme für die internationale Management-Holding ist mit der **Informationsbedarfsanalyse** festzustellen, *welche Informationen* die Konzernleitung zur Bewältigung ihrer strategischen Führungsaufgaben benötigt.

In Wissenschaft und Praxis wurden eine *Vielzahl* von Methoden entwickelt, die alle für sich beanspruchen, den Informationsbedarf hinsichtlich Inhalt und Struktur[2] vollständig analysieren zu können. In diesem Kapitel ist daher herauszuarbeiten, mit welcher der Methoden der Informationsbedarf der Konzernleitung einer internationalen Management-Holding *am „besten"* zu analysieren ist.

---

1)   Zur formalen Gestaltung effizienter Führungsinformationssysteme vgl. Kap. IV.4., S. 285 ff.

2)   Zur Begründung dieser Differenzierung vgl. S. 105 f.

3.1.1. Deskription und Vorauswahl konventioneller Methoden der Informationsbedarfsanalyse

Sämtliche Methoden der Informationsbedarfsanalyse bauen auf den als **originäre Methoden der Informationsbedarfsanalyse** bezeichneten Verfahren der Aufgabenanalyse, Berichtsmethode und Dokumentenanalyse auf.[3] Sie setzen sich wie folgt zusammen:

- Die **Aufgabenanalyse** zielt auf die Erfassung des *objektiven Informationsbedarfs*[4] ab. Eine logisch-deduktive Aufgabenanalyse[5] soll helfen, den objektiven Informationsbedarf zu analysieren.

- Mit der **Berichtsmethode** wird der *subjektive Informationsbedarf*[6] ermittelt. Hierzu wird - wie die Terminologie schon vermuten läßt - auf einen *Bericht* des Entscheidungsträgers zurückgegriffen, in dem er seine Aufgaben und die seines Erachtens dafür notwendigen Informationen offenlegt.[7]

- Die **Dokumentenanalyse** orientiert sich am *Informationsangebot*, das dem Informationssubjekt gegenwärtig zur Verfügung steht. Dabei werden sämtliche bereits vorhandenen Dokumente analysiert, wodurch auf den Informationsbedarf geschlossen wird.[8]

Zu den originären Methoden der Informationsbedarfsanalyse ist anzumerken, daß sie für sich genommen keine Loslösung vom Ist-Zustand ermöglichen und daher nur zur *Mängelbeseitigung* bestehender Informationssysteme geeignet sind. Der Blick zu *neuen*, eventuell besseren Lösungsansätzen bleibt Ihnen verschlossen.

Es besteht der Anreiz, die Vorzüge der skizzierten Methoden der Informationsbedarfsanalyse miteinander zu kombinieren. Die sich anschließenden **kombinierten Methoden der Informationsbedarfsanalyse** sollen nicht nur das Wissen der Informationssubjekte nutzen und deren subjektiven Informationsbedarf erfassen. Durch deduktive Komponenten soll auch eine zu starke Orientierung am subjektiven Informationsbedarf des Entscheidungsträgers verhindert werden. Den genannten Anforderungen werden derzeit **sechs Analysemethoden** gerecht:[9]

---

3)   Vgl. hierzu HORVÁTH (Controlling), S. 374.

4)   Zur Abgrenzung des objektiven Informationsbedarfs vgl. S. 165.

5)   Aufgrund ihrer logisch-systematischen Ableitung des Informationsbedarfs werden die Methoden der Aufgabenanalyse auch als *deduktive Methoden* bezeichnet.

6)   Zur Abgrenzung des subjektiven Informationsbedarfs vgl. S. 165.

7)   Die Berichtsmethode und die Dokumentenanalyse orientieren sich an den *tatsächlichen* Gegebenheiten im Konzern. Hieraus werden dann verallgemeinernde Schlüsse auf den Informationsbedarf gezogen, so daß diese Analysemethoden als *induktiv* zu charakterisieren sind.

8)   Ob das analysierte Informationsangebot auch tatsächlich von dem Informationssubjekt genutzt wird, bleibt bei der Dokumentenanalyse außer acht.

9)   Zu einer systematischen Auflistung vgl. insbesondere BEIERSDORF (Informationsbedarf), S. 77.

- **das Business Systems Planning,**
- **die Structured Analysis,**
- **die Information Analysis,**
- **das System der Schlüsselindikatoren** und
- **die Methode der kritischen Erfolgsfaktoren.**

Dabei stellen das Business Systems Planning, die Structured Analysis und die Information Analysis **Totalansätze** dar, die von den Aufgaben und Geschäftsprozessen ausgehen und den *gesamten Informationsbedarf* - z.b. aller Führungskräfte in einem Konzern - herleiten.[10] Ihre Deskription und Evaluierung wird daher in einem Kapitel über das **System der totalen Bedarfserhebung** zusammengefaßt. Bislang wurden zwei Methoden der Informationsbedarfsermittlung nicht genannt, die in der Praxis sehr weit verbreitet sind; die **Nebenprodukttechnik** und die **Nullmethode.**[11] Um deren Schwächen in Hinblick auf das Anforderungsprofil effizienter Führungsinformationssysteme für die internationale Management-Holding aufzeigen zu können, sollen auch sie in der gebotenen Kürze charakterisiert und beurteilt werden.

3.1.1.1. Nebenprodukttechnik

Führungsinformationen, die mit der Nebenprodukttechnik generiert werden, entstammen immer einer **Verdichtung von Daten** aus *operativen* Vorsystemen.[12] Sie werden von untergeordneten Fachkräften als für Führungskräfte nützlich erachtet, entsprechend in Berichten zusammengefaßt und den Führungskräften zur Verfügung gestellt. Hierdurch soll die Nutzung bereits im Unternehmen vorhandener Informationen verbessert werden. Dem tatsächlichen Informationsbedarf der Führungskräfte wird faktisch *keine* Aufmerksamkeit geschenkt.[13]

Hinsichtlich der Informationsaufbereitung bestehen zwei Möglichkeiten: Entweder werden sämtliche Informationen für *Soll-Ist-Vergleiche* zusammengefaßt oder es sind nur solche *Abweichungen* an die Führungskräfte weiterzuleiten, denen momentan eine besondere Bedeutung zukommt.[14]

Auch wenn mit der Nebenprodukttechnik umfangreiche Berichte für Führungskräfte generiert werden können, sind diese lediglich für das *operative Tagesgeschäft* relevant. Dies läßt sich nicht nur damit fundieren, daß die bereitgestellten Informationen weder einer detaillierten

---

10) Vgl. CANNING (Needs), S. 3 ff.; SPRENGEL (Informationsbedarf), S. 64 ff.
11) Vgl. HORVÁTH (Controlling), S. 379 f.; ROCKART (Datenbedarf), S. 46 f.
12) Vgl. hierzu die Pyramide betrieblicher Informationssysteme der Abb. II - 17, S. 73.
13) Vgl. LAUDON / LAUDON (Systems), S. 559.
14) Vgl. ROCKART (Datenbedarf), S. 46.

Aufgabenanalyse entstammen noch die individuellen Informationsbedürfnisse der Führungskräfte berücksichtigen. Häufig werden die mit der Nebenprodukttechnik erstellten Berichte sogar Daten beinhalten, die die Führungskräfte bei vorangegangenen Entscheidungen als besonders wichtig erachteten und die dann fortgeschrieben werden, obwohl sie faktisch nicht mehr benötigt werden.

Obgleich mit der Nebenprodukttechnik die Überhäufung von Führungskräften mit Informationen eher gefördert als abgebaut wird, basiert der größte Teil der **gegenwärtigen Informationsversorgung** auf dieser Methode.[15] Dies läßt sich darauf zurückführen, daß vermeidliche Führungsinformationen **ohne großen Aufwand** aus den Daten der operativen Informationssysteme abgeleitet werden können. Des weiteren hat die **einfache Implementierung** der Nebenprodukttechnik ihre Bedeutung in der Praxis gefördert.[16]

3.1.1.2. Nullmethode

Werden Informationen hinsichtlich ihrer Nutzung untersucht, fällt auf, daß viele Führungskräfte analytische Informationen in Form von schriftlichen Berichten für relativ *unbedeutend* halten.[17] Für sie sind Führungsinformationen eher „weich", spekulativ und in der Regel nicht schriftlich fixiert. Sie schätzen eher Eindrücke und Meinungen über Personen und Sachverhalte und nutzen das „Gespräch unter vier Augen" als Informationsquelle.

Zur Begründung wird auf die Umweltdynamik und den ständigen Wandel der Konzernführungsaufgaben verwiesen, die - im Extremfall - die Nutzlosigkeit einer formalisierten Berichterstattung implizieren. Führungsinformationen - so die Befürworter der **Nullmethode** - lassen sich daher nicht formalisieren, so daß sie nur in **ad hoc-Berichten** zusammengestellt werden können.[18] Deren Inhalt wird durch die aktuell zu bearbeitenden Fragestellungen bestimmt und ist von Fall zu Fall unterschiedlich.

Da bei der Nullmethode Berichte, die wichtige Informationen kontinuierlich fortschreiben, nicht mehr erstellt werden, muß der Anwender akzeptieren, daß ein informationsfundierter Planungs- und Kontrollprozeß nicht möglich ist.

---

15)   Vgl. hierzu die Ergebnisse der empirischen Untersuchung, insbesondere Kap. IV.1.2.1., S. 145 f.
16)   Vgl. KAESER (Controlling), S. 112.
17)   Vgl. exemplarisch MINTZBERG (Planning), S. 54.
18)   Vgl. ROCKART (Needs), S. 82 f.

3.1.1.3. System der Schlüsselindikatoren

Das **System der Schlüsselindikatoren**, das in der anglo-amerikanischen Literatur als *Key Indicator Management (KIM)* bezeichnet wird, versucht, **Indikatoren** herauszuarbeiten, die den Erfolg eines Unternehmens beeinflussen. Sie werden durch eine Führungskräftebefragung oder durch die Analyse ihrer Berichte isoliert.[19] In einem zweiten Schritt wird dann für jeden dieser Schlüsselindikatoren ein zugehöriger **Bewertungsmaßstab** definiert. Hierfür werden Informationen zusammengetragen, mit denen im Rahmen eines **Soll-/Ist-Vergleichs** die Stärken und Schwächen eines Unternehmens beurteilt werden können. Die Schlüsselindikatoren und ihre zugehörigen Informationen werden durch **übersichtliche Ausnahmeberichte** - sogenannte „KIM-Reports" - präsentiert.

Nr.	Indikator	Bewertungs-maßstab	Soll	Ist-Wert, laufender Monat	Entwicklung Ist-Wert seit Jahresbeginn	Skala
1.	Material-anforderung erstellt	Innerhalb von 3 Arbeitstagen	75 Prozent	67 Prozent	J F M A M J J A S O N D	80 75 70
2.	Verspätete Anlieferungen	Terminverspre-chen der Liefe-ranten	10 Prozent	8 Prozent		15 10 5
3.	Kostensenkung und Kostenver-meidung	Im Vergleich zum vorher gezahlten Preis	$ 28.000	$ 16.450		30 20
4.	Bezahlte Preise	Preisindex für Roh-stoffe und Halbwaren verglichen mit den Preis-veränderungen für unser Unternehmen	- 4 Prozent	+ 2,3 Prozent		+ 5 0 - 5
5.	Produktivität	Arbeitsstunden je Bestellung	1,0	1,1		1,5 1,0 0,5
6.	Abteilungs-kosten	Bearbeitungskosten je Dollar Einkaufs-volumen	$ 0,08	$ 0,11		0,15 0,10 0,05

Abb. IV - 20:   *KIM-Report.*
Quelle: *JANSON (Frühwarnsystem), S. 61.*

Durch die Verwendung von Schlüsselindikatoren können Führungskräfte ihren Aufgabenbereich zielorientiert im Auge behalten. Die Auswahl der Schlüsselindikatoren wird meist *gemeinsam* von den Bereichsleitern und ihren Vorgesetzten vorgenommen. Damit soll vermieden werden, daß den Führungskräften zu viele und nur funktionsbezogene Indikatoren vorgelegt werden.

Als **Vergleichsmaß** der Schlüsselindikatoren dient neben ihrer *zeitlichen Fortschreibung* die Vorgabe von *Soll-Werten*.[20] Die Festsetzung der Soll-Werte kann mit strategischen Über-

---

19)   Vgl. KAESER (Controlling), S. 114.
20)   Vgl. JANSON (Frühwarnsystem), S. 58.

legungen fundiert werden oder es kommen - beispielsweise im Rahmen eines Benchmarking-prozesses - Werte des Branchendurchschnitts zur Anwendung. In Analogie zur Auswahl der Schlüsselindikatoren werden auch die Zielvereinbarungen in der Regel gemeinsam von den Bereichsleitern und ihren Vorgesetzten festgelegt und an die übergeordneten Unternehmensziele angepaßt. Mit der Vorgabe von Soll-Werten und der Kontrolle der Ist-Werte unterstützt das System der Schlüsselindikatoren explizit den Führungsprozeß des „**Management by Objectives**".

Kritisch ist bei dieser Methode der Informationsbedarfsanalyse anzumerken, daß sie meist nur auf bestehende Informationssysteme zurückgreift. Die Daten, die dann für die einzelnen Indikatoren zur Verfügung stehen, beschränken sich meist auf quantitative Größen wie die neuesten Verkaufszahlen. In der Regel werden sogar ausschließlich **finanzielle Größen** - u.a. Zahlen der aktuellen Bilanz, der Gewinn- und Verlustrechung sowie verschiedene Cash-Flow-Größen - erfaßt.[21]

Nichtsdestotrotz ist das System der Schlüsselindikatoren aber eine geeignete Methode, sämtliche Konzernebenen in eine gemeinsame Berichterstattung einzubeziehen. Hierzu wird ein **pyramidenförmiges Berichtssystem** eingeführt, das die einzelnen Indikatoren zunehmend verdichtet. Jeder Abteilungsleiter beobachtet dann mittels drei bis acht Indikatoren seinen Bereich. Von denen leitet er nur die aussagekräftigsten an seinen Vorgesetzten weiter.

Da den Führungskräften die wichtigsten Indikatoren *aller Konzernbereiche* zugehen, müßte der Vorstand eines mittelgroßen Konzerns etwa 20 bis 30 Indikatoren überwachen. Um die bei der Konzernführung ankommende Informationsmenge überschaubar zu halten, wird in der Praxis häufig ein Assistent beauftragt, diese zu überprüfen und nur jene Indikatoren weiterzuleiten, die neue Trends, ungünstige Resultate oder gravierende Abweichungen aufweisen.

3.1.1.4. System der totalen Bedarfserhebung

Das System der totalen Bedarfserhebung hat zum Ziel, den **gesamten Informationsbedarf in einem Unternehmen** zu ermitteln.[22] Da Interviews mit *allen* Entscheidungsträgern im Unternehmen geführt und *sämtliche* Informationsbeziehungen analysiert werden, kann von einem **Totalansatz** gesprochen werden. Durch einen Vergleich der gewonnenen Ergebnisse mit dem bestehenden Informationsangebot können dann *Anspruchslücken* ermittelt werden, die aufzeigen, welche Informationsteilsysteme *neu* zu installieren sind, um die derzeit noch nicht verfügbaren Informationen bereitstellen zu können.

---

21) Übernommen aus ROCKART (Datenbedarf), S. 47 f., der als entsprechendes Beispiel das US-amerikanische Unternehmen GOULD Inc. anführt.

22) Vgl. HORVÁTH (Controlling), S. 380.

Die in der Praxis am häufigsten verwendete Methode der totalen Bedarfserhebung ist das von IBM[23)] entwickelte **Business Systems Planning**. Es basiert - wie auch die in der Einleitung genannte Information Analysis und die Structured Analysis - auf der Analyse von Unternehmensprozessen.[24)] Insbesondere bei den letztgenannten Methoden sind die systemanalytischen Ursprünge offensichtlich, so daß primär Informationen bereitgestellt werden, die zur Ausführung eher operativer Tätigkeiten notwendig sind. Das Business Systems Planning erfordert explizit die *Mitarbeit* von Führungskräften. Umfangreiche Interviews werden geführt, um deren Informationsbedarf erfassen zu können. Führungsinformationen fallen auch bei dieser Methode der Informationsbedarfsanalyse lediglich als Nebenprodukte an.[25)] Wie die Abb. IV - 21 zeigt, besteht das Business Systems Planning aus **13 Arbeitsschritten**, die zu *drei Phasen* zusammengefaßt werden können.

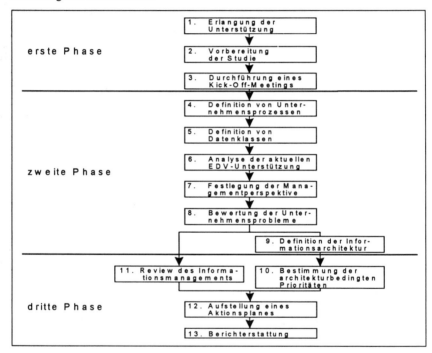

Abb. IV - 21:   *Ablauf des Business Systems Planning.*
Quelle: *HOYER / KÖLZER (Informationssystem), S. 27.*

---

23)   IBM ist die Abkürzung für International Business Machines Corp., einem der größten US-amerikanischen Konzerne der Computerindustrie.

24)   Das Business Systems Planning wurde Ende der sechziger Jahre von IBM zur Planung eines *firmeneigenen* Informationssystems entwickelt. Hieraus wurden weitere Methoden der Informationsbedarfsanalyse abgeleitet. Vgl. MARTIN (Information), S. 138. Als Beispiel sei das *Business Office Systems Planning* (BOSP) genannt. Es konzentriert sich auf den *Bürobereich*. Zu seiner Charakterisierung vgl. HOYER / KÖLZER (Informationssystem), S. 26.

25)   Gleicher Ansicht ist auch SPIEGEL (Managementinformationssystem), S. 82.

Der *erste Schritt* des Business Systems Planning hat neben der Auswahl des Projektleiters insbesondere die **Unterstützung durch die beteiligten Führungskräfte** sicherzustellen.[26] Im *zweiten Schritt* - der **Vorbereitung der eigentlichen Studie** - erfolgt die Aufstellung eines Arbeits- und Zeitplans, eine Methodenschulung sowie die Auswahl der zu befragenden Führungskräfte.[27] Deren Anzahl wird sich in der Regel zwischen 40 und 100 bewegen. Die erste Phase endet mit der **Durchführung eines Kick-Off-Meetings**.

Im Anschluß findet eine Unternehmensanalyse statt. Hierbei werden die **Unternehmensprozesse definiert**, die für eine erfolgreiche Unternehmensführung erforderlich sind. Danach werden die Daten in logisch verwandten Kategorien - sogenannten **Datenklassen** - zusammengefaßt. Sie umfassen - wie die Abb. IV - 22 zeigt - u.a. Kunden-, Lieferanten- oder Produktinformationen und werden den **Unternehmensprozessen** in einer **Matrix** gegenübergestellt. Dabei wird differenziert, ob die Prozesse Daten erzeugen (<u>C</u>reate data) oder Daten verwenden (<u>U</u>se data). Diese Gegenüberstellung soll eine **unternehmensweite Datenbasis mit minimalen Redundanzen** ermöglichen.

Datenklasse / Prozeß	Kunden	Aufträge	Lieferanten	Produkte	Arbeitspläne	Stücklisten	Kosten	Teilekataloge	Rohmaterialbestände	Fertigfabrikatsbestände	Beschäftigte	Verkaufsgebiete	Finanzmittel	Planung	Produktionsvolumen	Anlagen	Offene Bedarfe	Maschinenbelastungen
Unternehmensplanung							U						U	C				
Organisationsanalyse														U				
Review und Kontrolle													U	U				
Gebietsmanagement	C	U		U														
Verkauf	U	U		U								C						
Verkaufsadministration		U										U						
Auftragsbearbeitung	U	C		U														
Versand		U		U						U								
Buchhaltung	U		U										U	U				
Kostenplanung		U	U				C											
Budgetrechnung							U						U		U	U	U	
Personalplanung											C			U				
Anwerbung/Förderung											U							
Entlohnung											U		U					

C(reate): Erzeugung der Daten; U(se): Verwendung der Daten

Abb. IV - 22: Unternehmensprozesse-Datenklassen-Matrix.
In Anlehnung an: HOYER / KÖLZER (Informationssysteme), S. 29.

---

26) Dabei sollte zumindest ein Mitglied der Unternehmensleitung als „Sponsor" seine Unterstützung zusichern. Gleicher Ansicht ist auch HEINRICH (Informationsmanagement), S. 292 ff.

27) Mit der Methodenschulung sollen die Führungskräfte erfahren, was warum getan wird und was von ihnen erwartet wird. Auch die zur Anwendung kommenden Hilfsmittel werden erläutert. Der Zeitplan enthält neben der Festlegung der durchzuführenden Interviews auch die Termine, an denen dem „Sponsor" von den Analyseergebnissen berichtet werden soll.

Im *sechsten Schritt* des Business Systems Planning erfolgt die **Analyse der genutzten Informationssysteme**. Dies geschieht durch die Gegenüberstellung der benötigten Informationen mit der bestehenden Organisation in einer **Organisations-System-Matrix**. Der *siebte Arbeitsschritt* dient der Bestätigung der erstellten Matrizen durch die Führungskräfte. Hierbei wird jedem der beteiligten Führungskräfte die Möglichkeit eingeräumt, die gesammelten Daten zu korrigieren. Durch die Erfassung des subjektiven Informationsbedarfs in Interviews wird die **Managementperspektive**, d.h. die Prioritäten der befragten Führungskräfte hinsichtlich ihres Informationsbedarfs, berücksichtigt.

Mit diesen Kenntnissen lassen sich nun **Unternehmensprobleme** analysieren und bewerten. Da viele Probleme aus einem Mangel an Informationen resultieren, werden sich hieraus wichtige Hinweise für die Gestaltung einer effizienten Informationsarchitektur ergeben. Die **Definition der Informationssystem-Architektur**, die die Beziehungen zwischen den Datenklassen, Prozessen und Informationssystemen zeigt, stellt den Inhalt des *neunten Arbeitschrittes* dar. Dabei werden - wie die Abb. IV - 23 zeigt - die Unternehmensprozesse so zu abgrenzbaren Subsystemen zusammengefaßt, daß die Anzahl ihrer Schnittstellen möglichst gering ist.

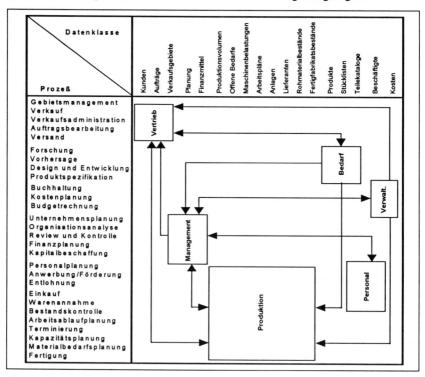

Abb. IV - 23:   *Informationssystem-Architektur.*
Quelle: *HEINRICH (Informationsmanagement), S. 299.*

Zur Realisierung der erarbeiteten Informationssystem-Architektur werden im *zehnten Schritt* **architekturbedingte Prioritäten** für die sich anschließende Entwicklung der Subsysteme bestimmt. Diese bilden die Grundlage für die Planung des Informationssystems in der dritten Phase der Informationsbedarfsanalyse. Daneben werden durch die Analyse der Unternehmensprozesse und die durchgeführten Interviews Schwachstellen der derzeitigen Informationssysteme aufgezeigt. Das Auffinden, die Darstellung und Bewertung dieser Schwachstellen anhand von Prioritäten (**Review des Informationsmanagements**) ist der Inhalt des *elften Arbeitsschritts.*

Im *zwölften Arbeitsschritt* erfolgt die Aufstellung eines **Aktionsplans**. Dieser enthält sämtliche Nachfolgeprojekte, die anhand der zuvor vergebenen Prioritäten aufgelistet und gewichtet werden. Das Business Systems Planning schließt mit der **Präsentation der Ergebnisse**. Dabei soll die erarbeitete Informationssystem-Architektur verabschiedet sowie die Mitwirkung der Führungskräfte für die Umsetzung des Aktionsplanes gewonnen werden.

3.1.1.5. Methode kritischer Erfolgsfaktoren

Die Methode kritischer Erfolgsfaktoren geht in ihren Grundzügen auf Überlegungen des deutschen Generalstabs im 19. Jahrhundert zurück.[28] In die wissenschaftliche Diskussion wurde sie durch die von DANIEL 1961 angestoßene „**Management-Informations-Crisis**" gebracht.[29] Bei der Analyse mehrerer großer US-amerikanischer Unternehmen stellte er fest, daß bestehende Informationssysteme Führungskräften in der Regel nicht nur zu viele, sondern meist auch nur quantitative, dem Rechnungswesen entnommene Daten bereitstellen. Diese Daten - so resümierte er - entsprechen nicht dem Informationsbedarf der befragten Führungskräfte.

Um die Aufmerksamkeit der Führungskräfte auf jene Informationen zu lenken, die für die Unternehmensführung relevant sind, fordert DANIEL deren Ausrichtung an sogenannten **Erfolgsfaktoren**.[30] Dabei orientierte er sich an *branchentypischen* Erfolgsfaktoren. Diesen Ansatz weiteten ANTHONY, DEARDEN und VANCIL aus, indem sie 1972 *unternehmensspezifische* Erfolgsfaktoren nachwiesen und diese in Hinblick auf die Gestaltung von Informationssystemen konkretisierten.[31] In diesem Zusammenhang führten sie den Begriff der **kritischen Erfolgsfaktoren** („critical success factors") ein.

---

28)   Vgl. JACKSON (Management), S. 56.
29)   Vgl. DANIEL (Crisis), S. 111 f.
30)   DANIEL (Crisis), S. 116, schrieb hierzu: „In den meisten Industriezweigen gibt es drei bis sechs Faktoren, die über den Erfolg entscheiden; in diesen Schlüsselbereichen muß das Unternehmen Hervorragendes leisten, um erfolgreich zu sein. ..."
31)   Vgl. ANTHONY / DEARDEN / VANCIL (Systems), S. 155 ff.

Ende der siebziger Jahre wurde dieser methodische Ansatz am Massachusetts Institute of Technology (MIT) aufgegriffen, um hieraus eine vereinfachte, schematische Vorgehensweise abzuleiten, mit der es möglich sein sollte, kritische Erfolgsfaktoren eines Unternehmens „kochrezeptartig" abzuleiten. Unter der Leitung von ROCKART wurde so eine neue *Methode der Informationsbedarfsanalyse* entwickelt; die **Methode kritischer Erfolgsfaktoren**.[32]

Mit dieser im angelsächsischen als *Critical Success Factors* bezeichneten Methode sollen *gezielt* die wesentlichen Bereiche des Unternehmens aufgezeigt werden, die *maßgeblich* für dessen Erfolg verantwortlich, d.h. „*kritisch*" sind. In der Regel sind dies **drei bis sechs Faktoren je Unternehmen**,[33] die sorgfältig und permanent von der Konzernleitung beobachtet und gesteuert werden müssen, damit in ihnen keine gravierenden Fehler unterlaufen.[34] Diese Faktoren können beispielsweise die Qualifikation der Mitarbeiter, niedrige Einkaufspreise, einfache Vertriebswege, aber auch die Kundenzufriedenheit umfassen.[35]

Mit der Methode kritischer Erfolgsfaktoren sollen Führungskräfte in die Lage versetzt werden, die Erfolgsfaktoren ihres Unternehmens zu identifizieren, um somit ihren wesentlichen Informationsbedarf **selbst** festzulegen. Charakteristisch ist ihr **„Top-Down"-Ansatz**, mit dem der Informationsbedarf in *fünf Stufen*[36] abgeleitet wird.

I.   Klärung des Bezugsrahmens

Im ersten Arbeitsschritt muß zunächst der **Bezugsrahmen** der Analysearbeiten bestimmt und die *Besonderheiten* des Unternehmens herausgearbeitet werden.[37] Dazu gehören die Wettbewerbsfaktoren der relevanten Branche sowie die Ziele, Konkurrenzsituation, Struktur und wirtschaftliche Situation des Unternehmens. Zusätzlich sollten Kenntnisse über den **Aufgabenbereich** der zu befragenden Führungskräfte erarbeitet werden.

II. Analyse des Zielsystems der Führungskräfte

Im *zweiten Arbeitsschritt* erfolgt die **Analyse des Zielsystems** der Führungskräfte. Dies ist erforderlich, da die kritischen Erfolgsfaktoren deren maßgebliche Informationsdeterminanten

---

32)   ROCKART (Needs) führte die Methode kritischer Erfolgsfaktoren 1979 mit dem Zeitschriftenartikel „Chief Executives Define Their Own Data Needs" in die betriebswirtschaftliche Diskussion ein.

33)   Vgl. DANIEL (Crisis), S. 116.

34)   Vgl. ROCKART (Needs), S. 85, schreibt dazu: „Critical success factors thus are, for any business, the limited number of areas in which results, if they are satisfactory, will ensure successful competitive performance for the organization. They are the few areas where „things must go right" for the business to flourish. If results in these areas are not adequate, the organizations efforts for the period will be less than desired."

35)   Zu weiteren Beispielen vgl. DANIEL (Crisis), S. 116, und ROCKART (Datenbedarf), S. 56 f.

36)   Vgl. Abb. IV - 24, S. 190.

37)   Vgl. BAHLMANN (Informationsbedarfsanalyse), S. 182.

erfassen und abbilden sollen. Um die Relevanz einzelner Teilziele für die Ermittlung kritischer Erfolgsfaktoren besser einschätzen zu können, sollte weiterhin eine **Gewichtung der Teilziele** anhand von Prioritäten vorgenommen werden. Die Identifikation des Zielsystems und die Gewichtung der Teilziele erfolgt in einem **Interview**.[38]

III. Identifikation kritischer Erfolgsfaktoren

Das Interview umfaßt auch den *dritten Schritt* dieser Methode der Informationsbedarfsanalyse; die **Identifikation kritischer Erfolgsfaktoren**. Hierbei werden mögliche Erfolgsfaktoren angesprochen, die mit dem im zweiten Arbeitsschritt erfaßten Zielsystem korrespondieren und für seine Erreichung ausschlaggebend sein können.

Nun ist es die Aufgabe des Analyseteams, die empirischen Erkenntnisse zu strukturieren und in Hinblick auf die Definition kritischer Erfolgsfaktoren zu durchdenken. Mit **Vorschlägen** für drei bis sechs Erfolgsfaktoren geht das Analyseteam in das zweite Interview. Nach einer Diskussion der Ergebnisse des ersten Interviews werden dann gemeinsam mit den Führungskräften die endgültigen kritischen Erfolgsfaktoren festgesetzt.[39]

IV. Ableitung von Meßkriterien für die kritischen Erfolgsfaktoren

Für die *unmittelbare* Ableitung des Informationsbedarfs der befragten Führungskräfte sind die Erfolgsfaktoren nicht greifbar genug. Daher erfolgt in einem vierten Arbeitsschritt die Ableitung sogenannter **Meßkriterien** für jeden Erfolgsfaktor. Die Meßkriterien können als Beurteilungsmaßstab für die Zielerreichung der Erfolgsfaktors interpretiert werden.[40] Üblicherweise werden aus einem kritischen Erfolgsfaktor *zwei bis drei Meßkriterien* abgeleitet.[41] Mit der Festlegung dieser Meßkriterien schließt das zweite Interview.[42]

V. Ableitung des Informationsbedarfs für die Meßkriterien

Die Meßkriterien bilden die Basis für die Ermittlung der Informationsbedarfsgrößen der befragten Führungskräfte. Die Methode kritischer Erfolgsfaktoren endet daher mit der Ermittlung benötigter Informationen für die Meßkriterien. In ihrer Summe bilden sie den zu ermittelnden **Informationsbedarf** der Führungskraft ab.

Die Abb. IV - 24 faßt den methodischen Aufbau der Methode kritischer Erfolgsfaktoren nochmals zusammen. Insbesondere soll auf den schrittweisen Prozeß der Informationsbedarfsbestimmung hingewiesen werden. Die „Querstriche" stellen mögliche Interdependenzen dar.

---

38)   Vgl. BAHLMANN (Informationsbedarfsanalyse), S. 182.
39)   Vgl. ROCKART (Needs), S. 85.
40)   Vgl. BAHLMANN (Informationsbedarfsanalyse), S. 185.
41)   Vgl. CANNING (Information), S. 7.
42)   Vgl. BULLEN / ROCKART (Primer), S. 421.

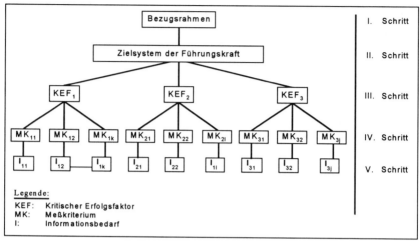

Abb. IV - 24:   *Aufbau der Methode kritischer Erfolgsfaktoren.*
Quelle: *BAHLMANN (Informationsbedarfsanalyse), S. 181.*

3.1.2.   Methode strategischer Erfolgsfaktoren - ein neuer Ansatz zur Analyse des Informationsbedarfs von Führungskräften

Die *neu* entwickelte **Methode strategischer Erfolgsfaktoren** basiert auf den mit der empirischen Untersuchung herausgearbeiteten Gestaltungsschwerpunkten effizienter Führungsinformationssysteme für die internationale Management-Holding. Sie ist im Gegensatz zu den vorangegangenen Methoden explizit an dem Informationsbedarf ausgerichtet, der zur *strategischen Führung* - u.a. einer internationalen Management-Holding - benötigt wird.

3.1.2.1.   Entwicklungsgründe und Ziele

Bei der Entwicklung effizienter Methoden der Informationsbedarfanalyse liegt es nahe, sie an der *Aufgabe* des zu unterstützenden Informationssubjekts auszurichten.[43] Da mit der empirischen Untersuchung die Bedeutung *strategischer Führungsaufgaben* für die Konzernleitung der internationalen Management-Holding nachgewiesen wurde,[44] werden als Zielgrößen einer alternativen Methode der Informationsbedarfanalyse sogenannte **strategische Erfolgsfaktoren**[45] festgelegt.

---

43)   Zur Fundierung dieser Aussage vgl. die informationstheoretischen Grundlagen, insbesondere S. 51 f.
44)   Vgl. S. 84 ff.
45)   In Anlehnung an die Terminologie von SPRENGEL (Informationsbedarf), S. 80. GÄLWEILER (Unternehmensführung), S. 23 f., spricht von strategischen *Erfolgspotentialen* und umschreibt sie als anhaltende und weit in die Zukunft reichende Erfolgsmöglichkeiten. PÜMPIN (Erfolgspositionen), S. 28, spricht von *Erfolgspositionen*.

Deren Grundidee ist es, aus dem Zielsystem eines Konzerns abhängige Determinanten zu deduzieren, die *maßgeblich* dessen Erfolg bestimmen. Während das strategische Zielsystem die gewünschten Endpunkte umfaßt, die der Konzern zu erreichen hofft, die Strategie die hierzu durchzuführenden Maßnahmen erfaßt, bilden strategische Erfolgsfaktoren die benötigten Elemente und Fähigkeiten zur Zielerrreichung ab.

Mit ihrer „Top-Down"-Vorgehensweise läuft die Methode strategischer Erfolgsfaktoren konventionellen Analyseansätzen **konträr**. Diese aggregieren nämlich operative - in der Regel aus Bilanz sowie Gewinn- und Verlustrechnung stammende - Informationen und meinen, mit dieser „Bottom-Up"-Vorgehensweise zwangsläufig strategische Führungsinformationen generieren zu können. Der Beweis, das dies nicht so ist, wurde in den informationstheoretischen Grundlagen geführt.[46]

In einer Ursache-Wirkungskette stellen strategische Erfolgsfaktoren das Bindeglied zwischen dem strategischen Zielsystem und den finanziellen Größen des Konzerns dar. Sie können als **erklärende Vorsteuerungsgrößen** der Erfolgs- und Liquiditätsgrößen interpretiert werden.[47] Wie das „*Eisbergmodell*" der Abb. IV - 25 zeigt, werden Erfolgs- und Liquiditätsgrößen durch strategische Erfolgsfaktoren bestimmt, so daß erstere als sichtbare - über der „Wasseroberfläche" liegende - Ergebnisgrößen strategischer Erfolgsfaktoren interpretiert werden können.

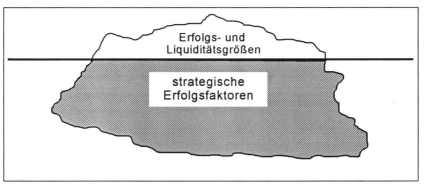

Abb. IV - 25:   *„Eisbergmodell" zur Darstellung des Zusammenhangs zwischen Erfolgs- und Liquiditätsgrößen sowie strategischen Erfolgsfaktoren.*

Wer sich daher bei der Konzernführung ausschließlich an Erfolgs- und Liquiditätsgrößen orientiert, sieht bildlich gesprochen nur die Spitze des Eisbergs. Die fundamentale und weitaus größere Manipulationsmasse einer effizienten Konzernführung (9/10 der Masse eines Eisbergs) liegt unter der Wasseroberfläche und ist der direkten Erfassung durch Erfolgs- und Liquiditätsgrößen entzogen! Zusammenfassend kann wie folgt definiert werden:

---

46)   Vgl. S. 55 ff.
47)   Die Erkenntnis, das bestimmte unternehmerische Fähigkeiten einen *maßgeblichen Einfluß* auf den Unternehmenserfolg haben, wurde nachhaltig von der PIMS-Studie bestätigt. Vgl. BUZZELL / GALE (PIMS).

> **Strategische Erfolgsfaktoren** stellen eine begrenzte Anzahl an Determinanten dar, die aus dem strategischen Zielsystem deduziert werden und *maßgeblich* den Erfolg eines Konzerns bestimmen.

Hierzu zwei **Beispiele**: Hat sich ein im Rohstoff- und Produkthandel tätiger Konzern zum Ziel gesetzt, durch innovative Produkt-Service-Kombinationen seine *Rentabilität* zu erhöhen, wird für ihn die *Personalqualität* seiner Mitarbeiter ein strategischer Erfolgsfaktor sein.[48] Ist es für einen **Cash & Carry-Markt** zentrales Ziel, seinen *Umsatz* zu erhöhen, wird für ihn die *zentrale Lage* seiner Geschäfte ein wesentlicher Erfolgsfaktor sein.[49] Denn die Fähigkeit, die besten Standorte ausfindig zu machen und rasch zu erschließen, wird die Grundlage seines *zukünftigen* Umsatzes sein.

Strategische Erfolgsfaktoren sind daher immer *konzernindividuell* herauszuarbeiten. Da ihre Kenntnis den Vorteil hat, mit hoher Wahrscheinlichkeit strategisch effektive Entscheidungen treffen zu können,[50] hängt eine erfolgreiche Konzernführung maßgeblich davon ab, wie es gelingt, diese zu identifizieren und im Rahmen eines Planungs- und Kontrollprozesses steuerbar zu machen.

Erfolgs- und Liquiditätsgrößen sowie strategische Erfolgsfaktoren sind sich **bedingende Sachverhalte**. Strategische Erfolgsfaktoren stellen die **Stellschrauben des finanziellen Erfolgs** und somit ein immer mehr an Bedeutung gewinnendes Entscheidungsfeld der strategieorientierten Konzernführung dar. Die Methodologie der **SEF (Strategische Erfolgsfaktoren)-Studie** besteht aus **fünf Elementen**, die wie folgt skizziert werden können.

3.1.2.2. Analyse des strategischen Zielsystems

Da strategische Erfolgsfaktoren im Gegensatz zu kritischen Erfolgsfaktoren, die ausschließlich auf den Meinungen befragter Führungskräfte basieren, logisch-deduktiv aus dem strategischen Zielsystem abgeleitet werden,[51] ist dieses in einem ersten Schritt zu analysieren. Hierbei muß das Analyseteam reflektieren, welche **strategischen Ziele** zu konkretisieren sind.

Die Methode strategischer Erfolgsfaktoren ist dabei so flexibel, daß an *verbal formulierten Zielsystemen*, einer *Kostenführerschaft*, einer *Differenzierungs-* oder einer *Nischenstrategie* angesetzt werden kann. Die Methode ist aber auch so mächtig, daß auf der Grundlage strategischer Erfolgsfaktoren ein eigens darauf basierendes Zielsystem definiert werden kann.

---

48)   Vgl. hierzu Kap. V.2.2.1., S. 419 ff.
49)   Entnommen aus PÜMPIN (Erfolgspositionen), S. 28.
50)   Zur Begründung vgl. S. 51 f.
51)   Zum Forschungsfortschritt der Methode strategischer Erfolgsfaktoren im Vergleich zur Methode kritischer Erfolgsfaktoren vgl. die Gewichtung der individueller Erfolgsfaktoren, S. 194, und die Ableitung konzernspezifischer Erfolgsfaktoren, S. 195.

Neben Strategiepapieren basiert die Analyse des strategischen Zielsystems insbesondere auf **Interviews** mit ausgewählten Führungskräften. Hierzu sind zunächst **allgemeine Daten zum Konzern** zu erheben. Sie erfassen dessen *Branchenzugehörigkeit* und verschiedene *Größenmerkmale* wie die Umsatzhöhe, das Ergebnis vor Steuern oder die Mitarbeiterzahl.[52] Diese Daten gehen nicht in die Analysearbeit ein, sondern dienen der **Ergebnisklassifizierung**.[53]

Im Anschluß wird die eigentliche **strategische Analyse** durchgeführt. Sie umfaßt in Analogie zur inhaltlichen Gestaltung effizienter Führungsinformationssysteme[54] **drei Aspekte**. Zunächst ist eine **Umwelt- und eine Konzernanalyse** durchzuführen.[55] Die sich anschließende **Analyse der individuellen Führungssituation** der befragten Führungskräfte dient zur empirisch-induktiven Bestätigung der Erfolgsfaktoren und weist zum einen auf mögliche Ergänzungen der logisch-deduktiven Analyseergebnisse hin.[56] Wird auch der Aufgabenbereich der Führungskräfte sowie deren Selbstverständnis hinsichtlich ihrer Arbeitsinhalte angesprochen, kann zum anderen eine erste Verbindung zwischen dem Aufgabenbereich der interviewten Führungskräfte und ihrem möglichen Informationsbedarf hergestellt werden.[57]

Ist im Konzern keine Strategie vorhanden, ist - wie bereits angeführt - die Methode strategischer Erfolgsfaktoren mit ihrer Umwelt- und Konzernanalyse sowie der Analyse der individuellen Führungssituation so mächtig, daß eine **Erfolgsfaktoren-basierte Konzernstrategie** entwickelt werden kann. Die Abb. IV - 26 faßt die Komponenten der strategischen Analyse nochmals zusammen.

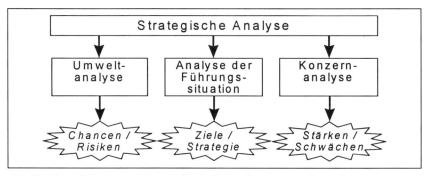

Abb. IV - 26:   Komponenten der strategischen Analyse zur Generierung von Erfolgsfaktoren.

---

52) Zur Problematik dieser Größenkriterien vgl. den ersten Gliederungspunkt des Kap. IV.1.1.2., S. 136 f.
53) So kann im Vergleich mit anderen SEF-Studien überprüft werden, wie sich Erfolgsfaktoren hinsichtlich verschiedener Branchen- oder Größenmerkmale unterscheiden. Hierdurch wird der Erfahrungsschatz des Analyseteams vergrößert, der für die effiziente Methodenanwendung sehr wichtig ist.
54) Vgl. Kap. III.1.2.2., S. 88 ff.
55) Auch STEINMANN / SCHREYÖGG (Management), S. 151, stufen die Analyse der Umweltsituation und der internen Möglichkeiten und Grenzen als die wesentlichen Grundpfeiler der Strategieplanung ein.
56) Zur Begründung vgl. die Definition des modifizierten Informationsbedarfs I*, S. 169.
57) Durch diese Vorgehensweise wird der Erfassung des objektiven Informationsbedarfs schon in dieser frühen Phase der SEF-Studie Aufmerksamkeit geschenkt. Zur Beurteilung vgl. S. 200 ff.

3.1.2.3. Identifikation und Gewichtung individueller strategischer Erfolgsfaktoren

Das zur Analyse des Zielsystems genutzte Interview dient weiterhin zur **Identifikation und Gewichtung individueller strategischer Erfolgsfaktoren** der Führungskräfte. Im Gegensatz zur Methode kritischer Erfolgsfaktoren sind die mit der strategischen Analyse fundierten individuellen Erfolgsfaktoren - und dies ist das erste Merkmal, mit dem der Forschungsfortschritt gegenüber den kritischen Erfolgsfaktoren quantifiziert werden kann[58] - untereinander zu **gewichten**.

Für die Gewichtung - beispielsweise mit einer **Ratingskala**[59] **von 1 bis 3** - ist entscheidend, wie wichtig die Führungskräfte den jeweiligen Erfolgsfaktor in Hinblick auf das strategische Zielsystem einschätzen. Die Abb. IV - 27 stellt ein mögliches Gewichtungsschema dar.

• Horizontal sind die **befragten Führungskräfte** dargestellt.

• Vertikal sind die **strategischen Erfolgsfaktoren** eines Konzerns der Konsumgüterbranche aufgeführt. Ihre Reihenfolge von 1 bis 6 ergibt sich aus der dargestellten Summe ihrer Einzelgewichtungen.

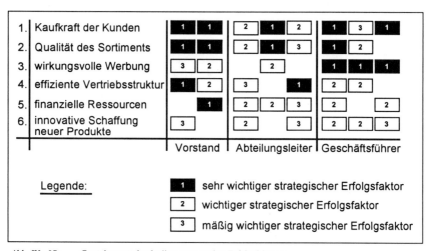

Abb. IV - 27:   Gewichtung individueller strategischer Erfolgsfaktoren.

Da die Deduktion der strategischen Erfolgsfaktoren auf einer Führungskräftebefragung beruht, sind die Ergebnisse der Gespräche von *subjektiven* Eindrücken sowohl der befragten Führungskräfte als auch der Analysten geprägt. Nicht nur die Interviews und die sich anschließende

---

58)   Zum zweiten Merkmal des Forschungsfortschrittes vgl. S. 195 f.

59)   Zu den Besonderheiten einer Ratingskala vgl. S. 143.

Analysearbeiten sollten daher immer zu **zweit** durchgeführt werden. Auch sind bei der SEF-Studie zumindest **zwei Führungskräfte** aus jeder Hierarchiestufe des Konzerns zu befragen.

3.1.2.4. Deduktion konzernspezifischer strategischer Erfolgsfaktoren

Während sich die Methode kritischer Erfolgsfaktoren auf die Erfassung individueller Erfolgsfaktoren der Führungskräfte beschränkt, geht die Methode strategischer Erfolgsfaktoren einen Schritt weiter. In einer **Analysearbeit** - und dies ist neben der Gewichtung der individuellen Erfolgsfaktoren der zweite charakteristische Forschungsfortschritt[60] - werden durch das Projektteam die individuellen Erfolgsfaktoren der Führungskräfte zu **konzernspezifischen strategischen Erfolgsfaktoren** verknüpft.[61] Hierbei können - wie die nachfolgende Abb. IV - 28 zeigt - drei Fälle unterschieden werden:

- **1. Fall**: Zunächst können sehr wichtige individuelle Erfolgsfaktoren **unverändert** als konzernspezifische strategische Erfolgsfaktoren übernommen werden.

- **2. Fall**: Des weiteren können zwei individuelle Erfolgsfaktoren zu einem neuen strategischen Erfolgsfaktor **zusammengefaßt** werden. Dieser greift dann die verschiedenen Aspekte der integrierten individuellen Erfolgsfaktoren auf Meßkriteriumsebene wieder auf.

- **3. Fall**: Die individuellen Erfolgsfaktoren, die mit einer eher *mäßigen* Gewichtung von „*drei*" eingestuft wurden,[62] sind nach Möglichkeit in einen anderen, als wichtiger erachteten strategischen Erfolgsfaktor **einzugliedern**.

Um Redundanzen und Interdependenzen zu vermeiden, sind möglichst *überschneidungsfreie Verknüpfungen* notwendig. Die Deduktionsarbeit hat weiterhin die individuellen Erfolgsfaktoren so zusammenzufassen, daß die konzernspezifischen Erfolgsfaktoren - im Gegensatz zu den individuellen Erfolgsfaktoren - **gleichgewichtet** sind. Die einzelnen Deduktionsmöglichkeiten sind in der nachfolgenden Abb. IV - 28 nochmals an einem Beispiel exemplarisch dargestellt.

---

60) Zum Gewichtungsschema, dem ersten charakteristischen Merkmal der Methode strategischer Erfolgsfaktoren vgl. S. 194 f.

61) Vgl. hierzu die Beurteilung der Methode strategischer Erfolgsfaktoren hinsichtlich der Erfassung des objektiven Informationsbedarfs, S. 200 f.

62) Vgl. die Übersicht der Abb. IV - 27, S. 194, und die in diesem Zusammenhang getroffenen Aussagen.

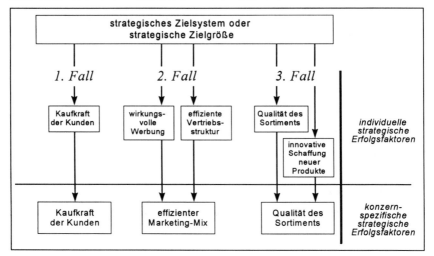

Abb. IV - 28:   *Deduktionsmöglichkeiten konzernspezifischer strategischer Erfolgsfaktoren.*

Die konzernspezifischen Erfolgsfaktoren ergeben sich - wie die Abb. IV - 29 zeigt - einerseits aus der **Gewichtung** der individuellen Erfolgsfaktoren. Bei der Analysearbeit müssen aber auch ihre Verbindungen zum strategischen Zielsystem berücksichtigt werden (*Fall b*). Die konzernspezifischen strategischen Erfolgsfaktoren stellen das Ergebnis der ersten drei Arbeitsschritte der SEF-Studie dar.

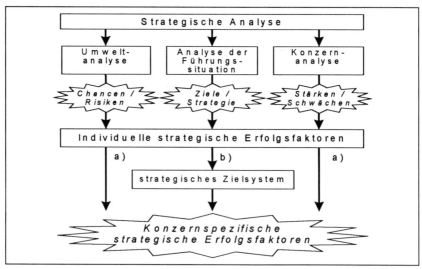

Abb. IV - 29:   *Methodologie der SEF-Studie und korrespondierende Teilergebnisse der einzelnen Arbeitsschritte.*

3.1.2.5. Generierung von Meßkriterien für jeden strategischen Erfolgsfaktor

Zur unmittelbaren Herleitung von Kennzahlen sind strategische Erfolgsfaktoren *nicht* „konkret" genug. Strategische Erfolgsfaktoren müssen daher durch sogenannte **Meßkriterien** konkretisiert werden. Da Meßkriterien nicht nur einen geringeren Aggregationsgrad als die zugehörigen strategischen Erfolgsfaktoren aufweisen, sondern aufgrund eines unterstellten Ursache-Wirkungs-Zusammenhangs auch eine Aussage über deren Zustand ermöglichen, können sie als deren **ursächliche Determinanten** interpretiert werden.[63] Sie müssen für jeden Erfolgsfaktor individuell bestimmt werden und lassen sich wie folgt definieren.[64]

> **Meßkriterien** stellen die ursächlichen Determinanten strategischer Erfolgsfaktoren dar. Sie weisen einen entsprechend *geringeren Aggregationsgrad* auf und sind für jeden Erfolgsfaktor individuell zu bestimmen.

Wie die in der Fallstudie gemachten Erfahrungen zeigten,[65] lassen sich aus einem strategischen Erfolgsfaktor in der Regel *zwei bis drei Meßkriterien* ableiten, wobei dessen Inhalt und sein zeitlicher Bezug berücksichtigt werden muß. Wird auf das Beispiel der Konsumgüterbranche zurückgegriffen, kann der strategische Erfolgsfaktor „Qualität des Sortiments" durch die Meßkriterien *„Tiefe des Sortiments"* sowie die *„Breite des Sortiments"* konkretisiert werden.

Zur **Generierung von Meßkriterien** bestehen grundsätzlich zwei Möglichkeiten; die logische Deduktion und das empirisch-induktive Vorgehen. Bei der **Deduktion** werden Meßkriterien aus den Erfolgsfaktoren abgeleitet. Bei der **Induktion** werden - vom Einzelfall und den Erfahrungen der befragten Führungskräfte ausgehend - Meßkriterien verallgemeinert. Im folgenden soll eine **Kombination beider Methoden** vorgestellt werden, die die Vorzüge beider Vorgehensweisen miteinander kombiniert und sich in der Fallstudie als effektiv erwies:

I. Logisch-deduktive Erkenntnisgewinnung („Top-Down"-Ansatz)

Der „Top-Down"-Ansatz trägt der Tatsache Rechnung, daß die zu eruierenden Informationsbedarfsgrößen in erster Linie die strategische Führungsaufgabe der Konzernleitung zu unterstützen haben.[66] Eine gezielte **Literaturauswertung** dient zur ersten Erkenntnisgewinnung. Des weiteren können aber auch Kreativitätstechniken wie das Brainstorming oder aber die Befragung von Experten Hinweise für mögliche Meßkriterien liefern.

---

63)   In Anlehnung an Ausführungen von BAHLMANN (Informationsbedarfsanalyse), S. 185.

64)   In Analogie zur Methode kritischer Erfolgsfaktoren. Vgl. S. 189 f.

65)   Vgl. hierzu Kap. V.4., S. 432 ff.

66)   Zur Bedeutung strategischer Führungsaufgaben für die Konzernleitung vgl. S. 84 ff.

Hierauf aufbauend hat das Analyseteam durch eine **Transferleistung** Meßkriterien für jeden strategischen Erfolgsfaktor aufzulisten. Bei den Meßkriterien sind ihre **Ursache-Wirkungs-Zusammenhänge** gegenüber dem Erfolgsfaktor zu untersuchen, so daß die Anzahl der Meßkriterien in einem wirtschaftlich vertretbaren Rahmen bleibt. Als Ergebnis entsteht eine **Übersicht an Meßkriterien für jeden strategischen Erfolgsfaktor.**[67]

II. Empirisch-induktive Erkenntnisbestätigung („Bottom-Up"-Ansatz)

Der Nachteil der rein deduktiven Erkenntnisgewinnung besteht in der Gefahr, daß Meßkriterien eruiert werden, deren Realitätsferne so groß ist, daß Anpassungen an die realen Gegebenheiten unmöglich werden. Die deduktiv gewonnenen Meßkriterien sind daher durch die Führungskräfte zu **bestätigen** („Bottom-Up"-Ansatz).

Hierzu bekommen die Führungskräfte in dem zweiten Interview Meßkriterien für jeden strategischen Erfolgsfaktor vorgelegt. Im Vergleich zum ersten Interview ist dieses „freier" zu führen, da die Fragen nicht im Detail vorformuliert werden können. Hierbei sind von den Führungskräften nicht nur unrelevante Meßkriterien herauszustreichen, sondern es können auch neue - als besonders wichtig empfundene - Meßkriterien ergänzt werden. Der Vorteil dieser Bestätigungsarbeit besteht darin, daß **akzeptierte Meßkriterien** geschaffen werden, die nicht nur von den Führungskräften mitgetragen, sondern auch **direkt** für eine Erfolgsfaktoren-basierte Balanced Scorecard[68] verwendet werden können.

3.1.2.6. Ableitung der Informationsbedarfsgrößen für jedes Meßkriterium

Die Meßkriterien können in einem vierten Arbeitsschritt als Bindeglied zwischen den Erfolgsfaktoren und den zugehörigen **Informationsbedarfsgrößen** herangezogen werden. Hierauf aufbauend wird ein **Katalog an möglichen Führungsinformationen** ermittelt. Er wird mit den gleichen Mitteln wie die Meßkriterien erarbeitet und versucht die für den strategischen Führungsprozeß als typisch anzusehenden Informationen aufzulisten. Er ist mit den Führungskräften in dem zweiten Interview zu diskutieren.

Der Katalog an Führungsinformationen soll den in ihrer momentanen Entscheidungssituation verhafteten Führungskräften Anregungen und Anhaltspunkte für eine weitere Informationsbestimmung geben. So kann nicht nur deren Informationsbedarf umfassend analysiert werden. Der Einsatz dieses Hilfsmittels rationalisiert auch die Methodik der Informationsbedarfsanalyse.

---

67) Vorteil dieser Methode ist es, daß Meßkriterien unbeeinflußt von dem vorliegenden Ist-Zustand der Informationsversorgung generiert werden können. Nur so kann der Weg auch zu völlig neuen und eventuell besseren Informationsbedarfsgrößen offengehalten werden.

68) Vgl. Kap. IV.3.3.4., S. 257 ff.

Die Vorgehensweise zur Generierung von Erfolgsfaktoren-basierten Meßkriterien und Informationsbedarfsgrößen ist in der sich anschließenden Abb. IV - 30 nochmals zusammengefaßt.

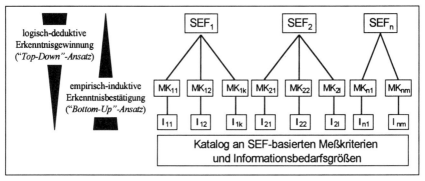

Abb. IV - 30:   *Katalog an SEF-basierten Meßkriterien und Informationsbedarfsgrößen.*

3.1.3. Methodenevaluierung

Nachdem in den vorangegangenen Ausführungen *verschiedene* Methoden der Informationsbedarfsanalyse charakterisiert wurden, stellt sich die Frage, welche für die Erfassung des Informationsbedarfs der Konzernleitung in der Management-Holding am „besten" geeignet ist. In Kap. 3.1.3.1. werden die zur Anwendung kommenden **Beurteilungskriterien** fundiert. Die **Beurteilung der einzelnen Methoden** schließt sich in den Kap. 3.1.3.2. bis 3.1.3.4. an. Zur Methodenauswahl werden die Einzelbeurteilungen abschließend in Kap. 3.1.3.5. gewichtet und zu einem **Gesamtmaß** aggregiert.

3.1.3.1. Auswahl der Beurteilungskriterien

Für die Auswahl der Beurteilungskriterien wird auf das in Kap. III.2. herausgearbeitete Anforderungsprofil effizienter Führungsinformationssysteme für die internationale Management-Holding zurückgegriffen. Von den dort herausgearbeiteten neunzehn **Beurteilungskriterien** lassen sich **neun** zur Evaluierung der einzelnen Methoden der Informationsbedarfsanalyse auswählen:

• Zunächst ist von Bedeutung, daß die Methoden der Informationsbedarfsanalyse den Informationsbedarf nach Umfang und Struktur *vollständig* erfassen können. Wie in Kap. 2.3.2.1. gezeigt wurde, konnten hieraus die Beurteilungskriterien „**Erfassung des objektiven Informationsbedarfs**", „**Erfassung des subjektiven Informationsbedarfs**" sowie die „**Erfassung strategischer Informationen**" abgeleitet werden.

• Darüber hinaus ist die *Handhabbarkeit* der Analysemethoden von Bedeutung. Hierunter konnten die Beurteilungskriterien der „**Verständlichkeit**", die „**Ableitungstransparenz**", der „**Integrationsgrad**" und die „**Änderungsflexibilität**" subsumiert werden.

• Als drittes und letztes Beurteilungskriterium wird der *Aufwand* herangezogen. Hierunter sind die „**Kostenadäquanz**" und die „**Zeitadäquanz**" der einzelnen Methoden der Informationsbedarfsanalyse zu diskutieren.

Die nachfolgende Abb. IV - 31 faßt die ausgewählten Beurteilungskriterien nochmals zusammen. Ihre Gewichtung basiert auf den Ergebnissen der empirischen Untersuchung.[69]

Gestaltungskriterien		Beurteilungskriterien	Gewichtung
Vollständigkeit **(25 %)**	Informationsumfang	Erfassung des objektiven Informationsbedarfs	10 %
		Erfassung des subjektiven Informationsbedarfs	5 %
	Informationsstruktur ▶	Erfassung strategischer Informationen	10 %
Handhabbarkeit **der** **Auswertungsmethoden** **(25 %)**		Verständlichkeit	5 %
		Ableitungstransparenz	10 %
		Integrationsgrad	5 %
		Änderungsflexibilität	5 %
Aufwand **(12,5 %)**		Kostenadäquanz	5 %
		Zeitadäquanz	7,5 %

Abb. IV - 31:   *Ausgewählte Kriterien zur Beurteilung verschiedener Methoden der Informationsbedarfsanalyse.*

Die sich anschließende Beurteilung basiert auf der aus der empirischen Untersuchung bekannten **Ratingskala** mit den Stufen „sehr gering", „gering", „neutral", „hoch" und „sehr hoch".[70] Da die Möglichkeit besteht, daß Beurteilungskriterien von einzelnen Methoden *nicht* unterstützt werden, wird die Beurteilungsstufe „nicht vorhanden" ergänzt.

3.1.3.2. Beurteilung nach der Vollständigkeit

Bei der Beurteilung der verschiedenen Methoden der Informationsbedarfsanalyse hinsichtlich ihrer Fähigkeiten, den **objektiven Informationsbedarf** der Konzernleitung einer internationalen Management-Holding erfassen zu können, zeigt sich ein heterogenes Bild. Insbesondere die **Nebenprodukttechnik** trägt dieser Forderung nur ungenügend Rechnung. Dies läßt sich nicht nur mit dem *Fehlen einer Aufgabenanalyse* erklären. Da die Führungsinformationen lediglich Nebenprodukte aus den operativen Vorsystemen sind, werden mit dieser Methode der

---

69)   Vgl. hierzu Kap. III.2.3.2., S. 113 ff.

70)   Zur Fundierung der fünfstufigen Ratingskala im Rahmen der empirischen Untersuchung vgl. S. 142 ff.

Informationsbedarfsanalyse oftmals „Papierberge" erzeugt, die keinen Bezug zu den Aufgaben der Konzernleitung haben. Der objektive Informationsbedarf findet daher faktisch keine Berücksichtigung, so daß die Nebenprodukttechnik hinsichtlich dieses Kriteriums mit „**sehr gering**" eingestuft wird.

Inwiefern bei der **Nullmethode** der objektive Informationsbedarf der Konzernleitung berücksichtigt wird, hängt maßgeblich von ihr selbst ab.[71] Durch das für die Nullmethode charakteristische „Gespräch unter vier Augen" sind ihre Analysearbeiten jedoch *unsystematisch* und nur schwer nachzuvollziehen. Zudem wird die Aufgabenanalyse nur *sporadisch* - auf Wunsch des Informationssubjekts - durchgeführt, so daß diese Methode der Informationsbedarfsanalyse in Analogie zur Nebenprodukttechnik hinsichtlich der Erfassung des objektiven Informationsbedarfs der Konzernleitung ebenfalls nur mit einer **sehr geringen Beurteilung** belegt wird.

Das **System der Schlüsselindikatoren** berücksichtigt zwar das Zielsystem eines Konzerns. Bei der Ermittlung der Schlüsselindikatoren wird jedoch *keine systematische Ziel- und Aufgabenanalyse* durchgeführt. Da diese Methode der Informationsbedarfsanalyse des weiteren zur *einseitigen Finanzorientierung* neigt,[72] kann sie hinsichtlich ihrer Fähigkeiten, den objektiven Informationsbedarf der Konzernleitung der internationalen Management-Holding zu erfassen, nur mit „**neutral**" eingestuft werden.

Das **Business Systems Planning** verdient in diesem Zusammenhang eine **hohe Beurteilung**. Dies läßt sich insbesondere damit begründen, daß sie die Erfassung des Informationsbedarf an den im Rahmen der Informationsbedarfsanalyse herausgearbeiteten Entscheidungsprozessen und Aufgaben der Konzernleitung ausrichtet.

Die **kritischen Erfolgsfaktoren** der gleichnamigen Methode leiten sich zwar aus den Zielen und Aufgaben des Entscheidungsträgers ab, wodurch die Ziel- und Aufgabenorientierung ein wichtiges Element dieser Methode darstellt. Der Schwerpunkt der Analysearbeiten liegt jedoch auf der *einzelnen* Führungskraft und ihrem subjektiven Informationsbedarf. Für eine gute Beurteilung fehlt dieser Methode die *logisch-deduktive Analysekomponente*. Die Methode kritischer Erfolgsfaktoren wird hinsichtlich der Erfassung des objektiven Informationsbedarfs mit „**neutral**" eingestuft.

Ein charakteristisches Merkmal der **Methode strategischer Erfolgsfaktoren** ist es, daß ihre Analysearbeit - wie die vorangegangene Abb. IV - 29 zeigte - explizit am Zielsystem und den *Aufgaben* der Informationssubjekte ausgerichtet ist. Dies kommt zum einen in ihrer Umwelt- und Konzernanalyse zum Ausdruck. Andererseits wird bei der Ableitung konzernspezifischer Erfolgsfaktoren *explizit* deren Verbindung zum Zielsystem der Management-Holding berück-

---

71)   Gleicher Ansicht ist auch BAHLMANN (Informationsbedarfsanalyse), S. 158.

72)   Vgl. hierzu S. 183.

sichtigt.[73] Hierdurch wird eine *logisch-deduktive Ableitung* strategischer Erfolgsfaktoren gewährleistet, so daß die bislang kritisierte Subjektivität der eruierten Informationsbedarfsgrößen weitestgehend neutralisiert wird.[74] Hinsichtlich ihrer Fähigkeiten, den objektiven Informationsbedarf der Konzernleitung erfassen zu können, wird die Methode strategischer Erfolgsfaktoren daher mit „**sehr hoch**" eingestuft.

Die **Erfassung des subjektiven Informationsbedarfs** - das zweite Kriterium zur Evaluierung der Methoden der Informationsbedarfsanalyse - verlangt die *aktive Beteiligung* des Informationssubjekts. Da bei der **Nebenprodukttechnik** die bereitzustellenden Führungsinformationen durch die untergeordneten Fachkräfte festgelegt werden, werden *individuelle Informationswünsche* der Konzernleitung faktisch *nicht* berücksichtigt. Die Nebenprodukttechnik ist hinsichtlich ihrer Fähigkeiten, den subjektiven Informationsbedarf der Konzernleitung erfassen zu können, mit „**sehr gering**" einzustufen.

Das **System der Schlüsselindikatoren** wird mit „**neutral**" beurteilt. Zwar werden die Schlüsselindikatoren mit den Führungskräften diskutiert. Die getroffene Beurteilung läßt sich jedoch damit erklären, daß diese Methode der Informationsbedarfsanalyse für ihre Analysearbeiten überwiegend *quantifizierbare Daten* aus bestehenden Berichten und Dokumenten heranzieht. Da der subjektive Informationsbedarf der Konzernleitung weder strukturiert geäußert wird, auch nicht quantifizierbare Informationen enthalten wird und überwiegend nicht schriftlich fixiert ist, besteht die Gefahr, daß der subjektive Informationsbedarf der Konzernleitung vernachlässigt wird.

Am deutlichsten kommt die aktive Mitarbeit des Informationssubjekts bei der **Nullmethode** zum Ausdruck. Sie stellt Informationen auf ausdrückliche Nachfrage des Informationssubjekts bereit. Des weiteren wird durch ihre *Interviewtechnik* ausschließlich der subjektive Informationsbedarf ermittelt, so daß sie hinsichtlich dieses Beurteilungskriteriums mit einer **sehr hohen Beurteilung** eingestuft wird.

Auch das **Business Systems Planning**, die **Methode kritischer Erfolgsfaktoren** und die **Methode strategischer Erfolgsfaktoren** beziehen durch ihre *Interviewtechnik* das Informationssubjekt explizit in den Analyseprozeß ein. In Analogie zur Nullmethode werden auch sie mit einer **sehr hohen Beurteilung** eingestuft.

Als letztes sind die Methoden der Informationsbedarfsanalyse hinsichtlich ihrer Fähigkeiten zu überprüfen, **strategische Informationen** zu erfassen. Hiervon kann bei der **Nebenprodukt-**

---

73)   Vgl. S. 196. Da erst durch diese Analysearbeit die Ableitung des objektiven Informationsbedarfs der Konzernleitung sichergestellt werden kann, ist die deutliche Höherbewertung im Vergleich zur Methode kritischer Erfolgsfaktoren zu rechtfertigen.

74)   Mit der Methode strategischer Erfolgsfaktoren wird daher der Erfassung des objektiven Informationsbedarfs die Aufmerksamkeit geschenkt, die in der empirischen Untersuchung herausgearbeitet wurde. Vgl. hierzu den ersten in der empirischen Untersuchung herausgearbeiteten Gestaltungsschwerpunkt effizienter Führungsinformationssysteme für die internationale Management-Holding, S. 145 f.

technik nicht gesprochen werden. Da mit ihr ausschließlich Informationen generiert werden können, die als Nebenprodukte den *operativen* Informationssystemen entstammen, wird sie hinsichtlich dieser Fähigkeiten mit „**sehr gering**" eingestuft.

Auch die **Nullmethode** ist hinsichtlich dieses Beurteilungskriteriums nur geringfügig besser. Obwohl auf der Ebene der Konzernleitung bei jedem Entscheidungsträger ein strategischer Informationsbedarf existent sein sollte, kann dieser mit der Nullmethode nur *sporadisch* und in konkreten *Einzelfällen* erfaßt werden. Die Nullmethode ist daher hinsichtlich ihrer Fähigkeiten, strategische Informationen erfassen zu können, mit einer **geringen Beurteilung** zu charakterisieren.

Das **System der Schlüsselindikatoren** erlaubt zwar eine Konzentration auf Informationen, die für das strategische Zielsystem wichtig sind. Da ihrer Ableitung aber *kein direkter Zusammenhang* mit dem strategischen Zielsystem zugrundeliegt, kann die Erfassung strategischer Informationen nicht wirklich akzentuiert werden. Darüber hinaus besteht ein Großteil der für die Schlüsselindikatoren ermittelten Informationen aus „harten" *Finanzdaten*,[75] so daß das System der Schlüsselindikatoren mit einer **neutralen Beurteilung** eingestuft wird.

Die gleiche Beurteilung erzielt das **Business Systems Planning**. Dies läßt sich nicht nur damit begründen, daß die Vielzahl der erhobenen Daten keine Akzentuierung strategischer Informationen zuläßt. Auch werden bei den Analysearbeiten bewußt Teile der Unternehmensumwelt - beispielsweise die Wettbewerbssituation und die Position des Unternehmens innerhalb der Branche - ausgeschlossen, so daß faktisch nur *unternehmensinterne Informationen* berücksichtigt werden.[76] Da aber strategische Informationen oftmals unternehmensexterne Sachverhalte beinhalten,[77] kommt das Business Systems Planning über eine **neutrale Beurteilung** nicht hinaus.

Die **Methode kritischer Erfolgsfaktoren** ist - wie zum Ende der siebziger Jahre üblich - auf den Informationsbedarf der *operativen Konzernführung* ausgerichtet. Zwar werden sowohl quantitative als auch qualitative, sowohl interne als auch externe Informationen berücksichtigt und es wird auch versucht, ihre Erfolgswirksamkeit zu quantifizieren.[78] Informationen zur strategischen Konzernführung bleiben aber faktisch unberücksichtigt. Dies läßt sich damit erklären, daß der Aufbau ihrer Informationsbedarfsanalyse nicht auf strategische Führungsaufgaben aus-

---

75)   Vgl. S. 183.
76)   Vgl. MARTIN (Information), S. 138.
77)   Vgl. hierzu S. 55 ff.
78)   Vgl. hierzu die verschiedenen Anwendungsbeispiele von ROCKART (Datenbedarf), S. 53 ff.

gerichtet ist.[79] Die Methode kritischer Erfolgsfaktoren ist daher unter dem Aspekt der Erfassung strategischer Informationen lediglich mit „**neutral**" einzustufen.

Ein weiterer wesentlicher Vorteil der **Methode strategischer Erfolgsfaktoren** ist es, daß sie über ihr Analyseinstrumentarium *direkt* am Zielsystem der Management-Holding ausgerichtet ist. Hierdurch ist sie nicht nur ein „Anhängsel" operativer Informationssysteme, sondern sie lenkt durch den „Top-Down"-Ansatz der Informationsbedarfsanalyse ihr Augenmerk *explizit* auf solche Informationsbedarfsgrößen, die zur strategischen Führung von Interesse sind.[80] Hierbei können auch „weiche" Faktoren wie die Kundenzufriedenheit oder die Effizienz interner Abläufe berücksichtigt werden,[81] so daß der Erfassung strategischer Informationen die Bedeutung zugemessen wird, die in der empirischen Untersuchung herausgearbeitet wurde. Die Methode strategischer Erfolgsfaktoren wird hinsichtlich des Kriteriums „Erfassung strategischer Informationen" als einzige mit einer **sehr hohen Beurteilung** eingestuft.

Methoden der Informations-bedarfsanalyse ⟶ Beurteilungs-kriterien ↓	Neben-produkt-technik	Null-methode	System der Schlüssel-indikatoren	Business Systems Planning	Methode kritischer Erfolgs-faktoren	Methode strategischer Erfolgs-faktoren
Erfassung des objektiven Informations-bedarfs	sehr gering	sehr gering	neutral	hoch	neutral	sehr hoch
Erfassung des subjektiven Informations-bedarfs	sehr gering	sehr hoch	neutral	sehr hoch	sehr hoch	sehr hoch
Erfassung strategischer Informationen	sehr gering	gering	neutral	neutral	neutral	sehr hoch
Beurteilungsgrundlage: Sechsstufige Ratingskala von "nicht vorhanden", über "sehr gering", "gering", "neutral", "hoch" bis "sehr hoch"						

Abb. IV - 32:   *Beurteilung ausgewählter Methoden der Informationsbedarfsanalyse nach ihrer Vollständigkeit.*

---

79)   Gleicher Ansicht sind auch HOFSTETTER (Informationssystem), S. 118 f., und PALLOKS (Marketing-Controlling), S. 189 f. Letztere überprüfte diese Methode der Informationsbedarfsanalyse in Hinblick auf den strategischen Informationsbedarf für Marketing-Entscheidungsträger. Auch sie kommt zu dem Schluß, daß die Methode kritischer Erfolgsfaktoren nur bedingt für strategische Problemstellungen geeignet ist.

80)   Vgl. hierzu den ersten in der empirischen Untersuchung herausgearbeiteten Gestaltungsschwerpunkt effizienter Führungsinformationssysteme für die internationale Management-Holding, S. 145 f.

81)   Vgl. hierzu die Charakterisierung betrieblicher Führungsinformationen in der internationalen Management-Holding, S. 56 ff.

3.1.3.3. Beurteilung nach der Handhabbarkeit

Im Rahmen der *Handhabbarkeit* ist zunächst zu überprüfen, wie **verständlich** die Methoden der Informationsbedarfsanalyse sind. Die **Nebenprodukttechnik** wird dahingehend mit „hoch" eingestuft. Ihr einziger Schwachpunkt liegt in der Nachvollziehbarkeit, mit der nachgeordnete Fachkräfte entscheiden, welche der in den operativen Vorsystemen vorhandenen Informationen aufbereitet und der Konzernleitung zur Verfügung gestellt werden.[82]

Auch das **System der Schlüsselindikatoren** weist eine **hohe Verständlichkeit** auf. Für sie existiert ein einfaches, leicht erlernbares Regelwerk und die verwendeten Begriffe sind mühelos verständlich. Die gleiche Beurteilung erreicht die **Nullmethode**. Der Grund dafür liegt jedoch nicht im einfachen Regelwerk. Die der Interviewtechnik immanente, nicht exakt strukturierbare Vorgehensweise verhindert eine sehr hohe Beurteilung.

Das **Business Systems Planning** weist eine **geringe Verständlichkeit** auf. Zwar verfügt diese Methode der Informationsbedarfsanalyse über ein detailliertes Regelwerk. Dessen *Komplexität* verlangt jedoch ein ausführliches Studium und Erfahrungen aus vorangegangenen Projekten.[83] Insbesondere dürfte es schwierig sein, die umfassende Analyse der Entscheidungsprozesse und die sich hieraus ergebenden Informationsteilsysteme nach Prioritäten einzustufen.[84] Letztendlich wirken die vielen Facetten des eruierten Informationsbedarfs eher verwirrend, als daß sie die angestrebte Zielausrichtung des Analyseprozesses verständlich machen könnten.

Lediglich als „**neutral**" ist die Verständlichkeit der **Methode kritischer Erfolgsfaktoren** zu beurteilen. Zwar existiert für sie ein leicht erlernbares Regelwerk. Die Analysearbeit - insbesondere die Definition kritischer Erfolgsfaktoren - ist jedoch eng an den Aufbau der Interviews und somit an das Können des Analyseteams gebunden. Erfahrungen und Sachverstand im Umgang mit dieser Methode sind daher für gute Analyseergebnisse unumgänglich.

Bei der **Methode strategischer Erfolgsfaktoren** werden die Informationsbedarfsgrößen *schrittweise* aus dem Zielsystem und den Aufgaben der Konzernleitung abgeleitet. Zwar ist dieser Deduktionsprozeß eng an die Erfahrung des Analyseteams gebunden.[85] Die Vorgehensweise ist aber - so zeigt u.a. die Gewichtung der individueller Erfolgsfaktoren[86] - *schematisierbar* und *leicht erlernbar*. Hinsichtlich ihrer **Verständlichkeit** wird die Methode strategischer Erfolgsfaktoren mit „hoch" eingestuft werden. Die Höhergewichtung im Vergleich zur

---

82)   Ähnlich auch bei ROCKART (Datenbedarf), S. 46.

83)   Vgl. IBM (Business), S. 18 ff.

84)   Vgl. hierzu Arbeitsschritt 10 der BSP-Methode, S. 187.

85)   Vgl. hierzu insbesondere die Deduktion unternehmensspezifischer Erfolgsfaktoren, S. 195 ff.

86)   Vgl. hierzu Kap. IV.3.1.2.3., S. 194 f.

Methode kritischer Erfolgsfaktoren läßt sich insbesondere durch ihre schematisierten und auf das „Wesentliche" beschränkten Interviews fundieren, die maximal eine Stunde dauern dürfen.[87]

Als zweites Kriterium zur Analyse der Handhabbarkeit der Methoden der Informationsbedarfsanalyse ist die **Transparenz** zu beurteilen, mit der der Informationsbedarf der Konzernleitung abgeleitet wird. Die hinsichtlich dieses Kriteriums schlechteste Beurteilung erhält die **Nullmethode**. Die Auswahl der Führungsinformationen ist *subjektiv* und *nicht nachvollziehbar*. Die Transparenz der Nullmethode wird mit „**sehr gering**" eingestuft.

Nur geringfügig transparenter stellt sich das Vorgehen der **Nebenprodukttechnik** dar. Die Herkunft der bereitgestellten Informationen aus den operativen Vorsystemen ist zwar leicht nachzuvollziehen. Nach welchen Kriterien die Informationen von den Fachkräften jedoch ausgewählt werden, kann nur erahnt werden. Die Transparenz der Nebenprodukttechnik, mit der der Informationsbedarf der Konzernleitung in der internationalen Management-Holding ableitet wird, ist daher mit einer **geringen Beurteilung** zu belegen.

Gleiche Voraussetzungen liegen dem **System der Schlüsselindikatoren** zugrunde. Da die Ableitung und Auswahl der Indikatoren aus dem übergeordneten Zielsystem unsystematisch erfolgt und in den Analysegesprächen *kein Argumentationszwang* besteht, ist die Ableitungstransparenz dieser Methode ebenfalls mit „**gering**" zu beurteilen.

Das **Business Systems Planning** ist zwar durch einen strukturierten Aufbau und eine detaillierte Ziel- und Aufgabenanalyse gekennzeichnet. Durch die große Anzahl geführter Interviews (ca. 40 - 100 in einem mittelgroßen Konzern) wird aber eine so *beträchtliche Datenfülle* ermittelt,[88] die eine Konzentration auf wesentliche Informationen zur Konzernführung schwer macht.[89] Hinsichtlich ihrer Ableitungstransparenz wird das Business Systems Planning daher mit einer **geringen Beurteilung** eingestuft.

Sehr gute Ergebnisse hinsichtlich ihrer Ableitungstransparenz erzielen sowohl die **Methode kritischer Erfolgsfaktoren** als auch die **Methode strategischer Erfolgsfaktoren**. Beide zeichnen sich durch eine strukturierte, schriftlich dokumentierte Vorgehensweise aus, bei der sowohl die einzelnen Analyseschritte als auch die aus dem Zielsystem und den Aufgaben der Konzernleitung abgeleiteten Informationsbedarfsgrößen begründet werden. Die Quellen und die Bedeutung einzelner Informationsbedarfsgrößen für das übergeordnete Zielsystem sind hierbei immer erkennbar. Des weiteren zwingt die strukturierte Vorgehensweise die befragten

---

87)   Vgl. hierzu die Vorgehensweise in der Fallstudie, S. 413 ff.

88)   Vgl. S. 185.

89)   Gleicher Ansicht sind auch ROCKART (Datenbedarf), S. 49, und SPIEGEL (Managementinformationssystem), S. 82.

Führungskräfte, geeignete Kriterien zur Konkretisierung der Erfolgsfaktoren festzulegen.[90] So können insbesondere bei der Methode strategischer Erfolgsfaktoren Informationen identifiziert werden, die zur strategischen Führung der Management-Holding *wirklich* benötigt werden.

Im Rahmen der Handhabbarkeit der einzelnen Analysemethoden ist als drittes Beurteilungskriterium deren **Integrationsgrad** zu überprüfen.[91] Angesichts ihres Ansatzes, ausschließlich an anderer Stelle benötigte oder ad hoc gesammelte Einzelinformationen bereitzustellen, sind sinnvolle Kombinationen der **Nebenprodukttechnik** oder der **Nullmethode** mit anderen Methoden der Informationsbedarfsanalyse kaum möglich.[92] Sie werden daher mit einem **geringen Integrationsgrad** eingestuft.

Mit „hoch" ist der Integrationsgrad des **Business Systems Planning** zu beurteilen. Sie läßt sich aus dem umfassenden Ansatz dieser Methode erklären, womit sich eine Verknüpfung mit anderen Methoden der Informationsbedarfsanalyse faktisch erübrigt.[93]

Das **System der Schlüsselindikatoren** und die **Methode kritischer Erfolgsfaktoren** sind leicht mit anderen Methoden der Informationsbedarfsanalyse kombinierbar. Als Beispiel sei die Integration einer PIMS-Studie[94] zur Bestimmung kritischer Erfolgsfaktoren genannt. Hinsichtlich ihres Integrationsgrads erhalten die genannten Methoden eine **sehr hohe Beurteilung**.

Auch die **Methode strategischer Erfolgsfaktoren** ist dahingehend mit „**sehr hoch**" zu beurteilen. Dies läßt sich damit begründen, daß auf jeder Stufe des Deduktionsprozesses *Schnittstellen* bestehen, die diese Methode der Informationsbedarfsanalyse mit anderen betriebswirtschaftlichen Instrumentarien *kombinierbar* macht.[95] Insbesondere kann an verschiedenen strategischen Zielsysteme angesetzt, im Zweifelsfall sogar eine *Erfolgsfaktoren-basierte Konzernstrategie* entwickelt werden.

Aufgrund ihres Ansatzes, einen vorhersagbaren und schematisierbaren Informationsbedarf grundsätzlich abzulehnen,[96] kann der mit der **Nullmethode** erfaßte einzelfallorientierte Informationsbedarf beständig an Veränderungen seiner Bestimmungsfaktoren angepaßt werden. Die Nullmethode ist daher durch eine **sehr hohe Änderungsflexibilität** - dem vierten Kriterium zur Operationalisierung der Handhabbarkeit der Methoden der Informationsbedarfsanalyse[97] - gekennzeichnet.

---

90)   Vgl. hierzu die Ableitung der Meßkriterien und Informationsbedarfsgrößen, S. 197 ff.
91)   Vgl. KOREIMANN (Informationsbedarfsanalyse), S. 167.
92)   Vgl. BAHLMANN (Informationsbedarfsanalyse), S. 165.
93)   Gleicher Ansicht ist auch SPIEGEL (Informationsbedarfsanalyse), S. 29.
94)   Zur PIMS-Studie vgl. hierzu BUZZELL / GALE (PIMS).
95)   Vgl. hierzu insbesondere die Ausführungen zur synergetischen Effizienz dieser Methode der Informationsbedarfsanalyse, Kap. V.5.2., S. 393 ff.
96)   Zur Begründung vgl. S. 181 f.
97)   Vgl. hierzu Kap. IV. 3.1.3.1., S. 199 ff.

Da sich bei der **Nebenprodukttechnik** die Bereitstellung von Informationen an bereits in Vorsystemen genutzten Daten orientiert, führen veränderte Rahmenbedingungen *nicht* direkt zu einer Revision des Informationsbedarfs. Hinsichtlich ihrer Änderungsflexibilität wird die Nebenprodukttechnik daher mit „**gering**" eingestuft.

Das **System der Schlüsselindikatoren** und die **Methode kritischer Erfolgsfaktoren** sind durch ihre Interviews zwar recht flexibel und erlauben auch den Einsatz für verschiedene Problemstellungen. Modifikationen der Informationsbedarfe lassen sich jedoch nur durch eine wiederholte Anwendung der Methode erzielen. Beide Methoden gewährleisten daher nur eine **neutrale Änderungsflexibilität**.

Einschränkungen hinsichtlich ihrer Änderungsflexibilität ergeben sich auch beim **Business Systems Planning**. Sie stützt sich zwar ebenfalls auf Interviews zur Erkenntnisgewinnung. Angesichts ihres *starren Ablaufs* ist ihre Flexibilität aber stark eingeschränkt. Das Business Systems Planning wird daher hinsichtlich ihrer Änderungsflexibilität mit „**gering**" eingestuft.

Zwar ist die **Methode strategischer Erfolgsfaktoren** in verschiedenen Branchen zur Informationsbedarfsanalyse einzusetzen und durch ihre Interviewtechnik recht *flexibel*. Um neue strategische Erfolgsfaktoren zu eruieren oder um Modifikationen am eruierten Informationsbedarf vornehmen zu können, bedingt sie jedoch *erneute Interviews*. Die Änderungsflexibilität wird weiterhin dadurch eingeschränkt, daß bei der Bestimmung des Informationsbedarfs ein *Katalog möglicher Führungsinformationen* eingesetzt wird,[98] der auf die bereits eruierten Erfolgsfaktoren abgestimmt ist. Hinsichtlich ihrer **Änderungsflexibilität** wird die Methode strategischer Erfolgsfaktoren daher mit „**neutral**" eingestuft.

Methoden der Informations-bedarfsanalyse ➞ Beurteilungs-kriterien ▼	Neben-produkt-technik	Null-methode	System der Schlüssel-indikatoren	Business Systems Planning	Methode kritischer Erfolgs-faktoren	Methode strategischer Erfolgs-faktoren
Verständ-lichkeit	hoch	hoch	hoch	gering	neutral	hoch
Ableitungs-transparenz	gering	sehr gering	gering	gering	sehr hoch	sehr hoch
Integrations-grad	gering	gering	sehr hoch	hoch	sehr hoch	sehr hoch
Änderungs-flexibilität	gering	sehr hoch	neutral	gering	neutral	neutral

Abb. IV - 33:   *Beurteilung ausgewählter Methoden der Informationsbedarfsanalyse nach ihrer Handhabbarkeit.*

---

98)   Zur Begründung vgl. S. 181 f.

3.1.3.4. Beurteilung nach dem Aufwand

Letztendlich ist der *Aufwand*, den die einzelnen Methoden der Informationsbedarfsanalyse verursachen, in die Beurteilung einzubeziehen. Der Aufwand wird nach den Kriterien der „**Kostenadäquanz**" und der „**Zeitadäquanz**" untersucht.

Es ist selbsterklärend, daß die **Kosten**, die bei der Anwendung der **Nebenprodukttechnik** und der **Nullmethode** entstehen, sehr gering sind. Stützt sich die Nebenprodukttechnik auf im Unternehmen bereits *vorhandene Informationen*, zeichnet sich die Nullmethode durch einen mit sehr geringen Kosten verbundenen *situativen Ansatz* aus. Die inverse Beurteilung berücksichtigend, sind daher beide Methoden hinsichtlich ihrer Kostenadäquanz mit einer **sehr hohen Beurteilung** einzustufen.

Auch das **System der Schlüsselindikatoren** erzielt ein **gutes Urteil**. Die Ergebnisse dieser Methode werden mit relativ geringen Kosten erzielt. Dies läßt sich damit fundieren, daß durch die Nutzung von Berichten und Dokumenten lediglich *kurze Interviews* geführt werden müssen. Es werden hierzu auch keine weiteren Hilfsmittel benötigt, so daß nur die Personalkosten des Analysten anfallen.

Sehr hohe Kosten bringt die Ermittlung des Informationsbedarfs durch das **Business Systems Planning** mit sich. Zum einen sind hierfür *sehr umfangreiche Analysearbeiten* verantwortlich. Zum anderen ist der umfangreiche Datenoutput nur mit einer speziellen Software zu handhaben. Letztendlich verursacht die *Vielzahl der Interviewpartner* sehr hohe Kosten, so daß die Kostenadäquanz des Business Systems Planning als „**sehr gering**" eingestuft wird.

Umfangreiche Personalkosten kennzeichnen die **Methode kritischer Erfolgsfaktoren**. Die Interviews sind aufwendig und ihre Auswertung ist in der Regel schwierig. Obgleich keine besonderen Hilfsmittel zur Informationsbedarfsanalyse benötigt werden, kommt diese Methode über eine als **neutral einzustufende Beurteilung** ihrer Kostenadäquanz nicht hinaus.

Auch die **Methode strategischer Erfolgsfaktoren** kommt bei ihrer Analysearbeit *ohne aufwendige Hilfsmittel* aus. Aufgrund der zu führenden Interviews und ihren umfangreichen Auswertungen sind aber - beispielsweise im Vergleich zur Nebenproduktmethode - entsprechende *Personalkosten* offensichtlich. Die Methode strategischer Erfolgsfaktoren wird daher hinsichtlich ihrer **Kostenadäquanz** mit „**neutral**" eingestuft.

Mit dem letzten Beurteilungskriterien wird der **Zeitaufwand**, den die einzelnen Methoden der Informationsbedarfsanalyse benötigen, erfaßt. Da bei der **Nebenprodukttechnik** die Informationen als Nebenprodukt der operativen Systeme anfallen, ist der zeitliche Aufwand ihrer Generierung in der Regel sehr gering. Hinsichtlich ihrer Zeitadäquanz erhält die Nebenprodukttechnik daher eine **sehr hohe Beurteilung**.

Eine ähnlich gute Beurteilung wird auch der **Nullmethode** zuteil. Da die Informationsbedarfsanalyse neben der eigentlichen Aufgabenerfüllung der Führungskräfte durchgeführt werden kann, ist eine entsprechende Befragung relativ schnell abzuschließen. Hinsichtlich ihrer Zeitadäquanz wird die Nullmethode daher mit einer **hohen Beurteilung** eingestuft.

Auch das **System der Schlüsselindikatoren** beansprucht zur Generierung seiner Indikatoren nur kurze Interviews. Da aber eine Vielzahl von Indikatoren abgeleitet werden, sind die Analysearbeiten *sehr zeitaufwendig*, so daß das System der Schlüsselindikatoren dahingehend mit „**neutral**" beurteilt wird.

Durch die ausführlichen Interviews mit einer Vielzahl an Führungskräften werden durch das **Business Systems Planning** nicht nur beträchtliche Kosten induziert. Dieser Ansatz der Informationsbedarfsanalyse impliziert auch einen hohen Zeitbedarf der Analysearbeiten. Das Business Systems Planning wird hinsichtlich seiner Zeitadäquanz mit „**sehr gering**" beurteilt.

Die **Methode kritischer Erfolgsfaktoren** ermittelt den Informationsbedarf von Führungskräften in 2 - 3 *Interviews*, die jeweils drei bis sechs Stunden benötigen.[99] Bedingt durch die Vielfalt der möglichen Antworten ist aber auch die *Auswertung der Befragungsergebnisse* zeitaufwendig. Die Methode kritischer Erfolgsfaktoren ist daher durch einen hohen Zeitbedarf zu charakterisieren, so daß ihre Zeitadäquanz mit einer **geringen Beurteilung** einzustufen ist.

Als bemerkenswert ist anzuführen, daß sich die Methode strategischer Erfolgsfaktoren hinsichtlich ihres *Zeitaufwands* als äußerst effektiv erwies. Wie die Fallstudie noch zeigen wird,[100] hat keines der Interviews länger als *eine Stunde* gedauert, wobei die Zeit zur Methodenerklärung mit eingerechnet ist. Die sich anschließende Analysearbeit ist *zeitaufwendig*. Durch die schematisierte Vorgehensweise kann das Analyseteam jedoch schnell Routine erlangen, die sich positiv auf die Zeitadäquanz auswirkt. Hinsichtlich ihrer Zeitadäquanz wird die **Methode strategischer Erfolgsfaktoren** daher mit „**neutral**" eingestuft.

Methoden der Informationsbedarfsanalyse ➡ Beurteilungskriterien ⬇	Nebenprodukttechnik	Nullmethode	System der Schlüsselindikatoren	Business Systems Planning	Methode kritischer Erfolgsfaktoren	Methode strategischer Erfolgsfaktoren
Kostenadäquanz	sehr hoch	sehr hoch	hoch	sehr gering	neutral	neutral
Zeitadäquanz	sehr hoch	hoch	neutral	sehr gering	gering	neutral

Abb. IV - 34:   *Beurteilung ausgewählter Methoden der Informationsbedarfsanalyse nach ihrem Aufwand.*

---

99) Vgl. BAHLMANN (Informationsbedarfsanalyse), S. 182.
100) Vgl. hierzu Kap. V.2.2.1.1., S. 412 ff.

3.1.3.5. Zusammenfassende Beurteilung und Auswahl einer Methode

Fand in den vorangegangenen Kapiteln die Methodenbeurteilung hinsichtlich *einzelner Kriterien* statt, sollen nun deren **Gewichtungen** herangezogen werden, um eine **Gesamtbeurteilung** durchzuführen. Nur so kann fundiert werden, welche der Methoden der Informationsbedarfsanalyse für die Gestaltung effizienter Führungsinformationssysteme für die internationale Management-Holding am „besten" geeignet ist.

Mit einem Wert von **2,36** - auf der Skala von 0 „nicht vorhanden" bis 5 „sehr hoch" - erzielt die **Nebenprodukttechnik** die **schlechteste Gesamtbeurteilung**. Insbesondere ihre mangelnde Fähigkeit, den Informationsbedarf der Konzernleitung *vollständig analysieren* zu können (gewichteter Durchschnittswert von 1,0), rechtfertigt diese Beurteilung. Trotz ihrer *geringen Kosten* und ihres *geringen Zeitaufwands* ist die Nebenprodukttechnik daher für die Gestaltung effizienter Führungsinformationssysteme **ungeeignet**.

Die Möglichkeiten, mit dem **Business Systems Planning** den Informationsbedarf der Konzernleitung zu analysieren, ist mit einer **Gesamtbeurteilung von 2,68** als **unterdurchschnittlich** einzustufen. Trotz ihrer Fähigkeiten, den Informationsbedarf der Konzernleitung relativ *gut* analysieren zu können (gewichteter Durchschnittswert von 3,8), werden bei dem Business Systems Planning die Nachteile des **Totalansatzes** offensichtlich. Insbesondere ihre *sehr hohen Kosten* und ihr *sehr großer Zeitbedarf* tragen zur **zweitschlechtesten Gesamtbeurteilung** bei. Eine *kaum zu erfassende Datenfülle* sowie ihre *geringe Verständlichkeit* unterstützen diese Einschätzung.

Die **Nullmethode** akzentuiert die *situative* Ermittlung des subjektiven Informationsbedarfs. Zwar verursacht sie hierbei *sehr geringe Kosten* und läßt sich auch *schnell implementieren* (gewichteter Durchschnittswert von 4,4). Mit ihrer fehlenden *Problemadäquanz*, den objektiven Informationsbedarf der Konzernleitung einer internationalen Management-Holding erfassen zu können und ihrer *unsystematischen Methodik*, die eine Beurteilung der Ableitungstransparenz von „1" (sehr gering) einschließt, ist aber auch diese Methode der Informationsbedarfsanalyse für die Gestaltung effizienter Führungsinformationssysteme in der internationalen Management-Holding **ungeeignet**. Mit einer **Gesamtbeurteilung von 2,80** wird diese Beurteilung quantifiziert.

Das **System der Schlüsselindikatoren** erfüllt im wesentlichen die Beurteilungskriterien effizienter Führungsinformationssysteme. Sie neigt jedoch zur einseitigen *Finanzorientierung*. Mit Ausnahme ihrer Verständlichkeit und ihrem Integrationsgrad kommt sie daher über eine neutrale Einstufung der einzelnen Beurteilungskriterien nicht hinaus. Folgerichtig ergibt sich eine **Gesamtbeurteilung von 3,2**, so daß das System der Schlüsselindikatoren **nur bedingt** für die Gestaltung effizienter Führungsinformationssysteme **geeignet** ist.

In ihrer Eignung, die Gestaltung effizienter Führungsinformationssysteme sinnvoll zu unterstützen, ist die **Methode kritischer Erfolgsfaktoren** mit einer **Gesamtbeurteilung** von **3,52** zwar die „beste" der konventionellen Methoden. Insgesamt reicht diese Beurteilung jedoch nur für den zweiten Platz aus. Die Methode kritischer Erfolgsfaktoren zeichnet sich durch zwei Vorteile aus: Durch die konsequente Anwendung der Interviewtechnik läßt sich zum einen der *subjektive Informationsbedarf der Konzernleitung* gut erfassen. Zum anderen ist ihr Aufbau durch eine *sehr hohe Ableitungstransparenz* gekennzeichnet. Die Erfolgsfaktoren werden schrittweise aus den Interviewergebnissen deduziert und die Definition der Erfolgsfaktoren läßt sich leicht an konzernindividuelle Bedingungen anpassen. Schwächen hat diese Methode bei der *Erfassung des objektiven Informationsbedarfs* und der *Erfassung strategischer Informationen.* Letztendlich stellt sie kein geschlossenes Schema der Informationsbedarfsanalyse dar, so daß der *hohe Zeitbedarf* ihrer Analysearbeiten als weiterer methodologischer Nachteil anzuführen ist.

Mit einem Gesamturteil von **4,36** auf der Skala von 0 „nicht vorhanden" bis 5 „sehr hoch" geht die **Methode strategischer Erfolgsfaktoren** als „Sieger" aus den Evaluierungsarbeiten hervor.[101] Im Vergleich zur Methode kritischer Erfolgsfaktoren ist zu konstatieren, daß sie eine **sehr hohe Beurteilung** hinsichtlich des ersten in der empirischen Untersuchung herausgearbeiteten Gestaltungsschwerpunkts effizienter Führungsinformationssysteme für die internationale Management-Holding erreicht. Durch ihre methodologische Ausrichtung kann nämlich der Informationsbedarf der Konzernleitung *vollständig* analysiert werden. Dies läßt sich damit fundieren, daß

- die mit der strategischen Analyse erarbeiteten individuellen Erfolgsfaktoren der Führungskräfte untereinander **gewichtet** werden.[102]

- In der hierauf basierenden **Analysearbeit** werden die individuellen Erfolgsfaktoren durch das Projektteam zu **konzernspezifischen strategischen Erfolgsfaktoren** verknüpft.[103]

- Durch die zur Anwendung kommende logisch-deduktive Erkenntnisgewinnung und die empirisch-induktive Erkenntnisbestätigung ist die Wahrscheinlichkeit, bedarfsgerechte Meßkriterien und Informationsbedarfsgrößen für die Konzernleitung der internationalen Management-Holding zu generieren, relativ hoch.

Hinsichtlich ihrer **Handhabbarkeit** erreicht die Methode strategischer Erfolgsfaktoren einen als **hoch** einzustufenden Durchschnittswert von 4,4. Der **Aufwand** dieser Methode ist mit einer **mittleren Beurteilung von 3,0** zu quantifizieren. Wird diesem Wert die hohe Qualität und Vollständigkeit der Informationsbedarfsanalyse gegenübergestellt, kann noch von einem **angemessenen Aufwand** gesprochen werden.

---

101) Mit einer Punktedifferenz von 0,84 zur zweitplazierten Methode kritischer Erfolgsfaktoren wird ein als hoch einzustufender Forschungsfortschritt offensichtlich.

102) Vgl. hierzu Kap. IV.3.1.2.3., S. 194 ff., insbesondere Abb. IV - 27, S. 194.

103) Vgl. hierzu S. 195 ff.

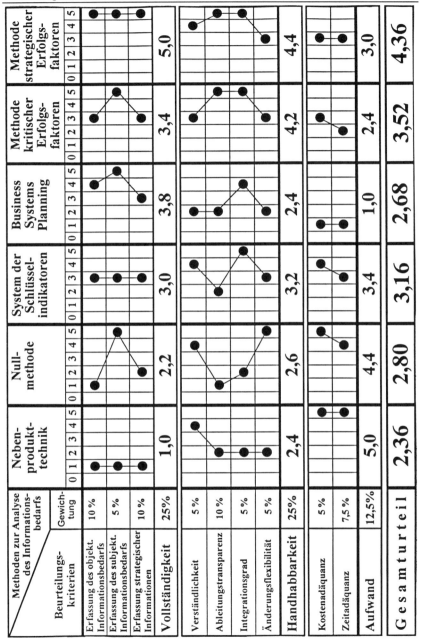

Abb. IV - 35:   *Zusammenfassende Beurteilung ausgewählter Methoden zur Analyse des Informationsbedarfs.*

3.2. Beschaffung der Primärinformationen

Nachdem mit der Methode strategischer Erfolgsfaktoren der Informationsbedarf der Konzern-leitung einer internationalen Management-Holding bestimmt wurde, beinhaltet der zweite Schritt der Systemgestaltung die **Beschaffung der hierzu benötigten Primärinformationen**[1]. Ihr Umfang kann wie folgt definiert werden:[2]

> Die **Beschaffung der Primärinformationen** umfaßt die *Suche und Erschließung* geeigneter Informationsquellen, die zur Generierung betrieblicher Führungsinformationen dienen.

3.2.1. Bedeutung der Informationsbewertung und des Data Warehouse-Konzepts als Bestandteile der Informations-beschaffung

Bei der Suche und Erschließung geeigneter Informationsquellen ist zunächst abzuklären, ob der Informationsbedarf der Konzernleitung durch *interne* Quellen - beispielsweise operative Informationssysteme, die dem Führungsinformationssystem vorgelagert sind[3] - abgedeckt werden kann. Für die nicht in der Management-Holding vorhandenen Informationen ist abzu-klären, welche *externen* Beschaffungsmöglichkeiten bestehen.[4] Die Suche und Erschließung der Informationsquellen schließt mit der systematischen Darstellung sogenannter **Informations-pfade**[5]. Sie legen die Beschaffungswege der Primärinformationen und - wenn nötig - auch die zugehörigen Verdichtungsregeln fest.

Vor der letztendlichen Informationsbeschaffung muß aus Effizienzgründen noch eine **Informa-tionsbewertung** stattfinden. Hierbei sind den *Kosten* der Informationsbeschaffung der entspre-

1) Zur Begriffsabgrenzung vgl. die informationstheoretischen Grundlagen, S. 47 f.

2) In Anlehnung an HORVÁTH (Controlling), S. 366, und BERTHEL (Informationssysteme), S. 57 ff.

3) Vgl. hierzu die hierarchische Positionierung von Führungsinformationssystemen in der internationalen Management-Holding, S. 75.

4) Vgl. BERTHEL (Informationssysteme), S. 59 ff.

5) In Anlehnung an die Terminologie von BAUMÖL (Informationsmanagement), S. 95 ff, die auch ein anschauliches Beispiel anführt.

chende *Nutzen* gegenüberzustellen, d.h. es ist zu prüfen, ob es sich **wirtschaftlich** überhaupt lohnt, die Primärinformationen zu beschaffen.[6]

Mit der **Informationsbewertung** ist im Rahmen einer Kosten/Nutzen-Analyse abzuklären, ob es sich wirtschaftlich überhaupt lohnt, die eruierten Primärinformationen zu beschaffen.

Zwar lassen sich die Kosten der Informationsbeschaffung in der Regel einigermaßen zuverlässig bestimmen. Problematisch ist aber, den Nutzen von Informationen zu quantifizieren. Nach dem gegenwärtigen Kenntnisstand der Betriebswirtschaftslehre ist dies - so wurde bei der Umsetzung des Prinzips der Wirtschaftlichkeit dargelegt[7] - allenfalls bedingt möglich.[8]

Nachdem die Primärinformationen, die einer Kosten-/Nutzen-Analyse standhalten konnten, beschafft wurden, ist in einem letzten Schritt abzuklären, wie sie abzulegen sind, um unabhängig vom Beschaffungszeitpunkt einen *jederzeitigen Zugriff* zu ermöglichen. Dies wird als Aufgabe der **Informationsspeicherung** angesehen. Sie wird neben der Suche und Erschließung geeigneter Informationsquellen sowie der Informationsbewertung als *dritter Aspekt* der Informationsbeschaffung definiert.

Die **Informationsspeicherung** beinhaltet die *zeitliche Transformation* der Primärinformationen.

Als Speichermedien kommen zunächst die verschiedenen Datenbasen der Tochtergesellschaften in Frage. Da diese aber in der internationalen Management-Holding in der Regel weltweit verteilt sind und ein direkter Zugriff oftmals aus technischen Gründen nicht möglich ist,[9] ist es sinnvoll, eine Datenbank anzulegen, die *speziell* auf den Informationsbedarf der Konzernleitung ausgerichtet ist.

Hierzu stehen derzeit **Data Warehouses**[10] in lebhafter Diskussion. Sie werden zunehmend als Basis leistungsstarker Führungsinformationssysteme eingesetzt.[11] Mit einem Data Warehouse wird ein eigener **Pool an Primärinformationen** geschaffen, der im vorliegenden Fall auf den Informationsbedarf der Konzernleitung auszurichten ist. Der Begriff „Data Warehouse" ist

---

6) Gleicher Auffassung ist auch HORVÁTH (Kennzahlen), S. 355. Zur Bedeutung der *Informationsbewertung* im Rahmen der Informationsbeschaffung vgl. PALLOKS (Informationsbeschaffung), S. 289.

7) Vgl. S. 100.

8) Nichtsdestotrotz sollen im Rahmen der Evaluierungsarbeiten bestehende Methoden auf diese Fähigkeit untersucht werden. Vgl. hierzu S. 219 ff.

9) Zu den Besonderheiten der internationalen Management-Holding vgl. S. 42 ff.

10) Der Begriff des Data Warehouse geht auf die Veröffentlichung „Building the Data Warehouse" des amerikanischen Beraters IMMON zurück. Vgl. hierzu IMMON (Data Warehouse). Der konzeptionelle Ansatz basiert aber auf Arbeiten des amerikanischen Computerkonzerns IBM. Selten wird der Begriff des „Information Warehouse" verwendet. Vgl. hierzu MUKSCH / BEHME (Data Warehouse-Konzept).

11) Vgl. hierzu den Aufbau der getesteten FIS-Generatoren, S. 293 ff.

dabei nicht - wie aus terminologischer Sicht einsichtig wäre - mit einem Waren- oder Kaufhaus, sondern eher mit einem **Lager** an Primärinformationen gleichzusetzen.[12] Dies läßt sich vor allem damit fundieren, daß das Data Warehouse nur die Speicherung der Primärinformationen erlaubt. Der Zugriff auf diese ist Aufgabe spezieller Auswertungswerkzeuge.[13]

Ein Data Warehouse, das als Basis von Führungsinformationssystemen für die internationale Management-Holding dient, kann in Anlehnung an eine eingängige Begriffsabgrenzung von REICHMANN[14] wie folgt definiert werden:

> Ein **Data Warehouse** effizienter Führungsinformationssysteme für die internationale Management-Holding ist ein Pool an Primärinformationen, der durch Integration verschiedener operativer Datenbestände gebildet wird. Bei der funktions- und teilkonzernübergreifenden Integration werden nur solche Primärinformationen berücksichtigt, die für die Konzernleitung relevant sind.

Aufgabe eines Data Warehouses in der internationalen Management-Holding ist es, die Daten der heterogenen Vorsysteme **systematisch** und in **einheitlicher Form** als Primärinformationen für die bedarfsgerechte Informationsversorgung der Konzernleitung zusammenzuführen. Hierzu sind die Daten durch verschiedene Mechanismen zu filtern, zu „säubern"[15], bei Bedarf funktions- und teilkonzernübergreifend zu verdichten, eventuell durch Kommentare anzureichern und strukturiert abzulegen.

Da es sich bewährt hat, das Data Warehouse physikalisch von den operativen Vorsystemen zu trennen,[16] hierdurch werden die operativen Systeme von aufwendigen Analysen entlastet,[17] müssen die Primärinformationen in der Regel *periodisch*, für einen direkten Datendurchgriff aber auch *ad-hoc*, eingelesen werden können.

Der Verknüpfung von Data Warehouses mit relevanten Datenquellen kommt daher eine herausragende Bedeutung zu. Das Kernproblem, das hierbei auftritt, liegt - wie die nachfolgende

12)   In Anlehnung an HOFFMANN / KUSTERER (Handels-Controlling), S. 283, die sich auf SCHEER (Data Warehouse), S. 74, beziehen.

13)   Vgl. hierzu die Ausführungen zur OLAP-Technologie, S. 218.

14)   REICHMANN (Controlling), S. 544. Ähnlich aber auch bei GLUCHOWSKI (Data Warehouse), S. 48; GROFFMANN (Data Warehouse), S. 10, und HOLTHUIS / MUKSCH / REISER (Data Warehouse), S. 95.

15)   Als Beispiel seien unterschiedliche Schlüssel „0" und „1" oder „m" und „w" für die gleichen Ausprägungen „männlich" und „weiblich" eines Merkmals genannt.

16)   Vgl. hierzu auch GABRIEL / GLUCHOWSKI (Management Support Systeme III), S. 535.

17)   Durch Ad-hoc-Abfragen würden nämlich Spitzenbelastungen erzeugt werden, die nicht mehr zumutbare Antwortzeiten, zum Teil sogar Systemabstürze implizieren. Vgl. BEHME (Data Warehouse), S. 15; HANNIG / SCHWAB (Data Warehouse), S. 4.

Abb. IV - 36 zeigt - bei der Bestimmung des **Datenflusses**.[18] Hierbei lassen sich fünf Ausprägungen unterscheiden:

* Der „**Inflow**" umfaßt die Übernahme der Daten aus den operativen Vorsystemen und anderen externen Datenquellen in das Data Warehouse.[19]

* Mit dem „**Upflow**" werden durch Selektion, Verdichtung und Verknüpfung aus den eingelesenen Daten betriebliche Führungsinformationen generiert.

* Mit dem „**Downflow**" wird die Aktualität der in Data Warehouses gehaltenen Primärinformationen sichergestellt. Insbesondere werden veraltete Primärinformationen ausgelagert, ohne daß dabei ihr Zugriff verloren geht.

* Neben dem Einladen und Speichern der Primärinformationen spielt der Zugang eine bedeutende Rolle. Dieser „**Outflow**" stellt die Informationsübermittlung an das Informationssubjekt dar. Eine Software-Technologie, die Fach- und Führungskräften einen schnellen, intuitiven Zugang sowie eine interaktive und flexible Datenanalyse ermöglichen soll, ist das „On-Line Analytical Processing (im folgenden kurz: **OLAP**)".[20] Um einen Überblick aus verschiedenen Blickwickeln einer multidimensionalen Datenbank zu erhalten, unterstützt die OLAP-Technologie entsprechende **Schneide- und Dreh-Techniken**, das sogenannte „*Slicing*" und „*Dicing*". Mit dem „**Slicing**" können Anwender von einer allgemeinen in eine detailliertere Darstellung wechseln. Umsätze können so *stufenweise*, beispielsweise zunächst nach Kontinenten, danach nach Ländern analysiert werden. Mit dem „**Dicing**" können Informationen nach verschiedenen Auswertungskriterium betrachtet werden. Beispielsweise ist in einem ersten Schritt die Auflistung der Umsätze nach Ländern, in einem zweiten Schritt nach Produktgruppen möglich.[21]

* Im „**Metaflow**" sind letztendlich Informationen über die im Data Warehouse enthaltenen Primärinformationen - beispielsweise über ihre strukturellen Verknüpfungen oder ihre Herkunft - zusammengefaßt.[22]

Im Rahmen der Informationsbeschaffung ist der „**Inflow**" von besonderer Bedeutung. Dies läßt sich damit fundieren, daß er die informatorische Verbindung zu den operativen Vorsystemen von Führungsinformationssystemen darstellt und somit die Versorgung des Data Warehouses mit Primärinformationen sicherstellt.

---

18)   Gleicher Ansicht ist auch REICHMANN (Controlling), S. 544.
19)   In einer Vorstrukturierung werden hierzu relevante Informationspfade festgelegt. Vgl. ZILAHI-SZABÓ (Wirtschaftsinformatik), S. 310.
20)   Vgl. insbesondere CODD / CODD / SALLEY (OLAP), aber auch HANSEN (Wirtschaftsinformatik), S. 977, und GLUCHOWSKI (Architekturkonzepte), S. 231.
21)   Neben der Zeit stellen Produktarten, Absatzmengen oder -regionen typische Analysedimensionen dar.
22)   Vgl. insbesondere MUKSCH (Meta-Daten), S. 20 ff.

Quell-systeme	Lade-Datenstrukturen	Basis-Datenstrukturen	Auswertungs-Datenstrukturen	Auswertungs-Systeme

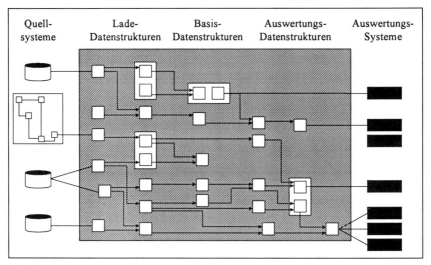

Abb. IV - 36:   *Mögliche Struktur eines Data Warehouses.*

3.2.2. Methoden zur Beurteilung von Primärinformationen

Daß im folgenden nur ausgewählte Methoden zur Beurteilung von Primärinformationen dargestellt werden,[23] läßt sich mit den Ergebnissen der empirischen Untersuchung erklären. Die Informationsbeschaffung konnte *nicht* als ein Gestaltungsschwerpunkt effizienter Führungsinformationssysteme für die internationale Management-Holding herausgearbeitet werden.[24]

3.2.2.1. BERNOULLI-Wert

Die Beurteilung von Informationen beschäftigt die Betriebswirtschaftslehre schon seit mehr als 25 Jahren. Mit dem BERNOULLI-Ansatz wurde zu Beginn der siebziger Jahre eine Methode entwickelt, die im Rahmen der vorliegenden Arbeit stellvertretend auch für andere **quantitative Ansätze der Informationsbewertung** vorgestellt wird.[25]

Ziel des BERNOULLI-Ansatzes ist es, die **Preisspanne von Informationen** abzustecken. Die Vorgehensweise läßt sich wie folgt zusammenfassen: Bevor der potentielle Käufer K und der Verkäufer V ihre Preisverhandlungen beginnen, ermitteln sie in der Regel den **subjektiven**

---

23) Zu weiteren Methoden der Informationsbewertung vgl. BRENDEL (Informationsbewertung), S. 78 ff.

24) Zur Bedeutung der Informationsbeschaffung vgl. Abb. III - 10, S. 114.

25) In diesem Zusammenhang ist u.a. das *Theorem von BAYES* zu nennen, das zu Beginn der siebziger Jahre große Bedeutung in der Betriebswirtschaftslehre fand. Vgl. ALTROGGE (Bayes-Analyse).

Wert, den sie den zu verhandelnden Informationen zumessen. Dabei sind verschiedene Möglichkeiten denkbar:

- Ist ihr Wert für den potentiellen Käufer K niedriger als der Preis, den der Verkäufer V mindestens fordert, wird Käufer K erst gar *nicht* verhandeln.

- Ist der Wert der Informationen für den potentiellen Verkäufer K höher als der Preis, den Käufer K maximal zu zahlen bereit ist, wird der Verkäufer K *nicht* verhandeln.

Im folgenden wird unterstellt, daß der subjektive Informationswert für den potentiellen Verkäufer V niedriger als der subjektive Wert des potentiellen Käufers K ist.[26] Preisverhandlungen werden somit sinnvoll. Die **Obergrenze** der Preisverhandlungen wird dabei durch den subjektiven Wert, den der Käufer K den Informationen zumißt, festgelegt.[27] Die **Untergrenze** der Preisspanne wird durch den Verkäufer V festgelegt. Es ist der subjektive Wert, den der Verkäufer *minimal* aus dem Informationsverkauf erlösen will.

Zunächst zur Bestimmung des **Informationswerts für den Käufer K**: Es wird unterstellt, daß der potentielle Käufer K eine Entscheidung zu treffen hat. Für eine fundierte Entscheidungsfindung benötigt er - wie in den informationstheoretischen Grundlagen dargelegt wurde - Informationen. Kauft er vor der Entscheidung die von Verkäufer V angebotenen Informationen, wird sein Informationsstand zwar nicht umfassend sein, neue - bislang für ihn schlecht oder gar nicht umrissene - Alternativen könnten aber sichtbar werden.[28]

Der Vorteilhaftigkeit der Entscheidung stehen jedoch **Kosten** für den Informationserwerb gegenüber.[29] Um diese zu quantifizieren, hat der Käufer K zunächst die Alternative zu bestimmen, die er *ohne* die Zusatzinformationen realisieren würde. Deren Wert wird mit dem sogenannten **Bernoulli-Wert** B_{1K} erfaßt. Danach hat der potentielle Käufer K die Alternative zu suchen, die *mit* den Zusatzinformationen die vermeidlich „beste" ist. Sie wird mit dem **BERNOULLI-Wert** B_{2K} quantifiziert. Die Differenz von B_{2K} und B_{1K} zeigt dann den **Wert der Zusatzinformationen** für den Käufer K an. Sie stellt die bereits angesprochene **Preisobergrenze** dar, die der Käufer K höchstens für die Zusatzinformationen zu zahlen bereit ist.[30]

Der **Informationswert für den potentiellen Verkäufer V** läßt sich in Analogie zu den vorangegangenen Ausführungen berechnen. Hierbei ist zu berücksichtigen, daß sich der Verkäufer K

---

26)   Vgl. Abb. IV - 37, S. 221.

27)   Es wird dabei eine monoton steigende Nutzenfunktion unterstellt.

28)   Zu beachten ist, daß der Verkäufer die Informationen nicht gänzlich preisgeben wird, da der Käufer K die Informationen dann schon durchdrungen hätte, ohne dafür zu bezahlen. Zu diesem Bewertungsparadoxon vgl. S. 54. Einen Lösungsansatz bietet TEICHMANN (Informationen), S. 376 ff., an.

29)   Hierzu wird aus Gründen der Vereinfachung unterstellt, daß die Kapitalbeschaffung *zinslos* erfolgt. Zum gleichen Beispiel mit Berücksichtigung von Kapitalkosten vgl. TEICHMANN (Informationen), S. 378.

30)   Vgl. hierzu Abb. IV - 37, S. 221.

durch den Verkauf der Informationen dahingehend verschlechtert, daß er dem Käufer K Handlungsalternativen aufzeigt, die er sonst ausschließlich für sich hätte nutzen können.[31] Die **Differenz von** B_{2V} **und** B_{1V} quantifiziert dann den Preis, den der Verkäufer V mindestens für die Informationen fordern muß, ohne die Vorteilhaftigkeit seiner Entscheidung zu reduzieren.[32] Sie stellt die bereits angesprochene **Preisuntergrenze** dar.

Die eigentliche Preisbestimmung hängt von der vorgegebenen **Marktsituation** ab. Kennt weder der Käufer K noch der Verkäufer V einen anderen Marktteilnehmer, der die Informationen kaufen bzw. verkaufen will, wird sich der Preis zwischen diesen Grenzen bewegen.[33] Der letztendliche Preis ist das Ergebnis von **Verhandlungen**, wobei eine Einigung zwischen der Preisunter- und -obergrenze sowohl für den Käufer K als auch für den Verkäufer V einen **Kompromiß** darstellen wird.

Der erzielte **Preis** hängt davon ab, wie der Vorteil eines Kaufs oder Verkaufs mit steigendem oder fallendem Preis schwindet, wie die Verhandlungspartner den Verlauf der Vorteilskurve ihres Gegenübers einschätzen, wie ihre Risikokurven sind und wie sie die ihres Partners einschätzen. Die **Kunst des Verhandelns** besteht darin, den Verhandlungspartner über den Verlauf der eigenen Vorteilskurve und Risikoneigung - damit die Kompromißbereitschaft - zu täuschen, um selbst weitere Kenntnisse über die Entscheidungsparameter des Verhandlungspartners zu erlangen.

Der Preis der Informationen - das letztendliche Ergebnis der Verhandlungen - hängt somit von der Verhandlungsstärke des Käufers K und des Verkäufers V ab. Je stärker der eine oder andere dabei ist, desto günstiger wird sein Preiskompromiß ausfallen. Die Abb. IV - 37 faßt die dargelegten Zusammenhänge nochmals zusammen.

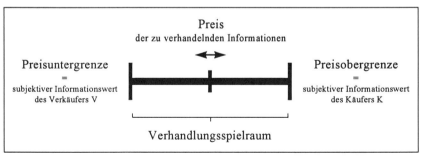

Abb. IV - 37:   *Schematische Darstellung zur Preisberechnung von Informationen mit Hilfe des BER-NOULLI-Werts.*

---

31)   Hierbei wird von dem Regelfall ausgegangen, daß der Verkäufer V den Inhalt der Informationen kennt.

32)   Vgl. hierzu Abb. IV - 37, S. 221.

33)   Zu anderen Marktsituationen, Oligopol - Monopson, Monopol - Oligopol, Oligopol - Oligopson, vgl. TEICHMANN (Informationen), S. 387 ff.

3.2.2.2. ABC-Analyse

Bei der ABC-Analyse handelt es sich um eine **Selektionsmethode**, die einen gezielten Einsatz knapper Ressourcen gewährleistet. Hierzu werden die sortierten **Mengengrößen** der zu analysierenden Gegenstände - beispielsweise Materialarten in der Beschaffung oder verschiedene Absatzgüter - in eine Reihung gebracht und nach Maßgabe ihres Beitrags zu einer Zielgröße in **drei Klassen** eingeteilt.[34] Als Zielgrößen werden insbesondere **Wertgrößen** - bezogen auf die angeführten Analysegegenstände - u.a. der Anteil einzelner Materialarten an den Gesamtbeschaffungskosten oder der Anteil verschiedener Absatzgüter am Umsatz - herangezogen.

Die Ergebnisdarstellung wird durch den Abtrag kumulierter Wertgrößen über kumulierten Mengengrößen in einem **zweidimensionalen Diagramm** realisiert (Lorenzkurve). So kann aufgezeigt werden, ob eine geringe Anzahl an Materialarten einen hohen Wertanteil impliziert (A-Güter) oder ob eine große Anzahl an Materialarten einen nur geringen Wertanteil (C-Güter) repräsentiert.[35] Wesentliche Größen werden somit von unwesentlichen unterschieden, wodurch der angesprochene gezielte Einsatz knapper Ressourcen sichergestellt werden kann.

Da auch bei der Beschaffung der Primärinformationen Informationen mit unterschiedlicher Wichtigkeit zu beschaffen sind, hat SENDELBACH versucht, den Ansatz der ABC-Analyse auf die **Informationsbeschaffung** zu übertragen. Zumindest - so seine Zielsetzung[36] - sollen damit indirekt Aussagen über deren Wirtschaftlichkeit gemacht werden können.[37]

Hierzu hat er eine **Vielzahl von Kennzahlen** definiert,[38] die wichtige von eher unwichtigen Informationen unterscheiden sollen. Ein Auszug der Kennzahlen, die für die vorliegende Arbeit von Relevanz sind, sind in der nachfolgenden Abb. IV - 38 zusammengefaßt.[39] Die **Kennziffern A, B, C** und **D** sind am ehesten geeignet, Aussagen über die **Wirtschaftlichkeit** der **Informationsbeschaffung** fundieren zu können.[40] Zur Gestaltung effizienter Führungsinformationssysteme für die Management-Holding lassen sie sich wie folgt anpassen:

- **A-Informationen** sind wichtige Informationen, die für die Aufgabenerfüllung der Konzernleitung faktisch *unentbehrlich* sind. Deren Gesamtnutzen wird mit Sicherheit höher als ihr Beschaffungsaufwand sein.

---

34) Vgl. KÜPPER / WEBER (Grundbegriffe), S. 1.
35) Zu einem Beispiel vgl. REICHMANN (Controlling), S. 265 ff.
36) Vgl. SENDELBACH (Informations-Bedarfs-Analyse), S. 526.
37) Gleicher Auffassung ist auch LEICHSENRING (Führungsinformationssysteme), S. 162.
38) Zum Begriff einer Kennzahl vgl. S. 237 f.
39) Vgl. hierzu auch HOFSTETTER (Informationssystem), S. 167 ff., und LEICHSENRING (Führungsinformationssysteme), S. 161 ff. Zur Ermittlung der angegebenen Kennzahlen gibt es verschiedene Erhebungsmethoden, auf die im folgenden aber nicht näher eingegangen wird.
40) Gleicher Ansicht ist auch HOFSTETTER (Informationssystem), S. 169.

- **B-Informationen** stehen nur in einem *mittelbaren Zusammenhang* mit der Aufgabenerfüllung der Konzernleitung und haben Zusatz- oder Orientierungsfunktion. Ihr Nutzen entspricht etwa dem Beschaffungsaufwand.

- **C-Informationen** stehen in *keinem Verhältnis* zur Aufgabenerfüllung der Konzernleitung. Ihr Nutzen wird mit Sicherheit kleiner als ihr Beschaffungsaufwand sein. Sie sind daher für eine bedarfsgerechte Informationsversorgung unwichtig.

Kennziffer	Analyse-Methode	Berechnung	
A-, B-, C- Informationen [%]	Dokumentenstudium, Interview, Expertenurteil	$\dfrac{\text{Anzahl A-, B-,C-Informationen}}{\text{Anzahl angebotener Informationen}}$	x 100 [%]
Deckungsverhältnis D [%]	empirische Erhebung	$\dfrac{\text{Anzahl verwendeter Informationen}}{\text{Anzahl verfügbarer Informationen}}$	x 100 [%]
Häufigkeitsgrad H [%]	Messung, empirische Erhebung, Interview	$\dfrac{\text{Anzahl ausgewählter Informationen}}{\text{Anzahl angebotener Informationen}}$	x 100 [%]
Qualitätskennziffer Q [%]	Fragebogen	$\dfrac{\text{Anzahl ausgewählter Informationen}}{\text{Anzahl nachgefragter Informationen}}$	x 100 [%]
Redundanzkennziffer R [%]	empirische Erhebung, Expertenurteil	$\dfrac{\text{Anzahl redundanter Informationen}}{\text{Anzahl angebotener Informationen}}$	x 100 [%]
Sicherheitskoeffizient S [%]	Interview, Expertenurteil	$\dfrac{\text{Anzahl schutzbedürftiger Informationen}}{\text{Anzahl angebotener Informationen}}$	x 100 [%]
Technisierungsgrad T [%]	empirische Erhebung, Beobachtung	$\dfrac{\text{Anzahl manuell verarbeiteter Informationen}}{\text{Anzahl maschinell verarbeiteter Informationen}}$	x 100 [%]
Verdichtungsgrad V [%]	Dokumentenstudium, Interview, Expertenurteil	$\dfrac{\text{Anzahl stark, mittel, nicht verdichteter Informationen}}{\text{Anzahl angebotener Informationen}}$	x 100 [%]

Abb. IV - 38:   *Mögliche auf der ABC-Analyse basierender Kennziffern zur Informationsbeurteilung.*
Quelle: *SENDELBACH (Informations-Bedarfs-Analyse), S. 526.*

Als Kernaussage dieser auf der ABC-Analyse basierenden Kennzahlen bleibt festzuhalten, daß bei einer effizienten Informationsbeschaffung A-Informationen einer besonderen Berücksichtigung bedürfen. Ihr Nutzen rechtfertigt eine *intensive* Beschaffungsplanung und -kontrolle. Über die Beschaffung der B-Informationen sollte im *Einzelfall* entschieden werden. C-Informationen sollten aus Effizienzgründen nur auf *expliziten Wunsch* der Konzernleitung beschafft werden.[41] Zur Ergänzung und Überprüfung der ABC-Analyse kann das **Deckungsverhältnis D** herangezogen werden. Sie gibt an, zu wieviel Prozent das Informationsangebots auch *tatsächlich* genutzt wird.[42]

---

41)   HOFSTETTER (Informationssystem), S. 167, lehnt eine Beschaffung von C-Informationen ab.
42)   Zur Beschreibung der anderen Kennzahlen vgl. ausführlich SENDELBACH (Informations-Bedarfs-Analyse), S. 526.

3.2.2.3. Nutzwertanalyse

Als weitere Methode, mit der die Beschaffung von Primärinformationen beurteilt werden kann, ist die **Nutzwertanalyse** anzuführen. Die Nutzwertanalyse, die häufig auch als *Scoring-Modell* bezeichnet wird,[43] ist ein Selektionsverfahren, mit dem Entscheidungsalternativen - und dies ist ihr charakteristisches Merkmal - unter einer **mehrdimensionalen Zielsetzung**[44] bewertet werden können. Es werden sowohl quantitative als auch qualitative Zielgrößen berücksichtigt.

Der **Nutzwert** entspricht dabei dem subjektiven Wert einer Alternative, der durch die Bedürfnisbefriedigung determiniert wird.[45] Die Nutzwertanalyse setzt sich aus **fünf Arbeitsschritten** zusammen:[46]

- Zuerst müssen die aus Sicht der Entscheidungsträger relevanten **Zielkriterien k_1 bis k_j** bestimmt werden.[47] Um hierbei durch Teilzielinterdependenzen induzierte Bewertungsverzerrungen zu vermeiden, sind die einzelnen Zielkriterien möglichst *eindeutig* und *überschneidungsfrei* zu definieren.[48]

- Da die Zielkriterien in der Regel für den Entscheidungsträger eine unterschiedliche Bedeutung haben, sind sie in Hinblick auf den Gesamtnutzen untereinander zu **gewichten (g_1 bis g_j).**[49]

- Danach werden die einzelnen **Alternativen A_1 bis A_i** beschrieben und es wird festgestellt, in welchem Maße sie die einzelnen Zielkriterien erfüllen.[50] Die Bewertung (**W_{11} bis W_{ij}**) kann dabei ordinal oder kardinal durchgeführt werden. Häufig wird auf eine *fünfstufige Ratingskala* zurückgegriffen.[51]

- In einem vierten Schritt werden die Einzelbewertungen mit den zugehörigen Teilgewichten (g_1 bis g_j) multipliziert.

---

43) Vgl. hierzu exemplarisch KÜPPER / WEBER (Grundbegriffe), S. 236; aber auch BECKER / WEBER (Scoring-Modelle), S. 345 ff.

44) Mehrdimensional bedeutet in diesem Zusammenhang, daß mehrere Ziele *gleichzeitig* im Bewertungsvorgang berücksichtigt werden.

45) In Anlehnung an ZANGEMEISTER (Nutzwertanalyse), S. 44.

46) Vgl. hierzu KÜPPER / WEBER (Grundbegriffe), S. 236.

47) ZANGEMEISTER (Nutzwertanalyse), S. 76, spricht von der Aufstellung eines Zielprogramms. Damit das Zielsystem überschaubar bleibt, ist die Anzahl der Beurteilungskriterien klein zu halten.

48) Vgl. WEBER (Controlling), S. 60.

49) Hierbei empfiehlt sich eine Gewichtung in [%], bei der sich die Einzelgewichte zu 100 % aufaddieren. Vgl. hierzu Abb. IV - 39, S. 225.

50) Hierbei wird ein *linearer Nutzenverlauf* unterstellt. Die Abstände der Beurteilungen sind somit als gleich angesehen.

51) Zur Begründung vgl. S. 143.

• Im fünften und letzten Schritt wird die sogenannte **Wertsynthese** vorgenommen. Dabei werden die einzelnen Produkte, die im vierten Arbeitsschritt berechnet wurden, zum **Nutzwert N_1 bis N_i** einer Alternative A_1 bis A_i aufaddiert.

Auf den einzelnen Nutzwerten aufbauend kann nun die Entscheidungsregel angewendet werden. Hierbei ist diese Alternative auszuwählen, den den höchsten Nutzwert erreicht hat. Die Abb. IV - 39 faßt den Aufbau einer Nutzwertanalyse nochmals zusammen.

Zielkriterien	zu analysierende Alternativen A_1 bis A_i Gewichtung	Alternative A_1	Alternative A_2	Alternative A_3	Alternative A_i
k_1	$g_1 [\%]$	W_{11} $g_1 \times W_{11}$	W_{21} $g_1 \times W_{21}$	W_{31} $g_1 \times W_{31}$	W_{i1} $g_1 \times W_{i1}$
k_2	$g_2 [\%]$	W_{12} $g_2 \times W_{12}$	W_{22} $g_2 \times W_{22}$	W_{32} $g_2 \times W_{32}$	W_{i2} $g_2 \times W_{i2}$
k_3	$g_3 [\%]$	W_{13} $g_3 \times W_{13}$	W_{23} $g_3 \times W_{23}$	W_{33} $g_3 \times W_{33}$	W_{i3} $g_3 \times W_{i3}$
k_j	$g_j [\%]$	W_{1j} $g_j \times W_{1j}$	W_{2j} $g_j \times W_{2j}$	W_{3j} $g_j \times W_{3j}$	W_{ij} $g_j \times W_{ij}$
Summe $(g_j \times W_{ij})$	100 [%]	Nutzwert N_1	Nutzwert N_2	Nutzwert N_3	Nutzwert N_i

Abb. IV - 39:   Schematischer Aufbau einer Nutzwertanalyse.
In Anlehnung an: ZANGEMEISTER (Nutzwertanalyse), S. 73.

3.2.2.4. Modifizierte Portfolio-Technik

Die Portfolio-Technik basiert in ihren Ursprüngen auf *finanzwirtschaftlichen Überlegungen*. Ein Portfolio soll in bezug auf die Rendite und das dafür einzugehende Risiko die „richtige" Mischung aus verschiedenen Investitionsmöglichkeiten aufzeigen.[52] Dieser Ansatz wurde von verschiedenen Beratungsunternehmen aufgegriffen und zur Analyse von Unternehmen weiterentwickelt. Mittlerweile existieren verschiedene Ausprägungen. Zu den bekanntesten zählen das **Marktwachstums-Marktanteils-Portfolio**[53] der Boston Consulting Group und das **Markt-attraktivitäts-Wettbewerbsvorteils-Portfolio** der McKinsey Inc.[54]

Zielsetzung der genannten Portfolio-Techniken ist es, die Bedeutung einzelner Geschäftsfelder oder anderer Aktivitäten zu beurteilen und miteinander vergleichen zu können. Unabhängig von

---

52)   Entnommen aus KÜPPER / WEBER (Grundbegriffe), S. 262

53)   Diese Portfolio-Ausprägung basiert insbesondere auf Implikationen des Produkt-Lebenszyklusses, der Erfahrungskurve und des PIMS-Programms. Mit dem PIMS-Programm wurden bei mehr als 450 US-amerikanischen und westeuropäischen Unternehmen die Erfolgskriterien von strategischen Geschäftseinheiten untersucht. Vgl. hierzu BEEZZELL / GALE (PIMS-Programm).

54)   Mittlerweile existieren zahlreiche Ausprägungen. Vgl. ROVENTA (Portfolio-Analyse), S. 175, aber auch ZIEGENBEIN (Controlling), der in bezug auf die funktionale Unternehmensgliederung verschiedene Varianten darstellt.

den zur Anwendung kommenden Ausprägungen der Portfolio-Technik ist allen gemeinsam, daß sie von einer **unternehmensinternen** (beeinflußbaren) und einer **unternehmensexternen** (kaum oder nicht beeinflußbaren) **Dimension** ausgehen.[55] Die Ergebnisse werden in der Regel in einer **zweidimensionalen Matrix** abgetragen, die durch die ausgewählten Beurteilungskriterien aufgespannt wird.[56]

Auch zur **Beurteilung von Primärinformationen** kann die Portfolio-Technik herangezogen werden. Als Zielkriterien dieser neu entwickelten Portfolio-Ausprägung werden der **Beschaffungsaufwand** und der mit den Informationen implizierte **Nutzen** herangezogen. Die Kosten werden durch die Unterkriterien der Erreichbarkeit und maschinellen Erfaßbarkeit quantifiziert.[57]

Die ausgewählten Kriterien spannen - wie die nachfolgende Abb. IV - 40 dargestellt - eine **zweidimensionale Matrix** auf. Jede der zu beschaffenden Primärinformationen ist in diese Matrix einzuordnen. Um Handlungsempfehlungen für ihre Beschaffung ableiten zu können, wird die Achsenskalierung auf die Einheiten „niedrig", „neutral", „hoch" beschränkt. Die Portfolio-Matrix wird so in **neun Felder** unterteilt.[58]

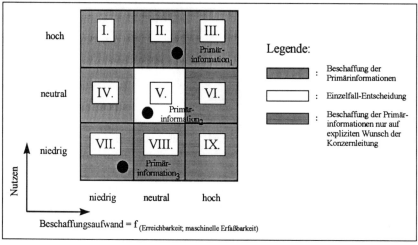

Abb. IV - 40:   *Mögliches Portfolio zur Beurteilung des Aufwands und Nutzens zu beschaffender Primärinformationen.*

---

55)   Die Merkmalsausprägungen können durch weitere Unterkriterien näher charakterisiert werden. Vgl. hierzu die Ausprägung des Marktattraktivitäts-Wettbewerbsvorteils-Portfolios.

56)   Vgl. Abb. IV - 40, S. 226.

57)   Die Auswahl läßt sich damit fundieren, daß die genannten Kriterien im Rahmen der Gestaltungsgrundsätze effizienter Führungsinformationssysteme für die internationale Management-Holding zur Konkretisierung des Datenbedarfs herausgearbeitet wurden. Vgl. Kap. III.2.3.2.5., S. 126.

58)   Es wäre auch eine „Vier-Felder-Matrix" möglich gewesen. Vgl. hierzu ausführlich PREISLER (Controlling), S. 239 ff.

Mit Hilfe des dargestellten Portfolios können nun verschiedene **Handlungsempfehlungen** abgeleitet werden:

- Informationen, deren **Nutzen** mit „hoch" eingestuft wird (Quadranten I. - III.), sind unabhängig von ihrem Aufwand zu beschaffen. Dies läßt sich damit fundieren, daß es **wichtige Informationen** sind, die für die Aufgabenerfüllung der Konzernleitung faktisch *unentbehrlich* sind.

- Die gleiche Handlungsempfehlung gilt für Informationen, deren **Nutzen** mit „neutral" und deren **Beschaffungsaufwand** mit „niedrig" eingestuft wird (Quadrant IV.).[59] Da ihr Beschaffungsaufwand „niedrig" ist, versprechen auch sie einen entsprechenden Nutzenzuwachs bei geringem Beschaffungsaufwand.

- Über die Beschaffung von Informationen, die im fünften Quadranten positioniert sind, sollte **einzelfallbezogen** entschieden werden. Dies läßt sich damit erklären, daß sie durch eine **neutrale Einstufung** sowohl hinsichtlich ihres Nutzens als auch ihres Beschaffungsaufwands charakterisiert sind.

- Informationen des sechsten Quadranten besitzen zwar einen **neutralen Nutzen**. Aufgrund ihres **hohen Beschaffungsaufwands** sollten sie nur auf *expliziten Wunsch* der Konzernleitung beschafft werden.

- **Informationen** der Quadranten VII. - IX. stehen in *keinem Verhältnis* zur Aufgabenerfüllung. Ihr **Nutzen** wird daher mit „gering" bewertet. Unabhängig von ihrem Beschaffungsaufwand sollten sie nur auf *expliziten Wunsch* der Konzernleitung beschafft werden.

3.2.3. Kritischer Vergleich

Nach der Charakterisierung verschiedener Methoden zur Beurteilung von Primärinformationen ist in Analogie zu den vorangegangenen Ausführungen die am „besten" geeignete auszuwählen. Die **Beurteilungskriterien** werden in Kap. 3.2.3.1. fundiert. Die **Beurteilung** schließt sich in den Kap. 3.2.3.2. - 3.2.3.4. an. Die Einzelbeurteilungen werden in Kap. 3.2.3.5. gewichtet und zu einem **Gesamtmaß** aggregiert.

3.2.3.1. Auswahl der Beurteilungskriterien

Für die Auswahl der Beurteilungskriterien wird auf das in Kap. III.2. herausgearbeitete Anforderungsprofil zur Gestaltung effizienter Führungsinformationssysteme für die internationale

---

59)   Dies werden überwiegend *Zusatzinformationen* sein, die eine bestätigende Funktion haben.

Management-Holding zurückgegriffen. Von den dortigen Beurteilungskriterien können **acht Kriterien** für die sich anschließende Evaluierungsarbeit ausgewählt werden:

* Zum einen muß mit den Methoden der Informationsbeurteilung der *Wert einer Information* bestimmt werden können.[60] Um eine Informationsbeurteilung durchführen zu können, müssen diese aber auch erreichbar sein. Die **Erreichbarkeit** benötigter Primärinformationen wird daher als erstes Beurteilungskriterium ausgewählt.

* Insbesondere bei der Darstellung der Ladestrukturen des Data Warehouses wurde offensichtlich, daß der Umfang der in der internationalen Management-Holding zu beschaffenden Primärinformationen nur mit *technischer Unterstützung* zu bewältigen ist. Als zweites Beurteilungskriterium muß daher die **maschinelle Erfaßbarkeit** von Primärinformationen berücksichtigt werden.

* Darüber hinaus ist die *Handhabbarkeit* der Methoden von entscheidender Bedeutung. Hierunter sind die Kriterien der „**Verständlichkeit**", der „**Ableitungstransparenz**", des „**Integrationsgrads**" und der „**Änderungsflexibilität**" zu subsumieren.

* Als drittes und letztes Kriterium wird der *Aufwand* herangezogen. Seine Diskussion erfaßt die „**Kostenadäquanz**" und die „**Zeitadäquanz**" der zu beurteilenden Methoden.

Die Kriterien sind in der Abb. IV - 41 nochmals zusammengefaßt. Ihre Gewichtung basiert in Analogie zur Evaluierung der Methoden der Informationsbedarfsanalyse auf den Ergebnissen der empirischen Untersuchung.[61]

Gestaltungskriterien	Beurteilungskriterien	Gewichtung
Datenbedarf (5 %)	Erreichbarkeit	2,5 %
	maschinelle Erfaßbarkeit	2,5 %
Handhabbarkeit der Auswertungsmethoden (25 %)	Verständlichkeit	5 %
	Ableitungstransparenz	10 %
	Integrationsgrad	5 %
	Änderungsflexibilität	5 %
Aufwand (12,5 %)	Kostenadäquanz	5 %
	Zeitadäquanz	7,5 %

Abb. IV - 41:   Ausgewählte Kriterien zur Evaluierung verschiedener Methoden der Informationsbeurteilung.

---

60)   Vgl. hierzu die Ausführungen zur Informationsbewertung, S. 216.

61)   Vgl. hierzu Kap. III.2.3.2., S. 113 ff.

3.2.3.2. Beurteilung nach dem Datenbedarf

Der **BERNOULLI-Wert** wurde zur Bewertung von Informationen entwickelt. Er bietet daher keine Möglichkeit, die Erreichbarkeit oder maschinelle Erfaßbarkeit von Informationen zu erfassen. Da die Informationsbewertung bei den Evaluierungsarbeiten als Unterpunkt der **Erreichbarkeit** berücksichtigt wird,[62] ist dahingehend eine **geringe Bewertung** gerechtfertigt. In Hinblick auf die Möglichkeiten, die **maschinelle Erfaßbarkeit** benötigter Primärinformationen zu erfassen, ist eine Einstufung mit „nicht vorhanden" unumgänglich.

Über die Definition entsprechender Kennzahlen kann mit der **ABC-Analyse** sowohl die Erreichbarkeit als auch die maschinelle Erfaßbarkeit benötigter Primärinformationen beurteilt werden. Da im Vergleich zum BERNOULLI-Wert der Wert einer Information *nicht* berechnet werden kann, ist bei der **Erreichbarkeit** eine **neutrale Beurteilung** gerechtfertigt. Die **maschinelle Erfaßbarkeit** von Primärinformationen ist mit „sehr hoch" einzustufen.[63]

Da bei der **Nutzwertanalyse** die Zielkriterien frei wählbar sind, kann sowohl die Erreichbarkeit als auch die maschinelle Erfaßbarkeit der Primärinformationen berücksichtigt werden. Durch den Aufbau der Nutzwertanalyse ist sogar deren *Gewichtung* möglich.[64] Wenn nötig, kann auch der Wert von Informationen herausgestellt werden.[65] Seine Berechnung ist aber nicht möglich, so daß die Möglichkeiten, mit dieser Methode die **Erreichbarkeit** von Primärinformationen zu erfassen, mit „hoch" eingestuft werden. Hinsichtlich der **maschinellen Erfaßbarkeit** von Primärinformationen wird eine **sehr hohe Beurteilung** vergeben.

Als Zielkriterien der **modifizierten Portfolio-Technik** wurde der Nutzen und Beschaffungsaufwand der Primärinformationen ausgewählt.[66] Da der Beschaffungsaufwand mit seinen Unterkriterien die **maschinelle Erfaßbarkeit** benötigter Primärinformationen erfaßt, wird die modifizierte Portfolio-Technik dahingehend mit einer **sehr hohen Beurteilung** eingestuft. Zwar kann auch der Wert der zu beschaffenden Primärinformationen erfaßt werden. Da er aber nicht wie mit dem BERNOULLI-Wert[67] berechnet werden kann, wird die modifizierte Portfolio-Technik hinsichtlich der **Erreichbarkeit** benötigter Primärinformationen „nur" mit einer **hohen Beurteilung** eingestuft.

---

62)   Vgl. S. 228.
63)   In diesem Zusammenhang ist zu beachten, daß durch die definierten Kennzahlen immer nur Aussagen über die *Summe* der Primärinformationen gemacht werden können. Beispielsweise kann gesagt werden, daß 50% der B-Informationen zu beschaffen sind.
64)   Vgl. hierzu den dritten Arbeitsschritt der Nutzwertanalyse, S. 224.
65)   Vgl. hierzu die Auswahl der Beurteilungskriterien, S. 227 f.
66)   Vgl. hierzu Abb. IV - 40, S. 226.
67)   Vgl. S. 219 f.

Methoden der Informations- beurteilung ➤ Beurteilungs- kriterien ↓	Bernoulli- Wert	ABC- Analyse	Nutzwert- analyse	modifizierte Portfolio- Technik
Erreich- barkeit	gering	neutral	hoch	hoch
maschinelle Erfaßbarkeit	nicht vorhanden	sehr hoch	sehr hoch	sehr hoch

Beurteilungsgrundlage: Sechsstufige Ratingskala von "nicht vorhanden", über "sehr gering","gering", "neutral", "hoch" bis "sehr hoch"

Abb. IV - 42:   Evaluierung ausgewählter Methoden der Informationsbeurteilung nach ihrem Datenbedarf.

3.2.3.3. Beurteilung nach der Handhabbarkeit

Der **BERNOULLI-Wert** ist eine Methode, die neben einem mathematischen Grundverständnis eine gewisse Einarbeitungszeit erfordert. Hinsichtlich seiner **Verständlichkeit** ist daher eine **geringe Beurteilung** gerechtfertigt.

Zwar wird die **ABC-Analyse** überwiegend im Bereich der Materialwirtschaft eingesetzt.[68] Ihr Einsatz kann aber auch die Informationsbeurteilung unterstützen. Mit ihrer geringen Anzahl an Arbeitsschritten ist sie eine *einfache* heuristische Methode, um die facettenreiche Beschaffung von Primärinformationen *überschaubar* zu machen. Da die Darstellung der kumulierten Werte in der Lorenzkurve aber eine gewisse Einarbeitungszeit erfordert, wird diese Methode der Informationsbeurteilung mit einer **hohen Verständlichkeit** eingestuft.

Der Vorteil der **Nutzwertanalyse** liegt in der Systematisierung einer *Mehrfach-Zielsetzung*. Sie ist *leicht* zu durchdringen, die Rationalität des Entscheidungsprozesses wird erhöht, so daß ihre **Verständlichkeit** mit „sehr hoch" beurteilt wird.

Der größte Vorteil der **modifizierten Portfolio-Technik** ist ihre *eingängige Ergebnisdarstellung*. Die Einstufung der zu beurteilenden Primärinformationen wird mit dem Portfolio-Raster ansprechend dargestellt. Da auch die Handhabung der modifizierten Portfolio-Technik relativ *einfach* ist, erhält ihre Verständlichkeit eine **sehr hohe Einstufung**.

Aufgrund seiner mathematischen Fundierung ist die Berechnung des **BERNOULLI-Werts** *logisch* und *intersubjektiv nachvollziehbar*.[69] Hinsichtlich der **Ableitungstransparenz** - dem

---

68)   Vgl. hierzu S. 222 f.
69)   Der BERNOULLI-Wert ist die einzige Methode, die die Informationsbewertung mathematisch fundiert.

dritten Kriterium zur Überprüfung der Handhabbarkeit der einzelnen Informationsbeurteilungsmethoden - wird daher eine **sehr hohe Beurteilung** vergeben.

Da in die Berücksichtigung und Gewichtung der Kennzahlen der **ABC-Analyse** ein gewisses Maß an *Subjektivität* einfließt und die Festlegung der Klassengrenzen willkürlich ist, kann deren **Ableitungstransparenz** nur mit „neutral" eingestuft werden. Die trotz der angeführten Nachteile neutrale Einstufung läßt sich mit ihrer einfachen Nachvollziehbarkeit erklären.

Auch bei der **Nutzwertanalyse** ist ein gewisses Maß an Subjektivität *nicht* zu vermeiden. Dies trifft insbesondere für die Gewichtung der Beurteilungskriterien und die Alternativenbewertung zu. Positiv ist anzuführen, daß durch die Definition eines Zielsystems die Präferenzstrukturen der Entscheidungsträger transparent gemacht werden. Zusammenfassend wird für die **Ableitungstransparenz** der Nutzwertanalyse eine **neutrale Beurteilung** vergeben.

Die modifizierte **Portfolio-Technik** erhält dahingehend eine **hohe Beurteilung**. Zwar ist auch ihre Beurteilung der Primärinformationen einer gewissen Subjektivität unterworfen. Die Zusammenfassung der Einzelbewertungen und die Berechnung der Achsenabschnitte für die Portfolio-Darstellung ist aber immer nachvollziehbar.[70]

Aufgrund der Komplexität des **BERNOULLI-Werts** fällt es schwer, diese Methode in eine effiziente Informationssystemgestaltung einzubeziehen. Hinsichtlich seines **Integrationsgrads** wird der BERNOULLI-Wert daher mit „gering" eingestuft.

Bei der **ABC-Analyse** wird die Berücksichtigung aller erarbeiteten Kennzahlen empfohlen. Da über die *Gewichtung* der Kennzahlen und ihre *Verknüpfung* aber keine Aussagen gemacht werden, wird ihr **Integrationsgrad** im Vergleich zur Nutzwertanalyse „nur" mit „**hoch**" belegt.

Der Vorteil der **Nutzwertanalyse** liegt - wie schon bei der Beurteilung ihrer Verständlichkeit herausgestellt wurde - in der einfachen Erfassung und Systematisierung einer *Mehrfach-Zielsetzung*. Auch können qualitative Zielkriterien berücksichtigt werden, so daß die Nutzwertanalyse hinsichtlich ihres Integrationsgrads mit einer **sehr hohen Beurteilung** einzustufen ist.

Die gleiche Beurteilung wird für die **modifizierte Portfolio-Technik** vergeben. Es können mehrere Zielkriterien integriert werden, wodurch in Analogie zur Nutzwertanalyse die Erfassung einer *Mehrfach-Zielsetzung* möglich wird. Des weiteren können die Kriterien in unterschiedlichen Gewichtungen in die Berechnungen einfließen, so daß eine **sehr hohe Beurteilung** gerechtfertigt ist.

Hinsichtlich der **Änderungsflexibilität** erhält der **BERNOULLI-Wert** eine **sehr geringe Einstufung**. Er ist durch seine mathematischen Formeln relativ starr und kann kaum an ver-

---

70) Vgl. hierzu Abb. IV - 40, S. 226.

änderte Rahmenbedingungen angepaßt werden. Letztere erzwingen zwangsläufig neue Berechnungen.

Die **ABC-Analyse** erhält dahingehend eine **neutrale Beurteilung**. Die Vorgabe an Kennziffern schränkt die Analysemöglichkeiten ein. Durch ihre freie Wahl der Zielkriterien ist die **Nutzwertanalyse** hingegen sehr flexibel. Es können leicht Zielkriterien ergänzt oder weggelassen werden, ohne das gleich das Gesamtmodell geändert werden muß. Eine Beurteilung ihrer **Ableitungstransparenz** mit „**sehr hoch**" ist daher gerechtfertigt.

Insbesondere ihre Änderungsflexibilität machte die **Portfolio-Technik** wohl zu einem der verbreitesten Analyseinstrumente des Controlling.[71] So können neue Unterkriterien leicht in die Berechnung der Achsenabschnitte integriert werden. Wie sich mögliche Werteveränderungen auf die Darstellung im Portfolio auswirken, kann durch die mathematischen Verknüpfungen der Portfolio-Technik anschaulich aufgezeigt werden. Die Änderungsflexibilität der Portfolio-Technik wird daher mit einer **sehr hohen Beurteilung** belegt.

Methoden der Informations-beurteilung → Beurteilungs-kriterien ↓	Bernoulli-Wert	ABC-Analyse	Nutzwert-analyse	modifizierte Portfolio-Technik
Verständ-lichkeit	gering	hoch	sehr hoch	sehr hoch
Ableitungs-transparenz	sehr hoch	neutral	neutral	hoch
Integrations-grad	gering	hoch	sehr hoch	sehr hoch
Änderungs-flexibilität	sehr gering	neutral	sehr hoch	sehr hoch

Abb. IV - 43:   *Evaluierung ausgewählter Methoden der Informationsbeurteilung nach ihrer Handhabbarkeit.*

3.2.3.4. Beurteilung nach dem Aufwand

Aufgrund ihrer Komplexität erfordert die Berechnung des **BERNOULLI-Werts** einen sehr hohen Zeitaufwand. Die inverse Aufwandsbeurteilung im Scoring-Modell berücksichtigend wird die **Zeitadäquanz** dieser Methode daher mit einer **sehr geringen Beurteilung**

---

71)   Vgl. Abb. IV - 40, S. 226.

eingestuft.[72] Da für die Informationsbewertung keine weiteren Hilfsmittel benötigt werden, wird die **Kostenadäquanz** des BERNOULLI-Werts mit „hoch" eingestuft.

Zur Generierung der Kennzahlen sind bei der **ABC-Analyse** verschiedene Analysemethoden möglich. Zur Definition der A-, B- und C-Informationen wird ein Dokumentenstudium, die Interviewtechnik oder das Expertenurteil empfohlen. Eine pauschale Aussage ist somit *nicht* möglich, so daß eine **neutrale Beurteilung** der ABC-Analyse sowohl hinsichtlich ihrer **Kosten** als auch ihres **Zeitaufwands** gerechtfertigt ist.

Die **Nutzwertanalyse** ist in ihrem Aufbau komplexer als die ABC-Analyse. Dies läßt sich mit der Gewichtung der einzelnen Zielkriterien, der Alternativenbewertung und den mathematischen Berechnungen begründen. Hinsichtlich ihrer **Zeitadäquanz** wird diese Methode der Informationsbeurteilung daher mit „**gering**" eingestuft. Da keine weiteren Hilfsmittel benötigt werden, wird die **Kostenadäquanz** der Nutzwertanalyse mit einer **neutralen Beurteilung** eingestuft.

Die **modifizierte Portfolio-Technik** entspricht in ihrer Komplexität in etwa der Nutzwertanalyse. Hinsichtlich des **Kostenaspekts** ist anzuführen, daß sich für Simulationen und die Generierung der Portfolio-Matrix die EDV-technische Unterstützung zwar anbietet. Sie ist aber nicht zwingend nötig, so daß eine **geringe Beurteilung** gerechtfertigt ist. Die Bestimmung der Zielkriterien, eventueller Unterkriterien und deren Gewichtungen, aber auch die Berechnung der Achsenabschnittswerte der Portfolio-Matrix benötigen eine gewisse Zeit. Da diese Tätigkeiten aber weniger Zeit als die Berechnung eines Bernoulli-Wertes benötigen, kann die modifizierte Portfolio-Technik hinsichtlich ihrer **Zeitadäquanz** mit „**gering**" eingestuft werden.

Methoden der Informationsbeurteilung ➡ Beurteilungskriterien ⬇	Bernoulli-Wert	ABC-Analyse	Nutzwert-analyse	modifizierte Portfolio-Technik
Kosten-adäquanz	hoch	neutral	neutral	gering
Zeit-adäquanz	sehr gering	neutral	gering	gering

Abb. IV - 44:   Evaluierung ausgewählter Methoden der Informationsbeurteilung nach ihrem Aufwand.

---

72)   Vgl. Abb. IV - 44, S. 233.

3.2.3.5. Zusammenfassende Beurteilung und Methodenauswahl

Werden die vorangegangenen Einzelkriterien zu einer Gesamtbeurteilung zusammengefaßt, erreicht der **BERNOULLI-Wert** auf der Ratingskala von 0 „nicht vorhanden" bis 5 „sehr hoch" einen **Gesamtwert von 2,53**. Insbesondere seine fehlenden Möglichkeiten, die Erreichbarkeit und maschinelle Erfaßbarkeit der Primärinformationen beurteilen zu können (gewichteter Durchschnittswert von 1,0), aber auch der sehr hoher Zeitbedarf seiner Berechnung begründet das schlechte Abschneiden.

Die auf der **ABC-Analyse** basierenden Kennzahlen erreichen immerhin eine als überdurchschnittlich einzustufende **Gesamtbeurteilung von 3,35**. Die Beurteilung der Erreichbarkeit und maschinellen Erfaßbarkeit der Primärinformation ist aber nur bedingt möglich (gewichteter Durchschnittswert von 4,0). Hinsichtlich der anderen Beurteilungskriterien kommt diese Methode aber über eine überwiegend neutrale Beurteilung nicht hinaus, so daß auch die Gesamtbeurteilung diesen Wert nicht übersteigt.

Die **Nutzwertanalyse** erreicht mit einer **Gesamtbeurteilung von 3,71** den *zweiten Rang* der Evaluierungsarbeiten. Die Erreichbarkeit und maschinelle Erfaßbarkeit der Primärinformationen kann erfaßt werden (gewichteter Durchschnittswert von 4,5). Des weiteren können die Zielkriterien untereinander gewichtet werden. Als nachteilig ist anzuführen, daß die Nutzwertanalyse - beispielsweise bei der Bestimmung des Zielsystems und der Gewichtung der einzelnen Zielkriterien[73] - ein gewisses Maß an *Subjektivität* zuläßt. Dieser Aspekt ist ausschlaggebend, daß die Nutzwertanalyse nur den zweite Platz der Evaluierungsarbeiten belegt.[74]

Mit einer **Gesamtbeurteilung von 3,82** geht die **modifizierte Portfolio-Technik** als beste Methode aus der Evaluierungsarbeit hervor. Nicht nur, daß sowohl die Erreichbarkeit, die maschinelle Erfaßbarkeit als auch der Wert von Primärinformationen erfaßt werden können. Ihr größter Vorteil - und dies trug maßgeblich zum Gesamtergebnis bei - ist ihre *eingängige Ergebnisdarstellung*. Die zu beurteilende Primärinformationen können anschaulich und leicht verständlich in einer Portfolio-Matrix dargestellt und mit anderen Informationen verglichen werden.[75] Zusammen mit der sehr hohen Beurteilung ihres *Integrationsgrads* und *Änderungsflexibilität* (Einzelwerte von jeweils „5") erreicht sie hinsichtlich der **Handhabung** die *beste Beurteilung* (gewichteter Durchschnittswert von 4,6). Die *geringe Kosten- und Zeitadäquanz* läßt den Vorsprung zur Nutzwertanalyse zwar schrumpfen, der ersten Platz der Gesamtbeurteilung ist - wie die Abb. IV - 45 zusammenfaßt - aber nicht gefährdet.

---

73)   Vgl. S. 224 f.

74)   Vgl. hierzu Abb. IV - 45, S. 235.

75)   Vgl. hierzu Abb. IV - 40, S. 226.

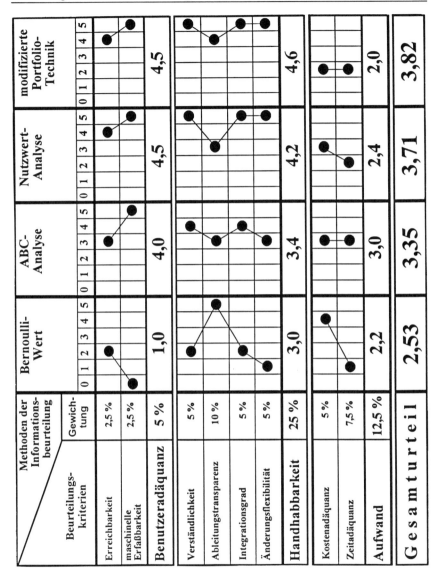

Abb. IV - 45: Zusammenfassende Beurteilung ausgewählter Methoden der Informationsbeurteilung.

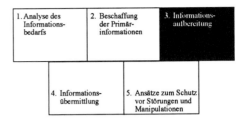

3.3.   Informationsaufbereitung

Nachdem sowohl eine geeignete Methode zur Analyse des Informationsbedarfs der Konzernleitung als auch zur Beurteilung der hierzu benötigten Primärinformationen herausgearbeitet
wurden, ist abzuklären, mit welchen Hilfsmitteln diese **aufzubereiten** sind, daß sie den Anforderungen der Führungskräfte entsprechen. In dieser **inhaltlichen Transformation**[1] liegt - wie
schon die sehr hohe Gewichtung der *Benutzeradäquanz* zeigte[2] - ein weiteres zentrales Problem effizienter Führungsinformationssysteme. Die Informationsaufbereitung für die Konzernleitung der internationalen Management-Holding kann wie folgt umrissen werden:[3]

> Die **Informationsaufbereitung** für die Konzernleitung der internationalen Management-
> Holding umfaßt die *inhaltliche Transformation* der Primärinformationen zu Führungs-
> informationen, die insbesondere deren *strategische Führungsaufgaben* unterstützen können.

3.3.1. Bedeutung von Kennzahlensystemen für eine effiziente Informationsaufbereitung

Die Informationsaufbereitung beinhaltet - so werden die sich anschließenden Ausführungen
zeigen - im wesentlichen die *Verdichtung* und *Verknüpfung* von Informationen. Ihre Bedeutung
für die effiziente Informationsversorgung der Konzernleitung der internationalen Management-
Holding läßt sich wie folgt erklären:

---

1)   Von der inhaltlichen Informationsaufbereitung ist die sachliche Informationsaufbereitung zu unter-
       scheiden. Vgl. KOSIOL (Unternehmung), S. 194, und WITTMANN (Information), Sp. 896. Da die
       sachliche Informationsaufbereitung bei der Informationsübermittlung - vgl. Kap. IV.4., S. 285 ff. - be-
       handelt wird, ist im Rahmen dieses Kapitels die *inhaltliche* Informationsaufbereitung zu akzentuieren.

2)   Vgl. S. 114. BERTHEL (Informationssysteme), S. 72, spricht davon, daß alle anderen Phasen des Infor-
       mationsprozesses nur für das „Zustandekommen und Gelingen" der Informationsaufbereitung ablaufen.

3)   In Anlehnung an die Terminologie HORVÁTHs (Controlling), S. 357. BERTHEL (Informationssysteme),
       S. 15, spricht von einer *Informationsverarbeitung.*

- Mit der **Verdichtung von Informationen** kann erreicht werden, daß komplexe Sachverhalte in komprimierter, aber dennoch umfassender Form abgebildet werden. Hierbei gehen die ursprünglichen Informationen in der Regel zwar unter, ihre ontologische Substanz bleibt jedoch erhalten.[4] Da mit steigender Hierarchieebene die Notwendigkeit zunimmt, Informationen in komprimierter Form darzustellen, ist die Bedeutung der Informationsverdichtung für die Konzernleitung der Management-Holding offensichtlich.[5]

- Aber auch die **Verknüpfung von Informationen** ist von besonderer Bedeutung. Dies läßt sich damit begründen, daß das *Zueinander-in-Beziehung-Setzen* von Informationen dem überwiegend *kognitiven Arbeitsstil* von Führungskräften entgegenkommt.

Zur Verdichtung und Verknüpfung von Informationen können - wie REICHMANN in einer Vielzahl wissenschaftlicher Beiträge fundiert[6] - **Kennzahlen** herangezogen werden. Es sind zwar verschiedene Ansätze zum Kennzahlenbegriff zu finden.[7] In Anlehnung an eine weitgehend akzeptierte Definition kann jedoch wie folgt definiert werden:[8]

> Als **Kennzahlen** werden jene Informationen bezeichnet, die einen quantitativ erfaßbaren Sachverhalt in konzentrierter Form wiedergeben.

Nach dieser Definition lassen sich Kennzahlen durch drei wesentliche Sachverhalte charakterisieren: Erstens weist ihr **Informationscharakter** auf einen *Problembezug* hin. Im Gegensatz zur Vermutung lassen sich so Urteile über wichtige Sachverhalte und Zusammenhänge fundieren. Zweitens stellt die **Quantifizierbarkeit** auf die Eigenschaft von Kennzahlen ab, über einen Sachverhalt *relativ präzise Aussagen* machen zu können. Letztendlich soll die **konzentrierte Form** von Kennzahlen gewährleisten, daß auch komplexe Strukturen und Prozesse relativ *einfach* und *übersichtlich* dargestellt werden können.

Der Aussagewert *einzelner* Kennzahlen ist in der Regel recht begrenzt. Als Grund ist zum einen die Gefahr ihrer *vieldeutigen Interpretation* anzuführen.[9] Zum anderen ist aber auch ihr

---

4)   Zitiert nach PALLOKS (Marketing-Controlling), S. 244, die sich auf GARBE (Verdichtungsgrad), S. 201, und CARDUFF (Kennzahlennetze), S. 22, bezieht.

5)   Zur Bestätigung dieser Aussage vgl. die Bedeutung des Aggregationsgrads von Informationen für die Gestaltung effizienter Führungsinformationssysteme, S. 117 f. Ähnlich aber auch bei NEUHOF (Informationszentrum), S. 1, der unter einer Informationsverdichtung die „... Zusammenfassung von Einzelinformationen entsprechend den jeweiligen Anforderungen der Informationsträger" ansieht.

6)   Vgl. exemplarisch REICHMANN (Controlling), S. 19.

7)   Vgl. insbesondere die Übersicht von RADKE (Formelsammlung). *Kennziffern, Kontrollziffern, Richtzahlen, Standardzahlen, Schlüsselgrößen* oder der von BÜHNER (Kennzahlen), S. 35, verwendete Begriff der *Meßziffern* werden im folgenden als Synonyme aufgefaßt.

8)   Vgl. REICHMANN (Planung), S. 706. Ähnlich auch bei BÜHNER (Kennzahlen), S. 35; KÜTING (Kennzahlen), S. 237; MEYER (Kennzahlen), S. 1 ff.; STAEHLE (Kennzahlen), S. 222.

9)   Vgl. hierzu exemplarisch KÜTING (Kennzahlen), S. 237.

begrenzter Aussagewert bei komplexen Sachverhalten zu kritisieren.[10] Vor diesem Hintergrund wird die Notwendigkeit von **Kennzahlensystemen** offensichtlich, die wie folgt charakterisiert werden können:[11]

Ein **Kennzahlensystem** umfaßt die Zusammenstellung von Kennzahlen, die in einer sachlich sinnvollen Beziehung zueinander stehen, einander ergänzen oder erklären und insgesamt auf ein gemeinsames, übergeordnetes Ziel ausgerichtet sind.

Kennzahlensysteme sollen nicht nur die *Mehrdeutigkeit* von Einzelkennzahlen ausschalten, sondern auch die Abhängigkeitsbeziehungen zwischen ihren Systemelementen aufzeigen.[12]

3.3.2. Deskription ausgewählter konventioneller Kennzahlensysteme

Kennzahlensysteme können nach verschiedenen Kriterien klassifiziert werden.[13] Für die weiteren Ausführungen ist insbesondere die Unterscheidung in *Rechen-* und *Ordnungssysteme* von Bedeutung:[14]

• Bei **Rechensystemen**[15] sind die Kennzahlen **mathematisch** miteinander verknüpft. Hierbei kann zwischen der Aufgliederung, Substitution und der Erweiterung von Kennzahlen unterschieden werden.[16] Mit Hilfe dieser Rechenvorgänge können *Ausgangskennzahlen* (Spitzen- oder Primärkennzahlen) in zwei oder mehr *Unterkennzahlen* aufgefächert werden. Die Unterkennzahlen können in weitere nachgelagerte Kennzahlen zerlegt werden, so daß die für Rechensysteme charakteristische **pyramidenförmige Kennzahlenanordnung** entsteht. Der Vorteil rechentechnischer Verknüpfungen liegt in ihrer Möglichkeit, sich relativ

---

10) Vgl. REICHMANN (Kennzahlensysteme II), Sp. 2160.

11) REICHMANN (Kennzahlensysteme I), S. 346.

12) Dies macht sie für die effiziente Informationsversorgung der Konzernleitung interessant. Vgl. S. 4.

13) Vgl. hierzu u.a. STAUDT / GROETERS / HAFKESBRINK / TREICHEL (Kennzahlen), S. 33.

14) Vgl. KÜTING (Kennzahlen), S. 237, aber auch MEYER (Kennzahlen), S. 10 ff. Zum Teil werden noch *Mischsysteme* unterschieden, die sowohl rechentechnische als auch sachlogische Verknüpfungen aufweisen.

15) Der Begriff des rechentechnischen Kennzahlensystems wird als Synonym aufgefaßt. REICHMANN (Controlling), S. 23, spricht von mathematisch aufgebauten Kennzahlensystemen.

16) Durch die *Aufgliederung* einer Kennzahl wird die Gesamtgröße in ihre Bestandteile zerlegt. Als Beispiel sei die Aufgliederung des Konzernumsatzes in die Außen- und Innenumsatz genannt. Bei der *Substitution* wird der Zähler und/oder Nenner einer Kennzahl durch andere Größen ersetzt, ohne daß es zu einer wertmäßigen Veränderung kommt. Die Substitution des Umsatzhöhe als Produkt aus der Absatzmenge und des jeweiligen Preises sei als Beispiel angeführt. Bei der *Erweiterung* einer Kennzahl wird der Zähler und der Nenner eines Bruchs mit der gleichen Größe multipliziert. Exemplarisch sei die Erweiterung des Return on Investment mit dem Umsatz im Du Pont-Kennzahlensystem genannt. Vgl. S. 240 f.

leicht in einem EDV-System umsetzen zu lassen. Zu den rechentechnischen Kennzahlen-systemen zählen u.a. das **Du Pont-** und das **ZVEI-Kennzahlensystem.**

- Bei **Ordnungssystemen**[17] existieren keine rechentechnischen Verknüpfungen. Die einzel-nen Kennzahlen sind über sachlogische Verknüpfungen in verschiedenen Gruppen miteinan-der verbunden.[18] Zu den Ordnungssystemen gehören u.a. das **RL-Kennzahlensystem** und die **Balanced Scorecard.**

Daß im folgenden nur das Du Pont-, ZVEI- und RL-Kennzahlensystem sowie die Balanced Scorecard dargestellt werden, läßt sich damit erklären, daß sie in der wissenschaftlichen Lite-ratur häufig Erwähnung finden und in der Praxis vielfach angewendet werden.[19]

3.3.2.1. Du Pont-Kennzahlensystem

Das *älteste* und wohl auch bekannteste Kennzahlensystem ist das „Du Pont-System of Financial Control". Es wurde von dem US-amerikanischen Chemiekonzern E. I. **Du Pont** de Nemours and Company entwickelt und 1949 der Öffentlichkeit zugänglich gemacht.[20] Bei Du Pont ist es bereits seit *1919* im Einsatz, so daß es von verschiedenen Autoren als „Kristal-lisationspunkt" der Kennzahlensystementwicklung eingestuft wird.[21]

Seine Konzeption unterstellt, daß die wirtschaftliche Performance eines Unternehmens nicht durch die *absolute Größe* des Gewinns, sondern durch die *relative Größe* des „**Return on Investment**" erfaßt wird.[22] So wird diese Größe als Spitzenkennzahl ausgewählt und für Analysezwecke schrittweise in eine Kennzahlenpyramide aufgefächert. Da alle Kennzahlen *mathematisch* miteinander verknüpft sind, ist das Du Pont-Kennzahlensystem als **Rechen-system** einzuordnen.[23]

---

17)   KÜTING (Kennzahlen), S. 238, spricht in diesem Zusammenhang auch von *sachlogisch strukturierten Kennzahlensystemen.* REICHMANN (Controlling), S. 23, verwendet den Begriff des *systematischen Kennzahlensystems.* Die genannten Begriffe werden als Synonyme zum ausgewählten Ausdruck des Ordnungssystems aufgefaßt.

18)   Vgl. KÜTING (Kennzahlen), S. 238.

19)   Zu dem von TUCKER entwickelten „*Managerial Control Concept*", zur „*Pyramid Structure of Ratios*", das 1956 am British Institute of Management konzipiert wurde, und zum französischen „*ratio au tableau de bord*" vgl. STAEHLE (Kennzahlen), S. 72 ff. Zum Ansatz eines Kennzahlensystems von HEINEN vgl. ders. (Grundlagen), S 128. Zum PuK-Kennzahlensystem vgl. HAHN (PuK). Zum MIDIAS-System von HAUSCHILDT, das von der Datev e.G. im Rahmen ihrer Programme zur Wirtschaftsberatung eingesetzt wird, vgl. HAUSCHILDT (Erfolgs- und Finanzanalyse).

20)   Vgl. AMERICAN MANAGEMENT ASSOCIATION (Du Pont chart system), S. 4.

21)   Exemplarisch seien KÜTING (Kennzahlensysteme), S. 291, und SERFLING (Controlling), S. 258, genannt.

22)   Zu dieser Auffassung vgl. auch BOTTA (Kennzahlensysteme), S. 15 ff.

23)   KÜTING (Kennzahlensysteme), S. 291, spricht daher auch von einem „*Du Pont-Tree*" oder „*ROI-Tree*". Vgl. hierzu auch Abb. IV - 46, S. 242.

Hierbei herrscht keine Einigkeit darüber, ob für den amerikanischen Begriff des **Investments** das Gesamtvermögen oder das Eigenkapital anzusetzen ist.[24] Ohne die Grundlagendiskussion aufzugreifen, wird in Anlehnung an HORVÁTH[25] der Return on Investment als relativierter Gewinn aufgefaßt, der mit Hilfe des **Gesamtkapitals** erzielt wird. Der Return on Investment erfaßt somit die **Gesamtkapitalrentabilität.**

Durch die Erweiterung des „**Return on Investment**" (Gewinn / investiertes Kapital [%]) mit dem **Umsatz** werden sowohl die **Umsatzrentabilität** (Gewinn / Umsatz [%]) als auch der **Kapitalumschlag** (Umsatz / investiertes Kapital) gebildet.[26] Sie bilden die multiplikativ miteinander verknüpften Kennzahlen der zweiten Ebene und zeigen die formalen Verbesserungsmöglichkeiten des Return on Investment auf.[27]

Nach diesen drei Spitzenkennzahlen werden im Du Pont-Kennzahlensystem keine weiteren *Verhältniszahlen*, sondern nur noch *absolute Kennzahlen* wie fixe Kosten oder die Summe der Zahlungsmittel verwendet. Sie werden aus der Finanzbuchhaltung und Kostenrechnung übernommen und dienen der Ertrags-, Aufwands-, Vermögens- und Kapitalanalyse. Zur Abbildung der einzelnen Verknüpfungen wird ein einfaches Schaubild verwendet.[28] Hierbei werden drei Arten von Kennzahlen erfaßt; **aktuelle Ist-Kennzahlen**, die die gegenwärtige Situation widerspiegeln, **Ist-Kennzahlen der letzten 5 Jahre** und **Soll-Kennzahlen** aus dem Budget.

Im Laufe der Jahre wurde das Du Pont-Kennzahlensystem weiterentwickelt, so daß heute **verschiedene Ausprägungen** bestehen.[29] Sie lassen sich aber alle auf die gleiche Grundstruktur zurückführen und unterscheiden sich nur in der Anzahl und Definition der Kennzahlen zur Auffächerung der Umsatzrentabilität und des Kapitalumschlags.

Nachfolgend ist eine vielfach verwendete Variante dargestellt. Hierbei zeigt die Umsatzrentabilität im oberen Teil des Kennzahlensystems die Kosten als maßgebliche Determinante des Gewinns auf. Die Kosten werden zu Analysezwecken in einzelne *Kostenarten* aufgeteilt. Der Kapitalumschlag läßt sich in das Anlage- und Umlaufvermögen aufspalten und dient der *Analyse des investierten Kapitals.*

---

24) Zu dieser Problematik vgl. ausführlich STAEHLE (Kennzahlen), S. 70 f.

25) Vgl. HORVÁTH (Controlling), S. 557.

26) Dies entspricht dem Streben der Entwickler, wegen der Bedeutung der Kapitalrentabilität möglichst viele Einflußgrößen dieser Spitzenkennzahl fortlaufend überwachen zu können.

27) Die Umsatzrentabilität kann hierbei durch eine Steigerung des Umsatzes und/oder eine Senkung des Aufwands verbessert werden. Die Erhöhung des Kapitalumschlags kann durch eine Umsatzerhöhung aber auch durch eine Verringerung des investierten Kapitals erreicht werden.

28) Vgl. WHEATON (Ertrag), S. 149.

29) Zu einer Ausprägung mit Werten aus dem Jahresabschluß nach HGB vgl. COENENBERG (Jahresabschluß), S. 25. Zu einer Ausprägung mit Werten aus der Kostenrechnung vgl. MEYER (Kennzahlen), S. 121.

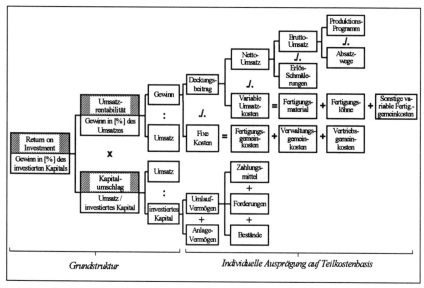

Abb. IV - 46:   Variante des Du Pont-Kennzahlensystems.
Entnommen aus: HORVÁTH (Controlling), S. 557.

3.3.2.2. ZVEI-Kennzahlensystem

Im deutschsprachigen Raum setzte erst Ende der sechziger Jahre eine Kennzahlendiskussion ein. Sie baute auf den Grundgedanken des Du Pont-Kennzahlensystems auf, war im Vergleich dazu jedoch stärker theoretisch-konzeptionell orientiert.[30]

Als eines der ersten Ergebnisse dieser Diskussion ist das **ZVEI-Kennzahlensystem** zu nennen. Es wurde vom **Zentralverband der Elektrotechnischen Industrie (ZVEI)**, Frankfurt a.M., entwickelt und erstmals *1970* vorgestellt.[31] Im Jahre 1989 wurde es an die neuen Rechnungslegungsvorschriften des Bilanzrichtlinien-Gesetzes[32] angepaßt und in seinem Aufbau und seiner Struktur verbessert.[33]

---

30)   Dies wurde u.a. mit der Zielsetzung begründet, über die pragmatische Ausrichtung des Du Pont-Kennzahlensystems hinauszugehen und eine *Mehrfachzielsetzung* bei der Kennzahlensystementwicklung zu berücksichtigen. Vgl. hierzu die Bewertung der einzelnen Kennzahlensysteme hinsichtlich ihres Aggregationsgrads, S. 276.

31)   Der Aufbau der Version von 1970 ist u.a. in KÜTING (Kennzahlensysteme), S. 293, dargestellt.

32)   Vgl. hierzu beispielsweise GÖLLERT / RINGLING (Bilanzrichtlinien-Gesetz).

33)   Vgl. ZVEI (ZVEI-Kennzahlensystem), S. 43. Der Aufbau ist in Abb. IV - 47, S. 244, erfaßt.

Obwohl dieses Kennzahlensystem von einem Wirtschaftsfachverband entwickelt wurde, ist es **brachenneutral** und wird auch heute noch von Unternehmen verschiedener Wirtschaftszweige eingesetzt.[34] Von seiner Struktur her ist das ZVEI-Kennzahlensystem als Kennzahlenpyramide einzuordnen, die Zeit- und Betriebsvergleiche ermöglichen soll. Sein Charakter wird durch ein **Rechensystem** dominiert,[35] es vereinigt aber auch Merkmale eines Ordnungssystems in sich.[36] Das ZVEI-Kennzahlensystem ist inhaltlich in **zwei Analysekategorien** gegliedert:

I. Wachstumsanalyse

Mit der **Wachstumsanalyse** soll das Unternehmenswachstum mit absoluten Zahlen quantifiziert werden. Die Darstellung erfolgt in der Regel in einer Zeitreihe. Hierzu wird auf *neun Kennzahlen* zurückgegriffen, die sich in die Gruppen „**Geschäftsvolumen**", „**Personal**" und „**Erfolg**" einteilen lassen.[37] Das Geschäftsvolumen wird hierbei durch den Auftragsbestand, den Umsatz und die Wertschöpfung, das Personal durch den Personalaufwand und die Mitarbeiterzahl, der Erfolg durch das umsatzbezogene Ergebnis vor Zinsen und Steuern, das Ergebnis der gewöhnlichen Geschäftstätigkeit, den Jahresüberschuß und den Cash Flow quantifiziert.[38]

II. Strukturanalyse

Während bei der Wachstumsanalyse die Kennzahlen weitgehend isoliert nebeneinander stehen, ist die **Strukturanalyse** - der Kern des ZVEI-Kennzahlensystems - durch *mathematische Verknüpfungen* bestimmt.

Als Spitzenkennzahl wird der Strukturanalyse die „**Eigenkapital-Rentabilität**" vorangestellt. Sie ist durch die Aufgliederung oder Einführung neuer Bezugs- oder Beobachtungsgrößen in ein pyramidenförmiges Rechensystem mit **88 Hauptkennzahlen** und **122 Hilfskennzahlen**[39] aufgefächert.[40] Die Kennzahlen sind hierbei in elf Kennzahlengruppen eingeteilt:[41]

---

34) Vgl. GROLL (Erfolgssicherung), S. 36. Diese Auffassung ist nicht unumstritten. So wird die Branchenneutralität beispielsweise von BÜRKLER (Kennzahlensysteme), S. 30, angezweifelt.

35) Vgl. hierzu die *Strukturanalyse* des ZVEI-Kennzahlensystems, S. 243.

36) Vgl. den *Wachstumsanalyseteil* des ZVEI-Kennzahlensystems, S. 243.

37) Vgl. hierzu Abb. IV - 47, S. 244.

38) Vgl. ZVEI (ZVEI-Kennzahlensystem), S. 28.

39) Wenn Hauptkennzahlen nicht *direkt* miteinander verbunden werden können, haben Hilfskennzahlen die Aufgabe, den formalen und den sachlogischen Ableitungszusammenhang sicherzustellen. Sie liefern daher in der Regel selbst keine eigenständigen Aussagen.

40) Die drei Ebenen der Strukturanalyse werden durch den Aufbau des ZVEI-Kennzahlensystems determiniert. So verwendet die Gruppe „Rentabilität" die Hauptkennzahlen der Gruppe „Ergebnis".

41) Vgl. hierzu ZVEI (ZVEI-Kennzahlensystem), S. 43. Die Strukturanalyse des ZVEI-Kennzahlensystems umfaßt entweder *Ertragskraft-Kennzahlen* oder *Risiko-Kennzahlen*. Nach der Zusammensetzung von

- Rentabilität (Ertragskraft-Kennzahlen)
- Liquidität (Risiko-Kennzahlen)
- Ergebnis (Ertragskraft-Kennzahlen)
- Vermögen (Risiko-Kennzahlen)
- Kapital (Risiko-Kennzahlen)
- Finanzierung / Investierung (Ertragskraft-Kennzahlen)

- Aufwand (Ertragskraft-Kennzahlen)
- Umsatz (Ertragskraft-Kennzahlen)
- Kosten (Ertragskraft-Kennzahlen)
- Beschäftigung (Ertragskraft-Kennzahlen)
- Produktivität (Ertragskraft-Kennzahlen)

Auffällig an dem ZVEI-Kennzahlensystem ist die außerordentlich hohe Anzahl von 210 Kennzahlen. In der nachfolgenden Abb. IV - 47 ist daher nur ihr schematisierter Aufbau dargestellt.

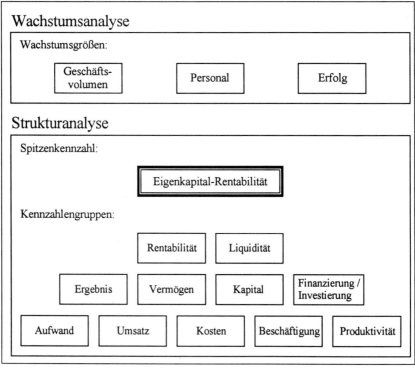

Abb. IV - 47:   *ZVEI-Kennzahlensystem.*
Entnommen aus: ZVEI (ZVEI-Kennzahlensystem), S. 43.

Zähler und Nenner werden diese nach Typ A und B unterschieden. Kennzahlen, die entweder nur Bestandszahlen (Risiko-Kennzahl) oder nur Bewegungszahlen (Ertragskraft-Kennzahl) umfassen, werden als *Typ A* bezeichnet. Die Mischtypen werden als *Typ B* erfaßt. Steht bei den Mischtypen eine Bestandsgröße im Zähler, wird von einer *Risiko-Kennzahl vom Typ B* gesprochen. Steht eine Stromgröße im Zähler wird sie als *Ertragskraft-Kennzahl vom Typ B* bezeichnet.

Das ZVEI-Kennzahlensystem erscheint auf den ersten Blick lediglich als eine Verfeinerung und Konkretisierung des Du Pont-Kennzahlensystems. Durch die Einbeziehung der gesonderten Wachstumsanalyse und der Abgrenzung der elf Kennzahlen-Gruppen, ist jedoch nach Ansicht des Autors eine beachtliche Weiterentwicklung erzielt worden.

3.3.2.3. RL-Kennzahlensystem

Das **Rentabilitäts- und Liquiditäts-Kennzahlensystem**[42] - im folgenden kurz RL-Kennzahlensystem - wurde von REICHMANN und LACHNIT entwickelt und erstmals 1976 veröffentlicht.[43] Es entstand zum einen aus der Kritik heraus, daß bestehende Kennzahlensysteme *einseitig* auf die Kapitalrentabilität ausgerichtet sind, ohne alternative Ziele wie die Liquidität in Erwägung zu ziehen (Monozielausrichtung). Des weiteren wurde von den Autoren der Nutzen rechentechnischer Verknüpfungen für ein Kennzahlensystem angezweifelt.

Das RL-Kennzahlensystem ist deshalb als **Ordnungssystem** aufgebaut. Es umfaßt **39 Kennzahlen**, für die je nach Inhalt individuelle, in der Regel jährliche, vierteljährliche, monatliche oder wöchentliche Erhebungszeiträume vorgeschlagen werden.[44] Das RL-Kennzahlensystem umfaßt einen unternehmensneutralen *allgemeinen Teil*, der sich wiederum in einen **Rentabilitäts-** und einen **Liquiditätsteil** gliedert und nach Ansicht der Entwickler alle Kennzahlen enthält, die die Unternehmensführung zur *laufenden Planung, Steuerung und Kontrolle* benötigt.[45] Der allgemeine Teil wird durch einen betriebsindividuellen **Sonderteil** ergänzt.

I.   Rentabilitätsteil

Die Spitzenkennzahl des **Rentabilitätsteils** ist das *ordentliche Ergebnis*. Es umfaßt den nachhaltigen Erfolg aus Leistungs- und Finanzaktivitäten, läßt sich planen und wird *monatlich* vorgegeben. Davon zu trennen ist das **außerordentliche Ergebnis**. Es ist nicht vorhersehbar, so daß REICHMANN und LACHNIT eine jährliche Erfassung vorschlagen.

Da das ordentliche Ergebnis keine hinreichende Aussage über den Erfolg des Unternehmens machen kann, werden ihm verschiedene *Rentabilitätskennzahlen* nachgeordnet. Neben dem **Return on Investment** sind dies die Eigen- und die Gesamtkapitalrentabilität. Die **Eigenkapitalrentabilität** zeigt dem Kapitaleigner an, wie erfolgreich sein Kapital im Unternehmen

---

42)   Im folgenden wird das RL-*Bilanz*-Kennzahlensystem beschrieben. Zum RL-*Controlling*-Kennzahlensystem, das zusammen mit dem RL-Bilanz-Kennzahlensystem das *erweiterte* RL-Kennzahlensystem darstellt vgl. ausführlich REICHMANN (Controlling), S. 53 ff.

43)   Vgl. REICHMANN / LACHNIT (Kennzahlen), S. 710.

44)   Dies soll die mehrdimensionale Zielausrichtung des Managements unterstützen. Vgl. hierzu die Markierungen in den nachfolgenden Abb. IV - 48, S. 246, und Abb. IV - 49, S. 247.

45)   Vgl. REICHMANN (Controlling), S. 33.

eingesetzt wird und inwieweit ihm das Risiko der Investition im Vergleich zu anderen Anlageformen vergütet wird. Die **Gesamtkapitalrentabilität** verdeutlicht die „gesamte", d.h. von der Kapitalstruktur losgelöste Ertragskraft des Unternehmens.

Im Rentabilitätsteil werden weiterhin die Umsatzrentabilität und Teile der Kapitalumschlagshäufigkeit ermittelt. Während die **Umsatzrentabilität** angibt, wie gut das Unternehmen seine Leistungen am Markt verkauft, läßt die **Kapitalumschlagshäufigkeit** erkennen, wie oft das betriebsbedingte Kapital durch den realisierten Umsatz umgeschlagen wird. Hierdurch lassen sich Rückschlüsse auf die Nutzung der Vermögensgegenstände treffen.

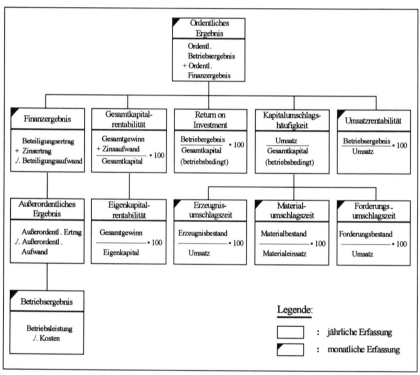

Abb. IV - 48:   *Erfolgswirtschaftlicher Teil des RL-Kennzahlensystems.*
Entnommen aus: REICHMANN (Controlling), S. 34.

II. Liquiditätsteil

Neben den erfolgswirtschaftlichen Zielen ist im RL-Kennzahlensystem das *Liquiditätsziel* als *gleichrangig* einzustufen.[46] Die Überwachung der Liquidität ist insofern von besonderer

---

46)   Ein Unternehmen ist zahlungsfähig, wenn es zu jeder Zeit seinen Zahlungsverpflichtungen uneingeschränkt nachkommen kann. Entnommen aus PERRIDON / STEINER (Finanzwirtschaft), S. 13.

Bedeutung, da das Tatbestandsmerkmal der Zahlungsunfähigkeit einen zwingenden Konkursgrund darstellt.[47)]

Als Spitzenkennzahl für die Liquidität wurde von REICHMANN und LACHNIT die absolute Größe „liquide Mittel" ausgewählt. Sie gibt den „Betrag an Geld und geldnahen Beständen an, den das Unternehmen aufgrund seiner Umsatz- und Aufwandsplanung zur Abwicklung und Sicherung des betrieblichen Geschehens benötigt."[48)]

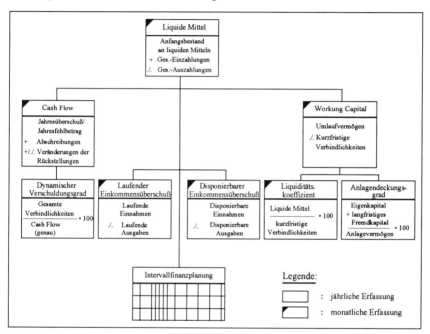

Abb. IV - 49:   Finanzwirtschaftlicher Teil des RL-Kennzahlensystems.
Entnommen aus: REICHMANN (Controlling), S. 35.

Eine weitere wichtige Größe des Liquiditätsteils ist - wie die vorangegangene Abb. IV - 49 darlegt - der Cash Flow. Er ist definiert als Überschuß an finanziellen Mitteln aus dem betrieblichen Umsatzprozeß und verdeutlicht, in welchem Umfang die laufenden Betriebstätigkeiten zu Einnahmenüberschüssen führen.[49)]

Des weiteren findet im Liquiditätsteil des RL-Kennzahlensystems das Working Capital Berücksichtigung. Es setzt sich aus der Differenz von Umlaufvermögen und kurzfristigen Verbind-

47)   Die Zahlungsunfähigkeit stellt den häufigsten Konkursgrund dar. Vgl. WURL (Liquiditätskontrolle), S. 11, und PERRIDON / STEINER (Finanzwirtschaft), S. 6.

48)   Übernommen aus REICHMANN / LACHNIT (Kennzahlen), S. 717.

49)   Vgl. PERRIDON / STEINER (Finanzwirtschaft), S. 483 ff.

lichkeiten zusammen und soll kurzfristige Liquiditätsrisiken tendenziell zu erkennen helfen.[50] In Verbindung mit den *Liquiditätskoeffizienten* kann eine Analyse der kurzfristigen Deckungsrelationen erfolgen. Der *Anlagendeckungsgrad* - so REICHMANN[51] - gilt als wichtige Größe zur Planung und Kontrolle der langfristigen Finanzstruktur.

III. Sonderteil

Neben dem Rentabilitäts- und Liquiditätteil umfaßt das RL-Kennzahlensystem einen **Sonderteil**. Er gestaltet sich nach den *individuellen Anforderungen* der jeweiligen Branche, Unternehmensstruktur und Unternehmenssituation und dient zur *vertieften Analyse* von Einflußfaktoren auf die ausgewählten Spitzenkennzahlen der Rentabilität und Liquidität.

Im **Rentabilitätssonderteil** werden z.b. Umsatzanteile, Deckungsbeiträge und Kostenstrukturen erfaßt. Der **Liquiditätssonderteil** kann in Situation angespannter Liquidität als detailliertes Planungsinstrumentarium auf Kennzahlenbasis herangezogen werden. Die erforderlichen Daten werden im Gegensatz zum Rentabilitäts- und Liquiditätteil nur bei Bedarf zur Verfügung gestellt und entstammen überwiegend dem innerbetrieblichen Rechnungswesen.

3.3.3. Balanced Scorecard als mögliche Weiterentwicklung konventioneller Kennzahlensysteme

Seit ihrer ersten Veröffentlichung in der Harvard Business Review 1992 wird die **Balanced Scorecard** kontrovers diskutiert. Von vielen Autoren wird sie als eine Weiterentwicklung konventioneller Kennzahlensysteme angesehen, von KAPLAN und NORTON sogar als neuer Management-Ansatz propagiert.[52] Ähnlich wie die Prozeßkostenrechnung und der Shareholder-Value-Ansatz steht dieser in den USA entwickelte Ansatz nunmehr auch in Deutschland auf dem Prüfstand.[53] Ihre **Entwicklungsgründe und Ziele** sowie die **Arbeitsschritte ihrer Generierung** werden in den folgenden Ausführungen dargelegt.

3.3.3.1. Entwicklungsgründe und Ziele

Insbesondere bei der Deskription des Du Pont-Kennzahlensystems wurde offensichtlich, daß viele konventionelle Kennzahlensysteme durch ihre Monozielausrichtung den Anforderungen

---

50)   Vgl. REICHMANN (Controlling), S. 37.

51)   Vgl. ebenda.

52)   Vgl. KAPLAN / NORTON (Balanced Scorecard), S. 8 ff., insbesondere S. 10 und S. 18 f. Aber auch HORVÁTH (1999), S. 29.

53)   WEBER / SCHÄFFER (Balanced Scorecard II), S. 40, schreiben hierzu: „Die Balanced Scorecard ist in Mode, sie trifft den Nerv der Zeit." Auch in der Praxis wird das Konzept zunehmend nachgefragt. Vgl. hierzu die empirische Untersuchung von WURL / MAYER (Führungsinformationssysteme), S. 16 ff.

der Praxis nicht mehr gerecht werden.[54] Ohne auf die bereits 1976 von REICHMANN und LACHNIT begonnene Grundlagendiskussion eingehen zu wollen,[55] verbietet insbesondere der von der Betriebswirtschaftslehre akzeptierte *Zielpluralismus* der Unternehmen eine Ausrichtung der Informationsaufbereitung auf eine Spitzenkennzahl.[56]

Da multidimensionale Kennzahlensysteme äußerst umfangreich und strukturtechnisch sehr komplex sind,[57] ist es nicht verwunderlich, daß sie sich bislang kaum durchgesetzt haben. Als ein relativ neuer Ansatz, der explizit versucht, ein **multidimensionales** Kennzahlensystem zu generieren, wird derzeit die **Balanced Scorecard**[58] propagiert.

Ihr **Konzept** geht auf eine 1990 von KAPLAN (Harvard Business School) und NORTON (CEO des NOLAN NORTON Institutes, einem Forschungszweig der KPMG) durchgeführte *multi-client-Studie*[59] zurück. Hierbei konnte nachgewiesen werden, daß die - typisch US-amerikanischen - Zielvorstellungen, die sich nahezu ausschließlich in **finanziellen Zielen** manifestieren,[60] dazu verleiten, kurzfristige Ergebnisverbesserungen überzubewerten und da-durch langfristig sinnvolle Investitionen - beispielsweise im Bereich der Forschung und Ent-wicklung - hinauszuzögern oder ganz zu vernachlässigen.[61]

Ziel der Entwicklungsarbeiten zur Balanced Scorecard war es daher, die finanziell aus-gerichteten Berichtssysteme vieler US-amerikanischen Unternehmen um **qualitative** - explizit auch nicht finanzielle - **Kennzahlen** zu erweitern. Im Gegensatz zu konventionellen Kenn-zahlensystemen beinhaltet die Balanced Scorecard aber keine starren Vorgaben. Vielmehr gibt sie den **Rahmen zur Generierung eines Kennzahlensystems** vor,[62] das flexibel kurz- und

---

54) Vgl. hierzu die Bewertung der Kennzahlensysteme nach ihrer Benutzeradäquanz, S. 269 ff.

55) Vgl. LACHNIT (Kennzahlensysteme), S. 216 f.; aber auch REICHMANN / LACHNIT (Kennzahlen), S. 708 ff., und REICHMANN (Controlling), S. 20.

56) Vgl. exemplarisch HEINEN (Grundlagen), S. 28 ff.

57) Diese Aussage basiert auf einer empirischen Untersuchung von HUMMEL / KURRAS / NIEMEYER (Kennzahlensysteme). Ein erster Ansatz, ein multidimensionales Kennzahlensystem aufzubauen, geht auf BERTHEL (Unternehmenssteuerung) zurück.

58) Der Begriff „Balanced Scorecard" wurde im Deutschen zunächst als „ausgewogener oder multikriterieller Berichtsbogen", „ausgewogene Ergebnistafel" oder „ausbalancierte Kennzahlentafel" übersetzt. Vgl. die Übersetzungen der Artikel von KAPLAN / NORTON (Search of Excellence), S. 37, KAPLAN / NORTON (Großunternehmen), S. 96, aber auch KAUFMANN (Balanced Scorecard) und WEBER (Macht der Zahlen), S. 184. Inzwischen wird aber auch in der deutschsprachigen Literatur der englische Originalbegriff verwendet.

59) Hierzu zählten Advanced Micro Devices, American Standard, Apple Computer, Bell South, CIGNA, Conner Periphals, Cray Research, Du Pont, Electronic Data Systems, General Electric, Hewlett-Packard und Shell Canada - zitiert nach KAPLAN / NORTON (Balanced Scorecard), S. XI.

60) Vgl. hierzu die Ausrichtung des Du Pont-Kennzahlensystems auf den ROI, S. 240 f.

61) Vgl. DONALDSON (Strategic Audit), S. 104; van de VLIET (Balancing Act), S. 78. WEBER (Macht der Zahlen), S. 184, formuliert provokativ: „Was sich in Dollar rechnet, hat Priorität; Quartalsgewinne sind allzu oft wichtiger als strategische Potentiale, ..."

62) In einer „weiten" - eher umstrittenen - Begriffsauffassung wird die Balanced Scorecard als strategisches *Managementsystem*, das den gesamten Planungs-, Steuerungs- und Kontrollprozeß eines Unternehmens mitzugestalten hat, interpretiert. Diese Begriffsauffassung wird von KAPLAN und NORTON (Balanced Scorecard), S. 10, aber mittlerweile auch von HORVÁTH (Managementsystem), S. 29, vertreten.

langfristige, quantitative und qualitative, vergangenheits- und zukunftsorientierte Kennzahlen in sich vereinigen soll.

Das wohl auffälligste Charakteristikum der originären „Harvard"-Balanced Scorecard ist die Clusterung der Kennzahlen in verschiedene Inhaltsgruppen, die sogenannten **Perspektiven**.[63] Hierdurch soll eine **ausgewogene Berichterstattung** unterstützt werden, die die unterschiedlichen Sichtweisen der maßgeblichen Interessengruppen auf das Unternehmen berücksichtigt.

3.3.3.2. Arbeitsschritte zur Generierung einer Balanced Scorecard

Die Arbeitsschritte zur Generierung einer Balanced Scorecard können in sechs Schritte untergliedert werden, die sich wie folgt skizzieren lassen:[64]

1. Klärung und Umsetzung der Unternehmensvision in strategische Ziele

Der erste Schritt zur Entwicklung einer Balanced Scorecard besteht darin, die Vision des Unternehmens zu reflektieren und in strategische Ziele umzusetzen. Hierbei stellt die **Vision** im Sinne von KAPLAN und NORTON den Ausgangspunkt allen unternehmerischen Handelns dar. Sie legt sowohl das **zentrale Sachziel** als auch die **einzelnen Leistungsbereiche** des Unternehmens fest, so daß sie inhaltlich mit dem in der vorliegenden Arbeit verwendeten Begriff der Unternehmenspolitik gleichzusetzen ist.[65]

Zur Formulierung finanzieller Ziele muß das Analyseteam beispielsweise entscheiden, ob Umsatzerlöse, Marktwachstum, Rentabilitätskennzahlen oder der Cash Flow akzentuiert werden sollen.[66] Im Rahmen der Markt- / Kundenorientierung kann als strategisches Ziel unter anderem festgelegt werden, wie sich das Unternehmenswachstum in Abhängigkeit vom Marktwachstum entwickeln soll.

2. Verknüpfung der strategischen Ziele in einer Ursache-Wirkungskette zur Definition einer konsistenten Unternehmensstrategie

In einem zweiten Schritt sind die strategischen Ziele in konkrete Aktionen umzusetzen. Hierzu dienen **Strategien**. Die Balanced Scorecard verbindet hierbei die einzelnen strate-

---

63) In Anlehnung an KAPLAN / NORTON (Strategieumsetzung), S. 318. Zur Definition der einzelnen Perspektiven vgl. den dritten Arbeitsschritt zur Generierung einer Balanced Scorecard, S. 251 ff.

64) Nach KAPLAN / NORTON (Balanced Scorecard), S. 8 ff.

65) Zur Definition der Unternehmenspolitik vgl. S. 81 ff.

66) Die Erfahrungen von KAPLAN und NORTON zeigen, daß auch bei bestehenden strategischen Zielen häufig ein *mangelnder Konsens* unter den involvierten Führungskräften hinsichtlich ihren Ausprägungen und ihren Gewichtungen besteht. Die Entwicklung einer Balanced Scorecard zeigt daher - so u.a. VITALE / MAVRINAC / HAUSER (Financial Scorecard), S. 13. - frühzeitig Dissonanzen auf und fördert so die Teamarbeit der Führungskräfte.

gischen Ziele zu einer **Ursache-Wirkungskette**. Diese hilft nicht nur, die zuvor definierten (Einzel-)strategien, die bislang - getrennt voneinander - zur Erreichung der verschiedenen strategischen Ziele dienten, zu einer **konsistenten Unternehmensstrategie** zu verknüpfen. Insbesondere gilt es auch die Abhängigkeitsbeziehungen der einzelnen (Teil-)strategien herauszuarbeiten, um so mögliche Teilzielinterdependenzen aufzeigen zu können. Hierbei sollte sich die Ursache-Wirkungskette - wie die Abb. IV - 50 exemplarisch aufzeigt - möglichst über alle Perspektiven der Balanced Scorecard ziehen.[67]

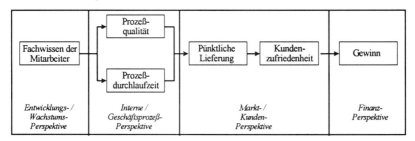

Abb. IV - 50:   Beispiel einer Ursache-Wirkungskette.
Entnommen aus: KAPLAN / NORTON (Balanced Scorecard), S. 29.

Die dargestellte Ursache-Wirkungskette geht von der Erkenntnis aus, daß der **Gewinn eines Unternehmens** u.a. von einem sich wiederholenden und erweiterten Verkauf verschiedener Produkte beim existierenden Kundenstamm abhängt. Deshalb wird der Gewinn mit der **Kundenzufriedenheit** korrelieren. Eine *Analyse der Kundenwünsche* kann aufzeigen, daß die Kundenzufriedenheit womöglich von einer **pünktlichen Lieferung** determiniert wird. Diese hängt - so kann mit der Analyse der *Geschäftsprozesse* herausgearbeitet werden - maßgeblich von der **Prozeßqualität** und der **Prozeßdurchlaufzeit** im Unternehmen ab. Die Prozeßqualität und die Prozeßdurchlaufzeit wird erst durch das **Fachwissen der Mitarbeiter** ermöglicht. Dieser Aspekt ist der *Entwicklungs- / Wachstums-Perspektive* zuzuordnen, so daß die Ursache-Wirkungskette sämtliche Perspektiven der Balanced Scorecard durchzieht.[68]

3. Ableiten der einzelnen Perspektiven und Bestimmung der Kennzahlen

Die Balanced Scorecard soll Ziele und Kennzahlen aus verschiedenen Bereichen des Unternehmens berücksichtigen. Damit hierbei wesentliche Meßgrößen erfaßt werden können, erfolgt eine *Clusterung der Ziele und Kennzahlen* nach sinnvollen und wichtigen Inhaltsgruppen, den sogenannten **Perspektiven der Balanced Scorecard**.[69]

---

67)   Zur Ableitung einer *Service-Gewinn-Kette* vgl. HESKETT et al. (Service Profit Chain), S. 164 ff.
68)   Vgl. S. 250.
69)   Zur Charakterisierung der Perspektiven einer Balanced Scorecard vgl. den dritten Arbeitsschritt, S. 251 ff.

Die Definition der einzelnen Perspektiven der Balanced Scorecard hängt von der Vision und Strategie des Unternehmens ab. Obwohl KAPLAN und NORTON in ihren ersten Abhandlungen die in der Abb. IV - 51 dargestellten **vier Perspektiven** lediglich als Anregung zur Entwicklung eigener, auf das Unternehmen abgestimmter Sichtweisen auffaßten,[70] können sie heute - nach zahlreichen Veröffentlichungen und Anwendungen - als **fixiert** angesehen werden.[71] Zum einen wird die Vierfach-Sichtweise mittlerweile von den Autoren selbst propagiert.[72] Aber auch praktische Erfahrungen zeigen, daß sich die Perspektivenanzahl nicht nur als notwendig, sondern auch als hinreichend bewährt hat.[73]

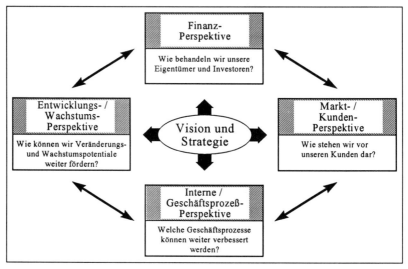

Abb. IV - 51:   *Vier Perspektiven der Balanced Scorecard.*
In Anlehnung an: KAPLAN / NORTON (Search of Excellence), S. 39.

Im folgenden sollen die vier Perspektiven der Balanced Scorecard dargestellt werden:

- Die **Finanz-Perspektive** legt fest, mit welchen Kennzahlen der **finanzielle Erfolg des Unternehmens** abgebildet werden soll. Als eine finanzielle Kennzahl sei der *Periodengewinn* angeführt. Mit zunehmender Tendenz treten aber auch *Rentabilitätsgrößen* wie die Eigenkapitalrentabilität oder die Steigerung des Unternehmenswertes in den Vordergrund.[74]

---

70)   Vgl. KAPLAN / NORTON (Measures), S. 71.
71)   Vgl. KAPLAN / NORTON (Strategieumsetzung), S. 318.
72)   Vgl. exemplarisch KAPLAN / NORTON (Balanced Scorecard), S. 23, und insbesondere S. 33 f.; aber auch KAPLAN / NORTON (Strategic Management System), S. 76.
73)   Vgl. hierzu KAPLAN / NORTON (Work), S. 135, und KAPLAN / NORTON (Balanced Scorecard), S. 43. Die Aussage basiert aber auch auf Erfahrungen der KPMG Consulting GmbH, Düsseldorf, aus der Einführung von Balanced Scorecards bei verschiedenen großen Konzernen in Deutschland.
74)   Vgl. hierzu MICHEL (Wertsteigerung), S. 274.

- Die **Markt- / Kunden-Perspektive** fokussiert den Blick auf die vom Unternehmen anvisierten **Zielkunden- und Zielmarktsegmente**. In dieser Perspektive werden zum einen Meßgrößen wie die *Kundenzufriedenheit, Kundentreue* und die relevanten *Marktanteile* betrachtet. Zum anderen hat sie das Wertangebot zu enthalten, das Kunden veranlaßt, abzuwandern oder dem Unternehmen treu zu bleiben. Exemplarisch seien *pünktliche Lieferungen* oder die konsequente Einführung *innovativer Produkte und Dienstleistungen* angeführt.

- Als dritte Perspektive wurde von KAPLAN und NORTON die **Interne / Geschäftsprozeß-Perspektive** definiert. Sie dient dazu, die Kernprozesse herauszuarbeiten, mit denen vor allem die in der Finanz- und Markt-/Kunden-Perspektive definierten Ziele erreicht werden sollen.[75] KAPLAN und NORTON schlagen hierzu die Einführung einer **Wertschöpfungskette** vor. Ihre Idee ist es, an Anfang den *Kundenwunsch zu identifizieren* und ihn am Ende der Wertschöpfungskette *befriedigt* zu haben.

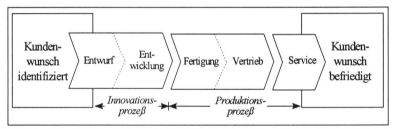

Abb. IV - 52:   Prozeß-Wertkette der internen Perspektive.
Entnommen aus: KAPLAN / NORTON (Balanced Scorecard), S. 26.

KAPLAN und NORTON unterscheiden zwischen einem *Produktions-* und einem *Innovationsprozeß*. Als mögliche Kennzahlen für den **Produktionsprozeß** können neben konventionellen *Kostengrößen* (u.a. Kosten je Produkt oder Fertigungsstufe) *Qualitätskennzahlen* - beispielsweise die Anzahl der Reklamationen oder überschrittene Fertigungstermine - und *Effizienzkennzahlen* wie die Zeitdauer eines Fertigungsprozesses definiert werden. Neben dem Produktionsprozeß soll die Wertschöpfungskette auch **Innovationsprozesse** integrieren und entsprechende Kennzahlen eruieren. Die eher langfristig angelegten Innovationsprozesse sollen helfen, *neue Produkte und Dienstleistungen* zu schaffen, welche die Wünsche der Kunden erfüllen können. Als Beispiele seien die Anzahl *neuer Produkte und Dienstleistungen* genannt, die die Leistungsfähigkeit des Innovationsprozesses quantifizieren sollen.[76]

---

75)   KAPLAN / NORTON (Balanced Scorecard), S. 25, betonen, daß mit der Balanced Scorecard nicht nur bestehende Prozesse verbessert werden sollen, sondern es auch *neue Prozesse* zu identifizieren gilt.

76)   Zitiert nach KAPLAN / NORTON (Balanced Scorecard), S. 25.

- Der *vierte Aspekt* der Balanced Scorecard - die **Entwicklungs- / Wachstums-Per-spektive** - identifiziert mögliche Ursprünge, um die in den anderen Perspektiven gesteckten Ziele erreichen zu können. Dabei werden drei Determinanten unterschieden: Die Bezugnahme auf den **Menschen** läßt sich damit erklären, daß sie es letztendlich sind, die die Ziele des Unternehmens, z.B. Kunden freundlich und zuvorkommend zu bedienen, umsetzen.[77] Kennzahlen für die Mitarbeiterperspektive können die *Mitarbeiterproduktivität* und die *Mitarbeiterzufriedenheit* sein. Des weiteren gewinnen **Informations- und Kommunikationssysteme** an Bedeutung.[78] Dies läßt sich damit erklären, daß Informationen über das Unternehmen und die relevanten Umweltentwicklungen notwendig sind, um fundierte Entscheidungen treffen zu können. Schließlich kann durch die Überprüfung betrieblicher **Prozesse** unter anderem festgestellt werden, ob die derzeitigen Anreizsysteme[79] noch den in der Balanced Scorecard definierten Kennzahlen entsprechen.[80]

4. Bestimmung der Soll-Kennzahlen und Festlegung der Ermittlungsfrequenz der Ist-Kennzahlen

Im vierten Schritt müssen für die im letzten Arbeitsschritt definierten Kennzahlen *Zielgrößen* festgelegt werden. Diese Soll-Kennzahlen sind für den gesamten Planungszeitraum zu definieren und stellen die zentralen Größen des Unternehmensführungsprozesses dar.[81]

Neben der Bestimmung der Soll-Kennzahlen muß in diesem Arbeitsschritt die **Frequenz ihrer Ermittlung** festgelegt werden. Sie muß für *jede* Kennzahl neu hinterfragt werden,[82] da bei manchen Kennzahlen eine halbjährliche Erhebung ausreicht, während bei anderen mit einer halbjährlichen Erfassung wichtige Veränderungen nicht oder erst zu spät erfaßt werden würden.

5. Kommunikation des Balanced Scorecard-Konzepts mit ihren Soll-Kennzahlen

Sehr wichtig für den Erfolg der Balanced Scorecard ist die *Akzeptanz bei den Mitarbeitern*. Der fünften Arbeitsschritt zur Einführung einer Balanced Scorecard beinhaltet daher ihre **Kommunikation**.[83] Hierbei gilt es, allen Mitarbeitern zu signalisieren, warum die Balanced Scorecard eingeführt wird, welche Ziele hierbei für das Unternehmen wichtig sind und welche Soll-Kennzahlen sich hieraus ergeben. In diesem Zusammenhang sind nicht nur die vorgegebenen Ziele auf die einzelnen Bereiche des Unternehmens herunter-

---

77)   Zur Bedeutung des Erfolgsfaktors „Personal" vgl. beispielsweise BÜHNER (Kennzahlen), S. 9.

78)   Zur Begründung vgl. S. 4 f.

79)   Vgl. hierzu auch die Ausführungen S. 363 ff.

80)   Beispiele entnommen aus KAPLAN / NORTON (Balanced Scorecard), S. 27.

81)   Vgl. BICHARD (Score), S. 36.

82)   Gleicher Ansicht sind auch LINGLE / SCHIEMANN (Balanced Scorecard), S. 57 f.

83)   Vgl. hierzu MICHEL (Wertsteigerung), S. 276.

zubrechen. Insbesondere sollen von den Mitarbeitern auch eigene **Bereichsziele** entwickelt werden, die zur Umsetzung der Unternehmensstrategie beitragen.[84] Für die Anwendung wird sich daher nicht nur *eine* Balanced Scorecard ergeben. Vielmehr sind *mehrere* Scorecards zu entwickeln, die *individuell* auf die einzelnen Hierarchieebenen und Verantwortungsbereiche des Unternehmens abzustimmen sind.[85]

6. Kennzahlenanalyse und Strategieüberprüfung

Ziel des *letzten Arbeitsschrittes* ist es, die ermittelten Ist-Kennzahlen mit den vorgegebenen Soll-Werten zu vergleichen und mögliche Abweichungen zu analysieren. Häufig werden hierzu **Zeitreihen** erstellt. Die **Kennzahlenanalyse** gibt den Führungskräften eine Grundlage, um bei Abweichungen entsprechende Gegenmaßnahmen treffen zu können.

Die Abb. IV - 53 faßt die *Arbeitsschritte* zur Entwicklung einer Balanced Scorecard nochmals zusammen. Der Prozeß beginnt mit der *Klärung und Umsetzung der Unternehmensvision in strategische Ziele*. Mit Hilfe der *Perspektiven der Balanced Scorecard* wird dann die Vision konkretisiert und in ein System von Kennzahlen überführt. Durch ihren *Soll-Ist-Vergleich* wird die zielorientierte Führung des Unternehmens ermöglicht, wobei es das Ziel der Balanced Scorecard ist, eine **„lernende Organisation"** aufzubauen, in der das „Feedback" der Kontrollprozesse zum Anlaß genommen wird, um zum ersten Arbeitsschritt zurückzukehren.

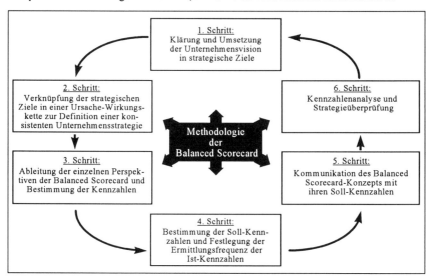

Abb. IV - 53:   *Sechsstufige Vorgehensweise zur Entwicklung einer Balanced Scorecard.*
In Anlehnung an: *KAPLAN / NORTON (Strategic Management System), S. 77.*

---

84)   Vgl. EWING (Balanced Scorecard), S. 19.
85)   Vgl. GULDIN (Balanced Scorecard), S. 295.

3.3.4. Erfolgsfaktoren-basierte Balanced Scorecard - ein modifizierter Ansatz zur Informationsaufbereitung für Führungskräfte

Hinsichtlich einer effizienten Informationsaufbereitung stellt die Balanced Scorecard zweifelsfrei einen Forschungsfortschritt dar. Dennoch soll im folgenden ein Ansatz entwickelt werden, der explizit an der bedarfsgerechten Informationsaufbereitung **oberster** - also mit gesamtunternehmerischer Leitungsverantwortung ausgestatteter - **Führungskräfte** ausgerichtet ist. Da er inhaltlich an der Methode strategischer Erfolgsfaktoren anknüpft, aus konzeptioneller Sicht aber einen modifizierten Balanced Scorecard-Ansatz darstellt, waren beide Begriffe in das Begriffsdefiniendum aufzunehmen.

Die Bezeichnung „**Erfolgsfaktoren-basierte Balanced Scorecard**" erscheint einprägsam und soll im folgenden verwendet werden. Um die Weiterentwicklung terminologisch abzugrenzen, wird die von KAPLAN und NORTON entwickelte Balanced Scorecard nunmehr als *originäre* „*Harvard*"-*Balanced Scorecard* bezeichnet. Die **Konzeption** der Erfolgsfaktoren-basierten Balanced Scorecard setzt sich aus **vier Schritten** zusammen, die sich wie folgt zusammenfassen lassen:

- Zunächst wird begründet, warum anstelle der überwiegend zur Anwendung kommenden Vier-Perspektiven-Gliederung der originären „Harvard"-Balanced Scorecard **strategische Erfolgsfaktoren** die Ausrichtung des zu entwickelnden Kennzahlensystems übernehmen.

- Danach wird dargelegt, warum eine **Dekomposition** strategischer Erfolgsfaktoren in **finanzielle Kennzahlen** und **Frühindikatoren** zweckmäßig erscheint.

- Im dritten Abschnitt wird auf die **mathematischen Verknüpfungen** zwischen den Frühindikatoren, übergeordneten Meßkriterien und der Konzernstrategie eingegangen. Die dazu entwickelte „**Raster-Technik**" ersetzt die Ursache-Wirkungsverknüpfungen der originären „Harvard"-Balanced Scorecard.[86]

- Abschließend wird eine Ergebnisvisualisierung mit Hilfe der **Portfolio-Darstellung** vorgestellt.

3.3.4.1. Strategische Erfolgsfaktoren als Zielsystem eines multidimensionalen Kennzahlensystems

Die Effizienz von Kennzahlensystemen zur informatorischen Unterstützung von Führungskräften hängt maßgeblich davon ab, wie es gelingt, das Gestaltungskonzept konsequent an deren **Führungsaufgaben**[87] auszurichten.

---

86) Vgl. hierzu auch die Ausführungen zu einem Erfolgsfaktoren-basierten Anreizsystem, S. 375.

87) Vgl. S. 84 ff.

Mit der **Methode strategischer Erfolgsfaktoren** wurde in Kap. IV.3.1.3. eine geeignete Methode entwickelt, die den hierzu benötigten Informationsbedarf erfassen kann. Aufgrund ihrer Vorteile, den *objektiven Informationsbedarf* der Konzernleitung und *strategische Informationen* eruieren zu können,[88] sollen strategische Erfolgsfaktoren die für die erste Ebene der originären „Harvard"-Balanced Scorecard charakteristische Vier-Perspektiven-Gliederung ersetzen.[89]

Da strategische Erfolgsfaktoren *einzelfallbezogen* aus dem Zielsystem des Konzerns **deduziert** werden[90] und durch empirisch gewonnene Interviewergebnisse bestätigt werden,[91] impliziert dies nicht nur den Vorteil, daß die entwickelten Erfolgsfaktoren-basierten Balanced Scorecards **konzernindividuell** aufgebaut sind und somit den Informationsbedarf der Konzernleitung **vollständig** abdecken. Ihre Deduktionsmethodik „strategisches Zielsystem => strategische Erfolgsfaktoren => Erfolgsfaktoren-basierte Meßkriterien und Frühindikatoren" stellt nach dem gegenwärtigen Stand der wissenschaftstheoretischen Diskussion auch die einzig **„einwandfreie"** **Form der Erkenntnisgewinnung** dar.[92]

Die methodische Schwäche der originären „Harvard"-Balanced Scorecard ist in diesem Zusammenhang vor allem auf die in der Regel à priori festgelegte und ausschließlich empirisch-induktiv mit den Ergebnissen der „multi-client"-Studie fundierte **Perspektivenauswahl** zurückzuführen. Dieser Ansatz kann zwar Anregungen zur Hypothesenbildung geben und als heuristisches Entdeckungsverfahren verwendet werden.[93] Aus wissenschaftstheoretischer Sicht liefert er jedoch **keinen haltbaren Begründungszusammenhang.**[94] Wenn bei zehn der von KAPLAN und NORTON untersuchten Unternehmen die vier Perspektiven zur vollständigen Informationsbedarfsanalyse und -aufbereitung ausreichen,[95] muß dieser Selektionsmechanismus nicht auch beim elften Unternehmen zum gewünschten Ergebnis führen.[96]

---

88) Vgl. S. 210.

89) Diesen Gestaltungsansatz haben mittlerweile auch WEBER / SCHÄFFER (Balanced Scorecard II), S. 28 ff., thematisiert.

90) Vgl. hierzu die Analyse des strategischen Zielsystems, S. 192 ff.

91) Vgl. den empirisch-induktiven Teil der SEF-Studie, S. 412 ff. Hierdurch wird sichergestellt, daß die *Realitätsnähe* der gewonnenen Erkenntnisse groß ist.

92) Dies läßt sich vor allem mit der Kritik an den empirisch-induktiven Forschungsmethoden begründen. Ihr Schluß vom Besonderen auf das Allgemeine wird nach dem gegenwärtigen Stand der wissenschaftstheoretischen Diskussion insbesondere von POPPER (Logik), S. 3 f., und SCHANZ (Methodologie), S. 58 f., kritisiert.

93) Vgl. CHMIELEWICZ (Forschungskonzeptionen), S. 89.

94) Vgl. ebenda, S. 88 f., aber auch FISCHER-WINKELMANN (Methodologie), S. 70 ff., POPPER (Logik), S. 3 f., und SCHANZ (Methodologie), S. 58 f.

95) Zu den Teilnehmern der von KAPLAN und NORTON durchgeführten multi-client-Studie vgl. die Fußnote 59) dieses vierten Kapitels, S. 249.

96) Auch KAPLAN und NORTON geben den heuristischen Charakter ihrer Perspektivenselektion zu. Vgl. KAPLAN / NORTON (Balanced Scorecard), S. 33 f. Zu einer kritischen Stellungnahme vgl. WEBER / SCHÄFFER (Balanced Scorecard I), S. 355, die ihre Einschätzung durch Interviewergebnisse belegen.

Auch aus pragmatischer Sichtweise reichen die vier Perspektiven der originären „Harvard"-Balanced Scorecard nicht immer zur umfassenden Informationsbedarfsanalyse aus. Als Beispiel sei das *„Risikomanagement"* genannt, das im Rahmen der Fallstudie als wichtiger strategischer Erfolgsfaktor des untersuchten Handelshauses herausgearbeitet wurde. Bei Anwendung der originären „Harvard"-Balanced Scorecard hätten entsprechende Frühindikatoren in keiner der vier Perspektiven ohne weiteres berücksichtigt werden können.

Dies legt einen weiteren Malus der originären „Harvard"-Balanced Scorecard offen: Anstatt den ganzen Umfang strategischer Perspektiven zu berücksichtigen, um so das Kennzahlensystem explizit an konzernspezifische Gegebenheiten anzupassen, werden die vier Perspektiven der Balanced Scorecard mittlerweile relativ *„starr"* angewendet. Die ursprüngliche Flexibilität, die einzelnen Perspektiven *frei* zu wählen und somit an die konzernspezifischen Gegebenheiten anzupassen,[97] wird der „kochrezeptartigen" Anwendung untergeordnet.

Insofern ergibt sich ein weiterer Vorteil der Erfolgsfaktoren-basierten Balanced Scorecard: Nicht nur, daß durch die logisch-deduktive Ableitung der strategischen Erfolgsfaktoren, alle strategisch relevanten Dimensionen erfaßt werden können.[98] Die Erfolgsfaktoren-basierte Balanced Scorecard kann durch ihre Gestaltungsmethodologie auch stärker mit dem strategischen Zielsystem **verzahnt** werden. Es besteht sogar die Möglichkeit, standardisierte **branchenspezifische Scorecards**[99] zu generieren, die sich dann leichter an die individuellen Verhältnisse anpassen lassen.

Neben der wissenschaftlich einwandfreien Methodik ist es als weiterer Vorteil der Erfolgsfaktoren-basierten Balanced Scorecard anzusehen, daß wichtige strategische Analyseinstrumentarien wie die *Umweltanalyse, Konzernanalyse* sowie die *Analyse der Führungssituation*[100] zum Aufbau eines **multidimensionalen Kennzahlensystems** eingesetzt werden. Nur so kann das in der Informationsbedarfsanalyse festgelegte multidimensionale Zielsystem der Konzernleitung in ein entsprechendes Kennzahlensystem übersetzt werden.[101]

Im Gegensatz hierzu findet bei der originären „Harvard"-Balanced Scorecard mit der ihr zugrundeliegenden Ursache-Wirkungskette lediglich eine Verknüpfung der zuvor definierten (Einzel-) strategien statt. Auf den Einfluß, den die Konzernstrategie auf die Anzahl und Art der Perspektiven und die Bestimmung der Kennzahlen hat, wird nicht näher eingegangen.

---

97) KAPLAN und NORTON faßten in ihren ersten Abhandlungen die in der Abb. IV - 51 dargestellten *vier Perspektiven* lediglich als Anregung zur Entwicklung eigener, auf das Unternehmen abgestimmter Sichtweisen auf. Mittlerweile wird die Vierfach-Sichtweise aber von den Autoren selbst propagiert

98) Gleicher Ansicht sind auch MOUNTFIELD / SCHALCH (Balanced Scorecard), S. 318.

99) Vgl. dazu MAYER (Branchenspezifische strategische Erfolgsfaktoren), S. 28 ff.

100) Vgl. hierzu Abb. IV - 26, S. 193.

101) Die Wahrscheinlichkeit, so ein effizientes Kennzahlensystem zu entwickeln, das den Anforderungen der Konzernleitung nach einer komprimierten, aber dennoch umfassenden Informationsaufbereitung entspricht, dürfte relativ hoch sein. Zur Fundierung dieser Zielsetzung vgl. S. 147.

Die Abb. IV - 54 faßt die angeführten Sachverhalte nochmals zusammen. Hierbei soll deutlich werden, daß strategische Erfolgsfaktoren *konzernindividuell* aus dem strategischen Zielsystem deduziert werden; ihre Anzahl und Ausprägungen daher von Konzern zu Konzern *variieren* werden. Die originäre „Harvard"-Balanced Scorecard hingegen beginnt ihre Analysearbeiten - faktisch unabhängig von den konzernspezifischen Gegebenheiten - immer mit den ihr immanenten *vier Perspektiven.*

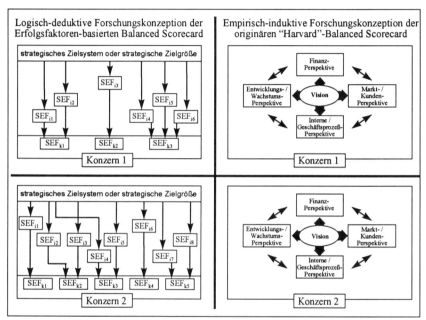

Abb. IV - 54:   *Unterschiedliche Forschungskonzeptionen zur Zielsystemdefinition von Kennzahlensystemen.*

3.3.4.2. Dekomposition strategischer Erfolgsfaktoren in finanzielle Kennzahlen und Frühindikatoren

Damit die Erfolgsfaktoren-basierte Balanced Scorecard bei Führungskräften eine hohe Akzeptanz hervorruft, muß sie nach den Ergebnissen der empirischen Untersuchung deren **kognitivem Arbeitsstil** entsprechen.[102] Die neu entwickelte Erfolgsfaktoren-basierte Balanced Scorecard gliedert sich daher in **zwei Teile:**[103]

---

102)   Führungskräfte - so wurde in der empirischen Untersuchung herausgearbeitet - wollen Informationen *schnell* und „*auf einen Blick"* erfassen. Vgl. S. 117 ff.

103)   Der Gedanke entstammt der Zweigliederung des RL-Kennzahlensystems in einen allgemeinen und einen Sonderteil. Vgl. hierzu Kap. IV.3.3.2.3., S. 245 ff.

I.   Kernteil: Finanzielle Kennzahlen

Um einen strategischen Erfolgsfaktor zu quantifizieren, ist - wie die nachfolgende Abb. IV - 55 zeigt - ein **Kernteil** zu definieren, der die Kennzahlen enthält, die die Konzernleitung zu ihrer *operativen* Planung, Steuerung und Kontrolle braucht.[104] Die Zielvorgaben sind aus dem strategischen Programm abzuleiten, wobei sicherzustellen ist, daß sie aufeinander abgestimmt sind. Je nach der Art der finanziellen Kennzahlen ist *regelmäßig* der aktuelle Zielerreichungsgrad zu überprüfen.[105] Bei festgestellten Abweichungen sind dann geeignete Gegenmaßnahmen einzuleiten.[106]

Auch wenn vor dem Hintergrund der Monozielausrichtung konventioneller Kennzahlensysteme der Gedanke der originären „Harvard"-Balanced Scorecard nach einer ausgewogenen mehrdimensionalen Berichterstattung sinnvoll erscheint, werden im Kernteil der Erfolgsfaktorenbasierten Balanced Scorecard in der Regel nur **finanzielle Kennzahlen** berücksichtigt. Dies läßt sich durch zwei praxeologische Gründe fundieren:

• Zum einen belegen empirische Untersuchungen, daß finanzielle Kennzahlen - trotz der Diskussion um multidimensionale Kennzahlensysteme - die Konzernführungsaufgaben dominieren.[107]

• Zum anderen wurde in den letzten Jahren offensichtlich, daß der von RAPPAPORT entwickelte und auf finanziellen Größen basierende **Shareholder-Value-Ansatz**[108] zunehmend von großen, international tätigen Konzernen[109] als normative Grundlage für ihr Handeln favorisiert wird.[110] Mit den finanziellen Kennzahlen im Kernteil der Erfolgsfaktoren-basierten Balanced Scorecard wird diesem Konzernführungsansatz explizit Rechnung getragen.[111]

Die finanziellen Kennzahlen sind daher als **Kernergebnismeßgrößen** zu interpretieren, die als **Fokus** für die Analyse anderer Elemente des Kennzahlensystems dienen.

---

104)   Sie entstammen dem Katalog Erfolgsfaktoren-basierter Informationsbedarfsgrößen. Vgl. hierzu den fünften Arbeitsschritt der Methode strategischer Erfolgsfaktoren, S. 198 f.

105)   Je nach Inhalt sind diese daher *täglich* bis *monatlich* zu aktualisieren.

106)   Dabei sind die jeweiligen Ausprägungen der relevanten „Frühindikatoren" als Determinanten der finanziellen Zielvorgaben zu berücksichtigen. Vgl. hierzu S. 261 f.

107)   Vgl. hierzu u.a. die Ergebnisse von HUMMEL / KURRAS / NIEMEYER (Kennzahlensysteme). Ausnahmen bestehen höchstens aufgrund branchenbedingter Besonderheiten.

108)   Vgl. hierzu das Zielsystem des in der Fallstudie ausgewählten Teilkonzerns, S. 409 f.

109)   Durch die zunehmende Internationalisierung und erste Notierungen großer deutscher Konzerne wie Daimler-Benz, Hoechst, Veba und SAP an der Wall Street erreicht die Shareholder-Value-Diskussion derzeit wohl seinen Höhepunkt.

110)   Die Gründe hierfür sind vielfältig. Maßgeblich dazu beigetragen hat sicherlich die Tatsache, daß Wertpapieranalysten und insbesondere Manager großer Investmentfonds Konzerne in zunehmendem Maße nach ihrer Shareholder-Value-Ausrichtung bewerten.

111)   Dies läßt sich vor allem damit begründen, daß sich Entwicklungen der strategischen Erfolgsfaktoren mit finanziellen Kennzahlen auf „Mark und Pfennig" quantifizieren lassen.

II. Frühindikatoren

Im Rahmen der Funktionsbestimmung effizienter Führungsinformationssysteme wurde die besondere Bedeutung der **antizipativen Konzernführung** festgestellt.[112] Um die Konzernführung in diesem Sinne unterstützen zu können, sind - neben den finanziellen Kennzahlen - auch Größen in die Erfolgsfaktoren-basierte Balanced Scorecard einzubauen, die auf **zukünftige Entwicklungen** hinweisen.[113] Da sie den finanziellen Kennzahlen vorauslaufen, werden sie als **Frühindikatoren** bezeichnet.[114]

Um ihre Verknüpfungen mit den finanziellen Kennzahlen quantifizieren zu können, wurde zunächst versucht, für jeden strategischen Erfolgsfaktor eine Balanced Scorecard mit ihren vier Perspektiven zu entwickeln. Die Operationalisierung der Erfolgsfaktoren wurde aber durch die *restriktive Sichtweise* der vier Perspektiven eher erschwert als unterstützt. Folgende Nachteile lassen sich anführen:

• Es ist wissenschaftlich nicht begründbar, warum die konzernindividuelle Deduktion der Erfolgsfaktoren, Meßkriterien und Frühindikatoren nunmehr in die *schematische Vierfach-Sichtweise* der originären Balanced Scorecard „gepreßt" werden soll.[115] Hierdurch würde die konsequent durchgehaltene *konzernindividuelle Ausrichtung* konterkariert.

• Des weiteren wurde in der Fallstudie[116] offensichtlich, daß mit den in der Informationsbedarfsanalyse erarbeiteten Meßkriterien ein Instrumentarium zur Verfügung steht, mit dem sich Kennzahlen leicht an individuelle Gegebenheiten eines Konzerns anpassen lassen.

Trotz des Scheiterns dieses Ansatzes soll bei der Entwicklung der Erfolgsfaktoren-basierten Balanced Scorecard der Grundgedanke eines möglichst **umfassenden Kennzahlensystems** realisiert werden. Im Gegensatz zur originären „Harvard"-Balanced Scorecard wird jedoch nicht die Vision eines Konzerns aufgespalten,[117] sondern es sind die im Rahmen der Informationsbedarfsanalyse eruierten strategischen Erfolgsfaktoren aus **verschiedenen Sichtweisen** heraus zu analysieren.[118]

---

112) Vgl. Abb. III - 5, S. 95, und den in diesem Zusammenhang durchgeführten Korrelationstest, S. 95 f.

113) Vgl. hierzu auch die von REICHMANN / LACHNIT (Kennzahlen), S. 707, geäußerten Anforderungen an ein „Führungs-Kennzahlensystem". Diesen Schritt können die konventionellen Kennzahlensysteme in der Regel nicht gehen, da sie meist *retrograd* ausgerichtet sind.

114) ANSOFF (discontinuity), S. 129 ff., spricht in diesem Zusammenhang von *„schwachen Signalen"*. Schwache Signale sind Informationen, die vorwiegend qualitativer Natur sind und „scheinbar" ohne Entwicklung auftretende Umbrüche und Diskontinuitäten frühzeitig anzeigen können. Vgl. hierzu S. 96.

115) Vgl. hierzu S. 251 ff.

116) Vgl. Kap. V.4.2., S. 434 ff.

117) Vgl. den ersten und zweiten Arbeitsschritt zum Aufbau einer originären „Harvard"-Balanced Scorecard, S. 250 f.

118) Vgl. hierzu S. 262.

Anstatt der vier Perspektiven der originären „Harvard"-Balanced Scorecard werden hierzu
- dies ist neben der Definition strategischer Erfolgsfaktoren und der Differenzierung in Kernergebnismeßgrößen und Frühindikatoren das dritte charakteristische Merkmal der Erfolgsfaktoren-basierten Balanced Scorecard[119] - **konzernindividuelle Perspektiven** (Meßkriterien)
herangezogen. In Abhängigkeit der Analyseergebnisse bilden sie die für die Führungskräfte
relevanten **Facetten eines Erfolgsfaktors** ab.[120] Da Meßkriterien nicht nur einen geringeren
Aggregationsgrad als die zugehörigen Erfolgsfaktoren aufweisen, sondern auch eine Aussage
über deren Zustand ermöglichen, können sie als deren ursächliche Determinanten interpretiert
werden. Sie müssen daher für jeden Erfolgsfaktor *individuell* bestimmt werden.

Dieser Zwischenschritt legt den komplexen Zusammenhang zwischen den finanziellen Kennzahlen und Frühindikatoren der strategischen Erfolgsfaktoren offen.[121] Die Konzernleitung muß
somit nicht mehr warten, bis Einflußfaktoren auf die finanziellen Kennzahlen „durchschlagen".
Mit Hilfe der Frühindikatoren können Entwicklungstendenzen **antizipiert** werden, so daß die
Konzernleitung frühzeitig gegensteuern kann.[122] Die Ermittlung sollte in einer jährlichen oder
halbjährlichen Berichterstattung erfolgen und wird im folgenden als „**Strategic Performance
Measurement**" bezeichnet.

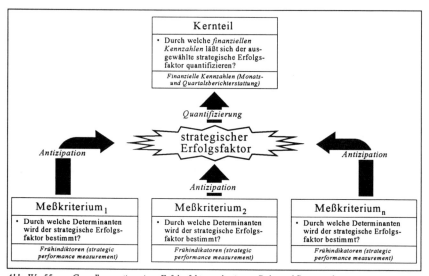

Abb. IV - 55:   *Grundkonzeption einer Erfolgsfaktoren-basierten Balanced Scorecard.*

---

119) Vgl. S. 259 ff.

120) Welche der Meßkriterien letztendlich für die Konkretisierung der einzelnen strategischen Erfolgsfaktoren ausgewählt werden, ist mit den Führungskräften abzustimmen.

121) Daß trotz dieser Verknüpfungen weder eine Aussage über die *Zeit* zwischen dem Eintritt der Ursache
und ihrer Wirkung noch über die Wirkungshöhe gemacht werden kann, ist dem Autor bewußt.

122) Dieser Vorteil der Erfolgsfaktoren-basierten Balanced Scorecard wird insbesondere in Branchen zum
Tragen kommen, die von einer hohen Umweltdynamik geprägt sind.

3.3.4.3. Definition mathematischer Verknüpfungen

Da in der empirischen Untersuchung von den Vorstandsmitgliedern dezidiert die rechentechnische **Überprüfbarkeit** der bereitgestellten Führungsinformationen gefordert wurde,[123]
muß abschließend versucht werden, die einzelnen Elemente der Erfolgsfaktoren-basierten
Balanced Scorecard **mathematisch** miteinander zu **verknüpfen**.[124]

Hinsichtlich der originären „Harvard"-Balanced Scorecard wurde in diesem Zusammenhang
moniert, daß KAPLAN und NORTON keine operationalen Hinweise für die Umsetzung der
Ursache-Wirkungskette liefern und das Ordnungssystem nicht in einem EDV-System erfaßt
werden kann. Die Ursache-Wirkungskette der originären „Harvard"-Balanced Scorecard wird
daher durch *mathematische Verknüpfungen* - und zwar zwischen allen Elementen der Erfolgsfaktoren-basierten Balanced Scorecard - ersetzt.[125]

Die ausgewählte Verknüpfungsart basiert auf einer „**Rastertechnik**", wie sie u.a. in Scoring-
Modellen zum Einsatz kommt.[126] Sie hat den Vorteil, daß Mehrfach-Zielsetzungen nicht nur
wie bei der originären „Harvard"-Balanced Scorecard inhaltlich (Ordnungssystem), sondern
durch Multiplikations- und Additionsregeln auch **mathematisch** abgebildet werden können
(Rechensystem). Auf diese Weise wird die geforderte Transparenz zwischen den Meßkriterien
und ihren zugeordneten Frühindikatoren erhöht.[127]

- Zunächst sind die benötigten Frühindikatoren möglichst intersubjektiv **auszuwählen**.

- Danach sind die ausgewählten Frühindikatoren in Hinblick auf ihre Bedeutung für das übergeordnete Meßkriterium zu **gewichten**.

- In einem dritten Schritt ist zu definieren, welche **Ausprägungen** die einzelnen Frühindikatoren annehmen können und wie sie zu **skalieren** sind.

I. Auswahl der einzelnen Frühindikatoren für das übergeordnete Meßkriterium

Bei der Auswahl und Gewichtung der einzelnen Frühindikatoren ist es aus praxeologischer
Sicht sinnvoll, daß **spätere Anwender** diese soweit wie möglich *selbst* bestimmen. Hierzu
kann auf den in der SEF-Studie erarbeiteten **Katalog an SEF-basierten Führungs-**

---

123) Vgl. hierzu S. 118 f.

124) Zur Unterscheidung zwischen *Ordnungssystemen*, bei denen zwischen den einzelnen Kennzahlen-
      elementen lediglich *sachlogische Verknüpfungen* bestehen, und *Rechensystemen*, bei denen die einzel-
      nen Elemente *mathematisch* miteinander verknüpft sind, vgl. S. 239.

125) Bei der originären „Harvard"-Balanced Scorecard sind weder die Kennzahlen noch die Perspektiven in
      bezug auf ihre Bedeutung zur Erreichung der Vision gewichtet. Vgl. S. 251 ff.

126) Vgl. S. 105 f.

127) Vgl. die Evaluierung der Erfolgsfaktoren-basierten Balanced Scorecard hinsichtlich ihrer Überprüf-
      barkeit, S. 200 ff.

informationen zurückgegriffen werden.[128] Im Rahmen der Informationsaufbereitung sind diese mit den Führungskräften durchzusprechen. Um möglichst objektiv die wichtigsten Frühindikatoren herauszuarbeiten, wird hierfür auf den **arithmetischen Mittelwert** der vorgetragenen Nennungen zurückgegriffen.[129]

Bei Bedarf kann zwischen Frühindikatoren, die als **Zustandskriterien** eine Signalfunktion haben, und zwischen **Stellparametern**, die als Determinanten das jeweilige Meßkriterium beeinflussen, unterschieden werden.[130]

II. Gewichtung der einzelnen Frühindikatoren in Hinblick auf ihre Bedeutung für das übergeordnete Meßkriterium

Da der Einfluß der einzelnen Frühindikatoren auf das übergeordnete Meßkriterium unterschiedlich sein wird, sind die Frühindikatoren in Hinblick auf die Meßkriterien zu **gewichten.** Die Gewichtung gibt dabei die Einflußstärke der Frühindikatoren auf das Meßkriterium wider.[131] Zwei Bedingungen sind zu beachten:

* Zum einen müssen sich die **Gewichtungen** der Frühindikatoren eines Meßkriteriums zu **100 [%]** addieren.

$$\text{mit } \sum_{j=1}^{n_i} g_{ij} = 1 \text{ für } i \in \{1,...,k\}$$

Legende:

n_i : Anzahl der Kennzahlen zur Beschreibung des i-ten Meßkriteriums

g_{ij} : Gewichtungsfaktor der j-ten Kennzahl des i-ten Meßkriterium

k : Anzahl der Meßkriterien des strategischen Erfolgsfaktors

* Zum anderen muß auf eine möglichst **objektive Beurteilung** der Gewichtungen geachtet werden. Daher wird auf die arithmetische Mittelwertberechnung der Nennungen abgestellt. Als Folge der Gewichtung können Frühindikatoren, die für das zu erarbeitende Kennzahlensystem als unwesentlich erachtet werden, herausgenommen werden.

III. Definition und Skalierung der möglichen Ausprägungen für jeden Frühindikator

In einem dritten Schritt sind die möglichen Ausprägungen für jeden Frühindikator zu definieren und zu skalieren. Als Hilfsmittel ist für jeden Frühindikator eine sogenannte **Bewertungstafel**

---

128) Vgl. S. 198 f.

129) Der arithmetische Mittelwert gibt hierbei als *Lageparameter* das Zentrum der Ergebnisverteilung an. Vgl. S. 114.

130) So zeigen die Fluktuationsrate, die Krankenquote und die Anzahl der Versetzungswünsche als Kennzahlen den *Zustand* des Meßkriteriums „Mitarbeitermotivation" an. Größen wie der Anteil eines leistungsabhängigen Gehalts stellen dahingegen die *Stellparameter* der Mitarbeitermotivation dar. Vgl. Kap. V.4.2.2., S. 435 ff. Diese Differenzierung basiert auf einem Gespräch mit Prof. Dr. Dr. h.c. Wurl.

131) Gleicher Auffassung sind auch BEA / HAAS (Strategisches Management), S. 151.

anzulegen. Sie beinhaltet verschiedene Bewertungsstufen. Hierbei bietet sich die in der empirischen Untersuchung bewährte **Ratingskala** an, die die fünf Bewertungsstufen „sehr gering - gering - neutral - hoch - sehr hoch" umfaßt.[132] Den Bewertungsstufen sind dann ihre Ausprägungen zuzuordnen. Die Abb. IV - 56 stellt eine mögliche Bewertungstafel für die Vorbildung von kaufmännischen Angestellten dar.

Beurteilungstafel "Art der Vorbildung"					
Bewertungs- stufe	1 sehr gering	2 gering	3 neutral	4 hoch	5 sehr hoch
Aus- prägung	keine Schul- oder Berufs- ausbildung	Haupt- oder Realschule	Abitur	Fachhoch- schul- abschluß	Hoch- schul- abschluß

Abb. IV - 56:   *Beurteilungstafel zur Charakterisierung der einzelnen Stufen eines Meßkriteriums und ihrer Ausprägungen.*

Sind die einzelnen Frühindikatoren hinsichtlich ihrer Ausprägungen und Gewichtungen festgelegt, muß ihre mathematische Verknüpfung mit dem übergeordneten Meßkriterium fixiert werden. Dies bedeutet insofern einen Forschungsfortschritt gegenüber der originären „Harvard"-Balanced Scorecard, da letztere keine klaren Aussagen zur mathematischen Verknüpfung der Frühindikatoren untereinander und in bezug auf die übergeordnete Perspektive macht.

Zur **Umsetzung der Rastertechnik** bietet sich ein sogenanntes *Datenblatt* an, das für alle Meßkriterien anzulegen ist. Die Abb. IV - 57 stellt den möglichen Aufbau dar:

• In der ersten Spalte sind die **einzelnen Frühindikatoren** aufzulisten, die von den befragten Führungskräften zur Dekomposition des Meßkriteriums ausgewählt wurden.

• In der zweiten Spalte werden die möglichen **Ausprägungen** der einzelnen Frühindikatoren zusammengestellt. Den Beurteilungsstufen sind ihre jeweiligen Ausprägungen zugeordnet. Die **fünfstufige Ratingskala** wird hierbei *durchgängig* verwendet.

• In der dritten Spalte ist der **Soll-Wert** einzutragen. Er sollte stichpunktartig von den Befragten erklärt werden.

• Die vierte Spalte gibt den **derzeitigen Ist-Wert** der Frühindikatoren wieder.

• Multipliziert mit der **Gewichtung**, die in der fünften Spalte erfaßt wird, errechnet sich für jeden der Frühindikatoren ein **gewichteter Soll- und Ist-Wert.**

• Die gewichteten Soll- und Ist-Ausprägungen werden durch Addition zu einem Wert **verdichtet,** der die **Gesamtbeurteilung** des analysierten Meßkriteriums repräsentiert.

---

132) Zu den Vorteilen einer Ratingskala vgl. Kap. IV.1.1.4., S. 142 ff.

Kennzahlenblatt zur Dekomposition der Personalqualität - 1. Teil						
Informations- bedarfsgrößen	Mögliche Ausprägungen	Soll-Wert (1 - 5)	Ist-Wert (1 - 5)	Gewichtung untereinander [%]	Gewichteter Soll-Wert	Gewichteter Ist-Wert
a) Vorbildung	1 2 3 4 5 - - - - -	2 - 3	3	20 %	50	60
b) Berufserfahrung	1 2 3 4 5 - - - - -	5	5	30 %	150	150
c) Auslands- erfahrung	1 2 3 4 5 - - - - -	2	1 - 2	15 %	30	20
d) _____	1 2 3 4 5 - - - - -	...	...	...%	...	...
e) _____	1 2 3 4 5 - - - - -	...	...	...%	...	...
f) _____	1 2 3 4 5 - - - - -	...	...	...%	...	...
Gesamtbeurteilung:				100 %	4,06	3,25

Abb. IV - 57:   Exemplarisches Datenblatt zur Dekomposition eines Meßkriteriums.

3.3.4.4. Informationsaufbereitung mit Hilfe einer Portfolio-Darstellung

Der dargestellte Dekompositionsansatz verdichtet zwar die Ausprägungen der Kennzahlen zu einem Gesamtwert von 1 „sehr gering" bis 5 „sehr hoch". Der **Nachteil** liegt aber in seiner Rückverfolgung. Daher wird auf eine **Portfolio-Darstellung** zurückgegriffen, die erst durch die additiven und multiplikativen Verknüpfungen der Erfolgsfaktoren-basierten Balanced Score-card ermöglicht wird.[133] Durch die Portfolio-Darstellung können unter anderem die Zusammenhänge der finanziellen Kennzahlen eines strategischen Erfolgsfaktors mit den zugehörigen Meßkriterien und Frühindikatoren aufgezeigt und entsprechende Handlungsanweisung abgeleitet werden.[134] Die „Rastertechnik"[135] ist in der nachfolgenden Abb. IV - 58 dargestellt und läßt sich wie folgt zusammenfassen:

I. Auswahl der Achsenanzahl

Zum Aufbau eines Portfolios strategischer Erfolgsfaktoren (SEF-Portfolio) ist zunächst die **Achsenanzahl** auszuwählen. Sie wird durch die Zahl der Meßkriterien determiniert.[136] Damit

---

133) Vgl. SZYPERSKI / WINAND (Portfolio-Management), S. 126.
134) Vgl. ebenda (Portfolio-Management), S. 124.
135) Vgl. COENENBERG / BAUM (Strategisches Controlling), S. 77.
136) Zur Auswahl der Meßkriterien vgl. den zweiten Arbeitsschritt einer Erfolgsfaktoren-basierten Balanced Scorecard, S. 259 ff.

die Ausprägung des strategischen Erfolgsfaktors noch anschaulich dargestellt werden kann, ist die Zahl der zu berücksichtigenden Meßkriterien auf **zwei** bis maximal **drei** zu beschränken.[137]

II. Skalierung der Achsen

In einem zweiten Schritt ist die Achsenskalierung des SEF-Portfolios vorzunehmen. Da auf die Frühindikatoren der Erfolgsfaktoren-basierten Balanced Scorecard zurückgegriffen wird und diese in einer **fünfstufigen Ratingskala** erfaßt wurden,[138] ist die Achsenskalierung entsprechend anzupassen. Nur so kann aus der Summe der gewichteten Frühindikatoren ein Achsenwert im Portfolio abgetragen werden.

III. Positionierung der Meßkriteriumswerte und Verknüpfung mit den finanziellen Kennzahlen

Um die Ausprägung der Meßkriterien im Portfolio zu *positionieren*, sind die Achsenabschnittswerte miteinander zu verbinden. Hierdurch ergibt sich bei einem zweidimensionalen Portfolio ein **Punkt in der Ebene**, in einem dreidimensionalen Portfolio ein **Punkt im Raum**.

Im SEF-Portfolio lassen sich auch **finanzielle Größen** berücksichtigen. Sie sind als Kreise oder Kugeln, Quadrate oder Kuben einzutragen.[139] Ihr Umfang entspricht den Werten der finanziellen Kennzahlen. Die Koordinaten ergeben sich aus den Ausprägungen der Meßkriterien. In der nachfolgenden Abb. IV - 58 stellt der äußere Kubus den Umsatz des Händlerteams, der innere, ausgefüllte Kubus deren Ergebnis vor Zinsen und Vertriebskosten dar.

Das SEF-Portfolio schafft so nicht nur die Möglichkeit einer **umfassenden Gesamtsicht** über den ausgewählten strategischen Erfolgsfaktor. Mit ihr lassen sich auch auf anschauliche Weise - kompakt und dennoch umfassend genug - die wichtigsten Determinanten darstellen.[140] Die relativ einfache und gut verständliche Visualisierung möglicher Konstellationen ist dabei insbesondere für ihre Anwendung in der betrieblichen Praxis von Bedeutung. Leicht können **Simulationen** durchgeführt werden, um so Zusammenhänge zwischen den Frühindikatoren und den finanziellen Kennzahlen aufzudecken.

---

137) Zu einer Methode Meßkriterien zusammenzufassen, um so deren Anzahl zu vermindern vgl. BREITUNG (Kennzahlensystem). Zur Darstellung eines dreidimensionalen Portfolio vgl. u.a. HINTERHUBER (Unternehmungsführung), S. 155.

138) Vgl. hierzu Abb. IV - 56, S. 265, und die in diesem Zusammenhang getroffenen Aussagen.

139) Übernommen aus SZYPERSKI / WINAND (Portfolio-Management), S. 126.

140) Allerdings ist zu beachten, daß die dargestellte Entwicklung auch durch andere relevante Einflußfaktoren bedingt sein kann. Längerfristig müßte also etwa durch multiple Regressionsanalysen versucht werden, die unternehmensspezifischen Zusammenhänge aufzudecken. Nach dem dargestellten Konzept ist dies grundsätzlich möglich.

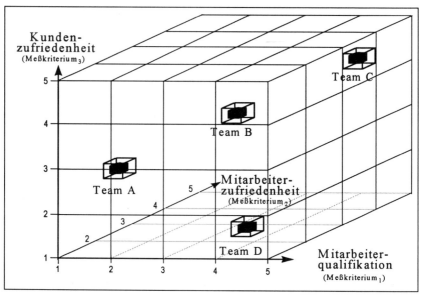

Abb. IV - 58:   *Gestaltung von dreidimensionalen SEF-Portfolien durch mathematische Verdichtung der Meßkriterien und Frühindikatoren.*

3.3.5. Methodenevaluierung

Nachdem in den vorangegangenen Ausführungen verschiedene Kennzahlensysteme dargestellt wurden, stellt sich die Frage, *welches* für die Gestaltung effizienter Führungsinformationssysteme für die internationale Management-Holding am „besten" geeignet ist. In Analogie zu den vorangegangenen Kapiteln[141)] werden zunächst die hierzu notwendigen **Beurteilungskriterien** festgelegt. Die **Beurteilung der Kennzahlensysteme** schließt sich in den Kap. 3.3.5.2 - 3.3.5.4. an. Zur Auswahl des am „besten" geeigneten Kennzahlensystems werden in Kap. 3.3.5.5. die Einzelbeurteilungen gewichtet und zu einem **Gesamtmaß** aggregiert.

3.3.5.1. Auswahl der Beurteilungskriterien

Die Beurteilungskriterien basieren auf dem in Kap. III.2. herausgearbeiteten Anforderungsprofil effizienter Führungsinformationssysteme für die internationale Management-Holding. Von den dort herausgearbeiteten **Kriterien** können insgesamt **acht** zur Beurteilung von Kennzahlensystemen ausgewählt werden. Sie lassen sich wie folgt skizzieren:

---

141)   Vgl. hierzu Kap. IV.3.1.3.1., S. 199 f., und Kap. IV.3.2.3.1., S. 227 f.

- Zunächst haben die Kennzahlensysteme die beschafften Informationsbedarfsgrößen der Konzernleitung *benutzeradäquat* aufzubereiten. Die Auswahl des „**Aggregationsgrads**" als erstes Beurteilungskriterium läßt sich damit begründen, daß hierdurch die dezidiert geäußerte Anforderung der Vorstandsmitglieder nach einem *komprimierten*, aber dennoch *umfassenden Überblick* über für sie relevante Sachverhalte konkretisiert werden kann.[142] Als zweites Kriterium, das aus der Benutzeradäquanz effizienter Führungsinformationssysteme für die internationale Management-Holding abgeleitet wurde,[143] wird die „**Überprüfbarkeit**" herausgestellt. Sie hat Sorge dafür zu tragen, daß die Aggregation der in Kennzahlensystemen erfaßten Spitzenkennzahlen wieder *schrittweise* zurückgenommen werden kann.

- Auch ist die *Handhabbarkeit* der Kennzahlensysteme von Bedeutung. Hierunter werden die Beurteilungskriterien der „**Verständlichkeit**", die „**Ableitungstransparenz**", der „**Integrationsgrad**" und die „**Änderungsflexibilität**" subsumiert.

- Als letztes ist der *Aufwand* zu beurteilen, den die Kennzahlensysteme bei der Informationsaufbereitung verursachen. Hierbei sind die „**Kostenadäquanz**" und die „**Zeitadäquanz**" ihrer Generierung zu hinterfragen.

Die sich anschließende Abb. IV - 59 faßt die ausgewählten Beurteilungskriterien nochmals grafisch zusammen. Ihre Gewichtung basiert auf den Ergebnissen der durchgeführten empirischen Untersuchung.

Gestaltungskriterien	Beurteilungskriterien	Gewichtung
Benutzeradäquanz (Teil I) (20 %)	Aggregationsgrad	10 %
	Überprüfbarkeit	10 %
Handhabbarkeit der Auswertungsmethoden (25 %)	Verständlichkeit	5 %
	Ableitungstransparenz	10 %
	Integrationsgrad	5 %
	Änderungsflexibilität	5 %
Aufwand (12,5 %)	Kostenadäquanz	5 %
	Zeitadäquanz	7,5 %

Abb. IV - 59:   Ausgewählte Kriterien zur Beurteilung verschiedener Kennzahlensysteme.

Die Beurteilung wird mit der aus den vorangegangenen Ausführungen bekannten **Ratingskala** durchgeführt, die sich aus den sechs Stufen „nicht vorhanden", „sehr gering", „gering", „neutral", „hoch" und „sehr hoch" zusammensetzt.

---

142) Daß der Aspekt des umfassenden Überblicks ebenfalls unter dem Aggregationsgrad subsumiert wird, ist aus terminologischer Sicht zwar nicht unbedingt einsichtig. Es wurde aber in Kap. III.2.3.1. fundiert.

143) Die anderen Beurteilungskriterien der Benutzeradäquanz werden zur Einstufung verschiedener Methoden der Informationsübermittlung herangezogen. Vgl. Kap. IV.4.1.3., S. 298.

3.3.5.2. Beurteilung nach der Benutzeradäquanz

Hinsichtlich des **Aggregationsgrads** liefert das **Du Pont-Kennzahlensystem** mit dem Return on Investment als Spitzenkennzahl einen *sehr komprimierten Überblick*, der sich insbesondere in dezentralisierten Organisationsstrukturen wie der Management-Holding für die Beurteilung ganzer Teilkonzerne anwenden läßt. Die Monozielausrichtung auf den Return on Investment, der ausschließlich finanzielle Größen aus dem Rechnungswesen erfaßt,[144] kann jedoch *keinen umfassenden Überblick* über alle relevanten Sachverhalte geben. So bleiben nicht aktivierbare Größen wie die Personalqualität oder die Anzahl der Produktinnovationen unberücksichtigt, obwohl sie wesentliche Werttreiber für den zukünftigen Erfolg darstellen.[145]

Mit der rein finanziellen Ausrichtung des Du Pont-Kennzahlensystems wird weiterhin die *kurzfristige Gewinnmaximierung* akzentuiert, so daß strategisch sinnvolle Innovationen eher gehemmt als gefördert werden.[146] Des weiteren fehlen *Finanzierungs- und Liquiditätskennzahlen.*[147] Da das Du Pont-Kennzahlensystem nur wenige Deduktionsstufen besitzt, können auch Analysearbeiten nicht sehr „tief" gehen, so daß dieses Kennzahlensystem hinsichtlich seiner Fähigkeit, einen komprimierten, aber dennoch umfassenden Überblick sicherzustellen, eine als **sehr gering einzustufende Beurteilung** erhält.

Die gleiche Argumentation trifft für das **ZVEI-Kennzahlensystem** zu. Sie ermöglicht der Konzernleitung durch die Spitzenkennzahl der Eigenkapital-Rentabilität zwar einen *sehr komprimierten Überblick*. Auch geht es durch seine Wachstumsanalyse über die einseitige Rentabilitätsausrichtung hinaus. In bezug auf die Führungsaufgabe der Konzernleitung einer internationalen Management-Holding ist das ZVEI-Kennzahlensystem dennoch als *unvollständig* einzustufen.

Daß das ZVEI-Kennzahlensystem hinsichtlich seines Aggregationsgrads mit „gering" und somit eine Beurteilungsstufe besser als das Du Pont-Kennzahlensystem eingeordnet wird, ist durch seine Aufteilung in eine Wachstums- und Strukturanalyse zu begründen.[148] Insbesondere durch die Wachstumsanalyse stehen dem Benutzer Informationen zur Verfügung, die nichtfinanzieller Natur sind und als Vorabanalyse genutzt werden können. Hierdurch wird nicht nur ein *umfangreicherer Überblick*[149] geschaffen als er mit dem Du Pont-Kennzahlensystem

---

144)   Zur Zusammensetzung des Du Pont-Kennzahlensystems vgl. Abb. IV - 46, S. 242.

145)   Vgl. ZÜND (Kontrolle), S. 128; BRAMSEMANN (Controlling), S. 346.

146)   Gleicher Ansicht sind auch ZÜND (Kontrolle), S. 128, und GROLL (Erfolgssicherung), S. 33.

147)   Dies fällt umso schwerer ins Gewicht, da das Finanzmanagement in der empirischen Untersuchung als wichtige Aufgabe der Konzernleitung in der internationalen Management-Holding herausgearbeitet wurde. Vgl. hierzu S. 82.

148)   Vgl. S. 243 f.

149)   Gleicher Ansicht ist auch STRUCKMEIER (Führungsinformationssysteme), S. 83. Daß das ZVEI-Kennzahlensystem für seine Kennzahlengenerierung überwiegend Zahlen aus dem internen Rechnungswesen benötigt und somit für den externen Analysten nicht nachvollziehbar ist, ist für eine effiziente Informationssystemgestaltung ohne Relevanz.

möglich ist. Im Strukturanalyseteil des ZVEI-Kennzahlensystems besteht auch die Möglichkeit, mit 88 Hauptkennzahlen eine *detaillierte Konzernanalyse* durchzuführen.[150]

Im Vergleich zu den vorangegangenen Kennzahlensystemen zeichnet sich das **RL-Kennzahlensystem** vor allem durch seine *duale Zielausrichtung* aus.[151] Mit den Spitzenkennzahlen „Ordentliches Ergebnis" und „Liquide Mittel" wird nicht nur ein *aggregierter*, sondern im Vergleich zu den vorangegangenen Kennzahlensystemen auch *facettenreicher Überblick* ermöglicht. Der Forschungsfortschritt des RL-Kennzahlensystems ist in der Erfassung von Liquiditätsgrößen zu sehen, so daß es mit einer **neutralen Beurteilung** eingestuft wird.[152]

Die originäre **„Harvard"-Balanced Scorecard** wird mit einer **hohen Beurteilung** belegt. Dies läßt sich zum einen mit der Tatsache begründen, daß sie mit ihren verschiedenen Perspektiven die Umsetzung eines *multidimensionalen Zielsystems* unterstützt.[153] Nur so ist sicherzustellen, daß ein Problem aus verschiedenen Perspektiven heraus durchleuchtet werden kann. Da zum anderen auch qualitative Größen explizit berücksichtigt werden und die Informationsbedarfsgrößen in einem *sehr hohen Aggregationsgrad* aufbereitet werden können, ist die vorangestellte Beurteilung gerechtfertigt. Eine sehr hohe Beurteilung wird der originären „Harvard"-Balanced Scorecard verwehrt, da sie die Zielermittlung, d.h. die Anzahl, Art und Verknüpfung ihrer Ziele, in der Regel à priori auf *vier Perspektiven* begrenzt und so die Berücksichtigung individueller Zielsysteme verschiedener Konzerne konterkariert.

Hier setzt nun die **Erfolgsfaktoren-basierte Balanced Scorecard** an. Zum einen wird ihr Zielsystem mit den strategischen Erfolgsfaktoren *individuell* aus den konzernspezifischen Gegebenheiten deduziert.[154] Zum anderen können aber auch mit der individuellen Definition der Meßkriterien und Frühindikatoren die für die Führungskräfte relevanten *„Stellhebel" eines Erfolgsfaktors* akzentuiert werden.[155] Daher erhält die Erfolgsfaktoren-basierte Balanced Scorecard in bezug auf ihren **Aggregationsgrads** eine **sehr hohe Beurteilung**.

Hinsichtlich der **Überprüfbarkeit**, die auf die Möglichkeit abstellt, die Aggregation einer Spitzenkennzahl *schrittweise* zurücknehmen zu können,[156] erreicht das **Du Pont-Kennzah-**

150) Gleicher Meinung sind auch MEYER (Kennzahlen), S. 125, und GROLL (Erfolgssicherung), S. 39.
151) Vgl. S. 245 f.
152) Daß dieses Kennzahlensystem weitaus weniger Kennzahlen als das ZVEI-Kennzahlensystem beinhaltet, wirkt sich nicht negativ aus. Vielmehr läßt diese Kennzahlen durch einen hohen Informationsgehalt geprägt, was die in der empirischen Untersuchung herausgearbeitete Zielsetzung nach einem aggregierten Überblick eher noch unterstützt. Vgl. hierzu S. 117 f.
153) Zur Bedeutung eines multidimensionalen Kennzahlensystems für eine effiziente Führungsinformationssystemgestaltung vgl. S. 248.
154) Vgl. hierzu die Auswahl des Zielsystems einer Erfolgsfaktoren-basierten Balanced Scorecard, S. 256 ff.
155) Vgl. hierzu den zweiten Arbeitsschritt der Erfolgsfaktoren-basierten Balanced Scorecard, S. 259 ff.
156) Vgl. hierzu S. 107 f.

lensystem eine **sehr hohe Beurteilung**. Positiv ist zu bewerten, daß alle Kennzahlen *mathematisch* miteinander verknüpft sind, so daß eine rechentechnische Überprüfung der aggregierten Informationen *„bis aufs Komma genau"* möglich ist.[157]

Das **ZVEI-Kennzahlensystem** wird hinsichtlich dieses Beurteilungskriteriums mit „hoch" eingestuft. Dies läßt sich zum einen damit begründen, daß nur die Kennzahlen der Strukturanalyse *mathematisch* miteinander verknüpft sind.[158] Die Kennzahlen der Wachstumsanalyse stehen - wie selbst der Zentralverband der Elektrotechnischen Industrie zugibt[159] - weitgehend *isoliert* voneinander. Zum anderen bedingen die Hilfskennzahlen in der Strukturanalyse zwar die formale Verknüpfung der Hauptkennzahlen.[160] Der inhaltliche Zusammenhang der Hauptkennzahlen und somit die Überprüfbarkeit der Eigenkapital-Rentabilität ist aber als schwach einzustufen.[161]

Da die Kennzahlenpyramiden des **RL-Kennzahlensystems** unabhängig voneinander sind, ist eine simultane Überprüfung der Rentabilitäts- und Liquiditätskennzahlen nicht möglich. Des weiteren sind die einzelnen Kennzahlen nur über einen *Systematisierungszusammenhang* miteinander verbunden,[162] so daß dieses Kennzahlensystem hinsichtlich seiner Überprüfbarkeit eine **neutrale Beurteilung** erhält. Hierbei werden die Nachteile eines Ordnungssystems offensichtlich.[163] Sie können der Forderung der Führungskräfte nach einer exakten, rechentechnisch quantifizierbaren Überprüfbarkeit ihrer Informationen *nicht* nachkommen.

Auch die **originäre „Harvard"-Balanced Scorecard** ist als Ordnungssystem einzustufen. Für sie trifft daher die gleiche Argumentation zu, die zur Beurteilung des RL-Kennzahlensystems führte. Insbesondere die Verknüpfung verschiedener strategischer Zielsetzungen durch eine *Ursache-Wirkungskette*,[164] aber auch die Verknüpfung der Kennzahlen wird von KAPLAN und NORTON zwar als Vorteil der originären „Harvard"-Balanced Scorecard angeführt, über ihre Umsetzung machen sie aber keine weiterführenden Aussagen. Hinsichtlich ihrer Fähigkeit, den Aggregationsgrad von Führungsinformationen wieder rückgängig machen zu können, wird die originäre „Harvard"-Balanced Scorecard daher mit „**neutral**" eingestuft.

---

157) Insbesondere zeigt das Du Pont-Kennzahlensystem auf, daß mit der Erhöhung des Kapitalumschlags der Return on Investment verbessert wird. Dieser Tatsache ist man sich in der betrieblichen Praxis häufig nicht bewußt.

158) Vgl. hierzu S. 243.

159) Vgl. ZVEI (ZVEI-Kennzahlensystem), S. 28.

160) Vgl. hierzu Fußnote 39) des vierten Kapitels, S. 243.

161) Daß die Vielzahl der Hilfskennzahlen dabei aber eher verwirrend als erklärend wirken, wird im Rahmen der Ableitungstransparenz berücksichtigt. Vgl. hierzu S. 274.

162) Vgl. S. 245 ff.

163) Zu den Charakteristika eines Ordnungssystems vgl. S. 240.

164) Vgl. hierzu den zweiten Arbeitsschritt zur Generierung einer originären „Harvard"-Balanced Scorecard, S. 250 f.

Die **Erfolgsfaktoren-basierte Balanced Scorecard** erhält dahingehend eine **sehr hohe Beurteilung**. Die abermalige Höhergewichtung gegenüber der originären „Harvard"-Balanced Scorecard läßt sich durch die Art ihrer Verknüpfungen begründen. Indem sie die Frühindikatoren untereinander *gewichtet* und mit den übergeordneten Meßkriterien *mathematisch* verknüpft, kann der Wert des Meßkriteriums und der Einfluß der Frühindikatoren „bis aufs Komma genau" operationalisiert werden.[165] Dadurch wird die Aussagekraft des Kennzahlensystems deutlich erhöht.

Methoden der Informations- aufbereitung ➝ Beurteilungs- kriterien ↓	Du Pont- Kennzahlen- system	ZVEI- Kennzahlen- system	RL- Kennzahlen- system	originäre "Harvard"- Balanced Scorecard	Erfolgsfaktoren- basierte Balanced Scorecard
Aggregations- grad	sehr gering	gering	neutral	hoch	sehr hoch
Über- prüfbarkeit	sehr hoch	hoch	neutral	neutral	sehr hoch
Beurteilungsgrundlage: Sechsstufige Ratingskala von "nicht vorhanden", über "sehr gering", "gering", "neutral", "hoch" bis "sehr hoch"					

Abb. IV - 60:   *Beurteilung ausgewählter Kennzahlensysteme nach ihrer Benutzeradäquanz.*

3.3.5.3. Beurteilung nach der Handhabbarkeit

Im Rahmen der **Handhabbarkeit** sind die einzelnen Kennzahlensysteme zunächst hinsichtlich ihrer **Verständlichkeit** zu überprüfen:[166] Da das **Du Pont-Kennzahlensystem** aus leicht verständlichen Verknüpfungen besteht, ist es *sehr anschaulich*. Für die verschiedenen Ausprägungen dieses Kennzahlensystems liegen in der Praxis bewährte *Muster* vor,[167] so daß eine Beurteilung mit „hoch" gerechtfertigt ist. Daß das Du Pont-Kennzahlensystem keine sehr hohe Beurteilung bekam, liegt an der Abgrenzung des „Investment". Es herrscht keine Einigkeit darüber, ob damit das Gesamtvermögen („total investment"), das Gesamtkapital („total capital") oder das Eigenkapital („net worth") gemeint ist. Des weiteren merkt MEYER an, daß sich die unterstellten Ursache-Wirkungszusammenhänge mit dem Du Pont-Kennzahlensystem nur beschränkt erklären lassen.[168]

---

165)   Vgl. hierzu S. 263 ff.
166)   Vgl. hierzu Kap. IV.3.3.5.1., S. 268 f.
167)   Zu einer Auflistung vgl. beispielsweise GROLL (Erfolgssicherung), S. 35 f.
168)   Vgl. hierzu MEYER (Kennzahlen) S. 117. Insbesondere stellt er hierbei auf die fehlenden *horizontalen Wechselwirkungen* ab. Als Beispiel führt er eine Vorratsveränderung an. Durch das Du Pont-Kennzahlensystem können zwar ihre Auswirkungen auf das Umlaufvermögen erfaßt werden (vertikale Wechselwirkung). Die horizontalen Auswirkungen auf die in die Materialkosten eingehende Lagerkosten oder auf die Finanzierung und deren Kosten können aber nicht dargestellt werden.

Hinsichtlich seiner Verständlichkeit fällt das **ZVEI-Kennzahlensystem** stark ab. Als Begründung ist zunächst die außerordentlich hohe Anzahl von 210 Kennzahlen anzuführen. Auch wenn ein Großteil hiervon Hilfskennzahlen sind, die dazu dienen, die formalen Verknüpfungen sicherzustellen,[169] das Kennzahlensystem ist schwer durchdringbar.[170] Hinzu kommt noch, daß manche Hauptkennzahlen - beispielsweise die fixen Kosten in Prozent vom Umsatz - faktisch keine Aussagekraft haben, so daß das ZVEI-Kennzahlensystem hinsichtlich seiner Verständlichkeit nur mit „gering" zu beurteilen ist. Die Beurteilung wird noch durch die Interpretation der Bestands- und Bewegungszahlen als Risiko- und Ertragskraft-Kennzahlen unterstützt. Daß der Kehrwert der Risiko-Kennzahlen vom Typ B als Ertragskraft-Kennzahlen interpretiert werden, ist nicht eingängig.[171]

Mit „**hoch**" wird auch die Verständlichkeit des **RL-Kennzahlensystems** eingestuft. Durch die duale Kennzahlenpyramide mit ihrer Differenzierung in einem *allgemeinen* und einen *Sonderteil* läßt sich ein „rationales Arbeiten" ermöglichen.[172] Daß das RL-Kennzahlensystem keine sehr hohe Beurteilung erreicht, läßt sich im Vergleich zum Du Pont-Kennzahlensystem mit seiner größeren Komplexität erklären.

Die **originäre „Harvard"-Balanced Scorecard** glänzt in diesem Zusammenhang durch ihr *schematisiertes Vorgehen* und die *Clusterung ihrer Ziele und Kennzahlen*. Die Analyse des Informationsbedarfs erfordert jedoch Erfahrungen und Sachverstand, so daß von einer sehr hohen Beurteilung abgesehen wurde. Die originäre „Harvard"-Balanced Scorecard wird mit einer **hohen Verständlichkeit** eingestuft.[173]

Obwohl die **Erfolgsfaktoren-basierte Balanced Scorecard** schematisierbar ist,[174] ist sie durch einen *mehrteiligen Aufbau* gekennzeichnet. In Analogie zur originären „Harvard"-Balanced Scorecard bedingt sie Erfahrungen und Sachverstand des Analyseteams, so daß sie hinsichtlich ihrer Verständlichkeit mit „**neutral**" eingestuft wird.

Im Rahmen der Handhabbarkeit der zu beurteilenden Kennzahlensysteme ist weiterhin die **Transparenz** von Bedeutung, mit der die Zusammenhänge zwischen den eruierten Informa-

---

169) LEFFSON (Bilanzanalyse), S. 191, spricht in diesem Zusammenhang von der „Bildung aussageloser Kennzahlen". Ähnlich aber auch bei REICHMANN / LACHNIT (Kennzahlen), S. 710, die die zweckgerichtete Auswahl der Informationen in Hinblick auf den unternehmerischen Entscheidungsprozeß in Frage stellen.

170) Selbst der Aussagewert mancher Hauptkennzahlen ist - zumindest für GROLL (Erfolgssicherung) S. 39, und GEISS (Kennzahlen) S. 91 - nicht immer klar ersichtlich.

171) Gleicher Ansicht ist auch STAEHLE (Kennzahlen), S. 91.

172 Vgl. hierzu REICHMANN / LACHNIT (Kennzahlen), S. 708.

173) Die kontrovers geführte Diskussion, ob die vier Perspektiven lediglich als Anregung zur Entwicklung eigener, auf das Unternehmen abgestimmter Sichtweisen oder als Vorgabe für die Analysearbeiten anzusehen sind, unterstützen die getroffene Einschätzung.

174) Vgl. hierzu die Konzeption einer Erfolgsfaktoren-basierten Balanced Scorecard, S. 256 ff.

tionsbedarfsgrößen aufgezeigt werden können.[175] Eine hohe Ableitungstransparenz wird insbesondere beim **Du Pont-Kennzahlensystem** offensichtlich. Dieses Kennzahlensystem besteht ausschließlich aus einfachen, leicht verständlichen und intersubjektiv nachvollziehbaren Verknüpfungen. Da das Du Pont-Kennzahlensystem aber nur zwei Analysestufen anbietet, muß für eine weitergehende Recherche direkt auf die Daten des Rechnungswesens zurückgegriffen werden. Daher wird dieses Kennzahlensystem nicht mit einer sehr hohen, sondern mit einer **hohen Ableitungstransparenz** eingestuft.

Deutlich schlechter fällt die Beurteilung des **ZVEI-Kennzahlensystem** aus. Die Einführung von 122 Hilfskennzahlen läßt dieses Kennzahlensystem nicht nur sehr *umfangreich* und *unübersichtlich* werden. Die rechentechnischen Verknüpfung wirken zum Teil auch eher *verwirrend* als erklärend. LACHNIT spricht in diesem Zusammenhang von „Rechenrücken", die „das Zahlenwerk lediglich aufblähen, den Blick von entscheidenden Daten ablenken und das Verständnis erschweren."[176] Die fehlende Begründung für die Auswahl der Kennzahlen in der Wachstumsanalyse kommt noch hinzu. Positiv sind die rechentechnischen Verknüpfungen der Strukturanalyse anzuführen, die für die Ableitungstransparenz sehr förderlich sind. Das ZVEI-Kennzahlensystem wird daher hinsichtlich seiner Ableitungstransparenz mit „**gering**" eingestuft.

Mit „**neutral**" wird das **RL-Kennzahlensystem** eingestuft. Dies läßt sich zum einen mit dem für Ordnungssysteme typischen *Fehlen* mathematischer Verknüpfungen rechtfertigen.[177] Die Ableitung von Teilzielen läßt sich nur empirisch begründen. Zum anderen stehen die zwei Kennzahlenpyramiden der Rentabilität und Liquidität faktisch *beziehungslos* nebeneinander.[178]

Auch die Ableitungstransparenz der **originären „Harvard"-Balanced Scorecard** wird mit „**neutral**" eingestuft. Durch die Clusterung der Informationsbedarfsgrößen wird deren *klare Strukturierung* sichergestellt, so daß die wichtigsten Informationen immer erkennbar sind. Daß dieses Kennzahlensystem nur eine **neutrale Beurteilung** erlangt, liegt zum einen an der Tatsache, daß die Ursache-Wirkungszusammenhänge offen bleiben. Wie die einzelnen Perspektiven mit dem strategischen Zielsystem zusammenhängen und wie die Kennzahlen der Perspektiven letztendlich abgeleitet werden, ist nicht ersichtlich. Zum anderen ist - wie in Kap. IV.3.3.4.1. dargelegt wurde - die Auswahl der vier Perspektiven - insbesondere aus wissenschaftstheoretischer Sicht - *nicht* überzeugend.

Die Akzentuierung finanzieller Kennzahlen in der **Erfolgsfaktoren-basierten Balanced Scorecard** hat gegenüber der originären „Harvard"-Balanced Scorecard den Vorteil, daß die

---

175) Zur Fundierung vgl. S. 110 f.
176) Vgl. hierzu LACHNIT (Kennzahlensysteme), S. 293 f.
177) Vgl. hierzu S. 240.
178) Vgl. S. 245 ff.

wesentlichen Kennzahlen, die von der Konzernleitung zur Planung, Steuerung und Kontrolle der Management-Holding benötigt werden, im Kernteil hervorgehoben sind. Sie dienen als Fokus für die Frühindikatoren, so daß das Zahlenwerk **kompakt gestaltet** und **schnell durchdrungen** werden kann. Des weiteren wird durch die Einführung der Meßkriterien der Forderung nach einem hierarchisch aufgebautes Kennzahlensystem Rechnung getragen werden. Durch die verwendeten rechentechnischen Beziehungen ist *klar* ersichtlich, welchen Betrag die Frühindikatoren zur Erklärung des übergeordneten Meßkriteriums haben. Hinsichtlich ihrer Ableitungstransparenz wird die Erfolgsfaktoren-basierte Balanced Scorecard daher mit „**hoch**" eingestuft.

Die Vorteile von Rechensystemen liegen aufgrund ihrer eindeutigen Kennzahlenzuordnung in einer hohen Ableitungstransparenz. Um den Gestaltungsansatz der sequentiellen Methoden-verknüpfung zu unterstützen,[179] müssen Kennzahlensysteme jedoch auch Schnittstellen zu anderen Methoden einer effizienten Systemgestaltung aufweisen. Hierauf stellt der **Integrationsgrad** - das dritte Kriterium zur Beurteilung von Kennzahlensystemen - ab.

Aufgrund seiner *Monozielausrichtung* ist das **Du Pont-Kennzahlensystem** dahingehend mit „**sehr gering**" einzustufen. Es kann nur die Zielausrichtung der Spitzenkennzahl „Return on Investment" konkretisieren. Eine Verknüpfung - beispielsweise mit einer Methode der Informationsbedarfsanalyse[180] ist nicht möglich.

Die Anpassung oder Integration neuer Kennzahlen ist auch im **ZVEI-Kennzahlensystem** schwierig. Als Begründung ist ihre *Monozielausrichtung* anzuführen. Aufgrund der Verwendung von relativen Kennzahlen ist die Einbeziehung neuer Größen nur durch neue Hilfskennzahlen möglich.[181] Daß das ZVEI-Kennzahlensystem hinsichtlich ihres Integrationsgrads eine **niedrige Beurteilung** und somit eine um eine Stufe bessere Beurteilung als das Du Pont-Kennzahlensystem erhält, ist durch ihren *Wachstumsanalyseteil* zu erklären. Seine Gestaltung stellt eine variable Schnittstelle - u.a. zu Methoden der Informationsbedarfsanalyse - dar.

Noch besser ist das **RL-Kennzahlensystem** hinsichtlich seines Integrationsgrads einzustufen. Durch seine sachlogischen Verknüpfungen[182] kann dieses Kennzahlensystem beliebige Kennzahlen auf jeder Verdichtungsebene integrieren. Da sich aber kein multidimensionales Zielsystem konkretisieren läßt, wird das RL-Kennzahlensystem hinsichtlich seiner Fähigkeit, sich mit anderen Methoden zur Gestaltung effizienter Führungsinformationssysteme kombinieren zu lassen, mit „**neutral**" eingestuft.

---

179) Vgl. hierzu Kap. IV.2., S. 164 ff.
180) Vgl. hierzu Kap. IV.3.1., S. 178 ff.
181) Zur Begründung vgl. S. 242 f.
182) Vgl. hierzu Kap. IV. 3.3.2.3., S. 245 ff.

Hinsichtlich ihres Integrationsgrads werden sowohl die **originäre „Harvard"-Balanced Scorecard** als auch die **Erfolgsfaktoren-basierte Balanced Scorecard** mit einer **sehr hohen Beurteilung** eingestuft. Dies läßt sich zum einen mit ihren Möglichkeiten fundieren, ein *multifunktionales Zielsystem* generieren zu können. Zum anderen können diese Kennzahlensysteme kurz- und langfristige, vergangenheits- und zukunftsorientierte, quantitative und insbesondere auch qualitative Kennzahlen in sich vereinigen und nach verschiedenen Kriterien strukturieren. Des weiteren können ohne großen Aufwand Kennzahlen *ergänzt* oder aus dem Kennzahlensystem herausgenommen werden, so daß der sehr hohe Integrationsgrad der genannten Kennzahlensysteme gerechtfertigt ist.

Letztendlich sind die Kennzahlensysteme hinsichtlich ihrer **Änderungsflexibiliät** zu beurteilen.[183] Durch seine mathematischen Verknüpfungen leidet das **Du Pont-Kennzahlensystem** an der *Starrheit eines Rechensystems*. Daß dieses Kennzahlensystem mit „gering" - und nicht mit „sehr gering" - eingestuft wird, hängt damit zusammen, daß auf den unteren Ebenen des Du Pont-Kennzahlensystem verschiedene *Ausprägungsvarianten* bestehen, mit denen es - wenn auch nur in begrenztem Umfang - an konzernspezifische Gegebenheiten angepaßt werden kann.[184]

Auch das **ZVEI-Kennzahlensystem** erhält hinsichtlich seiner Änderungsflexibilität eine **geringe Beurteilung**. Zwar umfaßt dieses Kennzahlensystem nur in seinem Strukturanalyseteil ein Rechensystem und damit immanente Starrheit. Es besitzt aber im Vergleich zum Du Pont-Kennzahlensystem *keinerlei* Anpassungsmöglichkeiten. Ein Vorteil und ein Nachteil heben sich somit auf, so daß die gleiche Beurteilung, wie sie bei dem Du Pont-Kennzahlensystem vergeben wurde, gerechtfertigt ist.

Prinzipiell sind Ordnungssysteme sehr flexibel gestaltbar und veränderbar. Die Änderungsflexibilität des **RL-Kennzahlensystem** wird daher mit „hoch" eingestuft. Insbesondere berücksichtigt diese Beurteilung, daß die Kennzahlenverknüpfung des RL-Kennzahlensystems nur einen sachlogischen und keinen mathematischen Zusammenhang besitzt. Somit wird der nachträgliche Ein- aber auch Ausbau von Kennzahlen ermöglicht. Dies kommt insbesondere im Sonderteil dieses Kennzahlensystems zum Tragen, der individuell auf das Unternehmen ausgerichtet werden kann. Daß dieses Kennzahlensystem hinsichtlich seiner Änderungsflexibilität nicht mit „sehr hoch" eingestuft wird, hängt mit der Tatsache zusammen, daß es sich per definitionem auf die Zielgrößen „Ordentliches Ergebnis" und „Liquide Mittel" einschränkt.

Die **originäre „Harvard"-Balanced Scorecard** weist keinerlei Beschränkung bei der Kennzahlendefinition auf. Es ist als einer ihrer wesentlichen Vorteile anzusehen, daß sie nur den Rahmen für ein multidimensionales Kennzahlensystem vorgibt, das flexibel gestaltet werden

---

183) Zur Begründung vgl. die Auswahl der einzelnen Beurteilungskriterien, S. 268 f.
184) Vgl. S. 241 f.

kann. Hierdurch brilliert die originäre „Harvard"-Balanced Scorecard durch vielseitige Gestaltungs- und Anwendungsmöglichkeiten. Sie wird daher mit einer **sehr hohen Änderungsflexibilität** eingestuft.

Gleiches gilt auch für die **Erfolgsfaktoren-basierte Balanced Scorecard**.[185] Bei ihr kommt noch hinzu, daß die Erfolgsfaktoren jeweils eigenständige Kennzahlen(teil)systeme determinieren. Dies hat den Vorteil, daß bei Änderungen des strategischen Zielsystems nicht gleich das ganze Kennzahlensystem zu modifizieren ist. Es kann gezielt der Teil neu gestaltet werden, dessen Spitzenkennzahl sich geändert hat.

Methoden der Informations-aufbereitung ➞ / Beurteilungs-kriterien ↓	Du Pont-Kennzahlen-system	ZVEI-Kennzahlen-system	RL-Kennzahlen-system	originäre "Harvard"-Balanced Scorecard	Erfolgsfaktoren-basierte Balanced Scorecard
Verständ-lichkeit	hoch	gering	hoch	hoch	neutral
Ableitungs-transparenz	hoch	gering	neutral	neutral	hoch
Integrations-grad	sehr gering	gering	neutral	sehr hoch	sehr hoch
Änderungs-flexibilität	gering	gering	hoch	sehr hoch	sehr hoch

Abb. IV - 61:   Beurteilung ausgewählter Kennzahlensysteme nach ihrer Handhabbarkeit.

3.3.5.4. Beurteilung nach dem Aufwand

Letztendlich sind die Kennzahlensysteme nach ihrem *Aufwand* zu beurteilen, den sie sowohl bei der Informationsaufbereitung als auch bei späteren Änderungen verursachen. Hierbei ist zunächst ihre „**Kostenadäquanz**" zu untersuchen.

Da sich der Return on Investment, die Umsatzrentabilität sowie der Kapitalumschlag des **Du Pont-Kennzahlensystems** *direkt* aus den Größen des Rechnungswesens berechnen lassen, fallen nur geringe Kosten bei der Informationsaufbereitung an. Auch sind die Schulungskosten für das Personal und die Kosten für eventuelle Anpassungsarbeiten aufgrund des geringen Kennzahlenumfangs und der sehr hohen Verständlichkeit dieses Kennzahlensystems niedrig.

---

185) Vgl. hierzu insbesondere die Dekomposition strategischer Erfolgsfaktoren in finanzielle Kernergebnis-meßgrößen und Frühindikatoren, S. 259 ff.

Die Spitzenkennzahlen können zur Not sogar „händisch" berechnet werden, so daß dieses Kennzahlensystem sehr geringe Kosten verursacht. Eine Beurteilung der **Kostenadäquanz** mit „**sehr hoch**" ist daher gerechtfertigt.

Das **ZVEI-Kennzahlensystem** benötigt in seinem Strukturanalyseteil zwar nur Daten aus dem Rechnungswesen und der Kosten- und Leistungsrechnung. Aufgrund der Vielzahl der zu berechnenden Kennzahlen ist eine Informationsaufbereitung aber ohne EDV-technische Unterstützung faktisch unmöglich. Die Komplexität dieses Kennzahlensystems bedingt des weiteren einen hohen Schulungsaufwand. Das ZVEI-Kennzahlensystem wird daher mit einer **geringen Kostenadäquanz** beurteilt. Daß dieses Kennzahlensystem nicht mit „sehr gering" eingestuft wird, liegt an ihren *Normblättern*, die auch ohne Berater im Unternehmen implementiert werden können.

Die für das **RL-Kennzahlensystem** benötigten Zahlen stammen zwar alle aus dem Rechnungswesen. Die Komplexität dieses Kennzahlensystems impliziert aber eine gewisse Einarbeitungszeit und somit relativ hohe Implementierungskosten. Auch sind die Schulungskosten höher anzusetzen als beim Du Pont-Kennzahlensystem. Letztendlich ist anzuführen, daß für das RL-Kennzahlensystem zwar keine Beschreibung der Kennzahlen in Form von Normblättern vorliegen. Die Definition der Kennzahlen und ihre Abhängigkeiten werden jedoch in einem Diagramm erklärt, so daß das RL-Kennzahlensystem hinsichtlich seiner Kostenadäquanz eine **neutrale Beurteilung** erhält.

Auch die **originäre „Harvard"-Balanced Scorecard** und die **Erfolgsfaktoren-basierte Balanced Scorecard** werden mit „**neutral**" eingestuft. Sie verursachen durch ihr *schematisches Vorgehen* sowie ihre vorgegebene Clusterung zwar nur geringe Kosten und es werden auch keine Hilfsmittel zur Informationsaufbereitung benötigt. Da sie aber nur den Gestaltungsrahmen für ein Kennzahlensystem vorgeben, dieses somit immer konzernindividuell aufzubauen ist, werden die Entwicklungskosten ungleich höher als bei den bereits angeführten Kennzahlensystemen sein.

Neben den Kosten spielt bei der Beurteilung der Kennzahlensysteme ihre **Zeitadäquanz** eine große Rolle. Das **Du Pont-Kennzahlensystem** erhält dahingehend eine **sehr hohe Beurteilung**. Das System ist kurz und prägnant, beschränkt sich auf die wichtigsten Kennzahlen und läßt sich schnell implementieren. Bei der Implementierung kann der Anwender zwischen verschiedenen praxisprobten Varianten auswählen, die ihm als Muster zur Verfügung stehen.[186] Letztendlich kommt noch der Vorteil der rechentechnischen Verknüpfungen zum Tragen: Das System ist programmierbar, so daß der Einsatz der elektronischen Datenverarbeitung möglich wird. Kennzahlen können schnell berechnet und die Auswirkungen veränderter

---

186)   Vgl. hierzu beispielsweise ZVEI (ZVEI-Kennzahlensystem), S. 28.

Kennzahlen auf die Spitzenkennzahl des Return on Investment „auf Knopfdruck" aufgezeigt werden.

Das **ZVEI-Kennzahlensystem** erhält hinsichtlich seiner Zeitadäquanz eine neutrale **Beurteilung**. Zwar wurden die einzelnen Kennzahlen auf ihre praktische Relevanz überprüft und für ihre Anwendung liegen *Normblätter* vor.[187] Das Kennzahlensystem ist jedoch mit seinen 210 Kennzahlen *sehr komplex*.

Die gleiche Argumentation gilt für das **RL-Kennzahlensystem**. Auch für seine Generierung liegen *Muster* vor. Durch seine Trennung in einen allgemeinen und einen Sonderteil fokusiert dieses Kennzahlensystem aber den Anwender auf seinen Hauptteil. Da es nicht so komplex wie das ZVEI-Kennzahlensystem, aber deutlich umfangreicher als das Du Pont-Kennzahlensystem ist, wird hinsichtlich seiner Zeitäquanz eine **hohe Beurteilung** vergeben.[188]

Die **originäre „Harvard"-Balanced Scorecard** gibt hingegen nur den Gestaltungsrahmen für ein Kennzahlensystems vor.[189] Einerseits müssen geeignete Kennzahlen erst definiert werden. Andererseits benötigt die individuelle Anpassung der Kennzahlen an den Informationsbedarf der Führungskräfte mehr Zeit als die einfache Implementierung bereits vorgegebener Kennzahlen. Daß die originäre „Harvard"-Balanced Scorecard hinsichtlich dieses Beurteilungskriteriums trotzdem mit einer **neutralen Zeitadäquanz** eingestuft wird, hat sie zum einen ihrer als *schematisch* einzustufenden *Vierfach-Sichtweise* der Perspektiven zu verdanken.[190] Als weiterer Vorteil kann es angesehen werden, daß durch ihre individuelle Gestaltung die spätere Einarbeitungszeit für das Personal minimiert wird.

Die inhaltlichen Verbesserungen der Erfolgsfaktoren-basierten Balanced Scorecard implizieren im Vergleich zur originären Balanced Scorecard eine Erhöhung ihrer Implementierungszeit. Dies läßt sich damit begründen, daß die konzernindividuelle Deduktion der Erfolgsfaktoren, Meßkriterien und Frühindikatoren immer mehr Zeit als ein schematisches Vorgehen beansprucht. Hinsichtlich ihrer **Zeitadäquanz** wird die **Erfolgsfaktoren-basierte Balanced Scorecard** daher mit „**gering**" eingestuft.

---

187) Zu einem Beispiel eines Normblatts vgl. HORVÁTH (Controlling) S. 564. SERFLING (Controlling), S. 263, empfindet die Gestaltung der Normblätter als besonders gelungen.

188) Daß dieses Kennzahlensystem nicht mit „sehr hoch" eingestuft wird, läßt sich damit begründen, daß seine Kennzahlen im Sonderteil konzernspezifisch zu definieren sind. Vgl. hierzu die Ausführungen des Kap. IV.3.3.2.3., S. 245 ff.

189) Vgl. S. 248 f.

190) Vgl. KAPLAN / NORTON (Strategieumsetzung), S. 318.

Methoden der Informations- aufbereitung ──► Beurteilungs- kriterien ▼	Du Pont- Kennzahlen- system	ZVEI- Kennzahlen- system	RL- Kennzahlen- system	originäre "Harvard"- Balanced Scorecard	Erfolgsfaktoren- basierte Balanced Scorecard
Kosten- adäquanz	sehr hoch	gering	neutral	neutral	neutral
Zeit- adäquanz	sehr hoch	neutral	hoch	neutral	gering

Abb. IV - 62:   Beurteilung ausgewählter Kennzahlensysteme nach ihrem Aufwand.

3.3.5.5. Zusammenfassende Beurteilung und Auswahl einer Methode

Welche der Kennzahlensysteme für die Gestaltung effizienter Führungsinformationssysteme für die internationale Management-Holding am „besten" geeignet ist, soll im folgenden geklärt werden. Hierzu wird nicht nur auf die **Beurteilungsergebnisse** der vorangegangenen Kapiteln zurückgegriffen. Insbesondere werden auch die **Gewichtungen** der Beurteilungskriterien herangezogen.

Hinsichtlich einer effizienten Informationsaufbereitung für die Konzernleitung der internationalen Management-Holding ist das Potential des **ZVEI-Kennzahlensystems** mit einer **Gesamtbeurteilung von 2,48** - auf der Skala von 0 „nicht vorhanden" bis 5 „sehr hoch" - als **gering** einzustufen. Trotz seiner Fähigkeiten, Informationen aggregiert und mit einer hohen Überprüfbarkeit aufbereiten zu können (gewichteter Durchschnittswert von 3,0) werden bei dem ZVEI-Kennzahlensystem die Nachteile sehr komplexer Kennzahlensysteme offensichtlich. Über 200 Haupt- und Hilfskennzahlen implizieren eine *geringe Handhabbarkeit* (gewichteter Durchschnittswert von 2,6). Sie schließt das **ZVEI-Kennzahlensystem** von der Gestaltung effizienter Führungsinformationssysteme für die internationale Management-Holding aus.

Eine wesentlich bessere **Gesamtbeurteilung von 3,30** erzielt das **RL-Kennzahlensystem**. Seine Vorteile sind zum einen in der *guten Handhabbarkeit* zu sehen (gewichteter Durchschnittswert von 3,4). Auch seine gute Kosten- und Zeitadäquanz gingen mit einem gewichteten Durchschnittswert von 3,6 positiv in die Beurteilung ein. Daß das RL-Kennzahlensystem dennoch nur den vierten Platz der Evaluierungsarbeiten belegt, ist u.a. in der *mangelnden Überprüfbarkeit* seiner Spitzenkennzahlen zu sehen. Das RL-Kennzahlensystem ist lediglich als Ordnungssystem ausgeprägt, so daß es der Forderung der befragten Vorstandsmitglieder nach einer mathematischen Überprüfbarkeit der aggregierten Führungsinformationen nicht gerecht werden kann.

Die *Überprüfbarkeit* der Spitzenkennzahlen ist beim **Du Pont-Kennzahlensystem** als Vorteil anzusehen. Auch hebt es sich durch seine *Einfachheit* von den anderen Kennzahlensystemen ab, was sich vor allem in seiner *sehr hohen Kosten- und Zeitadäquanz* widerspiegelt (gewichteter Durchschnittswert von 5,0). Als nachteilig ging die *ausschließliche Fokusierung* auf den Return on Investment in die Beurteilung ein. Strategisch wichtige, aber auch qualitative Größen sind in dieses Rechensystem nicht integrierbar, so daß es mit einer **Gesamtbeurteilung von 3,43** den dritten Platz der Evaluierungsarbeiten belegt.

In ihrer Eignung, die Gestaltung effizienter Führungsinformationssysteme für die internationale Management-Holding zu unterstützen, stellt die **originäre „Harvard"-Balanced Scorecard** mit einer **Gesamtbeurteilung von 3,61** das zweitbeste Kennzahlensystem dar. Diese Einstufung ist vor allem auf ihre *multidimensionale Zielausrichtung* (Einzelbeurteilung von 4,0) und ihre *Änderungsflexibilität* zurückzuführen (Höchstbeurteilung von 5). Aufgrund ihrer sachlogischen Verknüpfungen ist als Nachteil ihre mangelnde Überprüfbarkeit der Spitzenkennzahlen zu nennen. Auch könnte die Ableitungstransparenz durch mathematische Verknüpfungen erhöht werden.

In der zusammenfassenden Beurteilung, die in der nachfolgenden Abb. IV - 63 grafisch aufbereitet ist, zeigt sich, daß mit der **Erfolgsfaktoren-basierten Balanced Scorecard** ein deutlicher Forschungsfortschritt erreicht wird. Insbesondere im Bereich der **Benutzeradäquanz** wird ihre Höherbewertung offensichtlich. Durch die Hinzunahme mathematischer Verknüpfungen wird nicht nur eine **sehr hohe Überprüfbarkeit** der einzelnen Kennzahlenelemente erreicht. Auch erhöht sich im Vergleich zur originären „Harvard"-Balanced Scorecard ihr **Aggregationsgrad.**

Aber auch hinsichtlich ihrer **Handhabbarkeit** erreicht die Erfolgsfaktoren-basierte Balanced Scorecard auf der Skala von 0 „nicht vorhanden" bis 5 „sehr hoch" einen als **hoch** einzustufenden Durchschnittswert von 4,2. Die Höherbewertung im Vergleich zur originären „Harvard"-Balanced Scorecard hinsichtlich ihrer Ableitungstransparenz läßt sich mit der Akzentuierung finanzieller Kennzahlen und der Einführung von Meßkriterien rechtfertigen.

Demgegenüber steht ein angemessener **Aufwand,** der sich mit einer **mittleren Beurteilung von 2,4** quantifizieren läßt. Insbesondere der hohe Zeitbedarf der Erfolgsfaktoren-basierten Balanced Scorecard (Einzelbeurteilung von 2,0) läßt sich als Kritikpunkt anführen.

Zusammenfassend errechnet sich für die Erfolgsfaktoren-basierte Balanced Scorecard eine **Gesamtbeurteilung von 4,09.** Im Vergleich zum „besten" konventionellen Kennzahlensystem - der originären „Harvard"-Balanced Scorecard - ergibt sich ein als hoch einzustufender *Forschungsfortschritt von 0,5 Punkten.*

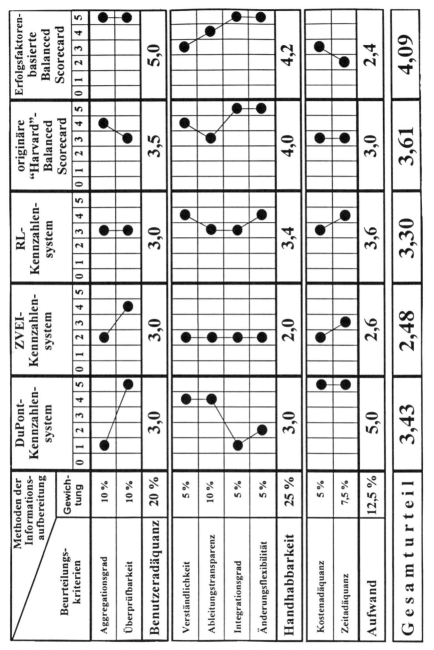

Abb. IV - 63:   *Zusammenfassende Beurteilung ausgewählter Methoden der Informationsaufbereitung.*

4. Formale Gestaltung effizienter Führungsinformationssysteme für die internationale Management-Holding

Neben ihrer inhaltlichen Gestaltung - so zeigte der ausgewählte Methodologieansatz auf[1]- werden effiziente Führungsinformationssysteme für die internationale Management-Holding maßgeblich durch **formale Aspekte** determiniert. Diese lassen sich **zweiteilen**: Zunächst ist in Kap. 4.1. abzuklären, wie die aufbereiteten Führungsinformationen der Konzernleitung zu **übermitteln** sind. Ein anderer in der empirischen Untersuchung herausgearbeiteter Gestaltungsschwerpunkt betrifft die *Richtigkeit* der Informationen.[2] Das Kap. 4.2. beinhaltet daher verschiedene **Ansätze zum Schutz vor Störungen und Manipulationen.**

4.1. Informationsübermittlung

Auch wenn die Analyse des Informationsbedarfs und die Informationsaufbereitung die zentralen Elemente effizienter Führungsinformationssysteme für die internationale Management-Holding sind.[3] Damit bei der Konzernleitung ein situationsadäquates Problembewußtsein entstehen kann, müssen ihr die Informationen als unmißverständliches, nicht ignorierbares und jederzeit auf eine einfache Art abrufbares Informationsangebot zugeleitet werden.

Hierdurch ist der Rahmen der **Informationsübermittlung** umrissen. Neben der räumlichen Weiterleitung hat sie die *benutzeradäquate Präsentation* betrieblicher Informationen zum Inhalt.[4] In bezug auf die Konzernleitung der internationalen Management-Holding kann

---

1)   Vgl. hierzu S. 168 ff.
2)   Vgl. Kap. IV.1.2.4., S. 150 ff.
3)   Vgl. Kap. IV.3.1., S. 178 ff., und Kap. IV.3.3., S. 237 ff.
4)   Im Gegensatz hierzu ist die Informationsaufbereitung für die *inhaltliche Transformation* der Primärinformationen zu betrieblichen Führungsinformationen verantwortlich. Vgl. hierzu S. 237.

wie folgt definiert werden:[5]

> Die **Informationsübermittlung** an die Konzernleitung der internationalen Management-Holding umfaßt die *benutzeradäquate Präsentation* betrieblicher Führungsinformationen.

Hierbei sind zwei Aspekte zu unterscheiden:

- Zum einen hat die Informationsübermittlung dafür Rechnung zu tragen, daß die aufbereiteten Führungsinformationen von der Konzernleitung überhaupt **gelesen** werden.

- Zum anderen müssen sie auch *inhaltlich* von ihr **verstanden** werden.

4.1.1. Vorteile von Führungsinformationssystemen für die effiziente Informationsübermittlung

Bei der Informationsübermittlung handelt es sich um einem **Prozeß**, der sich aus der **Informationsabgabe** durch mindestens einen Sender und der **Informationsaufnahme** durch mindestens einen Empfänger zusammensetzt.[6] Hierbei kann die Informationsübermittlung **mündlich, schriftlich** in Form von „Papierberichten" sowie **elektronisch** erfolgen.

In der internationalen Management-Holding scheidet die mündliche Informationsübermittlung als umfassendes Informationsinstrumentarium aus. Dies läßt sich vor allem damit erklären, daß die Management-Holding im Gegensatz zu kleinen Handwerksbetrieben mit „bloßem" Auge und persönlichen Kontakten nicht zu steuern ist.[7]

Daher wird immer häufiger die Informationsübermittlung mittels **elektronischer Datenverarbeitung** diskutiert. Bei dieser *Mensch-Computer-Kommunikation*[8] wird die Informationsübermittlung überwiegend über **papierlose Bildschirmmasken** vollzogen.[9] Daß im

---

5) In Anlehnung an die Terminologie von BERTHEL (Informationssysteme), S. 16; PALLOKS (Marketing-Controlling), S. 255; WEBER (Informationsübermittlung), S. 296. HORVÁTH (Controlling), S. 357, spricht von einer *Informationsabgabe*; HOFSTETTER (Informationssystem), S. 231, von einer *Informationsbereitstellung*. Die genannten Begriffe werden als Synonyme zur Informationsübermittlung angesehen. Des weiteren wird der Begriff der *Kommunikation* als Synonym angesehen. Im Gegensatz zu den genannten Autoren steht die Begriffsauffassung REICHMANNs (Controlling), S. 12. Er erfaßt die „zielentsprechende Präsentation der Daten" als Informationsaufbereitung.

6) Vgl. BERTHEL (Informationssysteme), S. 15 und S. 67.

7) Gleicher Ansicht ist auch GAUGLER (Innerbetriebliche Information), S. 21.

8) Vgl. hierzu BERTHEL (Informationssystem), S. 67.

9) Die grundsätzliche Abschaffung des „Papierberichtswesens" ist sicherlich auch bei dieser Variante der Informationsübermittlung nicht sinnvoll. Entsprechende Papierberichte werden aber nur noch bei Bedarf - beispielsweise zur Vorbereitung von Sitzungen und als Diskussionsgrundlage - erstellt. Vgl. hierzu STRUCKMEIER (Führungsinformationssysteme), S. 154.

folgenden die Informationsübermittlung mittels Bildschirmmasken akzentuiert wird, läßt sich wie folgt begründen:

- Wenn Informationen auf dem Bildschirm aufgerufen werden, die sonst nur als Papierberichte zur Verfügung stehen, wird die häufig in Vorstandsetagen kritisierte „**Papierflut**" eingedämmt.

- Durch den direkten Informationszugriff kann des weiteren eine **Zeitersparnis** realisiert werden. So ergaben Untersuchungen bei amerikanischen Führungskräften, daß eine Verkürzung der Arbeits- und Entscheidungsprozesse um bis zu **50 - 70%** erreicht wird, wenn EDV-gestützte Führungsinformationssysteme eingesetzt werden.[10]

Führungsinformationssysteme bilden Informationen nicht nur ab, im Gegensatz zum Papierberichtswesen stellen sie auch **technische Hilfen** wie Simulationen und Prognosemethoden[11] zur Verfügung. Anstatt eine „Heerschar" von Controllern für schriftliche Auswertungen per Papier zu beauftragen, können sich Führungskräfte nun der Analyseinstrumente *direkt* bedienen und ihre Informationen bei Bedarf selbst analysieren.

- Zum einen bedingt dies einen weiteren **Zeitvorteil** und **geringere Koordinations- und Personalkosten**.

- Zum anderen ist die **ständige Verfügbarkeit** und **hohe Flexibilität** von Führungsinformationssystemen als Vorteil anzuführen.

4.1.2. Deskription und Auswahl der FIS-Generatoren

Die Gestaltung der Bildschirmmasken wird maßgeblich durch **FIS-Generatoren** determiniert. Wie in den terminologischen Ausführungen angesprochen wurde,[12] bilden FIS-Generatoren die technische Seite von Führungsinformationssystemen ab und können wie folgt definiert werden:[13]

> **FIS-Generatoren** sind *Softwarewerkzeuge*, die Funktionen zur maschinellen Entwicklung von Führungsinformationssystemen bieten.

---

10)   Zitiert nach CHARLIER / BERKE (Vorstände), S. 92.
11)   Vgl. ausführlich S. 332 ff.
12)   Vgl. S. 10.
13)   In Anlehnung an die Terminologie von GLUCHOWSKI / GABRIEL / CHAMONI (Management Support Systeme), S. 208 f.

In Deutschland kamen die ersten FIS-Generatoren etwa 1990 auf dem Markt. Als Marktführer bildeten sich das „Commander EIS" der Firma **Comshare**, „Executive-Edge" der Firma **Execucom** (mittlerweile ebenfalls Comshare) und „FCS-Pilot" der Firma **Pilot** heraus.[14] Im Laufe der Jahre wurden diese durch Produkte der Firmen **MIK** und **SAS** verdrängt. Durch die zunehmende Bedeutung von Führungsinformationssystemen ist die Zahl der FIS-Generatoren mittlerweile auf etwa **75** angestiegen.[15] Aus Zeit- und Praktikabilitätsgründen konnte daher kein vollständiger Markttest durchgeführt werden. Es mußte eine **Vorauswahl** getroffen werden.

Unstrittig ist, daß im Bereich betriebswirtschaftlicher Standard-Software die SAP AG (Systeme, Anwendungen, Produkte in der Datenverarbeitung, Walldorf/Baden) mit ihrem Softwaresystem R/3[16] eine marktführende Position einnimmt.[17] Die Beurteilung ihres Produktes **Enterprise Controlling-Executive Information System** (im folgenden kurz: **SAP EC-EIS**) und des seit September 1998 verfügbaren **Business Information Warehouse** (kurz: **SAP BW**) sind daher für eine aussagefähige Evaluierungsarbeit unabdingbar.

Daß weiterhin FIS-Generatoren der Software-Häuser **Hyperion** und **Oracle** für den Test ausgewählt wurden, läßt sich nicht nur damit erklären, daß sie von vielen Konzernen eingesetzt werden.[18] Wie die nachfolgende Abb. IV - 64 zeigt, sind diese Software-Häuser im Bereich der **OLAP-Technologie**[19] - einem stark expandierenden Markt mit einem Volumen von derzeit knapp 2 Mrd. US-$ - **weltweite Marktführer**.[20]

---

14)   Zu ihrem Einsatz in deutschen Unternehmen und Konzernen vgl. KEMPER (Executive Information Systems).

15)   Zu einer umfassenden Übersicht vgl. ZEILE (Führungsinformationssysteme), S. C1 ff. BULLINGER / KOLL / NIEMEIER (Führungsinformationssysteme), S. 125 ff., kommen auf mehr als *300 Software-Produkte*, die unter der Bezeichnung „Führungsinformationssysteme" angeboten werden. Ähnlich auch bei HANNIG (Managementinformationssysteme), S. 155 ff.; TIEMEYER / ZSIFKOVITS (Information), S. 172 ff.

16)   Das Softwaresystem R/3 ist eine integrierte Standardsoftware, die branchenübergreifend zur Planung, Steuerung und Kontrolle betriebswirtschaftlich orientierter Unternehmensvorgänge eingesetzt werden kann. Im Vergleich zu seinem Vorgänger - dem Großrechner-gestützten R/2 - beruht R/3 auf einer modernen *„client-server"-Architektur*. Seit seiner Einführung im Jahre 1992 ist es weltweit über 11.000 mal installiert worden und somit zum weltweiten Marktführer geworden. Vgl. SAP (R/3), S. 5.

17)   Gleicher Ansicht ist auch REICHMANN (Controlling), S. 550.

18)   Weitere FIS-Generatoren werden beispielsweise von der Cognos GmbH, Frankfurt a.M., und PILOT Software GmbH, Köln, angeboten.

19)   Zu den Charakteristika der OLAP-Technologie vgl. S. 218.

20)   Vgl. hierzu die Marktanalyse von PENDSE / CREETH (OLAP-Report). Wie sich die im August 1998 vollzogene Fusion von Hyperion mit Arbor Software und die neuen Produkte BW von SAP - vgl. Kap. IV.4.1.2.4., S. 294 f. - und PABLO von Microsoft auf die Marktanteile von Oracle auswirken, muß abgewartet werden.

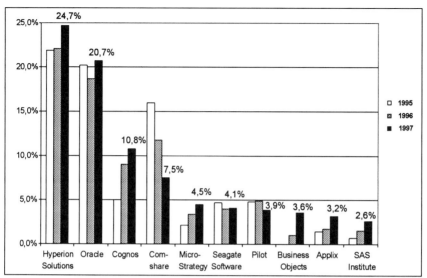

Abb. IV - 64:   *Anteile verschiedener Hersteller im OLAP-Markt (Stand: Mai 1998).*
Quelle: *PENDSE / CREETH (OLAP-Report).*

Da bereits bei der Ableitung der Beurteilungskriterien gezeigt wurde, daß Führungsinformationssysteme eine hohe Änderungsflexibilität aufweisen müssen,[21] wurden **Tabellenkalkulationsprogramme** wie Microsoft Excel[22] oder Lotus 1-2-3[23], die derzeit noch in einigen
Konzernen für die Berichterstattung eingesetzt werden, *nicht* berücksichtigt.[24]

Aufgrund ihrer hohen Benutzeranforderungen und mangelnden Präsentationsmöglichkeiten
wurden des weiteren keine „**reinen**" **Datenbanksysteme** in die Evaluierungsarbeiten einbezogen. Letztendlich schieden auch **Individual-Software-Produkte** aus. Dies läßt sich mit
der Aussage von zwei Drittel der in der empirischen Untersuchung befragten Vorstandsmitglieder begründen, bei der Einführung von Führungsinformationssystemen nur *Standard-
software mit Customizing-Funktion* implementieren zu wollen.[25]

Die nachfolgende Auswahl erhebt keinen Anspruch auf Vollständigkeit. Vielmehr soll die
Spannbreite aufgezeigt werden, wie mit unterschiedlichen EDV-technischen Konzepten
- einer dateigesteuerten Datenbasis von Hyperion, einer relationalen Datenbank im SAP EC-

---

21) Vgl. Kap. III.2.3.2.6., S. 126 f.
22) Excel ist ein eingetragenes Warenzeichen der Microsoft Corp.
23) Lotus 1-2-3 ist ein eingetragenes Warenzeichen der Lotus Corp.
24) Dies läßt sich vor allem damit erklären, daß bei Änderungen des Informationsbedarfs deren „fest" pro-
     grammierte Verknüpfungen von Daten und Formeln einen hohen Anpassungsaufwand verursachen.
25) Vgl. hierzu S. 151 f.

EIS, einer multidimensionalen OLAP-Datenbank im Oracle und einer relationalen OLAP-Datenbank im SAP BW - versucht wird, die EDV-technische Umsetzung von Führungsinformationssystemen zu realisieren.

4.1.2.1. Hyperion Enterprise

Hyperion[26], die seit der 1998 vollzogenen Fusion mit ARBOR Software als **Hyperion Solutions Corp.** firmieren, ist ein an der amerikanischen Computerbörse NASDAQ notiertes Unternehmen mit etwa *1.800 Mitarbeitern* in 26 Ländern.[27] Das Unternehmen hat sich im Gegensatz zu SAP, die faktisch alle Unternehmensbereiche mit Software-Modulen unterstützt,[28] auf betriebswirtschaftliche Software im Bereich *Rechnungswesen und Controlling* spezialisiert.

Neben dem Hyperion Pillar, das auf die Unternehmensplanung ausgerichtet ist, und dem Hyperion Spider-Man, das als Web-Applikation das elektronische Berichtswesen via Inter- oder Intranet unterstützen soll, umfaßt die Produktpalette das **Hyperion Enterprise.**

Daß dieses Produkt für den FIS-Generatoren-Test ausgewählt wurde, läßt sich nicht nur damit erklären, daß es neben seiner Konsolidierungsfunktion von Hyperion als *die* Anwendung für das „**Management-Reporting**" angesehen wird.[29] Des weiteren stellt es im Gegensatz zum Hyperion Pillar, das auf die Abbildung der *Kosten- und Leistungsrechnung* ausgerichtet ist, explizit auf die Daten der **Bilanz und Gewinn- und Verlustrechnung** sowie die damit verbundenen **Konsolidierungsberechnungen** ab.[30]

Das Hyperion Enterprise ist **modular** aufgebaut und besteht - wie die Abb. IV - 65 zeigt - im **Release-Stand 4.62.XA** aus folgenden Einzelbausteinen: Mit dem „**Application**"-Baustein werden die *Grundeinstellungen* des Systems - u.a. die Konzernwährung, die Anwender-Rechte und verschiedene Berechnungen wie der Durchschnittskurs der Bewegungskonten - festgelegt. Mit den „**Entities**" werden die *Gesellschaftsstruktur,* die *Beteiligungsverhältnisse* und die *Kontenzuordnung* der Bilanz und Gewinn- und Verlustrechnung definiert. Im Programmteil „**Accounts**" wird der Kontenrahmen eingegeben, festgelegt wie eine eventuelle *Währungs-*

---

26)   Hyperion ist ein eingetragenes Warenzeichen der Hyperion Corporation.

27)   Hyperion Solution Corporation (Merger), Deckblatt.

28)   Zur R/3-Produktphilosophie der SAP AG vgl. S. 292.

29)   HYPERION SOFTWARE (Hyperion Enterprise), S. 1 und S. 4.

30)   Da diese für das Controlling der Management-Holding von höherem Interesse als die Daten der Kosten- und Leistungsrechnung sein dürften, läßt sich die von Hyperion getroffene Einteilung nachvollziehen.

umrechnung durchgeführt werden soll und ob das Konto zu konsolidieren ist oder nicht. In den „**Categories**" wird definiert, welche *zeitlichen Einheiten* den Berichten zugrundeliegen.[31]

Im „**Data Entry-Modul**" können *manuelle Dateneingaben* durchgeführt oder *Daten überschrieben* werden. Das „**Journal**" dient eventuellen *Zusatzbuchungen*. Mit dem „**Consolidation**"-Teil kann ein neuer Konsolidierungslauf gestartet werden. Die „**Data Base**" dient der *Datenverwaltung*.[32] Mit den „**Formulas**" werden grundlegende *Berechnungsregeln* definiert. Als Beispiel sei die Zusammensetzung der Summe Aktiva oder die Berechnung des Return on Investment genannt.

Der letzte Programmteil besteht aus den Modulen „Books" und „Reports". Mit den „**Books**" werden die Schleifen bestimmt, aus denen die einzelnen Berichte bestehen.[33] Mit dem Programmteil „**Reports**" werden die Einzelberichte in ihrer Zusammensetzung definiert.

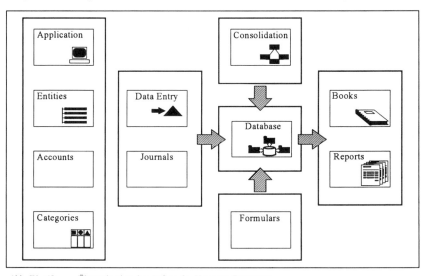

Abb. IV - 65:   *Übersicht über den Aufbau des Hyperion Enterprise.*

Das **Hyperion Enterprise** basiert in seiner Standardanwendung auf einer *dateigesteuerten Datenbasis*. Sie besitzt vordefinierte Felder, die die Dimensionen „Zeit", „Zeitpunkt", „den

---

31)   Für die Monatsberichterstattung kann beispielsweise eine Zwölftelung, für die dreijährige Mittelfristplanung eine jährliche Einteilung definiert werden.

32)   Hiermit können Daten aus den operativen Vorsystemen in die Datenbank *eingeladen* oder *extrahiert* werden. Des weiteren können Daten für die Weiterverarbeitung *gesperrt* werden.

33)   So kann sich der Monatsbericht A der Gesellschaft XY aus der Bilanz sowie der Gewinn- und Verlustrechnung, Version 1 (Monatsbericht - lang - 15 Seiten), und dem Personalbericht, Version 2 (Kennzahlen - 1 Seite) zusammensetzen. Für eine andere Gesellschaft - die Z AG - besteht der Monatsbericht aus der Bilanz und Gewinn- und Verlustrechnung, Version 2 (Monatsbericht - 7 Seiten) und dem Personalbericht, Version 1 (Kennzahlen - 3 Seiten).

Aggregationszustand periodisch oder kumuliert" sowie die „Gesellschaft" und das „Konto" beinhalten. Eine „echte" mehrdimensionale Datenhaltung wie beim Oracle Express Server ist also nicht gegeben.

Als deutschsprachige **Referenzkunden** nennt Hyperion die Escada AG sowie die Porsche Holding. International gehört der größte private Paketdienst UPS (United Parcel Service) sowie die Telekommunikationsgruppe NOKIA zu den Hyperion-Kunden.

4.1.2.2. SAP EC-EIS

Zum Zeitpunkt des Software-Tests lag das SAP EC-EIS im **Release-Stand 4.0** vor. Dieser FIS-Generator ist seit **1994** im Release-Stand 1.0 auf dem Markt, wurde in den vergangenen Jahren von SAP mit mehr oder weniger großem Einsatz weiterentwickelt und stellt den derzeitigen **Entwicklungsstand eines FIS-Generators** des Softwaresystems R/3 dar.

In der mittlerweile 12 Module umfassenden Produktfamilie[34] ist das EC-EIS der **System-komponente „Enterprise Controlling (EC)"** zugeordnet. Diese umfaßt neben dem EIS noch die *Teilkomponenten PCA* (Profit Center Accounting), *CS* (Consolidation) und *BP* (Business Planning[35]) und soll nach Aussage von SAP die verschiedenen Aspekte des Controlling in einem Unternehmen abdecken.[36] Im Rahmen des „Enterprise Controlling"-Moduls stellt - wie die Abb. IV - 66 zeigt - das EIS das „**Frontend**" einer integrierten Anwendung dar, mit dem die Informationen übermittelt und analysiert werden können. Als Datenbasis dient im Gegensatz zur dateiorientierten Datenbank des Hyperion und der multidimensionalen OLAP-Konzeption des Oracle Express eine **relationale Datenbank**.

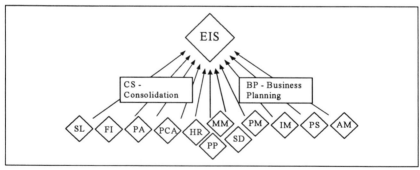

Abb. IV - 66:   *Komponenteneinsatz im SAP R/3-Modul „EC-EIS".*
Entnommen aus: *SAP (EC-EIS), S. 1 - 4.*

---

34)   Vgl. SAP (R/3), S. 10 f.
35)   Die EC-BP-Komponente war zum Zeitpunkt des Tests noch in der Entwicklung und wird erst in einer späteren Version zur Verfügung stehen. Vgl. hierzu DAUM (Konzernsteuerung), S. 40.
36)   Vgl. hierzu SAP (EC-EIS), S. 1 - 1.

Neben der Standardoberfläche wird das EC-EIS häufig in Kombination mit **inSight**[37)] der Firma arcplan Information GmbH implementiert. Bei inSight für SAP EC-EIS handelt es sich um eine leicht bedienbare grafische Oberfläche, die die Präsentation und Analyse der EC-EIS-Daten ermöglicht. Über eine Schnittstelle wird ein *online-Durchgriff* zum SAP-Reporting sichergestellt. Die originären EC-EIS-Bewegungsdaten werden *direkt* aus den Recherche-berichten abgerufen (Remote Function Call). Da es sich bei inSight um ein ergänzendes, her-stellerfremdes Produkt handelt, wird es aus Objektivitätsgründen bei der Evaluierung nicht berücksichtigt.

Als namhafter Referenzkunde, der seit Jahren das SAP EC-EIS verwendet, ist die **BAYER AG** zu nennen.[38)] Weitere Anwender sind die **Freudenberg KG** und die **ARAG-Versicherungs-gruppe**.

4.1.2.3. Oracle Express Objects

Das Softwarehaus Oracle wurde in erster Linie durch seine Datenbanken bekannt. Seine Posi-tion im Bereich der FIS-Generatoren hat Oracle durch die 1995 vollzogene Übernahme der **Produktfamilie „Express"** der Information Resources Inc. ausgebaut. Hierbei handelt es sich um verschiedene **„client-server"-Produkte**, die vielfältige Datenbankauswertungen ermög-lichen.

Den Kern der Express-Produktfamilie bildet das multidimensionale Datenbanksystem **Express Server**.[39)] Ihr *mehrdimensionales OLAP-Datenbankmodell* ist in seiner Struktur im **Data Dictionary** hinterlegt. Strukturveränderungen sind mit einem speziellen Werkzeug - dem **Ad-ministrator** - möglich.[40)] Die Produktfamilie wird durch den Express Analyser und das Ex-press Objects abgerundet:

- Das **Express Objects** ist eine objektorientierte grafische Oberfläche, die zur *Entwicklung von OLAP-Anwendungen*[41)] dient. Sie entspricht einem FIS-Generator und wird im **Re-lease-Stand 2.1** analysiert. Zwar besitzt das System eine Schnittstelle zu Microsoft Excel, der Funktionsumfang dieses Tabellenkalkulationsprogramms wird jedoch bei den sich anschließenden Evaluierungsarbeiten *nicht* berücksichtigt, da es sich um keinen originären Bestandteil des Express Objects handelt.

---

37)   InSight ist ein eingetragenes Warenzeichen der arcplan Information GmbH.
38)   Vgl. hierzu KAISER (SAP EIS).
39)   Auf der „client"-Seite wird der Express Server häufig noch durch den *Personal Server*, eine OLAP-Datenbank als Desktop-Lösung, ergänzt.
40)   Vgl. hierzu Abb. IV - 67, S. 294.
41)   Zu den Charakteristika der OLAP-Technologie vgl. S. 218.

• Der **Express Analyser** ist das *Werkzeug des Endanwenders*. Mit ihm werden die Anwendungen bedient, um die Daten der OLAP-Datenbank aufzurufen und weiterzuverarbeiten.

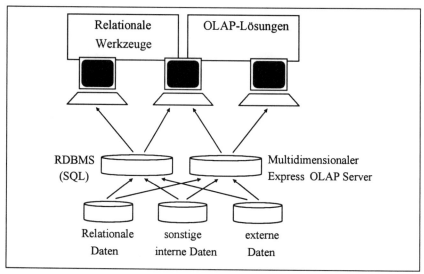

Abb. IV - 67:	*Oracle Express-Datenbank-Architektur.*
Angelehnt an:	*GREEN (Express Database), S. 1 - 20.*

Als deutschsprachige **Referenzkunden** nennt Oracle Krupp-Thyssen. International gehört die finnische Telekommunikationsgruppe NOKIA zu den Oracle-Kunden.

4.1.2.4. SAP BW

Mit dem BW versucht SAP ihre verschiedenen Abfrage- und Informationsanalysestrategien unter einem einheitlichen Dach - dem **Business Information Warehouse** - zu vereinheitlichen. Das BW, das seit *September 1998* im Release-Stand 1.2 verfügbar ist,[42] ist ein SAP-Produkt, das **unabhängig** von den bisherigen Standardanwendungen R/2 und R/3 zu sehen ist.[43] Es steht erst am Anfang seiner Entwicklung, wird derzeit aber intensiv mit etwa 150 SAP-Mitarbeitern weiterentwickelt.[44]

---

42)   Die Auslieferung ersten Pilotsysteme fand im Oktober 1997 statt. Ausgewählten „Early Customers" stand das Produkt im Dezember 1997 zur Verfügung. Die „First Customer" konnten seit Juni 1998 erste Erfahrungen sammeln.

43)   Im Gegensatz zum EC-EIS wurde es bewußt *nicht* in den Lieferumfang der R/3-Produktreihe integriert.

44)   Weltweit sollen nach Aussage von SAP etwa *120 Kunden* an verschiedenen Pilotprogrammen des BW teilgenommen haben.

Konzeptionell soll das SAP BW nicht nur Daten aus externen und internen Quellen zu einer **einheitlichen Datenbasis** zusammenführen. Nach Aussage von SAP werden sie auch so aufbereitet, daß sie ohne tiefergehende Schulungen sowohl für einfache, intuitive **Abfragen** von Führungskräften als auch für komplexe **Controlling-Analysen** geeignet sind.[45]

Wie die nachfolgende Abb. IV - 68 zeigt, ist die Konzeption des SAP BW mit dem Datenbank-Server, Applikations-Server und dem Business Explorer **dreistufig** aufgebaut: In der *ersten Ebene* ist der **Datenbank-Server** plaziert. Er speichert die Daten in Relationen, so daß das SAP BW - in Analogie zur R/3-Produktreihe - auf einer *relationalen Datenbank* aufsetzt.[46] Um multidimensionale OLAP-Auswertungen durchführen zu können, fügt der OLAP- oder Applikationsserver auf der *zweiten Ebene* des SAP BW die Relationen über Verdichtungs-, Zuordnungs- und Transformationsschritte zusammen.

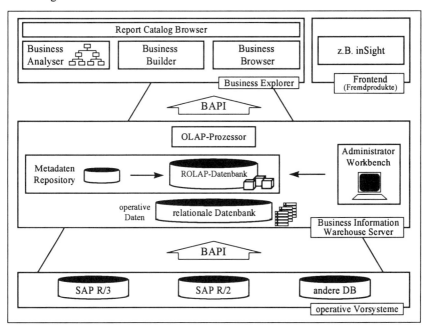

Abb. IV - 68:   *Architektur des SAP BW.*
Entnommen aus: *SAP (Business Information Warehouse), S. 6.*

Dies geschieht über sogenannte „**InfoCubes**", die die „zentralen Datenbehälter" des SAP BW darstellen. Erst durch sie können *multidimensionale Abfragen* wie das „Slicing and Dicing"[47]

---

45)   Vgl. SAP (R/3), S. 11.

46)   Davon zu unterscheiden ist die dateiorientierte Datenbank des Hyperion Enterprise, S. 290 ff., und die multidimensionale Datenbank des Oracle Express, S. 293 f.

47)   Zur Begriffsabgrenzung vgl. S. 218.

realisiert werden. Die InfoCubes sind **multidimensionale Würfel**, die eine Menge an *Relationen* umfassen (ROLAP-Prinzip).[48] Eine „echte" multidimensionale Datenbank wie beim Oracle Express Server besteht also nicht, die Daten sind weiterhin **relational** abgelegt. Im Gegensatz zur Datenbank des SAP EC-EIS sind die Relationen aber nach einem **Sternschema** miteinander verknüpft. Ein InfoCube besteht somit aus einer Faktentabelle im Zentrum und mehreren umgebenden Dimensionstabellen.[49]

Im **Meta-Daten-Repository** des SAP BW werden grundlegende Definitionen - u.a. einer Kennzahl - *zentral* definiert und dokumentiert. Der Zugriff auf diese Definitionen ist im Gegensatz zum SAP EC-EIS beliebig oft möglich. Die **Administrator Workbench** dient neben der Erstellung und Pflege der InfoCubes den kundenspezifischen Erweiterungen des Data Warehouse. Außerdem werden dort die Zugriffsrechte und der Umfang der Berichtskataloge festgelegt.

Um im SAP BW auf die Informationen des Data Warehouses zugreifen zu können, steht u.a. der **Business Explorer** zur Verfügung. Er wird in den anschließenden Ausführungen beurteilt, stellt als „Frontend" die dritte Ebene des SAP BW dar, und setzt sich wie folgt zusammen:

- Der **Business Builder** dient dazu, Standardberichte zu definieren. Er hat die Aufgabe, definierte Datenbankabfragen im OLAP-Prozessor anzustoßen und das Ergebnis tabellarisch in einer Arbeitsmappe von Microsoft Excel zu hinterlegen.

- Zur Informationsdarstellung und der Informationsanalyse dient der **Analyser**. Er ist auf die typischen Aufgaben des Controlling abgestellt. Zur Informationsübermittlung und für die Analysearbeiten wird auf die Oberfläche und die Funktionen des Tabellenkalkulationsprogramms Microsoft Excel zurückgegriffen. Der Analyser des SAP BW ist somit als „**Add-In**" für Microsoft Excel konzipiert.

- Da Excel aufgrund seines Funktionsumfangs keine für den intuitiven Gebrauch durch Führungskräfte geeignete Oberfläche darstellt, wurde im Business Explorer eine dritte Komponente - der sogenannte **Browser** - installiert.[50] Mit ihm können Standardberichte aufgerufen werden, die laut SAP auf die bedarfsgerechte Informationsübermittlung an Führungskräfte ausgerichtet sind. Analysefunktionen stehen in diesem Teil des Explorers nicht zur Verfügung.

- Im **Report Catalog Browser** sind die *Standardberichte*, die SAP vordefiniert hat, abgelegt. Um verschiedenen Anwendern auch eigenerstellte Berichte zur Verfügung zu stellen, können auch diese im Business Builder gespeichert werden.

---

48)   ROLAP umfaßt die OLAP-Auswertung einer relationalen Datenbank.
49)   Vgl. SAP (Business Information Warehouse), S. 11.
50)   Vgl. Abb. IV - 68, S. 295.

• Des weiteren soll - wie bereits beim EC-EIS dargelegt wurde[51] - ab 1999 die grafische Oberfläche in**Sight** der Firma arcplan Information GmbH angeboten werden.

Als deutsche Firmen, die derzeit im Rahmen des „First Customer Programms" das BW einsetzen, sind u.a. die **Freudenberg Informatik KG** und die **ALL DATA**, ein zur ARAG-Versicherungsgruppe zugehörendes Unternehmen, das sich auf interne und externe Beratungs-dienstleistungen im Bereich der Informationstechnologie spezialisiert hat, zu nennen. Da zum Zeitpunkt der Untersuchung (September und Oktober 1998) kein Unternehmen in Deutschland das SAP BW „produktiv" im Tagesgeschäft im Einsatz hatte, waren auch noch **keine deut-schen Referenzkunden** vorhanden.

4.1.3. Kritischer Vergleich

Da alle im vorangegangenen Kapitel beschriebenen FIS-Generatoren für sich in Anspruch nehmen, die Entwicklung effizienter Führungsinformationssysteme für die internationale Mana-gement-Holding unterstützen zu können, sind sie dahingehend zu überprüfen. Im sich anschlie-ßenden Kap. 4.1.3.1. werden die **Beurteilungskriterien** fundiert. Die „eigentliche" **Beurteilung** wird in den Kap. 4.1.1.2. - 4.1.1.6. durchgeführt. In Kap. 4.1.3.7. werden die Einzelbewer-tungen zu einem **Gesamtmaß** zusammengefaßt, um so den für die Gestaltung effizienter Füh-rungsinformationssysteme für die internationale Management-Holding am „besten" geeigneten FIS-Generator auszuwählen.

4.1.3.1. Bestimmung der Beurteilungskriterien und Fundierung der Vorgehensweise

Zwar ist - wie in der empirischen Untersuchung nachgewiesen wurde[52] - die *Einstellungs-akzeptanz* von Führungskräften, Führungsinformationssysteme bei ihrer täglichen Arbeit verwenden zu wollen, sehr hoch. Die **Verhaltensakzeptanz**, d.h. die tatsächliche Nutzung dieser Informationssysteme, ist aber als **gering** einzustufen.[53]

---

51)   Vgl. S. 293.
52)   Vgl. Abb. IV - 10, S. 153, und die in diesem Zusammenhang gemachten Ausführungen.
53)   Bei einer Umfrage des Betriebswirtschaftlichen Instituts für empirische Gründungs- und Organisations-forschung e.V., Dortmund, wurde festgestellt, daß unter 1.500 ausgewählten Topmanagern überhaupt nur ein Drittel einen Bildschirm in seinem Büro hat. Ob dieser nur aus Repräsentationsgründen vorhanden ist oder tatsächlich auch genutzt wird, steht auf einem anderen Blatt. Vgl. MÜLLER-BÖLING / RAMME (Informationstechniken), die von „Technikeuphorie und einer Tastaturphobie" sprechen.

Über die Gründe läßt sich nur spekulieren: Häufig wird angeführt, viele Führungsinformations-systeme werden deshalb mißachtet, da sie von Informatikern entwickelt wurden, für die tech-nische Leistungsmerkmale im Vordergrund stehen und betriebswirtschaftliche Anforderungen - insbesondere die Benutzeradäquanz[54] - als *nachrangig* gelten.

Daher erschien es sinnvoll, die FIS-Generatoren einer **Bewertung nach betriebswirtschaft-lichen Aspekten** zu unterziehen, ohne dabei allerdings auf grundlegende EDV-technische Anforderungen zu verzichten. Wie die empirische Untersuchung zeigte, lassen sich **drei Gestal-tungskriterien** anführen, mit denen nach Aussage der befragten Führungskräfte ihre Verhal-tensakzeptanz zu Führungsinformationssystemen gesteigert werden kann:

- Zunächst ist dies die *Benutzeradäquanz*: Sie hat sicherzustellen, daß die FIS-Generatoren den Vorstellungen der Führungskräfte nach einer auf ihren *Arbeitsstil* zugeschnittenen Informationsübermittlung entsprechen. Hierbei ist zwischen der **Darstellungsqualität** der Informationen, der **Oberflächengestaltung** und **Dialogführung** sowie dem **Leistungs-umfang** effizienter Führungsinformationssysteme zu unterscheiden.

- Darüber hinaus ist die *Handhabbarkeit* der FIS-Generatoren von Bedeutung. Hierunter sind die Beurteilungskriterien der „Verständlichkeit", die „Ableitungstransparenz", der „Integrationsgrad" und die „Änderungsflexibilität" zu subsumieren.

- Als drittes Kriterium wird der *Aufwand* der FIS-Generatoren herangezogen.[55] In diesem Zusammenhang sind die **Kosten- und Zeitadäquanz** der Implementierung zu diskutieren.

Die Abb. IV - 69 faßt die ausgewählten Kriterien zur Beurteilung der FIS-Generatoren grafisch zusammen. Ihre Gewichtung basiert auf den Ergebnissen der empirischen Untersuchung.

Gestaltungskriterien	Beurteilungskriterien	Gewichtung
Benutzeradäquanz II (20 %)	Darstellungsqualität	7,5 %
	Oberflächengestaltung und Dialogführung	7,5 %
	Leistungsumfang	5 %
Handhabbarkeit der FIS-Generatoren (25 %)	Verständlichkeit	5 %
	Ableitungstransparenz	10 %
	Integrationsgrad	5 %
	Änderungsflexibilität	5 %
Aufwand (12,5 %)	Kostenadäquanz	5 %
	Zeitadäquanz	7,5 %

Abb. IV - 69: Ausgewählte Kriterien zur Beurteilung verschiedener FIS-Generatoren.

---

54) Vgl. Kap. IV.1.2.2., S. 146.
55) Vgl. Kap. III.2.3.2.7., S. 128 ff.

Im Gegensatz zu den vorangegangenen Evaluierungsarbeiten[56] mußte für die Beurteilung der FIS-Generatoren eine Modifikation durchgeführt werden: Zur Aufschlüsselung der Beurteilungskriterien wurde die **Norm für die Grundsätze der Benutzerfreundlichkeit von Software** (DIN EN ISO 9241-10) des Technischen Überwachungsvereins Informationstechnik GmbH (TÜV IT GmbH) herangezogen.[57] Die aus den Beurteilungskriterien abgeleiteten Ausprägungen gehen *gleichgewichtet* in Evaluierung ein.

Die Beurteilung der FIS-Generatoren wird mit der **Ratingskala**, die aus den vorangegangenen Ausführungen bekannt ist, durchgeführt.[58] Um verschiedene Einschätzungen berücksichtigen zu können, wurde eine dreiteilige Vorgehensweise ausgewählt:

• Um einen *ersten Eindruck* über die grundlegenden Funktionen der FIS-Generatoren zu erlangen, wurden zunächst **Veröffentlichungen** in Fachzeitschriften gesichtet. Des weiteren wurden die **Handbücher** und **online-Hilfen** der FIS-Generatoren durchgearbeitet.

• Danach wurden **Interviews** mit Referenzkunden und einer Unternehmensberatung geführt, die bei der Einführung betrieblicher Informationssysteme in Deutschland führend sein dürfte. Hierdurch konnte facettenreiches *Erfahrungswissen* „eingefangen" werden, daß sich in den letzten Jahre bei verschiedenen FIS-Projekten angesammelt hatte.

• Letztendlich wurden die FIS-Generatoren einem **Labortest** unterzogen. Dies war insofern hilfreich, daß kritische Sachverhalte mit **eigenen Untersuchungsergebnissen** fundiert werden konnten.[59]

4.1.3.2. Beurteilung nach der Darstellungsqualität

Die **Darstellungsqualität**, mit der Informationen durch Führungsinformationssysteme übermittelt werden, ist insofern von Bedeutung, da durch sie die Verständlichkeit der Informationen maßgeblich beeinflußt wird. Wie die nachfolgende Abb. IV - 70 erfaßt, wird zwischen **Grafikfunktionen**, der **Portfolio-Technik**, **Tabellen- und Textfunktionen** sowie sonstigen **Funktionen** unterschieden. Sie können in Führungsinformationssystemen in verschiedenen Kombinationen verwendet werden und lassen sich durch die folgenden Ausprägungen konkretisieren.

---

56) Vgl. u.a. Kap. IV.3.1.3.1., S. 199 ff.
57) Zu einer Kommentierung vgl. SCHNEIDER (Anforderungen).
58) Vgl. exemplarisch S. 200 f.
59) Im Zweifelsfall hatten diese Erkenntnisse Vorrang vor Herstellerangaben oder anderen Veröffentlichungen.

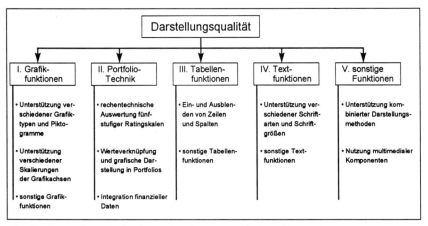

Abb. IV - 70:   *Übersicht über die einzelnen Ausprägungen der Darstellungsqualität.*

I. Grafikfunktionen

Zweifelsfrei ist die grafische - und gegebenenfalls multimediale - Informationsdarstellung eine der wichtigsten Anforderungen an die Gestaltung effizienter Führungsinformationssysteme. Über 50 % der in der empirischen Untersuchung befragten Vorstandsmitglieder stuften deren Bedeutung als *hoch* ein.[60] Solche Informationen sind nicht nur **schnell aufzunehmen**, mit ihrer Hilfe sind auch sehr leicht Ähnlichkeits-, Ordnungs- und Proportionalbeziehungen **erkennbar**. Des weiteren besitzen sie eine **hohe Einprägsamkeit**.[61]

Da verschiedene Führungskräfte **verschiedene Grafiktypen und Piktogramme** bevorzugen, haben FIS-Generatoren dies entsprechend zu unterstützen. Die wichtigsten Grafiktypen sind im folgenden zusammengefaßt.[62] Sie stellen die Grundlage der anschließenden Evaluierungsarbeiten dar:

- **Liniendiagramme** bilden eine Abhängigkeitsbeziehung als *Funktionsverlauf* in einem Koordinatensystem ab. Sie sind geeignet, insbesondere Veränderungen im Zeitablauf aufzuzeigen. Für Vergleiche können mehrere Funktionen in einer Grafik zusammengefaßt werden.

- Eine Variante des Liniendiagramms sind **Flächendiagramme**. Bei ihnen ist die Fläche zwischen dem Funktionsverlauf und der Abszisse *ausgefüllt* oder *schraffiert*.

---

60)   Vgl. S. 119.

61)   So wurde beispielsweise in einer empirischen Untersuchung von ZAHN (Informationsaufbereitung), S. 966, nachgewiesen, daß Grafiken Tabellen an Aussagekraft bei weitem übertreffen. Der Grund dafür ist, daß bildliche Zusammenhänge bis zu fünfmal schneller als Texte und Zahlen erfaßt werden.

62)   Zu weiteren Grafiktypen vgl. ZELAZNY (Wirtschaftsdaten), S. 19 ff.

- Für die Darstellung zeitlicher Verläufe bieten sich **Säulendiagramme** an. Bei Säulendiagrammen werden auf der Abszisse die *Objektbezeichnungen* und auf der Ordinate die jeweiligen *Ausprägungen* angegeben. Die Ausprägungen können positive und negative Werte annehmen, die nach oben oder unten abgetragen werden.[63] Die Säulenhöhe repräsentiert die Ausprägungen der Objekte.

- **Balkendiagramme** entsprechen - wie die nachfolgende Abb. IV - 71 zeigt - einem um 90° gedrehten Säulendiagramm. Auf der vertikalen Achse werden die *Objektbezeichnungen* und auf der horizontalen Achse die zugehörigen *Ausprägungen* angegeben. Die Ausprägungen werden durch die Balkenlänge repräsentiert.

- **Kreisdiagramme** werden eingesetzt, wenn die *Struktur einer Gesamtheit* vermittelt werden soll. Die einzelnen Sektoren erfassen dabei den Anteil an der Gesamtheit.

- Um die *Korrelation* zwischen Variablen zu visualisieren, wird häufig auf **Punktediagramme** zurückgegriffen. Sie haben den Nachteil, daß sie bei vielen Punktepaaren schnell unübersichtlich werden und die Zuordnung der einzelnen Punkte zu dem zugrundeliegenden Sachverhalt dann schwierig ist.

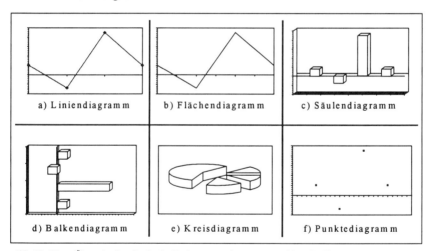

a) Liniendiagramm   b) Flächendiagramm   c) Säulendiagramm

d) Balkendiagramm   e) Kreisdiagramm   f) Punktediagramm

Abb. IV - 71:   Übersicht über die für die Evaluierungsarbeiten ausgewählten Grafiktypen.

Neben den Grafiktypen sollten effiziente FIS-Generatoren **aktive Piktogramme** generieren können.[64] Hierbei ist insbesondere an geographische Karten zu denken, mit denen per Mausklick u.a. die Umsatzverteilung in einem Land abgebildet werden kann.

---

63)   Vgl. Abb. IV - 71, S. 301.

64)   Piktogramme sind „formelhaft-grafische Symbole mit international festgelegter Bedeutung". Vgl. URBA-NEK (Software-Ergonomie), S. 151. Zu einer Auflistung vgl. ZELAZNY (Wirtschaftsdaten), S. 19 ff.

Hinsichtlich seiner **Grafikfunktionen** schneidet das **Hyperion Enterprise** am schlechtesten ab. In der Standardversion werden keine der vorgestellten Grafiktypen von ihm unterstützt. Es kann weder ein Firmenlogo noch ein Piktogramm eingebunden werden,[65] so daß die Beurteilung „**nicht vorhanden**" vergeben wird.

In Abhängigkeit des Kontextes, in dem sich der Mauszeiger des **SAP EC-EIS** befindet, sind bis auf das Punktediagramm alle zuvor angeführten Grafiktypen in zwei- und zum Teil sogar in dreidimensionaler Darstellung möglich. Zwar sind noch weitere Grafiktypen vorhanden, im Vergleich zum nachfolgend beschriebenen Oracle Express Objects besitzt dieser FIS-Generator aber eine kleinere Auswahl an Grafiktypen. Da auch keine Piktogramme eingebunden werden können, ist das SAP EC-EIS hinsichtlich seiner Grafikfunktionen mit „**neutral**" einzustufen.

Das **Oracle Express Objects** besitzt sehr umfangreiche Grafikfunktionen. 35 verschiedene Ausprägungen, die alle noch um 90° gedreht werden können, stehen für die Informationsdarstellung zur Verfügung. Auch können aktive Piktogramme - beispielsweise zur bereits angesprochenen Umsatzverteilung in einem Land - eingebunden werden, so daß dieser FIS-Generator hinsichtlich seiner Grafikfunktionen mit einer **sehr hohen Beurteilung** eingestuft wird.

Da der Analyser des **SAP BW** als „Add-In" zu Microsoft Excel konzipiert ist,[66] stehen zur Informationsdarstellung alle Grafikfunktionen dieses Tabellenkalkulationsprogramms zur Verfügung. Die Unterstützung der geforderten Grafiktypen ist gegeben und es stehen noch weitere *Grafiktypen* zur Verfügung. Das Einbinden von Piktogrammen - u.a. Landkarten mit integrierter „Drill-up/Drill-down"-Funktion[67] - ist im derzeitigen Standardumfang noch *nicht* möglich.[68] Hinsichtlich seiner Grafikfunktionen wird das SAP BW daher mit „**hoch**" beurteilt.

Neben verschiedenen Grafiktypen sollten effiziente FIS-Generatoren unterschiedliche **Skalierungen der Grafikachsen** unterstützen. Folgende Ausprägungen wurden hierbei untersucht:

- Die **Dezimal-Skalierung** basiert auf einer *Zehner-Potenz* und stellt den am häufigsten verwendeten Maßstab dar. Des weiteren ist eine *nicht lineare* Zahlendarstellung zu fordern. Hierbei wird sich aus praxeologischen Gründen auf die **logarithmische Skalierung** beschränkt.[69]

---

65) Hierzu wird auf das Hyperion-Zusatzprodukt Spider-Man verwiesen.

66) Vgl. hierzu S. 294 ff.

67) Vgl. S. 321 f.

68) Nach Aussage von SAP soll dies aber ab Mitte 1999 im Release-Stand 2.0 möglich sein.

69) Gleicher Auffassung sind auch BULLINGER / KOLL / NIEMEYER (Führungsinformationssysteme), S. 168.

- Auch sollte der **Nullpunkt der Grafik** und die **Skalierungsabstände der Ordinate** frei wählbar sein.[70]

Aufgrund der fehlenden Grafikfunktionen ermöglicht das **Hyperion Enterprise** weder verschiedene Skalierungsarten, noch eine Nullpunktverschiebung oder die freie Wahl der Skalierungsabstände. Die Beurteilung „nicht vorhanden" ist daher folgerichtig.

Sowohl das **SAP EC-EIS** als auch das **Oracle Express Objects** besitzen als Standardeinstellung nur eine *Dezimal-Skalierung*. Daß beide FIS-Generatoren dennoch mit „hoch" eingestuft werden, läßt sich damit erklären, daß der Anwender *individuell* entscheiden kann, ob vom System in Abhängigkeit der Spitzenwerte sowohl eine Nullpunktverschiebung als auch die angemessene Bestimmung der Skalierung auf der Ordinate durchgeführt werden soll oder nicht.

Hinsichtlich seiner Fähigkeiten, verschiedene Skalierungen zu unterstützen, erhält das **SAP BW** eine **sehr hohe Beurteilung**. Dies läßt sich damit begründen, daß die „Add-In"-Konzeption des Analysers einen Zugriff auf den *Diagramm-Assistent* des Tabellenkalkulationsprogramms Microsoft Excel ermöglicht. Dieser bietet nicht nur die Auswahl zwischen einer dezimalen und einer logarithmischen Skalierung. Des weiteren ist eine Nullpunktverschiebung und die individuelle Festlegung der Ordinatenskalierung möglich.

Effiziente Führungsinformationssysteme sollen nicht bloß Grafiken erzeugen, sondern auch wichtige Kennziffern und Trends hervorheben. Es sind daher *farbliche Gestaltungsmittel* und *Schraffuren, verschiedene Schriftarten* und *-größen* zu fordern und die Grafik sollte *frei* in der Bildschirmmaske plaziert werden können. Die genannten Anforderungen sind unter den „**sonstigen Grafikfunktionen**" zusammengefaßt.[71]

Da das **Hyperion Enterprise** keine Grafikfunktionen besitzt, wird die Überprüfung seiner sonstigen Grafikfunktionen hinfällig. Der genannte FIS-Generator erhält die Beurteilung „**nicht vorhanden**".

Beim **EC-EIS** werden sowohl die Farben als auch die Schriftart und -größe über den grafischen Oberflächenstandard von SAP - das sogenannte SAP-GUI[72] (Graphical User Interface) - festgelegt.[73] Bei der Schriftgröße kann zwischen „klein - mittel - neutral" ausgewählt werden. Eine freie Wahl der Schriftart sowie die individuelle Plazierung der Grafik ist *nicht* möglich,

---

70) Nur so kann eine individuelle Informationsdarstellung ermöglicht werden. Für ein Beispiel vgl. ZELAZNY (Wirtschaftsdaten), S. 83 ff.

71) Vgl. hierzu Abb. IV - 72, S. 304.

72) SAP GUI ist ein eingetragenes Warenzeichen der SAP AG, Walldorf/Baden.

73) Die Vorgaben können über die Menüfolge „Einstellungen - Grundeinstellungen" angezeigt und verändert werden.

so daß dieser FIS- Generator hinsichtlich seinen „sonstigen Grafikfunktionen" mit „**sehr gering**" eingestuft wird.

Sowohl das **Oracle Express Objects** als auch das **SAP BW** zeichnen sich durch eine Vielzahl sonstiger Grafikfunktionen aus. So sind die Farben und Schraffuren in der Grafik als auch die Schriftart und -größe der Grafiküberschrift *frei* wählbar. Über die Standardeinstellungen hinaus ist *Fett- und Kursivdruck* möglich. Die Grafik ist durch den Entwickler *frei* in der Bildschirmmaske plazierbar, so daß die sonstigen Grafikfunktionen dieser FIS-Generatoren eine **sehr hohen Beurteilung** erlauben.

FIS-Generatoren → Ausprägungen ↓ zu den *Grafikfunktionen* ▼	Hyperion Enterprise 4.62 XA	SAP EC-EIS 4.0	Oracle Express Objects 2.1	SAP BW 1.2
Unterstützung verschiedener Grafiktypen	nicht vorhanden	neutral	sehr hoch	hoch
Unterstützung verschiedener Skalierungen der Grafikachsen	nicht vorhanden	hoch	hoch	sehr hoch
sonstige Grafik-Funktionen	nicht vorhanden	sehr gering	sehr hoch	sehr hoch
Beurteilungsgrundlage: Sechsstufige Ratingskala von "nicht vorhanden", über "sehr gering","gering", "neutral", "hoch" bis "sehr hoch"				

Abb. IV - 72:   Beurteilung ausgewählter FIS-Generatoren nach ihren Grafikfunktionen.

II. Portfolio-Technik

In Zusammenhang mit der in der vorliegenden Arbeit entwickelten Erfolgsfaktoren-basierten Balanced Scorecard müssen effiziente FIS-Generatoren in der Lage sein, deren **Portfolio-Technik** zu unterstützen:

- Da auf die Werte der einzelnen Kennzahlen zurückgegriffen werden soll, müssen die FIS-Generatoren zunächst die **rechentechnische Auswertung fünfstufiger Ratingskalen** unterstützen. Nur so kann aus der Summe der Kennzahlen ein Achsenwert für die Portfolio-Darstellung errechnet und abgetragen werden.

- Des weiteren müssen sie sicherstellen, daß die einzelnen Meßkriteriumswerte miteinander verknüpft und **im Portfolio grafisch dargestellt** werden können. Hierbei müssen effiziente FIS-Generatoren die Möglichkeit bieten, **mehrdimensionale Grafiken** zu erstellen.

• Letztendlich haben FIS-Generatoren die **Integration finanzieller Daten in die Portfolio-Darstellung** sicherzustellen. Zur Darstellung dieser vierten Dimension kommen Kreise oder Kugeln in Betracht.[74]

Im Rahmen der Evaluierungsarbeiten wurde herausgearbeitet, daß mit **allen FIS-Generatoren** additive und multiplikative Verknüpfungen möglich sind. Hinsichtlich der **rechentechnischen Auswertung von Ratingskalen** erhalten daher alle FIS-Generatoren eine **sehr hohe Beurteilung**.

Da das **Hyperion Enterprise** keinerlei Grafikfunktionen besitzt, ist auch keine Portfolio-Darstellung möglich. Somit wird auch die Integration finanzieller Daten in eine Portfolio-Darstellung hinfällig. Das Hyperion Enterprise erhält dahingehend zweimal die Beurteilung „nicht vorhanden".

Das **SAP EC-EIS** besitzt für die **grafische Wertedarstellung in Portfolios** eine eigens dafür vordefinierte *Funktion*. Da jedoch nur zweidimensionale Portfolios unterstützt werden, wird eine **neutrale Beurteilung** vergeben. Zur **Integration finanzieller Daten** bietet das SAP EC-EIS fünf verschiedene Darstellungsformen an, so daß eine **sehr hohe Beurteilung** vergeben wird.

Das **Oracle Express Objects** zeichnet sich zwar durch eine Vielzahl möglicher Grafiktypen aus,[75] eine voreingestellte Funktion zur Portfolio-Darstellung ist aber auf zwei Dimensionen beschränkt. Da die dreidimensionale Darstellung nur über eine aufwendige *manuelle Programmierung* möglich ist, erhält dieser FIS-Generator hinsichtlich seiner Fähigkeiten, einzelne Meßkriteriumswerte miteinander zu verknüpfen und in dreidimensionalen Portfolios darstellen zu können, eine **neutrale Beurteilung**. Die Einbindung finanzieller Daten ist möglich. Die Abwertung im Vergleich zum SAP EC-EIS läßt sich damit begründen, daß sich die Darstellungsmöglichkeiten auf *Kreise* beschränken.

Das **SAP BW** unterstützt im derzeitigen Releasestand 1.2 in Verbindung mit dem Excel-Standardpaket weder zwei- noch dreidimensionale Portfolios.[76] Somit wird auch die **Integration finanzieller Daten** hinfällig. Die Beurteilung „nicht vorhanden" für die genannten Ausprägungen ist daher folgerichtig.

---

74) Vgl. Abb. IV - 58, S. 268.
75) Vgl. S. 303.
76) Eine individuelle Programmierung in Excel mit Visual Basic wäre wohl nur mit sehr großem Aufwand zu realisieren und wurde deshalb nicht berücksichtigt. Ob die Unterstützung der Portfolio-Technik - insbesondere dreidimensionaler Portfolios - bereits im nächsten Releasestand 2.0 in den *Standardumfang* des BW integriert wird, war zum Zeitpunkt der Untersuchung (September und Oktober 1998) von SAP noch nicht entschieden.

FIS-Generatoren → Ausprägungen zur *Portfolio-* *Technik* ↓	Hyperion Enterprise 4.62 XA	SAP EC-EIS 4.0	Oracle Express Objects 2.1	SAP BW 1.2
rechentechnische Auswertung fünfstufiger Ratingskalen	sehr hoch	sehr hoch	sehr hoch	sehr hoch
Werteverknüpfung und grafische Darstellung in 3D-Portfolios	nicht vorhanden	neutral	neutral	nicht vorhanden
Integration finanzieller Daten	nicht vorhanden	sehr hoch	hoch	nicht vorhanden

Abb. IV - 73:   *Beurteilung ausgewählter FIS-Generatoren nach ihren Fähigkeiten, die Portfolio-Technik zu unterstützen.*

III. Tabellenfunktionen

Trotz der hohen Anschaulichkeit von Grafiken ist die Darstellung von Informationen in **Tabellen** derzeit noch am häufigsten verbreitet. Dies läßt sich vor allem darauf zurückführen, daß Tabellen im Vergleich zu Grafiken eine **kompaktere Informationswiedergabe** bieten. Die Kompaktheit hat jedoch einen Nachteil: Die Tabellendarstellung wird ab einer bestimmten Informationsmenge **unübersichtlich**. Daher müssen effiziente FIS-Generatoren wichtige Sachverhalte einer Tabelle hervorheben können.[77] Hierbei sind folgende Kriterien von Bedeutung:

- **Zeilen und Spalten**, die in einer momentanen Entscheidungssituation weniger relevante Informationen enthalten, müssen **ein- und ausgeblendet** werden können.

- Zur Betonung der Informationsinhalte sind - in Analogie zu vorangegangenen Ausführungen[78] - farbliche Gestaltungsmittel, die Nutzung verschiedener Schraffuren sowie verschiedene Schriftarten und -größen zu fordern. Auch sollten Tabellen in der Bildschirmmaske frei plaziert werden können. Die genannten Anforderungen sind in der Abb. IV - 74 unter den „**sonstigen Tabellenfunktionen**" zusammengefaßt.

Das **Ein- und Ausblenden von Zeilen und Spalten** kann sowohl beim Hyperion Enterprise als auch beim SAP EC-EIS nicht am Bildschirm durchgeführt werden. Es besteht aber die

---

77)   Vgl. hierzu SIEGWART (Kennzahlen), S. 30.
78)   Vgl. S. 303.

Möglichkeit der *manuellen Manipulation*. So können im Report Writer des Hyperion Enterprise auf einfache Art und Weise „Reports" generiert werden. Des weiteren ist das Ein- und Ausblenden von Unterkonten möglich. Beim SAP EC-EIS wird dies über die Menüfolge „Recherche - Spalten ein- und ausblenden" ermöglicht. Daß das **Hyperion Enterprise** diesbezüglich mit einer **hohen Beurteilung** und das **SAP EC-EIS** nur mit „neutral" eingestuft wird, basiert auf der Zusatzfunktion des Enterprise, Konten mit dem Wert „0" *automatisch* auszublenden.

Trotz seiner Objektorientierung[79] können auch mit dem **Oracle Express Objects** Zeilen und Spalten *nicht* direkt am Bildschirm ein- und ausgeblendet werden. Neben der Möglichkeit einer individuellen Programmierung ist eine sogenannte „List-Funktion" vorhanden, mit der über ein Fenster die anzuzeigenden Zeilen und Spalten einer Tabelle ausgewählt werden können. Das Oracle Express Objects erhält daher eine **neutrale Beurteilung**.

Das **SAP BW** erhält hinsichtlich seiner Möglichkeiten, Zeilen und Spalten einer Tabelle ein- und ausblenden zu können, eine **sehr hohe Beurteilung**. Durch seine „Add-In"-Konzeption können Zeilen und Spalten einfach markiert und am Bildschirm entfernt werden. Da die entfernten Zeilen und Spalten aber nicht tatsächlich gelöscht, sondern nur am Bildschirm ausgeblendet werden, ist das Ein- und Ausblenden sehr flexibel möglich.

Die Verwendung farblicher Gestaltungsmittel, verschiedener Schraffuren, Schriftarten und -größen sind bei allen FIS-Generatoren gegeben. Daß das **Hyperion Enterprise** hinsichtlich der „**sonstigen Tabellenfunktionen**" dennoch „nur" eine **neutrale Beurteilung** erhält, ist damit zu begründen, daß die für die Tabellenüberschrift verwendete Schriftart vom System vorgegeben wird und sich die generierten Tabellen im Report Writer nur über die Zeilen- und Spaltenkoordinaten in der Bildschirmmaske plazieren lassen.

Die Tabellenpositionierung wird im **SAP EC-EIS** durch das System *fixiert*. Eine **geringe Beurteilung** hinsichtlich der sonstigen Tabellenfunktionen ist daher gerechtfertigt.

Das **Oracle Express Objects** und das **SAP BW** werden dahingehend mit „**sehr hoch**" eingestuft. Nicht nur, daß die Verwendung farblicher Gestaltungsmittel, verschiedener Schraffuren, Schriftarten und -größen für die Tabellenzellen und die Überschrift möglich ist. Die Beurteilung ist insbesondere damit fundiert, daß der Entwickler durch die Objektorientierung eine Tabelle in jeder beliebigen Position der Bildschirmmaske plazieren kann.

---

79)   Vgl. S. 312.

FIS-Generatoren → Ausprägungen zu den *Tabellenfunktionen* ↓	Hyperion Enterprise 4.62 XA	SAP EC-EIS 4.0	Oracle Express Objects 2.1	SAP BW 1.2
Ein- und Ausblenden von Zeilen und Spalten	hoch	neutral	neutral	sehr hoch
sonstige Tabellen-Funktionen	neutral	gering	sehr hoch	sehr hoch

Abb. IV - 74:   *Beurteilung ausgewählter FIS-Generatoren nach ihren Tabellenfunktionen.*

IV. Textfunktionen

In Führungsinformationssystemen sind auch **Textfelder** von großer Bedeutung. Sie können nicht nur *Interpretationshilfen* geben und *Abweichungen* erklären, als **eigenständige Bausteine** dienen sie auch der direkten Informationsübermittlung. Hierbei ist an die Darstellung von *Pressemeldungen,* der Anzeige *aktueller Währungskurse* oder *Börsen-Notierungen* zu denken. An effiziente FIS-Generatoren sind daher folgende Anforderungen zu stellen:

- Zum einen sollen in Textfeldern **verschiedene Schriftarten und -größen** möglich sein.

- Zum anderen muß die Möglichkeit bestehen, Textfelder in der Bildschirmmaske **frei** plazieren und mit **Farben oder Schraffuren** hinterlegen zu können.

Die schlechteste Beurteilung hinsichtlich seiner **Textfunktionen** erhält das **Hyperion Enterprise**. Die läßt sich damit begründen, daß dieser FIS-Generator *keine Textfelder* generieren kann. Die Unterstützung verschiedener Schriftarten und -größen als auch die freie Plazierung der Textfelder wird somit hinfällig. Die Textfunktionen des Hyperion Enterprise werden als „**nicht vorhanden**" eingestuft.

Mit dem **SAP EC-EIS** ist die Definition von Textfeldern zwar möglich, durch die Einstellungen im SAP-GUI (Graphical User Interface) werden die Schriftart und -größe jedoch unveränderbar vom System vorgegeben. Da der Inhalt von Textfeldern immer in der Fußzeile des Systems angezeigt wird, ist die geforderte **freie Plazierung in der Bildschirmmaske** nur mit „**sehr gering**" einzustufen.

Die Textfunktionen des **Oracle Express Objects** und des **SAP BW** werden mit „**sehr hoch**" eingestuft.[80] Dies läßt sich damit fundieren, daß Textfelder sowohl in verschiedenen Schrift-

---

80)   Hierbei ist zu beachten, daß Texte im Oracle Express Objects in der Datenbank, im SAP BW in Excel im Rahmen einer Arbeitsmappe abgespeichert werden.

arten als auch in verschiedenen Schriftgrößen gestaltbar sind. Des weiteren sind die Textfelder *frei* in der Bildschirmmaske **plazierbar**.

FIS-Generatoren ⟶ Ausprägungen ⏐ zu den *Text- funktionen* ⬇	Hyperion Enterprise 4.62 XA	SAP EC-EIS 4.0	Oracle Express Objects 2.1	SAP BW 1.2
Unterstützung verschiedener Schriftarten und Schriftgrößen	nicht vorhanden	sehr gering	sehr hoch	sehr hoch
sonstige Text- funktionen	nicht vorhanden	sehr gering	sehr hoch	sehr hoch

Abb. IV - 75:   Beurteilung ausgewählter FIS-Generatoren nach ihren Textfunktionen.

V. Sonstige Funktionen

Unter den sonstigen Funktionen der Darstellungsqualität ist die **kombinierte Darstellung** von Grafiken, Tabellen und Texten in einer Bildschirmmaske zu subsumieren.[81] Für die zukunfts-orientierte Gestaltung von Führungsinformationssystemen haben FIS-Generatoren auch **multi-mediale Komponenten** zu unterstützen.[82]

Da das **Hyperion Enterprise** zahlenorientiert ausgerichtet ist, es sind - wie bereits dargelegt wurde - keine Grafiken oder Textfelder möglich, kann dieser FIS-Generator auch keine **kombinierte Darstellungsmethoden** unterstützen. Auch bietet es **keinerlei multimediale Komponenten** an, so daß eine Beurteilung mit „**nicht vorhanden**" gerechtfertigt ist.

Das **SAP EC-EIS** ermöglicht die **Kombination von Grafiken, Tabellen und Texten**. Nega-tiv fiel im Test auf, daß es keinen Verweis gibt, ob ein Textfeld - beispielsweise zur Kom-mentierung einer Grafik - besteht. Hinsichtlich seiner Fähigkeiten, verschiedene Darstellungs-methoden zu unterstützen, wird das SAP EC-EIS daher mit einer **neutralen Beurteilung** eingestuft. Nach Aussage von SAP besteht im SAP EC-EIS die Möglichkeit,[83] **multimediale Objekte** in das Berichtsheft einzubinden. Dies ist - so zeigte der Test - aber nur sehr umständlich möglich, so daß eine **neutrale Einstufung** gerechtfertigt ist.

---

81)   Dies erleichtert das Erkennen von Zusammenhängen und entspricht der sechsten Empfehlung der Steuerbarkeit nach DIN EN ISO 9241-10. Vgl. hierzu SCHNEIDER (Anforderungen), S. 70 ff.

82)   Komponenten zur *Integration von Animationen oder Filmen*, aber auch eine *Sprachausgabe* sollten unterstützt werden. Über 50 % der befragten Vorstandsmitglieder stuften die Bedeutung einer grafischer - und gegebenenfalls multimedialen - Informationsdarstellung als *hoch* ein. Vgl. S. 119.

83)   Vgl. hierzu SCHNEIDER (Anforderungen), S. 70 ff.

Das **Oracle Express Objects** wird für seine **Unterstützung kombinierter Darstellungsmethoden** mit „**sehr hoch**" eingestuft. Durch seine Objektorientierung sind Grafiken, Tabellen und Textfelder beliebig auf der Bildschirmoberfläche kombinierbar. Ihre Verschiebung ist über das Ziehen und Fallenlassen von Objekten auf bestimmte Teile der Benutzeroberfläche - die sogenannte „drag and drop-Technologie"[84] - möglich. Besonders positiv fiel auf, daß Informationen in Tabellendarstellung per einfachem Mausklick als Grafik dargestellt werden können.[85] Auch hinsichtlich der **Nutzung multimedialer Komponenten** erhält dieser FIS-Generator eine **sehr hohe Beurteilung**. Wie der Test zeigte, können verschiedene *OLE (Object Linking and Embeding)-Objekte*[86] - beispielsweise Sprach- oder Videosequenzen - sowohl in die Datenbank als auch in die grafische Oberfläche eingebunden werden.

In bezug auf die **Unterstützung kombinierter Darstellungsmethoden** ist das **SAP BW** mit „**hoch**" einzustufen. Eine Objektorientierung unterstützt die kombinierte Darstellung von Grafiken, Tabellen und Textfeldern. Die im Vergleich zum Oracle Express Objects etwas geringere Einstufung ist damit zu begründen, daß die per Mausklick zu bedienende Umschaltfunktion „Tabellen-/Grafikdarstellung" des Express Objects im SAP BW erst programmiert werden muß. Durch die Einbindung beliebiger OLE-Objekte wird die **Nutzung multimedialer Komponenten** unterstützt. Das SAP BW erhält dahingehend eine **sehr hohe Beurteilung**.

FIS-Generatoren → sonstige Krite- ↓ rien der *Darstellungsqualität*	Hyperion Enterprise 4.62 XA	SAP EC-EIS 4.0	Oracle Express Objects 2.1	SAP BW 1.2
Unterstützung kombinierter Darstellungsmethoden	nicht vorhanden	neutral	sehr hoch	hoch
Nutzung multimedialer Komponenten	nicht vorhanden	neutral	sehr hoch	sehr hoch

Abb. IV - 76:   *Beurteilung ausgewählter FIS-Generatoren nach sonstigen Kriterien der Darstellungsqualität.*

4.1.3.3. Beurteilung nach der Oberflächengestaltung und Dialogführung

Wie die empirische Untersuchung zeigte, ist das Scheitern vieler Führungsinformationssysteme auf Verständnisprobleme bei ihren Anwendern zurückzuführen. Daher ist neben der Informa-

---

84) Vgl. hierzu HANSEN (Wirtschaftsinformatik), S. 185; HÜBNER (Benutzerschnittstellen), S. 31.

85) Dieser Vorgang ist wieder rückgängig zu machen und beliebig oft zu wiederholen.

86) OLE-Objekte dienen dem einfachen *Datenaustausch* zwischen verschiedenen Anwendungen. Daten werden dabei als Objekte behandelt und über die Zwischenablage anderen Anwendungen zur Verfügung gestellt. Vgl. HANSEN (Wirtschaftsinformatik), S. 895.

tionsdarstellung der **Zugang** der Konzernleitung zu benötigten Informationen von Bedeutung.[87] Dieser Aspekt wird unter der **Oberflächengestaltung und Dialogführung** zusammengefaßt und stellt eine weitere - in erster Linie verhaltenswissenschaftlich fundierte - Beurteilungsgrundlage dar. Sie läßt sich wie folgt konkretisieren.

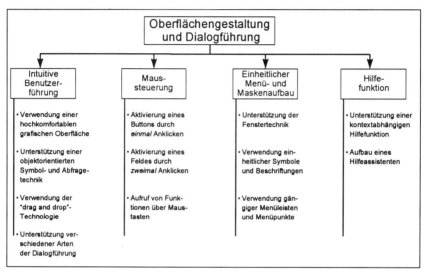

Abb. IV - 77:   *Übersicht über die einzelnen Ausprägungen der Oberflächengestaltung und Dialogführung.*

I. Intuitive Benutzerführung

Um Führungskräften, die in der Regel *nicht* in die Anwendungsschulungen betrieblicher Informationssysteme eingebunden sind, einen Zugang zu den von ihnen benötigten Informationen zu geben, ist zunächst auf eine **intuitive Benutzerführung** zu achten.[88]

• Erstens kann dies durch die **Verwendung hochkomfortabler grafischer Oberflächen** erreicht werden. Sie sollten klar strukturiert und einheitlich aufgebaut sein.

• Des weiteren ist eine **objektorientierte Symbol- und Abfragetechnik** zu fordern. Sie ermöglicht, daß weitestgehend auf EDV-spezifische Funktionskommandos verzichtet werden kann. In diesem Zusammenhang ist darauf zu achten, daß effiziente FIS-Generatoren eine vorinstallierte Sammlung realitätsnaher **Ikonen**[89] enthalten.

---

87) Vgl. hierzu den dritten Gestaltungsschwerpunkt effizienter Führungsinformationssysteme, S. 147.

88) Vgl. GLUKOWSKI / GABRIEL / CHAMONI (Management Support Systeme), S. 57.

89) Ikonen sind visuelle Elemente in grafischen Oberflächen, die nahezu sprachunabhängig Aktionen oder Programme repräsentieren und dadurch die Navigation im System erleichtern sollen. Vgl. hierzu URBANEK (Software-Ergonomie), S. 261 f. So wird die Schere oftmals als Symbol für einen Schneidevorgang verwendet. Ikonen werden durch Anklicken mit der Maus aktiviert.

- Für eine intuitive Benutzerführung ist aber auch die Verwendung der bereits angesprochenen **„drag-and-drop"-Technologie** von großer Bedeutung. Sie ermöglicht, daß der Anwender durch das Ziehen und Fallenlassen von Objekten auf bestimmte Teile der Benutzeroberfläche die Benutzerführung bestimmen kann.

Letztendlich ist im Rahmen der intuitiven Benutzerführung auf die **Unterstützung verschiedener Arten der Dialogführung** einzugehen. Sie werden im folgenden kurz dargestellt und sind von FIS-Generatoren idealerweise alle zu unterstützen:[90]

- Stellt das System eine begrenzte Auswahl an Alternativen zur Verfügung, aus denen der Benutzer auswählen kann, ist von einer **systemgesteuerten Dialogführung** zu sprechen. Sie ist insbesondere für ungeübte Systembenutzer zu empfehlen und basiert auf der Nutzung vorstrukturierter **Menüs**.

- Erfahrene Anwender schätzen die **benutzergesteuerte Dialogführung**. Durch die Formulierung von Befehlen in einer Kommandosprache oder über die Verwendung von **Short-Cuts**[91] steuert der Benutzer den Dialog mit Führungsinformationssystemen und erhöht die Schnelligkeit der Dialogführung.

- Eine dritte Dialogart ist die **„Direkte Manipulation"**.[92] Sie ermöglicht schnelle, umkehrbare Operationen, deren Wirkung auf das betreffende Objekt nach dem *WYSIWYG-Prinzip* - *„What you see is what you get"* - *unmittelbar* sichtbar wird.[93]

Das Hyperion Enterprise arbeitet mit einer **hochkomfortablen grafischen Oberfläche**. Sie entspricht dem Aufbau der weltweit millionenfach im Einsatz befindlichen „Microsoft Office-Oberfläche", so daß sich auch neue Anwender sehr leicht zurechtfinden.[94] Hinsichtlich seiner grafischen Oberfläche wird das Hyperion Enterprise mit einer **sehr hohen Beurteilung** eingestuft.

Der grafische Oberflächenstandard von **SAP** - das SAP-GUI - entspricht *nicht* der gängigen Oberfläche, wie sie z.B. im Microsoft Office-Paket verwendet wird. Im Test wurde die Ober-

---

90) Dies entspricht der fünften Empfehlung der Steuerbarkeit nach DIN EN ISO 9241-10. Zur Unterscheidung der einzelnen Arten der Dialogführung vgl. BULLINGER (Ergonomie), S. 367 ff.

91) Shortcuts sind Tastaturschablonen oder Kurzanzeigen am Bildschirm. Vgl. hierzu BULLINGER / KOLL / NIEMEIER (Führungsinformationssysteme), S. 161.

92) Vgl. hierzu SHNEIDERMAN (Interface).

93) Dies ist insbesondere für Simulationen und Prognosen von großer Bedeutung. Damit bei einer Datenveränderung die Grafik sofort aktualisiert wird, muß sie *datengesteuert* sein. Im Gegensatz hierzu werden bei statisch gesteuerten Grafiken fixe Bilddokumente abgespeichert, die nicht mehr verändert werden können. BULLINGER / KOLL / NIEMEIER (Führungsinformationssysteme), S. 165, sprechen von aktiven Grafiken.

94) Zum Teil wird sogar auf die Komponenten des Office-Pakets zurückgegriffen. Als Beispiel sei die direkte Anbindung an Microsoft Excel zur Datenerfassung genannt.

fläche des SAP EC-EIS als gewöhnungsbedürftig eingestuft. Die Einarbeitung fiel schwer, so daß dieser FIS-Generator über eine „geringe Beurteilung" nicht hinauskommt.[95]

Dahingegen besitzt das **Oracle Express Objects** eine **hochkomfortable grafische Ober-fläche**. So können mit der *Toolbox* - dem zentralen Element zur Berichtsgenerierung - auf spielerische Art und Weise neue Objekte oder Funktionen definiert werden. Durch ihre ein-fache *visuelle Programmierungstechnik* sind keine Maschinenbefehle mehr notwendig. Sie werden durch den FIS-Generator aus der grafischen Interaktion des Anwenders generiert. Das Express Objects wird für seine vorbildliche grafische Oberfläche mit „**sehr hoch**" beurteilt.

Auch das **SAP BW** wird in bezug auf seine Oberfläche mit einer **sehr hohen Beurteilung** eingestuft. Beispielsweise lassen sich in der *Administrations-Workbench* Info-Cube-Definitio-nen[96] über eine visuelle Programmierung erzeugen. Es sind keine Maschinenbefehle not-wendig, wodurch die vorangestellte Beurteilung gerechtfertigt wird.

Mit dem **Hyperion Enterprise** wird eine **objektorientierte Symbol- und Abfragetechnik** - die zweite Ausprägung zur Beurteilung der Oberflächengestaltung und Dialogführung der FIS-Generatoren - unterstützt. Die aus dem Microsoft Office-Paket bekannten Symbole - bei-spielsweise die Schere zum Ausschneiden - sind vorhanden. Zahlreiche weitere Ikonen sind für Hyperion-spezifische Funktionen vordefiniert, so daß eine **sehr hohe Beurteilung** vergeben werden kann.

Auch das **SAP EC-EIS** verwendet eine *Vielzahl von Ikonen.* Zwar sind Ikonen zu finden, die den Aufruf SAP-spezifischer Funktionen ermöglichen. Bei der Testdurchführung fiel aber nega-tiv auf, daß für Funktionen wie das Drucken nicht auf die bekannte Ikonen des Office Pakets zurückgegriffen wird.[97] Dies erschwert das Einarbeiten, so daß dieser FIS-Generator hinsicht-lich seiner objektorientierten Symbol- und Abfragetechnik nur mit „**gering**" eingestuft wird.

Das **Oracle Express Objects** und **SAP BW** unterstützen vorbildlich die objektorientierte Symbol- und Abfragetechnik. Die aus dem Office-Paket bekannten Symbole sind vorhanden. Zahlreiche weitere Ikonen stehen für Oracle- oder SAP-spezifische Funktionen zur Verfügung. Tabellen, Grafiken und Texte sind als Objekte definiert, so daß sie leicht weiterverarbeitet werden können. In Analogie zur Beurteilung des Hyperion Enterprise ist daher eine **sehr hohe Beurteilung** dieser FIS-Generatoren folgerichtig.

---

95)   SAP hat diesen Mangel erkannt und empfiehlt daher die Verwendung des Fremdprodukts inSight der
      Firma arcplan Information GmbH. Vgl. hierzu S. 292 f.
96)   Vgl. S. 295 f.
97)   So wird anstatt des OK-Buttons ein grüner Haken, anstatt des Buttons „Abbrechen" ein rotes Kreuz
      verwendet. Für die Suchfunktion wird ein im Office-Paket unbekanntes Fernglas verwendet.

Das **Hyperion Enterprise** erhält hinsichtlich seiner **„drag-and-drop"-Technologie eine neutrale Beurteilung**. Dies läßt sich damit erklären, daß diese Benutzertechnologie nur vom Report Writer unterstützt wird. Die eigentlichen Reports sind starr definiert und können nicht mit der „drag-and-drop"-Technologie bearbeitet werden. Vom **SAP EC-EIS** wird die „drag-and-drop"-Technologie **nicht unterstützt**.

Die Anwendung des „drag-and-drop" ist sowohl im **Oracle Express Objects** als auch bei den Queries - nicht im Excel - des **SAP BW** möglich. So können durch einfaches Ziehen von Objekten Zeilen und Spalten von Tabellen ausgetauscht werden (Rotation der Achsen). Mit der bereits angesprochenen *Toolbox* des Oracle Express Objects können alle sichtbaren Objekte einer Applikation - beispielsweise Objekte oder Funktionen - per „drag-and-drop" definiert werden. Eine **sehr hohe Beurteilung** ist die Folge.

Hinsichtlich der **Dialogführung** unterstützt das **Hyperion Enterprise** sowohl die systemgesteuerte als auch die benutzergesteuerte Dialogführung. Zahlreiche *Short-Cuts* bestehen. Da aber die direkte Manipulation von Objekten nicht möglich ist, werden die Dialogführungsmöglichkeiten dieses FIS-Generators mit „**neutral**" beurteilt.

Beim **SAP EC-EIS** entsteht hinsichtlich der Dialogführung der Eindruck, daß sie nicht für Führungskräfte, sondern eher für die *Analysearbeiten von Controllern* entwickelt wurde. Zwar ist eine Menütechnik vorhanden, sie entspricht aber *nicht* den aus dem Office-Paket bekannten Vorgaben. Dementsprechend ist die Dialogführung an einigen Stellen gewöhnungsbedürftig. Zur Unterstützung der benutzergesteuerten Dialogführung sind etwa 30 bekannte *Short-Cuts* vorhanden. Eine direkte Manipulation ist aber *nicht* möglich, so daß das SAP EC-EIS hinsichtlich seiner Möglichkeiten, verschiedene Dialogarten zu unterstützen, mit einer **geringen Beurteilung** eingestuft wird.

Das **Oracle Express Objects** unterstützt *alle* Arten der Dialogführung. Zum einen stehen verschiedene *Menüs* zur systemgesteuerten Dialogführung zur Verfügung. Sie sind an den Aufbau der Office-Menüs angepaßt. Zum anderen können aber auch *Short-Cuts* - beispielsweise zum Springen an eine andere Dialogstelle - benutzt werden. Die direkte Manipulation wird über eine *Umschaltfunktion* realisiert. Mit ihr wird der einfache Wechsel von der Informationsdarstellung in einer Tabelle in die entsprechende Grafikansicht ermöglicht. Für seine Unterstützung verschiedener Arten der Dialogführung wird das Oracle Express Objects mit „**sehr hoch**" eingestuft.

Das **SAP BW** unterstützt sowohl die systemgestützte als auch die benutzergestützte Dialogführung. Für die systemgestützte Dialogführung bestehen *zahlreiche Menüs*, in denen sich der Benutzer leicht zurechtfindet. Zur benutzergestützten Dialogführung sind verschiedene *Short-Cuts* vorhanden. Zwar ist die intuitive Bedienung der Administrator-Workbench - so ergab der eigene Test - noch verbesserungswürdig. Da es sich hierbei aber um Detailprobleme handelt, führte dies zu keiner Abwertung. Die Grafiken im Analyser des SAP BW sind *datengesteuert,* so daß sie bei Veränderungen der zugrundeliegenden Daten sofort aktualisiert werden. Hinsichtlich seiner Fähigkeiten, verschiedene Dialogführungsarten zu unterstützen, erhält das SAP BW daher eine **sehr hohe Beurteilung.**

FIS-Generatoren ➡️ Ausprägungen ↓ zur *intuitiven* *Benutzerführung*	Hyperion Enterprise 4.62 XA	SAP EC-EIS 4.0	Oracle Express Objects 2.1	SAP BW 1.2
Verwendung einer hoch-komfortablen grafischen Oberfläche	sehr hoch	gering	sehr hoch	sehr hoch
Unterstützung einer objekt-orientierten Symboltechnik	sehr hoch	gering	sehr hoch	sehr hoch
Verwendung der "drag-and drop"-Technologie	neutral	nicht vorhanden	sehr hoch	sehr hoch
Unterstützung verschiedener Arten der Dialogführung	neutral	gering	sehr hoch	sehr hoch

Abb. IV - 78:   *Beurteilung ausgewählter FIS-Generatoren nach ihrer intuitiven Benutzerführung.*

II. Maus-Steuerung

Über die Hälfte der befragten Führungskräfte schätzen die Bedeutung einer **Maus-Steuerung** für die Gestaltung effizienter Führungsinformationssysteme als hoch ein.[98] Die Tastatur scheidet daher als präferiertes Instrument der Dialogführung aus.[99] Folgende Eigenschaften sollten unterstützt werden:

• Durch einfaches Anklicken soll ein **Button** aktiviert werden. Durch zweimal Anklicken - beispielsweise auf ein **Feld** - ist ein Funktionsaufruf zu realisieren.[100]

• Des weiteren ist aber auch die Verwendung der **rechten Maustaste** - beispielsweise zum Aufruf kontextabhängiger Funktionen oder sonstiger Weiterverarbeitungsmöglichkeiten - sehr wichtig.

---

98) Vgl. hierzu Abb. III - 17, S. 120.

99) Vgl. hierzu auch RIEGER (Executive Information Systems) S. 113.

100) So sollte beispielsweise die Änderung eines Bezugszeitraums nicht zahlenmäßig eingetippt, sondern durch *Anklicken vorgegebener Wahlmöglichkeiten* realisiert werden. Für weitergehende Zahlen ist beispielsweise auch das Anklicken des entsprechenden Grafikelements denkbar. Vgl. hierzu auch die vierte Empfehlung der Erwartungskonformität nach DIN EN ISO 9241-10.

Durch ihre grafische Oberfläche unterstützen alle FIS-Generatoren die Dialogführung mittels *Buttons* und *Felder*. Positiv ist anzuführen, daß übergeordnete Summenkonten wie die „immateriellen Vermögensgegenstände" *maussensitiv* ausgestaltet sind. Durch einen Doppelklick auf diese Felder können die darunterliegenden Konten dargestellt werden. In bezug auf ihre **Button- und Feldaktivierung** erhalten alle **FIS-Generatoren** eine **sehr hohe Beurteilung.**

Der Aufruf **kontextabhängiger „Pop-up"-Menüs mit der rechten Maustaste** ist mit dem **Hyperion Enterprise** nicht, mit dem **SAP EC-EIS** nur in Abhängigkeit des jeweiligen Kontextes[101] möglich. Der erstgenannte FIS-Generator erhält dahingehend die Beurteilung „**nicht vorhanden**", das **SAP EC-EIS** eine **geringe Beurteilung.** Die unterdurchschnittliche Beurteilung des EC-EIS ist insbesondere auch damit zu begründen, daß das „Pop-up"-Menü zum Teil sehr lang, damit unübersichtlich und nicht individuell anpaßbar ist.

Im Gegensatz hierzu ist die rechte Maustaste beim **Oracle Express Objects** und dem **SAP BW** mit einer Vielzahl kontextabhängiger Funktionen hinterlegt. Eine „**sehr hohe Beurteilung**" dieser FIS-Generatoren ist daher gerechtfertigt.

FIS-Generatoren → Ausprägungen zur *Maus-Steuerung* ↓	Hyperion Enterprise 4.62 XA	SAP EC-EIS 4.0	Oracle Express Objects 2.1	SAP BW 1.2
Aktivierung eines Buttons oder Feldes durch Anklicken	sehr hoch	sehr hoch	sehr hoch	sehr hoch
Aufruf von Funktionen über die rechte Maustasten	nicht vorhanden	gering	sehr hoch	sehr hoch

Abb. IV - 79:   Beurteilung ausgewählter FIS-Generatoren nach ihrer Maus-Steuerung.

III. Einheitlicher Menü- und Maskenaufbau

Der einheitliche Menü- und Maskenaufbau stellt die dritte Ausprägung der Oberflächengestaltung und Dialogführung dar.[102] Hierbei sind für die Evaluierungsarbeiten folgende Aspekte von Bedeutung:

- Systemablaufstrukturen sind häufig kompliziert und für den schnellen und unkomplizierten Gebrauch durch die Konzernleitung ungeeignet. Für einen einheitlichen Menü- und Masken-

---

101)   Unter anderem ist in Grafiken der Funktionsaufruf über die rechte Maussteuerung *nicht* möglich.
102)   Vgl. Abb. IV - 77, S. 311.

aufbau sollte daher die **Unterstützung der Fenstertechnik**[103] akzentuiert werden.[104] Sie ermöglicht die Vervielfältigung der Bildschirmfläche, wodurch die gleichzeitige Darstellung von unterschiedlichen Sachverhalten unterstützt wird.

- Des weiteren sind **einheitliche Symbole und Beschriftungen** zu verwenden.[105] Die Führungskräfte sollen nicht durch die unterschiedliche Wahl von Symbolen für den gleichen Tatbestand irritiert und von ihrer eigentlichen Aufgabe abgelenkt werden.

- Letztendlich haben sich die **Menüleiste** und die **Menüpunkte** an der bekannten Menüstruktur des Office-Pakets[106] anzulehnen.[107]

Die Unterstützung der **Fenstertechnik** wird vom **Hyperion Enterprise** insbesondere zur Dateneingabe genutzt. Beispielsweise können für alle Summenkonten Fenster geöffnet werden, mit denen Daten neu eingegeben oder nachträglich manipuliert werden können. Es wird daher eine **hohe Beurteilung** vergeben. Hinsichtlich der **Verwendung einheitlicher Symbole und Beschriftungen** und in bezug auf die **Verwendung gängiger Menüleisten und -punkte** erhält das Hyperion Enterprise eine **sehr hohe Beurteilung**. Die Funktionen, die hinter den Symbolen und Beschriftungen stehen, sind modulunabhängig.[108] Die sehr hohe Bewertung läßt sich aber vor allem damit erklären, daß die Menüleisten und -punkte am Microsoft Office-Paket ausgerichtet wurden.

In Analogie zum Hyperion Enterprise unterstützt auch das **SAP EC-EIS** die **Fenstertechnik**. Des weiteren besitzt SAP die Lizenz für den sogenannten „*Management Cockpit Raum*". Dieser kommt einer Schaltzentrale gleich, bei der eine Vielzahl von Grafiken, Tabellen und Texten gleichzeitig per Projektor auf verschiedene Wände eines Tagungsraumes projiziert werden können.[109] Hinsichtlich der Fenstertechnik wird daher für diesem FIS-Generator eine **sehr hohe Beurteilung** vergeben. Die **Verwendung einheitlicher Symbole und Beschriftungen** ist unabhängig von den verwendeten Programmteilen. Es wird dahingehend eine **sehr hohe Beurteilung** vergeben. Im Testbetrieb fiel negativ auf, daß die Menüleiste (Bericht oder Grafik, Bearbeiten, Navigieren oder Springen, Zusätze, Einstellungen, System, Hilfefunktion) *nicht* an der Microsoft-Office-Menüleiste (Datei, Bearbeiten, Ansicht, Einfügen, ...) ausgerichtet und

---

103) Unter der Fenstertechnik ist die Aufteilung des Bildschirms in mehrere Teile und die Manipulation der Bildschirmfenster mit Hilfe eines Steuerprogramms zu verstehen. Vgl. KRAWULSKI (Fenstertechnik), S 181.

104) Vgl. RIEGER (Executive Information Systems), S. 114.

105) Die Einheitlichkeit der Symbole und Beschriftungen stellt einen Teilaspekt der Erwartungskonformität der DIN EN ISO 9241-10 dar.

106) Beispielsweise beginnen die Menüleisten aller Produkte des Microsoft-Office-Pakets mit den Punkten „Datei" und „Bearbeiten" und enden mit dem Aufruf eines Hilfsprogramms.

107) Diese Forderung läßt sich insbesondere mit Akzeptanzgründen fundieren.

108) Zu den einzelnen Modulen von Hyperion Enterprise vgl. S. 290 ff.

109) Vgl. hierzu DAUM (Konzernsteuerung) und SAP (Management Cockpit).

daher sehr gewöhnungsbedürftig ist. Eine entsprechend **geringe Beurteilung** hinsichtlich der **Verwendung gängiger Menüleisten und -punkte** ist gerechtfertigt.

Auch das **Oracle Express Objects** unterstützt die **Fenstertechnik**. Fenster können beliebig geöffnet, verschoben und in ihrer Größe angepaßt werden. Als Beispiel sei der *„Database Browser"*[110] genannt, der ein Fenster zur Sichtung aller in der Datenbank vorhandenen Daten und Strukturen darstellt. Es ist aber kein „Management Cockpit Raum" möglich. Da die verwendeten **Symbole und Beschriftungen** einheitlich sind und die **Menüleisten und -punkte** an dem Microsoft-Office-Paket ausgerichtet sind, ist eine **sehr hohe Beurteilung** möglich.

Das **SAP BW** wird hinsichtlich der **Unterstützung der Fenstertechnik** mit „hoch" eingestuft. Dies läßt sich damit erklären, daß die Fenstertechnik für zahlreiche Funktionen (Dateneingabe, Einstellung verschiedener Parameter,...) zur Anwendung kommt. Eine sehr hohe Beurteilung wird verweigert, da - obwohl das SAP die Lizenz am „Management Cockpit Raum" besitzt - dieser für den derzeitigen Releasestand *nicht* erhältlich ist. Im eigenen Test fiel negativ auf, daß durch die „Add-In"-Konzeption des BW ein *Systembruch* zwischen der Datengenerierung im SAP (Business Builder) und der Datenpräsentation unter der Excel-Oberfläche in Kauf genommen wird.[111] Die **Symbole und Beschriftungen** sind in Abhängigkeit der Programmteile (Business Builder, Analyser, Browser) zum Teil unterschiedlich, so daß eine **neutrale Beurteilung** folgerichtig ist. Für die Verwendung **gängiger Menüleisten und -punkte** wird eine **sehr hohe Beurteilung** vergeben.

FIS-Generatoren ➡ Ausprägungen zum *einheitl. Menü- und Maskenaufbau* ⬇	Hyperion Enterprise 4.62 XA	SAP EC-EIS 4.0	Oracle Express Objects 2.1	SAP BW 1.2
Unterstützung der Fenstertechnik	hoch	sehr hoch	hoch	hoch
Verwendung einheitlicher Symbole und Beschriftungen	sehr hoch	sehr hoch	sehr hoch	neutral
Verwendung gängiger Menüleisten und -punkte	sehr hoch	gering	sehr hoch	sehr hoch

Abb. IV - 80:   Beurteilung ausgewählter FIS-Generatoren nach ihrem einheitlichen Menü- und Maskenaufbau.

---

110)   Vom „Database Browser" können die Objekte per „drag-and-drop"-Technologie auf die Arbeitsfläche gezogen werden, wo das Oracle Express Object automatisch Tabellen oder Grafiken erzeugt.

111)   Dies kann durch eine individuelle Anpassung der Excel-Oberfläche aber abgemildert werden.

IV. Hilfefunktion

Auch wenn die Bedeutung einer **Hilfefunktion** im Rahmen der empirischen Untersuchung als *untergeordnet* eingestuft wurde,[112] spielt sie insbesondere für *sporadische Benutzer* von Führungsinformationssystemen eine wichtige Unterstützungsfunktion.[113]

* Zum einen sind die FIS-Generatoren dahingehend zu überprüfen, ob sie für alle angebotenen Funktionen eine **kontextabhängige Hilfefunktion** generieren können.[114]

* Zum anderen haben effiziente FIS-Generatoren weiterhin dafür Rechnung zu tragen, daß komplizierte oder vom Anwender selten genutzte Befehle durch einen **Hilfsassistent** unterstützt werden.[115] Er sollte nicht nur die komplexen Befehlsfolgen strukturieren, sondern auch für jeden der auszuführenden Schritte die verfügbaren Wahlmöglichkeiten angeben.

Das **Hyperion Enterprise** erkennt, ob man sich bei der Dateneingabe und -pflege (Data Entry-Modul) oder der Berichterstellung (Report Writer) befindet.[116] Dementsprechend selektiert dieser FIS-Generator eine Gruppe von Hilfethemen. Die **Hilfefunktion** ist zwar nicht kontextabhängig, aber immerhin **modulgesteuert**, so daß eine **neutrale Beurteilung** angemessen ist.

Wenn man sich mit dem Mauszeiger auf eine Ikone oder Schaltfläche bewegt, bietet sowohl das **SAP EC-EIS** als auch das SAP BW selbständig ein Textfeld an, mit dem die auszuführenden Funktionen erläutert werden. Des weiteren kann für alle Funktionen eine kontextabhängige Hilfefunktion aufgerufen werden. Negativ fiel im Test die Qualität der textuellen Hilfe auf. Sie diente nur selten der Problemlösung, zum Teil war das Hilfefenster sogar leer. Eine **unterdurchschnittliche Beurteilung** ist daher gerechtfertigt.

Auch das **Oracle Express Objects** bietet kontextabhängige Textfelder an, mit dem die Systemfunktionen erläutert werden. Sie werden aber nur in *englischer Sprache* angeboten.[117] Positiv fiel auf, daß bei mißlungenen Interaktionen der Fehler im Programmcode angezeigt wird. Eine **sehr hohe Beurteilung** ist daher folgerichtig.

Im Analyseteil des **SAP BW** kann auf die umfangreiche Hilfefunktion des Excel zurückgegriffen werden. Im SAP-Programmteil sind Fehlermeldungen, aber auch die Hilfefunktion zum Teil wenig hilfreich, so daß dieser FIS-Generator nur mit „**hoch**" eingestuft wird.

---

112) Vgl. Abb. III - 17, S. 120.

113) Insbesondere fördert sie die Erlernbarkeit von Führungsinformationssystemen. Dieses Kriterium entspricht der Lernförderlichkeit der DIN EN ISO 9241-10.

114) Eine kontextabhängige Hilfefunktion berücksichtigt - wie schon aus terminologischer Sicht einsichtig ist - den jeweiligen Kontext, aus dem der Anwender einen Hilfehinweis anfordert.

115) Zur vierten Empfehlung der Aufgabenangemessenheit nach DIN EN ISO 9241-10 vgl. die Kommentierung von SCHNEIDER (Anforderungen), S. 21 ff.

116) Vgl. hierzu die Bewertung im Rahmen der Verständlichkeit, S. 337 ff.

117) Zu den einzelnen Modulen von Hyperion Enterprise vgl. S. 290 ff.

Ein komfortabler **Hilfsassistent** für komplizierte oder vom Anwender selten genutzte Befehle steht bei keinem der FIS-Generatoren zur Verfügung. Das **Hyperion Enterprise** enthält aber einen *Formeleditor*, der z.B. für die Berechnung der Summe Aktiva herangezogen werden kann. Positiv ist auch der Datentransfer von Excel zu erwähnen. Hier kommt nämlich der komfortable *Funktionsassistent von Excel* zur Anwendung. Zur Berichtsgenerierung steht der *Report Wizard* zur Verfügung. Das Hyperion Enterprise wird dahingehend mit einer **neutralen Beurteilung** eingestuft. Diese Hilfsfunktionen stehen beim **SAP EC-EIS** nicht zur Verfügung, so daß eine Beurteilung „**nicht vorhanden**" gerechtfertigt ist.

Das **Oracle Express Objects** bietet nur einen Assistenten für die *Konfiguration der Suchfunktionen* an. Dementsprechend wird dieser FIS-Generator mit einer **sehr geringen Beurteilung** eingestuft. Durch die „Add-In"-Konzeption des **SAP BW** steht im Analyser zwar der *Funktions- und Diagrammassistent* von Excel zur Verfügung. Weitere Hilfsassistenten, beispielsweise um Zeichenfolgen („Flatfiles") aus Großrechnern trennen zu können, wären aber wünschenswert. Hinsichtlich seiner Hilfsassistenten wird das SAP BW daher mit einer **hohen Beurteilung** eingestuft.

FIS-Generatoren → Ausprägungen zur *Hilfe-funktion* ↓	Hyperion Enterprise 4.62 XA	SAP EC-EIS 4.0	Oracle Express Objects 2.1	SAP BW 1.2
Unterstützung einer kontextabhängigen Hilfefunktion	neutral	gering	sehr hoch	hoch
Aufbau eines Hilfsassistenten	neutral	nicht vorhanden	sehr gering	hoch

Abb. IV - 81:   Beurteilung ausgewählter FIS-Generatoren nach ihrer Hilfefunktion.

4.1.3.4. Beurteilung nach dem Leistungsumfang

Im Gegensatz zum Papierberichtswesen ist es ein großer Vorteil, daß Führungsinformationssysteme Informationen nicht nur abbilden, sondern auch weiterverarbeiten können. Der **Funktionsumfang**, der von Führungskräften im Rahmen der empirischen Untersuchung gefordert wurde,[118] läßt sich wie folgt zusammenfassen:

---

118)   Vgl. Abb. III - 18, S. 121.

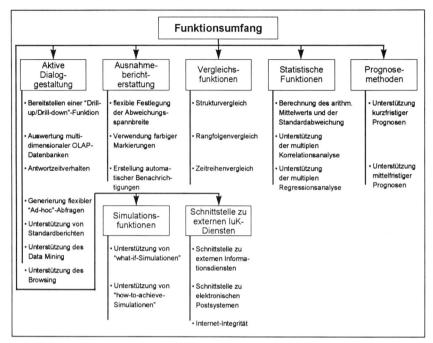

Funktionsumfang

Aktive Dialoggestaltung	Ausnahmeberichterstattung	Vergleichsfunktionen	Statistische Funktionen	Prognosemethoden
• Bereitstellen einer "Drill-up/Drill-down"-Funktion	• flexible Festlegung der Abweichungsspannbreite	• Strukturvergleich	• Berechnung des arithm. Mittelwerts und der Standardabweichung	• Unterstützung kurzfristiger Prognosen
• Auswertung multidimensionaler OLAP-Datenbanken	• Verwendung farbiger Markierungen	• Rangfolgenvergleich	• Unterstützung der Korrelationsanalyse	
• Antwortzeitverhalten	• Erstellung automatischer Benachrichtigungen	• Zeitreihenvergleich	• Unterstützung der multiplen Regressionsanalyse	• Unterstützung mittelfristiger Prognosen
• Generierung flexibler "Ad-hoc"-Abfragen				
• Unterstützung von Standardberichten				
• Unterstützung des Data Mining				
• Unterstützung des Browsing				

Simulationsfunktionen	Schnittstelle zu externen IuK-Diensten
• Unterstützung von "what-if-Simulationen"	• Schnittstelle zu externen Informationsdiensten
• Unterstützung von "how-to-achieve-Simulationen"	• Schnittstelle zu elektronischen Postsystemen
	• Internet-Integrität

Abb. IV - 82:   Übersicht über die einzelnen Ausprägungen des Funktionsumfangs.

I.   Aktive Dialoggestaltung

Die **aktive Dialoggestaltung** stellt auf die von den Führungskräften geäußerte Anforderung ab, Informationen in Führungsinformationssystemen nicht präventiv, sondern durch einen **selektiven Informationszugriff** bereitzustellen. Folgende Kriterien sind hierbei zu überprüfen:

• Erstens ist eine **„Drill-up-/Drill-down"-Funktion**[119] zu fordern. Sie ermöglicht einen sukzessiven Informationsabruf, beispielsweise auf den verschiedenen Hierarchieebenen einer Erfolgsfaktoren-basierten Balanced Scorecard[120].

• Des weiteren ist die **Auswertung multidimensionaler OLAP-Datenbanken**[121] zu unterstützen. Um eine Analyse aus verschiedenen Blickwickeln zu ermöglichen, sind durch die FIS-Generatoren *Schneide- und Dreh-Techniken* - das bereits dargelegte *„Slicing and Dicing"*[122] - zur Verfügung zu stellen.

---

119)   Zur Begriffsbestimmung vgl. Fußnote 51) des vierten Kapitel, S. 147.

120)   Vgl. hierzu S. 256 ff. Nur so können auf aggregierter Ebene festgestellte Abweichungen bis auf ihre Entstehungsebene zurückverfolgt werden.

121)   Zur terminologischen Abgrenzung vgl. S. 217.

122)   Vgl. hierzu S. 218.

- Als drittes Kriterium einer aktiven Dialoggestaltung ist das **Antwortzeitverhalten**[123] der FIS-Generatoren zu überprüfen.[124]

- Ein weiteres Beurteilungskriterium erfaßt die Möglichkeiten, mit Hilfe von Berichtsgeneratoren sowohl **flexible „Ad-hoc"-Abfragen**[125] als auch inhaltlich relativ konstante **Standardberichte** in sogenannten „Briefing Books"[126] zu generieren.

- Des weiteren sollten die FIS-Generatoren die in der Datenbank gespeicherten Informationen nach Zusammenhängen, Mustern und Trends analysieren können. Da dieses als **„Data Mining"** bekannte Analyseverfahren sehr komplex ist und Grundwissen der höheren Statistik und Künstlichen Intelligenz erfordert,[127] ist es von den FIS-Generatoren weitestgehend zu automatisieren.

- Aufgrund der unstrukturierten Problemstellung von Führungsaufgaben muß das System aber auch das unstrukturierte Durchsuchen von Datenquellen unterstützen. Diese letzte Ausprägung einer aktiven Dialoggestaltung wird in der Fachterminologie als **„Browsing"** bezeichnet.[128]

Das **Hyperion Enterprise** hat zwar nach eigenen Angaben standardmäßig eine „Drill-up-/ Drill-down"-Funktion eingebaut. Im Rahmen der Testdurchführung ergab sich jedoch, daß sie sich lediglich auf die eingerichteten Konten bezieht.[129] Das Hyperion Enterprise wird daher mit einer **geringen Beurteilung** eingestuft.

Beim **SAP EC-EIS** ist eine „Drill-up-/Drill-down"-Funktion nur in *Tabellen* möglich. Durch markierte Abweichungen wird ein Analysepfad unterstützt, wobei das übergeordnete Kriterium leider nicht angezeigt bleibt. In *Grafiken* steht eine „Drill-up-/Drill-down"-Funktion nicht zur Verfügung, so daß auch dieser FIS-Generator insgesamt eine **neutrale Beurteilung** erhält.

Das **Express Objects** bietet eine von Oracle als *„intelligent"* bezeichnete „Drill-up-/Drill-down"-Funktion an. Sie macht den Anwender nicht nur selbständig auf Abweichungen in den untergeordneten Ebenen aufmerksam. Dem Anwender wird auch ein **Analysepfad** markierter

---

123) Die Antwortzeit umfaßt die Zeitspanne zwischen dem Absenden einer Eingabe und dem Anfang der darauffolgenden Antwort auf dem Bildschirm. Zitiert nach DIN 66233, Teil 1.

124) Dies entspricht der siebten Empfehlung der Erwartungskonformität nach DIN EN ISO 9241-10. Vgl. hierzu SCHNEIDER (Anforderungen), S. 93 f.

125) *„Ad-hoc"-Abfragen* sind *nicht* vordefinierte, von dem Benutzer „aus dem Augenblick heraus" gestellte Anfragen an betriebliche Informationssysteme. Sie können von den Führungskräften relativ flexibel gestaltet und auf eine einfache Weise formuliert werden.

126) Das sogenannte *Briefing Book* umfaßt eine überschaubare Zahl vordefinierter Berichte. Es ist insbesondere für Führungskräfte geeignet, die wenig Erfahrungen mit Führungsinformationssystemen sammeln konnten.

127) Vgl. HANSEN (Wirtschaftsinformatik), S. 979.

128) Vgl. GABRIEL / GLUCHOWSKI (Management Support Systeme), S. 537.

129) So kann von übergeordneten Summenkonten in entsprechende Unterkonten verzweigt werden.

Abweichungen vorgegeben, der das Auffinden der Abweichungsursachen erleichtert. Hierbei kann - wie im Rahmen der Ausnahmeberichterstattung noch näher erläutert wird[130] - die Abweichungsspannbreite in Abhängigkeit des Anwenders individuell eingestellt werden. Bei der Durchführung der „Drill-up-/Drill-down"-Analyse bleibt das übergeordnete Kriterium angezeigt. Des weiteren wird das Navigieren innerhalb einer Grafik ermöglicht, so daß die Beurteilung „**sehr hoch**" gerechtfertigt ist.

Eine „Drill-up-/Drill-down"-Funktion wird auch im **SAP BW** unterstützt. Mit einem Filter kann ausgewählt werden, ob bei der Analyse die übergeordnete Zeile einer Tabelle angezeigt bleiben soll oder nicht. Des weiteren ist ein „Drill-down" bis auf Belegebene möglich. Hinweise oder farbliche Markierungen, die auf eine Abweichung in einer der untergeordneten Ebenen hinweisen, können aber nicht realisiert werden. Im Vergleich zum Oracle Express Objects wird daher „nur" eine **hohe Beurteilung** vergeben.

Wie bereits dargelegt wurde, basiert das **Hyperion Enterprise** auf einer *dateigesteuerten Datenbasis*. Diese besitzt vordefinierte Felder, so daß die flexible Einrichtung einer mehrdimensionalen Datenhaltung nicht unterstützt wird. Daher sind **OLAP-Auswertungen** nicht möglich, so daß das Hyperion Enterprise dahingehend mit „**nicht vorhanden**" eingestuft wird.

Das **SAP EC-EIS** basiert auf einer relationalen Datenbank. Eine Auswertung multidimensionaler OLAP-Datenbanken wird in Analogie zum Hyperion Enterprise nicht unterstützt. Dennoch sind über entsprechende Datenverknüpfungen OLAP-Auswertungen möglich. Im Gegensatz zur Auswertung einer „echten" multidimensionalen Datenbank sind die anzuzeigenden Werte aber bei jedem Aufruf neu zu berechnen, was zu hohen Antwortzeiten führt.[131] Die Beurteilung „**neutral**" ist daher folgerichtig.

Mit dem **Oracle Express Objects** sind auf sehr komfortable Art vielfältige **OLAP-Auswertungen** möglich. Die Rotation von Zeilen und Spalten ist per „Mausklick" möglich. Mit dem „*Slicing*" können Informationen *stufenweise* analysiert werden. Mit dem „*Dicing*" können Daten aus verschiedenen Blickwinkeln betrachtet werden.[132] Hinsichtlich seiner Möglichkeiten, eine OLAP-Datenbank auswerten zu können, wird das Oracle Express Objects daher mit „**sehr hoch**" beurteilt.

Auch mit dem **SAP BW** können Zeilen und Spalten per „Mausklick" rotiert werden. Das „Slicing" and „Dicing" ist in Analogie zum Oracle Express Objects möglich, so daß auch dieser FIS-Generator mit einer **sehr hohen Beurteilung** eingestuft wird.

---

130) Vgl. S. 327 f.
131) Vgl. S. 323.
132) In einem ersten Schritt ist so die Auflistung der Umsatzzahlen nach Ländern, in einem zweiten Schritt nach Produktgruppen oder über die Zeit möglich.

Hinsichtlich des **Antwortzeitverhaltens** wird das **Hyperion Enterprise** mit „gering" eingestuft. Dies läßt sich damit fundieren, daß Reports zwar sehr schnell angezeigt werden, ein Konsolidierungslauf mit etwa 5.000 Datensätzen (mittelgroße Gesellschaftsstruktur und Konten-
plan) dauert auf einem mittleren Rechner (P 133 Prozessor, 64 MB RAM) aber etwa 20 min.

Eine OLAP-Auswertung ist mit dem **SAP EC-EIS** nur über die zusätzliche Generierung *multidimensionaler Objekte* möglich.[133] Da diese aber erst bei der Datenabfrage und nicht bereits
bei der Aufnahme in die Datenbank berechnet werden, sind die Antwortzeiten - insbesondere
bei großen Datenmengen - relativ hoch. Es wird daher eine Beurteilung „gering" vergeben.

Das **Oracle Express Objects** ist in der Lage, eine OLAP-Analyse von relationalen und multidimensionalen Datenbanken sowie einer Mischform - sogenannten Hybriden - zu unterstützen.
Im **SAP BW** steht eine *ROLAP-Datenbank* zur Verfügung. Welche der Technologien bei großen Datenvolumina schneller ist, konnte im Detail nicht nachgeprüft werden. Im eigenen
Test wurde aber nachvollzogen, daß die genannten FIS-Generatoren schneller als das Hyperion Enterprise (dateibasierte Datenbank) und das EC-EIS (relationale Datenbank mit multidimensionalen Objekten) sind. Eine **sehr hohe Beurteilung** des Oracle Express Objects und
des SAP BW ist somit gerechtfertigt.

Zur **Generierung flexibler „Ad-hoc"-Berichte** steht beim **Hyperion Enterprise** der benut-
zerfreundliche *Report Writer* zur Verfügung. Hierdurch sind individuelle Berichte leicht zu
generieren. Durch die Verwendung der „drag-and-drop"-Technologie können weiterhin Zeilen
und Spalten definiert werden. Ein einfacher Hilfsassistent - der *Report Wizard* - unterstützt die
Generierung der Berichte. Für Analysearbeiten wird jedoch auf den Excel Analyst von Microsoft verwiesen, so daß dieser FIS-Generator mit „**neutral**" eingestuft wird.

„Ad-Hoc"-Abfragen werden im **SAP EC-EIS** in Form von Berichten unterstützt. Hierzu müssen die Kennzahlen in der Datenbank festgelegt sein. Da das SAP EC-EIS hinsichtlich seines
Bildschirmaufbaus relativ starr ist, sind auch „Ad-hoc"-Abfragen nicht sehr flexibel zu gestalten. Eine **geringe Beurteilung** wird daher als angemessen angesehen.

Für „Ad-hoc"-Abfragen bietet das **Oracle Express Objects** den sogenannten **Selector** an. Er
ermöglicht mit einer Vielzahl **vorgefertigter Funktionen** flexible Auswertungen innerhalb der
aufgerufenen Tabellen oder Grafiken. Durch die „drag-and-drop"-Technologie sind auf ein-
fachste Art und Weise neue Zeilen und Spalten zu definieren, wobei der Anwender die zugrundeliegende Datenbankstruktur nicht kennen muß. Für *tiefergehende Analysen* können
einzelne Dimensionen - wie die Produktart, Region oder die Zeit - ausgewählt werden. Für
umfangreiche Analysen lassen sich ganze Level oder Pfade in eine „Ad-hoc"-Abfrage ein-
beziehen. Des weiteren ist eine „**Top- und Bottom-Analyse**" möglich, mit der u.a. die zehn oder

---

133)   Vgl. hierzu die Definition der InfoCubes des SAP BW, S. 294 f.

fünf umsatzstärksten Gesellschaften eines Konzerns herausgestellt werden können.[134] Letzt-endlich bietet das Oracle Express Objects durch seinen „Spreadsheet-Add-In" die Möglichkeit, Excel als „Frontend" für weitere Analysen zu nutzen, so daß dieser FIS-Generator hinsichtlich seiner Fähigkeiten, flexible „Ad-hoc"-Abfragen generieren zu können, mit einer **sehr hohen Beurteilung** eingestuft wird.

„Ad-hoc"-Abfragen werden im **SAP BW** mit dem **Builder** erstellt. Durch seine Konzeption als „Add-In" für Microsoft Excel kann auf sämtliche Funktionen dieses Tabellenkalkulations-programms zurückgegriffen werden. Da die Abfragen im Vergleich zum Oracle Express Objects nicht so komfortabel sind, erscheint eine **hohe Bewertung** angemessen.

Um **Standardberichte** zu generieren, bietet das **Hyperion Enterprise** das Modul „Books" an. Mit diesem Programmteil können Schleifen bestimmt werden, die Einzelberichte verschiedener Ausprägungen - u.a. Kurz- und Langversionen von Bilanz, Gewinn- und Verlustrechnung oder verschiedene Personalberichte - zu einem Gesamtbericht zusammenfassen.[135] Mit dem Pro-grammteil „**Reports**" werden die Einzelberichte in ihrer *Zusammensetzung* definiert.[136] Hierfür erhält das Hyperion Enterprise eine **sehr hohe Beurteilung**.

Im Rahmen der Standardberichterstattung sind beim **SAP EC-EIS** die Anpassungsmöglich-keiten bewußt gering gehalten. Eine individuelle Sichtweise wird durch die Einrichtung soge-nannter **Benutzerklassen** erreicht, unter denen sich verschiedene Berichte zu einem Berichts-heft zusammenfassen lassen. Der Anwender kann durch die verschiedenen Berichtshefte navi-gieren, so daß eine **hohe Beurteilung** gerechtfertigt ist.

Zwar stehen beim **Oracle Express Objects** keine vorgefertigten Standardberichte wie im Business Content des SAP BW zur Verfügung. Deren Aufbau ist jedoch flexibel über eine **Briefing-Funktion** gestaltbar. Grundlage ist der *Datenbank-Browser*. Er zeigt - quasi als Sichtfenster - die einzelnen Datenbankobjekte auf.[137] Von hier aus können die einzelnen Objekte auf die Oberfläche eines Berichts gezogen werden. Dort erzeugt das Express Objects dann die zugehörigen Tabellen und Grafiken. Das Oracle Express Objects wird hinsichtlich seiner Fähigkeiten, einen Standardbericht zu erzeugen, mit „**hoch**" eingestuft.

Im *Report Catalog Browser* des **SAP BW** werden dem Anwender verschiedene Standard-berichte, die schon aus den operativen SAP R/3-Vorsystemen bekannt sind, zur Verfügung gestellt. Zur Definition eigener Standardberichte kann auf den sehr mächtigen „*Business*

---

134) Vgl. S. 330.
135) Vgl. hierzu das bei der Deskription des Hyperion Enterprise angeführte Beispiel, S. 291.
136) Hierbei kommt die Ausrichtung des Hyperion Enterprise zum Ausdruck, insbesondere finanzwirtschaft-liche Berichte erstellen zu können.
137) Voraussetzung ist, daß die einzelnen Objekte als „User visible" definiert sind.

Content" zurückgegriffen werden. Er umfaßt u.a. verschiedene Extraktoren zum Einlesen von Daten aus Vorsystemen, eine Vielzahl vordefinierter Kennzahlen (Umsatz oder Gewinn / Kopf), InfoCubes und mannigfaltige Standardanalysen. Des weiteren kann das *Dictionary* der R/3-Vorsysteme verwendet werden. Grundlegende Daten wie die Nummer oder Anschrift von Kunden müssen somit nicht neu definiert, sondern können 1:1 aus den R/3-Vorsystemen übernommen werden. Letztendlich besteht die Möglichkeit, „Ad-hoc"-Berichte in den Report Catalog Browser einzustellen, die dann von anderen Benutzern als Standardberichte aufgerufen werden können. Das BW erhält für seine Möglichkeiten, Standardberichte zu erstellen, eine **sehr hohe Beurteilung**.

Hinsichtlich des **Data Mining** sieht das **Hyperion Enterprise** keine Funktionen vor, so daß die Beurteilung „**nicht vorhanden**" konstatiert werden muß. Eine Datenbankauswertung mittels *Data Mining* ist im **SAP EC-EIS** ansatzweise über die Eingabe des *Transaktionscode,* mit dem man auf entsprechende Auswertungsmasken gelangt, möglich. Diese Form des Data Mining ist aber sehr unkomfortabel. Eine Bewertung mit „**gering**" ist daher angemessen.

Zwar bietet Oracle ein eigenständiges Tool zum Data Mining an. Da es im Standardumfang des **Oracle Express Objects** aber nicht enthalten ist, muß die Beurteilung „**nicht vorhanden**" vergeben werden. Mit dem **SAP BW** ist kein Data Mining möglich, so daß auch hier die Einstufung „**nicht vorhanden**" gerechtfertigt ist.

Das **Browsing** wird durch das **Hyperion Enterprise** nur im Data Entry unterstützt.[138] Hierbei können Daten unstrukturiert gesichtet und auf ihre Relevanz hin überprüft werden. Insgesamt wird diese Funktionen aber unzureichend unterstützt, so daß das Hyperion Enterprise dahingehend mit einer **geringen Beurteilung** eingestuft wird.

Die unstrukturierte Suche in der Datenbasis ist mit dem **SAP EC-EIS** im Standardbericht möglich, so daß eine **hohe Beurteilung** vergeben wird. Das **Oracle Express Objects** stellt zum Browsing ein extra dafür vorgefertigtes Werkzeug zur Verfügung, mit dem nicht nur die Standardberichtsseiten, sondern auch alle anderen Objekte angezeigt werden können. Ein Zugriff auf die operativen Systeme ist aber nicht möglich. Dafür wird eine **hohe Bewertung** vergeben.

Eine **hohe Beurteilung** erhält auch das **SAP BW**. Mit diesem FIS-Generatoren wird zwar das unstrukturierte Suchen von Daten bis auf die Belegebene in den operativen SAP R/3-Vorsystemen unterstützt. Ein spezielles Browsing-Werkzeug, wie es beim Oracle Express Objects zum Einsatz kommt, ist aber nicht vorhanden.

---

138)   Zum Data Entry-Modul des Hyperion Enterprise vgl. S. 290 f.

FIS-Generatoren → Ausprägungen | zur *aktiven* | *Dialog-* *gestaltung* ▼	Hyperion Enterprise 4.62 XA	SAP EC-EIS 4.0	Oracle Express Objects 2.1	SAP BW 1.2
Bereitstellen einer "Drill-up/ Drill-down"-Fkt.	gering	neutral	sehr hoch	hoch
Auswertung multidimensionaler OLAP-Datenbanken	nicht vorhanden	neutral	sehr hoch	sehr hoch
Antwortzeitverhalten	gering	gering	sehr hoch	sehr hoch
Generierung flexibler "Ad-hoc"-Abfragen	neutral	gering	sehr hoch	hoch
Unterstützung von Standardberichten	sehr hoch	hoch	hoch	sehr hoch
Unterstützung des Data Mining	nicht vorhanden	gering	nicht vorhanden	nicht vorhanden
Unterstützung des Browsing	gering	hoch	hoch	hoch

Abb. IV - 83:   *Beurteilung ausgewählter FIS-Generatoren nach ihrer aktiven Dialoggestaltung.*

II. Ausnahmeberichterstattung (Exception Reporting)

Im Rahmen des Funktionsumfangs effizienter Führungsinformationssysteme wurde von der Konzernleitung der internationalen Management-Holding *nachdrücklich* die Möglichkeit der **Ausnahmeberichterstattung (Exception Reporting)** gefordert.[139] Bei den sich anschließenden Evaluierungsarbeiten werden folgende Kriterien beurteilt:[140]

• Zunächst muß die **Spannbreite einer Abweichung** flexibel festgelegt werden können. Der Schwellenwert sollte dabei sowohl *absolut* als auch *relativ* in Abhängigkeit des Ausgangs-werts angegeben werden können.[141]

• Die Ausnahmeberichterstattung sollte weiterhin mit **farbigen Markierungen** unterstützt werden.[142] Hierzu bieten sich Ampelfarben, das sogenannte „Traffic-Light-Coding" an. Mit

---

139) Vgl. hierzu Abb. III - 18, S. 121, und die in diesem Zusammenhang gemachten Ausführungen.

140) Vgl. RIEGER (Executive Information Systems), S. 116; HANSEN (Wirtschaftsinformatik), S. 292.

141) Vgl. STRUCKMEIER (Führungsinformationssysteme), S. 127.

142) Vgl. hierzu HANSEN (Wirtschaftsinformatik), S. 292.

einer *roten Markierung* kann ein Über- oder Unterschreiten eines festgelegten Werts angezeigt werden. Mit einer *gelben Markierung* wird der Anwender auf die Überschreitung des Schwellenwerts aufmerksam gemacht. Eine *grüne Markierung* signalisiert, daß sich der zu überprüfende Wert außerhalb der Toleranzgrenzen bewegt.[143]

- Bei *gravierenden Abweichungen* sollte das Führungsinformationssystem des weiteren eine **automatische Benachrichtigung** erstellen.

Im Report Writer des **Hyperion Enterprise** kann eine Ausnahmeberichterstattung realisiert werden. Die Abweichungsspannbreite kann aber nur *absolut* angegeben werden. In Abhängigkeit des Ergebnisses ist auch eine farbige Markierung hinterlegbar. Da jedoch die Ausnahmeberichterstattung individuell programmiert werden muß, kommt dieser FIS-Generator hinsichtlich der **flexiblen Festlegung der Abweichungsspannbreite** und der **Verwendung farbiger Markierungen** über eine **neutrale Beurteilung** nicht hinaus. Eine **automatische Benachrichtigung** bei gravierenden Abweichungen ist nicht möglich. Eine Beurteilung „**nicht vorhanden**" ist daher folgerichtig.

Beim **SAP EC-EIS** kann die **Abweichungsspannbreite** auf einzelne Zellen als auch auf ganze Spalten bezogen werden. Es ist jedoch nur eine *absolute* Eingabe möglich, so daß eine **neutrale Bewertung** vergeben wird. Eine **farbige Markierung** kann hinterlegt werden. Ihre Farben sind aber durch das System fixiert. Dies hat eine **neutrale Beurteilung** zur Folge. In Abhängigkeit des Ergebnisses kann des weiteren ein SAP-Mail definiert werden. Da aber kein E-mail erzeugt werden kann, wird hinsichtlich der **automatischen Benachrichtigung** eine **hohe Beurteilung** vergeben.

Im **Oracle Express Objects** wird die absolute Abweichungsspannbreite in einem vordefinierten Fenster festgelegt. Die relative Festlegung der Spannbreite ist zwar nur über eine individuelle Programmierung möglich, die nach Aussage von Oracle aber nicht mehr als eine Stunde in Anspruch nimmt. Das Oracle Express Objects wird daher hinsichtlich seiner Fähigkeiten, die **Abweichungsspannbreite** sowohl absolut als auch relativ festzulegen, mit „**hoch**" beurteilt. Die **Abweichungsspalte** kann in Abhängigkeit des Ergebnisses **farbig** markiert werden. Hierfür steht ein vordefiniertes Fenster zur Verfügung, so daß eine **sehr hohe Beurteilung** gerechtfertigt ist. Die Ausnahmeberichterstattung kann *benutzerindividuell* festgelegt werden.[144] Entsprechend können vom System individuelle Berichte ausgelöst werden. Da diese

---

143)   Als Beispiel einer solchen farblich unterstützten Ausnahmeberichterstattung sei das *Risikoinformationssystem* MERCUR (<u>Me</u>tallgesellschaft <u>R</u>isiko <u>C</u>ontrolling <u>u</u>nd <u>R</u>eporting) der mg trade services genannt. Vgl. HORNUNG (Warenhandels- und Termingeschäfte), S. 40 f.; HORNUNG / REICHMANN / BAUMÖL (Informationsversorgungsstrategien), S. 38 ff.

144)   Ist beispielsweise die Umsatzabweichung von 5% für ein Vorstandsmitglied noch kein Grund für eine tiefergehende Analyse, kann dies für den Leiter des Vertriebs eindeutig ein Warnsignal sein, das näher zu untersuchen ist.

aber nicht automatisch per Mail verschickt werden, ist „nur" eine **hohe Beurteilung** zu rechtfertigen.

Das **SAP BW** unterstützt die Ausnahmeberichterstattung im derzeitigen Releasestand 1.2 faktisch nicht.[145] Die **Festlegung einer flexiblen Abweichungsspannbreite** ist nur *individuell* und auch nur in *Excel* programmierbar. Es wird dahingehend eine **sehr geringe Beurteilung** vergeben. Auch die Verwendung **farbiger Markierungen** muß eigenhändig programmiert werden. Es ist daher eine ebenfalls **sehr geringe Beurteilung** zu rechtfertigen. Ein Hinweis auf eine Abweichung in einer der untergeordneten Ebenen ist nicht möglich. Auch besteht nur über eine individuelle Programmierung in Excel die Möglichkeit, eine **automatische Benachrichtigung** bei gravierenden Abweichungen zu realisieren. Eine Beurteilung „**nicht vorhanden**" ist daher folgerichtig.

FIS-Generatoren ➡ Ausprägungen zur *Ausnahme-berichterstattung*	Hyperion Enterprise 4.62 XA	SAP EC-EIS 4.0	Oracle Express Objects 2.1	SAP BW 1.2
flexible Festlegung der Abweichungs-spannbreite	neutral	neutral	hoch	sehr gering
Verwendung farbiger Markierungen	neutral	neutral	sehr hoch	sehr gering
Erstellung automatischer Benachrichtigungen	nicht vorhanden	hoch	hoch	nicht vorhanden

Abb. IV - 84:   Beurteilung ausgewählter FIS-Generatoren nach ihrer Ausnahmeberichterstattung.

III. Vergleichsfunktionen

Im Rahmen seiner Analysefunktionen müssen effiziente FIS-Generatoren - und dies ist die dritte Ausprägung des Leistungsumfangs effizienter Führungsinformationssysteme[146] - verschiedene **Vergleichstypen** unterstützen. Diese lassen sich wie folgt unterscheiden:

• Der **Strukturvergleich** stellt im wesentlichen auf den *Anteil einzelner Elemente* an einer Grundgesamtheit ab.

---

145) Die Unterstützung der Ausnahmeberichterstattung ist zwar in der Planung. Ob sie bereits im nächsten Releasestand in den Standardumfang integriert wird, war zum Zeitpunkt der Untersuchung (September und Oktober 1998) noch nicht definitiv entschieden.

146) Zur Bedeutung der Vergleichsfunktionen für eine effiziente Systemgestaltung vgl. Abb. III - 18, S. 121.

- Der **Rangfolgenvergleich** stellt einzelne Objekte in einer *Reihung* gegenüber. Relationsbeziehungen wie „größer als", „kleiner als" oder „gleich" legen dabei die Rangfolge fest.[147]

- Im **Zeitreihenvergleich** wird die *Veränderung einer Größe* über die Zeitachse dargestellt.

Da der **Strukturvergleich** im **Hyperion Enterprise** nur über eine *individuelle Programmierung* realisierbar ist, wird eine **sehr geringe Beurteilung** vergeben. In bezug auf den **Rangfolgenvergleich** bietet das Hyperion Enterprise eine *„Minimax-Funktion"* an. Eine Top 5 oder Top 10-Bildung ist nicht möglich. Daher wird das Hyperion Enterprise mit einer **geringen Beurteilung** eingestuft. Für den **Zeitreihenvergleich** bietet das Hyperion Enterprise sowohl eine *Kumulationsfunktion* als auch die Berechnung von *Zuwachsraten* und *Durchschnittswerten* an. Des weiteren ist die Verknüpfung von Bestands- (z.B. Anfangsbestand eines Materialkontos)- und Bewegungsdaten (Zugänge, Abgänge) möglich. Das Hyperion Enterprise wird daher hinsichtlich seiner Fähigkeit, einen Zeitreihenvergleich zu unterstützen, mit „**sehr hoch**" eingestuft.

Der **Strukturvergleich** ist im **SAP EC-EIS** zwar vorhanden. Er kann aber nur über die Grafikfunktion des Kreisdiagramms aktiviert werden, so daß eine **geringe Bewertung** gerechtfertigt ist. Über seine *Sort-Funktion* ermöglicht das EC-EIS eine **Reihung** der ausgewählten Elemente. Eine Top 5 oder Top 10-Bildung ist möglich, so daß eine **sehr hohe Beurteilung** folgerichtig ist. **Zeitreihenvergleiche** sind in gleichem Umfang wie beim Hyperion Enterprise möglich. Es wird daher die Beurteilung „**sehr hoch**" vergeben.

Im **Oracle Express Objects** sind keine vorgefertigten Funktionen für einen **Strukturvergleich** vorhanden. Er kann nur über die Grafikfunktion des Kreisdiagramms realisiert werden. Dies impliziert eine **geringe Beurteilung**. Eine Top- und Bottom-Bildung, mit der beispielsweise die zehn oder fünf umsatzstärksten Gesellschaften eines Konzerns aussortiert werden können, ist möglich. Der Umfang des **Rangfolgenvergleichs** kann im Selector *individuell* festgelegt werden, so daß eine Beurteilung mit „**sehr hoch**" gerechtfertigt ist. Auch **Zeitreihenvergleiche** sind ohne Probleme realisierbar.

Im **SAP BW** kann ein **Strukturvergleich** über die Grafikfunktion oder die individuelle Programmierung in Microsoft Excel realisiert werden. Es wird daher eine **neutrale Beurteilung** vergeben. Eine **Reihung** ist mit dem SAP BW zwar grundsätzlich möglich. Da der Umfang aber nicht wie bei dem Oracle Express Objects individuell festgelegt werden kann, ist eine Beurteilung mit „**neutral**" folgerichtig. **Zeitreihenvergleiche** sind ohne Probleme möglich, so daß eine **sehr hohe Beurteilung** vergeben wird.

---

147) Der Rangfolgenvergleich ist die Grundlage für die aus betriebswirtschaftlicher Sicht wichtige ABC-Analyse.

FIS-Generatoren ➡ Ausprägungen ↓ zu den *Vergleichsfkt.*	Hyperion Enterprise 4.62 XA	SAP EC-EIS 4.0	Oracle Express Objects 2.1	SAP BW 1.2
Struktur-vergleich	sehr gering	gering	gering	neutral
Rangfolgen-vergleich	gering	sehr hoch	sehr hoch	neutral
Zeitreihen-vergleich	sehr hoch	sehr hoch	sehr hoch	sehr hoch

Abb. IV - 85:   Beurteilung ausgewählter FIS-Generatoren nach ihren Vergleichsfunktionen.

IV. Statistische Funktionen

Hinsichtlich ihrer Bedeutung für die Gestaltung effizienter Führungsinformationssysteme fielen **statistische Funktionen** in der empirischen Untersuchung stark ab.[148] Neben der Berechnung des *arithmetischen Mittelwerts* und der *zugehörigen Standardabweichung* wird daher nur die Anforderung gestellt, die grundlegenden statistischen Verfahren der *multiplen Korrelationsanalyse* und der *Regressionsanalyse* durchführen zu können.[149]

• Wie bereits dargelegt wurde,[150] gibt der **arithmetische Mittelwert** als *Lageparameter* das Zentrum der Ergebnisverteilung an. Die **Standardabweichung** erfaßt die dazugehörige *Streuung der Einzelwerte* um das Lagezentrum.

• Die **multiple Korrelationsanalyse** prüft die Abhängigkeit eines Merkmals von anderen Größen.[151] Insbesondere zur Entdeckung funktionaler Abhängigkeiten - beispielsweise für die Erfolgsfaktoren-basierte Balanced Scorecard - kann diese Funktion nützlich sein.

• Die **multiple Regressionsanalyse** versucht den funktionalen Zusammenhang zwischen mehreren Merkmalen in Gestalt einer *linearen Funktion* abzubilden.[152] So kann sie zur Analyse linearer Ursache- und Wirkungsbeziehungen der Erfolgsfaktoren-basierten Balanced Scorecard herangezogen werden.

Das **Hyperion Enterprise** bietet hinsichtlich seiner statistischen Funktionen nur die Berechnung des *arithmetischen Mittelwerts* an. Es wird daher die Beurteilung „**neutral**" vergeben.

---

148) Vgl. hierzu Abb. III - 18, S. 121, und die in diesem Zusammenhang gemachten Ausführungen.
149) Vgl. CARL / FIEDLER (Managementinformations-Systeme), S. 47.
150) Vgl. S. 114.
151) Vgl. HARTUNG / ELPELT / KLÖSENER (Statistik), S. 565 ff.
152) ebenda, S. 595 ff.

Die **multiple Korrelations- und Regressionsanalyse** wird nicht unterstützt, so daß die Beurteilung „**nicht vorhanden**" folgerichtig ist.

Sowohl der **arithmetische Mittelwert** als auch die zugehörige **Standardabweichung** können im **SAP EC-EIS** nur über eine individuelle Programmierung realisiert werden. Es wird dahingehend eine **neutrale Beurteilung** vergeben. Darüber hinaus sind keine weiteren statistischen Funktionen möglich, so daß sowohl hinsichtlich der Unterstützung der **multiplen Korrelationsanalyse** als auch der **multiplen Regressionsanalyse** die Beurteilung „**nicht vorhanden**" vergeben wird.

Mit den Analyseinstrumenten des **Oracle Express Objects** können sowohl der **arithmetische Mittelwert** als auch die zugehörige **Standardabweichung** ermittelt werden. Im Gegensatz zum SAP EC-EIS ist auch eine **multiple Regressionsanalyse** durchführbar. Eine multiple Korrelationsanalyse wird leider nicht unterstützt.

Im **SAP BW** ist die **Berechnung des arithmetischen Mittelwerts** und der **Standardabweichung** möglich. Dies läßt sich darauf zurückführen, daß durch die „Add-In"-Konzeption des SAP BW auf den Funktionsumfang des Tabellenkalkulationsprogramms Microsoft Excel zurückgegriffen wird. Diesbezüglich erhält das SAP BW eine **sehr hohe Beurteilung**. Die gleiche Bewertung wird auch für die Unterstützung der **multiplen Korrelations- und Regressionsanalyse** vergeben, die ebenfalls mit vordefinierten Funktionen durchgeführt werden kann.

FIS-Generatoren → Ausprägungen ↓ zu den *statistischen Fkt.*	Hyperion Enterprise 4.62 XA	SAP EC-EIS 4.0	Oracle Express Objects 2.1	SAP BW 1.2
Berechnung des arithmetischen Mittelwerts und der Standardabweichung	neutral	neutral	sehr hoch	sehr hoch
Unterstützung der multiplen Korrelationsanalyse	nicht vorhanden	nicht vorhanden	nicht vorhanden	sehr hoch
Unterstützung der multiplen Regressionsanalyse	nicht vorhanden	nicht vorhanden	sehr hoch	sehr hoch

Abb. IV - 86:   Beurteilung ausgewählter FIS-Generatoren nach ihren statistischen Funktionen.

V. Prognosemethoden

Allein die Bereitstellung vergangenenheitsorientierter Informationen ist für die Planung, Steuerung und Kontrolle der internationalen Management-Holding nicht ausreichend. Für eine antizipative Konzernführung gewinnt zunehmend die Prognose relevanter Veränderungen an Bedeutung.[153] Dennoch wurde die Bedeutung von **Prognosemethoden** in der empirischen Untersuchung mit einer nur **unterdurchschnittlichen Bedeutung** eingestuft. Daher sollen in Analogie zu den statistischen Verfahren nur ausgewählte Prognosemethoden von den FIS-Generatoren abverlangt werden.

- **Kurzfristige Prognosen** sind durch das *Verfahren der gleitenden Durchschnitte* und der *exponentiellen Glättung* (1. und 2. Ordnung) zu unterstützen.[154]

- Im Rahmen **mittelfristiger Prognosen** wird zur Extrapolation eines Trends die *Methode der kleinsten Quadrate* ausgewählt.[155]

Das **Hyperion Enterprise**, das **SAP EC-EIS** und auch das **Oracle Express Objects** bieten keinerlei Möglichkeiten, **Prognosen** durchzuführen. Daher werden sie mit der Beurteilung „**nicht vorhanden**" eingestuft.

Der mächtige Funktionsumfang des Tabellenkalkulationsprogramms Excel aber auch die Funktionen des SAP BW unterstützen das *Verfahren der gleitenden Durchschnitte* und der *exponentiellen Glättung*. Für das **SAP BW** kann daher die Beurteilung „**sehr hoch**" vergeben werden. Zur Trend-Extrapolation steht im SAP BW die **Methode kleinster Quadrate** zur Verfügung, so daß auch hier eine **sehr hohe Beurteilung** zu fundieren ist.

FIS-Generatoren → Ausprägungen zu den *Prognosemethoden* ↓	Hyperion Enterprise 4.62 XA	SAP EC-EIS 4.0	Oracle Express Objects 2.1	SAP BW 1.2
Unterstützung kurzfristiger Prognosen	nicht vorhanden	nicht vorhanden	nicht vorhanden	sehr hoch
Unterstützung mittelfristiger Prognosen	nicht vorhanden	nicht vorhanden	nicht vorhanden	sehr hoch

Abb. IV - 87:   Beurteilung ausgewählter FIS-Generatoren nach ihren Prognosemethoden.

---

153) Vgl. hierzu S. 94.

154) Vgl. SCHNEEWEIß (Produktionswirtschaft), S. 126 f.

155) Wenn als ein Merkmal die *Zeit* ausgewählt wird, bietet auch die *multiple Regressionsanalyse* die Möglichkeit einer Prognose. Vgl. HARTUNG / ELPELT / KLÖSENER (Statistik), S. 574 ff.

VI. Simulationsfunktionen

Des weiteren haben effiziente FIS-Generatoren in begrenztem Umfang **Simulationsfunktionen** bereitzustellen.[156] Simulationen erlauben es dem Anwender, die Auswirkungen seiner Entscheidungen ersichtlich machen zu können.[157] Hierbei lassen sich zwei grundlegende Typen unterscheiden, deren Bedeutung von den Führungskräften als relativ hoch eingeschätzt wurde.[158]

- Mit „**what-if**"-**Simulationen**, die häufig in der Szenario-Analyse Anwendung finden, werden bei Konstanz der übrigen Parameter die Auswirkungen einer Maßnahme auf eine übergeordnete Zielgröße analysiert. Es wird somit eine Simulation von *„unten nach oben"* durchgeführt.

- Bei „**how-to-achieve**"-**Simulationen** wird von einer übergeordneten Zielgröße ausgegangen und untersucht, welche Aktivitäten wie durchzuführen sind, um die vorgegebene Zielgröße zu erreichen. Es wird somit eine Simulation von *„oben nach unten"* durchgeführt.

Mit dem **Hyperion Enterprise** werden „what-if"-Simulationen in dem Sinne unterstützt, daß Gesellschaften in einem Konzern beliebig umgehängt werden können, um so die damit verbundenen immanenten Auswirkungen auf die Bilanz und Gewinn- und Verlustrechnung analysieren zu können. „How-to-achieve"-Simulationen können aufgrund der *bottom-up-Berechnung* übergeordneter Summenkonten nicht durchgeführt werden.

Da mit dem **SAP EC-EIS** auch mittlere Knoten eines Summenkontos bebucht werden können, sind sowohl „what-if"-Simulationen als auch „how-to-achieve"-Simulationen möglich. Für letztere steht sogar ein spezielles Verteilungswerkzeug zur Verfügung. Mit **Oracle Express Objects** sind im Standard nur „what-if"-Simulationen, aber keine „how-to-achieve"-Simulationen möglich. Dies läßt sich damit erklären, daß keine Knoten „von oben nach unten" bebucht werden können. Zur Verteilung - beispielsweise eines Budgets - auf untergeordnete Knoten wird auf den Financial Analyser verwiesen.

„What-if"-Simulationen können beim **SAP BW** über eine entsprechende Datenmodellierung, z.B. über die Definition neuer InfoCubes, realisiert werden. Es wird daher eine **sehr hohe Beurteilung** vergeben. Da im derzeitigen Releasestand[159] keine Knoten „von oben nach unten" verbucht werden können, sind „how-to-achieve"-Simulationen nicht möglich.

---

156) Diese Aussage basiert auf den Ergebnissen der empirischen Untersuchung zum gewünschten Leistungsumfang effizienter Führungsinformationssysteme für die internationale Management-Holding, S. 121.

157) Vgl. BEHME / SCHIMMELPFENG (Führungsinformationssysteme) S. 9. BULLINGER / KOLL / NIEMEIER (Führungsinformationssysteme), S. 156, sprechen von Sensitivitätsanalysen

158) Vgl. S. 121.

159) „How-to-achieve"-Analysen sollen ab Dezember 1998 über das APO (Advanced planning and optimizing)-Tool realisiert werden. Erwähnenswert erscheint dabei, daß damit auch *direkt* in die Datenhaltung der operativen Systeme eingegriffen werden kann.

FIS-Generatoren → Ausprägungen zu den *Simulationsfunktionen* ↓	Hyperion Enterprise 4.62 XA	SAP EC-EIS 4.0	Oracle Express Objects 2.1	SAP BW 1.2
Unterstützung von "what-if"-Simulationen	sehr hoch	sehr hoch	sehr hoch	sehr hoch
Unterstützung von "how-to-achieve"-Simulationen	nicht vorhanden	sehr hoch	nicht vorhanden	nicht vorhanden

Abb. IV - 88:   *Beurteilung ausgewählter FIS-Generatoren nach ihren Simulationsfunktionen.*

VII. Schnittstelle zu externen IuK-Diensten

Die Schnittstelle zu externen IuK-Diensten wurde von den befragten Führungskräften als eher **unbedeutend** erachtet. Nichtsdestotrotz soll sie als Leistungsausprägung in die Evaluierungsarbeiten aufgenommen werden. Dies läßt sich insbesondere mit der Tatsache begründen, daß durch eine Schnittstelle zu externen IuK-Diensten - beispielsweise zu dem weltweiten Kommunikationsdienst *Internet* - ein Informationsaustausch über Kontinente hinweg und zu jedem beliebigen Zeitpunkt ermöglicht wird. Folgende Aspekte sind zu berücksichtigen:

- Zum einen muß gewährleistet sein, daß innerhalb von Führungsinformationssystemen auf verschiedene **externe Informationsdienste** wie REUTERS zugegriffen werden kann.

- Um das Versenden, Verteilen, Empfangen und Lesen von Nachrichten zu vereinfachen, ist des weiteren eine Schnittstelle zu **elektronischen Postsystemen** wie Lotus Notes oder Microsoft Exchange sicherzustellen.[160]

- Um zukünftigen Anforderungen gewachsen zu sein, muß auch die **Internet-Integrität** der FIS-Generatoren analysiert werden. Insbesondere ist zu eruieren, ob Schnittstellen und Applikationen für eine Internet-Anbindung vorhanden sind. Hierbei ist u.a. zu überprüfen, ob ein *Standard Web Browser Interface* besteht.

Das **Hyperion Enterprise** besitzt *keine* vordefinierten **Schnittstellen zu externen Informationsdiensten**. Die Schnittstelle ist jedoch offengelegt, so daß eine individuelle Programmierung über ein „*application programming interface*" möglich ist. Auch zu **elektronischen Postsystemen** besteht *keine* Schnittstelle. In diesem Zusammenhang wird auf den Hyperion Spider-Man verwiesen. Das Hyperion Enterprise wird daher mit einer **sehr geringen Beur-**

---

160) Unter elektronischen Postsystemen werden computergestützte Kommunikationssysteme verstanden, die die *papierlose Übermittlung* von Daten zwischen Absendern und Empfängern ermöglichen. In Anlehnung an MÜLLER-BÖLING / RAMME (Informationstechniken), S. 22 f. Zu einer Auflistung ihrer Vorteile vgl. insbesondere STRUCKMEIER (Führungsinformationssysteme), S. 130.

teilung eingestuft. In bezug auf die **Internet-Integrität** wird ebenfalls auf den Spider-Man verwiesen. Es wird ein „**nicht vorhanden**" vergeben.

Vordefinierte Schnittstellen zu externen Informationsdiensten bestehen beim **SAP EC-EIS** nicht. Innerhalb des SAP-Systems können jedoch Nachrichten durch das „*SAP-Mail*" ausgetauscht werden. Des weiteren können Telefaxe oder E-mails via Internet verschickt werden. Eine Beurteilung mit „**hoch**" ist daher gerechtfertigt. Über einen eingerichteten Internet-Browser ist ein **direkter Internetzugang** möglich, so daß diesbezüglich eine **sehr hohe Beurteilung** möglich ist.

Die Schnittstelle zu Informationsdiensten und elektronischen Postsystemen wird im **Oracle Express Objects** durch die „*Oracle Open Gateway*"-Technologie ermöglicht. Sie verbindet die interne Datenbank mit externen Informationsquellen, ist aber immer individuell zu programmieren. Es wird daher die Beurteilung „**neutral**" vergeben. Die Anbindung des Führungsinformationssystems an das Internet ist nur durch zusätzlichen Programmierungsaufwand möglich, so daß die Beurteilung „**sehr gering**" vergeben wird.

Beim **SAP BW** kann über einen HTML (HyperText Markup Language)-Link[161] - beispielsweise via REUTERS oder Internet - ein Börsenkurs oder das aktuelle Dollarfixing eingebunden werden. Excel Spread-Sheets können über Microsoft Exchange ausgetauscht werden. Der Browser des SAP BW ist zwar wie eine Internet-Seite aufgebaut. Nach der Datenübertragung via Internet erfordert das BW zur Datenpräsentation und für OLAP-Analysen aber die gleiche Version des Microsoft Excel, das der Sender benutzte. Es wurde somit keine 100%-ige Internet-Integrität realisiert,[162] so daß auch nur eine **hohe Beurteilung** vergeben werden kann.

FIS-Generatoren → Ausprägungen zur *Schnittstelle zu externen IuK-Diensten* ↓	Hyperion Enterprise 4.62 XA	SAP EC-EIS 4.0	Oracle Express Objects 2.1	SAP BW 1.2
Schnittstelle zu externen Informationsdiensten	sehr gering	nicht vorhanden	neutral	sehr hoch
Schnittstelle zu elektronischen Postsystemen	sehr gering	hoch	neutral	sehr hoch
Internet-Integrität	nicht vorhanden	sehr hoch	sehr gering	hoch

Abb. IV - 89:   *Beurteilung ausgewählter FIS-Generatoren nach ihren Schnittstellen zu externen IuK-Diensten.*

---

161) Zu den Besonderheiten vgl. SCHIEMENZ / SCHÖNERT (Anforderungen), S. 944.

162) Die 100%-ige Internet-Integrität - insbesondere um OLAP-Analysen auch via Internet realisieren zu können - ist nach Aussage von SAP als eine der Neuerungen des nächsten Releasestand in Planung.

4.1.3.5. Beurteilung nach der Handhabbarkeit

Wie bereits dargelegt wurde,[163] sind im Rahmen ihrer Handhabbarkeit die FIS-Generatoren nach den Kriterien der *Verständlichkeit*, *Ableitungstranparenz*, des *Integrationsgrads* und der *Änderungsflexibilität* zu evaluieren. Ihre Ausprägungen sind in der Abb. IV - 90 zusammengefaßt.

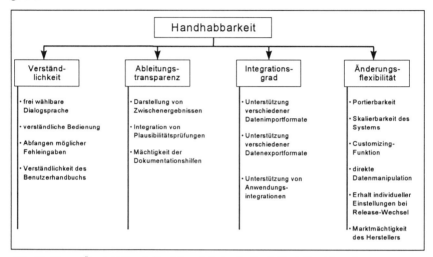

Abb. IV - 90:   *Übersicht über die Beurteilungskriterien der Handhabbarkeit und deren Ausprägungen.*

I. Verständlichkeit

Im Rahmen der **Verständlichkeit** sind verschiedene Ausprägungen zu berücksichtigen, die sich wie folgt umschreiben lassen:[164]

• Zwar kann in der internationalen Management-Holding eine einheitliche Konzernsprache festgelegt werden. Eine **frei wählbare Dialogsprache** von Führungsinformationssystemen trägt jedoch maßgeblich zu dessen Verständlichkeit bei.[165]

• Für eine **verständliche Bedienung** sollten des weiteren durch Eingaben bewirkte *Datenveränderungen auf dem Bildschirm* hervorgehoben werden. Auch sollte die *Schätzung der voraussichtlichen Dauer* eines Verarbeitungsvorgangs angezeigt werden.[166]

163) Vgl. S. 110.

164) Das Beurteilungskriterium der Verständlichkeit schließt die *Selbstbeschreibungsfähigkeit* der DIN EN ISO 9241-10 ein. Ein FIS-Generator ist selbstbeschreibungsfähig, wenn die einzelnen Dialogschritte durch Rückmeldung des Führungsinformationssystems unmittelbar verständlich sind oder der Führungskraft auf Anfrage erklärt wird. Vgl. hierzu SCHNEIDER (Anforderungen), S. 34 ff.

165) HANSEN (Wirtschaftsinformatik), S. 188, verweist in diesem Zusammenhang auf die anzustrebende *Internationalität* der Software.

166) Vgl. hierzu die siebte Empfehlung der Erwartungskonformität nach DIN EN ISO 9241-10.

• Um FIS-unerfahrenen Führungskräften den „spielerischen" Umgang mit Führungsinformationssystemen zu ermöglichen, muß eine angemessene Zahl von Dialogschritten zurückzunehmen sein. Sollte ein Dialogschritt nicht mehr rückgängig gemacht werden können, ist
dies vor der Ausführung mitzuteilen.[167]

• Letztendlich ist das **Benutzerhandbuch** mit dem Installationsleitfaden und dem Befehls-
nachschlagewerk auf seine Verständlichkeit hin zu überprüfen.

Hinsichtlich seiner **Dialogsprachen** ist zum **Hyperion Enterprise** und **Oracle Express
Objects** zu vermerken, daß aufgrund der Übersetzungsarbeiten die deutsche der englischen
Version immer um einen Releasestand hinterherhinkt. Daher wird in der Regel die englische
Version gewählt, so daß die Angaben der Bildschirmmasken und des online-Hilfesystem nur in
englischer Sprache vorhanden sind. Für beide FIS-Generatoren wird daher eine **neutrale Beur-
teilung** vergeben.

Als vorbildlich ist das **SAP EC-EIS** einzustufen. Es wird in einer Vielzahl von Sprachen
angeboten. Hinsichtlich der freien Wählbarkeit seiner Dialogsprache erhält es eine **sehr hohe
Beurteilung**. Das **SAP BW** steht im Releasestand 1.2 in englischer und deutscher Sprache zur
Verfügung. Weitere Sprachen - insbesondere verschiedene asiatische Sprachen - sind in
Vorbereitung, so daß dieser FIS-Generator immerhin noch mit „**neutral**" einzustufen ist.

Das **Hyperion Enterprise** zeichnet sich vor allem durch seine **verständliche Bedienung** aus.
Datenveränderungen, die eine neue Konsolidierung zur Folge haben, werden durch ein *Symbol*
angezeigt. Bei längeren Bearbeitungsvorgängen erscheint zwar keine Zeitangabe, ein *Ablauf-
balken* weist aber auf die ausstehende Bearbeitungsdauer hin. Des weiteren erhöht die *Anbindung an bekannte Excel-Erfassungs- und Auswertungsmasken* die Verständlichkeit. Daher
wird das Hyperion Enterprise hinsichtlich seiner Bedienung mit „**sehr hoch**" eingestuft.

Zwar besitzt das **SAP EC-EIS** eine grafische Oberfläche, durch das SAP-individuelle GUI
(Graphical User Interface) entspricht die Menüleiste mit ihren Menüpunkten aber *nicht* den
bekannten Office-Vorgaben. Das SAP EC-EIS ist daher - so die Ergebnisse des eigenen Tests -
als eher schwer verständlich einzustufen. Auch die Symbole entsprechen nicht immer den
Office-Vorgaben, so daß eine **sehr geringe Beurteilung** gerechtfertigt ist.

Das **Oracle Express Objects** besitzt hingegen eine sehr verständliche Bedienung. Zum einen
ist die grafische Oberfläche mit der *stringent* eingehaltenen *Objektorientierung* leicht zu erlernen. Vorbildlich wird aber auch das *visuelle Programmieren* unterstützt.[168] Leider erscheint

---

167) Diese Leistungsausprägung entspricht der Fehlertoleranz von DIN EN ISO 9241-10.

168) Als Beispiel sei die *Toolbox* genannt, die das zentrale Hilfsmittel für Eigenentwicklungen - u.a. eigen-
definierte Menüleisten - darstellt.

auch bei längeren Bearbeitungsvorgängen nur eine Sanduhr, wodurch keine Abschätzung der ausstehenden Bearbeitungslänge möglich ist. Hinsichtlich seiner Bedienung wird dieser FIS-Generator daher mit „hoch" bewertet.

Auch im **SAP BW** ist das Programmieren durch eine hohe Verständlichkeit gekennzeichnet. Im Report Builder[169] können die Objekte per „drag-and-drop" auf die Arbeitsfläche gezogen werden, auf der das BW automatisch Tabellen oder Grafiken erzeugt, deren Aufbau in einer Vorschau angezeigt wird. Nichtsdestotrotz könnte der Bedienungskomfort - insbesondere der Administrator Workbench[170] - noch verbessert werden. Datenabfragen sind nicht ganz so leicht wie im Oracle möglich und es findet bei der Datenpräsentation auch ein *Systembruch* von SAP zu Excel statt, so daß das SAP BW hinsichtlich seiner Verständlichkeit mit einer **neutralen Bewertung** eingestuft wird.

Beim **Abfangen möglicher Fehleingaben** verhält sich das **Hyperion Enterprise** vorbildlich. Bereits berichtete Zahlen können für weitere Bearbeitungen gesperrt werden. Des weiteren erscheint beim ungespeicherten Verlassen eines Programmteils ein warnender Hinweis. Das Hyperion Enterprise erhält daher eine **hohe Beurteilung**.

Das **SAP EC-EIS** ist in der Lage, fehlerhafte Eingaben zu tolerieren und eine der Dialogsprache angepaßte Fehlermeldung auf dem Bildschirm auszugeben. Jedoch ist diese meist sehr kurz und bietet zum Teil keine Hilfe für das anstehende Problem an. Eine **neutrale Beurteilung** ist daher folgerichtig.

Auch das **Oracle Express Objects** warnt den Benutzer vor möglichen Konsequenzen seiner Eingaben. Im Gegensatz zum SAP EC-EIS ist die Fehlermeldung jedoch in englischer Sprache. Dafür erhält man bei fehlerhaften Programmierungen detaillierte Hinweise zur Fehlerbeseitigung.[171] Deshalb wird eine **sehr hohe Beurteilung** vergeben. Bei dem **SAP BW** kann eine Abfrage hinsichtlich ihrer Syntax überprüft werden. In Hinblick auf das Abfangen möglicher Fehleingaben wird daher eine **hohe Beurteilung** vergeben.

Hinsichtlich der **Verständlichkeit seines Benutzerhandbuches** erhält das **Hyperion Enterprise** daher eine **hohe Beurteilung**. Für den aktuellen Releasestand steht es zwar nur in englischer Sprache zur Verfügung. Es überzeugt aber durch eine *hohe Übersichtlichkeit*.

Das Benutzerhandbuch des **SAP EC-EIS** ist zwar in jeder der verfügbaren Dialogsprachen verfügbar. Jedoch ist es häufig wenig hilfreich und teilweise auch nicht sehr ausführlich. Es wird daher eine **neutrale Beurteilung** konstatiert. Für den neuesten Releasestand ist das Benutzerhandbuch des **Oracle Express Objects** in Analogie zum Hyperion Enterprise nur in

---

169) Vgl. hierzu S. 294 ff.

170) Vgl. ebenda.

171) Kann ein Befehl nicht ausgeführt werden, wird die fehlerhafte Zeile sogar im Programmcode angezeigt.

englischer Sprache erhältlich. Es wird aber aufgrund seiner Übersichtlichkeit eine **hohe Beurteilung** vergeben. Wie beim SAP EC-EIS kann das Benutzerhandbuch des **SAP BW** in mehreren Sprachen bezogen werden. Es wird daher eine **hohe Beurteilung** vergeben.

FIS-Generatoren → Ausprägungen zur *Verständlichkeit* ↓	Hyperion Enterprise 4.62 XA	SAP EC-EIS 4.0	Oracle Express Objects 2.1	SAP BW 1.2
frei wählbare Dialogsprache	neutral	sehr hoch	neutral	neutral
verständliche Bedienung	sehr hoch	sehr gering	hoch	neutral
Abfangen möglicher Fehleingaben	hoch	neutral	sehr hoch	hoch
Verständlichkeit des Benutzerhandbuchs	hoch	neutral	hoch	hoch

Abb. IV - 91:   *Beurteilung ausgewählter FIS-Generatoren nach ihrer Verständlichkeit.*

II. Ableitungstransparenz

Als zweites Beurteilungskriterium zur Bewertung der Handhabbarkeit effizienter Führungsinformationssysteme für die internationale Management-Holding ist die **Ableitungstransparenz** anzuführen.[172] Hiermit wird erfaßt, inwieweit Verarbeitungsalgorithmen des Informationssystems offengelegt werden können.[173] Folgende Ausprägungen sind von Bedeutung:

- Bei Bedarf haben effiziente FIS-Generatoren den Inhalt der gerade durchgeführten Bearbeitungsschritte und der hieraus resultierenden **Zwischenergebnisse** offenzulegen.[174]

- Des weiteren ist zu beurteilen, ob **Plausibilitätsprüfungen** - beispielsweise die Überprüfung der Summe Aktiva mit der Summe Passiva - integriert werden können oder ob diese sogar automatisch durchgeführt werden.

Um Zwischenergebnisse offenzulegen, müssen im **Hyperion Enterprise** entsprechende Prüffelder definiert werden. Dies ist zwar leicht und ohne großen Aufwand zu bewerkstelligen, vordefinierte Felder wären jedoch wünschenswert, so daß dieser FIS-Generator hinsichtlich der **Darstellung von Zwischenergebnissen** eine **neutrale Beurteilung** erhält.

---

172)   Vgl. hierzu Abb. IV - 69, S. 298.

173)   Vgl. S. 110.

174)   Diese können u.a. zur Überprüfung der Endergebnisse herangezogen werden können.

Während der Bearbeitung zeigt das **SAP EC-EIS** in einer *Statuszeile* an, welche Bearbeitungsschritte gerade durchgeführt werden. Zwischenergebnisse können über selbstdefinierte Prüffelder angezeigt werden, so daß eine **sehr hohe Beurteilung** vergeben wird.

Im **Oracle Express Objects** wird bei der Generierung einer Tabelle der zugehörige Programmcode angezeigt. Für den Entwickler von Führungsinformationssystemen kann dies eine wichtige Information sein. Das Ergebnis wird in einem *Preview-Fenster* angezeigt. Eine **sehr hohe Beurteilung** ist daher gerechtfertigt. Wird im Report Builder des **SAP BW** eine Tabelle definiert, zeigt auch dieses System den Tabellenaufbau in einem *Preview-Fenster* an. Der Programmcode wird aber nicht angezeigt, so daß „nur" eine **hohe Beurteilung** vergeben wird.

Die **Integration von Plausibilitätsprüfungen** - beispielsweise zur Überprüfung von Konsolidierungsläufen - wird beim **Hyperion Enterprise** durch *Prüfkonten* gewährleistet. Als positiv ist anzuführen, daß das System die Weiterverarbeitung stoppt, wenn die Prüfkonten nicht den vorgegebenen Werten entsprechen. Es wird daher eine **sehr hohe Beurteilung** vergeben. Im **SAP EC-EIS** finden *Plausibilitätsprüfungen* bei der Übernahme von Daten aus den operativen Systemen statt. Prüfkonten können *manuell* eingerichtet werden, so daß eine **hohe Beurteilung** folgerichtig ist.

Plausibilitätsprüfungen sind im **Oracle Express Objects** und im **SAP BW** standardmäßig nicht vorhanden. Da sie jedoch in Analogie zu den vorangegangenen FIS-Generatoren *manuell* eingerichtet werden können, ist eine Beurteilung mit immerhin noch „**neutral**" gerechtfertigt.

FIS-Generatoren → Ausprägungen zur *Ableitungs-transparenz* ↓	Hyperion Enterprise 4.62 XA	SAP EC-EIS 4.0	Oracle Express Objects 2.1	SAP BW 1.2
Darstellung von Zwischenergebnissen	neutral	sehr hoch	sehr hoch	hoch
Integration von Plausibilitätsprüfungen	sehr hoch	hoch	neutral	neutral

Abb. IV - 92:   Beurteilung ausgewählter FIS-Generatoren nach ihrer Ableitungstransparenz.

III. Integrationsgrad

Um das Zusammenarbeiten mit den operativen Vorsystemen sicherzustellen, müssen Führungsinformationssysteme in eine bestehende EDV-Architektur eingebettet werden. Diese nicht zu unterschätzende Schnittstellen-Problematik führt auch heute noch zu Insellösungen, so daß folgende Kriterien für die Evaluierung von besonderer Bedeutung sind.[175]

---

175) Vgl. hierzu die Gewichtung dieses Beurteilungskriteriums, S. 126 f.

- Idealerweise haben FIS-Generatoren definierte *Schnittstellen*, mit denen komplexe **Daten-sätze** aus Vorsystemen **importiert** werden können.[176] So sollte zum einen eine direkte Datenübernahme aus Microsoft Excel[177] möglich sein. Insbesondere ist aber auch ein Daten-import aus *SAP-Vorsystemen*[178] - beispielsweise dem Buchhaltungsmodul FI oder dem Kon-solidierungsmodul FI-LC - zu fordern. Letztendlich sollte auch das Einlesen gängiger *Daten-bank*formate wie DB2 von IBM, Oracle, Sybase, Informix[179] sowie von ASCII-Dateien realisierbar sein.

- Beim **Datenexport** ist ein Anschluß an die gängigen **Office-Pakete** von besonderer Bedeutung. Insbesondere sind aber auch Schnittstellen zu *Tabellenkalkulationsprogrammen* wie Microsoft Excel sowie *Grafik-* und *Präsentationsprogrammen* wie Microsoft Power-point nötig.

- Des weiteren müssen FIS-Generatoren die Möglichkeit besitzen, andere Programme zu inte-grieren. Diese Fähigkeit wird unter dem Begriff der **Anwendungsintegration** subsumiert. Beim Datenimport erhöht beispielsweise eine Anbindung an bestehende Erfassungsmasken gängiger Tabellenkalkulationsprogramme den Integrationsgrad. Aber auch zur Präsentation und Auswertung der generierten Informationen ist eine solche Funktionalität wünschens-wert.[180]

Das **Hyperion Enterprise** erhält für seine **Datenimport-Funktion** eine **neutrale Beurtei-lung**. Dies läßt sich insbesondere damit erklären, daß dieser FIS-Generator zum Datenimport aus Excel eine eigens dafür vorgesehene Funktion - das *„Retrieve Excel"* - besitzt. Hiermit können Daten direkt und sehr komfortabel übernommen werden. Für den Import von Daten aus anderen Vorsystemen steht der *„Ledger Link"* - ein eigens dafür von Hyperion ent-wickeltes Programm - zur Verfügung. Er ermöglicht bei der Datenübertragung eine flexible Struktur- und Kontenanpassung. Beim Laden von Daten aus dem SAP FI-LC gab es jedoch Probleme. Obwohl nach Herstellerangaben insbesondere dieser Datentransfer unterstützt werden soll, stürzte das Programm bei Testläufen regelmäßig ab. Das Einladen von Daten

---

176) Daß Führungsinformationssysteme Informationen aus verschiedenen Datenquellen und mit verschiede-nen Datentypen zusammenzuführen haben, erkannte ROCKART / De LONG (Executive Support Sys-tems) bereits 1988, also vor der Entwicklung erster EDV-gestützter Führungsinformationssysteme.

177) Letztere Auswahl läßt sich vor allem damit begründen, daß dieses Tabellenkalkulationsprogramm sehr häufig von Controllern zur Datenerfassung und Analyse im Rahmen der Berichterstattung eingesetzt wird.

178) Diese Aussage läßt sich damit fundieren, daß in der empirischen Untersuchung mehrfach die Meinung geäußert wurde, ein Führungsinformationssystem nur einzufügen, wenn es auf den operativen SAP-Modulen aufsetzt.

179) Informix zählt mit mehr als einer Million Datenbankinstallationen zu einem der führenden Software-anbieter im Bereich offener Systeme. Unter Unix oder Windows NT arbeiten weltweit annähernd 1.000 Kunden mit diesem Produkt.

180) Als Beispiel sei die Integration einer *Präsentations-Software* wie inSight von arcplan genannt.

aus verschiedenen *Datenbanktypen* ist über ASCII-Dateien ohne Probleme möglich. Mit dem Ledger Links war eine flexible Strukturanpassung möglich.

Der Datenimport aus Excel ist mit dem **SAP EC-EIS** *nicht* direkt möglich. Es besteht aber die Möglichkeit, die Daten über das Tabellenformat „CSV"[181] einzuladen. Der Datenimport aus SAP-Vorsystemen ist bei diesem FIS-Generator über ein extra dafür eingerichtetes *SAP-Über-tragungsprogramm* möglich. Dies ist sehr komfortabel bedienbar. Es ist dabei keine Programmierung nötig, da die Senderstruktur - beispielsweise für das CO-PA oder FI-LC - bereits eingerichtet ist. Auch wird der Import von Daten aus ODBC- (Open Database Connectivity) - Datenbanken, ein Datenbankstandard von Microsoft, oder im ASCII-Format unterstützt. Insgesamt wird daher eine **hohe Beurteilung** vergeben.

Der Datenimport aus Excel ist mit dem **Oracle Express Objects** über das Tabellenformat „CSV" möglich. Das Einlesen von Daten aus *SAP-Vorsystemen* wurde über das extra dafür entwickelte „*SAP-Toolkit*" realisiert. Es funktionierte im Test problemlos. Mit dem „*Relational Access Manager*" können Daten aus *ODBC-Datenbanken* importiert werden. Der entsprechende SQL-Code wird dabei automatisch generiert. Auch der Import von *ASCII-Dateien* gelang im Test ohne Probleme. Eine **sehr hohe Beurteilung** ist daher gerechtfertigt.

Als einer der wohl größten Vorteile des **SAP BW** ist seine Datenimportfähigkeit aus R/3-Vorsystemen zu nennen. Die Daten werden per Knopfdruck schnell und sehr komfortabel eingelesen. Daten aus allen anderen Systemen - auch aus dem SAP R/2 - werden als „Flatfiles" über die „*BAPI*"*-Schnittstelle*[182] eingelesen. Dies funktionierte im Test problemlos.[183] Es wird dahingehend eine **sehr hohe Beurteilung** vergeben.

Für seine **Datenexportfähigkeit** erhält das **Hyperion Enterprise** eine **hohe Beurteilung**. Durch die bereits dargestellte „*Retrieve Excel*"-Funktion können Daten *online* für weitergehende Analysen in dieses Tabellenkalkulationsprogramm exportiert werden. Für die Einrichtung der Schnittstelle wird der komfortable Funktionsassistent von Excel modifiziert. Der Datenexport aus dem **SAP EC-EIS** ist nur über Dateien im CSV- oder ASCII-Format realisierbar. Des weiteren sind *Screenshots* möglich, die direkt für Präsentationen verwendet werden können. Es wird daher die Beurteilung „**neutral**" vergeben.

Auch Daten des **Oracle Express Objects** können in PC-Anwendungen weiterverarbeitet werden. Insbesondere wird durch eine entsprechende Schnittstelle die Verwendung von Excel als „Add-In" unterstützt.[184] Da dies aber nicht per einfachem Mausklick wie bei dem SAP BW

---

181) Die Merkmalstrennung erfolgt dabei durch ein Semikolon, die Datensätze werden durch einen Zeilenumbruch getrennt.

182) Zur Beschreibung der „BAPI"-Schnittstelle vgl. S. 295.

183) Zum Einlesen von „Flatfiles" aus Großrechner wäre ein Hilfsassistent zur Zeichentrennung wünschenswert. Vgl. hierzu S. 320.

184) Vgl. S. 293 ff.

möglich ist, ist eine Abstufung gerechtfertigt. Dieser FIS-Generator wird daher mit einer **hohen Beurteilung** eingestuft.

Durch die „Add-In"-Konzeption des **SAP BW** können Daten per einfachem Mausklick in Excel eingeladen werden und von dort aus in andere Anwendungen kopiert werden. Es sind auch Screenshots realisierbar, die *direkt* verwendet werden können. Des weiteren steht eine „BAPI"-Schnittstelle zur Verfügung, so daß eine **sehr hohe Beurteilung** gerechtfertigt ist.

Anwendungsintegrationen werden vom **Hyperion Enterprise** nur für eigene Produkte wie den Hyperion Spider-Man unterstützt. Der getestete FIS-Generator erhält dahingehend eine **geringe Beurteilung**. Für das EC-EIS wird von SAP die grafische Oberfläche inSight der Firma arcplan Information GmbH empfohlen.[185] Die SAP EC-EIS-Bewegungsdaten werden hierbei *direkt* aus den Rechercheberichten abgerufen (Remote Function Call), so daß eine **sehr hohe Beurteilung** vergeben wird.

Auch das **Oracle Express Objects** unterstützt Anwendungsintegrationen. Beispielsweise kann das Tabellenkalkulationsprogramm Excel als „Add-In" genutzt werden. Des weiteren ist die grafische Oberfläche inSight der Firma arcplan Information GmbH für die Express Datenbank erhältlich. Dieser FIS-Generator wird daher mit „**sehr hoch**" beurteilt.

Da der Analyser des **SAP BW** als „Add-In" von Excel konzipiert ist, wird die Präsentation und Analyse der Daten unter der Oberfläche dieses Tabellenkalkulationsprogramms durchgeführt. Die grafische Oberfläche inSight ist nach Aussage von SAP in Vorbereitung und bei ausgewählten Kunden im Test. Über eine „BAPI"-Schnittstelle ist aber auch die Integration anderer Präsentationsoberflächen möglich. Es wird eine **sehr hohe Beurteilung** vergeben.

FIS-Generatoren ➡ **Ausprägungen** zum *Integrationsgrads* ⬇	Hyperion Enterprise 4.62 XA	SAP EC-EIS 4.0	Oracle Express Objects 2.1	SAP BW 1.2
Unterstützung verschiedener Datenimportformate	neutral	hoch	sehr hoch	sehr hoch
Unterstützung verschiedener Datenexportformate	hoch	neutral	hoch	sehr hoch
Unterstützung von Anwendungsintegrationen	gering	sehr hoch	sehr hoch	sehr hoch

Abb. IV - 93:   Beurteilung ausgewählter FIS-Generatoren nach ihrem Integrationsgrad.

---

185) InSight für SAP EC-EIS ist eine leicht bedienbare grafische Oberfläche, die u.a. eine komfortable Präsentation und Analyse der SAP-Daten ermöglicht.

IV. Änderungsflexibilität

Als letztes ist die **Änderungsflexibilität** der ausgewählten FIS-Generatoren zu beurteilen.[186] Hierzu sind folgende Ausprägungen zu überprüfen:

- Die Flexibilität von Führungsinformationssystemen wird zum einen durch ihre **Portierbarkeit** sichtbar. Hierbei sollten im Rahmen einer *„client-server"-Architektur* verschiedene *Hardware-Konstellationen*, aber auch *Betriebssysteme* wie Windows von Microsoft und OS/2 von IBM unterstützt werden.[187] Vorteil einer „client-server"-Architektur ist es, daß sie gegenüber Hard- und Softwareveränderungen relativ robust ist. Sie läuft auf den gängigen Betriebssystemen und erlaubt die Verwendung verbreiteter Datenbankverwaltungssysteme.

- Des weiteren ist die Änderungsflexibilität von Führungsinformationssystemen durch eine ausgeprägte **Customizing-Funktion** der FIS-Generatoren zu erhöhen.[188]

- Auch muß eine **direkte Datenmanipulation** möglich sein. Nur so können Daten *neu* in das Führungsinformationssystem eingelesen oder bestehende Daten verändert werden.

- Letztendlich ist bei der Änderungsflexibilität der zu untersuchenden FIS-Generatoren die **Mächtigkeit der Hersteller** zu berücksichtigen. Sie erfaßt, wie sie auf Änderungen reagieren und somit die Pflege und Wartung ihrer Produkte sicherstellen können.

Hinsichtlich seiner **Portierbarkeit** erhält das **Hyperion Enterprise** eine **neutrale Beurteilung**. Dies läßt sich damit erklären, daß dieser FIS-Generator zwar unter den Betriebssystemen Windows NT und Windows 95 läuft. Die getestete XA-Variante ist jedoch *nicht* unter OS/2 einsetzbar. Ein Einsatz im Rahmen einer „client-server"-Architektur ist möglich.

Das **SAP EC-EIS** kann unter den verschiedenen Windows-Betriebssystemen und unter OS/2 betrieben werden. Als Komponente des R/3-Systems wurde es speziell zum Einsatz in einer „client-server"-Architektur entwickelt, so daß eine **sehr hohe Beurteilung** gerechtfertigt ist.

Auch die Installation des **Oracle Express Objects** ist unter verschiedenen Windows-Betriebssystemen und OS/2 möglich. Des weiteren besteht die Möglichkeit, als Datenbank sowohl den Personal Server („client"-Lösung) als auch den Express Server („server"-Lösung) zu nutzen. Für diesen FIS-Generator ist daher eine **sehr hohe Beurteilung** gerechtfertigt.

Der Betrieb des **SAP BW** ist nur unter verschiedenen Windows-Betriebssystemen möglich. Eine „client-server"-Architektur wird unterstützt, so daß immerhin noch eine **neutrale Beurteilung** vergeben werden kann.

---

186) Vgl. hierzu Abb. IV - 69, S. 298.

187) Zur Charakterisierung einer „client-server"-Architektur vgl. Fußnote 55) des zweiten Kapitels, S. 68.

188) Zum Begriff des Customizing vgl. Fußnote 67) des vierten Kapitels, S. 152.

Mit dem *Report-Wizard* können im **Hyperion Enterprise** zwar individuelle Anpassungen durchgeführt werden. Insgesamt sind die **Customizing-Möglichkeiten** aber eingeschränkt. Der eigentliche Report kann durch den Anwender faktisch nicht verändert werden. Hinsichtlich seiner Customizing-Funktion wird das Hyperion Enterprise daher mit einer **neutralen Beurteilung** eingestuft.

Die vielen Einstellungsmöglichkeiten, für die das SAP R/3-System bekannt ist, kommen auch beim **EC-EIS** zum Tragen. Das Customizing ist *sehr benutzerfreundlich*. Das EC-EIS bekommt daher eine **sehr hohe Beurteilung**.

Durch ihre Objektorientierung unterstützen sowohl das **Oracle Express Objects** als auch das **SAP BW** individuelle Einstellungen. Es wird daher eine Einstufung mit „**sehr hoch**" vorgenommen.

Um **direkte Datenmanipulation** durchführen zu können, enthält das **Hyperion Enterprise** zum einen *frei gestaltbare Eingabemasken*. Des weiteren können Daten über Excel eingegeben werden. Auch können sie *direkt* im Data Entry geändert oder mit einer Zusatzbuchung belegt werden. Hierbei sind auch Zwischenknoten *manuell* bebuchbar, so daß das Hyperion Enterprise hinsichtlich der direkten Datenmanipulation eine **sehr hohe Beurteilung** erhält.

Eine direkte Datenmanipulation - insbesondere von Zwischenknoten - ist auch beim **SAP EC-EIS** möglich. Im Vergleich zum Hyperion Enterprise bestehen dazu aber nicht so viele Eingabemöglichkeiten, so daß das EC-EIS mit einer Abstufung, aber immerhin noch mit „**hoch**" beurteilt wird.

Direkte Veränderungen des Datenbestands sind auch mit dem **Oracle Express Objects** möglich. Neben *frei gestaltbaren Eingabemasken* bietet das System über ein „*Spreadsheet-Add-In*" die Möglichkeit, Daten über Excel zu verändern. Aus Sicherheitsgründen ist sogar eine *Paßwortabfrage* standardmäßig eingebaut. Eine **sehr hohe Beurteilung** ist folgerichtig. Auch beim **SAP BW** ist eine direkte Datenmanipulation möglich. Sie wird über die Administrator-Workbench realisiert.[189] Es wird eine **sehr hohe Beurteilung** vergeben.

Nach der Fusion von Hyperion mit ARBOR Software beschäftigt **Hyperion Solutions Corp.** - wie bereits dargelegt wurde - *1.800 Mitarbeiter* in 26 Ländern. Diese Zahl erscheint im Gegensatz zu SAP und Oracle, die jeweils mehr als 10.000 Mitarbeiter haben, zwar sehr gering. Dafür hat sich Hyperion auf Software-Produkte für Konsolidierungszwecke und OLAP-fähige Management-Berichte spezialisiert und gehört in diesem Bereich zweifelsohne zu den führenden Anbietern. Seine **Marktmächtigkeit** ist daher für diesen Bereich als **hoch** einzustufen.

---

189) Vgl. hierzu Abb. IV - 68, S. 295

Sowohl SAP als auch Oracle sind aufgrund ihrer Größe sehr schnell in der Lage, auf Innovationen zu reagieren und eine entsprechende Zahl an Mitarbeitern für neue Projekte und Release-Wechsel freizustellen. **Oracle** ist im Bereich „Data Warehousing und OLAP-Auswertungen" zusammen mit Hyperion Solutions Marktführer. Es wird daher eine **hohe Beurteilung** vergeben.

SAP ist im Bereich betriebswirtschaftlicher Software mit seiner Produktreihe R/3 - insbesondere bei den operativen Informationssystemen - *Weltmarktführer*. Da nach Auskunft einiger Anwender neue Releasestände jedoch nicht immer frei von *Fehlern* sind,[190] wird „nur" eine **hohe Beurteilung** vergeben.

FIS-Generatoren ⟶ Ausprägungen ⏐ zur *Änderungs-* ⌐ *flexibilität* ▼	Hyperion Enterprise 4.62 XA	SAP EC-EIS 4.0	Oracle Express Objects 2.1	SAP BW 1.2
Portierbarkeit	neutral	sehr hoch	sehr hoch	neutral
Customizing-Funktion	neutral	sehr hoch	sehr hoch	sehr hoch
direkte Datenmanipulation	sehr hoch	hoch	sehr hoch	sehr hoch
Marktmächtigkeit des Herstellers	hoch	hoch	hoch	hoch

Abb. IV - 94:   *Beurteilung ausgewählter FIS-Generatoren nach ihrer Änderungsflexibilität.*

4.1.3.6. Beurteilung nach dem Aufwand

Da der Einsatz von FIS-Generatoren wirtschaftlich vertretbar sein muß, sind auch deren **Kosten** zu beurteilen. Danach geht die Evaluierungsarbeit auf den **Zeitbedarf** einer Implementierung ein. Die nachfolgende Abb. IV - 95 faßt die Ausprägungen der Kosten- und Zeitadäquanz der FIS-Generatoren zusammen.

---

190)   Ein Grund hierfür kann das schnelle Wachstum dieses Unternehmens sein.

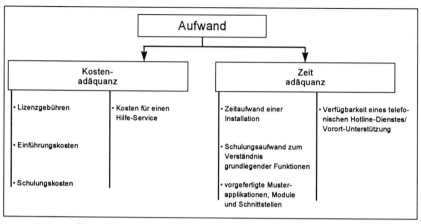

Abb. IV - 95:   Übersicht über die einzelnen Beurteilungskriterien des Aufwands.

I. Kostenadäquanz

Unter Kostenaspekten setzt sich die Einführung von Führungsinformationssystemen aus vier Kernbereichen zusammen, die sich wie folgt skizzieren lassen:[191]

- Zunächst sind die **Lizenzgebühren** zu berücksichtigen.[192] Bei den zu beurteilenden FIS-Generatoren hängen sie von der *Anzahl der Benutzer* ab.

- Des weiteren fallen **Einführungskosten** an. Sie entstehen durch die Installation der FIS-Generatoren, die Beratungsdienstleistungen für das Customizing, die Schnittstelleneinrichtung sowie die Kosten einer möglichen Prototypenerstellung.[193] Zur Quantifizierung werden die *Kosten eines Beratertages* herangezogen.[194]

- Der dritte Aspekt erfaßt die **Schulungskosten** der FIS-Entwickler und Anwender, um die grundlegenden Systemfunktionen verstehen zu können.[195] Zur Quantifizierung werden die durchschnittlichen *Schulungskosten/Tag* herangezogen.

- Letztendlich muß berücksichtigt werden, zu welchen **Kosten** ein späterer **Hilfe-Service** angeboten wird.

---

191) Da die nachfolgenden Kosten immer Verhandlungssache sind und damit einer großen Schwankungsbreite unterliegen, sind sie lediglich als Richtwerte anzusehen.

192) Die Hardware-Kosten spielen eine eher untergeordnete Rolle. Gleicher Auffassung sind auch CARL / FIEDLER (Managementinformations-Systeme), S. 66.

193) Insbesondere bei SAP werden die Anpassungsarbeiten häufig von Beratungsfirmen durchgeführt.

194) In Anlehnung an ZEILE (Führungsinformationssysteme), S. B - 1.

195) Vgl. BAHLMANN (Informationsbedarfsanalyse), S. 150, aber auch SZYPERSKI / WINAND (Bewertung), S. 213, die einen Katalog möglicher Kostenarten von Planungstechniken vorstellen.

Die **Lizenzgebühren** für eine Einzelplatz-Installation schlagen beim **Hyperion Enterprise** mit *9.500,- DM* [196)] zu Buche. Für eine unbegrenzte Zahl an Anwendern beginnt die Preisspanne bei *300.000,- DM.* Diese Werte sind als „hoch" einzustufen, so daß aufgrund der inversen Betrachtung eine **geringe Kostenadäquanz** gerechtfertigt ist.

Da das **SAP EC-EIS** als Modul in das „Gesamtsystem" R/3 integriert ist, sind die Lizenzgebühren entsprechend niedrig. Sie liegen zwischen *20.000,- und 30.000,- DM* und gelten für einen Arbeitsplatz. Hierbei ist zu berücksichtigen, daß auch alle Anwender, die bereits in der „CO"-Standardanwendung freigeschaltet wurden, mit eingeschlossen sind. Hinsichtlich der Adäquanz der Lizenzgebühren wird für das SAP EC-EIS daher eine **sehr hohe Beurteilung** vergeben.

Die Lizenzgebühren für das **Oracle Express Objects** betragen für die Einzelplatz-Installation des Express Servers *8.740,- DM.* Der gleiche Betrag wird nochmals für das Express Objects fällig. Für eine Lizenz von 20 Anwendern wird von Oracle eine Gebühr zwischen *70.000,- bis 120.000,- DM* veranschlagt. Die Kosten sind damit deutlich niedriger als beim Hyperion Enterprise, so daß hinsichtlich der Kostenadäquanz die Beurteilung „hoch" gerechtfertigt ist.

Die Lizenzgebühren für das **SAP BW** betragen mindestens *250.000,- DM.* Die Berechtigung umfaßt 25 Arbeitsplätze. Für jeden weiteren Arbeitsplatz werden für bereits registrierte SAP-Kunden 1.000,- DM und Nicht-SAP-Kunden 2.000,- DM berechnet. Da die Lizenzgebühren das für die Datenpräsentation zwingend benötigte Excel (Releasestand 7.0) *nicht* beinhalten, dies also noch von Microsoft zugekauft werden muß, erhält dieser FIS-Generator hinsichtlich seiner Lizenzgebühren eine „nur" **neutrale Einstufung**.

Die **Einführungskosten** schwanken beim **Hyperion Enterprise** in Abhängigkeit der Erfahrung des Beraters zwischen *2.600,- und 3.200,- DM/Tag und Person.* Hyperion ist im Vergleich als eher teuer einzuordnen, so daß eine **geringe Beurteilung** zu vertreten ist.

Beim **SAP EC-EIS** und dem **SAP BW** schwanken die Kosten eines Beratertages in Abhängigkeit des ausgewählten Partnerunternehmens um etwa *2.500,- DM/Tag und Person.* Auch die Einführungskosten für das Customizing des **Oracle Express Objects** belaufen sich auf etwa *2.500 DM/Tag und Person.* Dies ist günstiger als bei Hyperion, so daß eine etwas bessere Einstufung mit „**neutral**" gerechtfertigt ist.

Mit **Schulungskosten** für einen Anwender in Höhe von *1.200,- DM/Tag und Person* und einer viertägigen Administratorenschulung für *3.500,- DM/Person* befindet sich **Hyperion** auch bei diesem Kostenkriterium an der Spitze des Preisspektrums. Dieser FIS-Anbieter erhält eine **geringe Einstufung**.

---

196) Die angegebenen Preise sind jeweils *exklusive* Mehrwertsteuer.

Bei **SAP** kostet eine fünftägige Anwender-Schulung sowohl für das **EC-EIS** als auch für das **BW** *3550,- DM*. Für den Administrator wird eine zusätzliche, ebenfalls zwei Tage dauernde Schulung „Datenhaltung" empfohlen, die mit weiteren *1.200,- DM* zu Buche schlägt. Dies waren die günstigsten Schulungen der überprüften FIS-Hersteller, so daß eine **hohe Einstufung** hinsichtlich der Kostenadäquanz gerechtfertigt ist.

Oracle verlangt für einen dreitätigen Grundkurs *2.550,- DM/Person* und für einen fünftägigen Kurs zum FIS-Entwickler *4.250,- DM/Person*. Dies entspricht etwa dem Kostenniveau von Hyperion, so daß die gleiche **geringe Einstufung** gerechtfertigt ist.

Der **Hilfe-Service** kann bei **Hyperion** nur über einen *Wartungsvertrag* sichergestellt werden. Dieser enthält zwar den Anspruch auf die jeweils neuesten Up-Dates des FIS-Generators. Seine Kosten in Höhe von *18% der jährlichen Lizenzgebühren* sind aber ausgesprochen hoch.[197] Daß darin die kostenlosen Up-Dates enthalten sind, kann an der **geringe Beurteilung** des Hyperion Enterprise nichts ändern.

Für den Wartungsvertrag des EC-EIS verlangt SAP *15% der Lizenzgebühren*. Die gleichen Kosten entstehen für das BW. Da bei letztgenanntem FIS-Generator aber der Wartungsservice im ersten Jahr *kostenlos* ist, erhält das **EC-EIS** für die anfallenden Kosten des Hilfeservices aufgrund der inversen Beurteilung eine **neutrale** und das **BW** eine **hohe Bewertung**.

Oracle verlangt für den telefonischen Hotline-Dienst *1.400,- DM/Jahr*. Hinsichtlich der Kostenadäquanz des Hilfe-Services erhält dieser FIS-Generator eine **hohe Bewertung**.

FIS-Generatoren ➔ Ausprägungen zur *Kostenadäquanz* ⬇	Hyperion Enterprise 4.62 XA	SAP EC-EIS 4.0	Oracle Express Objects 2.1	SAP BW 1.2
Lizenzgebühren	gering	sehr hoch	hoch	neutral
Einführungskosten	gering	neutral	neutral	neutral
Schulungskosten	gering	hoch	gering	hoch
Kosten für einen Hilfe-Service	gering	neutral	hoch	hoch

Abb. IV - 96:   Beurteilung ausgewählter FIS-Generatoren nach ihrer Kostenadäquanz.

---

197) Legt man die Lizenzpauschale für eine unbegrenzte Zahl an Anwendern von 300.000,- DM den Berechnungen zugrunde, ergibt sich eine jährliche Wartungsgebühr von 54.000,- DM.

II. Zeitadäquanz

Bei der Beurteilung von FIS-Generatoren spielt auch der Zeitbedarf ihrer Implementierung eine bedeutende Rolle. Bei der empirische Untersuchung wurde von den Führungskräften insbesondere der Wunsch nach einem „*kochrezeptartigen*" Vorgehen in einem vorbestimmten Zeitfenster geäußert.[198]

- Zunächst gilt es daher, den **Zeitaufwand** zu beurteilen, der für eine *funktionsfähige Systemvariante* mit allen Grundfunktionen benötigt wird.

- Des weiteren ist der **zeitliche Schulungsaufwand** zu erfassen, den die Anwender benötigen, um die *grundlegenden Funktionen* des FIS-Generators verstehen zu können.

- Um eine schnelle Anpassung des Systems an die konzernspezifischen Gegebenheiten sicherzustellen, haben effiziente FIS-Generatoren weiterhin **vorgefertigte Musterapplikationen**[199], **Module und Schnittstellen** zu enthalten.[200] Des weiteren sollten Programmcodes und bereits implementierte Masken als Grundlage für neue Programmteile oder Masken dupliziert werden können.

- Letztendlich sollte ein telefonischer **Hotline-Dienst** verfügbar sein, der nach Auftreten einer Störung eine umgehende Fehlerbeseitigung zu unterstützen hat. Bei größeren Problemen sollte eine schnelle und kompetente **Vorort-Unterstützung** möglich sein.

Die Grundinstallation des **Hyperion Enterprise** beträgt lediglich *20 min*. Bei einem Einsatz von vier Personen werden für einen mittelgroßen Konzern zur Einrichtung der Konzernstruktur, der Schnittstellenprogrammierung und der Übernahme der Daten etwa sechs Wochen (120 Manntage) veranschlagt, so daß dieser FIS-Generator hinsichtlich der **Zeitadäquanz seiner Installation** mit „neutral" eingestuft werden kann.

Da das **EC-EIS** Bestandteil des R/3-Gesamtsystems von SAP ist, *entfällt* der Aufwand für eine separate Installation. Die Abbildung eines mittelgroßen Konzerns beträgt in Analogie zum Hyperion Enterprise mit vier Personen etwa sechs Wochen (120 Manntage). Basiert das System überwiegend auf R/3-Vorsystemen, läßt sich des Zeitaufwand durch die mitgelieferten Extraktoren, die eine individuelle Schnittstellen-Programmierung größtenteils obsolet machen, deutlich verkürzen. Bedenkt man, daß bei einer Neuinstallation oftmals 75% des zeitlichen Implementierungsaufwands für die Schnittstelleneinrichtung und grundlegende Datendefinitionen verwendet werden, ist eine insgesamt **hohe Bewertung** zu rechtfertigen.

---

198) Vgl. S. 128 f.

199) Musterapplikationen besitzen überwiegend vorgefertigte Programmteile für die Abbildung von Strukturen und für die Navigation im System.

200) Vgl. HÜBNER (Benutzerschnittstellen), S. 20 f.; aber auch RIEGER (Executive Information Systems), S. 119 f.

Die Grundinstallation von **Oracle Express Objects** und der Express Datenbank beläuft sich auf etwa *einen Tag*. Die Abbildung eines mittelgroßen Konzerns beträgt mit vier Personen etwa sechs Wochen (120 Manntage), so daß in Analogie zum Hyperion Enterprise eine ebenfalls **neutrale Bewertung** folgerichtig ist.

Einen Tag benötigt man auch um das **SAP BW** zu installieren. Mit der Einrichtung von Schnittstellen zu verschiedenen Vorsystemen beträgt die Abbildung eines mittelgroßen Konzerns mit vier Personen ebenfalls etwa sechs Wochen (120 Manntage). Sind überwiegend Daten aus SAP R/3-Vorsystemen zu verarbeiten, ist der Zeitaufwand deutlich zu reduzieren. Dies läßt sich damit begründen, daß zum einen grundlegende Daten des R/3-Dictionary faktisch 1:1 ohne Schnittstelleneinrichtung in das SAP BW überspielt werden können. Da die Datenübernahme noch komfortabler als im SAP EC-EIS gestaltet wurde, ist eine **sehr hohe Einstufung** dieses FIS-Generators gerechtfertigt.

Der **zeitliche Schulungsaufwand**, um die grundlegenden Funktionen des **Hyperion Enterprise** zu verstehen, ist mit *einem Tag* für die Anwender und *vier Tagen* für den Administrator als sehr gering einzustufen. Es wird daher eine **sehr hohe Bewertung** vergeben.

Grundlegende Funktionen des **EC-EIS** können nach Auskunft von SAP mit der Präsentations-Schulung innerhalb von *zwei Tagen* vermittelt werden. Eine Administratorenschulung dauert zwei weitere Tage. Für den genannten FIS-Generatoren wird daher eine **hohe Beurteilung** vergeben.

Für das Grundverständnis des **Oracle Express Objects** und des **SAP BW** benötigt der spätere Administrator *eine Woche*. Da es sich hierbei aber sowohl um die Bedienung des „Frontends" (Express Analyser bzw. Business Explorer) als auch um die Einrichtung der Datenbank handelt, ist eine **sehr hohe Bewertung** gerechtfertigt.

Beim Kauf des **Hyperion Enterprise** werden zwar vorgefertigte Musterapplikationen mitgeliefert, die Berichte müssen aber eigenständig generiert werden. Das Duplizierung des Programmcodes oder von Objekten ist beim Hyperion Enterprise nur bedingt möglich. Es erhält daher eine **geringe Bewertung**.

Als Musterapplikation kann beim **SAP EC-EIS** das bereits installierte Musterunternehmen „IDES" verwendet werden. Das Duplizieren von Programmcodes und Masken steht nur eingeschränkt zur Verfügung. Vielmehr wird auf die Customizing-Funktion verwiesen. Es stehen aber verschiedene Extraktoren zum Einlesen von Daten zur Verfügung, so daß für diesen FIS-Generatoren - insbesondere bei der Verwendung von R/3-Vorsystemen - die Bewertung „**hoch**" gerechtfertigt ist.

Beim **Oracle Express Objects** stehen zwar *keine* vorgefertigten Musterapplikation und Module zur Verfügung. Da dieser FIS-Generator aber objektorientiert aufgebaut ist und sich hinter den vordefinierten Objekten zum Teil mächtige *Teilfunktionalitäten* verbergen, kann eine Musterapplikation innerhalb kurzer Zeit entwickelt werden. Da weiterhin Objekte und Programmcode-Sequenzen beliebig oft *wiederverwendbar* sind und durch die Objektorientierung das *Vererben von Eigenschaften* möglich ist,[201] wird das Oracle Express Objects mit einer **hohen Bewertung** eingestuft.

Das **SAP BW** erhält dahingehend eine **sehr hohe Beurteilung**. Grundlegende Datendefinitionen - wie die Nummer, Anschrift und der zugehörige Umsatz eines Kunden - müssen nicht neu definiert werden, sondern können aus dem *Dictionary* der R/3-Vorsysteme faktisch 1:1 in das BW überspielt werden. Des weiteren glänzt dieser FIS-Generator durch sein *Meta Daten Repository*. In ihm können grundlegende Definitionen - u.a. von Kennzahlen und anderen Verknüpfungen - *zentral* definiert und abgelegt werden. Der Zugriff ist im Gegensatz zum SAP EC-EIS beliebig oft möglich. Bei Daten- oder Strukturveränderungen in den operativen Vorsystemen - beispielsweise dem Umhängen von Produkten in eine andere Produktgruppe - wird der Datenbestand des BW beim nächsten Einlesen *automatisch* aktualisiert.

Die **Verfügbarkeit des telefonischen Hotline-Dienstes** fiel beim Test des **Hyperion Enterprise** positiv auf. Das Problem wird zunächst zentral aufgenommen. Ein entsprechender Lösungsvorschlag ist - so zeigte der eigene Test - teilweise innerhalb einer Stunde erhältlich. Wenn es wirklich nötig war, war auch eine **Vorort-Unterstützung** innerhalb eines Tages verfügbar. Das Hyperion Enterprise wird daher mit „sehr hoch" eingestuft.

Die Vorort-Unterstützung ist bei **SAP** nicht der Regelfall, da sich die Berater zur Fehlerbehebung in der Regel *online* aus Walldorf/Baden auf das System „schalten". Es wird dahingehend eine **hohe Bewertung** vergeben.

Zur Hilfeanforderung wird bei **Oracle** das Problem telefonisch gemeldet. Eine schnelle und adäquate Hilfe - so zeigte der Test - war nicht immer möglich. Die Verfügbarkeit der Vorort-Unterstützung hängt nach Oracle-Aussage von der geographischen Lage ab. Da dieser FIS-Hersteller relativ viele Niederlassungen in Deutschland besitzt, wird eine **neutrale Beurteilung** vergeben.

---

201) Jedes Objekt kann als „Vater" für neue Objekte dienen, so daß Änderungen automatisch bei allen von ihm abgeleiteten Objekten mitgeändert werden.

FIS-Generatoren ➡️ Ausprägungen ⬇️ zur *Zeit-adäquanz*	Hyperion Enterprise 4.62 XA	SAP EC-EIS 4.0	Oracle Express Objects 2.1	SAP BW 1.2
Zeitaufwand einer Installation	neutral	hoch	neutral	sehr hoch
Schulungsaufwand zum Verständnis grundlegender Funktionen	sehr hoch	hoch	sehr hoch	sehr hoch
vorgefertigte Musterappl., Module und Schnittstellen	gering	hoch	hoch	sehr hoch
Verfügbarkeit eines telefonischen Hotline-Dienstes/Vorort-Unterstützung	sehr hoch	hoch	neutral	hoch

Abb. IV - 97:   Beurteilung ausgewählter FIS-Generatoren nach ihrer Zeitadäquanz.

4.1.3.7. Zusammenfassende Beurteilung und Auswahl eines FIS-Generators

In den vorangegangenen Ausführungen wurden unterschiedliche Facetten offengelegt, wie FIS-Hersteller die EDV-technische Umsetzung von Führungsinformationssystemen zu realisieren versuchen. Um den „besten" FIS-Generator herauszuarbeiten, sind die Einzelergebnisse zu einer **Gesamtbeurteilung** zusammenzufügen. Hierzu werden die **Gewichtungen** der Beurteilungskriterien herangezogen.

Mit einem **Gesamtwert von 3,03** auf der Ratingskala von 0 „nicht vorhanden" bis 5 „sehr hoch" erzielt das **Hyperion Enterprise** das schlechteste Ergebnis der Evaluierung. Dies hängt zum einen mit der als **unterdurchschnittlich einzustufenden Benutzeradäquanz** (gewichteter Durchschnittswert von 2,12) zusammen.

• Hinsichtlich der *Darstellungsqualität* fiel auf, daß keinerlei Grafikfunktionen bestehen. Auch sind keine Textfelder - beispielsweise für ergänzende Kommentare - möglich.

• Bei der Beurteilung der *Oberflächengestaltung und Dialogführung* wurde negativ eingestuft, daß der Aufruf von Funktionen über die rechte Maustaste *nicht* unterstützt wird.

• Als unterdurchschnittlich ist auch der geringe *Leistungsumfang* dieses FIS-Generators anzuführen. Statistische Funktionen, Prognosemethoden aber auch „how-to-achieve"-Simulationen sind aufgrund der „bottom-up"-Berechnungen nicht möglich.

Bei der **Handhabbarkeit** erreicht das Hyperion Enterprise eine als **überdurchschnittlich einzuordnende Beurteilung von 3,75**.

- Positiv sind die verständliche Bedienung, die Integration von Plausibilitätsprüfungen sowie das manuelle Bebuchen von Zwischenknoten einzustufen.

- Auch die *direkte Verbindung* zu Microsoft Excel über das „Retrieve Excel" ging positiv in die Beurteilung ein. Im eigenen Test fiel negativ auf, daß trotz des eigens dafür eingerichteten „Ledger Link" das Einlesen von Daten aus SAP-Vorsystemen Probleme verursachte und das System häufig zum Absturz brachte.

Hinsichtlich des **Aufwands** ist eine **neutrale Gesamtbeurteilung von 3,05** zu konstatieren.

- Sowohl die hohen Lizenzgebühren als auch die jährlichen Wartungskosten machen das Hyperion Enterprise zu einem *sehr teuren Software-Produkt*.

- Dafür erreicht es im Rahmen der *Zeitadäquanz* eine relativ hohe Bewertung von 3,6. Der Schulungsaufwand ist gering, der telefonische Hotline-Dienst hinterließ einen sehr guten Eindruck und auch eine Vorort-Unterstützung war prompt zur Stelle. Bei einem Einsatz von vier Personen werden zur Abbildung der Konzernstruktur, der Schnittstelleneinrichtung sowie der Übernahme der Daten eines mittelgroßen Konzerns etwa sechs Wochen (120 Manntage) veranschlagt.

Für das Hyperion Enterprise läßt sich festhalten: Wenn bei der Konzernberichterstattung auf Grafiken und textuelle Kommentierung verzichtet werden kann, ist es ein einfach zu bedienender FIS-Generator der durch eine **hohe Verständlichkeit** glänzt. Er wird daher zur Generierung **finanzwirtschaftlicher Berichte in Tabellenform** empfohlen. Solche „konventionellen" Standardberichte sind nicht nur leicht mit dem Hyperion Enterprise zu erzeugen. In Abhängigkeit der Gegebenheiten einzelner Teilkonzerne können über den Programmteil „Books" auch Einzelberichte flexibel zu unterschiedlichen Gesamtberichten zusammengestellt werden.

Eine bessere **Gesamtbeurteilung von 3,58** erreicht das **SAP EC-EIS**. Einer höheren Beurteilung stand insbesondere die **geringe Benutzeradäquanz** entgegen.

- Im Rahmen der *Darstellungsqualität* fielen die schlechten textuellen Kommentierungsmöglichkeiten auf. Zwar können Textfelder definiert werden. Sie werden aber nur in der *Fußzeile* der Bildschirmmaske angezeigt. Ein Hinweis, daß eine Kommentierung vorliegt, ist *nicht* möglich. Daß so Kommentare vom Controller zwar geschrieben, von den Führungskräften aber nicht gelesen werden, ist offensichtlich.

- Hinsichtlich der *Oberflächengestaltung und Dialogführung* belegt das SAP EC-EIS den letzten Platz.[202)] Seine grafische Oberfläche - das SAP-GUI - entspricht nicht der gängigen

---

202) Vgl. hierzu Abb. IV - 98, S. 361.

MS-Office-Oberfläche. Auch die SAP-Menüleisten sind gewöhnungsbedürftig. Hinzu kommt noch, daß die „drag-and-drop"-Technologie nicht unterstützt wird und die Hilfefunktion nur selten der Problemlösung diente, zum Teil sogar leer war.

- Der *Leistungsumfang* des SAP EC-EIS ist als durchschnittlich einzustufen. Zwar sind nur grundlegende statistische Funktionen wie die Berechnung arithmetischer Mittelwerte möglich. Eine Sort-Funktion und eine Top5/Top10-Reihung werden unterstützt. Positiv ist weiterhin zu vermerken, daß sowohl „what-if"-Simulationen als auch „how-to-achieve"-Simulationen realisierbar sind. Für letztere ist sogar ein Verteilungswerkzeug vorhanden.

In bezug auf seine **Handhabbarkeit** erreicht das EC-EIS eine **hohe Beurteilung** von **4,10**.

- Positiv ist zu würdigen, daß aus einer Vielzahl von Dialogsprachen ausgewählt werden kann. Des weiteren werden Zwischenergebnisse in einer Statuszeile angezeigt. Aber auch die Customizing-Funktion ist positiv herauszustellen.

- Negativ geht die sehr gewöhnungsbedürftige grafische Benutzeroberfläche - das SAP-GUI - in die Beurteilung ein.

Hinsichtlich seines **Aufwands** erreicht dieser FIS-Generator eine als **hoch einzustufende Beurteilung** von **3,90**.

- Da das EC-EIS in das Gesamtpaket von R/3 integriert ist, fallen nur Lizenzkosten von 20.000,- bis 30.000,- DM an.[203)]

- Hinsichtlich der *Zeitadäquanz* fiel positiv auf, daß SAP mit dem vorinstallierten „IDES"-Unternehmen Musterapplikationen mitliefert. Die Abbildung der Konzernstruktur, die Schnittstelleneinrichtung sowie die Übernahme der Daten eines mittelgroßen Konzerns nimmt in Analogie zum Hyperion Enterprise mit vier Personen etwa sechs Wochen (120 Manntage) in Anspruch. Basiert das System überwiegend auf SAP R/3-Vorsystemen, läßt sich der Zeitaufwand durch mitgelieferte Extraktoren deutlich verkürzen.

Charakteristisch ist, daß SAP das **EC-EIS** der Controlling-Sicht untergeordnet hat. Daß sich diese Zielsetzung nicht unbedingt mit den Anforderungen der Konzernführung decken muß,[204)] läßt sich zum einen mit den **nicht so guten Präsentationsmöglichkeiten** und der **gewöhnungsbedürftigen Bedienung** belegen. Dies wiegt umso schwerer, da die Vorstandsmitglieder die komfortable und intuitive Bedienung explizit in den Vordergrund einer effizienten Informationssystemgestaltung rückten.[205)] Da das SAP EC-EIS auf einer relationalen Datenbank basiert, lassen sich OLAP-Auswertungen nur über neu zu definierende multidimensionale

---

203)   Alle bereits im CO-Modul freigeschalteten Anwender können dann das EC-EIS kostenfrei verwenden.
204)   Gleicher Ansicht ist auch KAISER (SAP EIS), S. 45.
205)   Vgl. hierzu Abb. III - 17, S. 120.

Objekte realisieren. Längere Antwortzeiten - insbesondere bei komplexen Datenabfragen - sind die Folge. Weiterhin spricht gegen das SAP EC-EIS, daß es zwar noch einen weiteren Release-Stand 4.5 mit einigen neuen Funktionen geben wird. Die funktionale Weiterentwicklung gilt aber - auch nach Aussage von SAP - als abgeschlossen.[206] Für die Gestaltung effizienter Führungsinformationssysteme für die internationale Management-Holding scheidet das EC-EIS daher aus.

Mit einem **Gesamtwert von 4,06** erreicht das **Oracle Express Objects** zusammen mit dem **SAP BW** den **ersten Platz der Evaluierung.** Im Detail unterscheiden sich diese FIS-Generatoren aber erheblich, so daß deren wichtigste Vor- und Nachteile nunmehr im *direkten Vergleich* gegenübergestellt werden: Bei der **Benutzeradäquanz** liegt das Express Objects mit einem gewichteten Durchschnittswert von 4,10 marginal vor dem SAP BW (4,06).

- Hierbei fiel insbesondere die sehr umfangreiche Grafikfunktion des Express Objects auf. 35 verschiedene Grafiktypen und die Möglichkeit, „aktive" Piktogramme einbinden zu können, stellen den Referenzwert der *Darstellungsqualität* dar. Durch seine Objektorientierung ist des weiteren die Kombination von Grafiken, Tabellen und Texten sowie das Einbinden von OLE-Objekten möglich. Positiv wurde auch das Umschalten zwischen einer Tabellen- und Grafikdarstellung per einfachem Mausklick eingestuft.[207]

- Hinsichtlich der Darstellungsqualität ist beim SAP BW herauszustellen, daß es zwar weniger Grafikfunktionen wie das Oracle Express Objects, dafür aber eine logarithmische Grafikskalierung unterstützt. Das Kombinieren von Grafiken, Tabellen und Texten sowie das Einbinden von OLE-Objekten wurde ebenso leicht wie im Express Objects realisiert. Leider ist kein so leichtes Umschalten zwischen einer Grafik- und Tabellendarstellung möglich. Als großer Nachteil des SAP BW ist die fehlende grafische Unterstützung der Portfolio-Technik herauszustellen.[208]

- Neben der visuellen Programmierungstechnik des Oracle Express Objects gefiel bei der Beurteilung der *Oberflächengestaltung und Dialogführung* insbesondere die Toolbox zur Berichtsgenerierung. Berichte werden faktisch nur über die „drag-and-drop"-Technologie erstellt. Die Eingabe komplexer Programmcodes gehört der Vergangenheit an. Daß der Aufruf von Funktionen über die rechte Maustaste unterstützt wird und die Dialogführung sowie die verwendeten Ikonen dem Office-Paket angepaßt sind, unterstützt den sehr hohen Gesamteindruck noch.

---

206) Daran wird auch der sogenannte „*Management Cockpit Raum*" nichts mehr ändern. Vgl. S. 317.

207) Die Grafiken sind datengesteuert, so daß Änderungen des Zahlenmaterials umgehend in den Grafiken berücksichtigt werden.

208) Vgl. hierzu ausführlich S. 304 ff.

- Auch das SAP BW unterstützt die visuelle Programmierungstechnik. Berichte werden in Analogie zum Oracle Express Objects überwiegend per „drag-and-drop"-Technologie generiert. Auch wird der Funktionsaufruf über die rechte Maustaste unterstützt. Die Dialogführung und die verwendeten Ikonen sind am Office-Paket von Microsoft ausgerichtet. Negativ ist zu bewerten, daß durch die „Add-In-Konzeption" des BW ein Systembruch zwischen der Datengenerierung in SAP und der Präsentation in Excel stattfindet. Besser als beim Express Objects sind hingegen die Hilfsassistenten.[209]

- Als hoch ist der *Leistungsumfang* des Oracle Express Objects zu beurteilen. Es existiert eine „intelligente Drill-up/Drill-down"-Funktion. Eine OLAP-Analyse mit „Slicing and Dicing" ist ebenfalls möglich. Des weiteren stehen mit dem „Selector" vorgefertigte Auswertungsmasken - u.a. für eine Top 5 und Top 10-Reihung - zur Verfügung. Im Gegensatz zum SAP BW werden aber keine Prognosemethoden unterstützt.

- Als große Stärke des SAP BW ist sein Leistungsumfang einzustufen. Durch die im Analyser realisierte „Add-In"-Konzeption steht der mächtige Funktionsumfang des Excel zur Verfügung. Unabhängig davon ist aber auch eine OLAP-Analyse mit den Funktionalitäten des „Slicing and Dicing" möglich. Im Report Catalog Browser stehen verschiedene, aus den R/3-Systemen bekannte Standardberichte zur Verfügung. Im „Business Content" sind verschiedene Extraktoren zum Einlesen von Daten aus den Vorsystemen, vordefinierte Kennzahlen, InfoCubes und Standardanalysen vorhanden. Letztendlich ist das Browsing bis auf die Belegebene der R/3-Systeme möglich. Negativ wurde hingegen die fehlende Ausnahmeberichterstattung beurteilt.[210]

Wie schon bei der Benutzeradäquanz hebt sich das Oracle Express Objects auch bei der **Handhabbarkeit** (gewichteten Durchschnittswert von 4,28) leicht von dem SAP BW (gewichteter Durchschnittswert von 3,95) ab.

- Um Fehleingaben zu korrigieren, werden Fehler bei der Abfragegenerierung bis auf Programmcode-Ebene anzeigt. Die *Darstellung von Zwischenergebnissen* wird über ein „Preview-Fenster" realisiert. Zum Einlesen von Daten aus SAP-Vorsystemen steht ein dafür entwickeltes „SAP-Toolkit" zur Verfügung. Durch eine „Add-In"-Schnittstelle können die Daten mit Excel weiterverarbeitet werden.

- Die Darstellung von Zwischenergebnissen wird auch im SAP BW über ein „Preview-Fenster" realisiert. Es ist aber - und dies wurde im Rahmen der Verständlichkeit bereits negativ bewertet[211] - ein Systembruch zwischen der Berichtsgenerierung in SAP und der Daten-

---

209) Es stehen der Funktions- und Diagrammassistent des Excel sowie ein Formeleditor zur Verfügung. Vgl. S. 320.

210) Vgl. hierzu S. 327 ff.

211) Vgl. Abb. IV - 91, S. 340.

präsentation in Excel zu konstatieren. Auch sind die Datenabfragen nicht ganz so leicht wie im Oracle Express Objects möglich.

• Hinsichtlich seines *Integrationsgrads* erreicht das SAP BW die Maximalbewertung und ist damit dem Oracle Express Objects deutlich überlegen. Über mitgelieferte Extraktoren und vorkonfigurierte Schnittstellen können Daten aus R/3-Vorsystemen faktisch per „Knopf-druck" eingeladen werden. Als weiterer Vorteil des BW ist seine Änderungsflexibilität anzu-führen. Bei Strukturveränderungen in den R/3-Vorsystemen - z.b. dem Umhängen eines Produkts in eine andere Gruppe - wird der Datenbestand des SAP BW beim nächsten Dateneinlesen *automatisch* nachgepflegt. Des weiteren bietet das BW mit seinen definierten BAPI-Schnittstellen eine echte „End-to-end"-Lösung.

Hinsichtlich seines **Aufwands** - insbesondere des Zeitaufwands einer Installation - liegt das SAP BW mit einem gewichteten Durchschnittswert von 4,25 *deutlich* vor dem Oracle Express Objects (gewichteter Durchschnittswert von 3,55).

• Zwar liegen die Lizenzgebühren des BW mit einer Mindestpauschale von 250.000,- DM über denen des Express Objects. Bei den Schulungskosten ist aber SAP günstiger. Daß das erste Jahr des Hotline-Dienstes kostenlos ist, wurde als Vorteil des BW berücksichtigt.

• In Hinblick auf die *Zeitadäquanz* ist zunächst der geringe Schulungsaufwand beider FIS-Generatoren zu würdigen. Auch der Zeitaufwand einer Grundinstallation beträgt nur einen Tag. Bei einem Einsatz von vier Personen werden zur Abbildung der Konzernstruktur, der Schnittstelleneinrichtung und der Übernahme der Daten eines mittelgroßen Konzerns etwa sechs Wochen (120 Manntage) veranschlagt.

• Bei überwiegend SAP R/3-Vorsystemen kann das BW seinen wohl größten Vorteil aus-spielen; die deutliche Verkürzung seiner Implementierungszeit: Dies läßt sich zum einen damit erklären, daß die Schnittstelleneinrichtung zu R/3-Vorsystemen entfällt. Des weiteren müssen grundlegende Daten - wie die Nummer oder Anschrift eines Kunden - nicht neu definiert werden. Sie können 1:1 aus dem Dictionary der R/3-Vorsysteme in das BW ein-gestellt werden. Wenn man bedenkt, daß bei Neuinstallationen oftmals 75% des Implemen-tierungsaufwands für die Einrichtung von Schnittstellen und grundlegende Datendefinitio-nen verwendet werden, ist die vorangegangene Einstufung zu rechtfertigen.

• In Hinblick auf die Zeitadäquanz ist aber auch der mächtige „Business Content" des SAP BW herauszustellen. Er stellt Extraktoren, vordefinierte Kennzahlen, InfoCubes und viel-fältige Standardanalysen zur Verfügung. Als letzter Vorteil des BW ist sein „Meta Daten Repository" anzuführen, in dem grundlegende Definitionen zentral abgelegt werden. Der Zugriff ist im Gegensatz zum SAP EC-EIS beliebig oft wiederholbar.

Aus der vorangegangenen Beurteilung lassen sich folgende **Anwendungsgebiete** für die untersuchten FIS-Generatoren ableiten: Das **Oracle Express Objects** ist ein geeignetes Instrumentarium, um komplexe **OLAP-basierte Abfragen** durchzuführen. Ihre Generierung ist mit der *objektorientierten Entwicklungsumgebung* sehr einfach. Leicht können Zeilen und Spalten in einer Tabelle ausgetauscht werden. Das „Slicing and Dicing" ist ohne Vorkenntnisse möglich. Für die Präsentation der Daten stehen eine **Vielzahl verschiedener Grafiktypen** zur Verfügung. Bei den Möglichkeiten die Daten - beispielsweise mit statistischen Methoden oder Prognoseverfahren - weiterzuverarbeiten, ist dieser FIS-Generator aber dem SAP BW unterlegen.

Für das **SAP BW** spricht die **größere Funktionalität.** Aufgrund seiner „Add-In"-Konzeption steht als originärer Bestandteil der Funktionsumfang des Excel zur Verfügung. Wenn zu implementierende Führungsinformationssysteme überwiegend auf SAP R/3-Vorsystemen aufbauen, kommt der größte Vorteil zum Tragen: Die individuelle Einrichtung der Schnittstellen zu diesen Vorsystemen entfällt. Grundlegende Datendefinitionen können 1:1 aus dem Dictionaries der R/3-Vorsysteme in das BW eingestellt werden. Daten aus den R/3-Vorsystemen stehen faktisch per „Knopfdruck" zur Verfügung. Bei SAP R/3-Vorsystemen ist dem SAP BW - so zeigten erste Installationen - somit die **kürzeste Implementierungszeit** der getesteten FIS-Generatoren sicher.

Im Vergleich zum SAP EC-EIS[212] kann das BW aber auch einen sehr umfangreichen Datenbestand aufnehmen. Auch ist es in seinen Verarbeitungsfunktionen deutlich schneller. Als Vorteil gegenüber dem Oracle Express Objects ist u.a. die automatische Aktualisierung seines Datenbestands bei durchgeführten Änderungen in den R/3-Vorsystemen anzuführen.

Es ist schon erstaunlich, so die zusammenfassende Einschätzung, was SAP mit etwa 100 Mitarbeitern in nur 15 Monaten Entwicklungszeit mit dem BW erreicht hat. Schon im frühen Releasestand 1.2 erfüllt es einen Großteil der von den Vorstandsmitgliedern geäußerten Anforderungen an effiziente Führungsinformationssysteme für die internationale Management-Holding.

Die Behebung der Schwächen - u.a. die fehlende Unterstützung der Portfolio-Technik und die Ausnahmeberichterstattung - wird von SAP für den ab Anfang 2000 erhältlichen Releasestand 2.0 versprochen. Aus mittelfristigen Überlegungen ist das SAP BW daher für die Gestaltung effizienter Führungsinformationssysteme **zu empfehlen.** Baut das Führungsinformationssystem auf R/3-Vorsystemen auf, ist aufgrund der ausgeführten Schnittstellenproblematik offensichtlich, daß die Entscheidung nur SAP BW heißen kann.

---

212)   Vgl. hierzu den Anwendungsbereich des SAP EC-EIS, S. 356.

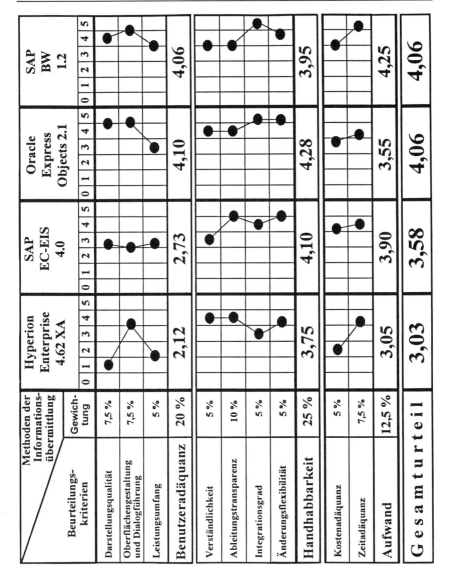

Abb. IV - 98:   Zusammenfassende Beurteilung ausgewählter Methoden der Informationsübermittlung.

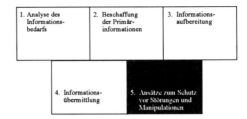

4.2. Ansätze zum Schutz vor Störungen und Manipulationen

Ein weiteres Problem, das in Hinblick auf die Gestaltung effizienter Führungsinformationssysteme für die internationale Management-Holding von großer Bedeutung ist, betrifft die *Richtigkeit* der zu übermittelnden Informationen. Sie erfaßt deren Genauigkeit (formale Richtigkeit) und deren Zuverlässigkeit (inhaltliche Richtigkeit).[1] **Ansätze zum Schutz vor Störungen und Manipulationen** spielen dabei eine wesentliche Rolle. Ihre Bedeutung läßt sich wie folgt erfassen:

> **Ansätze zum Schutz vor Störungen und Manipulationen** haben die Richtigkeit der zu übermittelnden Informationen sicherzustellen.

4.2.1. Klassifikation möglicher Störungen und Formen der Manipulation

Insbesondere in der internationalen Management-Holding wird offensichtlich, daß von der Konzernleitung benötigte Informationen in der Regel nicht am Ort ihrer späteren Verwendung entstehen; Informationsentstehung und -verwendung somit erheblich auseinanderfallen. Die hierdurch bedingte **Informationsübermittlung** unterliegt vielfältigen **Störeinflüssen**.[2]

In Anlehnung an WURL[3] kann zwischen technischen Störungen, unbewußten Störungen und Störungen durch Manipulationen unterschieden werden.[4] **Technische Störungen** führen zu *Unterbrechungen* in der Informationsübermittlung und bedingen einen Informationsverlust. Als Beispiele sind Verschleißerscheinungen an den Übertragungsgeräten, höhere Gewalt, unsach-

---

1)   Zur Begründung dieser Differenzierung vgl. S. 108 f.

2)   Zu einer Auflistung vgl. BLOHM / HEINRICH (Schwachstellen); HEINRICH (Störungsursachen); KOCH (Berichtswesen), S. 71 ff.

3)   Vgl. WURL (Liquiditätskontrolle), S. 242 f.

4)   Ein anderes Problem besteht darin, daß übermittelte Daten nicht beachtet oder falsch interpretiert werden. Da auf diese verhaltenswissenschaftliche Aspekte schon bei der Informationsübermittlung eingegangen wurde, sollen sie nicht weiter betrachtet werden.

gemäße Bedienung der im Kommunikationsprozeß[5] eingesetzten Apparaturen, aber auch kriminelle Akte anzuführen.[6] Weiterhin kann es vorkommen, daß ein Virusbefall Fehler in der Informationsaufbereitung impliziert[7] und so trotz richtiger Primärinformationen inhaltlich falsche Führungsinformationen generiert werden. Daß technische Störungen in der internationalen Management-Holding eine besondere Rolle spielen, hängt u.a. mit der *geographischen Distanz* zwischen der konzernleitenden Gesellschaft und den Tochtergesellschaften zusammen.

Des weiteren ist zu beachten, daß die Mitarbeiter der internationalen Management-Holding aus *unterschiedlichen Kultur- und Sprachbereichen* stammen. Dies bedingt zum einen ausgeprägte Kommunikationsbarrieren.[8] Es können aber auch **unbewußte Störungen** durch Übersetzungsfehler entstehen.[9] Zu den unbewußten Störungen zählen weiterhin versehentlich falsche Eingaben sowie die Nachlässigkeit oder Unwissenheit der Informationsübermittler.[10]

Im Gegensatz zu Störungen handelt es sich bei **Manipulationen** um *bewußte Eingriffe* bei der Informationsübermittlung. Als Verursacher kommen überwiegend betriebliche Mitarbeiter in Betracht. In Anlehnung an BLOHM und HEINRICH kann wie folgt definiert werden:[11]

Manipulationen sind bewußte Veränderungen von Informationen, die zum Ziel haben, die wahrheitsgemäße Unterrichtung des Informationsempfängers zu verhindern.

Daß im folgenden Ansätze zum Schutz vor Manipulationen im Vordergrund stehen, ist zum einen damit zu erklären, daß sich technische und unbewußte Störungen durch geeignete Vorkehrungen[12] erheblich einschränken lassen.[13] Zum anderen wird es in dezentralen Strukturkonzepten wie der Management-Holding vielfältige Anreize geben, daß insbesondere die Führungskräfte der Tochtergesellschaften inhaltlich falsche Informationen an die Konzernleitung übermitteln:[14]

- Zur Begründung sind zum einen *unterschiedliche Risikoneigungen* anzuführen.

---

5) Vgl. hierzu Abb. II - 14, S. 53.

6) Entnommen aus WURL (Leistungsrechnungen), S. 194.

7) So kann es zu falschen Multiplikationen - beispielsweise 2 x 3 = 5 - und zu inhaltlichen Fehlern der Aufbereitungsmethode kommen.

8) Vgl. hierzu die Ausführungen von PAUSENBERGER / GLAUM (Informationsprobleme), S. 616.

9) Über Folgefehler werden somit inhaltlich verfälschte Führungsinformationen induziert.

10) Hierbei ist insbesondere die Problematik der *semantischen Heterogenität* von Begriffen nicht zu unterschätzen. Vgl. SCHIEMENZ / SCHÖNERT (Informationssysteme), S. 941.

11) Vgl. BLOHM / HEINRICH (Schwachstellen), S. 18.

12) In neuesten Datenbankentwicklungen kann diesen Anforderungen durch die Definition referentieller Integritätsregeln Rechnung getragen werden.

13) Vgl. hierzu WURL (Liquiditätskontrolle), S. 242 f., aber auch BAHLMANN (Informationsbedarfsanalyse), S. 146, und SZYPERSKI / WINAND (Bewertung), S. 213.

14) Zu entsprechenden Beispielen vgl. S. 411.

• Zum anderen können Interessenkonflikte dadurch entstehen, daß die Konzernleitung als Vertreter der Kapitalgeberseite in der Regel auf die Optimierung des finanziellen Ergebnisses ausgerichtet ist. Aspekte wie die *Motivation der Führungskräfte* in den Tochtergesellschaften oder andere *soziale Aspekte* wie das Arbeitsleid werden hintenangestellt.

• Letztendlich wird aber auch zu Interessenkonflikten kommen, wenn die *Vergabe finanzieller Ressourcen* an die Tochtergesellschaften von der Informationsübermittlung abhängt.

Wie die Abb. IV - 99 zeigt, können Manipulationen dabei in unterschiedlichen Ausprägungen auftreten. In Anlehnung an WURL läßt sich folgende Strukturierung anführen.[15]

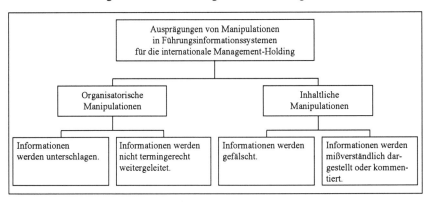

Abb. IV - 99:   Ausprägungen von Manipulationen.
Entnommen aus: WURL (Liquiditätskontrolle), S. 243.

4.2.2. Bedeutung der Principal-Agent-Theorie zum Schutz vor Manipulationen

In den Grundlagen wurde als Stärke der Management-Holding hervorgehoben, daß Entscheidungen, die das operative Geschäft betreffen, in den Tochtergesellschaften getroffen werden. Als Folge der Dezentralisierung besteht die Gefahr, daß die Konzernleitung informatorisch vom operativen Geschäft der Management-Holding abgeschnitten wird. Dieses Problem wird in der Literatur als **asymmetrische Informationsverteilung** erfaßt.[16]

Unproblematisch wäre es, wenn die Konzernleitung von einer stets richtigen Informationsübermittlung ausgehen könnte. Wie bereits skizziert wurde, stehen dem jedoch zahlreiche

---

15)   Vgl. WURL (Liquiditätskontrolle), S. 243, aber auch BLOHM / HEINRICH (Schwachstellen), S. 18 ff.

16)   FRESE / BLIES (Internationalisierung), S. 297, bezeichnen dies als „informationelle Abhängigkeit" von den Tochtergesellschaften.

Interessenkonflikte gegenüber, so daß eine inhaltlich richtige Informationsübermittlung *nicht* als gegeben angenommen werden kann.

Daß dieser Aspekt eine besondere Rolle spielt, läßt sich daran ablesen, daß in der empirischen Untersuchung die inhaltliche Richtigkeit der zu übermittelnden Informationen von den Vorstandsmitgliedern als *wichtigstes Beurteilungskriterium* effizienter Führungsinformationssysteme für die internationale Management-Holding eingestuft wurde.[17]

Aber auch *Praxisbeispiele* wie der Beinahe-Konkurs der Metallgesellschaft, der durch spekulative Öltermingeschäfte in den USA ausgelöst wurde, von denen die Konzernleitung in Frankfurt a.M. nicht unterrichtet wurde, oder die im wahrsten Sinne des Wortes „doppelte Buchführung" einer KHD-Tochtergesellschaft belegen die Bedeutung dieser Problemstellung.

Aufgabe der Konzernleitung muß es daher sein, die Führungskräfte der Tochtergesellschaften zu - in bezug auf die Konzernziele - **konformen Handeln** zu veranlassen. Hierzu kann auf verschiedene Aktivierungsmaßnahmen zurückgegriffen werden. Sie werden im folgenden als **Anreize** erfaßt. Nach ROSENSTIEL[18] lassen sie sich wie folgt abgrenzen:

Anreize stellen jene Ausschnitte der wahrgenommenen Situation dar, die durch die Wirkung bestimmter Anregungsbedingungen verhaltensrelevant werden können.

Aufgrund der asymmetrischen Informationsverteilung zwischen der konzernleitenden Gesellschaft und den Tochtergesellschaften ist die Integration von **Anreizsystemen** in effiziente Führungsinformationssysteme für die internationale Management-Holding unabdingbar.[19] Relevante Anreizsysteme lassen sich wie folgt definieren:[20]

Anreizsysteme für die internationale Management-Holding kombinieren verschiedene Anreize mit dem Ziel, das Verhalten von Führungskräften in den Tochtergesellschaft auf das Konzernzielsystem auszurichten.

Da nicht-monetäre Anreize nur schwer zu erfassen sind, werden **monetäre Anreizsysteme** unterstellt. Eine besondere Form ist die **Prämie**, die neben einem festen Grundlohn als ein *leistungsabhängiger Zuschlag* ausbezahlt wird.

Die soeben beschriebenen vertikalen Informations- und Kommunikationsprobleme werden detailliert in der **Principal-Agent-Theorie** untersucht. Sie bildet das Fundament, das den nachfolgenden Anreizsystemen zugrundeliegt.

---

17)   Vgl. S. 124 f.
18)   Vgl. ROSENSTIEL (Grundlagen), S. 453.
19)   Vgl. PICOT / NEUBURGER (Agency Theorie), Sp. 18.
20)   Vgl. WILD (Organisation), S. 47.

> Die **Principal-Agent-Theorie** hat die Analyse und Gestaltung von Auftragsbeziehungen zwischen einem oder mehreren Auftraggebern - den *Principals* - und einem oder mehreren Beauftragten oder Auftragnehmern - den *Agents* - zum Inhalt.

Hierbei wird vor allem gefragt, wie das Verhalten des oder der Agents durch vertragliche Regelungen mit dem oder den Principals gestaltet werden kann. Die Principal-Agent-Theorie ist auf eine Vielzahl vertikaler Informations- und Kommunikationsprobleme anwendbar.[21] Nunmehr wird sie an der **inhaltlich richtigen Informationsübermittlung** von Führungskräften der Tochtergesellschaften an die Konzernleitung der internationalen Management-Holding ausgerichtet.

Vom positiven Zweig[22] der Principal-Agent-Theorie, der die Gestaltung von Auftragsbeziehungen zu beschreiben und zu erklären versucht, ist die **normative Principal-Agent-Theorie**[23] zu unterscheiden. Sie versucht *formal-analytische Modelle* herzuleiten, wie entsprechende Vertragsbeziehungen zwischen Principal und Agent zu gestalten sind. Durch die Angabe klarer Prämissen und die Argumentation anhand mathematischer Modelle sind ihre Ergebnisse formal abgesichert.

4.2.3. Deskription ausgewählter Anreizsysteme

Im folgenden werden ausgewählte **Anreizsysteme** vorgestellt,[24] die zwar alle auf der Principal-Agent-Theorie basieren, aber auf verschiedenem Weg versuchen, Manipulationen in Führungsinformationssystemen zu verhindern.

4.2.3.1. WEITZMAN-Schema

Das WEITZMAN-Schema stammt aus der ehemaligen **Sowjetunion** und wurde dort erstmals 1971 im Rahmen einer Reform der **Zentralverwaltungswirtschaft** eingesetzt. In die wissenschaftliche Diskussion wurde es 1976 gebracht. WEITZMAN untersuchte verschiedene Anreizschemata und stellte fest, daß die bis dahin als *„sowjetisches Anreizschema"* bekannte

---

21) KÜPPER (Controlling), S. 45, führt als Beispiele Beziehungen zwischen Eigentümern und angestellten Führungskräften, Vorgesetzten wie den Geschäftsführern und Vorständen und ihren Untergebenen an. FISCHER (Agency-Theorie), S. 329, ergänzt die Beziehungen zwischen Käufer und Verkäufer.

22) Vgl. hierzu ROSS (Agency); JENSEN / MECKLING (Theory); FAMA (Agency Problems).

23) Vgl. u.a. SPREMANN (Agent).

24) Zu weiteren Anreizsystemen vgl. OSSADNIK / MORLOCK (Anreizsysteme), S. 32 ff.

Methode auch für dezentrale Konzernstrukturen in einer **Marktwirtschaft** geeignet ist.[25] Nach zahlreichen Veröffentlichungen wurde das WEITZMAN-Schema erstmals 1978 von **IBM-Brasilien** zur Entlohnung von Vertriebsmitarbeitern eingesetzt.[26]

Sein Aufbau ist dreigeteilt. Die Deskription ist auf die asymmetrische Informationsverteilung in der internationalen Management-Holding ausgerichtet:

I. Prämissen

In der *Ausgangssituation* wird unterstellt, daß der Arbeitseinsatz a der Führungskräfte *nicht* direkt beobachtet werden kann. Deshalb wird bei der Berichterstattung auf Größen wie das finanzielle Ergebnis oder den Cash Flow der Tochtergesellschaften ausgewichen. Hierüber fordert die Konzernleitung Informationen an.[27]

Aufgrund ihres höheren Informationsstands können die Führungskräfte im Vergleich zur Konzernleitung detailliertere Aussagen über die zu erwartende **Zielgröße x** treffen.[28] Die Führungskräfte der Tochtergesellschaften müssen nun motiviert werden, „richtige" Informationen zu übermitteln. Als Anreiz wird deren **Vergütung** herangezogen. Sie wird mit einem **Erfolgsanteil** ausgestattet und läßt sich wie folgt berechnen.

II. Festlegung des Basislohns $\underline{S}$ und der Zielgrößen $\hat{x}$ und x

Zunächst wird von der Konzernleitung ein **Basislohn** $\underline{S}$ festgesetzt. Die Größen α_1, $\hat{\alpha}$ und α_2 stellen **Bonuskoeffizienten** dar, auf die noch näher eingegangen wird. Die Vergütungsberechnung hängt von variablen **Zielgrößen** $\hat{x}$ und x ab, wobei $\hat{x}$ die von den Führungskräften der Tochtergesellschaften **berichtete** und x die am Periodenende **tatsächlich erreichte Zielgröße** darstellt.

III. Berechnung der Vergütung s

Am Periodenende ist die Vergütung der Führungskräfte zu berechnen. Hierzu wird auf die folgende Funktionsgleichung zurückgegriffen.

---

25)   Vgl. WEITZMAN (Incentive Model).

26)   Vgl. GONIK (Bonuses), S. 117.

27)   Informationen werden von der Konzernleitung beispielsweise zu Planungs- oder Kontrollzwecken der Tochtergesellschaften benötigt.

28)   Aus Gründen der Verständlichkeit wird der Fall der genau vorhersagbaren Zielgröße x unterstellt. Zum Fall, daß die Zielgröße x *risikobehaftet* ist und somit einer Wahrscheinlichkeitsverteilung unterliegt vgl. EWERT / WAGENHOFER (Unternehmensrechnung), S. 492 f.

$$s(x,\hat{x}) = \begin{cases} \underline{S} + \hat{\alpha} \cdot \hat{x} + \alpha_1(x - \hat{x}), & \text{für } x \geq \hat{x} \\ \underline{S} + \hat{\alpha} \cdot \hat{x} + \alpha_2(x - \hat{x}), & \text{für } x < \hat{x} \end{cases}$$

(Gl. 4-1)

mit $0 < \alpha_1 < \hat{\alpha} < \alpha_2$

Dabei sind drei Fälle zu unterscheiden:

- Übermitteln die Führungskräfte der Tochtergesellschaften die später tatsächlich erzielte und ihnen bekannte Zielgröße x *wahrheitsgetreu* an die Konzernleitung, d.h. ist $x = \hat{x}$, dann erhalten sie den Betrag von $\underline{S} + \hat{\alpha} \cdot \hat{x}$.

- Liegt die tatsächliche Zielgröße x über der berichteten $\hat{x}$, d.h. ist $x > \hat{x}$, so steigt die Vergütung um den Faktor α_1 an.

- Wird eine Zielgröße $\hat{x}$ gemeldet, die höher als die am Periodenende tatsächlich erreichte Zielgröße ist, d.h. ist $x < \hat{x}$, wird das Informationsverhalten der Führungskräfte durch Abzüge mit Hilfe des im Vergleich zu $\hat{\alpha}$ höheren Faktors α_2 bestraft.

Als Ergebnis läßt sich festhalten, daß Überschreitungen der berichteten Zielgröße $\hat{x}$ honoriert werden und Unterschreitungen mit relativ höheren Vergütungseinbußen einhergehen. Aufgrund der Bonuskoeffizienten ist die **wahrheitsgemäße Berichterstattung**, d.h. $x = \hat{x}$, für die Führungskräfte der Tochtergesellschaften stets optimal. Würden sie nämlich vorsätzlich weniger als x berichten, so hätte dies wegen der Zielgrößenüberschreitung zwar einen Bonus zur Folge. Hätten sie aber gleich die richtige Zielgröße x gemeldet, wäre ihre Vergütung - wegen $\alpha_1 < \hat{\alpha}$ - aber noch höher gewesen.

Um die inhaltliche Richtigkeit zu übermittelnder Informationen sicherzustellen, ist das WEITZMAN-Schema an bestimmte **Prämissen** gebunden: Zum einen kann die inhaltliche Richtigkeit *nicht* mehr sichergestellt werden, wenn die Zielgröße **risikobehaftet** ist.[29] Die zu übermittelnde Zielgröße hängt dann von der Ergebnisverteilung und von den Vergütungsparametern ab. Verhalten sich die Führungskräfte *risikoscheu*, so werden sie - um die Gefahr einer Bestrafung zu minimieren - generell Werte unterhalb der tatsächlichen Zielgröße melden.[30]

Zum anderen darf an die zu erwartende Zielgröße $\hat{x}$ keine **Zuteilung finanzieller Mittel** gebunden sein. Es kann dann für die Führungskräfte der Tochtergesellschaften nämlich sinnvoll sein, ein anderes als die zu erwartende Zielgröße x an die Konzernleitung zu übermitteln. Die wahrheitsinduzierende Wirkung des WEITZMAN-Schemas ginge verloren.[31]

---

29) Zu einem Beispiel vgl. EWERT / WAGENHOFER (Unternehmensrechnung), S. 492 f.
30) Basierend auf einem Beispiel von OSSADNIK / MORLOCK (Anreizsysteme), S. 12.
31) Zur Berücksichtigung der genannten Aspekte im Rahmen der Evaluierungsarbeiten vgl. S. 378.

Letztendlich dürfen **Vorgaben für Folgeperioden** nicht von realisierten Ergebnissen vorangegangener Perioden abhängen. Dies läßt sich mit dem „*ratchet effect*" erklären. Hierunter ist das Verhalten von Führungskräften zu verstehen, ihr Soll in einer Periode *nicht* oder nur in *geringem Maße* überzuerfüllen, sobald sie feststellen, daß ihre Sollvorgaben für die Folgeperioden von den Leistungen der aktuellen Periode abhängen.[32]

4.2.3.2. Anreizschema nach OSBAND und REICHELSTEIN

Ein dem WEITZMAN-Schema ähnelndes Anreizschema wurde zu Beginn der achtziger Jahre von OSBAND und REICHELSTEIN entwickelt. Es ist zwar auf die Vergabe öffentlicher Aufträge ausgerichtet. In diesem Zusammenhang soll es den oft damit einhergehenden *Kostenüberschreitungen* entgegenwirken.[33] Es kann aber auch für die inhaltlich richtige Informationsübermittlung in der internationalen Management-Holding angewendet werden.

Als **Ausgangslage** diente OSBAND und REICHELSTEIN die Problemstellung, daß sich für öffentliche Aufträge, die einen hohen Innovationscharakter aufweisen, in der Regel kein Marktpreis ermitteln läßt:[34] Die Problematik verschärft sich noch, wenn nur *ein* Unternehmen in der Lage ist, den Auftrag auszuführen. Zwar ist das Unternehmen in einem solchen **bilateralen Monopol** durch Gesetze vor seiner Ausbeutung durch den Staat geschützt. Andererseits besteht für die staatlichen Auftraggeber die Gefahr, daß das Unternehmen die asymmetrische Informationsverteilung ausnutzt, um **überhöhte Preise** zu fordern.

Ziel von OSBAND und REICHELSTEIN war nun, eine **mögliche Kostenüberschreitung** bei der Vergabe solcher öffentlicher Aufträge zu vermeiden.[35] Sie entwickelten dazu folgende Vergütungsfunktion:[36]

$$s(x, \hat{x}) = \underline{S} + l(\hat{x}) + l'(\hat{x}) \cdot (x - \hat{x})$$

(Gl. 4-2)

mit $l' > 0$ und $l'' > 0$

---

32) Vgl. hierzu OSSADNIK / MORLOCK (Anreizsysteme), S. 15, und ihre Literaturhinweise zu möglichen Lösungsansätzen.

33) Vgl. REICHELSTEIN / OSBAND (Incentives); REICHELSTEIN / OSBAND (Information).

34) Vgl. REICHELSTEIN / OSBAND (Incentives), S. 257. Im konkreten Fall betraf dies Aufträge zur Entwicklung von Militärflugzeugen. Vgl. REICHELSTEIN / OSBAND (Incentives).

35) Zur Umsetzung im Rahmen einer Studie des Bundesministeriums der Verteidigung vgl. REICHELSTEIN (Incentive Schemes).

36) Entnommen aus REICHELSTEIN / OSBAND (Incentives); REICHELSTEIN / OSBAND (Information); REICHELSTEIN (Incentive Schemes).

In bezug auf ein **Anreizschema**, das die inhaltlich richtige Informationsversorgung der Konzernleitung der internationalen Management-Holding sicherstellen kann, lassen sich die verwendeten Größen wie folgt interpretieren: Die maßgebliche Größe $l(\hat{x})$ ist eine *streng monoton steigende* (l' > 0) und *strikt konvexe* (l'' > 0) Funktion. In Anlehnung an das WEITZMAN-Schema entspricht x der tatsächlich erreichten Zielgröße der Tochtergesellschaften und $\hat{x}$ dem von den Führungskräften an die Konzernleitung übermittelten Wert.

Die Vergütungsfunktion hat eine denkbar einfache Struktur. Sie hängt linear von der Zielgröße $\hat{x}$ und der am Periodenende tatsächlich erreichten Zielgröße x ab. Aufgrund der strengen Monotonie von $l(\hat{x})$ führt jede Überschreitung zu einer Erhöhung und jede Unterschreitung zu einer Verminderung der Vergütung s.

Im Gegensatz zum WEITZMAN-Schema kann die Unsicherheit der Führungskräfte über die zu erwartende Höhe der Zielgröße $\hat{x} = \mathrm{E}[\tilde{x}]$ in das Anreizschema einbezogen werden. Bei einer inhaltlich richtigen Informationsübermittlung, d.h. $x = \hat{x}$, läßt sich die zu erwartende Vergütung wie folgt berechnen:

$$\mathrm{E}\big[s\big(\tilde{x},\hat{x} = \mathrm{E}[\tilde{x}]\big)\big] = \underline{S} + l\big(\mathrm{E}[\tilde{x}]\big) \qquad \text{(Gl. 4-3)}$$

Sollten die Führungskräfte ihre zu erwartende Zielgröße $\hat{x}$ *nicht* wahrheitsgemäß an die Konzernleitung übermitteln, d.h. ist $\hat{x} \neq \mathrm{E}[\tilde{x}]$, errechnet sich folgende Vergütung:

$$\mathrm{E}\big[s\big(\tilde{x},\hat{x}\big)\big] = \underline{S} + l\big(\tilde{x}\big) + l'\big(\tilde{x}\big)\cdot\big(\mathrm{E}[\tilde{x}] - \hat{x}\big) \qquad \text{(Gl. 4-4)}$$

Die wahrheitsgetreue Informationsübermittlung, d.h. $\hat{x} = \mathrm{E}[\tilde{x}]$, ist optimal, wenn die Gleichung 4-3 mindestens so groß wie Gleichung 4-4 ist. Durch das Kürzen von $\underline{S}$ und die Subtraktion von $l(\hat{x})$ erhält man als Lösung:

$$l\big(\mathrm{E}[\tilde{x}]\big) - l\big(\hat{x}\big) \geq l'\big(\hat{x}\big)\cdot\big(\mathrm{E}[\tilde{x}] - \hat{x}\big)$$

$$\text{für alle } \hat{x} \qquad \text{(Gl. 4-5)}$$

Diese Ungleichung ist für alle strikt konvexen Funktionen $l(x)$ erfüllt. Damit erweist sich für die Führungskräfte die inhaltlich richtige Informationsübermittlung ($\hat{x} = \mathrm{E}[\tilde{x}]$) an die Konzernleitung als optimal.

Um die inhaltliche Richtigkeit zu übermittelnder Informationen an die Konzernleitung sicherzustellen, ist auch das Anreizschema von OSBAND und REICHELSTEIN an bestimmte **Prämissen** gebunden. Insbesondere darf an die zu erwartende Zielgröße $\hat{x}$ keine **Zuteilung finanzieller Mittel** gebunden sein. Sonst wäre es für die Führungskräfte der Tochtergesellschaften sinnvoll, höhere Zielgrößen anzugeben, um so zu einem größeren Budget zu gelangen. Mit diesem würden sie zwar ein höheres Eigenergebnis und eine für sie höhere Vergütung erreichen, in bezug auf das übergreifende Konzernergebnis würde aber nur eine suboptimale Lösung erzielt.

4.2.3.3. Standardmodell der Principal-Agent-Theorie

Zwar stehen in den derzeitigen Forschungsbemühungen zur Principal-Agent-Theorie - wie u.a. die Berechnungen von EWERT zeigen[37] - mathematisch-analytische Herleitungen im Vordergrund, im folgenden sollen jedoch die Prämissen und die verwendeten Modelle akzentuiert werden. Insbesondere ihre Fähigkeiten, die inhaltlich richtige Informationsübermittlung sicherzustellen, sind dabei zu beurteilen. In Anlehnung an KÜPPER[38] kann folgendes **Standardmodell** unterstellt werden:

I. Prämissen

Im Grundmodell der Principal-Agent-Theorie wird unterstellt, daß jeder der Vertragspartner versucht, seinen *individuellen Nutzen* zu optimieren. Hierdurch können - wie bereits dargelegt wurde[39] - **Zielkonflikte** zwischen dem Principal und dem Agent entstehen. Für die weiteren Ausführungen ist von Bedeutung, daß für die Konzernleitung überwiegend finanzielle Aspekte von Interesse sind, während die Führungskräfte der Tochtergesellschaften bei ihren Entscheidungen auch nicht-monetäre Faktoren wie ihren *persönlichen Arbeitseinsatz a*, der in der Principal-Agent-Theorie als **Arbeitsleid** oder „effort" bezeichnet wird, berücksichtigen.[40] Dies hat zur Folge, daß sie für die Konzernleitung nur tätig werden, wenn dies auch ihrem eigenen Nutzen entspricht.

Da die Konzernleitung über einen geringeren Informationsstand als die Führungskräfte der Tochtergesellschaften verfügt, ist letztendlich die Verhaltensbeurteilung der Führungskräfte durch die Konzernleitung *nicht* durchgängig möglich. Der **Informationsvorsprung der Führungskräfte** läßt sich u.a. daran ablesen, daß sie die zu übermittelnde Zielgröße - beispielsweise das finanzielle Ergebnis - besser abschätzen können. Des weiteren ist das dafür aufzuwendende Anstrengungsniveau der Führungskräfte nicht ohne weiteres zu beobachten.

---

37)   Vgl. EWERT / WAGENHOFER (Unternehmensrechnung).
38)   Vgl. KÜPPER (Controlling), S. 49 ff.
39)   Vgl. S. 363 f.
40)   Vgl. EWERT (Principal-Agent-Theorie), S. 593.

II. Funktionsweise und Aufbau des Standardmodells

Aus Sicht der Konzernleitung sollen die Führungskräfte diesen Informationsvorsprung nutzen, um einen **Nutzenvorteil** für den Konzern zu realisieren.[41] Hierbei muß die Konzernleitung beachten, daß die Führungskräfte nicht die ihnen vorgegebenen Ziele, sondern ihren eigenen Nutzen in den Vordergrund ihrer Tätigkeiten stellen werden. Im Extremfall kann dies zu Lasten des Konzerns gehen.[42]

Dieser Sachverhalt wird in der Literatur als „**moral hazard**" erfaßt. Er umfaßt die Gefahr, daß die Führungskräfte der Konzernleitung Informationen über mögliche Handlungsalternativen verschweigen („**hidden information**") oder gezielt Handlungen wählen, die vermutlich von der Konzernleitung nicht beobachtet werden können („**hidden action**").[43]

Hier setzt die Vertragsgestaltung an: Der **Nutzen der Konzernleitung** hängt vom Ergebnis der Zielgröße - beispielsweise dem finanziellen Ergebnis x - abzüglich des an die Führungskräfte zu zahlenden Anteils s(x) ab. Es läßt sich formulieren:[44]

$$G \ (x - s(x)) \hspace{4cm} \text{(Gl. 4-6)}$$

Neben dem *Arbeitsleid a* hängt der Erwartungsnutzen der Führungskräfte auch von der in Aussicht gestellten *Vergütung s(x)* ab:

$$E[H(s(x), a)] \hspace{4cm} \text{(Gl. 4-7)}$$

Damit die Führungskräfte der Tochtergesellschaften eine erfolgsabhängige Vergütung überhaupt akzeptieren, muß ihnen von der Konzernleitung ein *Mindestnutzen* - der sogenannte Reservationsnutzen H^* - garantiert werden, den sie auch bei einer anderen Beschäftigung *ohne Risiko* erhalten würden.[45] Damit gilt:

$$E[H(s(x), a)] \geq H^* \hspace{4cm} \text{(Gl. 4-8)}$$

Letztendlich wird in den nachfolgenden Gleichungen 4-9 bis 4-11 die Unsicherheit über das tatsächliche finanzielle Ergebnis x in Form der **Dichtefunktion** $f(x \mid a)$ quantifiziert. Wie die

---

41) Dies ist einer der maßgeblichen Gründe, die zur Verbreitung des Strukturkonzepts der Management-Holding führten. Vgl. hierzu S. 27 ff.

42) Vgl. ELSCHEN (Agency-Theorie), S. 1004.

43) Vgl. FISCHER (Agency-Theorie), S. 320.

44) Sofern die Konzernleitung risikoneutral oder risikoscheu ist, gilt G'(x - s(x)) > 0 und G'' (x - s(x)) < 0.

45) Dabei wird unterstellt, daß beide Vertragspartner rational, d.h. nach dem Bernoulli-Prinzip handeln. Das *Bernoulli-Prinzip* besagt, daß die für jeden Entscheidungsträger charakteristische Funktion in eine subjektive Bernoulli-Funktion transformiert werden kann, so daß seine Aktivitäten dem Erwartungswert des Nutzens der wahrscheinlichkeitsverteilten Ergebnisse zugeordnet werden können. Vgl. hierzu KÜPPER (Controlling), S. 34 f.

nachfolgende Gleichung 4-9 zeigt, wird somit der erwartete Nutzen der Konzernleitung maximiert unter Beachtung der Restriktionen des

- *Mindestnutzen* der Führungskräfte (Gleichung 4-10)

- und der individuellen *Maximierung des Nutzens* der Führungskräfte bei gegebenem Entlohnungsvertrag[46] (Gleichung 4-11).

Das **Optimierungsproblem** kann nun wie folgt formuliert werden:

$$\max_{s(x)} \int G(x - s(x)) \cdot f(x \mid a) \, dx \qquad \text{(Gl. 4-9)}$$

unter den Nebenbedingungen

$$\int H(s(x), a) \cdot f(x \mid a) \, dx \geq H^* \qquad \text{(Gl. 4-10)}$$

und

$$a = \arg \max_{a^*} \int H(s(x), a^*) \cdot f(x \mid a^*) \, dx \qquad \text{(Gl. 4-11)}$$

Wie läßt sich nun das Optimierungsproblem lösen? Relativ einfach, wenn die Konzernleitung die Anstrengungen der Führungskräfte ohne zusätzliche Kosten beobachten kann und somit die zweite Nebenbedingung (Gleichung 4-11) nicht beachtet werden muß.[47] Mit Hilfe des Lagrange-Ansatzes läßt sich diese als „**first best**"-Lösung bezeichnete Größe wie folgt darstellen:

$$G'(x - s(x)) = \lambda \cdot H_1'(s(x)) \qquad \text{(Gl. 4-12)}$$

Da s(x) streng monoton wachsend ist, werden die Führungskräfte um so besser bezahlt, je höher das Ergebnis x ist. Der **Lagrange-Multiplikator** λ erfaßt hierbei die Opportunitätskosten der Konzernleitung, die ohne einen Vertrag mit den Führungskräften entfallen würden.[48]

Da die Konzernleitung aber - so wurde in den Prämissen festgelegt - die Handlungen der Führungskräfte in den Tochtergesellschaften *nicht* beobachten kann, muß auch die zweite Nebenbedingung (Gleichung 4-11) berücksichtigt werden. Wird der realitätsnahe Fall unter-

---

46) Vgl. KÜPPER (Controlling), S. 50.
47) Dies bedeutet die Aufhebung der asymmetrischen Informationsverteilung und damit die Nichtbeachtung der zweiten Nebenbedingung. Vgl. hierzu KÜPPER (Controlling), S. 50.
48) Vgl. KÜPPER (Controlling), S. 50.

stellt, daß sowohl die Konzernleitung als auch die Führungskräfte der Tochtergesellschaften *risikoscheu* sind, muß das optimale Anreizsystem die folgende Gleichung erfüllen:

$$\frac{G'(x - s(x))}{H_1'(s(x))} = \lambda + \mu \cdot \frac{f(x \mid a^*)}{f(x \mid a)}$$

(Gl. 4-13)

Diese Lösung wird als „**second-best**"-Lösung bezeichnet. Eine optimale Risikoverteilung zwischen Konzernleitung und den Führungskräften läge dann vor, wenn $\mu = 0$ wäre. Da aber stets $\mu > 0$ ist, kann es keine perfekte Risikoteilung geben. Den Führungskräften muß daher ein Anreiz für ein besseres Ergebnis x gegeben werden. Dieser **trade-off** zwischen optimaler Risikoteilung und der Motivation zu einem höheren Arbeitseinsatz ist der Kern vieler Agency-Untersuchungen.[49] Hierbei gibt der zweite Summand der rechten Seite die Abweichung von der optimalen Risikoverteilung an. Nach dem Vorzeichen der Abweichung erhält die Führungskraft somit einen Bonus oder einen Abzug.[50]

4.2.3.4. Wertorientiertes Anreizschema auf Grundlage des Economic Value Added

In den letzten Jahren wird der aus den USA stammende **Shareholder-Value-Ansatz** zunehmend auch von deutschen Unternehmen berücksichtigt. Insbesondere große börsennotierte Konzerne stellen die nachhaltige **Steigerung des Konzernwerts** - so die Zielausrichtung des 1986 von RAPPAPORT vorgestellten Ansatzes - in den Mittelpunkt ihrer Konzernpolitik.

Die Gründe hierfür sind *vielfältig*: Maßgeblich dazu beigetragen hat sicherlich die Tatsache, daß Aktienanalysten und Manager großer Investmentfonds Konzerne zunehmend nach deren Shareholder-Value-Ausrichtung bewerten. Durch die verstärkte Internationalisierung[51] und Notierungen großer deutschen Konzerne wie DaimlerChrysler, Hoechst, Veba und SAP an der Wall Street erreicht die Shareholder-Value-Diskussion derzeit einen Höhepunkt.

Neben der Ausrichtung der Konzernpolitik am Shareholder-Value-Ansatz verlangen verschiedene konzeptionelle Ansätze, die **variable Entlohnung** - insbesondere der Führungskräfte[52] - an der Steigerung des Konzernwertes zu koppeln.[53] In Hinblick auf das Zielsystem

---

49) Vgl. ELSCHEN (Agency-Theorie), S. 1008.

50) Das Risikoverhalten der Konzernleitung und der Führungskräfte beeinflußt somit die Struktur des optimalen Anreizsystems. Vgl. hierzu KÜPPER (Controlling), S. 51.

51) Zum Internationalisierungsgrad deutscher Konzerne, deren konzernleitende Gesellschaft im DAX 100 erfaßt ist, vgl. Kap. 1 des Anhangs.

52) EVERS (Variable Bezüge) plädiert für eine Erweiterung auf die „Gesamtbelegschaft", wodurch zukünftige Konflikte zwischen Arbeitnehmer und Arbeitgeber vermieden werden sollen.

53) Vgl. STEWART (EVA), S. 223 ff.; aber auch BAUMGARTNER (Anreizsysteme), S. 145. Ein solches Entlohnungssystem soll dazu beitragen, daß die Mitarbeiter durch die Verfolgung ihrer eigenen Ziele - der Steigerung ihres variablen Gehalts - gleichzeitig zur Steigerung des Konzernwerts beitragen.

des Pilot-Konzerns,[54] wird im folgenden ein wertorientiertes Anreizsystem vorgestellt, das sich am **„Economic Value Added** (kurz: EVA)" orientiert.[55]

Im Gegensatz zu Ansätzen, die auf der Diskontierung zukünftiger *Cash Flows* basieren,[56] ist das EVA-Konzept am **Lücke-Theorem** ausgerichtet.[57] Hierbei wird das **erwirtschaftete Ergebnis** dem eingesetzten **Kapital** gegenübergestellt. Um das Defizit konventioneller Ergebnisberechnungen auszugleichen, dort wird die Rendite der Eigenkapitalgeber nur durch die Dividendenzahlung berücksichtigt,[58] ist eine alternative Kapitalanlage der Eigenkapitalgeber mit ähnlichem Risikoprofil außerhalb des Konzerns mit in die Berechnungen einzubeziehen.

Der EVA errechnet sich aus der Differenz zwischen der **betrieblichen Kapitalrendite r** „return on capital" und dem **Kapitalkostensatz c*** „cost of capital", die mit dem Wert des im Konzern gebundenen **operativen Vermögens capital** „Economic book value of all cash invested in going-concern business activities" multipliziert wird.[59]

$$EVA = (r - c^*) \times capital \qquad \text{(Gl. 4-14)}$$

Da das Produkt „r x capital" das **operative Ergebnis abzüglich der Ertragsteuern NOPAT** „Net Operating Income After Tax" umfaßt, kann die Gleichung wie folgt umformuliert werden:

$$EVA = NOPAT - c^* \times capital \qquad \text{(Gl. 4-15)}$$

Bei einem positiven EVA liegt das Ergebnis der betrieblichen Tätigkeit über den Finanzierungskosten des genutzten Vermögens (Eigen- und Fremdkapital). Im Vergleich zu alternativen Investitionsmöglichkeiten ist somit ein „**Mehrwert**" geschaffen worden. Bei negativem EVA wird dementsprechend Konzernwert vernichtet.

Wie kann nun der EVA-Ansatz in ein entsprechendes **Anreizschema** integriert werden? In Deutschland bemißt sich die Vergütung von Führungskräften häufig am Jahresüberschuß, der Eigen- oder Gesamtkapitalrendite.[60] Daß diese Größen für ein wertorientiertes Anreizsystem

---

54)   Vgl. hierzu S. 457 ff.
55)   Zur Berechnung des EVA im Pilot-Konzern vgl. Abb. V - 2, S. 410.
56)   Vgl. RAPPAPORT (Shareholder Value); COPELAND / KOLLER / MURRIN (Valuation); LEWIS (Unternehmenswert)
57)   Das Lücke-Theorem stellt auf die Differenz zwischen dem bewerteten Output eines Konzerns und dem dazu benötigten Input ab. Vgl. vor allem STEWART (EVA).
58)   Vgl. ausführlich UNZEITIG (Shareholder-Value), S. 65; BRUNE (Shareholder-Value); BÜHNER (Shareholder-Value), S. 12.
59)   Vgl. STEWART (EVA), S. 136 f.
60)   Vgl. BUSSE von COLBE (Shareholder Value), S. 288. Zu einer relativ aktuellen Übersicht vgl. PELLENS / ROCKHOLTZ / STIENEMANN (Konzerncontrolling), S. 1938.

nur bedingt geeignet sind, wurde bereits darlegt. Für die weiteren Ausführungen ist von Interesse, daß den Führungskräften der Tochtergesellschaften ein **Anreiz** gegeben wird, ihren Arbeitseinsatz zum Nutzen der Konzernleitung einzusetzen.[61]

Als Zielgröße bietet sich der **EVA** an. In bezug auf die Problemstellung der vorliegenden Arbeit muß sich die Vergütung der Führungskräfte der Tochtergesellschaften an der Steigerung des „Mehrwerts" für den Konzern bemessen. Hierfür sind folgende **Anforderungen** zu erfüllen:[62]

- Die Möglichkeiten der Führungskräfte, ihren variablen Vergütungsanteil zu steigern, müssen einen **direkten Bezug** zur Steigerung des Konzernwerts aufweisen. Durch den EVA kann eine solche Verknüpfung geschaffen werden.

- Der EVA als Zielgröße des Anreizschemas muß durch die Führungskräfte maßgeblich **beeinflußbar** sein. Zwar können in der Regel nur die obersten Führungskräfte durch ihre Entscheidungen über die strategische Ausrichtung des Konzerns den Kapitalkostensatz c* beeinflussen. Die Führungskräfte der nachgeordneten Ebenen können aber beispielsweise durch Maßnahmen des Personal- und Maschineneinsatzes eine Effizienzsteigerung bewirken. Es bestehen somit verschiedene Möglichkeiten, das Ergebnis - mithin den EVA - zu beeinflussen. So ist auch diese Anforderung durch ein wertorientiertes Anreizschema gegeben.

- Die Höhe der von der Wertsteigerung abhängigen Vergütungskomponente muß eine **maßgebliche** Größe für die Führungskräfte darstellen. Diese Anforderung läßt sich durch eine entsprechende Vertragsgestaltung erreichen.[63]

- Die Konzeption des Anreizschemas muß des weiteren **langfristig** ausgerichtet sein. Diese Anforderung läßt sich dadurch erfüllen, daß die Auszahlung der in einer Periode erreichten Vergütung erst über die Folgeperioden ausgezahlt wird.

- Das Anreizschema muß letztendlich einfach zu **kommunizieren** und **wirtschaftlich** sein. Wird - wie in der Praxis üblich[64] - der Kapitalkostensatz c* von der Konzernleitung vorgegeben, sind die notwendigen Daten - so wird bei der Umsetzung des EVA-Konzepts - im Rahmen der Fallstudie gezeigt werden[65] - bereits vorhanden. Eine einfache Kommunizierbarkeit und die wirtschaftliche Anwendung ist somit gesichert.

---

61) Daß dies nicht zwangsläufig unterstellt werden kann, wurde bereits in den Ausführungen zum Principal-Agent-Ansatz herausgearbeitet. Als Grund wird insbesondere der persönliche Arbeitseinsatz der Führungskräfte in den Tochtergesellschaften genannt, der dort als Arbeitsleid bezeichnet wurde.
62) In Anlehnung an GRETH (Managemententlohnung), S. 93 ff.
63) Üblicherweise kann diese Anforderung als erfüllt gelten, wenn der variable Vergütungsanteil über 20 % liegt.
64) Vgl. hierzu die Praxisbeispiele bei ITT Automotive Europe GmbH, der Dresdner Bank und der Lufthansa in PELLENS (Entlohnungssysteme), S. 69 ff.
65) Vgl. hierzu S. 448 ff.

4.2.4. Methodenevaluierung

Nachdem verschiedene Anreizsysteme dargelegt wurden, ist nunmehr der Ansatz auszuwählen, der zur Gestaltung effizienter Führungsinformationssysteme für die internationale Management-Holding am „besten" geeignet ist. In Kap. 4.2.4.1. werden die zur Anwendung kommenden **Beurteilungskriterien** fundiert. Die eigentliche **Beurteilung** schließt sich in den Kap. 4.2.4.2. bis 4.2.4.4. an. Zur Methodenauswahl werden in Kap. 4.2.4.5. die Einzelbeurteilungen gewichtet und zu einem **Gesamtmaß** aggregiert.

4.2.4.1. Auswahl der Beurteilungskriterien

Für die Auswahl der Beurteilungskriterien wird auf das in Kap. III.2. herausgearbeitete Anforderungsprofil effizienter Führungsinformationssysteme für die internationale Management-Holding zurückgegriffen. Von den dort herausgearbeiteten neunzehn **Beurteilungskriterien** lassen sich **acht** für die Evaluierungsarbeiten auswählen:

- Zunächst ist von Bedeutung, daß die Informationen „*richtig*" an die Konzernleitung übermittelt werden. Wie in Kap. III.2.3.1. gezeigt wurde, konnten hieraus die Beurteilungskriterien der „**Genauigkeit**" (formale Richtigkeit) und „**Zuverlässigkeit**" (inhaltliche Richtigkeit) abgeleitet werden.

- Darüber hinaus wird die *Handhabbarkeit* der Anreizsysteme untersucht. Hierunter konnten die Kriterien der „**Verständlichkeit**", die „**Ableitungstransparenz**", der „**Integrationsgrad**" und die „**Änderungsflexibilität**" subsumiert werden.

- Als letztes ist der *Aufwand*, den die ausgewählten Anreizsysteme bei ihrer Implementierung und Anwendung verursachen, zu beurteilen. Hierunter sind die „**Kostenadäquanz**" und die „**Zeitadäquanz**" zu diskutieren.

Die nachfolgende Abb. IV - 100 faßt die Beurteilungskriterien nochmals zusammen. Ihre Gewichtung basiert auf den Ergebnissen der empirischen Untersuchung.[66] Die sich anschließende Beurteilung basiert auf der bekannten **Ratingskala** mit den Stufen „nicht vorhanden",„sehr gering", „gering", „neutral", „hoch" und „sehr hoch".[67]

---

66)   Vgl. hierzu Kap. III.2.3.2., S. 117 ff.
67)   Zur Fundierung vgl. exemplarisch S. 143 ff.

Gestaltungskriterien	Beurteilungskriterien	Gewichtung
Richtigkeit (12,5 %)	Genauigkeit (formale Richtigkeit)	2,5 %
	Zuverlässigkeit (inhaltliche Richtigkeit)	10 %
Handhabbarkeit der Auswertungsmethoden (25 %)	Verständlichkeit	5 %
	Ableitungstransparenz	10 %
	Integrationsgrad	5 %
	Änderungsflexibilität	5 %
Aufwand (12,5 %)	Kostenadäquanz	5 %
	Zeitadäquanz	7,5 %

Abb. IV - 100:   *Ausgewählte Kriterien zur Beurteilung verschiedener Ansätze zum Schutz vor Manipulationen.*

4.2.4.2. Beurteilung nach der Richtigkeit

Mit dem Beurteilungskriterium der **Genauigkeit** wird erfaßt, ob die Informationen hinreichend *präzise* und *detailliert* genug an die Konzernleitung übermittelt werden.[68] Durch die Funktionsgleichung des **WEITZMAN-Schemas** kann die Vergütung der Führungskräfte „*aufs Komma genau*" berechnet werden. Negativ ist anzuführen, daß der Arbeitseinsatz nicht in die Vergütungsfunktion einbezogen wird und auch nur sehr *geringe Motivationsanreize* gesetzt werden.[69] Dies ist insofern von Bedeutung, da die Genauigkeit der zu übermittelnden Informationen maßgeblich vom Arbeitseinsatz der Führungskräfte in den Tochtergesellschaften determiniert wird. Da jedoch Studien von SNOWBERGER sowie MILLER und THORNTON zum Ergebnis führten, daß auch unter Einbeziehung des Arbeitseinsatzes das WEITZMAN-Schema zu einer richtigen Informationsversorgung führt,[70] kann immerhin noch eine **hohe Beurteilung** vergeben werden.

In Analogie zum WEITZMAN-Schema kann auch mit dem **Anreizschema nach OSBAND und REICHELSTEIN** die Vergütung der Führungskräfte *exakt* berechnet werden. Da auch hier der Arbeitseinsatz nicht explizit berücksichtigt wird, ist in Analogie zum WEITZMAN-Schema eine **hohe Einstufung** gerechtfertigt.

Im **Standardmodell der Principal-Agent-Theorie** kann durch die Funktionsgleichung die Vergütung der Führungskräfte bis „*aufs Komma genau*" berechnet werden. Des weiteren wird *explizit* der Arbeitseinsatz berücksichtigt, so daß eine Beurteilung mit „**sehr hoch**" vergeben wird.

---

68)   Vgl. hierzu S. 108.
69)   Vgl. EWERT / WAGENHOFER (Unternehmensrechnung), S. 497.
70)   Vgl. SNOWBERGER (Incentive model) und MILLER / THORNTON (Effort).

Durch das **wertorientierte Anreizschema auf Grundlage des EVA** kann der Mehrwert zwar exakt berechnet werden, welche Vergütung dies aber für die Führungskräfte impliziert, muß vertraglich geregelt werden. Da auch der Arbeitseinsatz nur *mittelbar* in die Berechnungen einfließt, ist eine Abwertung im Vergleich zum Standardmodell der Principal-Agent-Theorie gerechtfertigt. Es wird daher eine **hohe Beurteilung** vergeben.

Die **Zuverlässigkeit** - das zweite Kriterium zur Beurteilung der ausgewählten Anreizsysteme - gibt an, inwieweit diese in der Lage sind, eine inhaltlich richtige Informationsübermittlung sicherzustellen. Bei sicheren Erwartungen in bezug auf die Zielgröße wird sie mit dem **WEITZMAN-Schema** auf *einfache Art und Weise* sichergestellt. Hierbei muß sich der Anwender aber immer den unterstellten *Prämissen* bewußt sein. Ist die Höhe der Zielgröße *risikobehaftet* oder werden Vorgaben für Folgeperioden von realisierten Zielgrößen vorangegangener Perioden abhängig gemacht, kann eine inhaltlich richtige Informationsübermittlung *nicht* mehr sichergestellt werden.[71] Es wird daher eine **geringe Beurteilung** vergeben.

Im Vergleich zum WEITZMAN-Schema kann das **Anreizschema nach OSBAND und REICHELSTEIN** die inhaltlich richtige Informationsübermittlung sowohl bei *sicherer* als auch *unsicherer Zielgröße* sicherstellen. Eine höhere Beurteilung ist daher gerechtfertigt. Da das „moral hazard"-Problem besser als mit dem WEITZMAN-Schema zu handhaben ist und auch die Motivationswirkung höher ist, der Beteiligungssatz der Führungskräfte steigt nämlich mit der Höhe der übermittelten Zielgröße an,[72] kann eine als „**hoch**" einzustufende **Beurteilung** vergeben werden.

In **Standardmodell der Principal-Agent-Theorie** wird zwar das *unterschiedliche Risikoverhalten* sowohl der Konzernleitung als auch der Führungskräfte berücksichtigt. Es wird jedoch eine *lineare Nutzenfunktion* unterstellt, was die Anreizwirkung im Vergleich zum Schema nach OSBAND und REICHELSTEIN - dort bestimmt eine strikt konvexe Funktion die Vergütung der Führungskräfte[73] - abschwächt. Es wird daher eine **neutrale Einstufung** vorgenommen.[74]

Da sich die Vergütung direkt am geschaffenen Mehrwert des Konzerns orientiert, spielt es bei dem **wertorientierten Anreizschema auf Grundlage des EVA** keine Rolle, ob die Höhe der Zielgröße *risikobehaftet* ist. Auch das „moral hazard"-Problem ist ohne Bedeutung, da die Führungskräfte den Mehrwert und somit die Höhe ihrer Vergütung nur *indirekt* beeinflussen

---

71)   Vgl. S. 369 f.
72)   Die Höhe wird durch den Verlauf der *konvexen Funktion l* quantifiziert. Vgl. hierzu S. 367 f.
73)   Vgl. hierzu S. 371 f.
74)   Vgl. KÜPPER (Controlling), S. 52.

können. Hinsichtlich ihrer Fähigkeiten, eine inhaltlich richtige Informationsübermittlung sicherzustellen, wird das wertorientierte Anreizschema daher mit „**sehr hoch**" eingestuft.

Ansätze zum Schutz vor Manipulationen → Beurteilungs-kriterien ↓	WEITZMAN-Schema	Anreizschema nach OSBAND und REICHEL-STEIN	Standardmodell der Principal-Agent-Theorie	wertorientiertes Anreizschema auf Grundlage des EVA
Genauigkeit (formale Richtigkeit)	hoch	hoch	sehr hoch	hoch
Zuverlässigkeit (inhaltliche Richtigkeit)	gering	hoch	neutral	sehr hoch

Beurteilungsgrundlage: Sechsstufige Ratingskala von "nicht vorhanden", über "sehr gering", "gering", "neutral", "hoch" bis "sehr hoch"

Abb. IV - 101:   Beurteilung ausgewählter Ansätze zum Schutz vor Manipulationen nach ihrer Richtigkeit.

4.2.4.3. Beurteilung nach der Handhabbarkeit

Die leichte **Verständlichkeit** - das erste Kriterium zur Beurteilung der Handhabbarkeit der Anreizsysteme - wird maßgeblich durch deren Aufbau determiniert.[75] Das **WEITZMAN-Schema** ist als *einfach* und *sehr anschaulich* einzustufen. Mit einer gewissen Vorbildung, die bei den Führungskräften der Tochtergesellschaften unterstellt werden kann, ist der Aufbau des WEITZMAN-Schemas schnell zu durchdringen.[76] Es wird daher eine **sehr hohe Beurteilung** vergeben.

Das **Anreizschema nach OSBAND und REICHELSTEIN** wird mit „**hoch**" beurteilt. Zwar ist auch sein Aufbau als *anschaulich* einzustufen. Im Vergleich zum WEITZMAN-Schema ist aufgrund seiner höheren Komplexität aber eine Abwertung um eine Beurteilungsstufe gerechtfertigt.[77]

Das **Standardmodell der Principal-Agent-Theorie** wird mit einer **geringen Verständlichkeit** eingestuft. Schon die Formulierung der Nebenbedingungen, insbesondere aber die komplexen Berechnungen der *Lagrange-Optimierungen* zu den „first und second best-Lösun-

---

75)   Vgl. OSSADNIK / MORLOCK (Anreizsysteme), S. 4.

76)   EWERT / WAGENHOFER (Unternehmensrechnung), S. 493, sprechen in diesem Zusammenhang von einer „intuitiv eingängigen Struktur" des WEITZMAN-Schemas.

77)   Eine gleiche Reihung sehen auch OSSADNIK / MORLOCK (Anreizsysteme), S. 23.

gen"[78] - sind auch für den mathematisch versierten Anwender nur nach einer Einarbeitungszeit zu verstehen.

Die Verständlichkeit des **wertorientierten Anreizschemas auf Grundlage des EVA** wird mit „hoch" eingestuft. Dies läßt sich damit fundieren, daß es in seinem Aufbau zwar komplexer als das WEITZMAN-Schema sind. Da seine Mechanik aber auf dem traditionellen Buchhaltungsverständnis basiert,[79] ist dieses Anreizschema ohne großen Aufwand zu durchdringen.

Mit der **Ableitungstransparenz** soll erfaßt werden, wie Anreizsysteme die Anforderungen der Konzernleitung an die Führungskräfte in den Tochtergesellschaften vermitteln können. Insbesondere muß erkennbar sein, welches Verhalten zu welcher Vergütung führt.[80] In der als einfach einzustufenden Funktionsgleichung des **WEITZMAN-Schemas** ist *direkt* abzulesen, von welchen Parametern die Vergütung der Führungskräfte abhängt und welche Zielerfüllung zu welcher Vergütung führt.[81] Eine Übererfüllung der berichteten Zielgröße wird belohnt, eine Untererfüllung bestraft. Eine optimale Vergütung wird dann erreicht, wenn die am Periodenende erreichte Zielgröße mit der berichteten Größe übereinstimmt. Für die Ableitungstransparenz des WEITZMAN-Schemas wird eine **sehr hohe Beurteilung** vergeben.

Im **Anreizschema nach OSBAND und REICHELSTEIN** ist weniger einsichtig, warum eine überhöhte oder zu vorsichtige Schätzung der Zielgröße keinerlei Vorteile birgt. Daß dies auf die Konvexität der Funktion *l* zurückzuführen ist,[82] ist nur mathematisch versierten Führungskräften ersichtlich. Die Ableitungstransparenz des Anreizschemas nach OSBAND und REICHELSTEIN wird daher mit „**hoch**" beurteilt.

Das **Standardmodell der Principal-Agent-Theorie** ist durch einen hohen Abstraktionsgrad gekennzeichnet. Da die Angabe einer direkten Vergütung fehlt, können die Führungskräfte nur sehr schwer das von der Konzernleitung gewünschte Verhalten ableiten. Für die Ableitungstransparenz des Standardmodells der Principal-Agent-Theorie wird daher eine **geringe Beurteilung** vergeben.

Beim **wertorientierten Anreizschema auf Grundlage des EVA** können Führungskräfte sehr leicht die Determinanten ihrer Vergütung ablesen. Es geht letztendlich darum, den Konzernwert und somit den variablen Vergütungsanteil zu erhöhen.[83] Was diesen aber letztendlich bewegt, die funktionalen Abhängigkeitsbeziehungen also, ist zwar in der Regel geklärt. Sobald

---

78)　Vgl. S. 373 f.

79)　Entnommen aus GRETH (Managemententlohnung), S. 96.

80)　Nur so können die Führungskräfte ihr Verhalten zielorientiert gestalten. Vgl. hierzu auch KELLER (Anreize), S. 81, und OSSADNIK / MORLOCK (Anreizsysteme), S. 4.

81)　Gleicher Ansicht ist auch der Arbeitskreis „Finanzierung" der Schmalenbach-Gesellschaft. Vgl. hierzu Arbeitskreis „Finanzierung" der Schmalenbach-Gesellschaft (Investitions-Controlling).

82)　Vgl. OSSADNIK / MORLOCK (Anreizsysteme), S. 24.

83)　Vgl. S. 375.

Führungskräfte, die ihre Ziele nicht erreicht haben, aber am Erfolg anderer partizipieren, erreicht dieses Anreizschema seine Grenzen. Insgesamt kann daher nur eine **hohe Beurteilung** vergeben werden.

Der **Integrationsgrad** erfaßt die Fähigkeiten der Anreizsysteme, sich mit anderen Methoden zur Gestaltung effizienter Führungsinformationssysteme *kombinieren* zu lassen.[84] Des weiteren soll beurteilt werden, wie mögliche *Interessenkonflikte* zwischen der Konzernleitung und den Tochtergesellschaften berücksichtigt werden.[85]

Solange die Zuteilung finanzieller Mittel *nicht* von gemeldeten Zielgrößen abhängt, kann das **WEITZMAN-Schema** die Kongruenz zwischen Zielen der Konzernleitung und den Führungskräften der Tochtergesellschaften gewährleisten. Kann diese Prämisse nicht aufrecht erhalten werden, lassen sich *Kollusionen* nicht vermeiden. Letztere werden diesen Sachverhalt nämlich antizipieren, höhere Zielgrößen an die Konzernleitung übermitteln, um so größere Finanzmittel zu erhalten. Des weiteren kann das WEITZMAN-Schema bei Absprachen der Führungskräfte eine inhaltlich richtige Informationsübermittlung nicht sicherstellen, so daß dieses Anreizsystem hinsichtlich seines Integrationsgrads mit „**gering**" eingestuft wird.

Ist die *Zuteilung finanzieller Mittel* an die zu übermittelnde Zielgröße gebunden,[86] versagt auch das **Anreizschema nach OSBAND und REICHELSTEIN**. Da bei Absprachen des weiteren die Gefahr von Kollusionen besteht, erreicht es eine ebenfalls **geringe Einstufung**.

Das **Standardmodell der Principal-Agent-Theorie** wird hinsichtlich seines Integrationsgrads ebenfalls mit „**gering**" beurteilt. Insbesondere kann es dem Verhalten von Führungskräften nicht vorbeugen, bewußt eine höhere Zielgröße anzugeben, um so eine höhere Zuteilung zu erhalten. *Kollusionen* zwischen der Konzernleitung und den Führungskräften der Tochtergesellschaften können somit *nicht* vermieden werden.

Da der Wert der variablen Vergütung von dem geschaffenen Mehrwert abhängt, ist auch das **wertorientierte Anreizschema auf Grundlage des EVA** nicht unabhängig von *Kollusionen*. Es wird dahingehend eine **neutrale Beurteilung** vergeben.

Aufgrund der bereits angesprochenen Dynamik und Komplexität der Umwelt spielt auch die **Änderungsflexibilität** von Anreizsystemen eine wichtige Rolle.[87] Hierbei sind u.a. Aspekte einer *mehrperiodigen Betrachtung* mit in die Beurteilung einzubeziehen.[88]

---

84)   Vgl. hierzu S. 127.

85)   Vgl. OSSADNIK / MORLOCK (Anreizsysteme), S. 4.

86)   Vgl. hierzu auch OSSADNIK / MORLOCK (Anreizsysteme), S. 24.

87)   Gleicher Ansicht ist auch KELLER (Anreize), S. 82.

88)   Als besondere Probleme der mehrperiodigen Betrachtung können die Aufschiebung von notwendigen Auszahlungen auf spätere Perioden und der „ratchet effect" genannt werden. Unter dem „ratchet effect" wird die Antizipation der Führungskraft verstanden, daß Sollvorgaben für die Folgeperiode von Leistungen der aktuellen Periode abhängen.

Aufgrund ihrer einfachen Struktur ist die Vergütungsfunktion des **WEITZMAN-Schemas** leicht an veränderte Umweltbedingungen anzupassen. Hierzu sind lediglich die Bonuskoeffizienten α_1, $\hat{\alpha}$ und α_2 zu modifizieren. Die hieraus resultierenden Neuberechnungen sind zur Not „*händisch*" durchzuführen. Wenn es gelingt, den „ratchet effect"[89] - beispielsweise mit einer über mehrere Perioden konstanten Sollvorgabe oder einem von Periode zu Periode abnehmenden Bonuskoeffizienten[90] - auszuschließen, ist dieses Anreizsystem auch *mehrperiodig* einsetzbar. Eine Beurteilung mit „**sehr hoch**" ist somit gerechtfertigt.

Im **Anreizschema von OSBAND und REICHELSTEIN** wird die Änderungsflexibilität mit „**hoch**" angesetzt. Dies läßt sich damit erklären, daß die Festsetzung einer neuen konvexen Funktion l schwieriger als die einfache Modifikation der Bonuskoeffizienten α_1, $\hat{\alpha}$ und α_2 des WEITZMAN-Schemas ist.[91] Der mehrperiodige Einsatz dieses Anreizsystems ist auch unter gewissen Bedingungen möglich, so daß eine Beurteilung mit „**hoch**" gerechtfertigt ist.

Das **Standardmodell der Principal-Agent-Theorie** unterstellt eine konstante Nutzenfunktion.[92] Bei veränderten Umweltbedingungen muß sie entsprechend angepaßt werden. In mehrperiodigen Modellen wird die *Unabhängigkeit* der Periodenergebnisse unterstellt, was - wie der „ratchet effect" zeigte - in der Regel nicht gegeben ist. Da jedoch durch die Vielzahl der Parameter verschiedene Aspekte in das Standardmodell aufgenommen werden können, wird immerhin noch eine **neutrale Beurteilung** vergeben.

Bei **wertorientierten Anreizschemata auf Grundlage des EVA** wird dem Problem der Mehrperiodizität dadurch Rechnung getragen, daß die variablen Vergütungsanteile in der Regel erst in einem von der Konzernleitung fixierten *Ausübungszeitraum* ausbezahlt werden.[93] Hinzu kommt noch die *Variabilität* der Vertragsgestaltung, so daß eine **sehr hohe Beurteilung** gerechtfertigt ist.

---

89)   Vgl. hierzu S. 370.
90)   Vgl. hierzu die Ansätze von SNOWBERGER (Incentive model) und LIU (Ratchet Principle).
91)   Vgl. OSSADNIK / MORLOCK (Anreizsysteme), S. 25.
92)   Vgl. KÜPPER (Controlling), S. 52.
93)   Vgl. hierzu BAUMGARTNER (Anreizsysteme), S. 136; aber auch GRETH (Managemententlohnung), S. 94 ff.

Ansätze zum Schutz vor Manipulationen → Beurteilungs-kriterien ↓	WEITZMAN-Schema	Anreizschema nach OSBAND und REICHEL-STEIN	Standardmodell der Principal-Agent-Theorie	wertorientiertes Anreizschema auf Grundlage des EVA
Verständ-lichkeit	sehr hoch	hoch	gering	hoch
Ableitungs-transparenz	sehr hoch	hoch	gering	hoch
Integrations-grad	gering	gering	gering	neutral
Änderungs-flexibilität	sehr hoch	hoch	neutral	sehr hoch

Abb. IV - 102:   *Beurteilung ausgewählter Ansätze zum Schutz vor Manipulationen nach ihrer Hand-habbarkeit.*

4.2.4.4. Beurteilung nach dem Aufwand

Im Rahmen der Aufwandsbeurteilung sind zunächst die **Kosten**, die die verschiedenen Anreizsysteme bei ihrer Implementierung und späteren Anwendung verursachen, von Bedeutung. Durch den einfachen Aufbau der Vergütungsfunktion können sie beim **WEITZMAN-Schema** sehr niedrig gehalten werden. Zur Bestimmung der Bonuskoeffizienten sind *keine Hilfsmittel* nötig. Aber auch die *Schulungen* können auf ein Minimum beschränkt werden, so daß die Kostenadäquanz dieses Anreizschemas mit „**sehr hoch**" eingestuft wird.

Das **Anreizschema nach OSBAND und REICHELSTEIN** wird mit „hoch" eingestuft. Zwar werden auch zur Bestimmung der konvexen Funktion *l* keine Hilfsmittel benötigt, aufgrund der höheren Komplexität dieses Anreizschemas bedingen die Schulungen der Führungskräfte aber höhere Kosten. Da diese aber geringer als die Kosten der Principal-Agent-Theorie sind, ist die vorangestellte Beurteilung gerechtfertigt.

Die Kosten zur Implementierung des **Standardmodells der Principal-Agent-Theorie** sind aufgrund der fehlenden Vergütungsfunktion und des erhöhten Erklärungsbedarfs als hoch anzusetzen. Insbesondere sind die *Agency-Kosten* anzuführen. Sie umfassen die Vertragskosten, die bei Vertragserfüllung zu zahlende Vergütung und die Kosten der Vertragsüberwachung.[94] Das Standardmodell der Principal-Agent-Theorie wird daher mit einer **neutralen Kostenadäquanz** eingeordnet.

---

94)   Zur Zusammensetzung der Agency-Kosten vgl. FISCHER (Agency-Theorie), S. 321

Wertorientierte Anreizschemata auf Grundlage des EVA lassen sich mit relativ geringem Aufwand implementieren. Es sind jedoch Schulungen durchzuführen, die die Funktionsweise erklären. Hierbei ist insbesondere an die Berechnung des EVA, aber auch an Erläuterungen zur Abhängigkeit der variablen Vergütung von dem erreichten Mehrwert einer Periode zu denken.[95] Hinsichtlich seiner Kostenadäquanz wird das wertorientierte Anreizschema auf Grundlage des EVA daher mit einer **hohen Beurteilung** eingestuft.

Neben der Kostenbetrachtung ist der **Zeitaufwand** zur Implementierung und Pflege der Anreizsysteme zu berücksichtigen. Die Bonuskoeffizienten des **WEITZMAN-Schemas** sind in relativ kurzer Zeit bestimmbar. Entsprechende Berechnungen sind zur Not „*händisch*"durchzuführen. Aufgrund der fehlenden Prognose des Erwartungswertes müssen die übermittelten Informationen jedoch erst durch die Konzernleitung interpretiert werden. Dies bindet sehr viel Zeit, so daß eine **neutrale Beurteilung** gerechtfertigt ist.

Diese Interpretationsarbeit entfällt beim **Anreizschema nach OSBAND und REICHEL-STEIN**.[96] Die übermittelten Informationen können direkt als zu erwartende Erfolgspotentiale aufgefaßt werden. Jedoch nimmt die Definition der konvexen Funktion *l* mehr Zeit als die Festsetzung der Bonuskoeffizienten des WEITZMAN-Schemas in Anspruch.[97] Da der Zeitaufwand des Anreizschemas nach OSBAND und REICHELSTEIN dennoch als niedrig einzustufen ist, impliziert dies aufgrund der inversen Beurteilung eine **hohe Zeitadäquanz**.[98]

Der Zeitbedarf des **Standardmodells der Principal-Agent-Theorie** wird mit „**sehr gering**" beurteilt. Als Begründung sind insbesondere die *komplexen Berechnungen* anzuführen. Nicht nur, daß ihr Verständnis auch für mathematisch versierte Führungskräfte relativ viel Zeit in Anspruch nimmt, auch die Lagrange-Optimierungen dauern im Vergleich zu den Berechnungen anderer Anreizsysteme sehr lange.

Zur Berechnung des EVA kann größtenteils auf Daten der Finanzberichterstattung zurückgegriffen werden. Findet die variable Entlohnung aber wie in der Praxis vielfach üblich über *Aktienoptionsmodelle* statt, kann das **wertorientierte Anreizschema auf Grundlage des EVA** nur mit einer **neutralen Zeitadäquanz** eingestuft werden. Dies läßt sich mit der Publizitätspflicht des benötigten Grundkapitals nach den Bestimmungen des KonTraG begründen.[99] Hierzu können sowohl Aktien zurückgekauft werden. Es besteht aber auch die Möglichkeit, sich neues Grundkapital von den Aktionären genehmigen zu lassen.

---

95)   Gleicher Ansicht ist auch GRETH (Managemententlohnung), S. 97.

96)   Vgl. EWERT / WAGENHOFER (Anreizsysteme), S. 495.

97)   Unentschlossen sind in diesem Zusammenhang OSSADNIK / MORLOCK (Anreizsysteme), S. 25. Sie kommen zu dem Schluß, daß die Bestimmung der Funktion *l* im Vergleich zu den Bonuskoeffizienten des WEITZMAN-Schemas *möglicherweise* mehr Zeit in Anspruch nimmt.

98)   Vgl. OSSADNIK / MORLOCK (Anreizsysteme), S. 25.

99)   Vgl. hierzu SEIBERT (Stock Options).

Ansätze zum Schutz vor Manipulationen → Beurteilungs- kriterien ↓	WEITZMAN- Schema	Anreizschema nach OSBAND und REICHEL- STEIN	Standardmodell der Principal- Agent-Theorie	wertorientiertes Anreizschema auf Grundlage des EVA
Kosten- adäquanz	sehr hoch	hoch	neutral	hoch
Zeit- adäquanz	neutral	hoch	sehr gering	neutral

Abb. IV - 103:   Beurteilung ausgewählter Ansätze zum Schutz vor Manipulationen nach ihrem Aufwand.

4.2.4.5. Zusammenfassende Beurteilung und Auswahl eines Anreizsystems

Die vorangegangenen Einzelbeurteilungen werden nun zu einer Gesamtbeurteilung zusammengefaßt. Nur so kann ein Anreizsystem ausgewählt werden, daß die Gestaltung effizienter Führungsinformationssysteme für die internationale Management-Holding sinnvoll unterstützen kann.

Mit einer Gesamtbeurteilung von **2,50** auf der Skala von 0 „nicht vorhanden" bis 5 „sehr hoch" erzielt das **Standardmodell der Principal-Agent-Theorie** den letzten Platz der Evaluierung. Hierfür ist insbesondere die *schlechte Handhabbarkeit* (gewichteter Durchschnittswert von 2,4) und der *hohe Aufwand* ihrer Implementierung und Anwendung anzuführen (gewichteter Durchschnittswert von 2,5). Aufgrund ihres hohen Abstraktionsgrads ist die Principal-Agent-Theorie daher eher als theoretisches Fundament[100] von Anreizsystemen als für den Einsatz in der betrieblichen Praxis einzustufen. Für die Gestaltung effizienter Führungsinformationssysteme für die internationale Management-Holding kommt sie *nicht* in Frage.

Deutlich besser ist das **WEITZMAN-Schema** einzustufen. Mit einer **Gesamtbeurteilung von 3,75** erreicht dieses Anreizsystem den dritten Platz der Evaluierung. Positiv ist seine *gute Handhabbarkeit* anzuführen (gewichteter Durchschnittswert von 4,4). Da das WEITZMAN-Schema auf einer einfachen Prämienfunktion mit drei Bonuskoeffizienten α_1, $\hat{\alpha}$ und α_2 beruht, erreicht - wie die Abb. IV - 104 zeigt - sowohl ihre Verständlichkeit, Ableitungstransparenz als auch die Änderungsflexibilität eine sehr hohe Beurteilung. Negativ ist anzuführen, daß die *inhaltliche Richtigkeit* der zu übermittelnden Informationen bei „moral hazard"-Problemen und bei risikobehafteten Ergebnissen *nicht* sichergestellt werden kann. Eine geringe Beurteilung ist daher die Folge.[101]

---

100) Vgl. hierzu S. 365 ff.
101) Vgl. Abb. IV - 104, S. 389.

Diesen Nachteil hat das **Anreizschema nach OSBAND** und **REICHELSTEIN** nicht. Hinsichtlich der *inhaltlichen Richtigkeit* der übermittelten Informationen konnte daher eine hohe Beurteilung vergeben werden. Die Ermittlung einer geeigneten konvexen Funktion *l* bedingt jedoch Abschläge hinsichtlich ihrer *Handhabbarkeit* (gewichteter Durchschnittswert von 3,6). Letztendlich ergibt sich für das Anreizschema nach OSBAND und REICHELSTEIN eine **Gesamtbeurteilung von 3,80**, was zum zweiten Platz der Evaluierungsarbeiten führt.[102]

In ihrer Eignung, die Gestaltung effizienter Führungsinformationssysteme für die internationale Management-Holding sinnvoll unterstützen zu können, erreicht das **wertorientierte Anreizschema auf Grundlage des EVA** die höchste Beurteilung. Mit einer **Gesamtbeurteilung von 4,05** wird die hohe Eignung quantifiziert. Die Beurteilung basiert vor allem auf ihren Fähigkeiten, Informationen „*richtig*" übermitteln zu können (gewichteter Durchschnittswert von 4,6).[103] Dies läßt sich damit fundieren, daß sowohl die Konzernleitung als auch die Führungskräfte der Tochtergesellschaften gleichermaßen Interesse haben, den Konzernwert zu steigern. Die Gefahr von Kollusionen, aber auch „moral hazard"-Probleme entfallen somit. Des weiteren ist eine *hohe Handhabbarkeit* (gewichteter Durchschnittswert von 4,0) zu konstatieren,[104] die die getroffene Beurteilung noch unterstützt.

Die nachfolgende Abb. IV - 104 faßt die Gesamtbeurteilung der ausgewählten Anreizsysteme nochmals grafisch zusammen.

---

102)   Vgl. Abb. IV - 104, S. 389.
103)   Vgl. S. 379 ff.
104)   Vgl. Abb. IV - 104, S. 389.

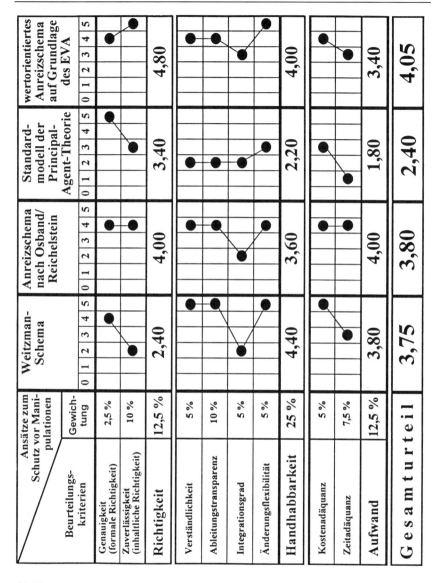

Abb. IV - 104: Zusammenfassende Beurteilung ausgewählter Ansätze zum Schutz vor Manipulationen.

5. Generierung synergetischer Effizienzen

In den vorangegangenen Kapiteln wurden verschiedene Methoden zur Gestaltung effizienter Führungsinformationssysteme für die internationale Management-Holding analysiert und in Abhängigkeit der Phasen der Informationsversorgung das jeweils „Beste" ausgewählt. Im folgenden werden diese zu einem **konsistenten Aussageverbund** verknüpft. Daß dies erst am Ende der Analysearbeiten erfolgt, läßt sich damit erklären, daß die hieraus resultierende **synergetische Effizienz** als *eigenständige Zielvariable* aufgefaßt wird.

5.1. Synthesearbeiten als Grundlage synergetischer Effizienzen

Wie bei der Fundierung der sequentiellen Methodenverkettung dargelegt wurde,[1] erschien aufgrund der facettenreichen Gestaltung effizienter Führungsinformationssysteme für die internationale Management-Holding der *nacheinander geschaltete Einsatz mehrerer, aufeinander abgestimmter Methoden* zweckmäßig.

Die Analyseergebnisse sind im nachfolgenden **morphologischen Kasten** zusammengefaßt: In der vertikalen Unterteilung sind die bearbeiteten Phasen der Informationsversorgung eingetragen. In den Zeilen befinden sich die **analysierten Methoden**. Die in der Analysearbeit ausgewählten Methoden zur Gestaltung effizienter Führungsinformationssysteme für die internationale Management-Holding sind mit Fettdruck hervorgehoben.

Phasen der Informationsversorgung \ Analysierte Methoden	1.	2.	3.	4.	5.	6.
I. Analyse des Informationsbedarfs	Neben-produkt-technik	Null-methode	System der Schlüssel-indikatoren	System der totalen Bedarfs-erhebung	Methode kritischer Erfolgsfaktoren	**Methode strategischer Erfolgsfaktoren**
II. Beschaffung der Primärinformationen	Bernoulli-Wert	ABC-Analyse	Nutzwert-analyse	**Modifizierte Portfolio-Technik**		
III. Informations-aufbereitung	DuPont-Kennzahlen-system	ZVEI-Kennzahlen-system	RL-Kennzahlen-system	originäre "Harvard" Balanced Scorecard	**Erfolgsfaktoren-basierte Balanced Scorecard**	
IV. Informations-übermittlung	Hyperion Enterprise	SAP EC-EIS	Oracle Express Objects	**SAP BW**		
V. Ansätze zum Schutz vor Störungen und Manipulationen	WEITZMAN-Schema	Anreizschema nach OSBAND und REICHEL-STEIN	Standardmodell der Principal-Agent-Theorie	**wertorientiertes Anreizschema auf Grundlage des EVA**		

Abb. IV - 105:   In der Analysearbeit ausgewählte Methoden zur Gestaltung effizienter Führungsinformationssysteme für die internationale Management-Holding.

---

1)   Vgl. Kap. IV.2.3.2., S. 168 ff.

Im folgenden soll der Vorteil der verwendeten Gestaltungsmethodologie ausgenutzt werden, die Methoden der Systemgestaltung sequentiell miteinander verknüpfen zu können.[2] Hierdurch lassen *sich Synergieeffekte* induzieren, die wie folgt definiert werden können.[3]

> **Synergieeffekte** sind dadurch gekennzeichnet, daß das Gesamtergebnis im Vergleich zur Summe der Einzelergebnisse einen *höheren praxeologischen Wert* für die ausgewählte Zielsetzung hat.

Synergieeffekte entstehen nicht von selbst. Sie lassen sich nur durch bewußte **Synthesearbeit** realisieren.[4] Zur Gestaltung effizienter Führungsinformationssysteme für die internationale Management-Holding sind - wie die Abb. IV - 106 zeigt - insbesondere die **Schnittstellen** der ausgewählten Methoden aufeinander abzustimmen.[5]

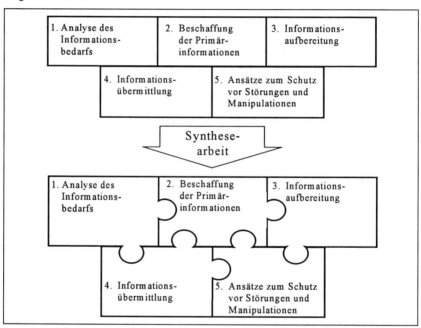

Abb. IV - 106:   *Sequentielle Verknüpfung verschiedener Methoden zur Gestaltung effizienter Führungs-informationssysteme für die internationale Management-Holding.*

2)   Dies stellt insofern einen *Forschungsfortschritt* dar, da bisherige Veröffentlichungen die einzelnen Phasen der Informationsversorgung nur *bruchstückhaft* und *isoliert* voneinander behandelt haben.

3)   In Anlehnung an WURL (Liquiditätskontrolle), S. 236.

4)   Synthesearbeiten umfassen das Bilden von *Verknüpfungen* in einem zusammenfassenden Gesamtsystem. Vgl. hierzu DUBBEL (Maschinenbau), S. F5.

5)   Hierbei sollen explizit die in der empirischen Untersuchung herausgearbeiteten Schwerpunkte zur Gestaltung effizienter Führungsinformationssysteme für die internationale Management-Holding berücksichtigt werden. Vgl. hierzu Kap. IV.1.2.6., S. 152 ff.

5.2. Darstellung der einzelnen Syntheseschritte und Nachweis des Forschungsfortschritts der entwickelten Systemkonzeption

Bei den **Synthesearbeiten**, die die Inhalte der Kap. 5.2.1. - 5.2.5 bestimmen, steht ein *diskursives* Vorgehen im Vordergrund. Abschließend wird in Kap. 5.2.6. die Handhabbarkeit und der mit der Systemkonzeption verbundene Aufwand quantifiziert. Um den **Forschungsfortschritt** der entwickelten Systemkonzeption nachweisen zu können, wird sie dem *Entwicklungsstand* des gegenwärtig in der internationalen Management-Holding genutzten Informationsinstrumentariums gegenübergestellt.[6]

5.2.1. Analyse des Informationsbedarfs mit der Methode strategischer Erfolgsfaktoren

Als erster Schwerpunkt zur Gestaltung effizienter Führungsinformationssysteme für die internationale Management-Holding wurde die *Erfassung des objektiven Informationsbedarfs* der Konzernleitung und die *Erfassung strategischer Informationen* eruiert.[7] Die neu entwickelte **Methode strategischer Erfolgsfaktoren** akzentuiert diese Zielausrichtung und wurde daher in der Evaluierungsarbeit als „beste" Methode zur Analyse des Informationsbedarfs der Konzernleitung einer internationalen Management-Holding herausgearbeitet.[8]

Die Methode strategischer Erfolgsfaktoren setzt an der **strategischen Führungsaufgabe** der Konzernleitung an und deduziert aus dem Zielsystem der Management-Holding *kausal* abhängige Determinanten, die **strategischen Erfolgsfaktoren**.[9] Ihre Flexibilität erlaubt es, daß sowohl *finanzielle Ziele* wie der Umsatz oder Cash Flow als auch *verbal formulierte Zielsysteme* wie eine Kostenführerschaft, eine Differenzierungs- oder Nischenstrategie sowie eine wertorientierte Konzernführung operationalisiert werden können.

Wie die nachfolgende Abb. IV - 107 zeigt, ist insbesondere ihre **„Top-Down"-Ausrichtung** herauszustellen. Sie läuft konventionellen Ansätzen der Führungsinformationssystemgestaltung[10] *konträr* und läßt sich wie folgt zusammenfassen:

---

6) Dieser wurde in der empirischen Untersuchung eruiert. Vgl. ausführlich Kap. IV.3.1.3.5., S. 211 f.

7) Vgl. S. 145 f.

8) Vgl. S. 199 ff.

9) Vgl. ausführlich Kap. IV.3.1.2.2., S. 192 ff.

10) Hierbei wird davon ausgegangen, daß durch eine „bottom-up"- Informationsverdichtung die effiziente Gestaltung von Führungsinformationssystemen sichergestellt werden kann.

- Die Methodologie strategischer Erfolgsfaktoren umfaßt zum einen eine **strategische Analyse**. Sie setzt sich aus einer *Umwelt-* (1) und einer *Konzernanalyse* (2) zusammen. Die sich anschließende *Analyse der individuellen Führungssituation* der Führungskräfte (3) dient zur empirisch-induktiven Bestätigung der Erfolgsfaktoren und weist auf mögliche Ergänzungen der Deduktionsergebnisse hin.[11]

- Durch diese Ausrichtung können in einem zweiten Schritt **strategische Erfolgsfaktoren** herausgearbeitet werden. Hierzu werden die mit der strategischen Analyse fundierten *individuellen Erfolgsfaktoren* der Führungskräfte untereinander gewichtet.[12] In der sich anschließenden *Synthesearbeit* - dies ist neben der Gewichtung der individuellen Erfolgsfaktoren der zweite charakteristische Forschungsfortschritt - werden die *individuellen* Erfolgsfaktoren der Führungskräfte durch das Projektteam zu *konzernspezifischen strategischen Erfolgsfaktoren* verknüpft.[13]

- Zur unmittelbaren Ableitung eines hierarchisch gegliederten Kennzahlensystems - dem zweiten Gestaltungsschwerpunkt effizienter Führungsinformationssysteme für die internationale Management-Holding - sind strategische Erfolgsfaktoren *nicht* greifbar genug. Sie müssen daher durch **Meßkriterien** konkretisiert werden. In der Regel lassen sich aus einem strategischen Erfolgsfaktor *zwei bis drei Meßkriterien* ableiten.

- Hierauf aufbauend werden dann Erfolgsfaktoren-basierte **Führungsinformationen** ermittelt. Sie stellen für den strategischen Führungsprozeß als typisch anzusehende Informationen dar und sollen den in ihrer momentanen Entscheidungssituation verhafteten Führungskräften Anregungen und Anhaltspunkte für die weitere Informationsbestimmung geben.

Die nachfolgende Abb. IV - 107 faßt den ersten Schritt zur Gestaltung effizienter Führungsinformationssysteme für die internationale Management-Holding nochmals grafisch zusammen.

---

11) Zur methodischen Begründung dieser Vorgehensweise vgl. S. 169.
12) Vgl. hierzu Kap. IV.3.1.2.3., S. 194 ff., insbesondere Abb. IV - 27, S. 194.
13) Vgl. Kap. IV.3.1.2.4., S. 195 ff.

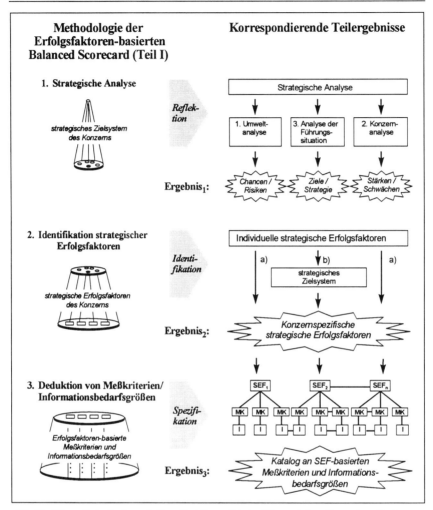

Abb. IV - 107:   *Erster Syntheseschritt zur Gestaltung effizienter Führungsinformationssysteme für die internationale Management-Holding.*

Um den mit der Methode strategischer Erfolgsfaktoren erzielten **Forschungsfortschritt** zu quantifizieren, wird der in der empirischen Untersuchung eruierte **Entwicklungsstand** des gegenwärtig in international tätigen Management-Holdings genutzten Informationsinstrumentariums als Vergleichmaßstab herangezogen. Er ist in der nachfolgenden Abb. IV - 108 durch die innere, schwarz gestrichelte Fläche dargestellt. Seine Einzelwerte wurden im Rahmen der empirischen Untersuchung ausführlich erläutert.[14]

---

14) Vgl. hierzu Kap. IV.1.2.1., S. 145 ff.

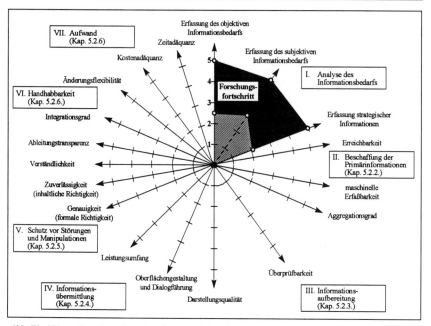

Abb. IV - 108:   *Forschungsfortschritt der entwickelten Systemkonzeption hinsichtlich der Vollständigkeit.*

Im Vergleich zu den konventionellen Methoden der Informationsbedarfsanalyse lassen sich folgende **Vorteile** der Methode strategischer Erfolgsfaktoren konstatieren. Der Forschungsfortschritt ergibt sich aus der Differenz zwischen dem inneren und äußeren Ring, die in der Abb. IV - 108 dargestellt sind:

- Zunächst ist die enge Verzahnung der Methode strategischer Erfolgsfaktoren mit dem Zielsystem der Management-Holding und den Aufgaben der Konzernleitung anzuführen.[15] Die **Erfassung des objektiven Informationsbedarfs** mit der Methode strategischer Erfolgsfaktoren wurde daher mit „**sehr hoch**" eingestuft.

- Bei der Gestaltung effizienter Führungsinformationssysteme für die internationale Management-Holding ist der objektive Informationsbedarf um solche Informationen zu ergänzen, die die Konzernleitung als *unbedingt* erforderlich erachtet.[16] Durch die *Analyse der individuellen Führungssituation*[17] wird die logisch-deduktive Erkenntnisgewinnung („Top-Down"-Ansatz) der Methode strategischer Erfolgsfaktoren mit einer *empirisch-induktiven*

---

15) Dies kommt zum einen in der *Umwelt- und Konzernanalyse* ihres Analyseinstrumentariums zum Ausdruck. Zum anderen wird bei der Ableitung konzernspezifischer Erfolgsfaktoren deren *Verbindung* zum Zielsystem der Management-Holding berücksichtigt.

16) Zur Fundierung dieser Aussage vgl. S. 114 ff.

17) Vgl. S. 192.

Erkenntnisbestätigung („Bottom-Up"-Ansatz) kombiniert, so daß auch hinsichtlich der **Erfassung des subjektiven Informationsbedarfs** eine **sehr hohe Beurteilung** vergeben werden konnte.[18]

- Ein weiterer Vorteil der Methode strategischer Erfolgsfaktoren ist es, daß sie nicht nur ein „Anhängsel" operativer Informationssysteme ist, sondern ihr Augenmerk *explizit* auf die Informationsbedarfsgrößen lenkt, die für die *strategische Konzernführung* von Interesse sind. Die **Erfassung strategischer Informationen** wurde daher ebenfalls mit „sehr hoch" eingestuft.

5.2.2. Beurteilung von Primärinformationen mit der modifizierten Portfolio-Technik

Nachdem mit der Methode strategischer Erfolgsfaktoren Informationen zur bedarfsgerechten Informationsversorgung der Konzernleitung einer internationalen Management-Holding herausgearbeitet wurden, beinhaltet der zweite Schritt der Systemkonzeption die **Beschaffung der hierzu benötigten Primärinformationen.**

Insbesondere aus Effizienzgründen können - so wurde dargelegt - in der Regel nicht alle Primärinformationen beschafft werden. Die benötigten Primärinformationen sind daher einer **Kosten-/Nutzen-Betrachtung** zu unterwerfen. Hierzu wurde die **modifizierte Portfolio-Technik** als „beste" Methode herausgearbeitet. Als deren Zielkriterien werden - wie in den Methodologiearbeiten fundiert wurde[19] - der **Beschaffungsaufwand** und der mit den Primärinformationen implizierte **Nutzen** herangezogen.

Die ausgewählten Kriterien spannen eine **zweidimensionale Matrix** auf, deren Achsenskalierung auf die Einheiten „*gering*", „*mittel*", „*hoch*" beschränkt ist.[20] In Abhängigkeit ihres Aufwands und Nutzens wird nun jede der zu beschaffenden Primärinformationen in diese Matrix eingeordnet. Hierauf aufbauend können die **Handlungsempfehlungen** „*Beschaffung der Primärinformationen*", „*Einzelfall-Entscheidung*" und „*Beschaffung der Primärinformationen nur auf expliziten Wunsch der Konzernleitung*" abgeleitet werden.

---

18) Vgl. S. 197 f.

19) Der Beschaffungsaufwand von Informationen wird durch die Unterkriterien ihrer Erreichbarkeit und maschinellen Erfaßbarkeit operationalisiert. Die Auswahl läßt sich damit fundieren, daß die genannten Kriterien im Rahmen der Gestaltungsgrundsätze effizienter Führungsinformationssysteme für die internationale Management-Holding zur Konkretisierung des Datenbedarfs herausgearbeitet wurden. Vgl. Kap. III.2.3.2.5., S. 126.

20) Zur Fundierung vgl. S. 225 f.

Nicht nur, daß sowohl die *Erreichbarkeit, maschinelle Erfaßbarkeit* als auch der *Nutzen von Primärinformationen* mit dieser Methode der Informationsbeurteilung erfaßt wird.[21] Als weiterer Vorteil der modifizierten Portfolio-Technik ist ihre **eingängige Ergebnisdarstellung** zu nennen. Die zu beurteilenden Primärinformationen können anschaulich in einem Portfolio dargestellt und hinsichtlich ihres Nutzens und Beschaffungsaufwands mit anderen Informationen verglichen werden.[22] Des weiteren können neue Beurteilungskriterien ergänzt, nicht mehr relevante herausgenommen oder durch andere ersetzt werden.

Die nachfolgende Abb. IV - 109 integriert den zweiten Schritt zur Gestaltung effizienter Führungsinformationssysteme für die internationale Management-Holding in die bestehende Systemkonzeption.

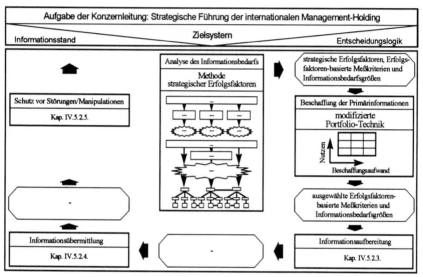

Abb. IV - 109:   *Zweiter Syntheseschritt zur Gestaltung effizienter Führungsinformationssysteme für die internationale Management-Holding.*

5.2.3. Informationsaufbereitung mit der Erfolgsfaktoren-basierten Balanced Scorecard

Mit der Entwicklung der **Erfolgsfaktoren-basierten Balanced Scorecard** wird der im Rahmen der Informationsbedarfsanalyse festgelegte Weg der konzernindividuell ausgerichteten

---

21)   Zur Fundierung, warum gerade diese Kriterien für die Gestaltung effizienter Führungsinformationssysteme für die internationale Management-Holding berücksichtigt wurden, vgl. Abb. III - 10, S. 114.

22)   Vgl. hierzu Abb. IV - 40, S. 226.

Informationsversorgung der Konzernleitung *konsequent* zu Ende gedacht. Die in den einleitenden Ausführungen geforderten Synthesearbeiten werden dadurch realisiert, daß die bei der Analyse des Informationsbedarfs herausgearbeiteten strategischen Erfolgsfaktoren als Zielsystem eines Kennzahlensystems eingesetzt werden und somit die inhaltliche Verknüpfung der Ergebnisse der Informationsbedarfsanalyse mit der Informationsaufbereitung sicherstellen.[23]

Hierdurch wird nicht nur die Anforderung der befragten Führungskräfte nach einem *komprimierten Überblick* über für sie relevante Sachverhalte berücksichtigt. Durch die hierarchische Gliederung des Kennzahlensystems läßt sich auch das *sukzessive Abrufen* detaillierterer Informationen ermöglichen, wodurch der Entwicklung eines *hierarchisch gegliederten und strategieorientierten Kennzahlensystems* - dem zweiten Gestaltungsschwerpunkt effizienter Führungsinformationssysteme für die internationale Management-Holding - Rechnung getragen wird.

Durch die charakteristische *Zweiteilung* der Erfolgsfaktoren-basierten Balanced Scorecard in finanzielle Kennzahlen und Frühindikatoren wird weiterhin die Ausrichtung auf den kognitiven Führungsstil der ausgewählten Führungskräfte unterstützt:[24]

- Für jeden Erfolgsfaktor sind in einem **Kernteil** zunächst **finanzielle Kennzahlen** zu definieren, die die Konzernleitung zur operativen Planung, Steuerung und Kontrolle benötigt. Sie sind in Abhängigkeit ihres Inhalts *täglich bis monatlich* zu aktualisieren und determinieren als Kernergebnismeßgrößen die **Monats- und Quartalsberichterstattung**.[25]

- Um eine *antizipative Konzernführung* zu unterstützen,[26] sind **Frühindikatoren** in die Erfolgsfaktoren-basierten Balanced Scorecard einzubauen. Hierzu werden **konzernindividuelle Meßkriterien** herangezogen. In Abhängigkeit der Analyseergebnisse bilden sie die für die Führungskräfte relevanten Sichtweisen der Erfolgsfaktoren ab und legen den komplexen Zusammenhang zwischen finanziellen Kennzahlen und Frühindikatoren der Erfolgsfaktoren offen. Die Konzernleitung muß nicht mehr warten, bis Einflußfaktoren auf die finanziellen Kennzahlen „durchschlagen". Mit Hilfe der Frühindikatoren können Entwicklungstendenzen **antizipiert** werden, so daß die Konzernleitung frühzeitig gegensteuern kann. Die Erfassung der Frühindikatoren sollte jährlich oder halbjährlich erfolgen und wird als „**Strategic Performance Measurement**" bezeichnet.

---

23) Vgl. Abb. IV - 110, S. 400.
24) Vgl. hierzu ausführlich Kap. IV.3.3.4.2., S. 259 ff.
25) Vgl. S. 262 ff.
26) Zur Bedeutung dieser Form der Konzernführung vgl. Abb. III - 5, S. 95.

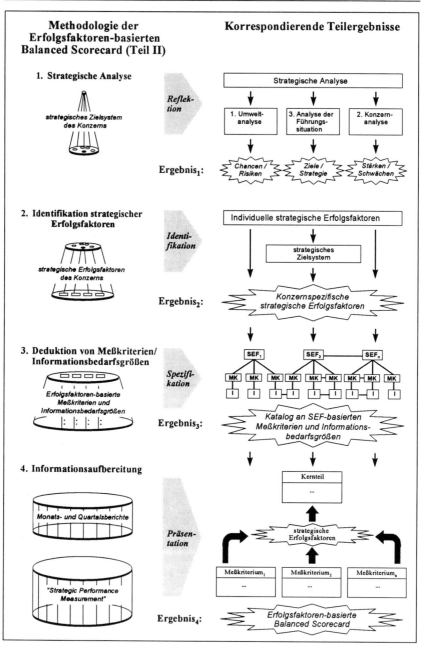

Abb. IV - 110:   *Dritter Syntheseschritt zur Gestaltung effizienter Führungsinformationssysteme für die internationale Management-Holding.*

In Analogie zu den vorangegangenen Ausführungen läßt sich der Forschungsfortschritt der Erfolgsfaktoren-basierten Balanced Scorecard aus der Differenz zwischen dem inneren und dem äußeren Ring der nachfolgenden Abb. IV - 111 ablesen. Folgende **Vorteile** sind zu erkennen:

- Das entwickelte Kennzahlensystem kann explizit an den strategischen Erfolgsfaktoren der internationalen Management-Holding ausgerichtet werden und somit den Informationsbedarf der Konzernleitung - unter anderem zur strategischen Führung der Management-Holding - abdecken. Insbesondere können mit diesem Ansatz aber auch standardisierte **branchenspezifische Scorecards** generiert werden, die sich dann leicht an konzernindividuelle Verhältnisse anpassen lassen.

- Durch die variable Festlegung der Meßkriterien werden umfassende Möglichkeiten zur **konzernindividuellen Gestaltung** der Informationsversorgung geschaffen. Das Kennzahlensystem ist nicht starr, sondern die für die Führungskräfte relevanten *Sichtweisen eines Erfolgsfaktors* können **individuell** und **sehr flexibel** akzentuiert werden.

- Durch die Anwendung der logisch-deduktiven Erkenntnisgewinnung („Top-Down"-Ansatz) können die *Verknüpfungen* der Frühindikatoren mit dem übergeordneten Meßkriterien und Erfolgsfaktoren **offengelegt** und **begründet** werden. Durch die empirisch-induktive Erkenntnisbestätigung („Bottom-Up"-Ansatz) wird die **Akzeptanz** der Erfolgsfaktoren-basierten Balanced Scorecard durch die Mitarbeiter groß sein, da diese die Erkenntnisgewinnung maßgeblich mitbestimmt haben.

- Indem die Erfolgsfaktoren-basierten Balanced Scorecard die Frühindikatoren mit den übergeordneten Meßkriterien *mathematisch* verknüpft, kann der Wert der Meßkriterien letztendlich „bis aufs Komma genau" operationalisiert werden. Dadurch wird die *Aussagekraft* des Kennzahlensystems deutlich erhöht. Erst so werden Simulationen und eine Portfolio-Darstellung ermöglicht, um u.a. Zusammenhänge zwischen den Frühindikatoren und den finanziellen Kennzahlen aufzudecken. Die **Ableitungstransparenz** der Erfolgsfaktoren-basierten Balanced Scorecard konnte in den Evaluierungsarbeiten daher mit „**sehr hoch**" eingestuft werden.

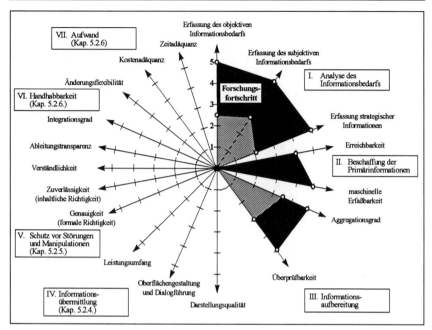

Abb. IV - 111:   *Forschungsfortschritt der entwickelten Systemkonzeption hinsichtlich der Benutzer-adäquanz (Teil I).*

5.2.4. Informationsübermittlung mit dem SAP BW

Neben ihrer inhaltlichen Gestaltung werden effiziente Führungsinformationssysteme maßgeblich durch *formale Aspekte* determiniert. In diesem Zusammenhang war für die zu entwickelnde Systemkonzeption zunächst abzuklären, wie die aufbereiteten Führungsinformationen der Konzernleitung zu **übermitteln** sind.[27]

Hierzu wurden vier **FIS-Generatoren** ausgewählt und nach verschiedenen Kriterien analysiert.[28] Da die befragten Vorstandsmitglieder - so ein weiteres Ergebnis der empirischen Untersuchung - Führungsinformationssysteme ohne große Einarbeitungszeit nutzen möchten, wurde deren **Oberflächengestaltung und Dialogführung** - der dritte Gestaltungsschwerpunkt effizienter Führungsinformationssysteme[29] - akzentuiert. Des weiteren war die **Dar-**

---

27)   Zu den Ansätzen zum Schutz vor Störungen und Manipulation vgl. S. 404 f.
28)   Vgl. hierzu ausführlich Kap. IV.4.1.3., S. 297 ff.
29)   Vgl. hierzu S. 147 f.

stellungsqualität betrieblicher Führungsinformationen von besonderer Bedeutung.[30] Aufgrund der Evaluierungsergebnisse wird das seit September 1998 auf dem Markt befindliche **Business Information Warehouse** von **SAP** empfohlen.[31] Die Abb. IV - 112 integriert die Ergebnisse des vierten Arbeitsschritts zur Gestaltung effizienter Führungsinformationssysteme für die internationale Management-Holding in die bisherige Systemkonzeption.

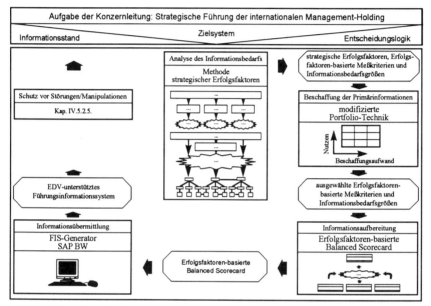

Abb. IV - 112:   *Vierter Syntheseschritt zur Gestaltung effizienter Führungsinformationssysteme für die internationale Management-Holding.*

Wenn das zu implementierende Führungsinformationssystem überwiegend auf SAP R/3-Vorsystemen aufbaut, kommen die Vorteile des SAP BW zum Tragen: Die individuelle Schnittstelleneinrichtung zu diesen Vorsystemen entfällt und es können grundlegende Daten wie die Nummer oder Anschrift eines Kunden 1:1 aus dem Dictionary der R/3-Vorsysteme in das BW eingestellt werden.

Wenn man bedenkt, daß bei Neuinstallationen oftmals 75% des Implementierungsaufwands für die Schnittstelleneinrichtung und grundlegende Datendefinitionen verwendet werden, wird die Bedeutung dieser Vorteile offensichtlich. In der nachfolgenden Abb. IV - 113 wird der Forschungsfortschritt quantifiziert, der mit dem SAP BW erzielt werden kann.

---

30)   In bezug auf die zu bewältigende Datenfülle muß das Informationssystem gewährleisten, daß die wichtigsten Führungsinformationen für die Konzernleitung klar erkennbar sind, bei der Bereitstellung das größte Gewicht erhalten sowie deutlich hervorgehoben werden.

31)   Vgl. hierzu die zusammenfassende Beurteilung und Auswahl eines FIS-Generators, S. 354 ff.

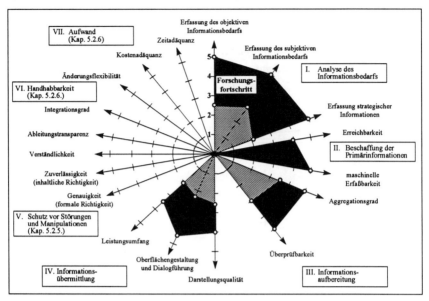

Abb. IV - 113:   Forschungsfortschritt der entwickelten Systemkonzeption hinsichtlich der Benutzeradäquanz (Teil II).

5.2.5.   Schutz vor Störungen und Manipulationen durch ein wertorientiertes Anreizschema auf Grundlage des Economic Value Added

Im Soll-Profil effizienter Führungsinformationssysteme für die internationale Management-Holding wurde letztendlich die *Zuverlässigkeit* bereitzustellender Führungsinformationen herausgestellt.[32] Führungsinformationssysteme für die internationale Management-Holding sollen - so die befragten Vorstandsmitglieder - einen adäquaten **Schutz vor Störungen und Manipulationen** besitzen. Dessen Realisierung wurde als ein vierter Gestaltungsschwerpunkt effizienter Führungsinformationssysteme für die internationale Management-Holding definiert.

Da sich Störungen durch geeignete Vorkehrungen erheblich einschränken lassen, wurden insbesondere verschiedene Methoden zum Schutz vor Manipulationen analysiert. Als geeigneter Ansatz wurde ein **wertorientiertes Anreizschema auf Grundlage des Economic Value Added** herausgearbeitet. In der Abb. IV - 114 ist die neu entwickelte integrative Systemkonzeption effizienter Führungsinformationssysteme für die internationale Management-Holding zusammengefaßt:

---

32)   Vgl. Kap. III.2.3.2.4., S. 124 ff.

- Das strategische Zielsystem wird im Rahmen der *Informationsbedarfsanalyse* reflektiert und durch die **Methode strategischer Erfolgsfaktoren** operationalisiert.

- Die hierzu benötigten Primärinformationen werden im Rahmen der *Informationsbeschaffung* mit der **modifizierten Portfolio-Technik** beurteilt.

- Die herausgearbeiteten strategischen Erfolgsfaktoren determinieren eine **Erfolgsfaktoren-basierte Balanced Scorecard**. Sie stellt die bedarfsgerechte *Aufbereitung* der zur Konzernführung benötigten Informationen sicher.

- Mit dem **SAP BW** wird die *Informationsübermittlung* umgesetzt.

- Durch ein **wertorientiertes Anreizschema auf Grundlage des Economic Value Added** wird ein *Schutz vor Manipulationen* realisiert.

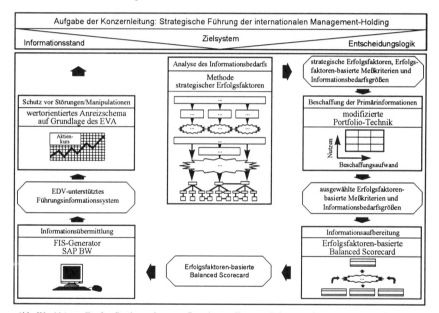

Abb. IV - 114:   *Fünfter Syntheseschritt zur Gestaltung effizienter Führungsinformationssysteme für die internationale Management-Holding.*

5.2.6. Handhabbarkeit und Aufwand der entwickelten Systemkonzeption

Um die *Handhabbarkeit* und den *Aufwand* der entwickelten Systemkonzeption bestimmen zu können, werden die Einzelwerte der ausgewählten Gestaltungskomponenten effizienter Führungsinformationssysteme für die internationale Management-Holding addiert und hieraus ein Durchschnittswert ermittelt. Die Berechnung läßt sich wie folgt zusammenfassen:

Bewertung der analysierten Methoden / Phasen der Informationsversorgung	Verständlichkeit	Ableitungstransparenz	Integrationsgrad	Änderungsflexibilität	Kostenadäquanz	Zeitadäquanz
I. Analyse des Informationsbedarfs	4,0	5,0	5,0	3,0	3,0	3,0
II. Beschaffung der Primärinformationen	5,0	4,0	5,0	5,0	2,0	2,0
III. Informationsaufbereitung	3,0	4,0	5,0	5,0	3,0	2,0
IV. Informationsübermittlung	3,5	3,5	5,0	4,25	3,5	4,75
V. Ansätze zum Schutz vor Störungen und Manipulationen	4,0	4,0	3,0	5,0	4,0	3,0
Arithmetischer Mittelwert	3,90	4,10	4,60	4,45	3,10	3,15

Abb. IV - 115:　　*Berechnung der Handhabbarkeit und des Aufwands der entwickelten Systemkonzeption.*

Mit den so ermittelten Werten läßt sich die abschließende Beurteilung der entwickelten System-konzeption darstellen. Es fällt auf, daß trotz des Forschungsfortschrittes die **Kosten** nur leicht über dem in der internationalen Management-Holding bestehenden Informationsinstrumenta-rium liegen. Hinsichtlich der Zeitadäquanz ist die entwickelte Systemkonzeption sogar besser.

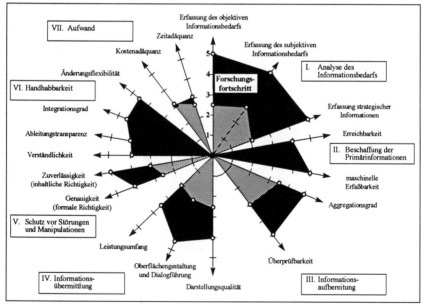

Abb. IV - 116:　　*Forschungsfortschritt der entwickelten Systemkonzeption hinsichtlich ihrer Handhabbarkeit und des Aufwands.*

V. Exemplarische Umsetzung der entwickelten Systemkonzeption

Um mögliche Praktikabilitätsmängel der Systemkonzeption offenzulegen, so wurde in der Fundierung der technologischen Forschungskonzeption argumentiert,[1] ist die Systemkonzeption an den Gegebenheiten der Praxis zu überprüfen. Hierzu wurde ein „**Pilotsystem**" erarbeitet. Es basiert auf der entwickelten Systemkonzeption und wurde im Rahmen einer Fallstudie[2] an den Anforderungen einer im **internationalen Rohstoff- und Produkthandel** tätigen Management-Holding ausgerichtet. Aus den Projekterfahrungen kann ein **Anwendungskonzept** zur Einführung effizienter Führungsinformationssysteme für die internationale Management-Holding abgeleitet werden.

1. Einführende Betrachtungen

Um die Umsetzungsproblematik besser einschätzen zu können, werden zunächst die **Charakteristika des internationalen Rohstoff- und Produkthandels** sowie der **ausgewählten Management-Holding** aufgezeigt. Danach werden die durch den **Shareholder-Value-Ansatz** bedingten Vorgaben, die dem Pilot-Konzern durch ihre Muttergesellschaft auferlegt sind, erläutert.

1.1. Charakteristika des internationalen Rohstoff- und Produkthandels sowie der ausgewählten Management-Holding

Der internationale Rohstoff- und Produkthandel befindet sich derzeit in einem grundlegenden Wandel. Zum einen verteilen sich die Urproduktion und Produkterzeuger mittlerweile über die ganze Welt. Durch die fortschreitende Globalisierung der Märkte werden aber auch die Produktionsstätten der Abnehmer zunehmend unter *internationalen Aspekten* festgelegt. Der global agierende „Weltkonzern" mit einer kontinentenübergreifenden Einkaufspolitik - als Beispiel sei DaimlerChrysler oder die neue Aventis genannt - nimmt deutliche Konturen an.

Damit wachsen die Anforderungen an Rohstoff- und Produkthandelskonzerne. Nicht nur, daß der Rohstoffhandel **24 Stunden am Tag** in verschiedenen Regionen der Welt stattfindet. Das Handelsgeschäft wird auch durch eine zunehmende **Konkurrenzsituation** geprägt. Insbesondere betätigen sich verstärkt liquiditätsstarke Geschäftsbanken und Investmentfonds an den verschiedenen Terminbörsen.

---

1)   Vgl. S. 14 f.
2)   Das Projekt wurde im Rahmen einer dreijährigen Kooperation zwischen dem Lehrstuhl Rechnungswesen und Controlling der Technischen Universität Darmstadt und einem großen international tätigen Rohstoff- und Produkthandelskonzern durchgeführt.

Zum anderen besteht aufgrund der Standardisierung gehandelter Rohstoffe und Produkte sowie zunehmender **Outsourcing-Bestrebungen** - sowohl der Erzeuger als auch der Abnehmer - die Notwendigkeit, den Geschäftspartnern neben dem eigentlichen Handelsgeschäft zusätzliche, individuell auf ihre Bedürfnisse abgestimmte **Dienstleistungen** anzubieten. Hierbei kann es sich um die Lagerverwaltung, die Zollabfertigung oder um Logistik- und Finanzierungsdienstleistungen handeln.

Die **politisch instabile Lage** vieler rohstofferzeugender Länder, insbesondere der ehemaligen Staaten der Sowjetunion, Süd- und Lateinamerikas, aber auch die sich erst langsam auflösende **Finanzkrise** in Japan und Süd-Ost-Asien verschärfen die Handelsbedingungen noch. Von rechtlicher Seite ist das „**Gesetz zur Kontrolle und Transparenz im Unternehmensbereich (KonTraG)**" von Bedeutung. Seine Bestimmungen traten im Frühjahr 1998 in Kraft und erfordern insbesondere bei Termingeschäften ein weitreichendes Risikomanagement.

Der in der vorliegenden Arbeit ausgewählte Handelskonzern ist als Management-Holding organisiert und gliedert sich in vier operative Bereiche, denen eine konzernleitende Gesellschaft vorsteht. Mit einem **Umsatz** von etwa **12 Mrd. DM** im Geschäftsjahr 1997/98 gehört er zu einem der weltweit führenden Anbietern von Dienstleistungen im internationalen Rohstoff- und Produkthandel.

Damit die ausgewählte Management-Holding nicht zu identifizieren ist, wird sie als „**Pilot-Konzern**" bezeichnet. Die konzernleitende Gesellschaft, die sich im Eigentum einer im DAX 100 erfaßten Aktiengesellschaft befindet, firmiert als Aktiengesellschaft und wird „**Pilot AG**" genannt.[3] Die Pilot AG konzentriert sich überwiegend auf die **strategische Führung des Konzerns**. Das operative Geschäft ist nach *Produktgruppen* gegliedert und war zum Zeitpunkt der Untersuchung in verschiedene Gesellschaften mit beschränkter Haftung ausgegliedert.[4]

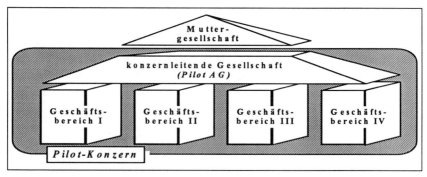

Abb. V - 1:   *Abhängigkeitsbeziehungen im Pilot-Konzern.*

---

3)   Vgl. Abb. V - 1, S. 408.
4)   Da auch die Muttergesellschaft ihr operatives Geschäft in verschiedene Teilkonzerne ausgelagert hat, liegt eine *zweistufige Management-Holding* vor. Vgl. hierzu S. 33.

1.2. Durch den Shareholder-Value-Ansatz bedingte Vorgaben der Muttergesellschaft

Um den Anforderungen des internationalen Rohstoff- und Produkthandels gezielt begegnen zu können, ist eine adäquate **strategische Führung** durch den Vorstand der Pilot AG unabdingbar. Zu deren informatorischer Unterstützung galt es, Ansätze zur Gestaltung effizienter Führungsinformationssysteme zu entwickeln. Zwei Aspekte standen im Vordergrund:

- Zum einen war das zu entwickelnde Führungsinformationssystem explizit an der **strategischen Führungsaufgabe** des Vorstands auszurichten.

- Zum anderen galt es aber auch die **strategischen Vorgaben der Muttergesellschaft** zu berücksichtigen.

Da auf die Bedeutung strategischer Führungsaufgaben für die Gestaltung effizienter Führungsinformationssysteme schon bei der Entwicklung des Anforderungsprofils eingegangen wurde,[5] sollen in den weiteren Ausführungen die Zielvorgaben der Muttergesellschaft der Pilot AG dargelegt werden. Nach ihrer Umstrukturierung auf eine Management-Holding im Jahre 1994 betreibt die Muttergesellschaft der Pilot AG eine wertorientierte Konzernführung nach dem **Shareholder-Value-Konzept.** Ziel ihrer strategischen Vorgaben ist die **nachhaltige Steigerung des Konzernwertes.**

Die Messung der Wertsteigerung erfolgt durch den **Economic Value Added (EVA).**[6] Er stellt den **Wertvorteil der eigenen Aktie** gegenüber einem vergleichbaren Wertpapier dar. Die Muttergesellschaft der Pilot AG hat als zentrale interne Zielgröße den **Return on capital employed** (ROCE) festgelegt. Er ist definiert als der *Ertrag des eingesetzten Kapitals* (EBIT) abzüglich seiner *Kosten* und stellt somit auf die **Verzinsung des eingesetzten Kapitals** ab.

$$\text{Return on capital employed (ROCE)} = \frac{\text{EBIT}}{\text{eingesetztes Kapital}}$$

Ohne auf die grundlegende Diskussion des Shareholder-Value-Ansatzes und die Auswahl des ROCE als Zielgröße eingehen zu wollen, ist als **Vorteil** des ROCE seine **einfache Berech-**

---

5) Vgl. hierzu S. 84 ff.

6) Hinsichtlich der Quantifizierung des Shareholder-Values eines Unternehmens sind *mehrere* Berechnungsverfahren möglich. Eine Alternative zur Methode des „Economic Value Added" ist der „*Disconted Cash Flow*". Seine Berechnung nimmt eine *ex-ante-Betrachtung* der Ausschüttungspotentiale über die Totalperiode der Lebensdauer des Unternehmens vor. Unter der Annahme, daß sämtliche Zahlungsströme erfolgswirksam werden und alle erfolgsrelevanten Geschäftsvorfälle einen entsprechenden Zahlungsstrom nachsichziehen, müssen beide Methoden über die Totalperiode zum *gleichen Ergebnis* führen.

nung anzuführen. Er läßt sich - wie die nachfolgende Abb. V - 2 zeigt - sehr einfach aus den Größen der Gewinn- und Verlustrechnung sowie der Bilanz bestimmen.

Der **EBIT** (Earnings before taxes income) umfaßt das Jahresergebnis vor Gewinnabführung, vor Steuern von Einkommen und Ertrag sowie Zinsaufwand. Das eingesetzte Kapital setzt sich aus dem Anlage- und Umlaufvermögen zusammen. Hiervon sind die Rückstellungen für ausstehende Lieferantenrechnungen sowie die Verbindlichkeiten aus Lieferungen und Leistungen abzuziehen.

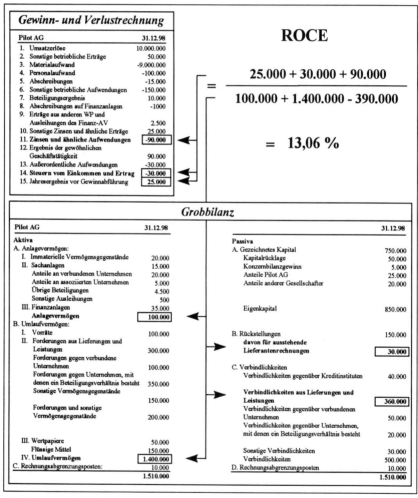

Abb. V - 2: Berechnung des ROCE im Pilot-Konzern.

Als Nachteil des ROCE ist anzuführen, daß seine Berechnung *ex-post* erfolgt und einen inhärenten *Anreiz zur Unterinvestition* impliziert.[7] Insbesondere wird der Mangel einer einzigen *finanziellen Spitzenkennzahl* offensichtlich. Es fehlen aber auch die vorgelagerten Größen, die als **Werttreiber** den ROCE determinieren.[8]

An dieser Stelle setzt nun die Gestaltung des Führungsinformationssystems an. Mit seiner in den konzeptionellen Ausführungen fundierten Ausrichtung an **strategischen Erfolgsfaktoren** kann nicht nur das wertorientierte Zielsystem des Pilot-Konzerns konkretisiert werden.[9] Wie mit dem „Eisbergmodell" der Abb. IV - 25 bereits dargestellt wurde,[10] werden mit den strategischen Erfolgsfaktoren insbesondere auch die **Vorsteuerungsgrößen** des ROCE bestimmt. Nur so kann eine antizipative Planung, Steuerung und Kontrolle des Pilot-Konzerns durch die Konzernleitung informatorisch unterstützt werden.[11]

Abb. V - 3:   Einordnung des zu entwickelnden Führungsinformationssystems in den Pilot-Konzern.

Neben dieser inhaltlichen Vorgabe sollte sich die Systemgestaltung am **wirtschaftlich Sinnvollen** orientieren. So lag es nahe, die in Kap. IV. herausgearbeiteten Methoden effizienter Führungsinformationssysteme schrittweise umzusetzen.[12]

Im Vordergrund der Fallstudie stand ein **evolutionäres Vorgehen.** Auf Grundlage der im Rahmen der Systemkonzeption ausgewählten Methoden wurden im Laufe von drei Jahren einzelne Komponenten effizienter Führungsinformationssysteme in der ausgewählten Management-Holding implementiert und späteren Anwendern präsentiert. Die einzelnen Komponenten wurden dann von diesen beurteilt, um so das weitere Vorgehen abzustimmen. Durch diesen

---

7)   Vgl. BÜHNER (Shareholder Value), S. 12.
8)   Vgl. hierzu Kap. IV.3.1.2.1., S. 190 ff.
9)   Zur Umsetzung vgl. ausführlich S. 418 ff.
10) Vgl. S. 191.
11) Zur Fundierung dieser Abhängigkeitsbeziehungen vgl. die Definition der Zielgröße der entwickelten Systemkonzeption, S. 157 ff.
12) Vgl. hierzu Kap. IV.3., S. 178 ff., und Kap. IV.4., S. 285 ff.

kontinuierlichen Wissens- und Erfahrungsaustausch wurden bereits implementierte Komponenten gegebenenfalls modifiziert. Er bildete aber auch die Grundlage für sich anschließende
Arbeitsschritte.

2. Analyse des Informationsbedarfs mit der Methode strategischer Erfolgsfaktoren

Die Analyse des Informationsbedarfs stellt - wie bei der Fundierung der Systemkonzeption
bereits dargelegt wurde[13] - den ersten Schritt zur Gestaltung effizienter Führungsinformationssysteme für die internationale Management-Holding dar. Da die **Methode strategischer
Erfolgsfaktoren** als „beste" Methode zur Analyse des Informationsbedarfs der Konzernleitung
herausgearbeitet wurde,[14] kam sie im Pilot-Konzern zur Anwendung. Hierzu wurde zunächst
ein **Anwendungskonzept** erarbeitet. Dieser Problematik widmet sich Kap. 2.1. Die **Darstellung der Analyseergebnisse** im Pilot-Konzern schließt sich in Kap. 2.2. an.

2.1. Anwendungskonzept

In der Fallstudie wurden *drei Bereiche* identifiziert, die sich im nachhinein als besonders wichtig für das Anwendungskonzept der Methode strategischer Erfolgsfaktoren erwiesen: Es sind
der **Ablauf der SEF-(Strategische Erfolgsfaktoren)-Studie**, die **Auswahl der befragten
Führungskräfte** und das verwendete **Frageinstrumentarium**.

2.1.1. Ablauf der SEF-Studie

In der Fallstudie erwies sich ein **dreigliedriger Projektablauf** als sinnvoll. Neben verschiedenen **Vorbereitungsarbeiten** wurde - wie die nachfolgende Abb. V - 4 zeigt - eine
Vorstudie durchgeführt. Auf ihren Ergebnissen aufbauend fand dann die **Hauptstudie** statt.

---

13)   Vgl. hierzu insbesondere S. 168 ff.
14)   Zu den Evaluierungsergebnissen vgl. S. 199 ff.

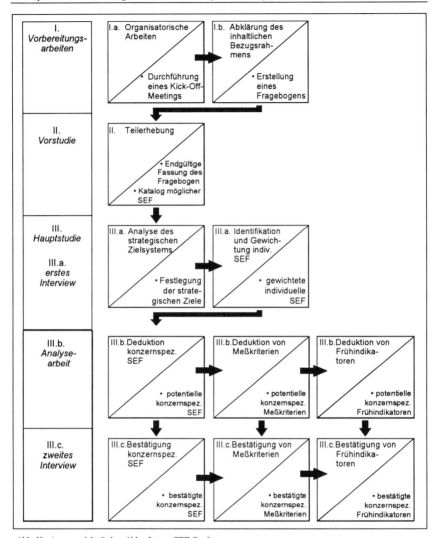

Abb. V - 4:   *Möglicher Ablauf einer SEF-Studie.*

I. Vorbereitungsarbeiten

Im Rahmen der Vorbereitungsarbeiten waren zunächst verschiedene **organisatorische Arbeiten** durchzuführen (Arbeitsschritt I.a.). Es wurde der *Projektleiter* festgelegt und es war sicherzustellen, daß ein Mitglied aus der ersten Führungsebene seine Unterstützung zusagt.[15]

---

15) Daß die Auswahl einer Führungskraft aus der ersten Ebene für das Gelingen solcher Projekte von besonderer Bedeutung ist, zeigten vorangegangene Projektarbeiten des Autors.

Zusammen mit einem *Leitungsausschuß*, der als Kontrollorgan die Durchführung der SEF-Studie überwacht, wurden dann die *Projektziele* festgelegt. Hieraus ergab sich im Pilot-Konzern ein *Arbeits- und Zeitplan*, der die Auswahl der zu befragenden Führungskräfte, die Terminierung der Interviews und die Zeitpunkte der Berichterstattung an den Leitungsausschuß beinhaltete.

Die organisatorischen Arbeiten endeten mit der **Durchführung eines Kick-Off-Meetings**. Es hatte die Führungskräfte zu informieren, was, wann, warum zu tun ist und was von ihnen als Interviewpartner erwartet wird. Des weiteren wurden die Mitglieder des Projektteams vorgestellt und ihr Verantwortungsbereich im Rahmen der Analysearbeiten abgegrenzt.

Parallel zu den organisatorischen Tätigkeiten hatte das Projektteam die **Abklärung des inhaltlichen Bezugsrahmens** vorzunehmen (Arbeitsschritt I.b.). Insbesondere hatte es sich ein grundlegendes Verständnis über die *Branche*, ihre *Wettbewerbsfaktoren*, sowie die *Ziele, Konkurrenzsituation, Organisationsstruktur* und die *wirtschaftliche Situation* des Pilot-Konzerns zu erarbeiten. Die Vorarbeiten schlossen mit der **Erstellung eines Fragebogens**.

II. Vorstudie

Der Fragebogen bildete die Schnittstelle zum zweiten Schritt der SEF-Studie, der **Vorstudie**. Sie umfaßte eine **Teilerhebung** und verfolgte zwei Ziele: Zum einen galt es, einen **Katalog möglicher Erfolgsfaktoren** zu erstellen. Er war die Entscheidungsgrundlage für den Leitungsausschuß, eine umfangreiche Hauptstudie durchzuführen. Zum anderen wurde die **endgültige Fassung des Fragebogens**[16] festgelegt.[17]

III. Hauptstudie

Um die Akzeptanz der Hauptstudie zu erhöhen, wurde zunächst ein **Vorstandsschreiben** verfaßt, das die Notwendigkeit der Interviews zur Bestimmung des Informationsbedarfs darlegte und in dem der Vorstand der Pilot AG seine Unterstützung zusicherte. Auch wurde eine **Kurzeinführung** erstellt, in der die Methodik strategischer Erfolgsfaktoren erläutert und durch ein kurzes Beispiel verdeutlicht wurde. Das Vorstandsschreiben und die Kurzeinführung wurden den Interviewteilnehmern vorab mit dem Fragebogen zugesendet.

---

16)   Der Fragebogen, der in der Vorstudie zur Anwendung kam, umfaßte *16 Seiten*. Nach einer Interviewrunde mit einem Abteilungsleiter der Pilot AG und dem Geschäftsführer einer operativen Handelsgesellschaft zeigte sich, daß dieser Fragebogen theoretische Unterscheidungen voraussetzte, die in der Praxis nicht bekannt waren. Das Fragenspektrum wurde dahingehend drastisch auf *neun Seiten* gekürzt. Eine Interviewdauer von maximal *einer Stunde* erwies sich hierbei als obere Grenze und sollte - so die Erfahrungen in der Fallstudie - nach Möglichkeit nicht überschritten werden. Vgl. Kap. IV.1.1.3., S. 138 ff.

17)   Die Vorgehensweise wurde von BORTZ / DÖRING (Forschungsmethoden), S. 234, übernommen.

In der **ersten Interviewrunde** der Hauptstudie wurde zunächst das *strategische Zielsystem* analysiert, die *individuellen strategischen Erfolgsfaktoren* der Führungskräfte identifiziert und gewichtet (Arbeitsschritt III.a.).[18]

Hiervon ausgehend wurden in einer **Analysearbeit** mehrfach genannte individuelle Erfolgs-faktoren zu konzernspezifischen *strategischen Erfolgsfaktoren* verdichtet.[19] Hieraus konnten potentielle konzernspezifische *Meßkriterien und Frühindikatoren* deduziert werden (Arbeits-schritt III.b.). Weitere Frühindikatoren wurden durch eine **Literaturrecherche** ergänzt. Sie konnten - wie bereits in der Methodologiearbeit dargelegt wurde - in einem **Katalog an potentiellen** Frühindikatoren für jedes Meßkriterium zusammengefaßt werden.

Diese dienten in der **zweiten Interviewrunde** als Gesprächsgrundlage. Deren Ziel war es, gemeinsam mit den Führungskräften die ausgewählten strategischen Erfolgsfaktoren, Meß-kriterien und Frühindikatoren zu bestätigen (Arbeitsschritt III.c.).

2.1.2. Auswahl der befragten Führungskräfte

Neben dem Ablauf der SEF-Studie trägt die Auswahl der Führungskräfte wesentlich zur Ergeb-nisqualität bei. Um alle Aspekte einer bedarfsgerechten Informationsversorgung zu erfassen, wäre eine Vollerhebung optimal gewesen. Im Pilot-Konzern hätten zum Zeitpunkt der Unter-suchung **zwei Vorstände** und die **vier Abteilungsleiter** (Controlling, Cash Management, Konzernentwicklung und EDV) befragt werden müssen. Hinzu wären noch die **dreizehn Geschäftsführer** der operativen Handelsgesellschaften gekommen.

War eine Vollerhebung hinsichtlich der Vorstände und Abteilungsleiter möglich, hätte eine Befragung aller Geschäftsführer den zeitlichen Rahmen des Projekts gesprengt. Bezüglich der **Geschäftsführerbefragung** wurde daher auf eine **Teilerhebung** zurückgegriffen. In diesem Zusammenhang war eine **Stichprobe** derart festzusetzen, daß ihr *Isomorphiegrad* im Vergleich zur Grundgesamtheit so hoch war, daß nach Möglichkeit nur Redundanzen einer Total-erhebung ausgeschlossen werden.[20]

---

18)   Die einzelnen Arbeitsschritte basieren auf Methodologie strategischer Erfolgsfaktoren. Vgl. hierzu
      S. 192 ff.
19)   Zur Deduktion konzernspezifischer strategischer Erfolgsfaktoren vgl. S. 195 ff.
20)   Vgl. BEREKOVEN / ECKERT / ELLENRIEDER (Marktforschung), S. 47 f.

Hierzu stand eine Reihe statistischer Verfahren zur Verfügung. Sie ließen sich in **Verfahren der Zufallsauswahl** und der **bewußten Auswahl** unterscheiden.[21]

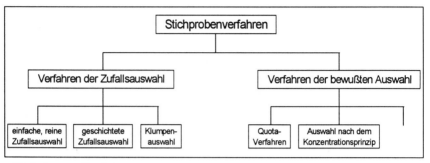

Abb. V - 5:   *Überblick über einzelne Stichprobenverfahren.*

Die **Verfahren der Zufallsauswahl** gehen von *wahrscheinlichkeitstheoretischen Überlegungen* aus, so daß jedes Element der Grundgesamtheit eine berechenbare Chance hat, in die Stichprobe übernommen zu werden.

- Abhängig davon, ob die Stichprobe direkt aus der Grundgesamtheit oder aus zuvor gebildeten Untergruppen der Grundgesamtheit gezogen wird, lassen sich die **einfache, reine Zufallsauswahl** und die **geschichtete Zufallsauswahl** unterscheiden.

- Bei der **Klumpenauswahl** liegt die Grundgesamtheit unterteilt in Klumpen, d.h. Konglomeraten von Elementen vor, von denen eine bestimmte Anzahl an Klumpen gezogen und mit allen Elementen in die Stichprobe aufgenommen wird.

Die **Verfahren der bewußten Auswahl** bilden eine Stichprobe nach *überlegten, sachrelevanten Merkmalen:*[22]

- Beim **Quota-Verfahren** wird versucht, durch die bewußte Auswahl entsprechender Elemente der Grundgesamtheit die Zusammensetzung der Stichprobe derart zu gestalten, daß sie einem modellgerechten „Miniaturquerschnitt" der Grundgesamtheit gleicht.

- Die beiden übrigen Verfahren der bewußten Auswahl konzentrieren die Stichprobenbildung auf bestimmte Elemente der Grundgesamtheit. Während sich die **Auswahl nach dem Konzentrationsprinzip** auf jene Elemente beschränkt, denen für die Untersuchung ein besonderes Gewicht zukommt, berücksichtigt die **typische Auswahl** ausschließlich Elemente, die der Analyst als besonders typisch für die Grundgesamtheit erachtet.

---

21)   Vgl. BLEYMÜLLER / GEHLERT / GÜLICHER (Statistik), S. 71.
22)   Vgl. BEREKOVEN / ECKERT / ELLENRIEDER (Marktforschung), S. 48 ff.

Da aufgrund eines der SEF-Studie vorangegangenen Strategieprojekts genaue Kenntnisse über die einzelnen Handelsgesellschaften und ihre Bedeutung für den Pilot-Konzern vorlagen, wurde die Stichprobe der Geschäftsführer mittels des **Quota-Verfahrens** festgelegt. Es wurden für jede Handelsgesellschaft **ein bis zwei Geschäftsführer** ausgewählt.[23]

2.1.3. Frageinstrumentarium

Die Analyse des Informationsbedarfs mit der Methode strategischer Erfolgsfaktoren basiert - wie bereits angedeutet wurde - auf einer *Befragung*. Dabei stehen zwei Möglichkeiten zur Auswahl: Zum einen kann eine **schriftliche Befragung** durchgeführt werden. Bei einer relativ großen, homogenen Gruppe eignet sich die *kostengünstige Befragungsvariante* mittels **Fragebögen**.[24] Die üblicherweise recht geringe Rücklaufquote dieser Befragungsmethode hätte für die vorliegende Fallstudie keine Bedeutung gehabt, da es sich um eine *konzerninterne Untersuchung* gehandelt hätte.

Der Nachteil einer solchen Befragung tritt jedoch beim inhaltlich komplexen Fragenspektrum der SEF-Studie zutage: Da die Fragen zur Konzernführung, über die Konzernumwelt sowie die Konzernposition innerhalb der Branche keine eindeutig abgrenzbare Antwortkategorien bedingen, sondern nur verbal formuliert werden können, sind entsprechende Informationen faktisch nur durch *offene Fragen* zu erlangen. Des weiteren waren Abgrenzungs- und Definitionsschwierigkeiten seitens der Führungskräfte zu erwarten, die sich nur im *persönlichen Dialog* klären lassen.

Die Befragung der SEF-Studie wurde daher mittels der Interviewtechnik durchgeführt. Um die Ergebnisse miteinander vergleichen zu können, kamen **standardisierte mündliche Interviews** zur Anwendung. Das charakteristische Merkmal dieser Befragungstechnik ist, daß in den Interviews die gleichen Fragen mit dem gleichen Wortlaut in der gleichen Reihenfolge gestellt werden.[25]

Als Grundlage der Interviews wurde der in der Vorstudie modifizierte Fragebogen herangezogen. So konnten die Antworten der Führungskräfte nicht nur miteinander verglichen werden, dem Analyseteam blieb auch die Möglichkeit, auf Fragen der Führungskräfte *flexibel* zu reagieren.[26]

---

23) Zur Auflistung der befragten Führungskräfte im Pilot-Konzern vgl. ausführlich ROHNE (Erfolgsfaktoren), S. 55.

24) Vgl. hierzu die Fundierung der Datenerhebung im Rahmen der empirischen Untersuchung, S. 187 ff.

25) Vgl. BORTZ / DÖRING (Forschungsmethoden), S. 218.

26) Vgl. BEREKOVEN / ECKERT / ELLENRIEDER (Marktforschung), S. 94.

Für die **zweite Befragungsrunde** konnte dieses Instrumentarium nicht mehr angewendet werden. Dies läßt sich damit erklären, daß die eruierten Erfolgsfaktoren mit den Führungskräften zu diskutieren waren. Des weiteren waren - sowohl vom Analyseteam als auch von den Führungskräften - Überlegungen hinsichtlich der hierzu benötigten **Meßkriterien** und **Frühindikatoren** zu erörtern. Da dies ein Gebiet großer *Kreativität* ist,[27] dessen Ergebnisse sich in der Regel aus dem Gespräch heraus ergeben, hätte ein Fragebogen eher einschränkend gewirkt.[28]

In der zweiten Fragerunde konnten die Führungskräfte ihre Antworten daher in einem relativ **freien Gespräch** artikulieren. Nichtsdestotrotz wurden ihnen aber Vorschläge über potentielle Meßkriterien und Frühindikatoren präsentiert, die sich aus der Analyse der ersten Interviewrunde ergaben. Sie wurden zu Beginn des zweiten Interviews mit den Führungskräften diskutiert, um so „ins Gespräch" zu kommen.

2.2. Ergebnisdarstellung

In der nachfolgenden Ergebnisdarstellung werden zunächst die in der ersten Interviewrunde eruierten **individuellen strategischen Erfolgsfaktoren** der Führungskräfte beschrieben (Kap. 2.2.1.). Ihre Verdichtung zu **konzernspezifischen strategischen Erfolgsfaktoren** bestimmt den Inhalt des Kap. 2.2.2. In Kap. 2.2.3. wird dargelegt, welche **Meßkriterien** und **Frühindikatoren** hieraus deduziert werden konnten.

2.2.1. Erfassung und Gewichtung individueller strategischer Erfolgsfaktoren

Mit der Analyse des Konzernumfelds, den Fragen zum Konzern und der Analyse der derzeitigen Führungssituation[29] kristallisierte sich bereits nach wenigen Sitzungen ein Kern **individueller strategischer Erfolgsfaktoren** der befragten Führungskräfte heraus, der nur noch vereinzelt ergänzt werden mußte.

So konnte relativ schnell eine Liste an Erfolgsfaktoren erstellt werden, die entsprechend den methodologischen Ausführungen[30] auch schon **gewichtet** wurden. Die Abb. V - 6 faßt die

---

27)   Vgl. BULLEN / ROCKART (Primer), S. 421.

28)   Eine andere Meinung vertritt ADRIAN (Informationssystemgestaltung), S. 287 ff., der einen detaillierten Fragebogen für ein *zweites Interview* im Rahmen seiner Vorgehensweise entwickelte.

29)   Zur Bedeutung der strategischen Analyse im Rahmen der Methodologie strategischer Erfolgsfaktoren vgl. Kap. IV.3.1.2.2., S. 192 ff.

30)   Vgl. hierzu S. 194 f.

individuellen strategischen Erfolgsfaktoren der befragten Erfolgsfaktoren im Pilot-Konzern grafisch zusammen:

- Die **Führungskräfte** sind horizontal aufgetragen und in die Gruppen „*Vorstand*" und „*Abteilungsleiter*" der Pilot AG sowie die „*Geschäftsführer*" der operativen Handelsgesellschaften aufgeteilt.

- Vertikal sind die eruierten **Erfolgsfaktoren** entsprechend ihrer Bedeutung für die einzelnen Führungskräfte aufgeführt. Ihre **Gewichtung** variiert zwischen „1" (sehr wichtiger strategischer Erfolgsfaktor), „2" (wichtiger strategischer Erfolgsfaktor) bis „3" (mäßig wichtiger strategischer Erfolgsfaktor).

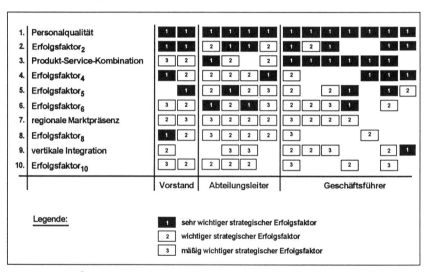

Abb. V - 6:   *Übersicht und Gewichtung individueller strategischer Erfolgsfaktoren der befragten Führungskräfte im Pilot-Konzern.*

Insgesamt konnten **zehn individuelle strategische Erfolgsfaktoren** herausgearbeitet werden, die maßgeblich den Erfolg des Pilot-Konzerns bestimmen. Aus Anonymitätsgründen werden im folgenden nur vier davon dargelegt:

I. Personalqualität

Als wichtigster Erfolgsfaktor des Pilot-Konzerns konnte die **Personalqualität** eruiert werden. Sie wurde von den befragten Führungskräften insbesondere an der Personalqualität der **Rohstoff- und Produkthändler** festgemacht. Ihre herausragende Stellung zeigte sich an *mehreren*

Stellen der Interviews. Zum einen wurde im *Stärken-Schwächen-Katalog* der Rohstoff- und Produkthändler als besonders erfolgskritisch für das Handelsgeschäft eingeschätzt.[31]

Zum anderen wurden in der **Kontraktabwicklung** Möglichkeiten gesehen, den Konzernerfolg zu steigern. Dies wurde damit begründet, daß eine schnelle und zuverlässige Kontraktabwicklung der Geschäftspartnerzufriedenheit dient und dadurch neue „Folgekontrakte" initiiert werden.

Die Identifikation strategisch wichtiger Aufgabenbereiche und Faktoren bestätigte die Bedeutung der Personalqualität auf empirisch-induktive Weise. Insbesondere die Personalqualität der Händler wurde von allen Führungskräften spontan und mit großem Nachdruck als besonders wichtig eingestuft. Durch die zwingenden Forderungen der Geschäftspartner nach immer komplexeren Produkt-Service-Kombinationen wird - so argumentierten insbesondere die Geschäftsführer der Handelsgesellschaften - zukünftig vertieftes Wissen der Händler über die *gesamte Spannbreite* möglicher Produkt-Service-Kombinationen benötigt.

II. Produkt-Service-Kombination

Durch die zunehmende *Transparenz der Märkte* und die steigende *Zahl vertikaler Integrationen*[32] kann der Rohstoff- und Produkthandel nur dann erfolgreich fortgeführt werden, wenn er sich von der reinen Handelsfunktion hin zu einer *Produktvermarktung* weiterentwickelt. Hierdurch wird der strategische Erfolgsfaktor der **Produkt-Service-Kombination** determiniert.

Neben dem eigentlichen Rohstoff- und Produkthandel, d.h. dem Zusammenbringen von Angebot und Nachfrage verschiedener Commodities in einer bestimmten Qualität, Quantität und zu einem bestimmten Zeitpunkt, müssen - zukünftig mehr denn je - individuell auf die Geschäftspartner abgestimmte *Dienstleistungen* in das Angebot integriert werden. Hierzu gehören u.a. die *Lagerverwaltung* der Rohstoffe und Produkte, aber auch verschiedene *Finanzierungs- und Logistikdienstleistungen.*[33]

---

31) Dies läßt sich nach Aussage der Interviewteilnehmer vor allem damit fundieren, daß sich der Erfolg im Handelsgeschäft unmittelbar aus den *persönlichen Kontakten* der Händler zu seinen Geschäftspartnern ergibt. Einer der befragten Führungskräfte umschrieb diesen Sachverhalt mit „Handel is people's business".
32) Zur Begriffsabgrenzung vgl. S. 421 f.
33) Dieser Aspekt war insbesondere für den Großteil der Geschäftsführer der Handelsgesellschaften von hoher Bedeutung. Vgl. hierzu Abb. V - 6, S. 419.

III. Regionale Markpräsenz

Durch die fortschreitende Internationalisierung des Rohstoff- und Produkthandels verteilen sich die Geschäftspartner des Pilot-Konzerns über die ganze Welt.[34] Neben dem telefonischen Kontakt verlangen diese oftmals ausgeprägte *persönliche Betreuung vor Ort*. Aus diesem Geschäftspartnerbedürfnis resultiert die Notwendigkeit der **regionalen Marktpräsenz** des Pilot-Konzerns. Des weiteren stellt dieser Erfolgsfaktor auf den Aufbau und die Pflege enger, auf Vertrauen basierender Geschäftspartnerbeziehungen ab. Er erfaßt somit die aktive Bearbeitung der Auslandsmärkte und dient der Befriedigung regional unterschiedlicher Bedürfnisstrukturen vor Ort.[35]

IV. Vertikale Integration

Auch die **vertikale Integration** von Wertschöpfungsstufen, die dem Handelsgeschäft vor- und nachgelagert sind, gewinnt an Bedeutung. Sie wird im Pilot-Konzern als Maß für eine aktive Gestaltung der Geschäftspartnerbeziehungen gesehen. So kann zum Beispiel durch verschiedene Agenturgeschäfte[36], Langfristverträge und Beteiligungen dem Pilot-Konzern ein gewisses Handelsvolumen garantiert werden, daß zur Stabilität der abgewickelten Tonnage beiträgt.

Darüber hinaus kann es in einigen Bereichen lukrativ sein, angrenzende Wertschöpfungsstufen in die Produktpalette zu integrieren. Im NE-Altmetallhandel würde sich beispielsweise die Weiterverarbeitung gekaufter Schrotte durch Sortierung und Bearbeitung lohnen. Im Bereich des Chemikalienhandels könnten durch das Mischen bestimmter Rezepturen neue Produkt-Service-Kombinationen angeboten werden.

2.2.2. Deduktion konzernspezifischer strategischer Erfolgsfaktoren

Mit Hilfe der Analysearbeit - dem zweiten Schritt der Hauptstudie[37] - wurden die individuellen Erfolgsfaktoren der Führungskräfte zu **konzernspezifischen strategischen Erfolgsfaktoren**

---

34) Vgl. hierzu S. 407 ff.

35) In Schlüsselregionen wie Süd-Ost-Asien und Südamerika sind nach Aussage der befragten Führungskräfte *Niederlassungen* oder zumindest ständig verfügbare *Vertreter* nötig. Erlaubt die Bedeutung einer Region diesen Aufwand nicht, sind in regelmäßigen Abständen Geschäftspartnerbesuche notwendig.

36) Ein *Agenturgeschäft* basiert in der Regel auf einem auf Dauer angelegten Vertrag. Abhängig davon, ob die Handelsware im eigenen Namen auf fremde Rechnung, im eigenen Namen auf eigene Rechnung oder im fremden Namen auf fremde Rechnung vom Händler verkauft wird, ist der Kommissionsagent, der Vertragshändler und der Handelsvertreter zu unterscheiden.

37) Vgl. S. 415.

des Pilot-Konzerns verdichtet. Wie in den methodologischen Ausführungen fundiert wurde,[38] bestehen hierzu *drei Möglichkeiten*:

I. Unveränderte Übernahme sehr wichtiger individueller Erfolgsfaktoren als konzernspezifische strategische Erfolgsfaktoren

Zunächst wurden sehr wichtige individuelle Erfolgsfaktoren **unverändert** als konzernspezifische Erfolgsfaktoren übernommen. Dies traf im Pilot-Konzern insbesondere für die „**Personalqualität**" zu, da sie von allen Führungskräften mit einer sehr hohen Gewichtung eingestuft wurde.[39] Wie die Abb. V - 7 zeigt, wurden aber auch die Erfolgsfaktoren „2" und „5", die aus Gründen der Anonymität nicht genannt werden, als sehr wichtig eingestuft und deshalb unverändert als konzernspezifische strategische Erfolgsfaktoren des Pilot-Konzerns definiert.

II. Zusammenfassung von zwei individuellen Erfolgsfaktoren zu einem neuen konzernspezifischen strategischen Erfolgsfaktor

Des weiteren bestand die Möglichkeit, individuelle Erfolgsfaktoren zu einem neuen konzernspezifischen Erfolgsfaktor **zusammenzufassen**. Dieser hatte dann die verschiedenen Aspekte der integrierten individuellen Erfolgsfaktoren abzudecken. In der Fallstudie trifft dies auf die Erfolgsfaktoren „4" und „8" sowie „6" und „10" zu. Sie wurden zu den neu definierten konzernspezifischen Erfolgsfaktoren „2" und „5" zusammengefaßt.

III. Integration von weniger bedeutenden individuellen Erfolgsfaktoren in einen anderen strategischen Erfolgsfaktor

Letztendlich konnten Erfolgsfaktoren, die in der Gewichtungsmatrix als eher mäßig für den Erfolg des Pilot-Konzerns eingestuft wurden,[40] in einen als wichtiger erachteten Erfolgsfaktor eingegliedert werden. Dies traf im Rahmen der Fallstudie unter anderem auf die *„vertikale Integration"* zu. Da sie - so ergaben die geführten Interviews - insbesondere auf eine Verbesserung der Produkt-Service-Kombinationen abzielt, wurde sie als Meßkriterium[41] in den letztgenannten Erfolgsfaktor eingegliedert. Gleiches gilt für die *regionale Marktpräsenz*, so daß die Produkt-Service-Kombination auch um diesen Erfolgsfaktor erweitert wurde.[42]

Letztendlich konnten so **sechs konzernspezifische strategische Erfolgsfaktoren** deduziert werden. Sie beinhalten die zehn zu Beginn dieses Abschnitts aufgeführten individuellen Erfolgsfaktoren und stellen die nunmehr gleichgewichteten Stellgrößen einer wertorientierten Konzernführung dar. Die Abb. V - 7 faßt die Deduktionsergebnisse nochmals zusammen.

---

38)   Vgl. hierzu den dritten Arbeitsschritt der Methode strategischer Erfolgsfaktoren, S. 195 ff.
39)   Vgl. Abb. V - 6, S. 419.
40)   Vgl. ebenda.
41)   Vgl. hierzu Kap. V.2.2.3., S. 423 ff.
42)   Vgl. Abb. V - 7, S. 423.

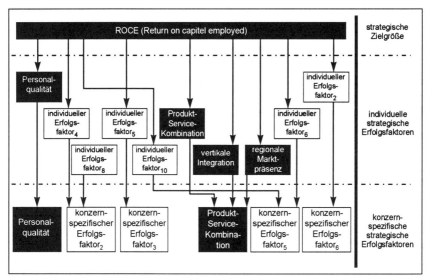

Abb. V - 7:   *Deduktion konzernspezifischer strategischer Erfolgsfaktoren aus den individuellen Erfolgs-faktoren der befragten Führungskräfte.*

2.2.3. Erfolgsfaktoren-basierte Meßkriterien und Früh-indikatoren

Wurden in der ersten Interviewrunde die individuellen Erfolgsfaktoren der befragten Füh-rungskräfte identifiziert und hieraus konzernspezifische Erfolgsfaktoren des Pilot-Konzerns deduziert, zielte die zweite Fragerunde auf die Ermittlung zugehöriger **Meßkriterien** und **Frühindikatoren** ab. Im folgenden werden diese für die Personalqualität der Rohstoff- und Produkthändler dargelegt.[43]

I.   Meßkriterium der *Leistung* und zugehörige Frühindikatoren

Im internationalen Rohstoffhandel des Pilot-Konzerns erbringen die Händler eine im Unter-nehmensergebnis meßbare Leistung, die durch die Aktivitäten der Abwicklung unterstützt werden. Eine Beurteilung der Händler kann jedoch *nicht* aufgrund des Unternehmensergeb-nisses erfolgen, da in dieses Ergebnis auch durch die Händler unbeeinflußbare Größen wie die Konjunktur oder politische Veränderungen einfließen. Folgende Frühindikatoren wurden daher zur Bestimmung ihrer Leistung herausgearbeitet:

---

43)   Die Akzentuierung läßt sich mit ihrer Bedeutung für den Pilot-Konzern begründen. Vgl. Abb. V - 6, S. 419 f.

- **Umsatz**: Der Umsatz wurde von den befragten Führungskräften als Maß für das *Engagement* und die *Größe eigener Positionen* am Markt angeführt.

- **Rohertrag nach Zinsen und Vertriebskosten**: Diese Größe wurde als wichtigster Maßstab für die *Leistung der Händler* genannt.[44] Der Rohertrag nach Zinsen und Vertriebskosten beinhaltet keine Personalkosten. Die Vertriebskosten setzen sich u.a. aus Liegegeldern, Versicherungs-, Fracht- und Lagerkosten zusammen.

- **Risikoeffizienz** (Rohertrag nach Zinsen und Vertriebskosten / Value at Risk): Mit der Risikoeffizienz wird das **Risiko** quantifiziert, das die Händler eingehen, um ihren Rohertrag zu erreichen. Die Position „Value at Risk" erfaßt das mögliche Verlustpotential, das mit der eingegangenen Handelsposition verbunden ist.

- **Personalaufwand**: Der Personalaufwand gilt als wichtige *Kostengröße* im Rohstoff- und Produkthandel des Pilot-Konzerns.

- **Personalintensität** (Personalaufwand / Rohertrag nach Zinsen und Vertriebskosten): Die Personalqualität stellte sich als wichtigstes *Kosten-Nutzen-Maß* zur Beurteilung der Händlerleistung heraus.

II. Meßkriterium des *Qualifikationsstands* und zugehörige Frühindikatoren

Die Leistung der Händler beruht auf verschiedenen Voraussetzungen. Zum einen ist dies - so ergab die Untersuchung - der **Qualifikationsstand**. Er wurde von den Führungskräften als Voraussetzung für den Rohstoff- und Produkthandel angesehen und läßt wie folgt konkretisieren:

- **Vorbildung**: Hierunter wird die Schul- und Berufsausbildung sowie ein eventuelles Studium der Händler erfaßt. Die Vorbildung wurde als Maß für ein analytisches Grundverständnis angeführt, auf deren Basis die Handelsgeschäfte vollzogen werden.

- **Berufserfahrung im Handel**: Der Erfolg der Rohstoff- und Produkthändler hängt maßgeblich von deren Warenkenntnis, dem „Gefühl" für den Markt und seine Mechanismen ab. Da dies - so die befragten Führungskräfte - nicht in der Schule zu erlernen ist, sondern sich allmählich mit der Handelstätigkeit ausbildet, ist die Berufserfahrung im Handel ein zweiter wichtiger Frühindikator.

---

44) Dieser Frühindikator spiegelt die mehrfache Aussage der Interviewteilnehmer „Der Händler muß für das Unternehmen Geld verdienen" wieder.

- **Auslandserfahrung**: Da der Rohstoffhandel ein *internationales Geschäft* darstellt,[45] ist Erfahrung im Umgang mit fremden Kulturen und anderen Mentalitäten notwendig. Durch entsprechende Auslandserfahrungen wird diese erleichtert.

- **Job-Rotation**: Durch die Anzahl der Job-Rotation wird das Erlernen von fachgebiets-übergreifendem Wissen und das Verstehen von Zusammenhängen gefördert.[46] Des weiteren kann damit die *Flexibilität* der Händler, sich an neue Gegebenheiten anpassen zu können, gemessen werden.

- **Zusatzqualifikationen**: Unter den Zusatzqualifikationen werden EDV-Kenntnisse, insbesondere aber auch verschiedene Sprachen sowie Kenntnisse über Finanzierungsprodukte und grundlegende juristische Sachverhalte zusammengefaßt.

- **Geschäftspartnerkontakte**: Da der Rohstoffhandel - so die Führungskräfte - letztendlich ein *Personengeschäft* ist, sind die Geschäftspartnerkontakte, die ein Händler sich im Laufe der Jahre erarbeitet oder bei einem Firmenwechsel von Konkurrenzunternehmen mitbringt, eine weitere wichtige Komponente.

III. Meßkriterium der *Mitarbeitermotivation* und zugehörige Früh-indikatoren

Allein die Qualifikation reicht als Voraussetzung für das erfolgreiche Handelsgeschäft nicht aus. Der Händler muß auch entsprechend **motiviert** werden, sich für den Pilot-Konzern einzusetzen. Als weiteres Meßkriterium, um die Personalqualität der Rohstoffhändler zu konkretisieren, wurde die **Mitarbeitermotivation** eruiert. Sie soll deren Einsatzbereitschaft, das Betriebsklima und die Verbundenheit der Händler zum Pilot-Konzern erfassen. Entsprechende Frühindikatoren konnten wie folgt definiert werden:

- **Fluktuationsrate** (ausgeschiedene Mitarbeiter / Gesamtzahl der Mitarbeiter): Die Fluktuationsrate soll die Gefahr quantifizieren, daß Händler bei einem Konzernwechsel ihren *Geschäftspartnerstamm* mitsichziehen.

- **Krankenquote** (Fehltage / Soll-Arbeitstage): Die Krankenquote wurde von den befragten Führungskräften als Maß insbesondere für die *psychische Belastung* der Händler angeführt.

- **Versetzungswünsche**: Die Anzahl der Versetzungswünsche wurde als indirektes Maß zur Erfassung des *Betriebsklimas* in den einzelnen Händlerteams ausgewählt.

---

45) Vgl. hierzu S. 407 ff.
46) Bei Job-Rotationen besteht immer die Gefahr, daß der Händler den Kundenkontakt verliert, was zu einem Bruch des für das Handelsgeschäft sehr wichtigen Vertrauensverhältnisses führen kann.

- **Akzeptanz einer leistungsabhängigen Komponente des Gehalts**: Dieser Frühindikator erfaßt die Einsicht der Händler, daß ihr Gehalt eine Komponente enthalten muß, die mit ihrer Leistung korreliert.

- **Übernahme von Sonderaufgaben**: Durch die Übernahme von Sonderaufgaben soll die *Einsatzbereitschaft* der Händler und ihre Einstellung zu mehr *Verantwortung* im Pilot-Konzern quantifiziert werden.

- **Nutzung des händlerischen Freiraums**: Dieser Frühindikator zur Konkretisierung der Mitarbeitermotivation wurde von den Führungskräften zur Erfassung des „Unternehmertums" genannt. Seine Bedeutung läßt sich damit erklären, daß Händler innerhalb kürzester Zeit Entscheidungen zu treffen haben, ohne sich immer im Detail mit dem Vorgesetzten absprechen zu können. Internationaler Rohstoff- und Produkthandel erfordert somit eigenverantwortliches und selbständiges Handeln, das dem eines *Unternehmers* gleicht.

IV. Meßkriterium des *Persönlichkeitsprofil* und zugehörige Frühindikatoren

Da das Handelsgeschäft nur in begrenztem Umfang zu erlernen ist, spielt neben dem „Können" der Händler, das durch den Qualifikationsstand erfaßt wird, und ihrem „Wollen", es wird durch die Mitarbeitermotivation konkretisiert, deren **Persönlichkeitsprofil** eine entscheidende Rolle. Es konnte im Rahmen der Fallstudie durch folgende Frühindikatoren quantifiziert werden:

- **Risikobewußtsein**: Da das Handelsgeschäft mit einer Vielzahl von Risiken verbunden ist, wurde von den befragten Führungskräften zur Konkretisierung des Persönlichkeitsprofils von Rohstoff- und Produkthändlern deren Risikobewußtsein angeführt.[47] Es stellt insbesondere bei Termingeschäften einen sehr wichtigen Frühindikator dar, da es offenlegt, welches *Risiko* die Händler einzugehen bereit sind, um ihre Leistungsgrößen zu erreichen.[48]

- **Charaktereigenschaften**: Die Charaktereigenschaften wurden als weiterer Frühindikator angeführt. Hierzu zählen nach Aussage der befragten Führungskräfte zum einen die *Verläßlichkeit, Flexibilität, Einsatzbereitschaft* auch in kritischen Situationen. Zum anderen wurde die *Fairness* der Händler gegenüber den Geschäftspartnern angeführt. Letzendlich

---

47) Zur Bedeutung dieser Informationsbedarfsgröße sei die „Kupferkrise" von 1996 genannt. Durch Spekulationen ihres Chef-Händlers war das japanische Handelshaus Sumitomo mit nahezu fünf Mrd. DM finanziellen Verpflichtungen faktisch *zahlungsunfähig*. Nur durch die Übernahme der Zahlungsverpflichtungen durch andere Gesellschaften des Sumitomo-Konzerns konnte ein Konkurs abgewendet werden.

48) Hierzu kann eine komplexe *Capital-at-Risk-Betrachtung* durchgeführt werden. Das Capital-at-Risk quantifiziert das Verlustpotential einer Gesellschaft bei einem eingegangenen Termingeschäft. Vgl. S. 423. In einem ersten Schritt kann aber auch die *Limitausnutzung* der Händler herangezogen werden.

sollten sich Händler trotz ihres händlerischen Freiraums immer *integer* und *loyal* gegenüber dem Pilot-Konzern verhalten.

- **Teamorientierung**: Das Abschließen eines Rohstoffkontrakts stellt nur einen Bereich der Geschäftspartnerbeziehungen dar. Fast genauso wichtig ist deren *Abwicklung*. Deshalb muß der Händler zusammen mit den Abwicklern und dem Lageristen eine nach außen hin einheitlich handelnde *Einheit* bilden. In bezug auf das Persönlichkeitsprofil der Händler wurde dieser Sachverhalt mit seiner Teamorientierung zu erfassen versucht.

- **Kommunikationsfähigkeit**: Die Kommunikationsfähigkeit zielt auf die Eigenschaften der Händler ab, mit Geschäftspartnern verschiedenster menschlicher Ausprägungen *kommunizieren* zu können. Dies ist die unabdingbare Basis für jedes Handelsgeschäft.

V. Meßkriterium des *Verhaltens gegenüber Geschäftspartnern* und zugehörige Frühindikatoren

Als letztes Meßkriterium zur Konkretisierung der Personalqualität von Rohstoff- und Produkthändlern wurde von den befragten Führungskräften das **Verhalten gegenüber Geschäftspartnern** angeführt. Sie umfaßt folgende Frühindikatoren:

- **Stabilität des Geschäftspartnerstamms**: Die Stabilität des Geschäftspartnerstamms stellt auf die zahlenmäßige Kontinuität der Geschäftspartner ab und wurde von den Führungskräften als Maß für die *Abhängigkeit* der Händler von einzelnen Geschäftspartnern angesehen.

- **Dauer der Geschäftsbeziehungen / Marktanteil bei einzelnen Kunden**: Dieser Frühindikator soll die *Kontinuität* und die *Qualität des bestehenden Vertrauensverhältnisses* der Händler zu ihren Geschäftspartnern erfassen.[49]

- **Einhaltung der vereinbarten Kontraktbestimmungen**: Mit diesem Frühindikator galt es, die möglichst *reibungslose* Kontraktabwicklung zu quantifizieren. Sie umfaßt die Anzahl und Art von Reklamationen und Nachverhandlung, um beispielsweise fällige Strafen oder Nachbesserungen zu vermeiden. Als mögliche Nachverhandlungspunkte sind u.a. abweichende Gewichte der Lieferung, die Einhaltung der Lieferzeiten und der Anteil von NE-Metallen wie Kupfer, Aluminium oder Messing zu nennen.

- **Pflege der Geschäftspartnerbeziehungen**: Mit ihr soll - *unabhängig* von einem konkreten Kontraktabschluß - die Beziehung der Händler zu ihren Geschäftspartnern erfaßt werden. Die Pflege der Geschäftspartnerbeziehungen dient dazu das Vertrauensverhältnis zwischen

---

49) Nach Aussage der Interviewteilnehmer basiert der Handel auf einem Vertrauensverhältnis der Geschäftspartner in die Kompetenz und Leistungsfähigkeit der Händler und des Pilot-Konzerns, das sich über Jahre hinweg entwickeln muß.

den Händlern und Geschäftspartnern zu stärken, um so die Anzahl und das Kontraktvolumen der Anschlußaufträge zu erhöhen.

- **Gehandelte Tonnage / Anzahl der angebotenen Produkte**: Um am Markt als kompetenter Geschäftspartner akzeptiert zu werden und um bessere Vertragskonditionen bei den Geschäftspartnern zu erhalten, ist das Handeln einer „kritischen" *Kontraktmenge* in verschiedenen Bereichen des Pilot-Konzerns unabdingbar. Bei relativ preisstabilen Commodities dient die gehandelte Tonnage als Maß, um über die Größe der Handelspositionen Geld zu verdienen. Daher spielt die gehandelte Tonnage als weiterer Frühindikator der Konkretisierung des Verhaltens gegenüber Geschäftspartnern eine wichtige Rolle. Alternativ zur gehandelten Tonnage wird im Chemikalienhandel des Pilot-Konzerns die *Anzahl der angebotenen Produkte* herangezogen.

3. Beurteilung der Primärinformationen mit der modifizierten Portfolio-Technik

Nachdem mit dem Katalog an Frühindikatoren die Größen zur bedarfsgerechten Informationsversorgung der Konzernleitung herausgearbeitet wurden, sind die benötigten **Primärinformationen** zu beschaffen. Aus Effizienzgründen sind die Kosten ihrer Beschaffung ihrem Nutzen gegenüberzustellen.[50] Als geeignete Methode wurde in den methodologischen Ausführungen die **modifizierte Portfolio-Technik**[51] herausgearbeitet.[52]

Der **Beschaffungsaufwand** der Primärinformationen - so wurde bei der Deskription der modifizierten Portfolio-Technik fundiert[53] - wird mit den Kriterien der *Erreichbarkeit* und *maschinellen Erfaßbarkeit* konkretisiert. Zur **Nutzenbestimmung** wird auf die Gewichtung der einzelnen Frühindikatoren zurückgegriffen.[54]

I. Meßkriterium der *Leistung* und zugehörige Frühindikatoren

Der **Umsatz** der Händlerteams wird von den operativen Vorsystemen der Handelsgesellschaften *täglich* erfaßt und an die Pilot AG gemeldet. Die *Erreichbarkeit* ist somit auf der Skala der

---

50)   Vgl. S. 215 f.
51)   Zu den Evaluierungsergebnissen vgl. S. 227 ff.
52)   Da die empirische Untersuchung zeigte, daß der Beurteilung der Primärinformationen nur eine untergeordnete Bedeutung beigemessen wird, beschränkt sich die Darstellung der Umsetzungsergebnisse auf die Quantifizierung der *Leistung* und des *Qualifikationsstands*. Die Anwendung zur Beurteilung der anderen Meßkriterien erfolgte in der gleichen Art und Weise.
53)   Vgl. S. 225 f.
54)   Vgl. Kap. V.4.2.2., S. 435 ff.

modifizierten Portfolio-Technik von „niedrig", über „neutral" bis „hoch" als *hoch* einzustufen.[55] Da die Primärinformationen - so wird die Umsetzung des SAP BW noch zeigen[56] - ohne Formatierungsprobleme aus den Vorsystemen in das Data Warehouse des Führungsinformationssystems eingeladen werden können, ist auch ihre *maschinelle Erfaßbarkeit* als „*hoch*" einzustufen. Der *Nutzen* des Umsatzes zur Bestimmung der Leistung der Rohstoff- und Produkthändler wird von den befragten Führungskräften als „*niedrig*" beurteilt.[57]

Die *Erreichbarkeit* und *maschinelle Erfaßbarkeit* des **Rohertrags nach Zinsen und Vertriebskosten** wird aus den gleichen Gründen, die zur Beurteilung des Umsatz führten, mit „*hoch*" angesetzt. Auch der *Nutzen* des Rohertrags nach Zinsen und Vertriebskosten wurde von den befragten Führungskräften mit „*hoch*" eingestuft.

Das für die Berechnung der **Risikoeffizienz** benötigte *Value at Risk* kann zwar nicht aus den Vorsystemen der Handelsgesellschaften eingeladen werden. Ihre Berechnung wird aber über das hausinterne Risikoinformationssystem der Pilot AG durchgeführt. Da hierzu komplexe Berechnungen durchzuführen sind und für die abgeleitete Größe der Risikoeffizienz eine entsprechende mathematische Verknüpfung definiert werden muß, wird ihre *Erreichbarkeit* nur mit einer *neutralen Beurteilung* eingestuft. Die Primärinformationen zur Berechnung der Risikoeffizienz können wie die vorangegangenen Größen über die vordefinierte Schnittstelle in das Data Warehouse des Führungsinformationssystems übertragen werden, so daß ihre *maschinelle Erfaßbarkeit* mit einer *hohen Beurteilung* eingestuft wird. Der *Nutzen* der Risikoeffizienz zur Bestimmung der Leistung der Händler wurde von den Führungskräften als „*hoch*" eingestuft.

Der **Personalaufwand**, der als wichtigste Kostengröße des Rohstoff- und Produkthandels herausgearbeitet wurde,[58] wird in den operativen Systemen der Handelsgesellschaften erfaßt und kann leicht über eine Schnittstelle in das Data Warehouse des Führungsinformationssystems eingeladen werden. Seine *Erreichbarkeit* und *maschinelle Erfaßbarkeit* wird daher mit „*hoch*" eingestuft.

Die **Personalintensität**, die sich aus der Division des Personalaufwands und dem Rohertrag nach Zinsen und Vertriebskosten errechnet, erreicht die *gleiche Beurteilung* wie der Personalaufwand. Nur hinsichtlich der *Erreichbarkeit* wird eine Abwertung vorgenommen, da die Personalintensität im Data Warehouse des Führungsinformationssystems berechnet werden muß. In der nachfolgenden Abb. IV - 8 sind die einzelnen Primärinformationen in das Beurteilungsschema der modifizierten Portfolio-Technik eingeordnet.

---

55)   Vgl. S. 226.
56)   Vgl. S. 443 ff.
57)   Vgl. hierzu ausführlich S. 434.
58)   Vgl. S. 423.

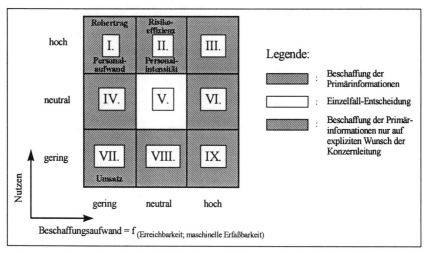

Abb. V - 8: Portfolio zur Beurteilung des Aufwands und Nutzens zu beschaffender Primärinformationen
für das Meßkriterium der Leistung.

Mit Hilfe des vorangegangenen Portfolios können folgende **Handlungsempfehlungen** zur
Beschaffung der Primärinformationen fundiert werden:

• Da der Nutzen des **Rohertrags nach Zinsen und Vertriebskosten** und **Personalaufwands**,
aber auch der Nutzen der **Risikoeffizienz** und **Personalintensität** mit „hoch" eingestuft
wurde (Quadranten I. und II.), sind die benötigten Primärinformationen unabhängig von
ihrem Aufwand zu beschaffen.

• Zwar wurde der Beschaffungsaufwand des **Umsatzes** (Quadrant VII.) als „niedrig" eingestuft. Sein Nutzen wurde aber ebenfalls mit „gering" beurteilt, so daß diese Primärinformationen - aufgrund der in den methodologischen Ausführungen fundierten Handlungsempfehlungen - nur auf expliziten Wunsch der Konzernleitung zu beschaffen sind.

II. Meßkriterium des *Qualifikationsstands* und zugehörige Frühindikatoren

Im Rahmen der Informationsbedarfsanalyse wurde der Qualifikationsstand der Rohstoff- und
Produkthändler als wichtige Voraussetzung für ein erfolgreiches Handelsgeschäft heraus-
gearbeitet. Die **Vorbildung** wird in keinem der Informationssysteme des Pilot-Konzerns
erfaßt. Ihre *Erreichbarkeit* und *manuelle Erfaßbarkeit* ist deshalb mit *„gering"* einzustufen.
Der *Nutzen* der Vorbildung zur Bestimmung des Qualifikationsstands der Rohstoff- und
Produkthändler wurde von den Führungskräften mit *„neutral"* beurteilt.[59]

---

59) Vgl. Abb. V - 10, S. 436.

Die **Berufserfahrung im Handel** wird im Personalinformationssystem des Pilot-Konzerns gepflegt. Ihr Beschaffungsaufwand wird daher mit einer *niedrigen Beurteilung* belegt. Der *Nutzen* der Berufserfahrung im Handel wurde für die Bestimmung des Qualifikationsstands der Händler mit „*hoch*" eingestuft.[60]

Die **Auslandserfahrung** und Anzahl und Dauer der **Job-Rotation** wird nur „händisch" von der Personalabteilung gepflegt. Für eine EDV-technische Nutzung müßten sie in das Personalinformationssystem eingegeben werden. Ihr *Beschaffungsaufwand* wird daher mit „*neutral*" eingestuft. Der *Nutzen* der Auslandserfahrung wurde von den befragten Führungskräften mit „*neutral*", Informationen über die Anzahl und Dauer der Job-Rotation sogar nur mit „*gering*" eingestuft.

Unter den **Zusatzqualifikationen** werden EDV-Kenntnisse, insbesondere aber auch verschiedene Sprachen sowie Kenntnisse über Finanzierungsprodukte und grundlegende juristische Sachverhalte zusammengefaßt.[61] Zwar wissen die Geschäftsführer über die Zusatzqualifikationen ihrer Händler Bescheid, diese Primärinformationen sind aber nur handschriftlich niedergelegt, so daß der *Beschaffungsaufwand* mit „*neutral*" eingestuft wird. Ihr *Nutzen* zur Quantifizierung des Qualifikationsstands der Händler wird hingegen als „*hoch*" erachtet.

Der *Nutzen* der **Geschäftspartnerkontakte** wird von den Führungskräften mit „*hoch*" beurteilt. Er kann aber nur schwer über die Anzahl der Besuche oder Telefonate erfaßt werden, so daß ihr *Beschaffungsaufwand* ebenfalls als „*hoch*" einzustufen ist.

In Analogie zu den vorangegangenen Ausführungen können mit der nachfolgenden Portfolio-Darstellung folgende **Empfehlungen** zur Informationsbeschaffung abgeleitet werden:

• Die Primärinformationen zur Bestimmung der **Berufserfahrung im Handel**, der **Zusatzqualifikationen** und **Geschäftspartnerkontakte** sind trotz ihres zum Teil hohen Beschaffungsaufwands den Führungskräften zur Verfügung zu stellen. Dies läßt sich damit fundieren, daß sie wichtige Informationen darstellen, die für die Aufgabenerfüllung der Konzernleitung faktisch *unentbehrlich* sind.

• Der Nutzen der Primärinformationen zur Bestimmung der **Auslandserfahrung** wurde mit „neutral" eingestuft. Da dem ein neutraler Beschaffungsaufwand gegenübersteht, sollte eine Einzelfallentscheidung in Zusammenarbeit mit den Führungskräften getroffen werden.

• Aufgrund ihres hohen Beschaffungsaufwands und geringen Nutzens zur bedarfsgerechten Informationsversorgung der Konzernleitung sind die Primärinformationen zur Bestimmung der Anzahl und Art der **Job-Rotationen** nur auf expliziten Wunsch der Konzernleitung zu beschaffen.

---

60) Vgl. Abb. V - 10, S. 436.
61) Vgl. S. 423.

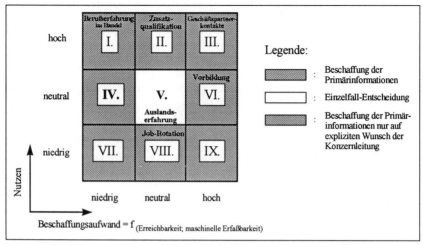

Abb. V - 9:   Portfolio zur Beurteilung des Aufwands und Nutzens zu beschaffender Primärinformationen
           für das Meßkriterium des Qualifikationsstands.

4.   Informationsaufbereitung mit der Erfolgs-faktoren-basierten Balanced Scorecard

Im Anschluß an die Informationsbedarfsanalyse und die Klärung der hierzu benötigten Primär-informationen müssen - wie bereits bei der Fundierung der sequentiellen Methodenverkettung dargelegt wurde[62] - die eruierten Frühindikatoren so **aufbereitet** werden, daß sie dem *kog-nitiven Arbeitsstil* der Konzernleitung der Management-Holding entsprechen.

4.1.   Anwendungskonzept

Als geeignetes Instrumentarium wurde die **Erfolgsfaktoren-basierte Balanced Scorecard** entwickelt. Mit ihr sollen die in der Informationsbedarfsanalyse eruierten Meßkriterien und Frühindikatoren zu einem **strategieorientierten Kennzahlensystem** zusammengefügt werden.[63] Insbesondere wird dargelegt, wie die für die Kennzahlensysteme charakteristischen **Verknüpfungen** und **Gewichtungen** herausgearbeitet werden können.

---

62)   Vgl. S. 168 ff.
63)   Vgl. hierzu auch die methodologischen Ausführungen, S. 256 ff.

Im Rahmen der Fallstudie erwies sich ein zweistufiges Anwendungskonzept als sinnvoll. Zunächst mußten die Führungskräfte daher in einem dritten Interview der Fallstudie - die beiden ersten Interviews wurden im Rahmen der Informationsbedarfsanalyse geführt[64] - Angaben zur **Gewichtung der Meßkriterien** machen.[65] Danach waren die **Verknüpfungen** der Frühindikatoren mit dem übergeordneten Meßkriterium zu fundieren.[66]

Da sowohl die Bedeutung der Meßkriterien auf die übergeordneten Erfolgsfaktoren als auch die Bedeutung der Frühindikatoren auf die Meßkriterien unterschiedlich waren, schloß sich an die Interviews eine **Analysearbeit** an. Zur *Dekomposition der Meßkriterien* wurden die für die Erfolgsfaktoren-basierte Balanced Scorecard entwickelten **Datenblätter** - ein Exemplar befindet sich in der nachfolgenden Abb. V - 10 - verwendet. Ihr Aufbau läßt sich wie folgt zusammenfassen:[67]

- Neben den herausgearbeiteten **Frühindikatoren** sind deren **Ausprägungen** dargestellt. Hierbei wird auf die in den methodologischen Ausführungen entwickelte *Beurteilungstafel* zurückgegriffen. Mit ihrer Hilfe werden die Ausprägungen der Frühindikatoren auf einer Ratingskala von 1 „sehr gering" bis 5 „sehr hoch" beurteilt.[68]

- In der dritten und vierten Spalte werden die von den Führungskräften angegebenen **Soll- und Ist-Werte** eingetragen. Sie werden in Kap. V.6. zur Entwicklung eines entsprechenden Anreizschemas herangezogen.

- Die fünfte Spalte umfaßt die **Gewichtung** der Frühindikatoren.

- In der sechsten und siebten Spalte werden die **gewichteten Soll- und Ist-Werte** erfaßt. Sie ergeben sich aus der zeilenweisen Multiplikation der Soll- und Ist-Werte mit den entsprechenden Gewichtungen.

- Die gewichteten Soll- und Ist-Werte werden durch Addition zu einem Wert **verdichtet**, der die **Gesamtbeurteilung** des analysierten Meßkriteriums repräsentiert.

---

64) Vgl. S. 412 ff.

65) Vgl. hierzu die Ausführungen zur Definition mathematischer Verknüpfungen einer Erfolgsfaktoren-basierten Balanced Scorecard, S. 263 ff.

66) Als Gesprächsgrundlage dienten die in der Informationsbedarfsanalyse herausgearbeiteten Meßkriterien und Frühindikatoren. Sie wurden den Führungskräften einige Tage vor den Interviews zugeschickt, so daß sie sich gezielt auf das Interview vorbereiten konnten.

67) Vgl. ausführlich S. 265 f.

68) Vgl. S. 264 f.

4.2. Erfolgsfaktoren-basierte Balanced Scorecard „Personalqualität"

Im Rahmen der Informationsbedarfsanalyse wurde die **Personalqualität** der Rohstoff- und Produkthändler als wichtigster strategischer Erfolgsfaktor des Pilot-Konzerns herausgearbeitet.[69] Im folgenden wird aufgezeigt, wie eine entsprechende **Erfolgsfaktoren-basierten Balanced Scorecard** ausgestaltet werden kann.

Ihre Entwicklung bedingte besondere Schwierigkeiten. Zum einen waren einige Frühindikatoren wie die Charaktereigenschaften nur schwer zu *skalieren*. Zum anderen unterlagen die zu berücksichtigenden Anforderungen einer *großen Spannbreite*, da sich die Interviewpartner aus verschiedenen Handelsbereichen - Chemikalienhandel und -distribution sowie NE-Altmetallhandel[70] - zusammensetzten. Um dennoch zu repräsentativen Ergebnissen zu kommen, wurde mit dem statistischen Verfahren des arithmetischen Mittelwerts gearbeitet.[71] So konnte ein *repräsentativer Durchschnittswert* eruiert werden. Damit die Facetten der einzelnen Untersuchungsbereiche nicht „verloren" gehen, werden Angaben mit großer Standardabweichung stets kommentiert.

4.2.1. Kernteil: Finanzielle Kennzahlen

Ob ein Händler für den internationalen Rohstoff- und Produkthandel geeignet ist oder nicht, zeigt sich letztendlich in seiner **Leistung**. Deshalb wurde der **Rohertrag nach Zinsen und Vertriebskosten** als wichtigste Kernergebnismeßgröße angeführt.

Daneben spielt das mit der Handelsposition eingegangene Risiko eine entscheidende Rolle. Die **Risikoeffizienz**, d.h. der Rohertrag nach Zinsen und Vertriebskosten im Verhältnis zum Value at Risk,[72] wurde daher als zweite Kennzahl in den Finanzteil der Erfolgsfaktoren-basierten Balanced Scorecard eingestellt.

Zur Kosten-/Nutzen-Betrachtung wurde die **Personalintensität**, d.h. der Personalaufwand / Rohertrag nach Zinsen und Vertriebskosten, ausgewählt.

Der **Umsatz**, der von wenigen Führungskräften als Maß für das Engagement am Markt und die Höhe der eigenen Handelsposition angeführt wurde, kam nicht nur im Rahmen der Effizienz-

---

69) Vgl. Abb. V - 6, S. 419.
70) Zur Auswahl der Führungskräfte vgl. S. 415 ff.
71) Zur Fundierung dieser Vorgehensweise vgl. S. 264 f.
72) Vgl. hierzu S. 423.

betrachtung der Informationsbeschaffung auf den letzten Platz.[73] Auch von den befragten Führungskräften wurde ihm nur eine vernachlässigbare Bedeutung zuerkannt.[74] Er wird daher in der Erfolgsfaktoren-basierten Balanced Scorecard des Pilot-Konzerns *nicht* berücksichtigt.

4.2.2. Frühindikatoren

Für die *antizipative Konzernführung* wurden neben den finanziellen Kennzahlen **Frühindikatoren** in die Erfolgsfaktoren-basierte Balanced Scorecard des Pilot-Konzerns eingebaut. Sie sind nach den in der Informationsbedarfsanalyse herausgearbeiteten *Meßkriterien* gruppiert, erfassen die für die Führungskräfte relevanten Sichtweisen auf die eruierten Erfolgsfaktoren und lassen sich wie folgt zusammenfassen.

4.2.2.1. Qualifikationsstand

Insbesondere am Anfang der Händlertätigkeit - so die Interviewteilnehmer - hat die **Vorbildung** eine große Bedeutung. Hinsichtlich ihrer Gewichtung ist bemerkenswert, daß das befragte Vorstandsmitglied diese Größe mit einer Gewichtung von 30% deutlich höher als die Geschäftsführer der operativen Einheiten einstufte.[75] Als arithmetisches Mittel der Vorbildung in bezug auf seine Bedeutung für den Qualifikationsstand errechnete sich ein Wert von **20 %**.

Alle Geschäftsführer nannten die **Berufserfahrung im Handel** als wichtigstes Kriterium zur Konkretisierung des Qualifikationsstands der Rohstoff- und Produkthändler. Sie errang - wie in der nachfolgenden Abb. V - 10 dargestellt ist - Einzelgewichtungen von mindestens 30%. Nur das befragte Vorstandsmitglied stufte diesen Frühindikator niedriger - sogar hinter der Vorbildung - ein. Nichtsdestotrotz kam die Berufserfahrung im Handel auf einen arithmetischen Mittelwert von **31,7 %** und zählt im Pilot-Konzern als wichtigste Größe zur Quantifizierung des Qualifikationsstands der Rohstoff- und Produkthändler.

Hinsichtlich der Bedeutung von **Auslandserfahrungen** für den Qualifikationsstand der Rohstoff- und Produkthändler gingen die Meinung weit auseinander: Während bei der Chemikaliendistribution diese Größe nur mit 5 % gewichtet wurde, erreicht sie im NE-Altmetallhandel

---

73)   Vgl. S. 430.

74)   So wurde im NE-Altmetallhandel angeführt, daß der Umsatz von der Höhe der Rohstoffpreise abhängt. Ist er hoch, zieht auch der Umsatz mit entsprechenden Altmetallen an. Der Umsatz sollte daher - wenn überhaupt - nur auf Verlangen der Führungskräfte bereitgestellt werden.

75)   Sie gaben dieser Informationsbedarfsgröße nur eine Gewichtung von 10 - 25 %.

eine als durchschnittlich einzustufende Gewichtung von 15 %.[76] Insgesamt errechnete sich ein arithmetischer Mittelwert von **10 %**.

Job-Rotationen erleichtern das Verstehen von Zusammenhängen und fachübergreifendem Wissen. Ihre Bedeutung in bezug auf den Qualifikationsstand der Rohstoff- und Produkt- händler wurde durchgehend mit einer geringen Beurteilung von 5 % eingestuft. Entweder ist wie im NE-Altmetallhandel eine Job-Rotation nicht gewünscht - eine Gewichtung von 0 % war die Folge - oder alle Händler müssen sich schon in ihrer Ausbildung mit allen zu handelnden Commodities auskennen. Als arithmetischer Mittelwert errechnete sich ein sehr geringer Wert von **3,3%**.

Früh- indikatoren	Mögliche Ausprägungen					Soll-Wert (1 - 5)	Ist-Wert (1 - 5)	Gewichtung untereinander [%]	Gewichteter Soll-Wert	Gewichteter Ist-Wert
a) Vorbildung	1	2	3	4	5	3,42	2,50	20,0 %	0,68	0,50
b) Berufserfahrung im Handel	1	2	3	4	5	3,83	4,83	31,7 %	1,21	1,53
c) Auslands- erfahrung	1	2	3	4	5	2,75	1,83	10,0 %	0,28	0,18
d) Job-Rotation	1	2	3	4	5	...	...	3,3 %	...	...
e) Zusatzqualifikation (EDV, Sprachen, Finanzierung)	1	2	3	4	5	...	...	15,4 %	...	...
f) Geschäftspartner- kontakte	1	2	3	4	5	...	...	19,6 %	...	...
Gesamtbeurteilung des Qualifikationsstands:								100 %	3,79	3,46

Abb. V - 10:   *Kennzahlenblatt zur Dekomposition des Qualifikationsstands von Rohstoff- und Produkt- händlern.*

Die Bedeutung der **Zusatzqualifikation** erreicht eine als durchschnittlich einzustufende Ge- wichtung von **15,4%**. Die Anforderungen differierten aber zum Teil erheblich. Im Chemika- lienhandel steht die Erfahrung mit EDV-Systemen im Vordergrund. Im NE-Altmetallhandel dominieren aufgrund der zunehmenden Internationalisierungsbemühungen eher die Sprach- kenntnisse.

Abschließend wurden die Führungskräfte nach der Bedeutung der **Geschäftspartnerkontakte** befragt. Die Geschäftsführer der operativen Einheiten sehen darin ein wichtiges Kriterium.

---

76)   Dies ist auf die zunehmenden Internationalisierungsbestrebungen in diesem Bereich des Pilot-Konzerns zurückzuführen.

Diese Einschätzung wurde in der Fallstudie durch einen als hoch einzustufenden arithmetischen Mittelwert von **19,6%** zum Ausdruck gebracht.

4.2.2.2. Mitarbeitermotivation

Neben dem Qualifikationsstand wurde als weiteres Kriterium zur Quantifizierung der Personalqualität die **Mitarbeitermotivation** herausgearbeitet. Die Gewichtung der Frühindikatoren stellt sich wie folgt dar:

Unzufriedene Mitarbeiter werden über kurz oder lang den Pilot-Konzern verlassen. Dies führt im Rohstoff- und Produkthandel nicht nur zu einem „Know-How"-Verlust. Schwerer wiegt die Tatsache, daß ausscheidende Händler in der Regel ihre Geschäftspartner mit zu Konkurrenzunternehmen nehmen. Die **Fluktuationsrate** wurde daher von den Geschäftsführern mit einer sehr hohen Gewichtung zwischen 20 bis 40 % eingestuft.[77] Lediglich das befragte Vorstandsmitglied stufte die Bedeutung dieses Kriterium nur mit 5 % ein. Er strebt sogar eine angemessene, über die natürliche Fluktuationsrate hinausgehende Größe an. Als arithmetischer Mittelwert ergab sich ein Wert von **27,1 %**. Die Fluktuationsrate ist somit die wichtigste Größe, um die Mitarbeitermotivation im Pilot-Konzern zu erfassen.

Eine Ausdrucksform der Mitarbeitermotivation ist - so die befragten Führungskräfte - die Höhe der **Krankenquote**. Eine hohe Krankenquote kann - von ernsthaften Krankheiten abgesehen - als Frühindikator für eine geringe Motivation der Händler angesehen werden. Mit Ausnahme des befragten Vorstandsmitglieds wurde die Krankenquote im Vergleich zur Fluktuationsrate aber deutlich niedriger eingestuft. Als arithmetischer Mittelwert ergab sich eine Gewichtung von **13,3 %**.

Die Anzahl der **Versetzungswünsche** stellt auf das Betriebsklima ab. Ihre Bedeutung wurde im Pilot-Konzern als gering eingestuft, wobei es Unterschiede in der Argumentation gab. Während im NE-Altmetallhandel Versetzungswünsche aufgrund der geringen Händleranzahl keinen Sinn machen, ist ihre Bedeutung bei der Chemikaliendistribution durchaus erkennbar. Ein arithmetischer Mittelwert von **7,1 %** zeigt jedoch, daß Versetzungswünsche als Kriterium zur Beurteilung der Mitarbeitermotivation im Pilot-Konzern als eher gering bewertet werden.

Wie ein **leistungsabhängiges Gehalt** von den Händlern akzeptiert wird, spiegelt nach Aussage der Führungskräfte schon eher die herrschende Mitarbeitermotivation wieder. Während die befragten Geschäftsführer dieser Größe eine durchschnittliche Bedeutung zwischen 5 und 20 % zumessen, stellt sie für das befragte Vorstandsmitglied die herausragende Größe zur Messung

---

77) Zwei Geschäftsführer sagten, die Personalkontinuität sei eine der großen Stärken des Pilot-Konzerns. Sie ist der wichtigste Frühindikator für die Mitarbeitermotivation im Pilot-Konzern.

der Mitarbeitermotivation dar (Gewichtung von 45 %). Werden die Einzelgewichtungen zusammengefaßt, ergibt sich ein arithmetischer Mittelwert von **18,3 %**.

Die **Übernahme von Sonderaufgaben** soll die Einsatzbereitschaft der Händler und ihre Einstellung zu mehr Verantwortung im Pilot-Konzern quantifizieren.[78] Dies beinhaltet auch die Übernahme von Sonderaufgaben. Hinsichtlich ihrer Bedeutung zeigt sich ein heterogenes Bild. Während ein Geschäftsführer einen Wert von 30 % vergab, spielte dies für die anderen Interviewteilnehmer eine sehr geringe Bedeutung. Die Angaben schwankten zwischen 5 und 30 %. Der arithmetische Mittelwert errechnete sich zu **15 %**.

Als Indikator für die Motivation der Händler wurde letztendlich die **Nutzung ihres händlerischen Freiraums** analysiert. Sie wurde als Maß für das *„Unternehmertum"* angeführt und soll das selbstverantwortliche Handeln erfassen. Hierbei geht es unter anderem um das Suchen und Erschließen innovativer Handelsprodukte und -märkte. Dieser Größe kommt nach Meinung des befragten Vorstandsmitglieds mit einer Gewichtung von 35 % eine hohe Bedeutung zu. Aber auch die Geschäftsführer erkennen diese Größe als Frühindikator der Mitarbeitermotivation an. Einzig in der Chemikaliendistribution wird die Bedeutung des händlerischen Freiraums als gering eingestuft. Als arithmetischer Mittelwert ergab sich eine Gewichtung von **19,2 %**.

Früh- indikatoren	Mögliche Ausprägungen					Soll-Wert (1 - 5)	Ist-Wert (1 - 5)	Gewichtung untereinander [%]	Gewichteter Soll-Wert	Gewichteter Ist-Wert
a) Fluktuationsrate	1 ...	2 ...	3 ...	4 ...	5 ...	4,92	4,75	27,1 %	1,33	1,29
b) Krankenquote	1 ...	2 ...	3 ...	4 ...	5 ...	4,92	4,67	13,3 %	0,66	0,62
c) Versetzungs- wünsche	1 ...	2 ...	3 ...	4 ...	5 ...	2,17	2,42	7,1 %	0,15	0,17
d) Akzeptanz eines leistungsabhängigen Gehalts	1 ...	2 ...	3 ...	4 ...	5 ...	...	...	18,3 %	...	...
e) Übernahme von Sonderaufgaben	1 ...	2 ...	3 ...	4 ...	5 ...	...	...	15,0 %	...	...
f) Nutzung des händ- lerischen Freiraum	1 ...	2 ...	3 ...	4 ...	5 ...	...	...	19,2 %	...	...
Gesamtbeurteilung der Mitarbeitermotivation:								100 %	4,05	3,75

Abb. V - 11:   Kennzahlenblatt zur Dekomposition der Mitarbeitermotivation von Rohstoff- und Produkthändlern.

---

78)   Vgl. hierzu S. 426.

4.2.2.3. Persönlichkeitsprofil

Handelsgeschäfte sind - so wurde bereits dargelegt - mit einer Vielzahl von Risiken verbunden. In bezug auf das Persönlichkeitsprofil der Rohstoff- und Produkthändler war daher das **Risikobewußtsein** der Händler zu analysieren. Ihre Bedeutung wurde von den Interviewpartnern unterschiedlich eingestuft. Im Chemikalienhandel erhielt sie eine Gewichtung von 40 %. Im NE-Altmetallhandel hat sie eine etwas niedrigere Bedeutung. Sie wurde mit 20 bis 35 % eingestuft. Im Distributionsgeschäft spielt sie sogar eine sehr geringe Bedeutung (Gewichtung von 10 %). Hieraus errechnete sich ein arithmetischer Mittelwert von **28,3 %**.

Als weiteres Kriterium zur Quantifizierung des Persönlichkeitsprofils der Rohstoff- und Produkthändler wurden ihre **Charaktereigenschaften** eruiert. Sie erreichten einen arithmetischen Mittelwert von **25,8 %**. Zur reibungslosen Kontrakterfüllung müssen die Händler im Pilot-Konzern eine Vielzahl von Kontakten zu **Abwicklern** und **Lageristen** pflegen. Sie haben deshalb - so führten die Interviewteilnehmer aus - im **Team** zu arbeiten. Die Bedeutung der Teamorientierung wurde von den Führungskräften zwischen 20 und 40 % eingestuft. Es errechnete sich ein arithmetischer Mittelwert von **25 %**.

Das Anbahnen und die Abwicklung von Handelsgeschäften bedingt eine intensive Kommunikation mit den Geschäftspartnern. Die Händler müssen also nicht nur „nach innen" zu den Abwicklern und Lageristen, sondern auch „nach außen" **kommunikationsfähig** sein. Über die Bedeutung dieses Frühindikators herrschte hohe Einigkeit. Der arithmetische Mittelwert beträgt **20,8 %**.

Früh- indikatoren	Mögliche Ausprägungen					Soll-Wert (1 - 5)	Ist-Wert (1 - 5)	Gewichtung untereinander [%]	Gewichteter Soll-Wert	Gewichteter Ist-Wert
a) Risikobewußtsein	1	2	3	4	5	4,17	3,83	28,3 %	1,18	1,09
b) Charakter- eigenschaften	1	2	3	4	5	4,42	3,83	25,8 %	1,14	0,99
c) Teamorientierung	1	2	3	4	5	...	...	25,0 %	...	...
d) Kommunikations- fähigkeit	1	2	3	4	5	...	...	20,8 %	...	...
Gesamtbeurteilung des Persönlichkeitsprofils:						100 %			4,35	3,77

Abb. V - 12: *Kennzahlenblatt zur Dekomposition des Persönlichkeitsprofils von Rohstoff- und Produkthändlern.*

4.2.2.4. Verhalten gegenüber Geschäftspartnern

Als wichtiger Frühindikator zur Beurteilung des Verhaltens gegenüber Geschäftspartnern wurde die **Stabilität des Geschäftspartnerstamms** herausgearbeitet. Sie erreichte einen arithmetischen Mittelwert von **26,7 %**. Je höher die Anzahl der Geschäftspartner, um so „breiter" kann das Handelsgeschäft der Pilot-Konzerns angelegt werden.

Aber auch die durchschnittliche **Dauer der Geschäftsbeziehungen** bzw. der **Umsatzanteil bei einem Geschäftspartner** kann als Frühindikator für das Verhalten gegenüber Geschäftspartnern angesehen werden. Im Vergleich zur Stabilität des Geschäftspartnerstamms kommt ihr jedoch eine geringe Bedeutung zu. Sie wurde von den Führungskräften mit einem arithmetischen Mittelwert von **23,3 %** eingestuft.

Des weiteren wird das Verhalten gegenüber Geschäftspartnern maßgeblich durch die **Einhaltung der Kontraktpunkte** bestimmt. Dieser Frühindikator wurde von den Geschäftsführern hinsichtlich ihrer Bedeutung zwischen 15 und 30 % eingestuft. Sie liegt damit deutlich über der Einstufung des befragten Vorstandsmitglieds, der diesem Kriterium eine Gewichtung von 12,5 % gab. Das arithmetische Mittel errechnete sich zu **22,1 %**.

Früh- indikatoren	Mögliche Ausprägungen					Soll-Wert (1 - 5)	Ist-Wert (1 - 5)	Gewichtung untereinander [%]	Gewichteter Soll-Wert	Gewichteter Ist-Wert
a) Stabilität des Geschäftspartner- stamms	1	2	3	4	5	4,33	3,58	26,7 %	1,16	0,96
b) Dauer/Umsatzanteil der Geschäfts- beziehungen	1	2	3	4	5	4,83	4,00	23,3 %	1,13	0,93
c) Einhaltung der Kontraktpunkte (=> Reklamationen)	1	2	3	4	5	4,75	3,75	22,1 %	1,05	0,83
d) Pflege der Geschäfts- partnerbeziehungen	1	2	3	4	5	...	...	19,6 %	...	...
e) gehandelte Tonnage /Anzahl der gehand. Produkte	1	2	3	4	5	...	...	8,3 %	...	...
Gesamtbeurteilung des Verhaltens gegenüber Geschäftspartnern:								100 %	4,55	3,70

Abb. V - 13:   Kennzahlenblatt zur Dekomposition des Verhaltens gegenüber Geschäftspartnern in bezug auf Rohstoff- und Produkthändler.

Die **Pflege der Geschäftspartnerbeziehungen** wurde als weiterer Frühindikator herausgearbeitet. Ihre Gewichtung ergab ein heterogenes Bild. Während sie im Chemikalienhandel nur eine geringe Gewichtung erhielt, wurde sie im NE-Altmetallhandel als sehr wichtiges Instrumentarium angesehen, die Geschäftspartnerzufriedenheit zu gewährleisten. Der arithmetische Mittelwert ergab sich zu **19,6 %**.

Die **gehandelte Tonnage** bzw. die **Anzahl der gehandelten Produkte** wurde als letzte Größe zur Konkretisierung des Verhaltens gegenüber den Geschäftspartnern herausgearbeitet. Sie hat für die befragten Führungskräfte aber eine nur untergeordnete Bedeutung, was sich in einem arithmetischen Mittelwert von **8,3 %** wiederspiegelt.

4.2.3. Zusammenfassende Darstellung

In einem letzten Schritt sind die herausgearbeiteten Meßkriterien hinsichtlich ihrer Bedeutung für den Erfolgsfaktor der Personalqualität zu gewichten. In der nachfolgenden Abb. V - 14 sind die Ergebnisse der Interviews zusammengefaßt.

In den Zeilen sind die einzelnen Meßkriterien abgetragen. In den Spalten sind die Gewichtungsangaben der Interviewteilnehmer dargestellt. Die letzte Spalte beinhaltet den errechneten arithmetischen Mittelwert.

Gewichtung der Meßkriterien hinsichtlich ihrer Bedeutung für die Personalqualität							
Meß-kriterien / Führungs-kräfte	Vorstand	Geschäfts-führer$_1$	Geschäfts-führer$_2$	Geschäfts-führer$_3$	Geschäfts-führer$_4$	Geschäfts-führer$_5$	arithmetischer Mittelwert
Qualifikations-stand	25 %	30 %	35 %	25 %	30 %	20 %	27,5 %
Mitarbeiter-motivation	20 %	20 %	15 %	25 %	30 %	20 %	21,7 %
Persönlichkeits-profil	35 %	25 %	30 %	25 %	20 %	35 %	28,3 %
Verhalten gegenüber Geschäftspartnern	20 %	25 %	20 %	25 %	20 %	25 %	22,5 %
Summe	100 %	100 %	100 %	100 %	100 %	100 %	100 %

Abb. V - 14:   *Gewichtung der Meßkriterien hinsichtlich ihrer Bedeutung für die Personalqualität von Rohstoff- und Produkthändlern.*

Als wichtigstes Meßkriterium zur Konkretisierung der Personalqualität der Rohstoff- und Produkthändler wurde das **Persönlichkeitsprofil** eingestuft. Von den Führungskräften wurde hierzu angeführt, daß der Rohstoff- und Produkthandel ein *Personengeschäft* sei, das stark von persönlichen Beziehungen der Händler mit ihren Geschäftspartnern abhängt. Den zweiten Platz erreichte der **Qualifikationsstand**. Seine Nennung wurde damit fundiert, daß er die „Basis" für den internationalen Rohstoff- und Produkthandel darstellt, der durch nichts zu ersetzen ist.

Mit einer Gewichtung von 22,5 % folgt das **Verhalten gegenüber Geschäftspartnern**. Die Gewichtung der **Mitarbeitermotivation** ergab sich zu 21,7 %.

In der Abb. V - 15 ist die in der Fallstudie herausgearbeitete **Erfolgsfaktoren-basierte Balanced Scorecard „Personalqualität"** für den Pilot-Konzern dargestellt.

- Mit dem *Rohertrag nach Zinsen und Vertriebskosten*, der *Risikoeffizienz* und der *Personalintensität* umfaßt ihr **Kernteil** die finanziellen Kernergebnismeßgrößen, die zur operativen Planung, Steuerung und Kontrolle des Pilot-Konzerns benötigt werden.

- Im zweiten Teil sind die zugehörigen **Perspektiven** (Meßkriterien) dargestellt. Ihre Anzahl, Ausprägung und Gewichtung ist im Gegensatz zur originären „Harvard"-Balanced Scorecard variabel und konzernindividuell herauszuarbeiten. Die den finanziellen Kennzahlen „vorauslaufenden" **Frühindikatoren** wurden mit ihrer Gewichtung angefügt.[79] Hierbei sei auf die in den methodologischen Ausführungen getroffene Unterscheidung zwischen **Zustandskriterien** (u. a. die Fluktuationsrate, Krankenquote und Versetzungswünsche) und **Stellparametern** (u.a. das leistungsabhängige Gehalt) verwiesen. Die Frühindikatoren sind über mathematische Verknüpfungen mit dem übergeordneten Meßkriterium verbunden, so daß mit Hilfe der Portfolio-Technik u.a. Simulationen sehr leicht zu realisieren sind.

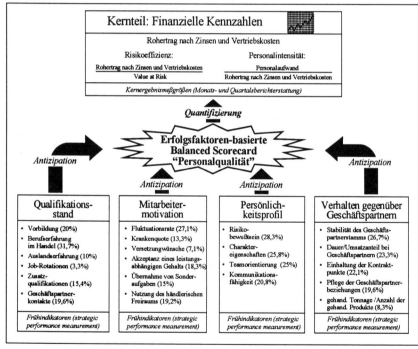

Abb. V - 15:   *Erfolgsfaktoren-basierte Balanced Scorecard „Personalqualität" des Pilot-Konzerns.*

---

79)   Insbesondere bei festgestellten Soll-/Ist-Abweichungen der Kernergebnismeßgrößen sind die Ausprägungen der relevanten „Frühindikatoren" zu berücksichtigen.

5.   Informationsübermittlung mit dem SAP BW

Zur EDV-gestützten Umsetzung effizienter Führungsinformationssysteme für die internationale Management-Holding wird ein **FIS-Generator** benötigt. Als geeignetes Instrumentarium
wurde im Rahmen der methodologischen Ausführungen das **SAP BW** herausgearbeitet.[1]

Da sich die Standardbenutzerschnittstelle des SAP BW nur bedingt zur Darstellung der
Erfolgsfaktoren-basierten Balanced Scorecard eignet, mußten **Anpassungen** vorgenommen
werden. Dieses sogenannte „**Customizing**" bestimmt den Inhalt der Kap. 5.2. - 5.4. Zuvor
wird noch auf die **EDV-technischen Grundlagen und die Systemhandhabung** des Pilot-
Systems eingegangen.

5.1.   EDV-technische Grundlagen und System- handhabung

Zur Implementierung des Führungsinformationssystems stand das **SAP BW** im Release-
Stand 1.2. zur Verfügung. Der Aufbau des BW ist **dreigeteilt**:[2]

• Der *Datenbank-Server* bildet die erste Ebene. Das Führungsinformationssystem der Pilot
  AG greift hierbei auf ein eigenes **Data Warehouse** zu, in dem die Daten aus externen und
  internen Quellen zu einer einheitlichen Datenbasis zusammengeführt werden. Die Daten sind
  in Relationen abgespeichert.

• Um OLAP-Auswertungen durchführen zu können, fügt der *Applikationsserver* die Relationen über Verdichtungs-, Zuordnungs- und Transformationsschritte zusammen. Hierzu
  werden **InfoCubes, InfoObjects** und zugehörige **Queries** definiert.

• Die Systembenutzung des BW kann u.a. über den „**Business Explorer Browser**" realisiert
  werden. Mit ihm werden **Standardberichte** definiert, die insbesondere auf die intuitive
  Benutzung durch Führungskräfte ausgerichtet sind.

Das SAP BW basiert auf einer „**client-server**"-Architektur[3]. Bei seinem Aufruf werden die
Daten vom Datenbank-Server in den Arbeitsspeicher des jeweiligen „client" eingeladen. Der
selektive Zugang der Anwender zu einzelnen Daten und Funktionen des Systems wird über ein
Anwenderkonzept gewährleistet.

---

1)   Vgl. Kap. IV.4.1.3., S. 297 ff.

2)   Vgl. hierzu die Deskription in den methodologischen Ausführungen, S. 294 f.

3)   Zur Charakterisierung einer „client-server"-Architektur vgl. Fußnote 55) des zweiten Kapitels, S. 68.

Das System wird über „Felder" und kontextabhängige Menüs realisiert.[4] Abgesehen vom Anmeldungsbildschirm, in dem der Anwender seine Benutzerkennung und sein persönliches Paßwort eingibt,[5] wird das System - wie die befragten Vorstandsmitglieder in der empirischen Untersuchung forderten - ausschließlich über eine **Maussteuerung** bedient. Eine kontextabhängige **Hilfe** ist über den Menübefehl „?" möglich.

5.2. Anmeldung an die Datenbank und Programm-Selektion

Nachdem das SAP BW durch einen Doppelklick auf das entsprechende Symbol der Windows-Arbeitsfläche gestartet wurde, werden die „clients" mit dem Datenbank-Server verbunden. Die **Anmeldungsmaske** wird angezeigt. Mit ihr wird die Zugriffsberechtigung geprüft. Hierzu muß der Anwender seine *Kennung* und sein frei wählbares *Paßwort* eingeben. Sind die Eingaben zulässig, erscheint der **Selektionsbildschirm**. Er ist in zwei Fenster unterteilt:

* Das Fenster „**Channels**" stellt in einer Baumstruktur die aufzurufenden Berichte dar.[6] Zur individuellen Zusammenstellung von Standardberichten, die für ausgewählte Führungskräfte wichtig erscheinen, sind sogenannte „*Favorits*" vorgesehen. Sie können individuell definiert werden und erscheinen in Abhängigkeit der eingegebenen Benutzerkennung.

* Wird ein Channel mit dem Mauszeiger angeklickt, paßt sich das Fenster „**Cluster**" in seinem Inhalt an und stellt die angeforderten Berichte dar. Als Cluster wird von SAP eine Gruppe inhaltlich ähnlicher Berichte definiert

Neben den Fenstern beinhaltet der Bildschirmaufbau des SAP BW eine **Symbolleiste**. Mit ihr lassen sich schnell und komfortabel Standardberichte bearbeiten. Die verwendeten Symbole haben folgende Bedeutung:

🔲	: Speichern der Favoriten	◈	: Neues Cluster anlegen
▨	: Auffrischen	↩	: Rückgängig
▨	: Neue Arbeitsmappe	?	: Kontextabhängige Hilfe

Abb. V - 16:   Symbolleiste des SAP BW.

---

4)   Vgl. hierzu Kap. V.5.3.1. und V.5.3.2., S. 446 ff.
5)   Vgl. hierzu Kap. V.5.2., S. 444 f.
6)   Denkbar wäre auch eine Gliederung der Berichte nach funktionalen Aspekten wie der Entwicklung, Beschaffung, Produktion und dem Vertrieb.

Durch Anklicken der entsprechenden Channels verzweigt der Benutzer in die Programmteile „Finanzteil", „Risikomanagement", und „Performance Management". Letzterer wurde - wie die nachfolgende Abb. V - 17 zeigt - für die weiteren Ausführungen ausgewählt.

Neben dem Cluster „**Strategie**" mit Standardberichten zu strategischen Zielen sowie strategischen Maßnahmen und Projekten sowie einer Zusammenstellung übergeordneter **Finanzkennzahlen** (u.a. Umsatz, Ergebnis vor Steuern und ROCE[7]) werden die verschiedenen **Erfolgsfaktoren-basierten Balanced Scorecards** aufgeführt. Sie sind nach den eruierten strategischen Erfolgsfaktoren des Pilot-Konzerns gruppiert.

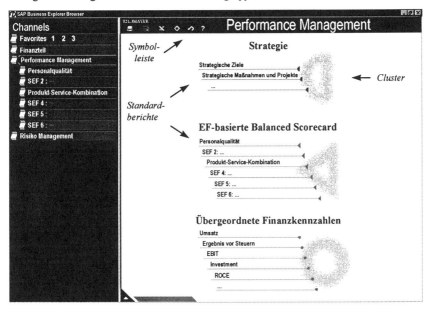

Abb. V - 17:　　Bildschirmmaske „Performance Management".

5.3.　Übersicht über die strategischen Erfolgsfaktoren und ihre Balanced Scorecards

Klickt man auf den Button „Personalqualität" werden die finanziellen **Kernergebnisgrößen** sowie die **Frühindikatoren** der ausgewählten Erfolgsfaktoren-basierten Balanced Scorecards angezeigt. In der nachfolgenden Abb. V - 18 sind die in der Pilotstudie herausgearbeiteten Größen hinsichtlich der „**Personalqualität**" dargestellt. Sie können mit zwei Funktionen analysiert werden.

---

7)　　Zur Definition vgl. S. 409 f.

5.3.1. „Traffic Light-Coding" und Ausnahmeberichterstattung

Der gezielte „Drill-down" auf die untergeordneten Kennzahlenebenen wird durch ein sogenanntes „**Traffic-Light-Coding**"[8] unterstützt. Hierbei kommen die Ampelfarben zur Anwendung:

- Mit einer **roten Markierung** wird das *Über- oder Unterschreiten* eines Ist-Wertes vom entsprechenden Soll-Wert angezeigt.

- Mit einer **gelben Markierung** wird der Anwender auf *Überschreitungen des Schwellenwerts* in Höhe von frei definierten 80% aufmerksam gemacht.

- Eine **grüne Markierung** signalisiert, daß sich der zu überprüfende Ist-Wert außerhalb des
Schwellenbereichs bewegt.

- Ist für einen Frühindikator kein Soll-Wert vorhanden, ist das entsprechende Feld **grau**
hinterlegt.

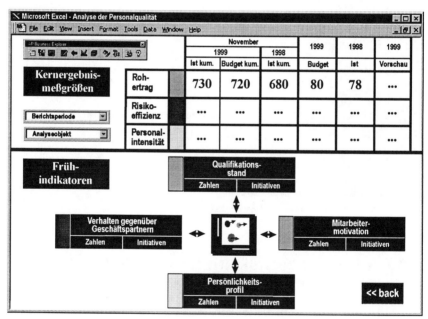

Abb. V - 18:   *Bildschirmmaske „Erfolgsfaktoren-basierte Balanced Scorecard mit Traffic-Light-Coding".*

Durch das „Traffic-Light-Coding" können die Führungskräfte nicht nur auf einen Blick erkennen, welche Frühindikatoren der PILOT AG außerhalb des von ihnen vorgegebenen Soll-

---

8)   Vgl. hierzu S. 327.

Bereichs liegen. Ihnen wird auch ein **Analysepfad** markierter Abweichungen aufgezeigt, der das Auffinden der Abweichungsursachen erleichtert.[9]

Neben der gebräuchlichen Excel-Menüleiste werden vom SAP BW noch **Zusatzfunktionen** angeboten. Sie sind in einer weiteren Symbolleiste „SAP Business Explorer"[10] zusammengestellt. Die Bedeutung der einzelnen Ikonen ist in der Abb. V - 19 wiedergegeben.

📋	: Öffnen eines neuen Standardberichts in Form einer Excel-Arbeitsmappe	🔅	: „Drill-Down- / Drill-Up"-Funktion / Schneide- und Drehtechnik
🗂	: Öffnen eines InfoCatalogs	🎨	: Formatierung des aktuellen Standardberichts (Schriftart, -größe sowie farbliche Markierungen, Hierarchien einrichten)
💾	: Speichern des InfoCatalogs mit Namensvergabe des Standardberichts	🧰	: Werkzeuge des Business Analyser (Standardbericht einfügen, löschen, verschieben und kopieren / Diagramme einfügen)
📝	: Auffrischen des aktuellen Standardberichts	📑	: Einstellen von Optionen (automatisches Auffrischen des aktuellen Standardberichts / Informationen und Verbindung zum SAP BW-Server / rechte Maustaste-Belegung / neue Arbeitsmappe starten)
⬅	: Letzte Manipulation widerrufen	❓	: Hilfsfunktion
📐	: Vereinfachte Definition von Standardberichten		

Abb. V - 19:   *Zusatzfunktionen des SAP BW.*

5.3.2. OLAP-Auswertungen

Im vorangegangenen Beispiel ist - wie die rote Farbe der Anzeige symbolisiert - das Verhalten gegenüber den Geschäftspartnern nicht im vordefinierten Bereich. Die Führungskräfte müssen nach den Abweichungsursachen suchen. Als Ansatzpunkt dienen die Kennzahlen dieses Meßkriteriums. Mit dem Klicken auf den entsprechenden Button öffnet sich ein „**Pulldown"-Fenster**, das sämtliche Kennzahlen dieses Meßkriteriums enthält.

Zu jeder Kennzahl sind **Standardberichte** hinterlegt, mit denen die Führungskräfte strategische Lücken identifizieren und entsprechende Maßnahmen informatorisch fundieren können. Die Auswertungen lassen sich auch **grafisch** anzeigen. In der Abb. V - 20 ist ein möglicher **Auswertungsbildschirm** realisiert. Er zeigt die Dauer der Geschäftsbeziehungen in verschiedenen strategischen Geschäfteinheiten des Pilot-Konzerns an. Es werden die Ist-Werte der Vorperiode mit den Ist-Werten der aktuellen Periode und den Soll-Werten verglichen.

---

9)   Hierbei kann die Abweichungsspannbreite in Abhängigkeit der Anwender individuell eingestellt werden.

10)   Zur Beschreibung der ersten Symbolleiste des SAP BW vgl. Abb. V - 16, S. 444.

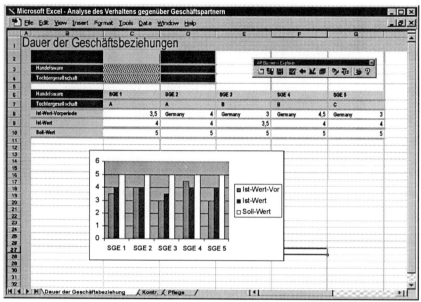

Abb. V - 20:   Bildschirmmaske „OLAP-Auswertung".

5.4. Portfolio-Darstellung

Um die finanziellen Kennzahlen der Erfolgsfaktoren-basierten Balanced Scorecard mit den zugehörigen Meßkriterien verknüpfen zu können, beinhaltet das Pilot-System eine **Portfolio-Darstellung**[11).12)] Zum Aufruf klickt die Führungskraft auf den Button im Übersichtsbildschirm.[13)]

In der Abb. V-21 ist eine **Analysevariante** dargestellt. Als finanzielle Kernergebnismeßgröße wurde der **Rohertrag nach Zinsen und Vertriebskosten** zweier Händlerteams - 1 (hellgrau) und 2 (dunkelgrau) - ausgewählt. Die Höhe wird durch den Kreisradius dargestellt, der Betrag kann aber auch numerisch ausgewiesen werden. Als Determinanten der finanziellen Zielgröße wurden der **Qualifikationsstand** (Abszisse) und die **Mitarbeitermotivation** (Ordinate) herausgegriffen. Die Auswahl der Meßkriterien (Abszissen- und Ordinatenwerte) sind für eine OLAP-Analyse frei wählbar. Hierzu wurden „Pull-Down"-Menüs angelegt.

---

11)   Vgl. Kap. IV.3.3.4.4., S. 266 ff.

12)   Die Portfolio-Technik wird erst durch die mathematischen Verknüpfungen der Erfolgsfaktoren-basierten Balanced Scorecard ermöglicht.

13)   Vgl. hierzu Abb. V - 18, S. 446. Die funktionalen Abhängigkeiten werden durch das Ergebnis der Führungskräftebefragung determiniert.

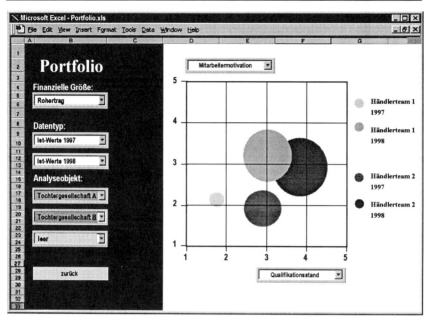

Abb. V - 21:   *Exemplarische Verknüpfung ausgewählter Meßkriterien mit der finanziellen Kerngröße des Rohertrag nach Zinsen und Vertriebskosten in einer Portfolio-Darstellung.*

Mit der Ergebnisvisualisierung wird offensichtlich, daß die Erhöhung des Qualifikationsstands in Verbindung mit der Steigerung der Mitarbeitermotivation in den Jahren 1996 bis 1998 - insbesondere bei Händlerteam 1 der Tochtergesellschaft A - zu einem stark angestiegenen Rohertrag nach Zinsen und Vertriebskosten führte. Der Qualifikationsstand und die Mitarbeitermotivation stellen somit maßgebliche Erfolgsdeterminanten des Rohertrags nach Zinsen und Vertriebskosten im Pilot-Konzern dar.[14] Da sie den finanziellen Größen zeitlich vorgelagert sind, können sie der Konzernleitung zur antizipativen Planung, Steuerung und Kontrolle im Pilot-Konzerns dienen.

Neben der Analyse der Abhängigkeiten zwischen finanziellen Kennzahlen eines strategischen Erfolgsfaktors und den zugehörigen Meßkriterien besteht im entwickelten Pilot-System die Möglichkeit, *„Ist/Ist-", „Soll/Ist-"* und *„Soll/Wird"-Vergleiche,* u.a. zwischen einzelnen Tochtergesellschaften, durchzuführen. Außerdem sind **Simulationen** und **Prognoserechnungen** möglich. Sie verdeutlichen, wie sich die finanziellen Kennzahlen bei Veränderungen der Meßkriterien und ihrer Frühindikatoren voraussichtlich verhalten werden.

---

14)   Allerdings ist zu beachten, daß die dargestellte Entwicklung auch durch andere relevante Einflußfaktoren bedingt sein kann. Längerfristig müßte also etwa durch multiple Regressionsanalysen versucht werden, die unternehmensspezifischen Zusammenhänge aufzudecken. Nach dem dargestellten Konzept ist dies grundsätzlich möglich.

6. Schutz vor Manipulationen durch Anwendung eines wertorientierten Anreizschemas auf Grundlage des Economic Added Value

Neben der Informationsübermittlung wurde der **Schutz vor Störungen und Manipulationen** als zweiter formaler Aspekt effizienter Führungsinformationssysteme für die internationale Management-Holding herausgearbeitet.[15] Ein **wertorientiertes Anreizschema auf Grundlage des Economic Value Added** wurde als beste Methode eruiert. Seine konzeptionelle Erweiterung im Pilot-Konzern soll im folgenden dargestellt werden.

6.1. Erfolgsfaktoren-basierte Meilensteine als Erweiterung eines wertorientierten Anreizschemas

Da die **nachhaltige Steigerung des Konzernwertes** im Mittelpunkt der Konzernpolitik der Pilot AG steht, erscheint es sinnvoll, die variable Vergütung daran auszurichten. Nun macht dies für die oberen Führungsebenen der internationalen Management-Holding durchaus Sinn. Dieser Personenkreis trägt **gesamtunternehmerische Verantwortung**.

Die Führungskräfte der nachgeordneten Ebenen stehen in der Regel aber nur einem ausgewählten Funktionsbereich vor, so daß sie den Konzernwert durch ihre Leistungen nur *indirekt* beeinflussen können. Um dennoch auch sie auf eine wertorientierte Konzernführung auszurichten, kann ein Teil ihrer Vergütung an der Entwicklung **strategischer Erfolgsfaktoren** festgemacht werden.[16]

Problematisch erscheint die Auflösung strategischer Erfolgsfaktoren in **meßbare Leistungsvorgaben**. Des weiteren ist abzuklären, wer die **Leistungsziele**[17] vorzugeben hat.[18] Die erste Problemstellung läßt sich relativ leicht lösen. Als Grundlage der Leistungsziele können die Soll-Größen der Erfolgsfaktoren-basierten **Meßkriterien** und **Frühindikatoren** herangezogen werden. Zur Lösung des zweiten Problemkreises liegt es nahe, daß die Führungskräfte der konzernleitenden Gesellschaft aufgrund ihrer gesamtunternehmerischen Leitungsverantwortung die **Leistungsziele** des Anreizsystems festlegen.

---

15)   Vgl. Kap. V.1.2., S. 409 ff

16)   Dieser konzeptionelle Ansatz ist folgerichtig, da strategische Erfolgsfaktoren als Determinanten des Konzernerfolgs herausgearbeitet wurden. Vgl. Abb. IV - 25, S. 191.

17)   Zu den zahlreichen Interessenkonflikten vgl. ausführlich S. 365 ff.

18)   Auf das Problem der *Manipulation*, wenn die Führungskräfte der Tochtergesellschaften ihre Leistungsziele selbst bestimmen und an die Konzernleitung melden, wurde bereits im Rahmen der Principal-Agent-Theorie eingegangen. Vgl. S. 365 ff.

Da strategische Erfolgsfaktoren langfristig ausgerichtet sind, die Vorgaben eines Anreizsystems aber in kürzeren Zeitintervallen zu überprüfen sind, wurden im Rahmen der Fallstudie **Erfolgsfaktoren-basierte Meilensteine** definiert. Ihre Idee besteht darin, aus den langfristig Zielwerten der strategischen Erfolgsfaktoren kürzerfristige Teilziele abzuleiten, die in ihrer Summe zur Schließung strategischer Lücken dienen. Es kann wie folgt definiert werden:

> **Erfolgsfaktoren-basierte Meilensteine** sind durch Erfolgsfaktoren determinierte Teilziele, die als kurz- bis mittelfristige Vorgaben *schrittweise* zur Schließung strategischer Lücken dienen.

6.2. Umsetzung

Aufgrund der vorangestellten Überlegungen galt es, die wertorientierte Vergütungsausrichtung im Pilot-Konzern mit Erfolgsfaktoren-basierten Vorgaben zu ergänzen. Es wurde ein Anreizschema umgesetzt, das aus einer **Erfolgs-** und einer **Leistungskomponente** besteht.

6.2.1. Bestimmung der Erfolgskomponente

Die Erfolgskomponente des erweiterten wertorientierten Anreizschemas ist direkt an der Steigerung des *EVA* ausgerichtet. Werden durchschnittlich gewichtete Kapitalkosten c* von 7,5 % unterstellt, ergibt sich der Economic Value Added aus der Wertmarge „ROCE - c*" multipliziert mit dem eingesetzten Kapital „r". Der ROCE bestimmt sich aus dem Ertrag des eingesetzten Kapitals „EBIT" dividiert durch das eingesetzte Kapital „capital employed". Die Steigerung des Konzernwertes beträgt im Beispiel 61.716 GE. Die Erfolgskomponente der Führungskräfte richtet sich an dieser Größe aus.

EBIT:		Ergebnis nach Steuern	25.000
	+	Zinsaufwand	90.000
	+	Steuern vom Einkommen und Ertrag	30.000
	=	**EBIT**	**145.000**
capital:		Anlagevermögen	100.000
employed	+	Umlaufvermögen	1.400.000
	./.	Verbindlichkeiten aus Lieferungen und Leistungen	360.000
	./.	Rückstellungen für ausstehende Lieferantenrechnungen	30.000
	=	**capital employed**	**1.110.000**
ROCE	=	EBIT / capital employed	**13,06 %**
c*	=	Durchschnittlich gewichtete Kapitalkosten	**7,5 %**
Wertmarge		ROCE - c*	**5,56 %**
EVA	=	(ROCE – WACC) x capital	**61.716**

Abb. V - 22:   Bestimmungsgrößen des Economic Value Added.

6.2.2. Bestimmung der Erfolgsfaktoren-basierten Leistungskomponente

Zur Bestimmung der Leistungskomponente mußten im Pilot-Konzern zunächst die **Soll- und Ist-Werte** der strategischen Erfolgsfaktoren bestimmt werden.

6.2.2.1. Bestimmung „strategischer Lücken"

Zur Bestimmung strategischer Lücken im Pilot-Konzern diente die **Interviewtechnik**. Da sowohl die Soll- als auch die Ist-Werte von Führungskraft zu Führungskraft differierten, schloß sich an die Interviews eine **statistische Auswertung** an.[19] Zur Darstellung der Umsetzungsergebnisse wird wiederum das Beispiel der **Personalqualität** ausgewählt.[20] Die Bestimmung der Leistungskomponente kann wie folgt untergliedert werden:

I. Qualifikationsstand

Der durchschnittliche **Soll-Wert der Vorbildung** erreichte auf einer Ratingskala von 1 „sehr gering" bis 5 „sehr hoch" einen neutralen Wert. Dies entspricht - so die Abb. V - 23 - dem Schulabschluß des **Abiturs**. In den Interviews wurde von den Geschäftsführern zum Teil angeführt, ein Studium schadet häufig nur, da die Personen dann zu „kompliziert" denken und nicht schnell genug auf die Marktanforderungen reagieren können. Im Gegensatz hierzu steht die Einschätzung des Vorstandsmitglieds. Er vergab eine Einstufung von „sehr hoch" und äußerte sich, daß die Vorbildung der Rohstoff- und Produkthändler nicht hoch genug sein könnte. Der durchschnittliche **Ist-Wert** der Vorbildung beträgt im Pilot-Konzern derzeit 2,5. Dies entspricht einer Schulausbildung zwischen **Realschule und Abitur**.

Der **Soll-Wert** der **Berufserfahrung im Handel** schwankt in Abhängigkeit des Untersuchungsbereichs zwischen *1 bis zwei 2 Jahren* (strategische Geschäftseinheit 1) und *mehr als 5 Jahren* (strategische Geschäftseinheit 3). In der strategischen Geschäftseinheit 2 kann nach Aussage der Geschäftsführer von den Händlern erwartet werden, ab dem zweiten Jahr „Geld zu verdienen"; mehr als drei bis vier Jahre bringen keinen weiteren Wissensvorsprung mehr. Das arithmetische Mittel von 3,83 legt den Soll-Wert der Berufserfahrung im Handel mit **drei bis vier Jahren** fest. Die Berufserfahrung der Händler liegt derzeit mit durchschnittlich über **fünf Jahren** über dem Soll-Wert.

---

19) Zur Dekomposition der Meßkriterien wurden die für die Erarbeitung der Erfolgsfaktoren-basierten Balanced Scorecard entwickelten Kennzahlenblätter verwendet. Vgl. hierzu exemplarisch Abb. V - 10, S. 436.

20) Vgl. hierzu S. 432 f.

Mit Ausnahme der strategischen Geschäftseinheit 1 hätten die Führungskräfte hinsichtlich der Auslandserfahrung gern Rohstoff- und Produkthändler, die - wohl aufgrund des internationalen Handelsgeschäfts - **ein bis zwei Auslandsaufenthalte** vorweisen können. Der **Ist-Wert** von derzeit 1,83 läßt sich als **keinen bis maximal einen Auslandsaufenthalt** interpretieren.

In Hinblick auf die **Job-Rotationen** wurde mit einem arithmetischen Mittelwert von 2,08 **ein Arbeitsplatzwechsel** als ausreichend angegeben. Nur in der strategischen Geschäftseinheit 3 macht eine Job-Rotation keinen Sinn, da die Händler alle Commodities handeln. Der durchschnittliche **Ist-Wert** von **1,33** entspricht faktisch **keinem Auslandsaufenthalt** je Händler.

Die Bedeutung der **Zusatzqualifikation**[21] wird als immer wichtiger werdend eingestuft. Insbesondere vom befragten Vorstandsmitglied wurde dieses Kriteriums hervorgehoben. Insgesamt wurde der **Soll-Wert** aber nur als „hoch" eingestuft.[22] Der **Ist-Wert** erreichte mit einem arithmetischen Mittelwert von **2,83** eine noch schlechtere Einstufung.

Die **Geschäftspartnerkontakte**, die ein Händler bei einem Firmenwechsel mit in den Pilot-Konzern bringt, können - so die Auswertungsergebnisse - faktisch nicht hoch genug sein. Der **Soll-Wert** erreichte mit 4,67 die **höchste Bewertung** in dieser Auswertungskategorie. Der **Ist-Wert** ist mit 3,92 als „hoch" einzustufen.

Früh-indikatoren	Mögliche Ausprägungen	Interviewergebnisse		Strategische Lücke			Prioritäten-Liste
		Soll-Wert (1 - 5)	Ist-Wert (1 - 5)	Diffe-renz	Gewich-tung	gewichtete Differenz	
Vorbildung	1 2 3 4 5	3,42	2,50	0,92	20,0 %	0,18	2
Berufserfahrung im Handel	1 2 3 4 5	3,83	4,83	-1,00	31,7 %	-0,32	6
Auslands-erfahrung	1 2 3 4 5	2,75	1,83	0,92	10,0 %	0,09	4
Job-Rotation	1 2 3 4 5	2,08	1,33	0,75	3,3 %	0,03	5
Zusatz-qualifikation	1 2 3 4 5	4,08	2,83	1,25	15,4 %	0,19	1
Geschäftspartner-kontakte	1 2 3 4 5	4,67	3,92	0,75	19,6 %	0,15	3

Abb. V - 23: Prioritätenliste zum Schluß strategischer Lücken hinsichtlich des Qualifikationsstands der Rohstoff- und Produkthändler.

---

21) Zu den einzelnen Ausprägungen der gewünschten Zusatzqualifikationen vgl. S. 425.
22) Die Anforderungen differierten zum Teil erheblich. Im Chemikalienhandel steht die Erfahrung mit EDV-Systemen im Vordergrund. Aufgrund der zunehmenden Internationalisierungsbemühungen dominieren im Recycling-Bereich die Sprachkenntnisse.

Mit den vorangegangenen Auswertungsergebnissen kann nun eine **Prioritätenliste** erstellt werden, mit der das Anreizsystem zielgerichtet auf das Schließen strategischer Lücken ausgerichtet werden kann. Hierzu wird zunächst die Differenz zwischen den eruierten Soll- und Ist-Werten berechnet. Die Ergebnisse sind in der Spalte „*Differenz*" der vorangegangenen Abb. V - 23 dargestellt. Eine positive Differenz quantifiziert die Größe der offenen strategischen Lücke. Eine negative Differenz zeigt eine Übererfüllung der Soll-Werte an. Da die einzelnen Frühindikatoren eine unterschiedliche Bedeutung für den Qualifikationsstand besitzen, wurde durch das Multiplizieren der Soll-/Ist-Differenz mit ihrer Gewichtung eine „*gewichtete Differenz*" gebildet. Ihre Höhe determiniert die Prioritätenliste.

Hieraus ist erkennbar, daß bei den **Zusatzqualifikationen** der Rohstoff- und Produkthändler die größte gewichtete Soll-/Ist-Differenz vorliegt. Auf den Plätzen zwei und drei folgen die **Vorbildung** und die **Geschäftspartnerkontakte**. Den vierten Platz der Prioritätenliste belegt die **Auslandserfahrung**. Auf den vorletzten Platz kam die **Job-Rotation**. Sie ist daher für ein Anreizsystem eher nachrangig. Der negative Wert der **Berufserfahrung im Handel** zeigt an, daß der Sollwert von drei bis vier Jahren im Pilot-Konzern übererfüllt ist. Die in dem Pilot-Konzern tätigen Rohstoff- und Produkthändler weisen eine höhere Berufserfahrung als die verlangten 3 bis 4 Jahre auf.

II. Mitarbeitermotivation

Neben dem Qualifikationsstand wurde als weiteres Kriterium zur Quantifizierung der Personalqualität die **Mitarbeitermotivation** herausgearbeitet. Da Händler bei Firmenwechsel in der Regel ihre Geschäftspartner mitnehmen, spielt die **Fluktuationsrate** im Rohstoff- und Produkthandel eine wesentliche Rolle. Je niedriger die Fluktuationsrate - so insbesondere die Geschäftsführer der operativen Einheiten - desto besser. Mit einem arithmetischen Mittelwert von **4,67** spielt die Fluktuation im Pilot-Konzern nur eine unwesentliche Rolle.

Die gleichen Ergebnisse ergaben sich bei der **Krankenquote**. Sie sollte mit einem Soll-Wert von 4,92 relativ niedrig sein. Der **Ist-Wert von 4,67** zeigt an, daß dies in etwa den Gegebenheiten entspricht.

Die **Anzahl der Versetzungswünsche** stellt auf das Betriebsklima ab. Als **Soll-Wert** errechnete sich eine Größe von **2,17**. Die Anzahl der Versetzungswünsche sollte also möglichst niedrig sein. Die tatsächlichen Versetzungswünsche sind im Pilot-Konzern mit einem **Ist-Wert** von **2,42** als niedrig einzustufen.

Eine größere Soll-/Ist-Differenz wurde bei der Akzeptanz des **leistungsabhängigen Gehalts** festgestellt. Der **Soll-Wert** beträgt **3,33**. Dies entspricht einem leistungsabhängigen Vergütungsanteil von gut 20%. Der durchschnittliche **Ist-Wert** beträgt **3,00** und liegt somit unter dem Soll-Wert. Große Abweichungen ergaben sich in der Geschaftseinheit 1. Dort wurden sowohl der Soll- als auch der Ist-Wert mit einer sehr geringen Bewertung von 1,0 eingestuft.

Die **Übernahme von Sonderaufgaben** soll die Einsatzbereitschaft der Händler und ihre Einstellung zu mehr Verantwortung im Pilot-Konzern quantifizieren.[23] Hier ergab sich die größte strategische Lücke. Aus den Interviews wurde ein **Soll-Wert** von **3,67** herausgearbeitet. Der arithmetische Mittelwert des **Ist-Werts** beträgt **3,08**.

Hinsichtlich der **Nutzung seines händlerischen Freiraums** wünschen sich die Führungskräfte von den Rohstoff- und Produkthändlern ein hohes Maß an *„Unternehmertum"* und selbstverantwortlichem Handeln. Der eruierte **Soll-Wert** von **3,92** auf der Ratingskala von 1 „sehr" gering" bis 5 „sehr hoch" bestätigt dies auf eindrucksvolle Weise. Der **Ist-Wert** erreichte einen arithmetischen Mittelwert von **3,42**. Die Abb. V - 24 faßt die Auswertungsergebnisse nochmals zusammen. Bei der Fluktuations- und Krankenquote und den Versetzungswünschen ist die inverse Beurteilung zu beachten. Eine Angabe mit „sehr hoch" - u.a. bei der Fluktuationsrate - entspricht einer sehr geringen Ausprägung.

Früh-indikatoren	Mögliche Ausprägungen		Interviewergebnisse		Strategische Lücke			Prioritäten-Liste
			Soll-Wert (1 - 5)	Ist-Wert (1 - 5)	Diffe-renz	Gewich-tung	gewichtete Differenz	
Fluktuations-rate	1 2 3 4 5	... ...	4,92	4,75	0,17	27,1 %	0,05	4
Kranken-quote	1 2 3 4 5	... ...	4,92	4,67	0,25	13,3 %	0,03	5
Versetzungs-wünsche	1 2 3 4 5	... ...	2,17	2,42	-0,25	7,1 %	-0,02	6
Akzeptanz eines leistungsabhän-gigen Gehalts	1 2 3 4 5	... ...	3,33	3,00	0,33	18,3 %	0,06	3
Übernahme von Sonderaufgaben	1 2 3 4 5	... ...	3,67	3,08	0,58	15,0 %	0,09	2
Nutzung des händlerischen Freiraums	1 2 3 4 5	... ...	3,92	3,42	0,50	19,2 %	0,10	1

Abb. V - 24:   Prioritätenliste zum Schluß strategischer Lücken hinsichtlich der Mitarbeitermotivation.

Die ermittelten strategischen Lücken machen offensichtlich, daß Maßnahmen eingeleitet werden sollten, daß der **händlerische Freiraum** noch stärker genutzt werden kann. Des weiteren muß die Übernahme von Sonderaufgaben durch die Händler gesteigert wird.[24] Den dritten Platz der Prioritätenliste belegt die **Akzeptanz eines leistungsabhängigen Gehalts**.

---

23)   Vgl. hierzu S. 426.

24)   In diesem Zusammenhang führte ein Geschäftsführer aus, Sonderaufgaben wie die Sicherstellung der Rohstofflieferungen - zur Not auch *vor Ort* und unter wiedrigen Umständen - gehören neben dem eigentlichen Handelsgeschäft zu den originären Aufgaben des Händlers.

Die **Fluktuations- und die Krankenquote** spielen im Pilot-Konzern eine untergeordnete Rolle. Auf den letzten Platz der Prioritätenliste kam die **Anzahl der Versetzungswünsche**. Hier liegt der Ist-Wert sogar unter dem gewünschten Maß.

III. Persönlichkeitsprofil

Das Persönlichkeitsprofil der Rohstoff- und Produkthändler konnte in die Kriterien „Risiko-bewußtsein", „Charaktereigenschaften", „Teamorientierung" und „Kommunikationsfähigkeit" unterteilt werden. Mit einem **Soll-Wert** in Höhe von **4,17** sollte insbesondere das **Risiko-bewußtsein** der Rohstoff- und Produkthändler stark ausgeprägt sein. Der eruierte **Ist-Wert** liegt mit **3,83** unter dem Soll-Wert.

Hinsichtlich der **Charaktereigenschaften** wurde ein **Soll-Wert** von **4,42** herausgearbeitet. Die Zuverlässigkeit, Integrität und Fairness der Händler wird von den Führungskräften also mit „hoch" bis „sehr hoch" eingestuft. Der **Ist-Wert** liegt mit **3,83** deutlich unter dem Soll-Wert.

Zur reibungslosen Kontrakterfüllung müssen die Händler im Pilot-Konzern einen intensiven Kontakt zu den Abwicklern und Lageristen pflegen. Die **Teamorientierung** wurde von den Führungskräften mit einem arithmetischen Mittelwert von 4,17 als „hoch" eingestuft. Der derzeitige **Ist-Wert** errechnete sich zu **3,58**.

Die größte strategische Lücke ergab sich bei der **Kommunikationsfähigkeit**. Ein **Soll-Wert** von **4,75** zeigt die Bedeutung auf, die die Führungskräfte dieser Komponente des Persönlich-keitsprofils zumessen. Der derzeitige **Ist-Wert** wird mit einem arithmetischen Mittelwert von **3,83** als „hoch" eingestuft.

Früh-indikatoren	Mögliche Ausprägungen	Interviewergebnisse		Strategische Lücke			Prioritäten-Liste
		Soll-Wert (1 - 5)	Ist-Wert (1 - 5)	Diffe-renz	Gewich-tung	gewichtete Differenz	
Risiko-bewußtsein	1 2 3 4 5	4,17	3,83	0,33	28,3 %	0,09	4
Charakter-eigenschaften	1 2 3 4 5	4,42	3,83	0,58	25,8 %	0,15	2
Team-orientierung	1 2 3 4 5	4,17	3,58	0,58	25,0 %	0,15	2
Kommuni-kationsfähigkeit	1 2 3 4 5	4,75	3,83	0,92	20,8 %	0,19	1

Abb. V - 25:   *Prioritätenliste zum Schluß strategischer Lücken hinsichtlich des Persönlichkeitsprofils der Rohstoff- und Produkthändler.*

Hinsichtlich der Mitarbeitermotivation der Rohstoff- und Produkthändler ist bei der **Kommu-nikationsfähigkeit** mit einer gewichteten Soll-/Ist-Differenz von 0,19 die größte strategische Lücke festzustellen. Punktgleich sind die **Charaktereigenschaften** und die **Teamorientierung**.

Ihre gewichtete Differenz beträgt immerhin noch 0,15. Dahingegen erscheint das **Risikobewußtsein** mit der gewichteten Differenz von lediglich 0,09 keiner Verbesserung.

IV. Verhalten gegenüber Geschäftspartnern

Das Verhalten gegenüber Geschäftspartnern wurde zunächst mit der **Stabilität des Geschäftspartnerstamms** konkretisiert. Der **Soll-Wert** erreichte einen arithmetischen Mittelwert von **4,33**. Je höher die Anzahl der Geschäftspartner, so die Führungskräfte, um so „breiter" kann das Handelsgeschäft des Pilot-Konzerns angelegt werden. Der **Ist-Wert** ergab eine neutrale bis hohe Einstufung von **3,58**.

Auch die durchschnittliche **Dauer der Geschäftspartnerbeziehungen** bzw. der **Umsatzanteil bei einem Geschäftspartner** wurde mit einem hohen bis sehr hohen **Soll-Wert** von **4,83** belegt. Der **Ist-Wert** ergab sich zu **4,00**.

Die **Einhaltung** der **Kontraktpunkte** wurde von den Führungskräften durchweg als „hoch" bis „sehr hoch" eingestuft und erreichte einen **Soll-Wert** von **4,75**. Der **Ist-Wert** lag mit **3,75** exakt eine Beurteilungsstufe darunter.

Die **Pflege der Geschäftspartnerbeziehungen** erreichte im Pilot-Konzern einen als hoch einzustufenden Soll-Wert von **4,50**. Abweichungen gab es nur in der strategischen Geschäftseinheit 1. Dort lag der Soll-Wert bei einer neutralen Einstufung von 3,0. Der **Ist-Wert** liegt - in Analogie zur Einhaltung der Kontraktpunkte - mit einem arithmetischen Mittelwert von **3,50** eine Beurteilungsstufe niedriger.

Die **gehandelte Tonnage** bzw. die **Anzahl der gehandelten Produkte** kam auf einen **Soll-Wert** von **4,00**. Das arithmetische Mittel des **Ist-Wert** ergab sich zu **3,60**.

Früh-indikatoren	Mögliche Ausprägungen	Interviewergebnisse		Strategische Lücke			Prioritäten-Liste
		Soll-Wert (1 - 5)	Ist-Wert (1 - 5)	Diffe-renz	Gewich-tung	gewichtete Differenz	
Stabilität des Geschäfts-partnerstamms	1 2 3 4 5	4,33	3,58	0,75	26,7 %	0,20	2
Dauer/Umsatz-anteil der Ge-schäftsbeziehun.	1 2 3 4 5	4,83	4,00	0,83	23,3 %	0,19	4
Einhaltung der Kontraktpunkte	1 2 3 4 5	4,75	3,75	1,00	22,1 %	0,22	1
Pflege der Ge-schäftspartner-beziehungen	1 2 3 4 5	4,50	3,50	1,00	19,6 %	0,20	2
gehand. Tonnage /Anzahl der gehan. Produkte	1 2 3 4 5	4,00	3,60	0,40	8,3 %	0,03	5

Abb. V - 26:   *Prioritätenliste zum Schluß strategischer Lücken hinsichtlich des Verhaltens gegenüber Geschäftspartnern in bezug auf die Rohstoff- und Produkthändler.*

Bei der Analyse des Verhaltens gegenüber Geschäftspartnern konnte aufgedeckt werden, daß bei der **Einhaltung der Kontraktpunkte** eine strategische Lücke besteht. Mit einer Differenz von 1,0 kann dieser Sachverhalt quantifiziert werden. Nahezu gleichrangig kann der Ausbau der **Pflege der Geschäftspartnerbeziehungen** als weiteres strategisches Ziel des Pilot-Konzern eingestuft werden. Dies trifft auch auf die **Stabilität des Geschäftspartnerstamms** zu. Sie sollte aufgrund der Analyseergebnisse zukünftig noch weiter ausgebaut werden. Die **Dauer der Geschäftspartnerbeziehungen und der Umsatzanteil bei einzelnen Geschäftspartnern** erreichte den vierten Platz der Prioritätenliste. Deutlich abgeschlagen auf dem letzten Platz kam die **gehandelte Tonnage und die Anzahl der gehandelten Produkte**. Sie stellt mit einer gewichteten Differenz von 0,03 einen untergeordneten Aspekt bei der Beseitigung strategischer Lücken im Pilot-Konzern dar.

6.2.2.2. Definition Erfolgsfaktoren-basierter Meilensteine

Nachdem die strategischen Lücken des Pilot-Konzerns eruiert sind, ist das Anreizsystem derart zu gestalten, daß Leistungen zum Schluß strategischer Lücken mit einer **zusätzlichen Vergütung** belohnt werden. Da das Schließen strategischer Lücken nur langfristig zu realisieren ist, sind zur Bestimmung der Erfolgsfaktoren-basierten Leistungskomponente **strategische Meilensteine** zu definieren. Hierbei ist der **Zielerreichungsgrad** und der hierfür vorgesehene **Zeitraum** festzulegen. Die Entlohnung ist damit abhängig von der Verbesserung eines Frühindikators und dem dafür notwendigen Zeitraum.

In der vorangegangenen Analysearbeit wurde offensichtlich, daß bei der **Einhaltung der Kontraktpunkte** (gewichtete Differenz von 0,22), der **Stabilität des Geschäftspartnerstammes** und der **Pflege der Geschäftspartnerbeziehungen** (gewichtete Differenz von jeweils 0,20) die größten strategischen Lücken bestehen.[25] Hierauf sind die Schwerpunkte der Erfolgsfaktoren-basierten Leistungskomponente auszurichten.

• So könnte mit den Geschäftsführern festgelegt werden, daß die **Einhaltung der Kontraktpunkte** hinsichtlich abweichender Gewichte oder der Lieferzeiten in den nächsten zwei Jahren verbessert werden soll.

• Als weiterer Meilenstein könnte die **Erweiterung des Geschäftspartnerstamms** festgelegt werden. Sie akzentuiert den Ausbau des Geschäftspartnerstamms, um die Distribution möglichst auf eine „breite" Basis zu stellen. Die Abhängigkeit von einzelnen Geschäftspartnern würde somit gemindert werden.

---

25)   Vgl. Abb. V - 26, S. 457.

VI. Schlußbetrachtung

Im Rahmen der Schlußbetrachtung werden die mit der empirischen Untersuchung, der Methodologiearbeit und der exemplarischen Umsetzung gewonnenen Erkenntnisse zur Gestaltung effizienter Führungsinformationssysteme für die internationale Management-Holding zunächst **zusammengefaßt**. Danach sind sie einer **kritischen Würdigung** zu unterziehen. Ein kurzer **Ausblick** auf mögliche Weiterentwicklungen rundet dieses Kapitel ab.

1. Zusammenfassung

Nach dem Mißerfolg der Management-Informationssysteme in den siebziger Jahren zielt die Informationssystemgestaltung ein zweites Mal auf die bedarfsgerechte Informationsversorgung von Führungskräften ab. Die vorliegende Arbeit konzentrierte sich auf **Führungsinformationssysteme für die internationale Management-Holding**.

Hierdurch wurde die Diskussion um Führungsinformationssysteme mit der derzeitigen Umstrukturierung vieler Konzerne auf eine Management-Holding verbunden. Die Aktualität dieser Themenkombination wurde in der *Einleitung* dargelegt.

In den *theoretischen Grundlagen* galt es, die **Gestaltungsdeterminanten** des Forschungsgegenstands zu analysieren. Es wurde geklärt, was die Spezifika der internationalen Management-Holding sind, welche Informationen die Konzernleitung für ihre Aufgabenerfüllung benötigt und wie diese durch ein entsprechendes Informationssystem generiert werden können.

Um praxeologische Lösungsansätze zur Gestaltung effizienter Führungsinformationssysteme für die internationale Management-Holding zu entwickeln, sind fundierte Kenntnisse über die **effektiven Anforderungen**, die Führungskräfte an derartige Informationssysteme stellen, eine wesentliche Voraussetzung. Eine im Herbst 1997 durchgeführte **empirische Untersuchung** wurde auf diese Fragestellung ausgerichtet. Ihre Ergebnisse determinierten den Inhalt des *dritten Kapitels*. Befragt wurden die 154 Vorstandsmitglieder der 32 im DAX 100 erfaßten Management-Holdings. Eine gesellschaftsbezogene **Rücklaufquote von über 90 %** fundierte nicht nur die als wesentlich artikulierten Anforderungen. Es wurde auch der **Entwicklungsstand** des derzeit in großen Management-Holdings genutzten Informationsinstrumentariums erfaßt und in Hinblick auf die eruierten Anforderungen beurteilt.

Die hieraus deduzierten Gestaltungsschwerpunkte bestimmten die *Methodologiearbeit*. Als technologisches Alternativkonzept kam die **sequentielle Methodenverkettung** zum Einsatz. Sie wurde zielgerichtet auf die eruierten Anspruchslücken ausgerichtet und stellt mit einer theoretisch fundierten und logisch konsistenten **Systemkonzeption** die bedarfsgerechte Informationsversorgung der Konzernleitung einer internationalen Management-Holding sicher.

Dabei wurde zwischen einer *inhaltlichen* und einer *formalen Gestaltung* unterschieden. Die **inhaltliche Gestaltung** effizienter Führungsinformationssysteme für die internationale Management-Holding umfaßte die Analyse des Informationsbedarfs, die Beschaffung der Primärinformationen und die Informationsaufbereitung:

- Zur Analyse des Informationsbedarfs der Konzernleitung wurde die **Methode strategischer Erfolgsfaktoren** entwickelt. Sie setzt an deren *strategischer Führungsaufgabe* an und deduziert aus dem Zielsystem der Management-Holding abhängige Erfolgsdeterminanten; die strategischen Erfolgsfaktoren.

- Zur **Beschaffung der Primärinformationen** wurde eine **modifizierte Portfolio-Technik** erarbeitet. Nicht nur, daß damit die Erreichbarkeit, maschinelle Erfaßbarkeit und der Nutzen von Primärinformationen erfaßt werden kann. Als größter Vorteil ist ihre *eingängige Ergebnisdarstellung* zu nennen. Die zu beurteilenden Primärinformationen können anschaulich in einem Portfolio dargestellt und hinsichtlich der genannten Kriterien mit anderen Informationen verglichen werden.

- Der im Rahmen der Informationsbedarfsanalyse festgelegte Weg einer an der Konzernstrategie ausgerichteten Informationsversorgung wird bei der **Informationsaufbereitung** konsequent zu Ende gedacht. Die bei der Informationsbedarfsanalyse herausgearbeiteten strategischen Erfolgsfaktoren bestimmen das Zielsystem eines hierarchisch gegliederten strategieorientierten Kennzahlensystems. Hierdurch wird nicht nur die Anforderung der Führungskräfte nach einem *komprimierten Überblick* über für sie relevante Sachverhalte berücksichtigt. Auch das *sukzessive Abrufen* detaillierterer Informationen wird ermöglicht.

Das Ergebnis der inhaltlichen Gestaltungsarbeit konzentriert sich in einer **Erfolgsfaktorenbasierten Balanced Scorecard**. Sie ist zweiteilig aufgebaut: Für jeden Erfolgsfaktor sind in einem Kernteil **finanzielle Kennzahlen** zu definieren, die die Konzernleitung zur operativen Planung, Steuerung und Kontrolle benötigt. Sie determinieren als Kernergebnismeßgrößen die Monats- und Quartalsberichterstattung. Für die antizipative Konzernführung wurden Erfolgsfaktoren-basierte **Frühindikatoren** eingebaut.

Neben der inhaltlichen Gestaltung werden effiziente Führungsinformationssysteme durch **formale Aspekte** determiniert. Im Rahmen der vorliegenden Arbeit setzten sich diese aus der Informationsübermittlung und dem Schutz vor Störungen und Manipulationen zusammen:

- Bei der **Informationsübermittlung** wurden vier in ihrer Konzeption sehr unterschiedliche FIS-Generatoren untersucht. Da die befragten Vorstandsmitglieder Führungsinformationssysteme ohne Einarbeitungszeit nutzen möchten, wurde deren *Oberflächengestaltung und Dialogführung* sowie die *Qualität,* mit der Informationen dargestellt werden können, bei der

Evaluierung akzentuiert. Als geeigneter FIS-Generator wurde das **Business Information Warehouse** von **SAP** empfohlen. Wenn Führungsinformationssysteme überwiegend auf SAP R/3-Vorsystemen aufbauen, kommen dessen Vorteile zum Tragen: Zum einen entfällt die individuelle Schnittstelleneinrichtung zu den Vorsystemen, zum anderen können Daten aus den R/3-Dictionaries 1:1 in das BW überspielt werden.

- Zum **Schutz vor Störungen und Manipulationen** wurde ein um **Erfolgsfaktoren-basierte Meilensteine erweitertes wertorientiertes Anreizschema auf Grundlage des Economic Value Added** herausgearbeitet. Daß verschiedene Methoden zum Schutz vor Manipulationen im Mittelpunkt der Analysearbeiten standen, läßt sich damit erklären, daß sich Störungen durch geeignete Vorkehrungen erheblich einschränken lassen.

Um nachhaltig tragfähige Hinweise für die Umsetzung der Systemkonzeption abzuleiten, wurde ein **Pilotsystem** entwickelt, das die Anforderungen einer im internationalen Rohstoff- und Produkthandel tätigen Management-Holding berücksichtigte. So konnten generalisierende Aussagen abgeleitet werden, welche organisatorischen Probleme bei der Einführung von Führungsinformationssystemen für die internationale Management-Holding zu beachten sind und wie sie durch ein entsprechendes **Anwendungskonzept** gelöst werden können.

2. Kritische Würdigung

Ob Führungsinformationssysteme in der internationalen Management-Holding implementiert werden sollen oder nicht, ist immer **konzernindividuell** zu entscheiden. Für eine fundierte Entscheidungsfindung können folgende **Stärken** und **Anwendungsgrenzen** angeführt werden.

2.1. Stärken

Hinsichtlich der **Stärken** von Führungsinformationssystemen für die internationalen Management-Holding sind folgende Aussagen möglich:

1. Aussage: **Führungsinformationssysteme für die internationale Management-Holding können das derzeitige Controlling-Instrumentarium sinnvoll ergänzen.**

Anspruchsvolle Organisationsstrukturen wie die internationale Management-Holding implizieren eine starke Informationsabhängigkeit auf allen Stufen des Konzerns. Während auf den unteren Ebenen operative Informationssysteme schon seit Jahren ihren Dienst tun, hat die EDV-Unterstützung der *Konzernleitung* bislang nur begrenzt Einzug gehalten. Die Arbeit zeigte auf, daß verstärkt strategische Informationen bereitzustellen sind. Konventionelle

Informationssysteme reichen daher *nicht* aus. Führungsinformationssysteme, die konsequent an der *strategischen* Führungsaufgabe der Konzernleitung ausgerichtet sind, müssen hinzutreten.

Führungsinformationssysteme für die internationale Management-Holding sollen operative Informationssysteme *nicht* ersetzen. Letztere werden nach wie vor für das „Tagesgeschäft" sowie die Erstellung der Einzel- und Konzernabschlüsse benötigt. Effiziente Führungsinformationssysteme für die internationale Management-Holding können aber das derzeitige Controlling-Instrumentarium sinnvoll **ergänzen**. In der internationalen Management-Holding werden sie zum *zentralen Bindeglied* zwischen der konzernleitenden Gesellschaft und den Tochtergesellschaften.

2. Aussage: Der Einsatz von Führungsinformationssystemen für die internationale Management-Holding führt zur Entlastung von Routineaufgaben und ermöglicht der Konzernleitung die verstärkte Beschäftigung mit qualitativ höherwertigen Aufgabenstellungen.

Eine internationale Management-Holding ist mit bloßem „Auge" und persönlichen, oftmals informellen Kontakten nicht überschaubar. Wenn die Konzernleitung kein geeignetes Informationsinstrumentarium zur Hand hat, läuft sie Gefahr, nicht nur den Überblick zu verlieren. Regelmäßig führen auch unterschiedlich aktuelle und voneinander abweichende Informationen über gleiche Sachverhalte zu Verwirrungen. Statt die Arbeitszeit für die eigentliche Problemlösung zu verwenden, ver(sch)wenden Führungskräfte dann ihre ohnehin knapp bemessene Zeit mit der Klärung unterschiedlicher Informationsstände.

Führungsinformationssysteme für die internationale Management-Holding ermöglichen eine einheitliche, bei Bedarf allen Entscheidungsträgern zugängliche und gleichermaßen aktuelle Informationsbasis. So wird die Konzernleitung von der Verarbeitung unzähliger Berichte und Einzelinformationen entlastet und hat wieder mehr Zeit für ihre eigentliche Aufgabe, die *strategische Führung* der Management-Holding.

3. Aussage: Im Vergleich zum Papierberichtswesen besitzen Führungsinformationssysteme für die internationale Management-Holding eine hohe Flexibilität und Funktionalität.

Mit Führungsinformationssystemen für die internationale Management-Holding können große Datenmengen effizient verarbeitet und bereitgestellt werden. Da Informationen, die bisher nur in Papierberichten zur Verfügung standen, nunmehr auf dem Bildschirm aufgerufen werden können, wird die **Papierflut** eingedämmt.[1)]

Führungsinformationssysteme stellen weiterhin eine Fülle **technischer Hilfen** zur Verfügung. Anstelle Mitarbeiter zu beauftragen, können Führungskräfte ihre Datenbestände selbst analysieren. Dies führt zu einer Zeitersparnis und geringen Koordinationskosten.

2.2. Anwendungsgrenzen

Führungsinformationssysteme für die internationale Management-Holding werden zum Teil noch mit Skepsis betrachtet. Sie stehen - so konnte mit den Ergebnissen der empirischen Untersuchung belegt werden[2)] - noch vor ihrem eigentlichen Durchbruch. Dies mag folgende Gründe haben:

1. **Aussage:** **Es gibt kein geschlossenes Schema zur bedarfsgerechten Informationsversorgung der Konzernleitung der internationalen Management-Holding. Führungsinformationssysteme sind daher immer konzernspezifisch zu gestalten.**

Auch wenn die in der vorliegenden Arbeit entwickelte Systemkonzeption umfassend und flexibel genug ist, in kurzer Zeit effiziente Führungsinformationssysteme zu entwickeln, die den spezifischen Anforderungen der Konzernleitung der internationalen Management-Holding genügen können. Welche Informationen letztendlich benötigt werden, läßt sich nur durch eine **konzernspezifische Analyse** eruieren.

Führungsinformationssysteme für die internationale Management-Holding können daher nicht - wie in Hochglanzbroschüren vieler Software-Anbietern dargestellt wird - „kochrezeptartig" gestaltet werden. Vordefinierte „Drill-up/Drill-down"-Analysen und Module zur Ausnahmeberichterstattung können zwar die *EDV-technische Umsetzung* beschleunigen. Die individuelle Ausrichtung an betriebswirtschaftlich fundierten Informationsproblemen können sie aber **nicht** ersetzen. Effiziente Führungsinformationssysteme für die internationale Management-Holding müssen daher immer konzernindividuell angefertigt werden. Jeder Versuch, ohne Anpassungsarbeiten entwickelte Führungsinformationssysteme einzuführen, sind von vornherein zum Scheitern verurteilt!

---

1) Die grundsätzliche Abschaffung des Papierberichtswesens ist sicherlich nicht sinnvoll. Dagegen sprechen schon die zahlreichen Sitzungen und Präsentationen.

2) Vgl. hierzu Abb. IV - 10, S. 153.

2. Aussage: **Führungsinformationssysteme für die internationale Management-Holding**
können die informale Kommunikation der Konzernleitung nicht ersetzen.

Da Führungsinformationssysteme nur die formale Kommunikation in der internationalen Management-Holding unterstützen, darf nicht vergessen werden, daß sie immer nur *eine* Komponente des Informationsinstrumentariums der Konzernleitung sein sollten. Dies ist insbesondere damit zu erklären, daß sich über Jahre gewachsene informelle Kommunikationskanäle - beispielsweise die Gespräche auf dem „Golfplatz" - nicht in Informationssysteme gießen lassen.

3. Aussage: **Führungsinformationssysteme für die internationale Management-Holding**
können die Entscheidungsfindung der Konzernleitung bei der Führung
der internationalen Management-Holding nicht ersetzen.

Wird der Unterstützungsgedanke von Führungsinformationssystemen von der Informations- auf die Entscheidungsebene erweitert, liegt der Gedanke nahe, Führungsinformationssysteme könnten Entscheidungsgänge simulieren und Entscheidungen - zumindest in Teilbereichen - selbst vollziehen.

Dieser Wunsch wird sich *nicht* erfüllen. Führungsinformationssysteme sind als analytisches Instrumentarium auf *sachliche Feststellungen* ausgelegt. Wie diese zu interpretieren und welche Schlußfolgerungen daraus zu ziehen sind, ist und bleibt originäre Aufgabe der Konzernführung. Hierbei wird die Intuition und Erfahrung der Konzernleitung nie durch ein „Mehr" an Informationen aufgewogen werden können. Durch die Kombination von Intuition und Erfahrungswissen mit einer bedarfsgerechten Informationsversorgung können aber *Synergieeffekte* erzielt werden. In bezug auf diese Entwicklung bemerkte HERRHAUSEN schon 1987: „Das originäre Denken wird im Zeitalter der sogenannten totalen Information und der perfektionierten Informationstechnologie keineswegs abgeschafft, sondern im Gegenteil mehr denn je gefordert."[3]

3. Ausblick

Die Abwägung der Stärken und Anwendungsgrenzen von Führungsinformationssystemen für die internationale Management-Holding ermöglicht Vermutungen, wie sich deren Entwicklung in den nächsten Jahren gestalten könnte:

---

3)   HERRHAUSEN (Securitization), S. 332.

1. Aussage: **Führungsinformationssysteme für die internationale Management-Holding werden verstärkt an der zu verfolgenden Konzernstrategie auszurichten sein.**

Welche Informationen von der Konzernleitung der internationalen Management-Holding benötigt werden, läßt sich zwar nur durch eine *konzernspezifische Analyse* eruieren. Besonders auffällig war aber die dezidierte Forderung der Vorstandsmitglieder, Führungsinformationssysteme einführen zu müssen, die ihren strategischen Führungsaufgaben zu entsprechen haben. Die zukünftige Gestaltungsausrichtung effizienter Führungsinformationssysteme für die internationale Management-Holdings erhält hierdurch eine deutliche Präzisierung:

* Führungsinformationssysteme für die internationale Management-Holding sind zunehmend an der Konzernstrategie auszurichten. Sie haben Informationen bereitzustellen, die diese quantifizierbar machen. Dies ist insofern nachvollziehbar, da Konzerne, die beispielsweise mit der Personalqualität einen strategischen Erfolgsfaktor ihrer Konzerntätigkeit identifiziert haben, auf Führungsinformationssysteme zurückgreifen müssen, die diese abstrakte Größe konkretisierbar und im Rahmen eines Planungs- und Kontrollprozesses steuerbar machen können. Wenn die Konzernleitung mit Portfolios arbeitet, müssen Führungsinformationssysteme in der Lage sein, beispielsweise die Marktattraktivität und die eigene Wettbewerbsposition messen und abbilden zu können. Nur solche Führungsinformationssysteme werden ein zentrales Element beim Wandel vom „klassischen" Bilanzcontrolling hin zu einem „modernen" strategischen Konzerncontrolling sein.[4]

* Des weiteren muß es für die Konzernleitung trotz aller Strategieorientierung möglich sein, für notwendige - in der Regel rechnungswesenorientierte Informationen - aus allen Entscheidungsebenen der Management-Holding direkt abrufen, zentral zu verarbeiten und in den gewünschten Verdichtungsstufen grafisch aufzeigen zu können.

2. Aussage: **Der Anwenderkreis von Führungsinformationssystemen für die internationale Management-Holding wird sich im Laufe der nächsten Jahre vervielfachen.**

Zwar ist - wie in der empirischen Untersuchung nachgewiesen wurde[5] - die *Einstellungsakzeptanz* von Vorstandsmitgliedern großer Management-Holdings zu Führungsinformationssystemen sehr groß. Die tatsächliche Nutzung dieser Informationssysteme ist jedoch noch gering. Zum einen lassen sich *verhaltensspezifische Aspekte* für eine Begründung heranziehen:

---

4) Konzeptionell wäre eine Anbindung an die Planung als weiterer Schritt denkbar. Planung und strategieorientierte Informationsversorgung der Konzernleitung könnten dann innerhalb derselben Systeminfrastruktur abgewickelt werden und würden ein in sich geschlossenes System darstellen.

5) Vgl. Abb. IV - 10, S. 153, und die in diesem Zusammenhang gemachten Ausführungen.

- Da die Mitglieder der Konzernleitung in der Regel *nicht* in die routinemäßigen Anwendungsschulungen betrieblicher Informationssysteme eingebunden sind, könnten ihre „Wissenslücken" offensichtlich werden. Viele Mitglieder der Konzernleitung sehen daher bei der Bedienungserlernung und dem Umgang mit Führungsinformationssystemen ihr **„Image"** in Gefahr. Dieser Kreis an Führungskräften muß daher den Beweis erbringen, daß er - wie GABRIEL / GLUCHOWSKI formulieren[6] -„EDV-mündig" geworden ist.

- Des weiteren befürchten viele Führungskräfte, daß bei einem Rechnereinsatz ihre **Intuition** und **Kreativität** verloren ginge. Da sie bei der Informationsbeschaffung oftmals ad hoc und unkonventionell vorgehen, haben diese Vorbehalte eine große Bedeutung für die weitere Systemgestaltung.

Zum anderen basieren die Akzeptanzprobleme von Führungsinformationssystemen auf der Tatsache, daß es sich Führungskräfte vielfach noch leisten können, zur Informationsbeschaffung und -aufbereitung Mitarbeiter um sich zu „scharen". Mit zunehmendem Kostendruck wird dieses „Hofhalten" aber zu Ende gehen.

Die Akzeptanz von Führungsinformationssystemen für die internationale Management-Holding wird auch mit dem **Vordringen der nächsten Führungskräftegenerationen** steigen. Dies läßt sich damit begründen, daß sie schon in ihrer Ausbildung den Nutzung EDV-gestützter Informationssysteme schätzen gelernt haben und auf langjährige EDV-Erfahrungen zurückblicken können. Der Umgang mit Führungsinformationssystemen wird für sie *selbstverständlich* sein.

3. Aussage: Die Weiterentwicklung effizienter Führungsinformationssysteme für die internationale Management-Holding wird nie abgeschlossen sein.

Nach der Konzeption und Implementierung von Führungsinformationssystemen für die internationale Management-Holding bedürfen diese nicht nur der gezielten Wartung und Pflege. Um eine effiziente Informationsversorgung der Konzernleitung dauerhaft sicherzustellen, müssen ihre Inhalte **kontinuierlich** den sich wandelnden Anforderungen angepaßt werden.[7] Dies kann bedeuten, daß bestehende Führungsinformationen entfallen, zu modifizieren sind oder daß neue Informationen hinzutreten.

Insbesondere wird die Weiterentwicklung von Führungsinformationssystemen bei Strukturbrüchen im Konzern, auf den relevanten Märkten oder anderen hochdynamischen Umwelt-

---

6)   Führungsinformationssysteme „verkommen" sonst nur zum Statussymbol auf dem Vorstandsschreibtischen. Vgl. GABRIEL / GLUCHOWSKI (Management Support Systeme), S. 425.

7)   Führungsinformationssysteme für die internationale Management-Holding werden daher nie die konzeptionelle Stabilität operativer Finanzbuchhaltungs- oder Kostenrechnung-Systeme aufweisen.

bedingungen offensichtlich werden. Damit hat sich für das Controlling ein **Aufgabenfeld** geöffnet, in dem im Wissensaustausch mit Führungskräften nicht nur weitere Systemkonzeptionen zu entwickeln sind. Insbesondere sind diese - im Sinne eines praxeologischen Forschungsansatzes - auch den Gegebenheiten der betrieblichen Praxis auszusetzen und gegebenenfalls zu modifizieren.

Um Führungsinformationssysteme für die internationale Management-Holding vor dem Mißerfolg der Management-Informationssysteme zu bewahren, wird es noch einer **Vielzahl** weiterer Forschungsprojekte bedürfen. Die wahrscheinlich anspruchsvollsten EDV-Benutzer - Führungskräfte international tätiger Management-Holdings - werden daran sicherlich keinen Zweifel aufkommen lassen.

Übersicht über den Anhang

1. Organisationsstruktur und Internationalisierungsgrad
   der DAX 100-Werte 470

2. Charakterisierung der Stichprobe der empirischen Untersuchung 478

3. Chi-Quadrat-Homogenitätstests 480

   3.1. Überprüfung der Repräsentativität der Stichprobe hinsichtlich
        ihrer Branchenstruktur 480

   3.2. Überprüfung der Repräsentativität der Stichprobe hinsichtlich
        ihrer Größenklassenstruktur 484

4. Hotelling-Pabst-Statistik 487

5. Instrumentarium der empirischen Untersuchung 492

   5.1. Anschreiben 492

   5.2. Fragebogen 494

        5.2.1. Deckblatt 494

        5.2.2. Institutionelle und organisatorische Fragen 496

        5.2.3. Fragen zu den Aufgaben der Konzernleitung der internationalen
               Management-Holding 497

        5.2.3. Fragen zu den Anforderungen an Führungsinformationssysteme
               für die internationale Management-Holding 503

        5.2.4. Gewichtung der einzelnen Funktionsbereiche effizienter
               Führungsinformationssysteme für die internationale
               Management-Holding 503

        5.2.5. Fragen zum Entwicklungsstand der gegenwärtig von der
               Konzernleitung großer internationaler Management-Holdings
               genutzten Informationssysteme 504

   5.3. Erinnerungsschreiben 507

1. Organisationsstruktur und Internationalisierungsgrad der DAX 100-Werte

Die nachfolgende Auflistung gibt einen Überblick über die **Organisationsstruktur** und den **Internationalisierungsgrad** der Konzerne, denen zum 30. Juni 1997 eine im DAX 100 erfaßte konzernleitende Gesellschaft vorstand. Es wurde zwischen den Ausprägungen des *„Stammhauskonzerns"*, der *„Management-Holding"* und der *„Finanzholding"* unterschieden.[1] Als Maßstab für den Internationalisierungsgrad diente die Anzahl der Kontinente, auf die sich die Konzerntätigkeit auswirkte.[2] Hierbei wurde zwischen *„2 oder weniger Kontinente"* und *„drei oder mehr Kontinente"* differenziert.

Die in der Abb. A - 1 erfaßten Angaben basieren auf einer **Analyse der Geschäftsberichte** oder wurden durch **telefonische Rückfragen** ermittelt. Zur Sicherheit mußten sie von den Vorstandsmitgliedern im ersten Teil des Fragebogens[3] bestätigt werden.

Die DAX 100-Werte, die zum 30. Juni 1997 als konzernleitende Gesellschaften einer internationalen Management-Holding fungierten, wurden durch Fettdruck herausgestellt. Das **Jahr der Umstrukturierung** auf eine Management-Holding ist im Klammerausdruck angegeben.

	DAX 100 - Werte	Organisations-struktur			Internationa-lisierungsgrad	
		Stammhaus-konzern	Management-Holding	Finanz-holding	2 oder weniger Kontinente	3 oder mehr Kontinente
1	**Aachener und Münchener Beteiligungs-AG**[4]		● (1996)			●
2	Adidas AG	●				

---

1) Zur Fundierung der ausgewählten Differenzierung vgl. Kap. II.1.2., S. 30 ff.
2) Zur terminologischen Abgrenzung des Internationalitätsbegriffs vgl. S. 13 f.
3) Vgl. hierzu Kap. 5.2.2. dieses Anhangs A., S. 496.
4) Vgl. den Geschäftsbericht 1996 der Aachener und Münchener Beteiligungs-Aktiengesellschaft, S. 9 und S. 30 f.

DAX 100 - Werte (Fortsetzung)	Stammhaus-konzern	Management-Holding	Finanz-holding	2 oder weniger Kontinente	3 oder mehr Kontinente
3 AGIV AG[5]		● (1996)			●
4 Allianz AG[6]		● (1992)			●
5 ALTANA AG[7]		● (1988)			●
6 AVA AG	●				
7 AXA-Colonia AG[8]		● (1992)		●	
8 BASF AG	●				
9 Bankgesellschaft Berlin AG	●				
10 Bayer AG	●				
11 Bayerische Hypotheken- und Wechsel-Bank AG	●				
12 Bayerische Motorenwerke AG	●				
13 Bayerische Vereinsbank AG	●				
14 Beiersdorf AG	●				

---

5) Vgl. hierzu den Geschäftsbericht 1996 der AGIV, S. 2. Die AGIV AG wird entgegen der Branchen-gruppierung der DEUTSCHEN BÖRSE AG nicht dem Baubereich, sondern der Maschinenbaubranche zugeordnet. Dies läßt sich damit begründen, daß im Dezember 1996 die rund 74%-ige Beteiligung der AGIV AG an der Wayss & Freytag AG veräußert wurde und schon im Geschäftsjahr 1996 nicht mehr bilanziert wurde. Vgl. hierzu den Geschäftsbericht 1996 der AGIV, S. 6. Mit einem Umsatzvolumen von rund 3,5 Mrd. DM im Teilbereich Maschinenbau und Elektronik - dies entspricht bei einem Gesamt-umsatz der AGIV von 6,6 Mrd. DM einem Umsatzanteil von mehr als 53 % - wird die AGIV im Rah-men der vorliegenden Arbeit daher der Maschinenbaubranche zugeordnet. Vgl. hierzu auch ähnliche Angaben im Geschäftsbericht 1996 der AGIV: „Dabei wird die AGIV *nicht* mehr als baunahe Gruppe ... eingestuft. Die Bewertung wird zunehmend derjenigen von Maschinen- und Anlagenbaukonzernen angenähert. ... Wir erwarten somit, daß die AGIV-Aktie in absehbarer Zeit dem Maschinenbau-Index der deutschen Börse zugeordnet wird."

6) Vgl. den Anhang des Geschäftsberichts 1996 der Allianz AG, S. 3. Des weiteren wurde eine telefonische Bestätigung hinsichtlich der Organisationsstruktur eingeholt.

7) Vgl. den Anhang des Geschäftsberichts 1996 der Altana AG, S. 6.

8) Vgl. den Geschäftsberichts 1996 der Colonia AG, S. 7. Die Colonia AG firmiert mittlerweile als AXA Colonia AG.

DAX 100 - Werte (Fortsetzung)	Stammhaus-konzern	Management-Holding	Finanz-holding	2 oder weniger Kontinente	3 oder mehr Kontinente
15	Berliner Kraft und Licht (Bewag) - AG	●				
16	BHF-Bank AG	●				
17	Bilfinger und Berger Bau AG	●				
18	**Brau und Brunnen AG**[9]		● (1992)		●	
19	**Buderus AG**[10]		● (1994)		●	
20	Commerzbank AG	●				
21	Continental AG	●				
22	Daimler Benz AG	●				
23	**DBV-Winterthur Holding AG**[11]		● (1989)		●	
23	Degussa AG	●				
24	**Deutsche Babcock AG**[12]		● (1996)			●
25	Deutsche Bank AG	●				
26	Deutsche Pfandbrief und Hypotheken Bank AG	●				
28	Deutsche Telekom AG	●				
29	Deutz AG	●				
30	**Douglas Holding AG**[13]		● (1989)		●	
31	Dresdner Bank AG	●				

9)   Vgl. den Geschäftsbericht 1996 der Brau und Brunnen AG, S. 4.
10) Vgl. den Geschäftsbericht 1995/96 der Buderus AG, S. 2.
11) Vgl. den Geschäftsbericht 1996 der DBV-Winterthur Holding AG, Vorspann ohne Seitenangabe und S. 17 f.
12) Vgl. den Geschäftsbericht 1995/96 der Deutschen Babcock AG, S. 5.
13) Vgl. den Geschäftsbericht 1996 der Douglas Holding AG, S. 9 f.

DAX 100 - Werte (Fortsetzung)	Stammhaus-konzern	Management-Holding	Finanz-holding	2 oder weniger Kontinente	3 oder mehr Kontinente
32	Dürr AG[14]		● (1996)			●
33	Dyckerhoff AG	●				
34	Escada AG	●				
35	**FAG Kugelfischer AG**[15]		● (1994)			●
36	Felten und Guilleaume AG[16]	●				
37	Fielmann AG	●				
38	Fr. Krupp Hoesch AG	●				
39	Fresenius Medical Care AG	●				
40	Fresenius AG	●				
41	Friedrich Grohe AG	●				
42	**GEA AG**[17]		● (1997)			●
43	Gehe AG	●				
44	**Gerresheimer Glas AG**[18]		● (1995)			●
45	Hannover Rück AG			●	●	
46	Heidelberger Zement AG	●				
47	Henkel AGaA	●				

---

14) Auf Grundlage einer telefonischen Auskunft der Dürr AG.

15) Vgl. den Geschäftsbericht 1995/96 der FAG Kugelfischer AG, Vorspann ohne Seitenangabe. Des weiteren wurde eine telefonische Bestätigung hinsichtlich der Organisationsstruktur eingeholt.

16) Felten & Guilleaume war zum Stichtag der Untersuchung - 30. Juni 1997 - noch ein Stammhauskonzern. Vorbehaltlich der Zustimmung der Hauptversammlung wird der Konzern jedoch ab dem *01. Januar 1998* als Management-Holding organisiert werden. Vgl. den Zwischenbericht 1997 der Felten & Guilleaume Energietechnik AG, S. 7. Des weiteren wurde eine telefonische Bestätigung zu diesem Sachverhalt eingeholt.

17) Vgl. den Geschäftsbericht 1996 der GEA AG, S. 7.

18) Vgl. den Geschäftsbericht 1996 der Gerresheimer Glas AG, S. 7.

DAX 100 - Werte (Fortsetzung)		Stammhaus-konzern	Management-Holding	Finanz-holding	2 oder weniger Kontinente	3 oder mehr Kontinente
48	Herlitz AG[19]			● (1997)	●	
49	Hochtief AG	●				
50	**Hoechst AG[20]**		● (1997)			●
51	**Hornbach Holding AG[21]**		● (1993)		●	
52	IKB Deutsche Industriebank AG	●				
53	**IVG Holding AG[22]**		● (1996)			●
54	**IWKA AG[23]**		● (1979)			●
55	Jungheinrich AG	●				
56	Kampa Haus AG	●				
57	Karstadt AG	●				
58	Kiekert AG	●				
59	**Klöckner-Werke AG[24]**		● (1987)			●
60	**Kolbenschmidt AG[25]**		● (1996)			●
61	Krones AG	●				
62	KSB AG	●				

19)   Im Rahmen der Befragung stellte sich heraus, daß der Vorstand der Herlitz AG, die vom Autor als Management-Holding eingestuft wurde, sich selbst als *Finanzholding* sieht. Letzterer Auffassung wurde gefolgt, so daß die Herlitz AG *nicht* in die Grundgesamtheit der empirischen Untersuchung aufgenommen wurde.

20)   Vgl. den Geschäftsbericht 1996 von Hoechst AG, S. 3 und insbesondere S. 24 f.

21)   Vgl. den Geschäftsbericht 1996/97 der Hornbach Holding AG, S. 1. Des weiteren wurde eine telefonische Bestätigung hinsichtlich der Organisationsstruktur eingeholt.

22)   Vgl. den Geschäftsbericht 1996 der IVG AG, Vorspann ohne Seitenangabe und S. 6 f.

23)   Vgl. den Geschäftsbericht 1996 der IWKA AG, S. 8. Des weiteren wurde eine telefonische Bestätigung hinsichtlich der Organisationsstruktur eingeholt.

24)   Vgl. den Geschäftsbericht 1995/96 der Klöckner-Werke AG, S. 7.

25)   Vgl. den Geschäftsbericht 1995/96 der Kolbenschmidt AG, S. 19.

DAX 100 - Werte (Fortsetzung)	Stammhaus-konzern	Management-Holding	Finanz-holding	2 oder weniger Kontinente	3 oder mehr Kontinente
63 Lahmeyer AG[26]		● (1997)			●
64 Linde AG	●				
65 Lufthansa AG	●				
66 MAN AG[27]		● (1986)			●
67 Mannesmann AG[28]		● (1977)			●
68 Merck KGaA	●				
69 Metallgesellschaft AG[29]		● (1994)			●
70 Metro AG[30]		● (1996)			●
71 MLP AG[31]		● (1992)		●	
72 Münchener Rück-versicherungs AG	●				
73 Philipp Holzmann AG[32]	●				
74 Plettac AG	●				
74 Porsche AG	●				
76 Preussag AG	●				
77 Puma AG	●				

---

26) Vgl. den Geschäftsbericht 1996/97 der Lahmeyer AG, S. 6. Des weiteren wurde eine telefonische Bestätigung hinsichtlich der Organisationsstruktur eingeholt.

27) Vgl. hierzu die unveröffentlichte Broschüre „Der MAN Konzern im Überblick - März 1997" der Stabsstelle Information und Marktbeobachtung der MAN AG, S. 27.

28) Vgl. den Geschäftsbericht 1996 der Mannesmann AG, S. 9. Des weiteren wurde eine telefonische Bestätigung hinsichtlich der Organisationsstruktur eingeholt.

29) Vgl. hierzu die von der Metallgesellschaft AG veröffentlichte Broschüre „Die Krise als Chance begreifen - Die neue Metallgesellschaft und ihre strategische Ausrichtung", S. 6 f.

30) Vgl. den Geschäftsbericht 1996 der Metro AG, S. 7.

31) Vgl. den Geschäftsbericht 1996 der MLP Holding AG, S. 3.

32) Vorbehaltlich der Zustimmung der Hauptversammlung wird der Philipp Holzmann Konzern ab *1998* als Management-Holding organisiert werden. Vgl. hierzu den Geschäftsbericht 1996 der Philipp Holzmann AG, vordere Einlage.

DAX 100 - Werte (Fortsetzung)	Stammhaus-konzern	Management-Holding	Finanz-holding	2 oder weniger Kontinente	3 oder mehr Kontinente
78 PWA AG[33)		● (1984)		●	
79 Rheinmetall AG[34)		● (1996)			●
80 Rhön Klinikum AG	●				
81 RWE AG[35)		● (1989)			●
82 SAP AG	●				
83 Schering AG	●				
84 Schmalbach Lubeca AG	●				
85 Schwarz Pharma AG	●				
86 SGL Carbon AG	●				
87 Siemens AG	●				
88 SKW Trostberg AG	●				
89 Spar Handels-AG	●				
90 Strabag AG[36)		● (1993)			●
91 Südzucker AG	●				
92 Tarkett AG	●				
93 Thyssen AG[37)		● (1986)			●
94 Varta AG	●				
95 Veba AG[38)		● (1986)			●

33)   Vgl. den Geschäftsbericht 1996 der PWA AG, S. 10. Des weiteren wurde eine telefonische Bestätigung hinsichtlich der Organisationsstruktur eingeholt.
34)   Vgl. den Geschäftsbericht 1996 der Rheinmetall, S. 15.
35)   Vgl. den Geschäftsbericht 1996 der RWE AG, S. 6.
36)   Vgl. den Geschäftsbericht 1996 der Strabag AG, Grafik des Einbands.
37)   Vgl. den Geschäftsbericht 1996 der Thyssen AG, S. 50 f.
38)   Vgl. den Geschäftsbericht 1996 der Veba AG, S. 16.

DAX 100 - Werte (Fortsetzung)	Stammhaus-konzern	Management-Holding	Finanz-holding	2 oder weniger Kontinente	3 oder mehr Kontinente
96 VIAG AG[39)		● (1988)			●
97 **Victoria Holding AG**[40)		● (1989)		●	
98 Volksfürsorge Holding AG			●	●	
99 Volkswagen AG	●				
100 Wella AG	●				

Abb. A - 1:   Organisationsstruktur und Internationalisierungsgrad der DAX 100 - Werte.

---

39)   Vgl. den Geschäftsbericht 1996 der VIAG AG, S. 2.

40)   Vgl. den Geschäftsbericht 1996 der Victoria Holding AG, S. 24. Des weiteren wurde eine telefonische Bestätigung hinsichtlich der Organisationsstruktur eingeholt.

2. Charakterisierung der Stichprobe der empirischen Untersuchung

Die nachfolgende Abb. A - 2 beinhaltet eine Übersicht über die **Größe**, **Branchenzugehörigkeit** und das **Antwortverhalten** der DAX 100-Werte, die zum 30. Juni 1997 als konzernleitende Gesellschaft einer internationalen Management-Holding fungierten.[1] Zur Quantifizierung des Größenmerkmals wurde die *Marktkapitalisierung* zum Stichtag der Untersuchung (Spalte 3) herangezogen. Die sich anschließende *Brancheneinteilung* (Spalte 4) entspricht den 10 Branchenindices[2] des DAX 100.[3]

Das **Antwortverhalten** wurde durch die Anzahl der *verwertbaren Antworten*[4] (Spalte 5), der *Absagen*[5] (Spalte 6) und durch die *unbeantwortet gebliebenen Anschreiben* (Spalte 7) erfaßt. Ihre gesellschaftsbezogenen Ausprägungen mußten jedoch unkenntlich gemacht werden, da den befragten Vorstandsmitgliedern die Anonymität ihrer Antworten zugesichert wurde. In der letzten Spalte ist die *Anzahl der Fragebögen* angegeben, die an die jeweiligen Gesellschaften verschickt wurden.

Da sich die Konzerntätigkeiten der **Brau und Brunnen AG** und der **MLP AG** - nach eigenen Angaben - nahezu ausschließlich auf Deutschland auswirken, war bei ihnen das konstitutive Merkmal der Internationalität nicht erfüllt, was zum definitionsbedingten[6] Ausschluß aus der vorliegenden Untersuchung führte. Die für die Auswertung relevante **Grundgesamtheit** betrug somit **32 Aktiengesellschaften**.

Von den angeschriebenen 32 Aktiengesellschaften haben sich **29 Gesellschaften** mit *mindestens* einem Fragebogen an der empirischen Untersuchung beteiligt.[7] Die im Vergleich zur Grundgesamtheit rücklaufbedingt verkleinerte Anzahl an Untersuchungsteilnehmern (Stichprobe) ist in der nachfolgenden Abb. A - 2 dargestellt.

---

1)   Vgl. hierzu Kap. 1. des Anhangs, S. 470 ff.

2)   Vgl. Deutsche Börse AG (Leitfaden), S. 9.

3)   Die Angaben zur Branchenzuordnung mußten von den Vorstandsmitgliedern der Gesellschaften im Fragebogen verifiziert werden. Vgl. hierzu S. 496.

4)   Die Dürr AG und die Metro AG erachteten es als ausreichend, die empirische Untersuchung mit nur *einem* Fragebogen zu unterstützen. Des weiteren antwortete die Thyssen AG mit nur *einem* Fragebogen. Als Grund wurden die Verhandlungsgespräche mit der Fried. Krupp-Hoesch AG genannt.

5)   So gaben zwei Vorstandsmitglieder der ALTANA AG und der MAN AG einen Vorstandsbeschluß an, sich aus „grundsätzlichen Erwägungen und Personaleinsparungen" nicht an empirischen Untersuchungen - gleich welcher Art - beteiligen zu wollen.

6)   Vgl. hierzu S. 187.

7)   Der Vorstand der IVG Holding AG und der Deutschen Babcock AG sagten aus „Planungszwängen und Abschlußvorbereitung" ab. Die Klöckner-Werke AG versprach telefonisch die Zusendung eines Fragebogens, wobei aber letztendlich kein Fragebogen an den Lehrstuhl zurückgesendet wurde.

An-zahl	Name	Markt-kapitalisierung [Mrd. DM zum 30.06.1997]	Branchen-zugehörigkeit [gruppiert nach Branchen-indices des DAX 100]	Ant-wort	Ab-sage	ohne Antwort	Anzahl der Fragebogen
1	AMB AG	7,55	Versicherungen	x	x	x	6
2	AGIV AG	1,59	Maschinenbau	x	x	x	3
3	Allianz AG	85,14	Versicherungen	x	x	x	7
4	Altana AG	7,25	Chemie und Pharma	x	x	x	4
5	AXA-Colonia AG	4,96	Versicherungen	x	x	x	8
6	Buderus AG	2,43	Maschinenbau	x	x	x	2
7	DBV-Winterthur AG	2,33	Versicherungen	x	x	x	4
8	Douglas Holding AG	1,95	Handel und Konsum	x	x	x	6
-	Dt. Babcock AG	0,74	Maschinenbau	0	0	3	3
9	Dürr AG	0,94	Maschinenbau	x	x	x	4
10	FAG Kugelfischer AG	1,97	Maschinenbau	x	x	x	2
11	GEA AG	2,83	Maschinenbau	x	x	x	4
12	Gerresheimer Glas AG	0,68	Handel und Konsum	x	x	x	3
13	Hoechst AG	43,50	Chemie und Pharma	x	x	x	7
14	Hornbach Holding AG	0,81	Handel und Konsum	x	x	x	2
-	IVG Holding AG	1,86	Bau	0	2	1	3
15	IWKA AG	1,14	Maschinenbau	x	x	x	4
-	Klöckner-Werke AG	1,11	Eisen und Stahl	0	0	3	3
16	Kolbenschmidt AG	0,79	Maschinenbau	x	x	x	3
17	Lahmeyer AG	7,00	Maschinenbau	x	x	x	3
18	MAN AG	13,89	Maschinenbau	x	x	x	6
19	Mannesmann AG	28,59	Maschinenbau	x	x	x	6
20	Metallgesellschaft AG	4,86	Eisen und Stahl	x	x	x	5
21	Metro AG	19,24	Handel und Konsum	x	x	x	6
22	PWA AG	2,11	Maschinenbau	x	x	x	3
23	Rheinmetall AG	1,13	Maschinenbau	x	x	x	5
24	RWE AG	37,62	Versorger	x	x	x	10
25	Strabag AG	0,40	Bau	x	x	x	4
26	Thyssen AG	12,93	Eisen und Stahl	x	x	x	7
27	Veba AG	48,88	Versorger	x	x	x	9
28	VIAG AG	21,10	Versorger	x	x	x	4
29	Victoria Holding AG	2,96	Versicherungen	x	x	x	8
	Summe:	298,28		58	23	73	154
				37,66%	14,94%	47,40%	100,00%

Abb. A - 2:   *Charakterisierung der Stichprobe der empirischen Untersuchung.*

3. Chi-Quadrat-Homogenitätstests

Da von den 32 in der Grundgesamtheit erfaßten Management-Holdings lediglich 29 Gesell-schaften an der empirischen Untersuchung teilnahmen,[1] war die rücklaufbedingt verkleinerte Stichprobe auf ihre **Repräsentativität** zu überprüfen. Dies ist insofern von Bedeutung, da die mit der Stichprobe gewonnenen Ergebnisse[2] nur dann ohne Einschränkungen auf die Grund-gesamtheit bezogen werden können, wenn die Stichprobe ein *repräsentatives Abbild* der Grund-gesamtheit darstellt.

Im folgenden ist daher zu überprüfen, ob die in der Stichprobe beobachtete Verteilung hin-sichtlich der in Kap. IV.1.1.3. akzentuierten Ausprägungen der Branchenzugehörigkeit und der Marktkapitalisierung[3] *statistisch signifikante Unterschiede* zur Grundgesamtheit aufweist oder nicht.[4] Die Überprüfung der Repräsentativität der Stichprobe wurde mit Hilfe soge-nannter **Chi-Quadrat-Homogenitätstests** vorgenommen. Die Vorgehensweise lehnt sich an BLEYMÜLLER / GEHLERT / GÜLICHER an:[5]

3.1. Überprüfung der Repräsentativität der Stichprobe hinsichtlich ihrer Branchenstruktur

Zunächst wird die Repräsentativität der rücklaufbedingt verkleinerten Stichprobe[6] in bezug auf die Merkmalsausprägung der **Branchenzugehörigkeit** überprüft. Die nachfolgende Abb. A - 3 gibt die Verteilung der Grundgesamtheit und der Stichprobe hinsichtlich der benötigten Bran-chenindices des DAX 100 wieder.

Auf die Einbeziehung der Branchenindices „Automobil und Verkehr", „Elektro" und „Banken" konnte verzichtet werden, da - wie aus der vorangegangenen Abb. A - 2 erkennbar ist - kein Element der Grundgesamtheit dieser Branchenausprägung zugeordnet werden konnte.

---

1) Zu einer namentlichen Auflistung vgl. S. 478 f.
2) Vgl. hierzu Kap. III.2.3.2., S. 113 ff., und Kap. IV.1.2., S. 144 ff.
3) Zur Definition vgl. Fußnote 10) des vierten Kapitels, S. 136.
4) Zu einer Gegenüberstellung der Verteilungen hinsichtlich der Branchenstruktur vgl. Abb. A - 3, S. 481, hinsichtlich der Marktkapitalisierung der ausgewählten Aktiengesellschaft vgl. Abb. A - 5, S. 484.
5) Vgl. BLEYMÜLLER / GEHLERT / GÜLICHER (Statistik), S. 132 f.
6) Vgl. hierzu S. 478 f.

i	benötigte Branchenindices des DAX 100	Grund-gesamtheit		Stich-probe	
		Anzahl	[%]	Anzahl	[%]
1	Bau	2	6	1	3
2	Chemie und Pharma	2	6	2	7
3	Maschinenbau	12	38	11	38
4	Versorger	3	9	3	11
5	Eisen und Stahl	3	9	2	7
6	Versicherungen	5	16	5	17
7	Handel und Konsum	5	16	5	17
	Gesamt	**32**	**100**	**29**	**100**

Abb. A - 3:   *Verteilung der Grundgesamtheit und der Stichprobe auf die Branchenindices des DAX 100.*

1. Formulierung der Null- und der Alternativhypothese sowie Festlegung des Signifikanzniveaus

Nullhypothese H_0:

Die Verteilung der in der Stichprobe erfaßten internationalen Management-Holdings auf die Branchenindices des DAX 100 stimmt mit der Branchenstruktur der Grundgesamtheit überein.

Alternativhypothese H_A:

Die Verteilung der in der Stichprobe erfaßten internationalen Management-Holdings auf die Branchenindices des DAX 100 stimmt **nicht** mit der Branchenstruktur der Grundgesamtheit überein.

Das **Signifikanzniveau**[7] wird mit $\alpha = 0,05$ festgelegt.

2. Prüfgröße und Testverteilung

Wird der Chi-Quadrat-Homogenitätstest als Unabhängigkeitstest mit den Merkmalen „Grundgesamtheit" und „Stichprobe" sowie den benötigten Branchenindices des DAX 100 aufgefaßt, lassen sich die **erwartete absolute Häufigkeit** und **Prüfgröße** über die folgende Formel berechnen:

---

7)   Das Signifikanzniveau umfaßt die *Irrtumswahrscheinlichkeit*, daß eine richtige Nullhypothese abgelehnt wird. Vgl. hierzu BLEYMÜLLER / GEHLERT / GÜLICHER (Statistik), S. 101.

Erwartete absolute Häufigkeit: $h_{ij}^e = \dfrac{h_{i.}^o \bullet h_{.j}^o}{n}$

Prüfgröße: $\chi^2 = \displaystyle\sum_{i=1}^{r} \sum_{j=1}^{s} \dfrac{\left(h_{ij}^o - h_{ij}^e\right)^2}{h_{ij}^e}$

3. Kritischer Bereich

Die Prüfgröße χ^2 gehorcht einer Chi-Quadrat-Verteilung mit $v = (r-1) \bullet (s-1)$ **Freiheitsgraden**. r stellt hierbei die *Anzahl der Branchenindices* und s die *Summe der Grundgesamtheit und der Stichprobe* dar. Durch den Wegfall des Branchenindices „Automobil und Verkehr", „Elektro" und „Banken" besitzt r den Wert (10 Branchenindices des DAX 100 minus 3) = 7, so daß sich die Zahl der Freiheitsgrade v zu $(7 - 1) \bullet (2-1) = \mathbf{6}$ berechnet.

Bei einen Signifikanzniveau von $\alpha = 0,05$ läßt sich für $v = 6$ aus der Chi-Quadrat-Verteilung[8] ein **kritischer Wert** $\chi^2_{c\ (v = 6,\ \alpha = 0,05)} = \mathbf{12,592}$ ablesen.

4. Berechnung der Prüfgröße

Durch Anwendung der in Arbeitsschritt 2. dargestellten Formel $h_{ij}^e = \dfrac{h_{i.}^o \bullet h_{.j}^o}{n}$ läßt sich die erwartete absolute Häufigkeit h_i^e bezogen auf die Branchen wie folgt berechnen:

i	benötigte Branchenindices des DAX 100	Grund-gesamtheit h_i^o	h_i^e	Stich-probe h_i^o	h_i^e	Σ
1	Bau	2	1,57	1	1,42	3
2	Chemie und Pharma	2	2,09	2	1,90	4
3	Maschinenbau	12	12,07	11	10,93	23
4	Versorger	3	3,14	3	2,85	6
5	Eisen und Stahl	3	2,62	2	2,37	5
6	Versicherungen	5	5,24	5	4,75	10
7	Handel und Konsum	5	5,24	5	4,75	10
	Gesamt	$h_{.1}^o = \mathbf{32}$		$h_{.2}^o = \mathbf{29}$		$n = \mathbf{61}$

Abb. A - 4:   *Beobachtete und erwartete Häufigkeit der Grundgesamtheit und der Stichprobe hinsichtlich ihrer Branchenstruktur.*

---

8)   Vgl. BLEYMÜLLER / GEHLERT (Statistische Formeln), S. 123.

Mit Hilfe der ebenfalls in Arbeitsschritt 2. dargestellten Formel

$$\chi^2 = \sum_{i=1}^{r}\sum_{j=1}^{s}\frac{\left(h_{ij}^o - h_{ij}^e\right)^2}{h_{ij}^e} \qquad \text{läßt sich die Prüfgröße } \chi^2 \text{ wie folgt berechnen:}$$

$$h_{ij}^e = \frac{(2-1,57)^2}{1,57} + \frac{(2-2,09)^2}{2,09} + \frac{(12-12,07)^2}{12,07} + \frac{(3-3,14)^2}{3,14} + \frac{(3-2,62)^2}{2,62}$$

$$+ \frac{(5-5,24)^2}{5,24} + \frac{(5-5,24)^2}{5,24} + \frac{(1-1,42)^2}{1,42} + \frac{(2-1,90)^2}{1,90} + \frac{(11-10,93)^2}{10,93}$$

$$+ \frac{(3-2,85)^2}{2,85} + \frac{(2-2,37)^2}{2,37} + \frac{(5-4,75)^2}{4,75} + \frac{(5-4,75)^2}{4,75}$$

$$= 0,43$$

5. Entscheidung und Interpretation

Da die unter Arbeitsschritt 4. berechnete Prüfgröße χ^2 = **0,43 kleiner** als der aus der Chi-Quadrat-Verteilung abgelesene **kritische Wert** $\chi^2_{c\ (v = 6,\ \alpha = 0,05)}$ = **12,592** ist, kann die Nullhypothese **nicht** abgelehnt werden.

Als **Testergebnis** läßt sich festhalten, daß zwischen der Grundgesamtheit und der rücklaufbedingt verkleinerter Stichprobe hinsichtlich der Branchenstruktur *keine* statistisch signifikanten Unterschiede bestehen. Die auf Grundlage der Stichprobe ermittelten Ergebnisse können infolgedessen als **repräsentativ** eingestuft werden.

3.2. Überprüfung der Repräsentativität der Stichprobe hinsichtlich ihrer Größenklassenverteilung

In dem zweiten Chi-Quadrat-Homogenitätstest der vorliegenden Arbeit war die Repräsentativität der Stichprobe in bezug auf die Merkmalsausprägung der **Konzerngröße** zu überprüfen. Als Größenmerkmal wurde - wie an anderer Stelle bereits dargelegt wurde - die **Marktkapitalisierung** der konzernleitenden Gesellschaften zum 30. Juni 1996 ausgewählt. Im folgenden wird zwischen „*mittelgroßen*" Management-Holdings mit einer Marktkapitalisierung von weniger als 1 Mrd. DM, „*großen*" Management-Holdings mit genau oder mehr als 1 Mrd. DM und weniger als 10 Mrd. DM und „*sehr großen*" Management-Holdings mit genau oder mehr als 10 Mrd. DM Marktkapitalisierung unterschieden. Die Abb. A - 5 gibt die entsprechende Größenklassenverteilung der Grundgesamtheit und der Stichprobe wieder.

i	Größenklassen	Grund- gesamtheit		Stich- probe	
		Anzahl	[%]	Anzahl	[%]
1	**mittelgroße Management-Holdings** (Marktkapitalisierung weniger als 1 Mrd. DM)	6	19	5	17
2	**große Management-Holdings** (Marktkapitalisierung zwischen 1 und 10 Mrd. DM)	17	53	15	52
3	**sehr große Management-Holdings** (Marktkapitalisierung gleich oder mehr als 10 Mrd. DM)	9	28	9	31
	Gesamt	**32**	**100**	**29**	**100**

Abb. A - 5: *Verteilung der Grundgesamtheit und der Stichprobe hinsichtlich der ausgewählten Größenklassen.*

1. Formulierung einer Null- und einer Alternativhypothese sowie Festlegung des Signifikanzniveaus

Nullhypothese H_0:

Die Verteilung der in der Stichprobe erfaßten internationalen Management-Holdings auf die in Abb. A - 5 dargestellten Größenklassen stimmt mit der Größenklassenverteilung der Grundgesamtheit überein.

Alternativhypothese H_A:

Die Verteilung der in der Stichprobe erfaßten internationalen Management-Holdings auf die in Abb. A - 5 dargestellten Größenklassen stimmt **nicht** mit der Größenklassenverteilung der Grundgesamtheit überein.

Das **Signifikanzniveau**[9] wird wiederum mit $\alpha = 0,05$ festgelegt.

2. Prüfgröße und Testverteilung

Wird der Chi-Quadrat-Homogenitätstest als Unabhängigkeitstest mit den Merkmalen „Stichprobe" und „Grundgesamtheit" sowie den unter Arbeitsschritt 1. definierten Größenklassen aufgefaßt, lassen sich die **erwartete absolute Häufigkeit** und die **Prüfgröße** über die folgende Formel berechnen:

Erwartete absolute Häufigkeit:
$$h_{ij}^{e} = \frac{h_{i.}^{o} \bullet h_{.j}^{o}}{n}$$

Prüfgröße:
$$\chi^2 = \sum_{i=1}^{r} \sum_{j=1}^{s} \frac{\left(h_{ij}^{o} - h_{ij}^{e}\right)^2}{h_{ij}^{e}}$$

3. Kritischer Bereich

Die Prüfgröße χ^2 gehorcht einer Chi-Quadrat-Verteilung mit $\nu = (r-1) \bullet (s-1)$ **Freiheitsgraden.** r stellt hierbei die *Anzahl der Größenklassen* und s die *Summe der Grundgesamtheit und der Stichprobe* dar. r besitzt demnach einen Wert von 3, so daß die Zahl der Freiheitgrade ν der vorliegenden Untersuchung sich zu $(3 - 1) \bullet (2-1) = 2$ berechnet.

Bei einen Signifikanzniveau von $\alpha = 0,05$ läßt sich für $\nu = 2$ aus der Chi-Quadrat-Verteilung[10] ein **kritischer Wert** $\chi^2_{c\,(\nu = 2,\ \alpha = 0,05)} = 5,99$ ablesen.

4. Berechnung der Prüfgröße

Durch Anwendung der in Arbeitsschritt 2. dargestellten Formel $h_{ij}^{e} = \dfrac{h_{i.}^{o} \bullet h_{.j}^{o}}{n}$ läßt sich die erwartete absolute Häufigkeit h_i^e wie folgt berechnen:

---

9)   Vgl. hierzu die Ausführungen der Fußnote 7) dieses Anhangs, S. 481.

10) Vgl. BLEYMÜLLER / GEHLERT (Statistische Formeln), S. 123.

i	Größenklassen	Grund-gesamtheit h_i^o	Grund-gesamtheit h_i^e	Stich-probe h_i^o	Stich-probe h_i^e	Σ
1	mittelgroße Management-Holdings (Marktkapitalisierung weniger als 1 Mrd. DM)	6	5,77	5	5,22	9
2	große Management-Holdings (Marktkapitalisierung zwischen 1 und 10 Mrd. DM)	17	16,78	15	15,21	34
3	sehr große Management-Holdings (Marktkapitalisierung gleich oder mehr als 10 Mrd. DM)	9	9,44	9	8,55	18
	Gesamt	32		29		61

Abb. A - 6: *Beobachtete und erwartete Häufigkeit der Grundgesamtheit und der Stichprobe hinsichtlich der ausgewählten Größenklassen.*

Mit Hilfe der ebenfalls in Arbeitsschritt 2. dargestellten Formel

$$\chi^2 = \sum_{i=1}^{r} \sum_{j=1}^{s} \frac{\left(h_{ij}^o - h_{ij}^e\right)^2}{h_{ij}^e}$$ läßt sich die Prüfgröße χ^2 wie folgt berechnen:

$$h_{ij}^e = \frac{(6 - 5,77)^2}{5,77} + \frac{(17 - 16,78)^2}{16,78} + \frac{(9 - 9,44)^2}{9,44} + \frac{(5 - 5,22)^2}{5,22} + \frac{(15 - 15,21)^2}{15,21}$$

$$+ \frac{(9 - 8,55)^2}{8,55} = 0,07$$

5. Entscheidung und Interpretation

Da die unter Arbeitsschritt 4. ausgerechnete Prüfgröße $\chi^2 = 0,07$ **kleiner als** der aus der Chi-Quadrat-Verteilung abgelesene **kritische Wert** $\chi^2_{c\,(\nu = 2,\ \alpha = 0,05)} = 5,99$ ist, kann die Nullhypothese **nicht** abgelehnt werden.

Als Testergebnis läßt sich festhalten, daß zwischen der Grundgesamtheit und der rück-laufbedingt verkleinerter Stichprobe nicht nur hinsichtlich ihrer Branchenstruktur, sondern auch in bezug auf ihre **Größenklassenverteilung** keine statistisch signifikanten Unter-schiede bestehen. Die auf Grundlage der Stichprobe ermittelten Ergebnisse können infolgedessen als **repräsentativ** eingestuft werden.

D. Hotelling-Pabst-Statistik

Mit Hilfe der Hotelling-Pabst-Statistik wurde untersucht, ob ein Zusammenhang zwischen dem Anteil **strategischer Führungsaufgaben** am Aufgabenumfang der Konzernleitung der internationalen Management-Holding und der Bedeutung eines **zukunftsbezogenen (antizipativen) Soll-/Wird-Vergleichs** besteht. Das Vorgehen lehnt sich an HARTUNG an:[1]

1. Formulierung einer Null- und einer Alternativhypothese sowie Festlegung des Signifikanzniveaus

Nullhypothese H_0:

Die Bedeutung eines zukunftsbezogenen Soll-/Wird-Vergleichs ist von der Höhe strategischer Führungsaufgaben **unabhängig**.

Alternativhypothese H_A:

Die Bedeutung eines zukunftsbezogenen Soll-/Wird-Vergleichs ist von der Höhe strategischer Führungsaufgaben **abhängig**.

Das **Signifikanzniveau**[2] wird mit $\alpha = 0,05$ festgelegt.

2. Prüfgröße und Testverteilung

Ist die Unabhängigkeit der Meßreihen mit den Merkmalen „Anteil strategischer Führungsaufgaben am Gesamtaufgabenumfang" und „zukunftsbezogener Soll-/Wird-Vergleich" zu überprüfen, läßt sich mit Hilfe der Hotelling-Pabst-Statistik D die **Prüfgröße |T|** wie folgt berechnen:

Hotelling-Pabst-Statistik:
$$D = \sum_{i=1}^{n} d_i^2 = \sum_{i=1}^{n} \left(R(x_i) - R(y_i) \right)^2$$

Der zugehörige **Erwartungswert E(D)** und die Varianz **Var (D)** berechnet sich zu:

$$E(D) = \frac{1}{6}\left(n^3 - n\right) - \frac{1}{12}\sum_{j=1}^{p}(d_{1j}^3 - d_{1j}) - \frac{1}{12}\sum_{k=1}^{q}(d_{2k}^3 - d_{2k})$$

---

1)   Vgl. HARTUNG / ELPELT / KLÖSENER (Statistik) S. 556 ff.
2)   Vgl. hierzu die Ausführungen der Fußnote 7) dieses Anhangs, S. 481.

$$Var(D) = \frac{(n-1)(n+1)^2 n^2}{36} \cdot \left(1 - \frac{\sum_{j=1}^{p}(d_{1j}^3 - d_{1j})}{n^3 - n}\right) \cdot \left(1 - \frac{\sum_{k=1}^{q}(d_{2k}^3 - d_{2k})}{n^3 - n}\right)$$

Hieraus errechnet sich die für die Annahme oder Ablehnung der zu überprüfenden Null-hypothese H_0 relevante **Prüfgröße $|T|$**:

$$|T| = \left|\frac{D - E(D)}{\sqrt{Var(D)}}\right|$$

3. Kritischer Bereich

Die Prüfgröße $|T|$ ist approximativ **standardnormalverteilt**. Bei einen Signifikanzniveau von $\alpha = 0,05$ läßt sich aus der Standardnormalverteilung ein **kritischer Wert** $u_{1-\alpha/2} = u_{0,975} = 1,96$ ablesen.[3]

4. Berechnung der Prüfgröße

Durch die Anwendung der in Arbeitsschritt 2. dargestellten Formel $D = \sum_{i=1}^{n} d_i^2 = \sum_{i=1}^{n}(R(x_i) - R(y_i))^2$ läßt sich zunächst die Hotelling-Pabst-Statistik D berechnen. In der folgenden Abb. A - 7 sind die Versuchsergebnisse - Anteil strategischer Führungsaufgaben[4], Bedeutung eines zukunftsbezogenen Soll-/Wird-Vergleich[5] - sowie die zugehörigen Rangzahlen R_{1i} und R_{2i} dargestellt.

i	Anteil strategischer Führungs-aufgaben [%]	Rang-zahl R_{1i}	Bedeutung eines zukunftsbezogenen Soll-/Wird-Vergleich [%]	Rang-zahl R_{2i}	$(R_{1i} - R_{2i})^2$
1	5	1	80	52,5	2652,25
2	75	50	80	52,5	6,25
3	50	23,5	60	26,5	9,00
4	60	33,5	70	38,5	25,00
5	45	18	50	13	25,00
6	40	14,5	40	6,5	64,00
7	70	43,5	70	38,5	25,00
8	50	23,5	70	38,5	225,00
9	50	23,5	60	27,5	16,00
10	40	14,5	75	48,5	1156,00
11	70	43,5	50	15,5	784,00

---

3)   Vgl. BLEYMÜLLER / GEHLERT (Statistische Formeln), S. 114 ff.
4)   Vgl. hierzu Spalte 2 der Abb. A - 7, S. 489.
5)   Vgl. hierzu Spalte 4 der Abb. A - 7, S. 489.

i	Anteil strategischer Führungs- aufgaben [%]	Rang- zahl R_{1i}	Bedeutung eines zukunftsbezogenen Soll-/Wird- Vergleich [%]	Rang- zahl R_{2i}	$(R_{1i} - R_{2i})^2$
12	60	33,5	50	15,5	324,00
13	50	23,5	70	38,5	225,00
14	30	7	50	15,5	72,25
15	70	43,5	70	38,5	25,00
16	10	2	40	6,5	20,25
17	80	52,5	50	15,5	1369,00
18	60	33,5	70	38,5	25,00
19	30	7	50	15,5	72,25
20	70	43,5	40	6,5	1369,00
21	35	10,5	60	27,5	289,00
22	70	43,5	60	27,5	256,00
23	70	43,5	60	27,5	256,00
24	70	43,5	60	27,5	256,00
25	70	43,5	60	27,5	256,00
26	50	23,5	70	38,5	225,00
27	60	33,5	30	3,5	900,00
28	50	23,5	50	15,5	64,00
29	50	23,5	30	3,5	400,00
30	30	7	65	33	676,00
31	80	52,5	80	52,5	0,00
32	80	52,5	90	56,5	16,00
33	95	57	75	48,5	72,25
34	85	55	90	56,5	2,25
35	40	14,5	50	15,5	1,00
36	70	43,5	50	15,5	784,00
37	50	23,5	40	6,5	289,00
38	40	14,5	50	15,5	1,00
39	60	33,5	60	27,5	36,00
40	60	33,5	70	38,5	25,00
41	60	33,5	50	15,5	324,00
42	70	43,5	80	52,5	81,00
43	25	3,5	50	15,5	144,00
44	40	14,5	70	38,5	576,00
45	40	14,5	70	38,5	576,00
46	55	29	20	1,5	756,25
47	30	7	50	15,5	72,25
48	35	10,5	75	48,5	1444,00
49	50	23,5	70	48,5	625,00
50	50	23,5	60	27,5	16,00
51	60	33,5	70	38,5	25,00
52	30	7	60	27,5	420,25
53	90	56	70	38,5	306,25
54	80	52,5	70	38,5	196,00
55	70	43,5	50	15,5	784,00
56	25	3,5	20	1,5	4,00
57	70	43,5	75	48,5	25,00

Abb. A - 7:   Übersicht über den Anteil strategischer Führungsaufgaben am Aufgabenumfang der Konzernleitung sowie der Bedeutung eines zukunftsbezogenen Soll-/Wird-Vergleichs.

Mit den obigen Werten ergibt sich für $D = \sum_{i=1}^{n} d_i^2 = \sum_{i=1}^{n} \left(R(x_i) - R(y_i) \right)^2$ ein Wert von

19.668,75

Aus den in der vorangegangenen Abbildung D - 1 erfaßten Werten treten in der ersten Meßreihe $x_1,...x_n$ (Anteil strategischer Führungsaufgaben) 16 verschiedene Werte auf, so daß p = 16 gesetzt wird. In der zweiten Meßreihe $y_1,...y_n$ (Bedeutung zukunftsbezogener Soll-/Ist-Vergleich) treten 10 verschiedene Werte auf, so daß q = 10 gesetzt wird. Die Werte $d_{1,1},...d_{1,16}$ und $d_{2,1},...d_{2,10}$, die die Anzahl der festgestellten Beobachtung angeben, sind in der folgenden Abb. A - 8 nochmals zusammengestellt.

Anteil strategischer Führungs- aufgaben [%]	D_{IJ}	Bedeutung eines zukunftsbezogenen Soll-/Wird-Vergleich [%]	D_{2K}
5	1	20	2
10	1	30	2
25	2	40	4
30	5	50	14
35	2	60	10
40	6	66	1
45	1	70	14
50	10	75	4
55	1	80	4
60	8	90	2
70	12		
75	1		
80	4		
85	1		
90	1		
95	1		

Abb. A - 8: Anzahl der Bindungen bei verschiedenen Werten der zwei Meßreihen.

Unter Anwendung der in Arbeitsschritt 2. angegebenen Formel läßt sich der Erwartungswert E (D) und die Varianz Var (D) wie folgt berechnen:

$$E(D) = \frac{1}{6}\left(n^3 - n\right) - \frac{1}{12}\sum_{j=1}^{p}(d_{1j}^3 - d_{1j}) - \frac{1}{12}\sum_{k=1}^{q}(d_{2k}^3 - d_{2k}) = \textbf{30.001}$$

$$Var(D) = \frac{(n-1)(n+1)^2 n^2}{36} \cdot \left(1 - \frac{\sum\limits_{j=1}^{p}(d_{1j}^3 - d_{1j})}{n^3 - n} \right) \cdot \left(1 - \frac{\sum\limits_{k=1}^{q}(d_{2k}^3 - d_{2k})}{n^3 - n} \right) = \mathbf{16.071.357}$$

Hieraus errechnet sich die für die Annahme oder Ablehnung der zu überprüfenden Nullhypothese H_0 relevante Prüfgröße $|\,T\,|$:

$$|T| = \left| \frac{D - E(D)}{\sqrt{Var(D)}} \right| = \mathbf{2{,}57}$$

5. Entscheidung und Interpretation

Da $|T| = \mathbf{2{,}57} > \mathbf{1{,}96} = u_{0,975} = u_{1-\alpha/2}$ ist, ist die Nullhypothese H_0: „Die Bedeutung des zukunftsbezogenen Soll-/Wird-Vergleichs ist von der Höhe strategischer Führungsaufgaben der Konzernleitung einer internationalen Management-Holding *unabhängig*" zum 5%-Signifikanzniveau zu **verwerfen**.

5. Instrumentarium der empirischen Untersuchung

Das Instrumentarium der empirischen Untersuchung beinhaltete als Hauptbestandteil den in Kap. 5.2. dargestellten **Fragebogen**. Um einen möglichst hohen Rücklauf zu erzielen, wurde ihm ein persönlich adressiertes **Anschreiben** vorangestellt (Kap. 5.1.). Die Vorstandsmitglieder, von denen vier Wochen nach Versand des Fragebogens noch keine Antwort eingegangen war, wurden mit einem **Erinnerungsschreiben** nochmals um ihre Unterstützung gebeten. Seine Ausgestaltung ist Thema des Kap. 5.3.

5.1. Anschreiben

Das Anschreiben war neben dem Fragebogen das zweite *zentrale* Element der empirischen Untersuchung.[1] Bei der Gestaltung des Anschreibens wurden folgende - in der Literatur vielfach diskutierte[2] - Maßnahmen umgesetzt. Sie lassen sich wie folgt zusammenfassen:

- Das Anschreiben wurde **namentlich** an die Vorstandsmitglieder der ausgewählten Management-Holdings verschickt.

- Es erläuterte in der gebotenen Kürze das **Thema**, die **Ziele** und **Notwendigkeit der empirischen Untersuchung**. Es zeigte weiterhin auf, wer für die Untersuchung verantwortlich ist.

- Um eventuellen „persönlich" bedingten Hemmnissen, sich an einer empirischen Untersuchung zu beteiligen, vorzubeugen, wurde den Vorstandsmitgliedern die strikte **Anonymität ihrer Antworten** zugesichert.

- Als Anreiz für die Teilnahme an der Befragung wurde den Konzernen die **Zusendung der Untersuchungsergebnisse** versprochen.

- Abschließend wurde jedes Anschreiben vom Lehrstuhlinhaber und dem Autor **original unterschrieben**.

---

1)   Vgl. hierzu FRIEDRICHS (Sozialforschung), S. 238.

2)   Vgl. hierzu FRIEDRICHS (Sozialforschung), S. 238 ff.; FRITZ (Unternehmensführung), S. 97; MATIASKE (Wertorientierung), S. 147 f.; AMSHOFF (Controlling), S. 31 f.

Prof. Dr. Hans-Jürgen Wurl   Telefon: (0 61 51) 16 - 3423   *Technische*
Fachbereich Rechts- und   Telefax: (0 61 51) 16 - 6034   *Hochschule*
Wirtschaftswissenschaften
Institut für Betriebswirtschaftslehre   *Darmstadt*
Fachgebiet Rechnungswesen und Controlling
Hochschulstr. 1

64289 Darmstadt

Herrn << Titel>> <<Name>>
Mitglied des Vorstands
der <<Firma>> AG
<<Straße>>

<<Postleitzahl>> <<Ort>>

Darmstadt, den 23. September 1997

Anforderungen an Führungsinformationssysteme für die internationale Management-Holding

Sehr geehrter Herr << Titel>> <<Name>>,

die Entwicklung geeigneter Ansätze zur Gestaltung effizienter **Führungsinformationssysteme** ist derzeit eine der zentralen Herausforderungen für die Betriebswirtschaftslehre. Um praxisrelevante Lösungsansätze entwickeln zu können, sind fundierte Kenntnisse über die effektiven Anforderungen, die Führungskräfte an derartige Informationssysteme stellen, eine wesentliche Voraussetzung.

Im Rahmen eines Forschungsprojekts wollen wir versuchen, genau diese Fragestellung durch eine **empirische Analyse** zu klären, wobei wir uns auf Führungsinformationssysteme für die internationale Management-Holding konzentrieren. Die Kenntnis über Ihre **Aufgaben** bei der <<Firma>> AG, Ihre **Anforderungen** und bereits gemachte **Erfahrungen** - auch mit anderen auf Sie abgestimmten Informationsinstrumentarien (beispielsweise Review-Berichte oder Unterlagen zur strategischen Planung) - sollen mit die Grundlage sein, ein die Führung einer internationalen Management-Holding unterstützendes Informationssystem entwickeln zu können. Deshalb wenden wir uns mit der Bitte an Sie, unser Vorhaben zu unterstützen, indem Sie den beigefügten Fragebogen ausfüllen.

Wir sind uns der Tatsache bewußt, daß Ihre Zeit außerordentlich knapp bemessen ist. Aus diesem Grund haben wir uns um einen **knappen Fragebogen** bemüht, den Sie in etwa **10 - 15 Minuten** durch entsprechendes **Ankreuzen** ausfüllen können. Selbstverständlich sichern wir Ihnen hiermit verbindlich zu, daß die **Anonymität** Ihrer Antworten bei der Auswertung gewahrt bleibt.

Um zu möglichst repräsentativen und damit aussagekräftigen Ergebnissen zu gelangen, dürfen wir Sie nochmals höflich bitten, sich an unserer Fragebogenaktion zu beteiligen. Die Ergebnisse stellen wir Ihnen - wenn Sie es wünschen - gerne zur Verfügung.

Für Ihre Bemühungen danken wir Ihnen im voraus und verbleiben mit freundlichen Grüßen

(Prof. Dr. Hans-Jürgen Wurl)   (Dipl.-Wirtsch.-Ing. Jörg H. Mayer)

Anlage

Abb. A - 9:   Anschreiben der empirischen Untersuchung.

5.2. Fragebogen

Bei der Entwicklung des Fragebogens war zunächst sein Aufbau abzuklären. Um dem Befragten jederzeit die Einordnung ihrer Antworten innerhalb des Fragebogens zu ermöglichen, wurde insbesondere auf dessen klare **Strukturierung** geachtet. Der Fragebogen bestand aus 26 Fragen, die in **drei zentrale Themenbereiche** untergliedert waren.

Der erste Teil beinhaltete Fragen nach den **institutionellen und organisatorischen Aspekten** der ausgewählten Management-Holding sowie den hierdurch determinierten **Aufgaben der Konzernleitung.** Hieran schlossen sich zwei - eher als schwierig einzustufende - Themenbereiche an, mit denen die folgenden Fragestellungen abzuklären waren:

- Was sind die **Anforderungen** an Führungsinformationssysteme für die internationale Management-Holding und wie sind diese zu gewichten?

- Wie ist der **Entwicklungsstand** des Informationsinstrumentariums, das gegenwärtig von der Konzernleitung der internationaler Management-Holding genutzt wird?

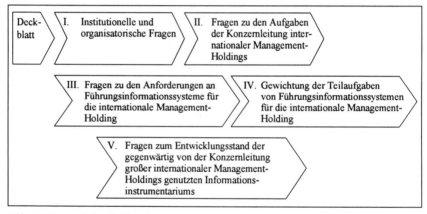

Abb. A - 10:   Aufbau des Fragebogens.

5.2.1. Deckblatt

Das Deckblatt wurde genutzt, um den befragten Vorstandsmitgliedern **grundlegende Sachverhalte der empirischen Untersuchung** offenzulegen:

- Zunächst wurde der für die empirische Untersuchung **verantwortlich zeichnende Lehrstuhl** genannt. Hieran schloß sich die Nennung des **Untersuchungsthemas** an.

- Um die Rücklaufquote zu erhöhen, wurde den befragten Vorstandsmitgliedern angeboten, die **Untersuchungsergebnisse** zur Verfügung zu stellen und bei vertieften Interesse an einer **Informationsveranstaltung** des Lehrstuhls teilzunehmen.

- Abschließend wurde der **Rücksendetermin** und ein **Ansprechpartner** mit Telefonnummer genannt, der zur Beantwortung eventueller Fragen zur Verfügung stand.

Technische Hochschule Darmstadt

Fachbereich Rechts- und Wirtschaftswissenschaften

Institut für Betriebswirtschaftslehre

Fachgebiet Rechnungswesen und Controlling

Prof. Dr. Hans-Jürgen Wurl

Fragebogen:

Ansätze zur Gestaltung
effizienter Führungsinformationssysteme
für die internationale Management-Holding

Wünschen Sie die **Zusendung der Untersuchungsergebnisse?**

☐ Ja
☐ Nein

Haben Sie Interesse, an einer **Informationsveranstaltung** des Lehrstuhls zu diesem Themenkomplex teilzunehmen?

☐ Ja (Wir schicken Ihnen nach Beendigung des Forschungsprojekts eine Einladung zu.)
☐ Nein

Bitte senden Sie den ausgefüllten Fragebogen mit dem bereits **frankierten und adressierten Rückumschlag** bis spätestens zum 10. Oktober 1997 zurück.

Bei **Rückfragen** - insbesondere zum Fragebogen - können Sie uns unter der Telefonnummer **0 61 45 - 93 84 81** erreichen.

Abb. A - 11:   Deckblatt des Fragebogens.

5.2.2. Institutionelle und organisatorische Fragen

Im einleitenden Teil des Fragebogens mußten zunächst die „**Strukturmerkmale**"[3] der angeschriebenen Gesellschaften verifiziert werden, die zur Teilnahme an der empirischen Untersuchung berechtigten.

Fragebogen zur Gestaltung effizienter Führungsinformationssysteme   1
für die internationale Management-Holding

I. Institutionelle und organisatorische Fragen

Die **Management-Holding** (Synonyme: strategische Holding, strategische Management-
Holding) wird im Rahmen der vorliegenden Untersuchung als eine mögliche **Organisationsstruktur für Konzerne** verstanden. Charakteristisches Merkmal ist ihre konsequente
Trennung zwischen der Konzernleitung, die für die strategische Ausrichtung des Konzerns
zuständig ist, und den rechtlich und - hinsichtlich der operativen Geschäftsführung - auch
wirtschaftlich selbständigen Tochtergesellschaften.

**1. Ist Ihr Konzern im Sinne der obigen Definition als *Management-Holding*
organisiert?**

❑   Ja, seit 19 ____ [Jahr]   ❑   Nein

2. In welcher *Branche* ist Ihr Konzern überwiegend tätig?

❑   Automobil und Verkehr   ❑   Maschinenbau
❑   Bau   ❑   Versorger
❑   Chemie und Pharma   ❑   Eisen und Stahl
❑   Elektro   ❑   Versicherungen
❑   Banken   ❑   Handel und Konsum

**3. Wieviele *Mitarbeiter* sind in Ihrer Management-Holding konzernweit
beschäftigt?**

❑   weniger als 10.000   Mitarbeiter
❑   zwischen   10.000 und 50.000   Mitarbeiter
❑   mehr als   50.000   Mitarbeiter

Wirkt sich die Konzerntätigkeit nicht nur auf das Stammland (Deutschland), sondern auch auf
mindestens ein Gastland (Ausland) aus, so kann von einer **internationalen** Management-
Holding gesprochen werden.

**4. Ist Ihr Konzern im Sinne der obigen Definition als *internationale*
Management-Holding organisiert?**

❑   Ja   ❑   Nein

5. Auf wievielen *Kontinenten* wirkt sich hierbei Ihre Konzerntätigkeit aus?

❑   auf **2 oder weniger** Kontinenten   ❑   auf **3 oder mehr** Kontinenten

---

Abb. A - 12:   *Institutionelle und organisatorische Fragen.*

---

3)   Vgl. hierzu ausführlich Kap. IV.1.1.2., S. 184 ff.

Um den Befragten einen *einfachen Einstieg in den Fragebogen* zu ermöglichen und um eine *positive Grundstimmung* hinsichtlich des zu benötigenden Zeitbedarfs zu schaffen, wurden zunächst mit schnell, durch einfaches Ankreuzen zu beantwortenden Fragen die **Organisationsstruktur** und die **Branchenzugehörigkeit** abgeprüft. Zur Verifizierung der **Gesellschaftsgröße** diente die dritte Frage.

Die vierte und fünfte Frage beinhaltete Angaben zur **Internationalität** der Konzerntätigkeit. Als Maßstab des Internationalisierungsgrads wurde die *Anzahl der Kontinente* ausgewählt, auf die sich die Konzerntätigkeit auswirkt.[4]

5.2.3. Fragen zu den Aufgaben der Konzernleitung der internationalen Management-Holding

Wie an anderer Stelle bereits dargelegt wurde, erscheint für eine bedarfsgerechte Informationsversorgung der Konzernleitung der internationalen Management-Holding die Annahme vertretbar, die Gestaltung effizienter Führungsinformationssysteme für die internationale Management-Holding primär an der Intensität, mit der die Konzernleitung verschiedene Aufgaben zu bewältigen hat, auszurichten.[5] Über die Frage nach dem **zeitlichen Umfang**, mit denen sie einzelne Führungsaufgaben wahrnimmt, wurde daher versucht, zu Erkenntnissen über die *Bedeutung ihrer typischen Aufgabenbereiche* zu gelangen.

Problematisch war an dieser Stelle, daß im Rahmen eines Fragebogens eine detaillierte Definition einzelner Führungsaufgaben aufgrund ihrer Komplexität nur begrenzt einsetzbar waren. Erschwerend kam noch hinzu, daß in der Praxis kein einheitliches Grundverständnis über die Führungsaufgaben der Konzernleitung vorliegen dürfte, so daß Definitionsschwierigkeiten seitens der Antwortenden zu erwarten waren.

Um den recht umfangreichen Fragebogen nicht noch komplexer werden zu lassen, verbot sich eine detaillierte Definition der zu erfassenden Führungsaufgaben. Ihre unumgängliche Charakterisierung fiel daher *stichpunktartig* aus, so daß sich die Vorstandsmitglieder zumindest in Grundzügen ein entsprechendes Bild über die vom Autor festgelegte Aufgabenabgrenzung machen konnten.

Neben der Definition und Abgrenzung der zu erfassenden Aufgaben der Konzernleitung bildete die **Gewichtung** des vergangenheitsbezogenen **Soll-/Ist-Vergleichs** im Vergleich zum zukunftsbezogenen **Soll-/Wird-Vergleich** einen zweiten Schwerpunkt dieses Fragebogenabschnitts.

---

4) Zur Fundierung des ausgewählten Maßstabs der Internationalität vgl. S. 10.
5) Vgl. Kap. III.1.1., S. 89 ff.

Fragebogen zur Gestaltung effizienter Führungsinformationssysteme   2
für die internationale Management-Holding

II. Fragen zu Ihren Aufgaben als Mitglied der Konzern- leitung einer internationalen Management-Holding

Die bedarfsgerechte Informationsversorgung der Konzernleitung einer internationalen Management-Holding kann nur dann sichergestellt werden, wenn fundierte Erkenntnisse über deren **Aufgaben** vorliegen. Hierbei lassen sich verschiedene Aufgabenfelder voneinander unterscheiden.

1. Welchen *Zeitaufwand* nehmen die folgenden Aufgaben in Ihrem Arbeits- ablauf in Anspruch?

___ [%]	Normative Aufgaben	Festlegen des grundlegenden Ziel- und Wertesystems der Management-Holding, das heißt der - **Holdingphilosophie**, - **Holdingpolitik**, - **Holdingethik**, - **Holdingverfassung**
___ [%]	Strategische Steuerung der Tochtergesellschaften (Geschäftsbereiche)	- Festlegen der **Portfoliozusammensetzung** der Management-Holding und strategische Ausrichtung der einzelnen Tochtergesellschaften in Hinblick auf die gemeinsame Holdingpolitik (**Strategieentwicklung**) - Umsetzen der Strategie in entsprechende Zielvorgaben (strategische **Planung**) - Koordination der Strategieumsetzung - strategische **Kontrolle** der Tochtergesellschaften
___ [%]	Serviceaufgaben	- zentrale Führungskräfteentwicklung und Öffentlich- keitsarbeit - juristische Beratung und Vertretung in Prozessen - Abschluß von Rahmenverträgen mit Lieferanten, ...
___ [%]	Finanzierung	- **Zentrale Kapitalbeschaffung und Allokation** der finanziellen Ressourcen der Management-Holding
___ [%]	Sonstige	

= 100 [%]

2. Welche Bedeutung messen Sie den folgenden *Kontrollarten* zur strategi- schen Steuerung der Tochtergesellschaften in Ihrem Arbeitsablauf zu?

___ [%]	vergangenheitsbezogener Soll- / Ist-Vergleich	Der „klassische" Kontrollprozeß überwacht, ob die Vor- gaben der Planung (**Soll-Werte**, Synonym: Plan-Werte) mit den realisierten **Ist-Werten** übereinstimmen (**ex-post-Vergleich**).
___ [%]	zukunftsbezogener Soll- / Wird-Vergleich	Kernpunkt von Soll- / Wird-Vergleichen bildet die Überlegung, daß mit der Durchführung von Abweichungs- und Ursachenanalysen **nicht** bis zu einer Realisierung zu warten, sondern ein permanenter **zukunftsgerichteter Vergleich** zwischen Soll-Werten und extrapolierten (voraussichtlichen) **Wird-Werten** durchzuführen ist (**ex-ante-Vergleich**).

= 100 [%]

Abb. A - 13:   Fragen zu den Aufgaben der Konzernleitung der internationalen Management-Holding und der Bedeutung verschiedener Kontrollarten der strategischen Führung.

5.2.4. Fragen zu den Anforderungen an Führungsinformations-systeme für die internationale Management-Holding

Dieser Teil des Fragebogens beschäftigte sich mit den **Anforderungen** an die Gestaltung effi-zienter Führungsinformationssysteme für die internationale Management-Holding. Zunächst wurde in **Teil III.A.** die Bedeutung erfaßt, den **objektiven** und **subjektiven Informations-bedarf** zu analysieren. Im Anschluß daran galt es, den Stellenwert **strategischer** und **externer Informationen** zu erfassen.

Fragebogen zur Gestaltung effizienter Führungsinformationssysteme   3
für die internationale Management-Holding

III. Fragen zu Ihren Anforderungen an ein zu entwickeln-des Führungsinformationssystem

Ein **Führungsinformationssystem** (Synonym: Executive Information System) für die inter-nationale Management-Holding ist ein spezifisches Informationssystem, das den organisations-bedingten Anforderungen einer derartigen Konzernstruktur angepaßt ist: Es hat die bedarfs-gerechte Informationsversorgung der zur **strategischen Führung legitimierten Konzern-leitung** sicherzustellen.

A. Analyse und Strukturierung des Informationsbedarfs

Um ein Führungsinformationssystem zielorientiert entwickeln zu können, ist zunächst die Frage zu klären, wie sich Ihr Informationsbedarf und somit der **Umfang der bereitgestellten Informationen** bestimmen läßt und inwieweit deren **Struktur** zur Führung einer inter-nationalen Management-Holding geeignet ist.

1. **Welche Bedeutung hat es für Sie, daß die bereitgestellten Informationen durch eine detaillierte *Analyse* Ihrer strategischen Führungsaufgaben eruiert werden?**

❑	❑	❑	❑	❑
sehr gering	gering	neutral	hoch	sehr hoch

2. **Welchen Stellenwert hat es für Sie, daß darüber hinaus noch Informa-tionen erfaßt werden, die Sie aufgrund Ihres *persönlichen Empfindens* und *Ihrer individuellen Arbeitsweise* gebrauchen wollen?**

❑	❑	❑	❑	❑
sehr gering	gering	neutral	hoch	sehr hoch

3. **Im Vergleich zur Erfassung operativer Detailinformationen, welche Bedeutung haben *strategische Informationen* für die Bewältigung Ihrer Führungsaufgaben?**

❑	❑	❑	❑	❑
sehr gering	gering	neutral	hoch	sehr hoch

4. **Welchen Stellenwert messen Sie *externen Informationen* - beispielsweise über Kunden, Konkurrenten, wichtige Märkte und Zulieferer - im Vergleich zu rein intern orientierten Informationen zu?**

❑	❑	❑	❑	❑
sehr gering	gering	neutral	hoch	sehr hoch

Abb. A - 14:   *Fragen zur Analyse und Strukturierung des Informationsbedarfs.*

Als nächstes galt es zu ermitteln, in welcher Art und Weise die im Rahmen der Informationsbedarfsanalyse ermittelten Informationen durch ein Führungsinformationssystem zu verarbeiten
und dem Informationsempfänger zu übermitteln sind. **Teil III. B.** beinhaltete daher die Anforderungen der Führungskräfte an die effiziente **Informationsaufbereitung und -bereitstel-
lung**.

Fragebogen zur Gestaltung effizienter Führungsinformationssysteme   4
für die internationale Management-Holding

B.   Informationsaufbereitung und -bereitstellung

Im Rahmen der Informationsaufbereitung und -bereitstellung ist festzulegen, in **welcher
Art und Weise** die im Rahmen der Informationsbedarfsanalyse eruierten Informationen durch
ein Führungsinformationssystem zu verarbeiten und Ihnen zu präsentieren sind.

**5.   Welche Bedeutung sollten Ihrer Meinung nach *aggregierte Informa-
tionen* bei der Bewältigung Ihrer Führungsaufgaben haben?**

❑	❑	❑	❑	❑
sehr gering	gering	neutral	hoch	sehr hoch

**6.   Welchen Stellenwert messen Sie der Möglichkeit zu, das Zustande-
kommen aggregierter Informationen durch eine schrittweise *Zurücknahme der Verdichtung* analysieren und auf die zugrundeliegenden
originären Daten zurückgreifen zu können?**

❑	❑	❑	❑	❑
sehr gering	gering	neutral	hoch	sehr hoch

**7.   Welchen Stellenwert haben für Sie *grafische* - und gegebenenfalls
multimediale - *Gestaltungsoptionen* zur Informationsdarstellung?**

❑	❑	❑	❑	❑
sehr gering	gering	neutral	hoch	sehr hoch

**8.   Welchen Bedeutung haben die nachfolgenden *Oberflächen- und Dialog-
führungskomponenten* eines Führungsinformationssystems für Sie?**

	sehr gering	gering	neutral	hoch	sehr hoch
a) intuitive Benutzerführung (Verwendung grafischer Ober-flächenstandards und „realitäts-naher" Bildschirmsymbole)	❑	❑	❑	❑	❑
b) Maus-Steuerung (tastaturarme Bedienung durch Anklicken von Symbolen und Feldern)	❑	❑	❑	❑	❑
c) einheitlicher Menü- **und Maskenaufbau**	❑	❑	❑	❑	❑
d) kontextabhängige **Hilfefunktion**	❑	❑	❑	❑	❑
e) Sonstige _____	❑	❑	❑	❑	❑

Abb. A - 15:   *Fragen zur Informationsaufbereitung und -bereitstellung.*

9. Welchen Stellenwert haben die folgenden *Funktionen* eines Führungsinformationssystems für Ihre Aufgabenbewältigung?

		sehr gering	gering	neutral	hoch	sehr hoch
a)	**Aktive Dialoggestaltung** (Selbst definierbare **Ad-hoc-Abfragen**)	❑	❑	❑	❑	❑
b)	**sich selbst aktivierende Ausnahmeberichterstattung** („colored **Exception Reporting**")	❑	❑	❑	❑	❑
c)	**Vergleichsfunktionen** (Häufigkeitsverteilungen, Zeitreihenvergleiche, ...)	❑	❑	❑	❑	❑
d)	**Statistische Funktionen** (arithmetisches Mittel, Varianz, Regressionen, ...)	❑	❑	❑	❑	❑
e)	**Prognosemethoden** (Extrapolationen, ...)	❑	❑	❑	❑	❑
f)	**Simulationen** („what-if" und „how-to-achive"-Analysen)	❑	❑	❑	❑	❑
g)	**Schnittstelle zu (weltweiten) Informations- und Kommunikationsdiensten** (z.B. Internet)	❑	❑	❑	❑	❑
h)	**Sonstige** _____	❑	❑	❑	❑	❑

Abb. A - 16:   *Fragen zur Informationsaufbereitung und -bereitstellung (Fortsetzung).*

Die sich anschließenden Fragen konzentrierten sich auf die **Terminierung** und die **Richtig-keit**, mit der Informationen bereitzustellen sind. In **Teil III.C.** wurde daher die Bedeutung einer permanenten *Aktualisierung des Datenbestands*, die *Genauigkeit* der bereitzustellenden Informationen und die *Zuverlässigkeit* von Führungsinformationssystemen, vor Manipulationen und unbeabsichtigten oder maschinell bedingten Fehlern zu schützen, analysiert.

C.   Terminierung und Richtigkeit der bereitzustellenden Informationen

10. Welche Bedeutung messen Sie einer *zeitnahen Aktualisierung des Datenbestands* eines Führungsinformationssystem zu?

❑	❑	❑	❑	❑
sehr gering (halbjährlich)	gering (monatlich)	neutral (wöchentlich)	hoch (täglich)	sehr hoch (stündlich)

11. Welchen Stellenwert hat für Sie die *Genauigkeit* der bereitzustellenden Informationen?

❑	❑	❑	❑	❑
sehr gering	gering	neutral	hoch	sehr hoch

12. Welche Bedeutung messen Sie der *Zuverlässigkeit* des Systems bei, vor Manipulationen, unbeabsichtigten Störungen und „maschinell" bedingten Fehlern der bereitgestellten Informationen zu schützen?

❑	❑	❑	❑	❑
sehr gering	gering	neutral	hoch	sehr hoch

Abb. A - 17:   *Fragen zur Terminierung und Richtigkeit der bereitzustellenden Informationen.*

In **Teil III.D.** wurde abschließend nach dem **Aufwand** der Informationssystemgestaltung gefragt. Zum galt es, die **Kosten** zu bestimmen, die die Gesellschaften für eine individuell angepaßte Systemkonzeption auszugeben bereit wären. Des weiteren wurde der Stellenwert einer schnellen **Entwicklung** und **Implementierung** dieser Informationssystemausprägung bestimmt.

Fragebogen zur Gestaltung effizienter Führungsinformationssysteme   6
für die internationale Management-Holding

---

13. Was sind Ihrer Meinung nach *weitere Anforderungen*, die Sie an ein zu entwickelndes **Führungsinformationssystem** stellen und welche Bedeutung räumen Sie diesen Anforderungen ein?

	sehr gering	gering	neutral	hoch	sehr hoch
a) _____	❑	❑	❑	❑	❑
b) _____	❑	❑	❑	❑	❑

D. Aufwand

14. Was wären Sie bereit, für eine individuell angepaßte *betriebswirtschaftliche Systemkonzeption*, die benötigte *Soft-* und *Hardware* sowie die *Einführung* (Schulung, Beratung, Konfiguration der Schnittstellen, ...) eines **Führungsinformationssystems** auszugeben, das alle von Ihnen genannten Anforderungen erfüllt?

❑	❑	❑	❑	❑
bis zu 100.000 DM	100.000 DM bis 500.000 DM	500.000 DM bis 1 Mio. DM	1 Mio. DM bis 5 Mio. DM	mehr als 5 Mio. DM

15. Welchen Stellenwert nimmt hierbei für Sie eine möglichst *schnelle* Entwicklung und Implementierung eines **Führungsinformationssystems** ein?

❑	❑	❑	❑	❑
sehr gering	gering	neutral	hoch	sehr hoch

Die bei der Gestaltung eines Führungsinformationssystems zur Anwendung kommenden **Entwicklungsmethoden** und **Softwaregeneratoren** lassen sich wie folgt unterscheiden:

* **Standardlösungen**, die denen schnell und mit minimalem Aufwand in einem engen kaum zu verändernden Rahmen lediglich Standardfunktionen abgebildet werden können. Eine konzernspezifische Anpassung des zu entwickelnden Führungsinformationssystems ist daher **nicht** oder nur in sehr beschränktem Umfang möglich.

* **Standardlösungen mit integrierter Customizing-Funktion**, bei denen schnell und mit begrenztem Aufwand eine weitgehend konzernspezifische Anpassung des zu entwickelnden Führungsinformationssystems möglich ist.

* **Individuelle Entwicklungsmethoden und Software-Generatoren**, die in der Lage sind, ein konzernspezifisches Führungsinformationssystem zu konfigurieren. Es kann hierbei jedoch weder auf ein vordefiniertes Konzernmodell noch auf vorhandene Funktionen und bereits definierte Schnittstellen zurückgegriffen werden, so daß sämtliche Komponenten in aufwendiger **Eigenentwicklung** zu erstellen sind.

Abb. A - 18:   *Fragen zum finanziellen und zeitlichen Gestaltungsaufwand effizienter Führungsinformationssysteme für die internationale Management-Holding.*

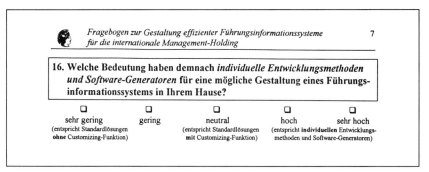

Fragebogen zur Gestaltung effizienter Führungsinformationssysteme 7
für die internationale Management-Holding

16. Welche Bedeutung haben demnach *individuelle Entwicklungsmethoden* und *Software-Generatoren* für eine mögliche Gestaltung eines Führungsinformationssystems in Ihrem Hause?

❑	❑	❑	❑	❑
sehr gering	gering	neutral	hoch	sehr hoch
(entspricht Standardlösungen ohne Customizing-Funktion)		(entspricht Standardlösungen mit Customizing-Funktion)	(entspricht individuellen Entwicklungsmethoden und Software-Generatoren)	

Abb. A - 19:   *Fragen zum finanziellen und zeitlichen Aufwand einer effizienten Führungsinformationssystemgestaltung (Fortsetzung).*

5.2.5. Gewichtung der einzelnen Funktionsbereiche effizienter Führungsinformationssysteme für die internationale Management-Holding

Um die in Kap. III. deduzierten Beurteilungskriterien des Scoring-Modells gewichten zu können, mußten in **Teil IV.** des Fragebogens die **Bedeutung der einzelnen Funktionsbereiche** von Führungsinformationssystemen für die internationale Management-Holding quantifiziert werden. Die Gewichtungen der vorgegebenen Teilaufgaben mußten sich zu 100 % aufsummieren.

IV. Gewichtung der Teilaufgaben eines Führungsinformationssystems

1. Welche Bedeutung messen Sie den folgenden *Teilschritten* zur Entwicklung eines Führungsinformationssystems zu?

____ [%]	**Analyse und Strukturierung des Informationsbedarfs** (siehe Fragenkomplex A.)	**Welche Informationen** werden für Ihre strategische Führungsaufgabe benötigt und wie sind sie zu **strukturieren**?
____ [%]	**Informationsbeschaffung**	**Woher** sind die bereitzustellenden Informationen zu beziehen?
____ [%]	**Informationsaufbereitung und -bereitstellung** (siehe Fragenkomplex B.)	Wie sind die bereitzustellenden Informationen **aufzubereiten** und in welcher **Form** sind sie Ihnen zur Verfügung zu stellen?
____ [%]	**Terminierung und Richtigkeit** (siehe Fragenkomplex C.)	In welchem Zeitintervall sind die Informationen zu **aktualisieren** und wie sind sie zu **schützen**?
____ [%]	**Aufwand** (siehe Fragenkomplex D.)	Welche Kosten und welchen **Zeitaufwand** benötigt die Entwicklung eines Führungsinformationssystems?
= 100 [%]		

Abb. A - 20:   *Fragen zur Gewichtung der einzelnen Funktionsbereichen effizienter Führungsinformationssysteme für die internationale Management-Holding.*

5.2.6. Fragen zum Entwicklungsstand der gegenwärtig von der Konzernleitung großer internationaler Management-Holdings genutzten Informationsinstrumentariums

Der letzten Teil des Fragebogens diente zur Bestimmung des **Entwicklungsstands** von Informationssystemen, die gegenwärtig von der Konzernleitung in großen internationaler Management-Holdings genutzt werden.

Zur Erleichterung der Fragenbeantwortung wurden für jedes **Beurteilungskriterium** (Spalte 1) dessen **minimal** (Spalte 2) und **maximal mögliche Ausprägung** (Spalte 4) angegeben. In der Mitte des Befragungstableaus hatten die Teilnehmer ihr derzeit genutztes Informationssystem auf einer **Skala von 1** (sehr gering) - **5** (sehr hoch) einzuordnen.

Die Gruppierung der einzelnen Beurteilungskriterien richtete sich an der Gliederung des dritten Fragebogenabschnitts „III. Fragen zu den Anforderungen an Führungsinformationssysteme für die internationale Management-Holding".[6]

V. *Ist-Analyse* Ihres derzeit genutzten Informationsinstrumentariums (auch Review-Berichte und evtl. Planungsunterlagen)

1. Existiert in Ihrer Management-Holding bereits ein *EDV-gestütztes Führungsinformationssystem* im Sinne der obigen Definition?

◻   ◻
Ja, seit 19 ____ [Jahr]   Nein, aber geplant für 19 ____ [Jahr]

2. Die nachfolgende Tabelle enthält eine Übersicht über mögliche Beurteilungskriterien eines Führungsinformationssystems. Wir bitten Sie, Ihr *derzeit genutztes Informationsinstrumentarium* auf der schattierten Fläche mit Hilfe einer Skala von 1 - 5 zu beurteilen. Als Richtwerte sollen Ihnen die links und rechts angegebenen *minimal* und *maximal möglichen Ausprägungen* der einzelnen Beurteilungskriterien dienen.

Abb. A - 21:   *Fragen zum Entwicklungsstand der gegenwärtig von der Konzernleitung großer internationaler Management-Holdings genutzten Informationssysteme.*

---

6) Zur Gliederung des dritten Abschnittes des Fragebogens vgl. S. 499 ff.

Fragebogen zur Gestaltung effizienter Führungsinformationssysteme für die internationale Management-Holding

Beurteilungskriterien	Minimal mögliche Ausprägung	Bitte beurteilen Sie den Entwicklungsstand Ihres derzeit genutzten Informationsinstrumentariums					Maximal mögliche Ausprägung
		1	2	3	4	5	
A. Analyse und Strukturierung des Informationsbedarfs							
- Berücksichtigt Ihr derzeit genutztes Informationsinstrumentarium Ihren *aufgabenbezogenen (objektiven) Informationsbedarf?*	Ihr derzeit genutztes Informationsinstrumentarium ist historisch **gewachsen** und wird nur sporadisch um benötigte Informationen ergänzt.	☐	☐	☐	☐	☐	Ihr derzeit genutztes Informationsinstrumentarium basiert auf einer **detaillierten Analyse Ihrer** *strategischen* Führungsaufgaben.
- Berücksichtigt Ihr derzeit genutztes Informationsinstrumentarium Ihren *persönlichen (subjektiven) Informationsbedarf?*	Ein ohne Ihre Mitwirkung abgeleiteter Informationsbedarf kommt Ihrer individuellen Arbeitsweise nur bedingt entgegen und deckt Ihren persönlichen (subjektiven) Informationsbedarf häufig nur teilweise ab.	☐	☐	☐	☐	☐	Ein **unter Ihrer Mitwirkung** abgeleiteter Informationsbedarf berücksichtigt Ihre individuelle Arbeitsweise und deckt Ihren persönlichen (subjektiven) Informationsbedarf vollständig ab.
- Umfaßt Ihr derzeit genutztes Informationsinstrumentarium auch *strategische Informationen?*	Ihr derzeit genutztes Informationsinstrumentarium umfaßt ausschließlich operative, in der Regel rechnungswesenbasierte Informationen.	☐	☐	☐	☐	☐	Neben operativen Informationen umfaßt Ihr derzeit genutztes Informationsinstrumentarium auch Ihren Führungsaufgaben und subjektiven Bedarf entsprechende **strategische Informationen.**
- Umfaßt Ihr derzeit genutztes Informationsinstrumentarium auch *externe Informationen?*	Ihr derzeit genutztes Informationsinstrumentarium umfaßt ausschließlich konzerninterne Informationen.	☐	☐	☐	☐	☐	Neben **konzerninternen Informationen** umfaßt Ihr derzeit genutztes Informationsinstrumentarium auch **externe Informationen** - beispielsweise über Kunden, Konkurrenten, wichtige Märkte und Zulieferer.
- Umfaßt Ihr derzeit genutztes Informationsinstrumentarium auch *Frühindikatoren* und *Wird-Größen* - beispielsweise zur *antizipativen* Kontrolle der Tochtergesellschaften?	Ihr derzeit genutztes Informationsinstrumentarium ermöglicht ausschließlich eine vergangenheitsorientierte Kontrolle der Tochtergesellschaften im Rahmen eines Soll- / Ist-Vergleichs.	☐	☐	☐	☐	☐	Neben einer vergangenheitsorientierten Kontrolle der Tochtergesellschaften wird durch Frühindikatoren und Wird-Informationen eine zusätzliche antizipative Kontrolle ermöglicht.
B. Informationsaufbereitung und -bereitstellung							
- Wie stark ist der *Aggregationsgrad* in Ihrem derzeit genutzten Informationsinstrumentarium ausgeprägt?	Ihr derzeit genutztes Informationsinstrumentarium stellt überwiegend gering verdichtete Detailinformationen zu sämtlichen auf **Gesellschaftsebene** zu treffenden Einzelentscheidungen in den Vordergrund des Informationsangebots.	☐	☐	☐	☐	☐	Ihr derzeit genutztes Informationsinstrumentarium berücksichtigt Ihre zeitliche Belastung, indem es mit **Kennzahlen** auf verschiedenen Aggregationsstufen einen komprimierten, aber umfassenden Überblick über alle relevanten Sachverhalte gibt.

Abb. A - 21:   Fragen zum Entwicklungsstand der gegenwärtig von der Konzernleitung großer internationaler Management-Holdings genutzten Informationsinstrumentariums (Fortsetzung).

Fragebogen zur Gestaltung effizienter Führungsinformationssysteme für die internationale Management-Holding   9

- Lassen sich mit Ihrem derzeit genutzten Informationsinstrumentarium aggregierte Informationen wieder schrittweise zurücknehmen?

Aufgrund zahlreicher Verarbeitungsstufen ist eine Zurücknahme der Aggregation und ein Zugriff auf die zugrundeliegenden originären Daten nicht mehr möglich. ☐ ☐ ☐ ☐ Ihr derzeit genutztes Informationsinstrumentarium erlaubt eine **schrittweise Zurücknahme der Aggregation** und gewährleistet somit einen **Zugriff** auf die originären Daten („Drill-Down-Funktion").

- In welcher *Darstellungsqualität* lassen sich Informationen mit Ihrem derzeit genutzten Informationsinstrumentarium darstellen?

Ihr derzeit genutztes Informationsinstrumentarium umfaßt lediglich eine zeichenorientierte Darstellung von Informationen. ☐ ☐ ☐ ☐ Ihr derzeit genutztes Informationsinstrumentarium enthält neben einer zeichenorientierten Darstellung **grafische und multimediale Darstellungsoptionen** sowie **textuelle Kommentierungsmöglichkeiten**.

- Durch welche *Dialogführungskomponenten* wird Ihr derzeit genutztes Informationsinstrumentarium unterstützt?

Ihr derzeitiges Informationsinstrumentarium ist ohne Hilfefunktion erklärungsbedürftig und seine zeichenorientierte Benutzerführung bedingt das „Auswendiglernen" zahlreicher Funktionscodes. ☐ ☐ ☐ ☐ Neben einer intuitiven Benutzerführung und **Maus-Steuerung** steht ein einheitlicher Menü- und Maskenaufbau sowie eine kontextabhängige **Hilfefunktion** zur Verfügung.

- In welchem Umfang stellt Ihr derzeit genutztes Instrumentarium *Informationsverarbeitungsfunktionen* zur Verfügung?

Ihr derzeitiges Informationsinstrumentarium erlaubt lediglich eine **deskriptive** Berichtswiedergabe in vorstrukturierter Berichtsform. (Papiergestützte Informationsinstrumentarien fallen per se in diese Minimalausprägung.) ☐ ☐ ☐ ☐ Ihr derzeit genutztes Informationsinstrumentarium stellt ein breites Spektrum an **Abfrage-, Analyse- und Simulationsfunktionen** zur Verfügung, mit denen die bereitgestellten Informationen individuell analysiert und weiterverarbeitet werden können.

C. Terminierung und Richtigkeit

- Wie häufig wird der Datenbestand Ihres derzeit genutzten Informationsinstrumentariums aktualisiert?

Der Datenbestand wird im batch-Betrieb monatlich oder halbjährlich aktualisiert. ☐ ☐ ☐ ☐ Der Datenbestand wird in Einklang mit den operativen Systemen im **Online-Betrieb stündlich** aktualisiert.

- Mit welcher *Genauigkeit* kann Ihr Informationsinstrumentarium Sachverhalte der Realität abbilden?

Ihr derzeit genutztes Informationsinstrumentarium bildet Sachverhalte der Realität in ausreichender Genauigkeit und Detaillierungsgrad ab. ☐ ☐ ☐ ☐ Ihr derzeit genutztes Informationsinstrumentarium bildet Sachverhalte der Realität in **höchstmöglicher Genauigkeit und Detaillierung** ab.

- Wie zuverlässig Ihr derzeit genutztes Informationsinstrumentarium gegenüber Manipulationen, Störungen oder Verarbeitungsfehlern geschützt?

Ihr derzeitiges Informationsinstrumentarium besitzt weder ein Sicherheits- und Benutzerkonzept noch eigenständige Syntaxüberprüfungen und Konsistenzabfragen. ☐ ☐ ☐ ☐ Ein Sicherheits- und Benutzerkonzept gewährt Schutz vor Manipulationen, Störungen und unberechtigtem Zugriff. Eigenständige Syntaxüberprüfungen und Konsistenzabfragen schützen vor Verarbeitungsfehlern.

D. Aufwand

- Kosten

Der Entwicklungsstand hat bisher weniger als **100.000 DM** gekostet. ☐ ☐ ☐ ☐ Der Entwicklungsstand hat bereits mehr als **5 Mio. DM** gekostet.

- Zeitbedarf

Ihr derzeit genutztes Informationsinstrumentarium ist durch individuelle, **komplexe** Entwicklungsmethoden und Software-Generatoren aufgebaut. ☐ ☐ ☐ ☐ Ihr derzeit genutztes Informationsinstrumentarium ist durch **standardisierte** Entwicklungsmethoden und Software-Generatoren aufgebaut.

Abb. A - 21:   *Fragen zum Entwicklungsstand der gegenwärtig von der Konzernleitung großer internationaler Management-Holdings genutzten Informationsinstrumentariums (Fortsetzung).*

5.3. Erinnerungsschreiben

Zur Erhöhung der Rücklaufquote wurde den Vorstandsmitgliedern, von denen vier Wochen nach Versand des Fragebogens noch keine Antwort eingegangen war, ein **Erinnerungsschreiben** zugeschickt. In diesem wurden sie nochmals um ihre Unterstützung gebeten. Dem Erinnerungsschreiben wurde - neben dem Originalanschreiben - ein Fragebogen beigefügt.

Prof. Dr. Hans-Jürgen Wurl   Telefon: (0 61 51) 16 - 3423
Fachbereich Rechts- und   Telefax: (0 61 51) 16 - 6034
Wirtschaftswissenschaften
Institut für Betriebswirtschaftslehre
Fachgebiet Rechnungswesen und Controlling
Hochschulstr. 1

64289 Darmstadt

*Technische
Hochschule
Darmstadt*

Herrn << Titel>> <<Name>>
Mitglied des Vorstands
der <<Firma>> AG
<<Straße>>

<<Postleitzahl>> <<Ort>>

Darmstadt, den 24. Oktober 1997

Erinnerung an unsere Umfrage vom 23. September 1997 zu den Anforderungen an Führungsinformationssysteme für die inter - nationale Management-Holding

Sehr geehrter Herr << Titel>> <<Name>>,

vor 4 Wochen haben Sie von uns einen **Fragebogen** zu den Anforderungen an Führungs-informationssysteme für die internationale Management-Holding mit der Bitte um Beantwortung erhalten. Ihre beruflichen Belastungen sind sicher der Grund dafür, daß Sie bisher noch keine Zeit gefunden haben, unsere Fragen zu beantworten. Da wir jedoch mit unserer Befragungsaktion mög-lichst repräsentative Auswertungsergebnisse erreichen möchten, erlauben wir uns, Sie auf diesem Wege nochmals um Ihre Mitwirkung zu bitten. Wir wären Ihnen außerordentlich dankbar, wenn Sie innerhalb der nächsten 14 Tage den Fragebogen ausgefüllt zurücksenden könnten.

Wie bereits in unserem letzten Anschreiben erwähnt, haben wir uns bemüht, einen **Fragebogen** zu entwerfen, den Sie in etwa **10 - 15 Minuten** durch entsprechendes **Ankreuzen** ausfüllen können. Selbstverständlich sichern wir Ihnen hiermit verbindlich zu, daß die **Anonymität** Ihrer Antworten bei der Auswertung gewahrt bleibt.

Die Ergebnisse stellen wir Ihnen - wenn Sie es wünschen - gerne zur Verfügung.

Für Ihre Bemühungen danken wir Ihnen im voraus und verbleiben mit freundlichen Grüßen

(Prof. Dr. Hans-Jürgen Wurl)   (Dipl.-Wirtsch.-Ing. Jörg H. Mayer)

Anlage

Abb. A - 22:   Erinnerungsschreiben der empirischen Untersuchung.

Literaturverzeichnis

ABEL, B.: (Informationsverhalten)
Problemorientiertes Informationsverhalten, Darmstadt 1977.

ACKOFF, R. L.: (Management Misinformation Systems)
Management Misinformation Systems, in: Management Science 14. Jg. (1967)
H. 4, S. B-147 - B-156.

ADLER, H. / DÜRING, W. / SCHMALTZ, K.: (Rechnungslegung)
Rechnungslegung und Prüfung der Aktiengesellschaft, Handkommentar, Band III,
Rechnungslegung im Konzern, bearbeitet von K. SCHMALTZ, K.-H. FORSTER,
R. GOERDELER und H. HAVERMANN, 4. Aufl., Stuttgart 1972.

ADRIAN, W.: (Informationssystemgestaltung)
Strategische Unternehmensführung und Informationssystemgestaltung auf der Grundlage kritischer Erfolgsfaktoren: Ein anwendungsorientiertes Konzept für mittelständische Unternehmen, Bergisch Gladbach - Köln 1989.

ALBACH, H.: (Entscheidungsprozeß)
Entscheidungsprozeß und Informationsfluß in der Unternehmensorganisation, in:
SCHNAUFER, E. / AGTHE, K. (Hrsg.): Organisation, Band 1, Berlin - Baden-
Baden 1961, S. 355 - 402.

ALBACH, H.: (Informationswert)
Stichwort Informationswert, in: GROCHLA, E. (Hrsg.): HWO, Stuttgart 1969,
Sp. 720 - 727.

ALTROGGE, G.: (Bayes-Analyse)
Möglichkeiten und Problematik der Bewertung von (Zusatz-) Informationen mit
Hilfe der Bayes-Analyse, in: ZfB 45. Jg. (1975) H. 12, S. 821 - 846.

AMERICAN MANAGEMENT ASSOCIATION: (Du-Pont-chart-system)
Executive Committee Control Charts. A description of the Du-Pont-chart-system
for appraising operation performance, in: AMA Management Bulletin o. Jg. (1960)
H. 6.

AMLER, R.W.: (Informationssysteme)
Analyse und Gestaltung strategischer Informationssysteme der Unternehmung,
Göttingen 1983.

ANTHONY, R. N.: (Principles)
Management Accounting Principles, Homewood, Illinois 1970.

ANTHONY, R. N. / DEARDEN, J. / VANCIL, R. F.: (Systems)
Management Control Systems: Text, Cases, and Readings, 2. Aufl., Homewood,
Illinois 1972.

ANSOFF, H. I.: (Strategy)
Corporate Strategy, New York 1965.

ANSOFF, H. I.: (discontinuity)
Managing Surprise and Discontinuity - Strategic Response to Weak Signals, in:
ZfbF 28. Jg. (1976) H. 2, S. 129 - 152.

Arbeitskreis „Finanzierung" der Schmalenbach-Gesellschaft: (Investitions-Controlling)
Investitions-Controlling - Zum Problem der Informationsverzerrung bei Investitions-
entscheidungen in dezentralisierten Unternehmen, in: ZfbF 46. Jg (1994) H. 4,
S. 899 - 925.

Arbeitskreis KRÄHE der Schmalenbach-Gesellschaft: (Organisation)
Organisation, 2. Aufl. Köln-Opladen 1964.

Arbeitskreis PIETZSCH der Schmalenbach-Gesellschaft: (Informationsverarbeitung)
Zur Frage der Risiken externer Informationsverarbeitung, in: ZfbF 20. Jg. (1968)
H. 6, S. 370 - 373.

BACK-HOCK, A.: (Executive Information Systeme)
Executive Information Systeme (EIS), in: krp o. Jg. (1991) H. 1, S. 48 - 50.

BAHLMANN, A.: (Informationsbedarfsanalyse)
Informationsbedarfsanalyse für das Beschaffungsmanagement, Gelsenkirchen 1982.

BAMBERG, G. / COENENBERG, A. G.: (Entscheidungslehre)
Betriebswirtschaftliche Entscheidungslehre, 9. Aufl., München 1996.

BARTRAM, P.: (Kommunikation)
Die innerbetriebliche Kommunikation, Berlin 1969.

BAUMGARTNER, H.: (Anreizsysteme)
Anforderungen an die Gestaltung eines mehrdimensionalen strategischen Anreiz-
und Belohnungssystems für Führungskräfte, Diss. Hochschule St. Gallen, 1992.

BAUMÖL, U.: (Informationsmanagement)
Datenquellen des Informationsmanagement, in: bilanz & buchhaltung 42. Jg.
(1996) H. 1, S. 11 - 14.

BAUMÖL, U.: (Revolution)
(R)Evolution im Informationsmanagement: so beschleunigen Sie den Informationsfluß im Unternehmen, Wiesbaden 1998.

BEA, F.-X.: (Führungsinformationssysteme)
Führungsinformationssysteme zur Bewältigung des dynamischen Umfelds, in:
GRIMM, U. / SOKOLOWSKY, P. (Hrsg.): Strategische Führungsinformations-
systeme: Theoretische Grundlagen, praktische Erfahrungen, Wiesbaden 1995,
S. 15 - 24.

BEA, F.-X. / HAAS, J.: (Strategisches Management)
Strategisches Management, Stuttgart 1997.

BECKER, W. / WEBER, J.: (Scoring-Modelle)
Scoring-Modelle, in: Management Enzyklopädie: Lexikon der modernen Wirtschaftspraxis, Band 8, 2. Aufl., Weinheim 1984, S. 345 - 359.

BEEZZELL, R. D. / GALE, B. T.: (PIMS-Programm)
Das PIMS-Programm: Strategien und Unternehmenserfolg, Wiesbaden 1989.

BEHLING, G. / WERSIG, G.: (Typologie)
Zur Typologie von Daten und Informationssystemen, Pullach bei München 1973.

BEHME, W.: (Data Warehouse)
Das Data Warehouse als zentrale Datenbank für Managementinformationssysteme,
in: HANNIG, U. (Hrsg.): Data Warehouse und Managementinformationssysteme,
Stuttgart 1996, S. 1 - 10.

BEHME, W. / SCHIMMELPFENG, K.: (Führungsinformationssysteme)
Führungsinformationssysteme - Geschichtliche Entwicklung, Aufgaben und Leistungsmerkmale, in: BEHME, W. / SCHIMMELPFENG, K. (Hrsg.): Führungsinformationssysteme - Neue Entwicklungstendenzen im EDV-gestützten Berichtswesen, Wiesbaden 1993, S. 3 - 16.

BEIERSDORF, H.: (Informationsbedarf)
Informationsbedarf und Informationsbedarfsermittlung im Problemlösungsprozeß
„Strategische Unternehmensplanung", München, Mering 1995.

BENZ, J.: (Statistik-Programmpakete)
PC-Standard-Statistik-Programmpakete als Methodenbankbasis in Systemen für
Management und Marketing, in: IM 16. Jg. (1991) H. 3, S. 28 - 34.

BEREKOVEN, L. / ECKERT, W. / ELLENRIEDER, P.: (Marktforschung)
Marktforschung: Methodische Grundlagen und praktische Anwendung, 6. Aufl.,
Wiesbaden 1993.

BERNHARDT, W. / WITT, P.: (Holding-Modelle)
Holding-Modelle und Holding-Moden, in: ZfB 65. Jg. (1995) H. 1, S. 1341 - 1364.

BERTHEL, J.: (Kommunikation)
Zur Organisation der Kommunikation in der Unternehmung, in: ZfB 38. Jg. (1968)
H. 6, S. 409 - 432.

BERTHEL, J.: (Unternehmenssteuerung)
Zielorientierte Unternehmenssteuerung. Die Formulierung operationaler Zielsysteme,
Stuttgart 1973.

BERTHEL, J.: (Informationssysteme)
Betriebliche Informationssysteme, Stuttgart 1975.

BERTHEL, J.: (Informationsbedarf)
Stichwort Informationsbedarf, in: FRESE, E. (Hrsg.): HWO, 3. Aufl., Stuttgart
1992, Sp. 872 - 886.

BIBLIOGRAPHISCHES INSTITUT: (Duden)
Duden, Band 5, 3. Aufl., Mannheim, Wien, Zürich 1974.

BIERFELDER, W. H.: (Informationsverhalten)
Optimales Informationsverhalten im Entscheidungsprozeß der Unternehmung,
Berlin 1968.

BIETHAHN, J. / HUCH, B.: (Informationssysteme)
Informationssysteme für das Controlling - Konzepte, Methoden und Instrumente
zur Gestaltung von Controlling-Informationssystemen, Berlin - Heidelberg - New
York - Tokio 1994.

BLEICHER, K.: (Unternehmung)
Die Entwicklung eines systemorientierten Organisations- und Führungsmodells der
Unternehmungen, in: ZfO 39. Jg. (1970) H. 1, S. 3 - 8.

BLEICHER, K.: (Gestaltung der Konzernorganisation I)
Gedanken zur Gestaltung der Konzernorganisation bei fortschreitender Diversifizierung - 1. Teil, in: ZfO, 48. Jg. (1979), H. 5, S. 243 - 251.

BLEICHER, K.: (Gestaltung der Konzernorganisation II)
Gedanken zur Gestaltung der Konzernorganisation bei fortschreitender Diversifizierung - 2. Teil, in: ZfO, 48. Jg. (1979), H. 6, S. 328 - 335.

BLEICHER, K.: (Management-Holding)
Beherrschung neuer Technologien durch Organisationsmodelle der Management-
Holding", in: DBW 47. Jg. (1987) H. 2, S. 225 - 227.

BLEICHER, K.: (Chancen)
Chancen für Europas Zukunft - Führung als internationaler Wettbewerbsfaktor,
Frankfurt a.M. 1989.

BLEICHER, K.: (Organisation)
Organisation: Strategien - Strukturen - Kulturen, 2. Aufl., Wiesbaden 1991.

BLEICHER, K.: (Integriertes Management)
Das Konzept Integriertes Management, Frankfurt a.M. - New York 1991.

BLEICHER, K.: (Konzernorganisation)
Stichwort Konzernorganisation, in: FRESE, E. (Hrsg.): HWO, 3. Aufl., Stuttgart
1992, Sp. 1151 - 1164.

BLEICHER, K.: (Holdings)
Holdings schützen vor Verkalkung, in: HM 14. Jg. (1992) H. 3, S. 69 - 77.

BLEYMÜLLER, J. / GEHLERT, G. / GÜLICHER, H.:(Statistik)
Statistik für Wirtschaftswissenschaftler, 6. Aufl., München 1989.

BLOECH, J. / GÖTZE, U. / SIERKE, B.: (Rechnungswesen)
Vom Entscheidungsorientierten Rechnungswesen zum Managementorientierten Rechnungswesen, in: BLOECH, J. / GÖTZE, U. / SIERKE, B. (Hrsg.): Managementorientiertes Rechnungswesen - Konzepte und Analysen zur Entscheidungsvorbereitung, Wiesbaden 1993, S. 1 - 20.

BLOHM, H. / HEINRICH, L. J.: (Schwachstellen)
Schwachstellen der betrieblichen Berichterstattung - Rationalisierung durch Ausschaltung von Störungen, Baden-Baden - Bad Homburg v.d.H. 1965.

BOCHENSKI, J. M.: (Denkmethoden)
Die zeitgenössischen Denkmethoden, 3. Aufl., Bern - München 1965.

BODE, J.: (Information)
Betriebliche Produktion von Information, Diss. Universität Köln 1993.

BODE, J.: (Information)
Informationen, in : DBW 53. Jg. (1993) H. 2, S. 275 - 276.

BORTZ, J.: (Empirische Forschung)
Lehrbuch der empirischen Forschung, 1984.

BORTZ, J. / DÖRING, N.: (Forschungsmethoden)
Forschungsmethoden und Evaluation, 2. Aufl., Berlin - Heidelberg - New York - Tokio 1995.

BOTTA, V.: (Kennzahlensysteme)
Kennzahlensysteme als Führungsinstrumente. Planung, Steuerung und Kontrolle der Rentabilität im Unternehmen, Berlin 1984.

BRAMSEMANN, R.: (Controlling)
Handbuch Controlling, 2. Aufl., München, Wien 1990.

BRAUN,W.: (Forschungsmethoden)
Forschungsmethoden der Betriebswirtschaftslehre, in: WITTMANN, W. et. al. (Hrsg.): HWB, Teilband 1, 5. Aufl., Stuttgart 1990, Sp. 1221 - 1236.

BREITUNG, H. W.: (Kennzahlensystem)
Auswahl eines effizienten Kennzahlensystems und Optimierungsansätze zur formalen Gestaltung betrieblicher Führungsinformationssysteme für den internationalen Konzern, unveröffentlichte Diplomarbeit, Technische Universität Darmstadt 1999.

BRENDEL, B.: (Informationsbewertung)
Informationsbewertung im Informationsmanagement von Steuerkanzleien (Landwirtschaftliche Buchstellen), Diss. Universität Gießen 1995.

BRÖNIMANN, C.: (Kommunikationssystem)
Aufbau und Beurteilung des Kommunikationssystems von Unternehmungen, Bern - Stuttgart 1970.

BRUBAKER, R.: (Rationality)
The Limits of Rationality, London 1984.

BRUNE, J. W.: (Shareholder-Value)
Der Shareholder-Value-Ansatz als ganzheitliches Instrument strategischer Planung
und Kontrolle, Köln 1995.

BÜHNER, R.: (Management-Holding)
Management-Holding, in: DBW 47. Jg. (1987) H. 1, S. 40 - 49.

BÜHNER, R.: (richtige Holding)
Die richtige Holding, in: Wirtschaftswoche vom 19. August 1988, S. 54 - 57.

BÜHNER, R.: (Erfahrungsbericht)
Management-Holding - ein Erfahrungsbericht, in: DBW 51. Jg. (1991) H. 2,
S. 141 - 151.

BÜHNER, R.: (Unternehmensstruktur)
Management-Holding - Unternehmensstruktur der Zukunft, 2. Aufl., Landsberg /
Lech 1992.

BÜHNER, R.: (Organisation)
Strategie und Organisation, 2. Aufl., Wiesbaden 1993.

BÜHNER, R.: (Holding)
Management-Holding , in: WiSt 23. Jg. (1993) H. 4, S. 158 - 162.

BÜHNER, R.: (Konzernzentralen)
Gestaltung von Konzernzentralen - Die Benchmarking-Studie, Wiesbaden 1996.

BÜHNER, R.: (Kennzahlen)
Mitarbeiter mit Kennzahlen führen: Der Quantensprung zu mehr Leistung, Landsberg / Lech 1996.

BÜHNER, R.: (Organisationslehre)
Betriebswirtschaftliche Organisationslehre, 8. Aufl., München - Wien 1996.

BÜHNER, R. / WALTER, H.: (Divisionalisierung)
Divisionalisierung in der Bundesrepublik Deutschland. Eine empirische Analyse der
Geschäftsberichte von 1965 - 1975 der 50 größten deutschen Industrieaktien-
gesellschaften, in: DB 30. Jg. (1977) H. 10, S. 1195 - 1207.

BÜRKLER, A.: (Kennzahlensysteme)
Kennzahlensysteme als Führungsinstrument, Zürich 1977 - zugl.: Diss. Universität
Zürich 1977.

BULLEN, C. V. / ROCKART, J. F.: (Primer)
A Primer on Critical Success Factors, in: ROCKART, J. F. / BULLEN, C. V.
(Hrsg.): The Rise of Managerial Computing: The Best of the Center for Informa-
tion Systems Research, Sloan School of Management, Massachusetts Institute of
Technology, Homewood, Illinois 1986, S. 383 - 423.

BULLINGER, H.-J. / HUBER, H. / KOLL, P.: (Chefinformationssysteme)
Chefinformationssysteme (CIS) - Navigationsinstrumente der Unternehmensführung, in: OM 39. Jg. (1991) H. 3, S. 6 - 20.

BULLINGER, H.-J. / KOLL, P.: (Chefinformationssysteme)
Chefinformationssysteme (CIS), in: KRALLMANN, H. (Hrsg.): Rechnergestützte Werkzeuge für das Management: Grundlagen, Methoden, Anwendungen, Berlin 1992, S. 49 - 72.

BULLINGER, H.-J.: (Ergonomie)
Ergonomie: Produkt- und Arbeitsplatzgestaltung, Stuttgart 1994.

BULLINGER, H.-J. / KOLL, P. / NIEMEIER, J.: (Führungsinformationssysteme)
Führungsinformationssysteme (FIS) - Ergebnisse einer Anwender- und Marktstudie - Fraunhofer Institut für Arbeitswissenschaft und Organisation (IAO), Stuttgart 1993.

BUSSE von COLBE (Shareholder Value)
Was ist und was bedeutet Shareholder Value aus betriebswirtschaftlicher Sicht, in: Zeitschrift für Unternehmens- und Gesellschaftsrecht, 26. Jg. (1997) o. Nr., S. 271 - 290.

BUZZELL, R. D. / GALE, B. T.: (PIMS)
The PIMS Principles. Linking Strategy to Performance, New York, London 1987.

CANNING, R. G.: (Needs)
The Analysis of User Needs, in: EDP Analyzer 17. Jg. (1979) H. 1, S. 1 - 13.

CANNING, R. G.: (Information)
What Information Do Managers Need?, in: EDP Analyzer 17. Jg. (1979) H. 6, S. 1 - 12.

CARDUFF, Th.: (Kennzahlennetze)
Zielerreichungsorientierte Kennzahlennetze industrieller Unternehmungen: Bedienungsmerkmale, Bildung, Einsatzmöglichkeiten, Frankfurt a.M. 1981.

CARL, N. / FIEDLER, R. et. al.: (Managementinformations-Systeme)
Untersuchung von Managementinformations-Systemen auf der Basis einer Anforderungsanalyse, Betriebswirtschaftliche Arbeitsberichte, Fachhochschule Würzburg - Schweinfurt - Aschaffenburg, Würzburg 1995.

CARNAP, R.: (Symbolische Logik)
Einführung in die symbolische Logik mit besonderer Berücksichtigung ihrer Anwendungen, Wien 1954.

CHARLIER, M. / BERKE, J.: (Vorstände)
Abstinente Vorstände - Führungskräfte greifen lieber zu Papier als in die Tasten, in: Wirtschaftswoche 44. Jg. (1990) Nr. 1, S. 89 - 94.

CHMIELEWICZ, K.:(Forschungskonzeptionen)
Forschungskonzeptionen der Wirtschaftswissenschaften, 3. Aufl., Stuttgart 1994.

CHORAFAS, D. (System)
Management-Informations-Systeme, München 1972.

CODD, E. F. / CODD, S. B. / SALLEY, C. T.: (OLAP)
Providing OLAP (On-line Analytical Processing) to User-Analysts: An IT Mandate, White Paper 1993.

COENENBERG, A.: (Kommunikation)
Die Kommunikation in der Unternehmung, Wiesbaden 1966.

COENENBERG, A. / BAUM, H.-G.: (Strategisches Controlling)
Strategisches Controlling - Grundfragen der strategischen Planung und Kontrolle, Stuttgart 1990.

COPELAND, T. / KOLLER, T. / MURRIN, J.: (Valuation)
Valuation - Measuring and Managing the Value of Companies, 2. Aufl., New York u.a. 1994.

CYERT, R. M. / MARCH, J. G.: (Behavioral)
A Behavioral Theory of the Firm, Englewood Cliffs, New York 1963.

DANIEL, D. R.: (Crisis)
Management Information Crisis, in: HBR 39. Jg. (1961) H. 5, S. 111 - 121.

DAUM, J. H.: (Führungsinformationssysteme)
Die Entwicklung von Führungsinformationssystemen (Executive Information Systems) zu einem integrierten Bestandteil eines modernen Unternehmenscontrollings, in: DV-Management o. Jg. (1993) H. 3, S. 129 - 136.

DAUM, J. H.: (Konzernsteuerung)
Konzernsteuerung mit EC Enterprise Controlling 4.0, in: is report o. Jg. (1998) H. 4, S. 38 - 43.

DEBUS, J.-Chr.: (Führungsinformationssysteme)
Struktur und inhaltliche Ausrichtung betrieblicher Führungsinformationssysteme für internationale Konzerne in der Organisationsstruktur einer Management-Holding - eine empirische Studie, unveröffentlichte Diplomarbeit, Technische Universität Darmstadt 1997.

DEUTSCHE BÖRSE AG: (Leitfaden)
Leitfaden zu den Aktienindizes der Deutschen Börse, Version 2.1, Frankfurt a.M. 1997.

DEUTSCHE BÖRSE AG: (DAX)
DAX - FWB Frankfurter Wertpapierbörse, Frankfurt a.M. 1996.

DEUTSCHE BUNDESBANK: (Zahlungsbilanzstatistik November 1996)
Zahlungsbilanzstatistik November 1996, Statistisches Beiheft zum Monatsbericht, H. 3, Frankfurt a.M. 1996.

DIETZ, J.-W.: (Führungsinformationssystem)
Das Projekt „Einführung Neues Berichtswesen" im Sinne eines Führungsinformationssystems (FIS) in ein internationales Unternehmen, in: BEHME, W. /
SCHIMMELPFENG, K. (Hrsg.): Führungsinformationssysteme - Neue Entwicklungstendenzen im EDV-gestützten Berichtswesen, Wiesbaden 1993, S. 175 - 186.

DLUGOS, G.: (Wissenschaftstheorie)
Analytische Wissenschaftstheorie als Regulativ wissenschaftlicher Forschung, in:
DLUGOS, G. / EBERLEIN, G. / STEINMANN, H. (Hrsg.): Wissenschaftstheorie und Betriebswirtschaftslehre - Eine methodologische Kontroverse, Düsseldorf 1972, S. 21 - 53.

DONALDSON, G.: (Strategic Audit)
A new Tool For Boards: The Strategic Audit, in: HBR 73. Jg. (1995) H. 4,
S. 99 - 107.

DORN, B.: (Unternehmen)
Flache, dezentralisierte Unternehmen - Konsequenzen für die Entwicklung von
Anwendungen und Systemen, in: BULLINGER, H.-J. (Hrsg.): Informationsarchi-
tekturen als strategische Herausforderung - Lean Management - Integrations-
management - Informationsmanagement, Stuttgart 1992.

DÜLFER, E.: (Internationalisierung)
Internationalisierung der Unternehmung, in: LÜCK, W. / TROMMSDORF, V.
(Hrsg.): Internationalisierung der Unternehmung als Problem der Betriebswirt-
schaftslehre, Berlin 1982, S. 47 - 71.

DÜLFER, E.: (Internationales Management)
Internationales Management in unterschiedlichen Kulturbereichen, 5. Aufl., München - Wien 1996.

DUBBEL: (Maschinenbau)
Taschenbuch für den Maschinenbau, 16. Aufl., Berlin u.a. 1987.

EBERLEH, E.: (Dialogformen)
Klassifikation von Dialogformen, in: BALZERT, H.: (Hrsg.): Einführung in die
Software-Ergonomie, Berlin - New York 1988, S. 101 - 120.

ELSCHEN, R.: (Agency-Theory)
Gegenstand und Anwendungsmöglichkeiten der Agency-Theory, in: Zfbf 43. Jg.
(1991) H. 11, S. 1002 - 1013.

ENGELS, W.: (Bewertungslehre)
Betriebswirtschaftliche Bewertungslehre im Licht der Entscheidungstheorie, Köln -
Opladen 1962.

ERICHSON, B. / HAMMANN, P.: (Informationen)
Informationen, in: BEA, F. X. / DICHTL, E. / SCHWEITZER, M. (Hrsg.): Allgemeine Betriebswirtschaftslehre, Band 2: Führung, 4. Aufl., Stuttgart 1989.

ESCHENBACH, R. / NIEDERMAYR, R.: (Controlling)
Die Konzeption des Controlling, in: ESCHENBACH, R. (Hrsg.): Controlling, Stuttgart 1995, S. 49 - 95.

EVERED, R.: (strategy)
So what is strategy?, in: LRP 16. Jg. (1983) H. 6, S. 57 - 72.

EVERLING, W.: (Konzernführung)
Konzernführung durch eine Holdinggesellschaft, in: DB 34. Jg. (1981) H. 51, S. 2549 - 2554.

EVERS, H.: (Variable Bezüge)
Variable Bezüge für Führungskräfte: Wertorientierung als Herausforderung, in: PELLENS, B. (Hrsg.): Unternehmenswertorientierte Entlohnungssysteme, Stuttgart 1998, S. 53 - 67.

EWERT, R.: (Principal-Agent-Theorie)
Stichwort Principal-Agent-Theorie und Controlling, in: SCHULTZ, T: (Hrsg.): Lexikon des Controlling, München - Wien 1996, S. 593 - 596.

EWERT, R. / WAGENHOFER, A.: (Unternehmensrechnung)
Interne Unternehmensrechnung, 3. Aufl., Berlin u.a. 1997.

EWING, P.: (Balanced Scorecard)
The Balanced Scorecard at ABB Sweden - a Management System in a „lean Enterprise", Stockholm 1995.

FAMA, E. F.: (Agency Problems)
Agency Problems and the Theory of the Firm, in: Journal of Political Economy o. Jg. (1980) H. 88, S. 288 - 307.

FEINSTEIN, A.: (Information Theory)
Foundations of Information Theory, New York - Toronto - London 1958.

FEY, P.: (Informationstheorie)
Informationstheorie, 2. Aufl., Berlin 1966.

FISCHER, M.: (Agency-Theorie)
Agency-Theorie, in: WiSt 25. Jg. (1995) H. 6, S. 320 - 322.

FISCHER-WINKELMANN, W. F.: (Methodologie)
Methodologie der Betriebswirtschaftslehre, München 1971.

FLADE-RUF, U.: (EIS)
EIS im Wandel der Zeit, in: DV-Management o. Jg. (1993) H. 3, S. 109 - 115.

FORRESTER, J. W.: (Industrial Dynamics)
Industrial Dynamics: A Major Breakthrough for Decision Makers, in: HBR 4. Jg. (1958) H. 4., S. 37 - 66.

FRESE, E.: (Unternehmensführung)
Unternehmensführung, Landsberg am Lech 1987.

FRIEDRICHS, J.: (Sozialforschung)
Methoden der Sozialforschung, 13. Aufl., Opladen 1985.

FRITZ, B. / KUSTERER, F.: (Führungsinformationssystem)
Konzeption und Ausgestaltung eines kennzahlen- und berichtsorientierten Führungsinformationssystems unter Windows, in: REICHMANN, Th. (Hrsg.): DV-gestütz-
tes Unternehmens-Controlling - Internationale Trends und Entwicklungen in Theorie und Praxis, München 1992, S. 151 - 166.

FRITZ, W.: (Unternehmensführung)
Marktorientierte Unternehmensführung und Unternehmenserfolg, Stuttgart 1995.

FÜRTJES, H.-T.: (Gestaltung)
Das Gestaltungspotential von Instrumenten der empirischen Wirtschafts- und
Sozialforschung, Diss., Universität Köln 1981.

GABRIEL, P. / GLUCHOWSKI, P.: (Management Support Systeme I - III)
Management Support Systeme, Teil I - III, in: WiSt 27. Jg. (1997) H. 6, 8 und 10,
S. 308 - 313, S. 422 - 427 und S. 535 - 540.

GÄLWEILER, A.: (Kontrolle)
... zur Kontrolle strategischer Pläne, in: CM 4. Jg. (1979) H. 5, S. 209 - 217.

GÄLWEILER, A.: (Unternehmensführung)
Strategische Unternehmensführung, 2. Aufl., Frankfurt a.M. - New York 1990.

GARBE, H.: (Verdichtungsgrad)
Der Verdichtungsgrad von Informationen, in: GROCHLA, E. / SZYPERSKI, N.
(Hrsg.): Management-Informationssysteme, Wiesbaden 1971, S. 199 - 219.

GARBE, H.: (Informationsbedarf)
Stichwort Informationsbedarf, in: GROCHLA, E. / WITTMANN, W. (Hrsg.):
HWB, Teilband 2, 4. Aufl., Stuttgart 1975, Sp. 1873 - 1882.

GAUGLER, E.: (Innerbetriebliche Information)
Innerbetriebliche Information als Führungsaufgabe, 2. Aufl., Hilden 1967.

GAUGLER, E.: (Information)
Stichwort Information als Führungsaufgabe, in: KIESER, A. / REBER, G. / WUN-
DERER, R. (Hrsg.): HWFü, 2. Aufl., Stuttgart 1995, Sp. 1175 - 1185.

GEISS, W.: (Kennzahlen)
Betriebswirtschaftliche Kennzahlen, Frankfurt a.M. - Bern - New York 1986.

GEMÜNDEN, H. G.: (Führungsentscheidungen)
„Echte" Führungsentscheidungen - empirische Beobachtungen zu Gutenbergs
Idealtypologie, in: DBW 43. Jg. (1983) H. 1, S. 49 - 64.

GEMÜNDEN, H. G.: (Information)
Stichwort Information: Bedarf, Analyse und Verhalten, in: WITTMANN, W. et al.
(Hrsg.): HWB, Teilband 2, 5. Aufl., Stuttgart 1993, Sp. 1725 - 1735.

GLUCHOWSKI, P.: (Architekturkonzepte)
Architekturkonzepte multidimensionaler Data-Warehouse-Lösungen, in: MUK-
SCH, H. / BEHME, W. (Hrsg.): Das Data-Warehouse-Konzept, Wiesbaden 1996.

GLUCHOWSKI, P.: (Data Warehouse)
Data Warehouse, in: Informatik-Spektrum 20. Jg. (1997) H. 1, S. 48 - 49.

GLUCHOWSKI, P. / GABRIEL, R. / CHAMONI, P.: (Management Support Systeme)
Management Support Systeme: computergestützte Informationssysteme für Führungskräfte und Entscheidungsträger, Berlin 1997.

GÖLLERT, K. / RINGLING, W.: (Bilanzrichtlinien-Gesetz)
Bilanzrichtlinien-Gesetz - Einführung, Texte, Materialien, Heidelberg 1986.

GONIK, J.: (Bonuses)
Tie Salesmen's Bonuses to their Forecasts, HBR 56. Jg. (1978) H. May/June,
S. 116 - 123.

GORRY, A. C. / SCOTT MORTON, M. S.: (Management Information System)
A Framework for Management Information Systems, in: GROCHLA, E. (Hrsg.):
Management, Düsseldorf - Wien 1974, S. 350 - 369.

GREEN, R. A.: (Express Database)
Oracle Express Database - Design and Control, Student Guide, Volume I, Oracle
Corporation, October 1997.

GRETH, M.: (Managemententlohnung)
Managemententlohnung aufgrund des Economic Value Added (EVA), in: PEL-
LENS, B. (Hrsg.): Unternehmenswertorientierte Entlohnungssysteme, Stuttgart
1998, S. 69 - 100.

GRIESE, J.: (Informationssysteme)
Stichwort Informationssysteme, computergestützte, in: WITTMANN, W. et al.
(Hrsg.): HWB, Teilband 2, 5. Aufl., Stuttgart 1993, Sp. 1767 - 1778.

GROCHLA, E.: (Integration)
Praxeologische Organisationstheorie durch sachliche und methodische Integration,
in: ZfbF 28. Jg. (1976) H. 10, S. 617 - 637.

GROFFMANN, H.-D.: (Führungsinformationssystem)
Kooperatives Führungsinformationssystem - Grundlagen - Konzept - Prototyp,
Wiesbaden 1992 - zugl.: Diss., Universität Tübingen 1992.

GROFFMANN, H.-D.: (Data Warehouse)
Das Data Warehouse Konzept, in: HMD - Theorie und Praxis der Wirtschaftsinformatik, 34. Jg. (1995) H. 195, S. 8 - 17.

GROLL, K.-H.: (Erfolgssicherung)
Erfolgssicherung durch Kennzahlensysteme, 3. Aufl., Freiburg im Breisgau 1990.

GULDIN, A.: (Balanced Scorecard)
Kundenorientierte Unternehmenssteuerung durch die Balanced Scorecard, in: HOR-
VÁTH, P. (Hrsg.): Das neue Steuerungssystem des Controllers: von Balanced
Scorecard bis US-GAAP, Stuttgart 1997, S. 289 - 302.

GUTENBERG, E.: (Unternehmensführung)
Unternehmensführung, Wiesbaden 1962.

GUTENBERG, E.: (Betriebswirtschaftslehre)
Grundlagen der Betriebswirtschaftslehre, Band 1, Die Produktion, Berlin - Göttingen - Heidelberg 1951.

HAHN, D.: (Entwicklungstendenzen)
Controlling - Stand und Entwicklungstendenzen unter besonderer Berücksich-
tigung des CIM-Konzeptes, in: SCHEER, A.-W. (Hrsg.): Rechungswesen und
EDV, 8. Saarbrücker Arbeitstagung, Heidelberg 1987, S. 3 - 39.

HAHN, D.: (Strategische Führung)
Strategische Führung und Strategisches Controlling, in: ZfB-Ergänzungsheft
3 - 1991, S. 121 - 146.

HAHN, D.: (PuK)
Planungs- und Kontrollrechnung - PuK, 4. Aufl., Wiesbaden 1994.

HANNIG, U.: (Managementinformationssysteme)
Der deutsche Markt für Managementinformationssysteme, in: HANNIG, U. (Hrsg.):
Data Warehouse und Managementinformationssysteme, Stuttgart 1996.

HANNIG, U. / SCHWAB, W.: (Data Warehouse)
Data Warehouse und Managementinformationssysteme, in: HANNIG, U. (Hrsg.):
Data Warehouse und Managementinformationssysteme, Stuttgart 1996, S. 1 - 10.

HANSEN, H.: (Wirtschaftsinformatik)
Wirtschaftsinformatik, 7. Aufl., Stuttgart 1996.

HARBERT, L.: (Controlling-Begriffe)
Controlling-Begriffe und Controlling-Konzeptionen. Eine kritische Betrachtung des
Entwicklungsstandes des Controlling und Möglichkeiten seiner Fortentwicklung,
Bochum 1982.

HARTUNG, J. / ELPELT, B. / KLÖSENER, K.-H.: (Statistik)
Statistik: Lehr- und Handbuch der angewandten Statistik, 8. Aufl., München -
Wien 1991.

HASELBAUER, H.: (Informationssystem)
Das Informationssystem als Erfolgsfaktor der Unternehmung, Spardorf 1986.

HAUSCHILDT, J.: (Erfolgs- und Finanzanalyse)
Erfolgs- und Finanzanalyse, 2. Aufl., Köln 1987.

HAUSCHILDT, J.: (Management-Holding)
Anmerkungen zum Beitrag von R. Bühner: „Management-Holding", in: DBW 47. Jg. (1987) H. 2, S. 227 - 229.

HEIGL, A.: (Controlling)
Controlling - Interne Revision, 3. Aufl., Stuttgart 1989.

HEINEN, E.: (Kennzahlen)
Betriebliche Kennzahlen - Eine organisationstheoretische und kybernetische Analyse, in: LINHARDT, H. / PENZKOFER, P. / SCHERPF, P. (Hrsg.): Dienstleistungen in Theorie und Praxis - Festschrift zum 70. Geburtstag von Otto Hintner, Stuttgart 1970, S. 227 - 236.

HEINEN, E.: (Grundlagen)
Grundlagen betriebswirtschaftlicher Entscheidungen. Das Zielsystem der Unternehmung, 3. Aufl., Wiesbaden 1976.

HEINEN, E. / DIETEL, B.: (Informationswirtschaft)
Informationswirtschaft, in: HEINEN, E. (Hrsg.): Industriebetriebslehre, 8. Aufl. München 1985, S. 889 - 1074.

HEINRICH, L.: (Störungsursachen)
Störungsursachen in der innerbetrieblichen Berichterstattung, in: Neue Betriebswirtschaft o. Jg. (1964) Nr. 5, S. 141 - 147.

HEINRICH, L.: (Informationsmanagement)
Informationsmanagement: Planung, Überwachung und Steuerung der Informationsinfrastruktur, 4. Aufl., München - Wien 1992.

HEINZELBECKER, K.: (Marketing-Informationssysteme)
Partielle Marketing-Informationssysteme, Zürich - Frankfurt a.M. 1977 - zugl.: Diss., RWTH Aachen 1974.

HENZLER, H.: (Globalisierung)
Die Globalisierung von Unternehmen im internationalen Vergleich, in: ZfB-Ergänzungsheft 62. Jg. (1992) H. 2, S. 83 - 98.

HESKETT, J. et. al.: (Service Profit Chain)
Putting the Service Profit Chain to Work, in: HBR 72. Jg. (1994) H. 2, S. 164 - 174.

HERRHAUSEN, A.: (Securitization)
Securitization, in: Zeitschrift für das gesamte Kreditwesen o. Jg. (1987) H. 8, S. 330 - 336.

HICHERT, R. / MORITZ, M.: (Management-Informationssystem)
Betriebswirtschaftliche Konzeption und softwaretechnische Realisierung eines Management-Informationssystems, in: HICHERT, R. / MORITZ, M. (Hrsg.): Management-Informationssysteme - Praktische Anwendungen, Berlin u.a. 1992, S. 238 - 272.

HICHERT, R. / MORITZ, M.: (Informationen)
Informationen für Manager - Von der Datenfülle zum praxisnahen Management-Informationssystem, in: HICHERT, R. / MORITZ, M. (Hrsg.): Management-Informationssysteme - Praktische Anwendungen, 2. Aufl., Berlin u.a., S. 116 - 130.

HINTERHUBER, H. H.: (Unternehmensführung)
Strategische Unternehmensführung, Berlin - New York 1996.

HIRSCH, R. E.: (Informationswert)
Informationswert und -kosten und deren Beeinflussung, in: ZfbF 20. Jg. (1968) H. 10, S. 670 - 676.

HOFFMANN, F.: (Management-Holding)
Anmerkungen zum Beitrag von R. Bühner: „Management-Holding", in: DBW 47. Jg. (1987) H. 2, S. 232 - 234.

HOFFMANN, F.: (Konzernorganisationsformen)
Konzernorganisationsformen, in: WiSt 22. Jg. (1992) H. 11, S. 552 - 556.

HOFFMANN, F.: (Konzernhandbuch)
Konzernhandbuch, Wiesbaden 1993.

HOFFMANN, F. / BRAUWEILER, H.-Chr. / WAGNER, R.: (Informationssysteme)
Computergestützte Informationssysteme - Einführung in die Bürokommunikation und Datentechnik für Wirtschaftswissenschaftler, 2. Aufl., München - Wien 1996.

HOFFMANN, W. / KUSTERER, F.: (Handels-Controlling)
Handels-Controlling auf Basis eines Data-Warehouses und OLAP, in: REICHMANN, Th. (Hrsg.): Globale Datennetze - Innovative Potentiale für Informationsmanagement und Controlling, München 1998, S. 275 - 294.

HOFSTETTER, P. A.: (Informationssystem)
Das Informationssystem als Element des Controlling - Konkretisiert am Beispiel der privatwirtschaftlichen Dienstleistungsunternehmung, Zürich 1993 - zugl.: Diss., Universität Zürich 1993.

HOLM , K.: (Befragung)
Die Befragung 1, Tübingen 1986.

HOLTHUIS, J. / MUKSCH, H. / REISER, M.: (Data Warehouse)
Das Data Warehouse Konzept. Ein Ansatz zur Informationsbereitstellung für Managementunterstützungssysteme, Arbeitsbericht des Lehrstuhls für Informationsmanagement und Datenbanken 95 - 1, European Business School, Oestrich-Winkel, 1995.

HOPPENSTEDT: (Großunternehmen)
Handbuch der Großunternehmen 1996, Darmstadt 1997.

HORNUNG, K.: (Warenhandels- und Termingeschäfte)
Internationale Warenhandels- und Termingeschäfte im Multimediaverbund, in:
REICHMANN, Th. (Hrsg.): Tagungsband zum 12. Deutschen Controlling Congress 1997, S. 29 - 44.

HORNUNG, K. / REICHMANN, Th. / BAUMÖL, U.: (Informationsversorgungsstrategien)
Informationsversorgungsstrategien für einen multinationalen Konzern, in: Controlling 9. Jg. (1997) H. 1, S. 38 - 45.

HORNUNG, K. / BAUMÖL, U.: (Kommunikation)
Globale Kommunikation und Informationsmanagement in einem multinationalen
Handelsunternehmen, in: REICHMANN, Th. (Hrsg.): Globale Datennetze - Innovative Potentiale für Informationsmanagement und Controlling, München 1998.

HORNUNG, K. / MAYER, J. H.: (Erfolgsfaktoren-basierte Balanced Scorecards)
Erfolgsfaktoren-basierte Balanced Scorecards zur Unterstützung einer wertorientierten Unternehmensführung - Ergebnisse einer Pilotanwendung zur bedarfsgerechten Informationsversorgung oberster Führungskräfte, in: Controlling August /
September 1999, S. 389 - 397.

HORVÁTH, P.: (Kennzahlen)
Der Einsatz von Kennzahlen im Rahmen des Controlling, in: WiSt 13. Jg. (1983)
H. 7, S. 349 - 356.

HORVÁTH, P.: (Führungsinformation)
Stichwort Führungsinformation, in: HORVÁTH, P. / REICHMANN, Th. (Hrsg.):
Vahlens großes Controllinglexikon, München 1993, S. 258.

HORVÁTH, P.: (Controlling)
Controlling, 5. Aufl., München 1994.

HORVÁTH, P.: (Managementsystem)
Richtig verstanden ist die Balanced Scorecard das zukünftige Managementsystem
- Jeder redet heute über sie, aber haben auch alle dieses Instrument verstanden?
Kein reines Kennzahlensystem, Frankfurter Allgemeine Zeitung vom 29. August
1999, S. 29.

HOYER, R. / KÖLZER, G.: (Informationssystem)
Ansätze zur Planung eines innerbetrieblichen Informations- und Kommunikationssystems, in: KRALLMANN, H. (Hrsg.): Informationsmanagement auf der Basis
integrierter Bürosysteme, Berlin 1986, S. 25 - 40.

HRUBI, F. R.: (Kommunikationsmanagement)
Kommunikationsmanagement, in: HOFMANN, M. / ROSENSTIEL, L. v. (Hrsg.):
Funktionale Managementlehre, Berlin - New York 1988.

HUCH, B.: (Informationssysteme)
Integrierte Informationssysteme im Controlling, in: BLOECH, J. / GÖTZE, U. /
SIERKE, B. (Hrsg.): Managementorientiertes Rechnungswesen, Wiesbaden 1993,
S. 21 - 37.

HUCH, B. / DÖLLE, W.: (Informationssysteme)
Informationssysteme zur strategischen Planung, in: BLOECH, J. (Hrsg.): Strategische Planung, Heidelberg 1994, S. 211 - 228.

HÜBNER, W.: (Benutzerschnittstellen)
Entwurf graphischer Benutzerschnittstellen: ein objektorientiertes Interaktions-
modell zur Spezifikation graphischer Dialoge, Berlin u.a. 1990 - zugl.: Diss., Technische Universität Darmstadt 1990.

HÜTTNER, M.: (Marktforschung)
Grundzüge der Marktforschung, 5. Aufl., München - Wien 1997.

HUMMEL, Th. / KURRAS, Kl. / NIEMEYER, K.: (Kennzahlensysteme)
Kennzahlensysteme zur Unternehmungsplanung, in: ZfO 49. Jg. (1980) H. 2,
S. 94 - 101.

HUMMELTENBERG, W.: (Managementunterstützungssysteme)
Realisierung von Managementunterstützungssystemen mit Planungssprachen und
Generatoren für Führungsinformationssysteme, in: HICHERT, R. / MORITZ, M.
(Hrsg.): Management-Informationssysteme - Praktische Anwendungen, Berlin -
Heidelberg - New York - Tokio 1992, S. 187 - 208.

HUNGENBERG, H.: (Zentrale)
Die Aufgaben der Zentrale - Ansatzpunkte für die zeitgemäße Organisation der
Unternehmensführung in Konzernen, in: ZfO 61. Jg. (1992) H. 6, S. 341 - 354.

HUNGENBERG, H.: (Zentralisation)
Zentralisation und Dezentralisation: Strategische Entscheidungsverteilung in Konzernen, Wiesbaden 1995.

HYPERION SOFTWARE: (Hyperion Enterprise)
Hyperion Enterprise - Multi Source - Konsolidierung und Reporting, Sunnyvale
1997.

HYPERION SOLUTION CORPORATION: (Merger)
Arbor Software and Hyperion Software complete merger, Informationsbroschüre
der Hyperion Solution Corporation, Sunnyvale 1998.

IMMON, W. H.: (Data Warehouse)
Building the Data Warehouse, 2. Aufl. New York 1996.

IBM: (Business)
Business Systems Planning: Information Systems Planning Guide, 2. Aufl., White
Plains, New York 1978.

INSTITUT DER DEUTSCHEN WIRTSCHAFT: (Zahlen)
Zahlen zur wirtschaftlichen Entwicklung der Bundesrepublik Deutschland, Ausgabe 1996, Köln 1996.

JACKSON, I. L.: (Management)
Corporate Information Management, Englewood Cliffs, New Jersey 1986.

JAHNKE, B.: (Führungsinformationssystem I)
Konzeption und prototypische Realisierung eines Führungsinformationssystems, in: BARTMANN, D. (Hrsg.): Lösungsansätze der Wirtschaftsinformatik im Lichte der praktischen Bewährung, Berlin u.a. 1991, S. 39 - 65.

JAHNKE, B.: (Führungsinformationssystem II)
Konzeption und prototypische Realisierung eines Führungsinformationssystems - Natürlichsprachlicher Zugang zu betrieblichen Kennzahlen, in: IBM Deutschland GmbH (Hrsg.): Hochschulkongreß Dresden 1992, Bonn - München 1992, Referat WR 4.

JAHNKE, B.: (Einsatzkriterien)
Einsatzkriterien, kritische Erfolgsfaktoren und Einführungsstrategien für Führungsinformationssysteme, in: BEHME, W. / SCHIMMELPFENG, K. (Hrsg.): Führungsinformationssysteme - Neue Entwicklungstendenzen im EDV-gestützten Berichtswesen, Wiesbaden 1993, S. 29 - 43.

JAHNKE, B.: (Entscheidungsunterstützung)
Entscheidungsunterstützung der oberen Führungsebene durch Führungsinformationssysteme, in: PREßMAR, D. (Hrsg.): Informationsmanagement, Wiesbaden 1993, S. 123 - 147.

JAHNKE, B.: (Konzeption)
Konzeption und Entwicklung eines Führungsinformationssystems, Lehrstuhl für Wirtschaftsinformatik, Universität Tübingen 1994.

JAHNKE, B. / GROFFMANN, H.-D.: (Führungsinformationssysteme)
Führungsinformationssysteme zwischen Anspruch und Realisierbarkeit, Tübingen 1994.

JANSON, R. L.: (Frühwarnsystem)
Ein Frühwarnsystem für das Management, in: HM 4. Jg. (1982) H. 3, S. 58 - 65.

JENSEN, M. C. / MECKLING, W. H.: (Theory)
Theory of the Firm: Managerial Behavior, Agency Costs and Ownership Structure, in: Journal of Financial Economics, o. Jg. (1976) H. 3, S. 305 - 360.

KAESER, W.: (Controlling)
Controlling im Bankbetrieb: Konkretisiert am Beispiel schweizerischer Großbanken, Bern - Stuttgart 1981.

KAISER, B.-U.: (SAP-EIS)
Unternehmensinformationen mit SAP-EIS - Aufbau eines Data Warehouse und einer inSight-Anwendung, Braunschweig - Wiesbaden 1998.

KAPLAN, R. S. / NORTON, D. P.: (Measures)
The Balanced Scorecard - Measures That Drive Performance, in: HBR 70. Jg. (1992) H. 1, S. 71 - 79.

KAPLAN, R. S. / NORTON, D. P.: (Search of Excellence)
In Search of Excellence - der Maßstab muß neu definiert werden, in: HM 14. Jg. (1992) Nr. 4, S. 37 - 46.

KAPLAN, R. S. / NORTON, D. P.: (Work)
Putting the Balanced Scorecard to Work, in: HBR 71. Jg. (1993) H. 5, S. 134 - 142.

KAPLAN, R. S. / NORTON, D. P.:(Großunternehmen)
Wie drei Großunternehmen methodisch ihre Leistung stimulieren, in: HBR 72. Jg. (1994) Nr. 1, S. 96 - 104.

KAPLAN, R. S. / NORTON, D. P.: (Strategic Management System)
Using the Balanced Scorecard as a Strategic Management System, HBR 74. Jg. (1996) H. 1, S. 75 - 85.

KAPLAN, R. S. / NORTON, D. P.: (Strategic Learning)
Strategic Learning & the Balanced Scorecard, in: Planning Review 24. Jg. (1996) H. 5, S. 18 - 24.

KAPLAN, R. S. / NORTON, D. P.: (Balanced Scorecard)
Balanced Scorecard - Strategien erfolgreich umsetzen, übersetzt aus dem Amerikanischen von HORVÁTH, P., KUHN-WÜRFEL, B. und VOGELHUBER, C., Stuttgart 1997.

KAPLAN, R. S. / NORTON, D. P.: (Strategieumsetzung)
Strategieumsetzung mit Hilfe der Balanced Scorecard, in: GLEICH, R. / SEIDENSCHWARZ, W. (Hrsg.): Die Kunst des Controlling, München 1997, S. 313 - 342.

KEEN, P. G. / SCOTT MORTON, M. S.: (Decision Support Systems)
Decision Support Systems: An Organizational Perspective, Reading 1978.

KELLER, T.: (Holdingkonzepte)
Unternehmensführung mit Holdingkonzepten, 2. Aufl., Köln 1993 - zugl. Diss., Universität Köln 1990.

KELLER, T.: (Holding)
Die Einrichtung einer Holding: Bisherige Erfahrungen und neuere Entwicklungen, in: DB 44. Jg. (1991) H. 32, S. 1633 - 1639.

KELLER, T.: (Holdingstrukturen)
Effizienz- und Effektivitätskriterien einer Unternehmenssteuerung mit dezentralen Holdingstrukturen, in: BFuP 44. Jg. (1992) H. 1, S. 14 - 27.

KELLER, T.: (Führung)
Die Führung einer Holding, in: LUTTER, M. (Hrsg.): Holding-Handbuch: Recht, Management, Steuern, Köln 1995, S. 94 - 148.

KELLER, T.: (Anreizsystem)
Anreize zur Informationsabgabe: Entwicklung eines Anreizsystems zur Steigerung der Abgabebereitschaft von Informationen im Informationssystem der Unternehmung, Münster - Hamburg 1995 - zugl.: Diss., Universität Hamburg 1995.

KEMPER, H.-G.: (Executive Information Systems)
Executive Information Systems (EIS) in deutschen Unternehmen - Ein Stimmungsbild -, in: IM o. Jg. (1991) H. 4, S. 70 - 78.

KEMPER, H.-G. / BALLENSIEFEN, K.: (Führungsinformationssystem)
Der Auswahlprozeß von Werkzeugen zum Aufbau von Führungsinformationssystemen - Ein Vorgehensmodell, in: BEHME, W. / SCHIMMELPFENG, K. (Hrsg.): Führungsinformationssysteme - Neue Entwicklungstendenzen im EDV-gestützten Berichtswesen, Wiesbaden 1993, S. 17 - 28.

KIENINGER, M.: (Berichtssysteme)
Gestaltung internationaler Berichtssysteme, München 1993, zugl.: Diss., Universität Stuttgart 1993.

KIRSCH, W.: (Entscheidungsprozesse I)
Einführung in die Theorie der Entscheidungsprozesse, Band I, Verhaltenswissenschaftliche Ansätze der Entscheidungstheorie, Wiesbaden 1971.

KIRSCH, W.: (Entscheidungsprozesse II)
Einführung in die Theorie der Entscheidungsprozesse, Band II, Informationstheorie des Entscheidungsverhaltens, Wiesbaden 1971.

KIRSCH, W.: (Entscheidungsprozesse III)
Einführung in die Theorie der Entscheidungsprozesse, Band III, Entscheidungen in Organisationen, Wiesbaden 1971.

KIRSCH, W.: (Betriebswirtschaftslehre)
Die entscheidungs- und systemorientierte Betriebswirtschaftslehre, in: DLUGOS, G. / EBERLEIN, G. / STEINMANN, H. (Hrsg.): Wissenschaftstheorie und Betriebswirtschaftslehre - Eine methodologische Kontroverse, Düsseldorf 1972, S. 153 - 184.

KIRSCH, W.: (Verhaltenswissenschaften)
Verhaltenswissenschaften und Betriebswirtschaftslehre, in: GROCHLA, E. / WITTMANN, W. (Hrsg.): HWB, Teilband 3, 4. Aufl., Stuttgart 1976, Sp. 4135 - 4149.

KIRSCH, W.: (Führungslehre)
Die Betriebswirtschaftslehre als Führungslehre, München 1978.

KIRSCH, W. / BAMBERGER, I. / GABELE, E. / KLEIN, H. K.: (Logistik)
Betriebswirtschaftliche Logistik, Wiesbaden 1973.

KIRSCH, W. / KLEIN, H. K.: (Management-Informationssysteme II)
Management-Informationssysteme II: Auf dem Weg zu einem neuen Taylorismus?, Stuttgart u.a. 1977.

KLEINHANS, A. / RÜTTLER, M. / ZAHN, E.: (Management-Unterstützungssysteme)
Management-Unterstützungssysteme - Eine vielfältige Begriffswelt, in: HICHERT, R. / MORITZ, M. (Hrsg.): Management-Informationssysteme - Praktische Anwendungen, Berlin u.a. 1992, S. 1 - 14.

KLOTZ, M. / STRAUCH, P.: (Informationssysteme)
Strategieorientierte Planung betrieblicher Informations- und Kommunikationssysteme, Berlin - Heidelberg - New York - Tokio 1990.

KOCH, R.: (Berichtswesen)
Betriebliches Berichtswesen als Informations- und Steuerungsinstrument, Frankfurt a.m. - Berlin - Bern - New York - Paris - Wien 1994 - zugl.: Diss., Technische Universität Darmstadt 1992.

KOCH, R.: (Kommunikationssystem)
Kommunikationssystem, in: KÜPPER, H.-U. / WEBER, J. (Hrsg.): Grundbegriffe des Controlling, Stuttgart 1995, S. 177 - 178.

KÖHLER, R.: (Forschungsobjekte)
Forschungsobjekte und Forschungsstrategien, in: Die Unternehmung 32. Jg. (1978) H. 3, S. 181 - 196.

KÖHLER, R. / HEINZELBECKER, K.: (Informationssysteme)
Informationssysteme für die Unternehmensführung, in: DBW 37. Jg (1977) H. 2, S. 267 - 282.

KONEGEN, N. / SONDERGELD, K.: (Wissenschaftstheorie)
Wissenschaftstheorie für Sozialwissenschaftler, Opladen 1985.

KOONTZ, H. / WEIHRICH, H.: (Management)
Management, 9. Aufl., New York 1988.

KOREIMANN, D. S.: (Informationsbegriff)
Zum Informationsbegriff und seiner Beziehung zur Betriebswirtschaft, in: Neue Betriebswirtschaft 16. Jg. (1963) H. 3, S. 49 - 51.

KOREIMANN, D. S.: (Informationsbedarfsanalyse)
Methoden der Informationsbedarfsanalyse, Berlin - New York 1976.

KOSIOL, E.: (Grundlagen)
Grundlagen und Methoden der Organisationsforschung, Berlin 1959.

KOSIOL, E.: (Betriebswirtschaftslehre)
Betriebswirtschaftslehre und Unternehmensforschung, in: ZfB 34. Jg. (1964) H. 12, S. 743 - 762.

KOSIOL, E.: (Unternehmung)
Die Unternehmung als wirtschaftliches Aktionszentrum - Einführung in die Betriebs-wirtschaftslehre, Reinbek bei Hamburg 1972.

KRAEHE, J.: (Mittelstandsholding)
Mittelstandsholding: Ein Führungs- und Organisationskonzept für mittelständische Unternehmen, Wiesbaden 1994 - zugl.: Diss., Hochschule St. Gallen 1994.

KRAFT, A. / KREUTZ, P.: (Gesellschaftsrecht)
Gesellschaftsrecht, 8. Aufl., Frankfurt a.M. 1990.

KRAMER, R.: (Information)
Information und Kommunikation, Betriebswirtschaftliche Bedeutung und Einord-nung in die Organisation der Unternehmung, in: KOSIOL, E. / GROCHLA, E. (Hrsg.): Betriebswirtschaftliche Forschungsergebnisse, Band 23, Berlin 1965.

KRAWULSKI, R.: (Fenstertechnik)
Stichwort Fenstertechnik, in: MERTENS, P. (Hrsg.): Lexikon der Wirtschafts-informatik, 2. Aufl., Berlin 1990, S. 181 - 182.

KRCMAR, H.: (Informationsmanagement)
Informationsmanagement, Berlin u.a. 1997.

KREIKEBAUM, H.: (Organisationstheorie)
Neuere Entwicklungstendenzen auf dem Gebiet der Organisationstheorie, ZfB 35. Jg. (1965) H. 10, S. 663 - 683.

KREIKEBAUM, H.: (Strategische Führung)
Strategische Führung, in: KIESER, A. / REBER, G. / WUNDERER, R. (Hrsg.): HdF, 2. Aufl., Stuttgart 1995, Sp. 2006 - 2014.

KUBICEK, H.: (Organisationsforschung)
Empirische Organisationsforschung, Stuttgart 1975.

KÜPPER, H.-U.: (Mitbestimmung)
Grundlagen einer Theorie der betrieblichen Mitbestimmung: Wissenschaftslogische und realtheoretische Perspektiven einer betriebswirtschaftlichen Analyse der betrieblichen Mitbestimmung, Berlin 1974.

KÜPPER, H.-U.: (Konzeption)
Konzeption des Controlling aus betriebswirtschaftlicher Sicht, in: SCHEER, A.-W. (Hrsg.): Rechnungswesen und EDV, 8. Saarbrücker Arbeitstagung 1987, Heidel-berg 1987, S. 82 - 116.

KÜPPER, H.-U.: (Controlling)
Controlling: Konzeption, Aufgaben und Instrumente, Stuttgart 1995.

KÜPPER, H.-U. / WEBER, J. / ZÜND, A.: (Selbstverständnis)
Zum Selbstverständnis des Controlling, in: ZfB 60. Jg. (1990) H. 3, S. 281 - 193.

KÜPPER, H.-U. / WEBER, J.: (Grundbegriffe)
Grundbegriffe des Controlling, Stuttgart 1995.

KÜTING, K.: (Kennzahlen)
Grundsatzfragen von Kennzahlen als Instrumenten der Unternehmensführung, in: WiSt 13. Jg. (1983) H. 5, S. 237 - 241.

KÜTING, K.: (Kennzahlensysteme)
Kennzahlensysteme in der betrieblichen Praxis, in: WiSt 13. Jg. (1983) H. 6, S. 291 - 296.

KÜTING, K. / WEBER, Cl.-P.: (Konzernabschluß)
Der Konzernabschluß, 3. Aufl., Stuttgart 1991.

LACHNIT, L.: (Kennzahlensysteme)
Zur Weiterentwicklung betriebswirtschaftlicher Kennzahlensysteme, in: ZfbF 28. Jg. (1976) H. 3, S. 216 - 230.

LACHNIT, L.: (Controlling)
Controlling als Instrument der Unternehmensführung, in: Deutsches Steuerrecht 30. Jg. (1992) H. 7, S. 228 - 233.

LAUDON, K. C. / LAUDON, J. P.: (Systems)
Management Information Systems: A Contemporary Perspective, 2. Aufl., New York 1991.

LEFFSON, U.: (Bilanzanalyse)
Bilanzanalyse, 2. Aufl., Stuttgart 1977.

LEICHSENRING, H.:(Führungsinformationssysteme)
Führungsinformationssysteme in Banken - Notwendigkeit, Konzeption und strategische Bedeutung, Wiesbaden 1990.

LEVITT, T.: (Business)
Business as usual - aber Sensibilität für Veränderungen, in: HENZLER, H. (Hrsg.): Handbuch strategische Führung, Wiesbaden 1988, S. 853 - 867.

LEWIS, T. G.: (Unternehmenswert)
Steigerung des Unternehmenswerts. Total-value-Management, 2. Aufl., Landsberg/Lech 1995.

LINGLE, J. H. / SCHIEMANN, W. A.: (Balanced Scorecard)
From Balanced Scorecard to Strategic Gauges: Is Measurement Worth It?, in: Management Review 85 Jg. (1996) H. 3, S. 56 - 61.

LIU, Ch.-N.: (Ratchet Principle)
The Ratchet Principle: A Diagrammatic Interpretation, in: Journal of Comparative Economics o. Jg. (1982) H. 6, S. 75 - 80.

LUBE, M.-M.: (Controlling)
Strategisches Controlling in international tätigen Konzernen: Aufgaben - Instrumente - Maßnahmen, Wiesbaden 1997 - zugl.: Diss., Hochschule St. Gallen 1996.

LÜCKE, W.: (Dispositiver Faktor)
Dispositiver Faktor - Management - Ein Vergleich - Arbeitsbericht 2/91 des Instituts für Betriebswirtschaftliche Produktions- und Investitionsforschung der Georg-August-Universität Göttingen, Göttingen 1991.

LUTTER, M.: (Holding)
Die Holding - Erscheinungsformen und der für dieses Buch maßgebende Rechtsbegriff der Holding, in: LUTTER, M. (Hrsg.): Holding-Handbuch, Köln 1995.

MACHARZINA, K.: (Unternehmensführung)
Unternehmensführung - Das internationale Managementwissen - Konzepte - Methoden - Praxis, Wiesbaden 1993.

MACHARZINA, K.: (Internationale Konzerne)
Internationale Konzerne, in: HORVÁTH, P. / REICHMANN, Th. (Hrsg.): Vahlens großes Controllinglexikon, München 1993.

MACHLOP, F. / MANSFIELD, U.: (Information)
The Study of Information, New York 1983.

MAG, W.: (Organisationslehre)
Zum Umfang und Inhalt der betriebswirtschaftlichen Organisationslehre, in: ZfbF 21. Jg. (1969) H. 4, S. 250 - 279.

MAG, W.: (Grundfragen)
Grundfragen einer betriebswirtschaftlichen Organisationstheorie. Eine Analyse der Beziehungen zwischen unternehmerischer Zielsetzung, Entscheidungsprozeß und Organisationsstruktur, 2. Aufl., Köln 1971.

MAG, W.: (Informationsbeschaffung)
Stichwort Informationsbedarf, in: GROCHLA, E. / WITTMANN, W. (Hrsg.): HWB, Teilband 2, 4. Aufl., Stuttgart 1975, Sp. 1882 - 1894.

MAG, W.: (Entscheidung)
Entscheidung und Information, München 1977.

MAG, W.: (Entscheidungstheorie)
Grundzüge der Entscheidungstheorie, München 1990.

MAIDIQUE, M. A. / HAYES, R. H.: (High-Technology Management)
The Art of High-Technology Management, in: Sloan Management Review 25. Jg. (1984) winter edition, H. 17 - 31.

MANN, R.: (Controlling)
Die Praxis des Controlling - Instrumente - Einführung - Konflikte, München 1973.

MARCH, J. G. / SIMON, H. A.: (Organizations)
Organizations, New York 1958.

MARSCHAK, J.: (Economic Theory)
Towards an Economic Theory of Organization and Information, in: THRALL, R. M. / COOMBS, C. H. / DAVIS, R. L. (Hrsg.): Decision Process, New York - London 1954, S. 187 - 220.

MARSCHAK, J.: (Organizational Forms)
Efficient and Viable Organizisational Forms, in: HAIRE, M. (Hrsg.): Modern Organization Theory. A Symposium of the Foundation for Research on Human Behavior, New York - London 1959, S. 307 - 320.

MARTIN, J.: (Information)
Information Engineering. Book II. Planning and Analysis. Englewood Cliffs, 1990.

MATEK, D. / MUHS, D. / WITTEL, H.: (Maschinenelemente)
Roloff / Matek - Maschinenelemente - Normung - Berechnung - Gestaltung, 11. Aufl., Braunschweig - Wiesbaden 1987.

MATIASKE, W.: (Wertorientierung)
Wertorientierung und Führungsstil: Ergebnisse einer Felduntersuchung zum Führungsstil leitender Angestellter, Frankfurt a.M. 1992.

MAYER, J. H.: (Vorstandsmitglieder)
Was Vorstandsmitglieder großer Management-Holdings von Führungsinformationssystemen wirklich fordern! Ergebnisse einer empirischen Untersuchung, GfC-Beitrag Nr. 61, Dortmund 1998.

MAYER, J. H.: (Branchenspezifische Erfolgsfaktoren-basierte Balanced Scorecards)
Branchenspezifische Erfolgsfaktoren-basierte Balanced Scorecards - Konzeption und Umsetzung mit dem SAP BW (SEM), Projektdokumentation, KPMG Consulting GmbH Düsseldorf und Frankfurt a.M.

MEFFERT, H. / KIRCHGEORG, M.: (Umweltschutz)
Umweltschutz als Unternehmensziel, in: SPECHT, G. / SILBERER, G. / ENGELHARDT, W. H. (Hrsg.): Marketing-Schnittstellen, Stuttgart 1989, S. 179 - 199.

MEFFERT, H. / WEHRLE, F.: (Unternehmensplanung)
Strategische Unternehmensplanung, in: HM 5. Jg. (1983) H. 2, S. 50 - 60.

MEISSNER, H. G. / GERBER, S.: (Auslandsinvestition)
Die Auslandsinvestition als Entscheidungsproblem, in: BFuP 32. Jg. (1980) H. 3, S. 217 - 228.

MELLEWIGT, T.: (Konzernorganisation)
Konzernorganisation und Konzernführung: Eine empirische Untersuchung börsennotierter Konzerne, Frankfurt a.M. - Berlin - Bern - New York - Paris - Wien 1995.

MERTEN, K.: (Kommunikation)
Kommunikation. Eine Begriffs- und Prozeßanalyse, Opladen 1977.

MERTENS, P. / GRIESE, J.: (Informationsverarbeitung)
Integrierte Informationsverarbeitung, Band 2, Planungs- und Kontrollsysteme in
der Industrie, 7. Aufl., Wiesbaden 1993.

MERTENS, P. / SCHRAMMEL, D.: (Dokumentation)
Betriebliche Dokumentation und Information, 2. Aufl., Meisenheim am Glan 1977.

MEYER, C.: (Kennzahlen)
Betriebswirtschaftliche Kennzahlen und Kennzahlensysteme, 2. Aufl., Stuttgart
1994.

MICHEL, U.: (Wertsteigerung)
Strategien zur Wertsteigerung erfolgreich umsetzen - Wie die Balanced Scorecard
ein wirkungsvolles Shareholder Value Management unterstützt, in: HORVÁTH, P.
(Hrsg.): Das neue Steuerungssystem des Controllers - von Balanced Scorecard bis
US-GAAP, Stuttgart 1997, S. 273 - 302.

MILLER, J. / THORNTON, J.: (Effort)
Effort, Uncertainty, and the New Soviet Incentive System, in Southern Economic
Journal o. Jg. (1978) H. 45, S. 432 - 446.

MINTZBERG, H.: (Planning)
Planning on the Left Side, Managing on the Right Side, in: HBR 54. Jg. (1976)
H. 4, S. 49 - 58.

MINTZBERG, H.: (Management)
Mintzberg über Management. Führung und Organisation. Mythos und Realität,
Wiesbaden 1991.

MORGENSTERN, O.: (Vollkommene Voraussicht)
Vollkommene Voraussicht und wirtschaftliches Gleichgewicht, in: Zeitschrift für
Nationalökonomie 6. Jg. (1935) o. Nr., S. 337 - 357, wieder abgedruckt in:
ALBERT, H. (Hrsg.): Theorie und Realität, Tübingen 1964, S. 251 - 271.

MOUNTFIELD, A. / SCHALCH, O.: (Balanced Scorecard)
Konzeption von Balanced Scorecards und Umsetzung in ein Management-Informationssystem mit dem SAP Business Information Warehouse, in: Controlling
10. Jg. (1998) H. 5, S. 316 - 322.

MOXTER, A.: (Grundfragen)
Methodologische Grundfragen der Betriebswirtschaftslehre, Köln - Opladen 1957.

MÜLLER-BÖLING, D. / RAMME, I.: (Informationstechniken)
Informations- und Kommunikationstechniken für Führungskräfte, München - Wien
1990.

MUKSCH, H.: (Meta-Daten)
Das Management von Meta-Daten im Data Warehouse, in: GABRIEL, R. (Hrsg.):
Data Warehouse - Einsatzmöglichkeiten in der Praxis, 1997, S. 20 - 30.

MUKSCH, H. / BEHME, W.: (Data Warehouse-Konzept)
Das Data Warehouse-Konzept, Wiesbaden 1996.

MUNARI, S. / NAUMANN, C.: (Strategische Steuerung)
Strategische Steuerung - Bedeutung im Rahmen des strategischen Managements,
in HAHN, D. / TAYLOR, B. (Hrsg.): Strategische Unternehmensplanung - strategische Unternehmensführung: Stand und Entwicklungstendenzen, 7. Aufl., Heidelberg 1997, S. 805 - 820.

NAUMANN, J.-P.: (Führungsorganisation)
Die Führungsorganisation der strategischen Holding, Aachen 1994 - zugl.: Diss.,
Universität Augsburg 1994.

NEIDERT, H. R.: (Informationsbedarf)
Ohne Informationsbedarf - Kein MIS, in: ZfO 42. Jg. (1973) H. 4, S. 225 - 230.

NEUHOF, B.: (Informationszentrum)
Das Rechnungswesen als Informationszentrum, Neuwied 1978.

NEUMANN, J. v. / MORGENSTERN, O.: (Theory)
Theory of Games and Economic Behavior, Princeton 1953.

NIEDERBERGER, A. R. V.: (Informationssystem)
Das betriebliche Informationssystem, Wiesbaden 1967.

NIESCHLAG, R. / DICHTL, E. / HÖRSCHGEN, H.: (Marketing)
Marketing, 16. Aufl., Berlin 1991.

OPPELT, R. U. G.: (Computerunterstützung)
Computerunterstützung für das Management - Neue Möglichkeiten der com-
puterbasierten Informationsunterstützung oberster Führungskräfte auf dem Weg
von MIS zu EIS?, München, Wien 1995 - zugl.: Diss., Universität München 1995.

OSSADNIK, W. / MORLOCK, J.: (Anreizsysteme)
Anreizsysteme für dezentralisierte Unternehmen, Beitrag Nr. 9704 der Universität
Osnabrück, Osnabrück 1997.

PALLOKS, M.: (Marketing-Controlling)
Marketing-Controlling: Konzeption zur entscheidungsbezogenen Informationsversorgung des operativen und strategischen Marketing-Management, Frankfurt
a.M. - Bern - New York - Paris 1991 - zugl.: Diss., Universität Dortmund 1991.

PALLOKS, M.: (Informationsbeschaffung)
Stichwort Informationsbeschaffung und -aufbereitung, in: HORVÁTH, P. / REICHMANN, Th. (Hrsg.): Vahlens großes Controllinglexikon, München 1993, S. 289 - 290.

PAUSENBERGER, E.: (Konzerne)
Stichwort Konzerne, in: GROCHLA, E. / WITTMANN, W. (Hrsg.): HWB, Band II, 4. Aufl., Stuttgart 1975, Sp. 2234 - 2249.

PAUSENBERGER, E. / GLAUM, M.: (Informationsprobleme)
Informations- und Kommunikationsprobleme in internationalen Konzernen, in: BFuP 45 Jg. (1993) H. 6, S. 602 - 627.

PELLENS, B.: (Entlohnungssysteme)
Unternehmenswertorientierte Entlohnungssysteme, Stuttgart 1998.

PELLENS, B. / ROCKHOLTZ, C. / STIENEMANN, M.: (Konzerncontrolling)
Marktwertorientiertes Konzerncontrolling in Deutschland, in: DB 50. Jg. (1997) o. Nr., S. 1933 - 1939.

PENDSE, N. / CREETH, R.: (OLAP-Report)
The OLAP-Report-Market share analysis, in: http://www.olapreport.com/market.htm (Stand: 27. Mai 1998).

PERLITZ, M.: (Internationales Management)
Internationales Management, 3. Aufl., Stuttgart 1997.

PERRIDON, L. / STEINER, M.: (Finanzwirtschaft)
Finanzwirtschaft der Unternehmung, 8. Aufl., München 1995.

PFESTORF, J.: (Information)
Kriterien für die Bewertung betriebswirtschaftlicher Information, Diss., Humboldt-Universität Berlin 1974.

PFOHL, H.-Chr. / STÖLZLE, W.: (Planung)
Planung und Kontrolle - Konzeption, Gestaltung, Implementierung, 2. Aufl., München 1997.

PICOT, A.: (Produktionsfaktor Information)
Produktionsfaktor Information in der Unternehmensführung, in: IM 5. Jg. (1990) H. 1, S. 6 - 14.

PICOT, A. / FRANCK, E.: (Information I)
Die Planung der Unternehmensressource Information (I), in: WISU 17. Jg. (1988) H. 10, S. 544 - 549.

PICOT, A. / FRANCK, E.: (Information II)
Die Planung der Unternehmensressource Information (II), in: WISU 17. Jg. (1988) H. 11, S. 608 - 614.

PICOT, A. / MAIER, M.: (Informationssysteme)
Stichwort Informationssysteme, computergestützte, in: FRESE, E. (Hrsg.): HWO,
3. Aufl., Stuttgart 1992, Sp. 923 - 936.

PICOT, A. / NEUBURGER, R.: (Agency Theory)
Agency Theory und Führung, in: KIESER, A. / REBER, G. (Hrsg.): HWFü,
2. Aufl. Stuttgart 1995, Sp. 14 - 21.

PICOT, A. / REICHWALD, R.: (Informationswirtschaft)
Informationswirtschaft, in: PICOT, A. (Hrsg.): Industriebetriebslehre - Entscheidungen im Industriebetrieb, 9. Aufl., 1995, S. 241 - 394.

PICOT, A. / REICHWALD, R. / WIGAND, R.: (Unternehmung)
Die grenzenlose Unternehmung - Information, Organisation und Management,
2. Aufl., Wiesbaden 1996.

PIECHOTA, S.: (Informationsversorgung)
Die Informationsversorgung der Unternehmensleitung in multinationalen Unternehmen als Aufgabe des Controlling, Diss., Universität Göttingen 1990.

PIECHOTA, S.: (Perspektiven)
Perspektiven für die DV-Unterstützung des Controlling mit Hilfe von Führungsinformationssystemen, in: BEHME, W. / SCHIMMELPFENG, K. (Hrsg.): Führungsinformationssysteme - Neue Entwicklungstendenzen im EDV-gestützten
Berichtswesen, Wiesbaden 1993, S. 83 - 103.

PIESKE, R.: (Kontrolle und Steuerung)
Kontrolle und Steuerung - Die Frage für die Holding: Wie gut sind unsere ope-
rativen Geschäftseinheiten? - Der Nutzen des Benchmarkings, in: Blick durch die
Wirtschaft o. Jg. (1997) H. 85, S. 11.

POPPER, K. R.: (Logik)
Logik der Forschung, 5. Aufl., Tübingen 1973.

PREIßLER, P.: (Controlling)
Controlling, München - Wien, 10. Aufl. 1998.

PREßMAR, D. B.: (Unternehmensplanung)
Methoden und Probleme der computergestützten Unternehmensplanung, in:
Schriften zur Unternehmensführung, Band 28, Wiesbaden 1980, S. 7 - 45.

PÜMPIN, C.: (Erfolgspositionen)
Strategische Erfolgspositionen - Methodik der dynamischen strategischen
Unternehmensführung, Bern - Stuttgart - Wien 1992.

PÜMPIN, C. / IMBODEN, C.: (Unternehmens-Dynamik)
Unternehmens-Dynamik - Wie führen wir Unternehmungen in die neue Dimen-
sion?, in: Schweizerische Volksbank (Hrsg.): Die Orientierung o. Jg. (1991) H. 98,
Bern 1991.

RADKE, M.: (Formelsammlung)
Die große Betriebswirtschaftliche Formelsammlung, 6. Aufl., München 1982.

RAFFÉE, H. / FÖRSTER, F. / KRUPP, W.: (Marketing)
Marketing und Ökologieorientierung. Eine empirische Studie unter besonderer Berücksichtigung der Lärmminderung, Arbeitspapier Nr. 85 der Universität Mannheim, Mannheim 1985.

RAPPAPORT, A.: (Shareholder Value)
Creating Shareholder Value. The New Standard for Business Performance, New
York - London 1996.

RATHÉ, A. W.: (Management controls)
Management controls in business, in: MALCOLM, D. G. / ROWE, A. J. (Hrsg.):
Management Control Systems, New York - London 1963, S. 28 - 62.

REHBERG, J.: (Informationen)
Wert und Kosten von Informationen, Frankfurt a.M. - Zürich 1973.

REICHELSTEIN, S.: (Incentive Schemes)
Constructing Incentive Schemes for Government Contracts: An Application of
Agency Theory, in: The Accounting Review 4. Jg. (1992) H. 67, S. 712 - 731.

REICHELSTEIN, S. / OSBAND, K.: (Incentives)
Incentives in Government Contracts, in: Journal of Public Economics o. Jg. (1984)
H. 45, S. 257 - 270.

REICHELSTEIN, S. / OSBAND, K.: (Information)
Information-Eliciting Compensation Schemes, in: Journal of Public Economics
o. Jg. (1985) H. 45, S. 107 - 115.

REICHMANN, Th.: (Controlling-Konzeption)
Grundlagen einer systemgestützten Controlling-Konzeption mit Kennzahlen, in:
ZfB 55. Jg. (1985) H. 9, S. 887 - 898.

REICHMANN, Th.: (Kennzahlensysteme I)
Stichwort Kennzahlensysteme, in: HORVÁTH, P. / REICHMANN, Th. (Hrsg.):
Vahlens großes Controllinglexikon, München 1993, S. 346 - 347.

REICHMANN, Th.: (Kennzahlensysteme II)
Stichwort Kennzahlensysteme, in: WITTMANN, W. et al. (Hrsg.): HWB, Teilband
2, 5. Aufl., Stuttgart 1993, Sp. 2159 - 2174.

REICHMANN, Th.: (Management und Controlling)
Management und Controlling - Gleiche Ziele - unterschiedliche Wege und Instrumente, in: ZfB 66. Jg. (1996) H. 5, S. 559 - 585.

REICHMANN, Th.: (Controlling)
Controlling mit Kennzahlen und Managementberichten: Grundlagen einer systemgestützten Controlling-Konzeption, 5. Aufl., München 1997.

REICHMANN, Th. / BAUMÖL, U.: (Datennetze)
Die Potentiale globaler Datennetze aus der Sicht des Unternehmens-Controlling,
in: REICHMANN, Th. (Hrsg.): Globale Datennetze - Innovative Potentiale für
Informationsmanagement und Controlling, München 1998, S. 1 - 20.

REICHMANN, Th. / FRITZ, B. / NÖLKEN, D.: (EIS-gestütztes Controlling)
EIS-gestütztes Controlling: Schnittstelle zwischen Controlling und Informations-
management, in: SCHEER, A.-W. (Hrsg.): Handbuch Informationsmanagement:
Aufgaben - Konzepte - Praxislösungen, Wiesbaden 1993.

REICHMANN, Th. / LACHNIT, L.: (Kennzahlen)
Planung, Steuerung und Kontrolle mit Hilfe von Kennzahlen, in: ZfbF 32. Jg.
(1976) H. 28, S. 705 - 723.

REICHWALD, R.: (Kommunikation)
Kommunikation und Kommunikationsmodelle, in: WITTMANN, W. et al. (Hrsg.):
HWB, Teilband 2, 5. Aufl., Stuttgart 1993, Sp. 2174 - 2188.

REICHWALD, R. / NIPPA, M.: (Informations- und Kommunikationsanalyse)
Stichwort Informations- und Kommunikationsanalyse, in: FRESE, E. (Hrsg.):
3. Aufl., Stuttgart 1992, Sp. 855 - 872.

RIEGER, B.: (Executive Information Systems)
Executive Information Systems (EIS): Rechnergestützte Aufbereitung von Füh-
rungsinformationen, in: KRALLMANN, H. (Hrsg.): Innovative Anwendungen der
Informations- und Kommunikationstechnologien in den 90er Jahren, München -
Wien, 1990, S. 103 - 125.

ROCKART, J. F.: (Needs)
Chief Executives Define their own Data Needs, in: HBR 57. Jg. (1979) H. 2,
S. 81 - 93.

ROCKART, J. F.: (Datenbedarf)
Topmanager sollten ihren Datenbedarf selbst definieren, in: HM 2. Jg. (1980)
H. 2, S. 45 - 58.

ROCKART, J. F. / TREACY, M. E.: (Executive Information Support Systems)
Executive Information Support Systems: CISR Working Paper Nr. 65, Sloan
School of Management, MIT, Cambridge, Massachusetts, November 1980.

ROCKART, J. F. / DE LONG, D. W.: (Executive Support Systems)
Executive Support Systems, Homewood 1988.

ROHNER, C.: (Führungsinformationen)
Wie beschafft man sich systematisch Führungsinformationen?, in: io Management
Zeitschrift 59. Jg. (1990) H. 4, S. 31 - 34.

ROHNE, J.: (Erfolgsfaktoren)
Informationsbedarfsanalyse für den internationalen Rohstoffhandel der Metall-gesellschaft, unveröffentlichte Diplomarbeit, Technische Universität Darmstadt 1996.

ROSENHAGEN, K.: (Informationsversorgung)
Informationsversorgung von Führungskräften - Empirische Untersuchung, in: Controlling 6. Jg. (1994) H. 5, S. 272 - 280.

ROSS, S. A.: (Agency)
The Economic Theory of Agency: The Principal's Problem, in: American Economic Review o. Jg. (1973) H. 62, S. 134 - 139.

ROVENTA, P.: (Portfolio-Analyse)
Portfolio-Analyse und strategisches Management. Ein Konzept zur strategischen Chancen- und Risikohandhabung, München 1979.

SAP: (EIS 1)
EIS 1 - Führungsinformationssystem - Präsentation, AC 615, Walldorf 1996.

SAP: (EC-EIS)
Produktbeschreibung EC-EIS: Funktionen im Detail - EC-EIS - System R/3 - Unternehmenscontrolling - Führungsinformationssysteme, Walldorf 1997.

SAP:(R/3)
System (R/3) - Mehr als eine Software - Eine strategische Lösung, Walldorf 1997.

SAP: (Business Information Warehouse)
Business Information Warehouse - Technologie, Walldorf 1997.

SAP: (Management Cockpit)
Update aus der EC Entwicklung: Management Cockpit, EC-Partnerworkshop 03. - 05. Februar 1998, Walldorf 1998.

SCHANZ,G.: (Methodologie)
Methodologie für Betriebswirte, 2. Aufl., Stuttgart 1988.

SCHEER, A. W.: (EDV-orientierte Betriebswirtschaftslehre)
EDV-orientierte Betriebswirtschaftslehre - Grundlagen für ein effizientes Informa-tionsmanagement, 4. Aufl., Berlin - Heidelberg - New York - Tokio 1990.

SCHEER, A. W.: (Wirtschaftsinformatik)
Wirtschaftsinformatik, Referenzmodelle für industrielle Geschäftsprozesse, 5. Aufl., Berlin - Heidelberg - New York - Tokio 1994.

SCHEER, A. W.: (Data Warehouse)
Data Warehouse und Data Mining: Konzepte der Entscheidungsunterstützung, in: Information Management o. Jg. (1996) H. 1, S. 74 - 75.

SCHEFFLER, E.: (Konzernleitung)
Konzernleitung aus betriebswirtschaftlicher Sicht, in: DB 38. Jg. (1985) H. 39,
S. 2005 - 2011.

SCHEFFLER, E.: (Konzernmanagement)
Konzernmanagement - Betriebswirtschaftliche und rechtliche Grundlagen der
Konzernführungspraxis, München 1992.

SCHEFFLER, E.: (konzernleitende Holding)
Die konzernleitende Holding im faktischen Konzern, in: SCHULTE, C. (Hrsg.):
Holding-Strategien: Erfolgspotentiale realisieren durch Beherrschung von
Größe und Komplexität, Wiesbaden 1992, S. 245 - 263.

SCHIEMENZ, B. / SCHÖNERT, O.: (Anforderungen)
Anforderungen an Informations- und Kommunikationssysteme im internationalen
Unternehmensverbund, in: MACHARZINA, K. / OESTERLE, M.-J. (Hrsg.):
Handbuch Internationales Management - Grundlagen - Instrumente - Perspektiven,
Wiesbaden 1997, S. 923 - 949.

SCHILDBACH, Th.: (Konzernabschluß)
Der handelsrechtliche Konzernabschluß, 3. Aufl., München - Wien 1994.

SCHMALENBACH (Privatwirtschaftslehre)
Die Privatwirtschaftslehre als Kunstlehre, in: ZfhF 6. Jg. (1911/12) o. Nr.,
S. 303- 325.

SCHMIDHÄUSLER, F. J.: (EIS)
EIS - Executive Information Systems - Zur Computerunterstützung des Top-
managements, in: ZfO 59. Jg. (1990) H. 2, S. 118 - 127.

SCHMIDHÄUSLER, F. J.: (MIS)
Das MIS ist tot, es lebe das EIS - Management mit Computer-Touch, in:
Controlling 2. Jg. (1990) H. 3, S. 156 - 158.

SCHMIDHÄUSLER, F. J.: (Exception Reporting)
Exception Reporting im Executive Information System „Lotse am Bildschirm", in:
Controller Magazin 15. Jg. (1990) H. 4, S. 153 - 158.

SCHMIDT, A.: (Controlling)
Das Controlling als Instrument zur Koordination der Unternehmensführung, Frankfurt a.M. u.a. 1986.

SCHMIDT, M.: (Anpassungsfähigkeit)
Anpassungsfähigkeit als Systemziel von Unternehmungen. Entwicklung eines normativen Konzepts, Spardorf 1987.

SCHMIDT, R.: (Controlling)
Controlling-Grundauffassungen, in: krp o. Jg. (1991) H. 2, S. 108 - 109.

SCHNEEWEIß, Chr.: (Produktionswirtschaft)
Einführung in die Produktionswirtschaft, 5. Aufl., Berlin u.a. 1993.

SCHNEIDER, U. H.: (Management-Holding)
Anmerkungen zum Beitrag von Rolf Bühner: „Management-Holding", in: DBW 47. Jg. (1987) H. 2, S. 236 - 239.

SCHNEIDER, U. H.: (Informationsrecht)
Das Informationsrecht des Aufsichtsratsmitglieds einer Holding AG, in: FORSTER, K.-H. / GRUNEWALD, B. / LUTTER, M. /SEMLER, J. (Hrsg.): Aktien- und Bilanzrecht - Festschrift für Rechtsanwalt Prof. Dr. Bruno Kropff, Düsseldorf 1997, S. 272 - 285.

SCHNEIDER, U.: (Informationsmanagement)
Kulturbewußtes Informationsmanagement. Ein organisationstheoretischer Gestaltungsrahmen für die Infrastruktur betrieblicher Informationsprozesse, München - Wien 1990.

SCHNEIDER, W.: (Anforderungen)
Ergonomische Anforderungen für Bürotätigkeiten mit Bildschirmgeräten - Grundsätze der Dialoggestaltung - Kommentar zu DIN EN ISO 9241 - 10, Berlin - Wien - Zürich 1998.

SCHREYÖGG, G.: (Managementprozeß)
Managementprozeß - neu gesehen, in: STAEHLE, W. H. / SYDOW, J. (Hrsg.): Managementforschung, Band 1, Berlin - New York 1991.

SCHREYÖGG, G. / STEINMANN, H.: (Strategische Kontrolle)
Strategische Kontrolle, in: ZfbF 37. Jg. (1985) H. 5, S. 391 - 410.

SCHULTE, C.: (Holding)
Die Holding als Instrument zur strategischen und strukturellen Neuausrichtung von Konzernen, in: SCHULTE, C. (Hrsg.): Holding-Strategien: Erfolgspotentiale realisieren durch Beherrschung von Größe und Komplexität, Wiesbaden 1992, S. 17 - 58.

SCHULTZ, V.: (Projektkostenschätzung)
Projektkostenschätzung - Kostenermittlung in frühen Phasen von technischen Auftragsprojekten, Wiesbaden 1995 - zugl.: Diss., Technische Universität Darmstadt 1995.

SEIBERT, U.: (Stock Options)
Stock Options für Führungskräfte - zur Regelung im Kontrolle- und Transparenzgesetz (KonTraG), in: PELLENS, B. (Hrsg.): Unternehmenswertorientierte Entlohnungssysteme, Stuttgart 1998, S. 29 - 52.

SEITZ, J. G. / SEIDL, J.: (FIS)
Erfahrungen mit einem FIS bei der Deutschen Lufthansa, in: BEHME, W. / SCHIMMELPFENG, K. (Hrsg.): Führungsinformationssysteme - Neue Entwicklungstendenzen im EDV-gestützten Berichtswesen, Wiesbaden 1993, S. 133 - 143.

SENDELBACH, J.: (Informations-Bedarfs-Analyse)
Die Informations-Bedarfs-Analyse (IBA) zur Text- und Informationsverarbeitung - Ein aktuelles Instrument komplexer Reorganisationen, in: ZfO 31. Jg. (1983) H. 6, S. 524 - 526.

SERFLING, K.: (Controlling)
Controlling, 2. Aufl., Stuttgart - Berlin - Köln 1992.

SHANNON, C. E. /WEAVER, W.: (Communication)
The Mathematical Theory of Communication, Urbana 1949.

SHNEIDERMAN (Interface)
Designing the User Interface: Strategies for Effective Human-Computer Inter-
action, Addisson-Wesly 1987.

SIEGWART, H.: (Controlling)
Worin unterscheiden sich amerikanisches und deutsches Controlling?, in: Manage-
ment-Zeitschrift IO 51. Jg. (1982) H. 2, S. 97 - 101.

SIEGWART, H.: (Controlling-Konzepte)
Controlling-Konzepte und Controlling-Funktionen in der Schweiz, in: MAYER, E.
/ LANDSBERG, G. v. / THIEDE, W. (Hrsg.): Controlling-Konzepte im inter-
nationalen Vergleich, Freiburg i. Br. 1986, S. 105 - 131.

SIEGWART, H.: (Kennzahlen)
Kennzahlen für die Unternehmensführung, 4. Aufl., Bern, Stuttgart, Wien 1992.

SIMON, H. A.: (Choice)
A Behavioral Model of Rational Choice, in: The Quarterly Journal of Economics
69. Jg. (1955) o. Nr., S. 99 - 118.

SIMON, H. A.: (Behavior)
Administrative Behavior. A study of Decision-Making Processes in Organization,
2. Aufl., New York 1957.

SIMON, H. A.: (Models)
Models of Man - Social and Rational, Mathematical Essays on Rational Human
Behavior in a Social Setting, New York - London - Sydney 1957.

SJURTS, I.: (Controlling)
Kontrolle, Controlling und Unternehmensführung - Theoretische Grundlagen und
Problemlösungen für das operative und strategische Management, Wiesbaden
1995.

SNOWBERGER, V.: (Incentive model)
The new Soviet incentive model: comment, in: Bell Journal of Economics, o. Jg.
(1977) H. 8, S. 591 - 600.

SOKOLOWSKY, P.: (Führungsinformationssysteme)
Führungsinformationssysteme - Anforderungen und Realisierungsmöglichkeiten,
Schriftenreihe des Instituts für angewandte Informatik an der European Business
School e.V., Oestrich-Winkel 1994.

SPIEGEL, J. v.: (Informationsbedarfsanalyse)
    Methoden der Informationsbedarfsanalyse - Beschreibung einer Vorgehensweise
    zur Bestimmung des Bedarfs an externen Informationen im Management, Bericht
    A - 91/1 des Instituts für Landwirtschaftliche Betriebslehre der Rheinischen
    Friedrich-Wilhelms-Universität zu Bonn, Bonn 1991.

SPIEGEL, J. v.: (Managementinformationssystem)
    Konzeption eines Managementinformationssystems zur Bereitstellung unterneh-
    mensexterner Informationen am Beispiel der deutschen Molkereiwirtschaft, Aachen
    1994 - zugl.: Diss., Universität Bonn 1993.

SPREMANN, K.: (Agent)
    Agent and Principal, in: BAMBERG, G. / SPREMANN, K. (Hrsg.): Agency
    Theory, Information and Incentives, Berlin u.a. 1987, S. 3 - 37.

SPRENGEL, F.: (Informationsbedarf)
    Informationsbedarf strategischer Entscheidungshilfen, Frankfurt a.M. 1984.

STAEHLE, W. H.: (Kennzahlen)
    Kennzahlen und Kennzahlensysteme als Mittel der Organisation und Führung, Wies-
    baden 1969.

STAEHLE, W. H.: (Management)
    Management - Eine verhaltenswissenschaftliche Perspektive, 6. Aufl., München
    1991.

STÄHLIN, W.: (Forschung)
    Theoretische und technologische Forschung in der Betriebswirtschaftslehre, Stutt-
    gart 1973.

STAHLKNECHT, P.: (Management-Informationssysteme)
    Management-Informationssysteme, in: MERTENS, P (Hrsg.): Lexikon der Wirt-
    schaftsinformatik, 2, Aufl., Berlin 1990, S. 265 - 267.

STAUDT, E. / GROETERS, U. / HAFKESBRINK, J. / TREICHEL, H.-R.: (Kennzahlen)
    Kennzahlen und Kennzahlensysteme, Berlin 1985.

STEWART, G. B.: (EVA)
    The quest for value: The EVA management guide, New York 1991.

SPRENGEL, F.: (Informationsbedarf)
    Informationsbedarf strategischer Entscheidungshilfen, Thun - Frankfurt a.M. 1984.

STEINBUCH, K.: (Maßlos informiert)
    Maßlos informiert, München - Berlin 1978.

STEINMANN, H. / KUMAR, B. / WASNER, A.: (Internationalisierung)
    Internationalisierung von Mittelbetrieben, eine empirische Untersuchung in Mittel-
    franken, in: GUTENBERG, E. (Hrsg.): Schriftenreihe der Zeitschrift für Betriebs-
    wirtschaft, Nürnberg 1977.

STEINMANN, H. / SCHREYÖGG, G.: (Management)
Management. Grundlagen der Unternehmensführung. Konzepte, Funktionen, Fall-
studien, 3. Aufl., Wiesbaden 1993.

STEINMANN, H. / SCHREYÖGG, G.: (Umsetzung)
Zur organisatorischen Umsetzung der Strategischen Kontrolle, in: ZfbF 38. Jg.
(1986) H. 9, S. 747 - 765.

STEINMANN, H. / WALTER, M.: (Managementprozeß)
Managementprozeß, in: WiSt 20. Jg. (1990) H. 7, S. 340 - 345.

STRUCKMEIER, H.: (Führungsinformationssystem)
Gestaltung von Führungsinformationssystemen - Betriebswirtschaftliche Konzeption und Softwareanforderungen, Wiesbaden 1997 - zugl. Diss. Universität Göttingen 1996.

SZYPERSKI, N.: (Informationsbedarf)
Stichwort Informationsbedarf, in: GROCHLA, E. (Hrsg.): HWO, 2. Aufl., Stuttgart 1980, Sp. 904 - 913.

SZYPERSKI, N.: (Betriebswirtschaftslehre)
Zur wissenschaftsprogrammatischen und forschungsstrategischen Orientierung der
Betriebswirtschaftslehre, in: ZfbF 23. Jg. (1971) o. Nr., S. 261 - 282.

SZYPERSKI, N. / WINAND, U.: (Portfolio-Management)
Portfolio-Management. Konzeption und Instrumentarium, in: ZfbF 30. Jg. (1978)
o. Nr., S. 121 - 130.

SZYPERSKI, N. / WINAND, U.: (Bewertung)
Zur Bewertung von Planungstechniken im Rahmen einer betriebswirtschaftlichen
Unternehmungsplanung, in: PFOHL, H.-Chr. / RÜRUP, B. (Hrsg.): Anwendungs-
probleme moderner Entscheidungstechniken, Königstein (Taunus) 1979,
S. 195 - 218.

TEICHMANN, H.: (Informationen)
Zum Wert und Preis von Informationen, in: ZfB 43. Jg. (1973) H. 5, S. 373 - 390.

TEICHMANN, H.: (Informationsbewertung)
Stichwort Informationsbewertung, in: GROCHLA, E. / WITTMANN, W. (Hrsg.):
HWB, Teilband 2, 4. Aufl., Stuttgart 1975, Sp. 1894 - 1900.

THEISEN, M. R.: (Konzern)
Der Konzern. Betriebswirtschaftliche und rechtliche Grundlagen der Konzern-
unternehmung, Stuttgart 1991.

THEOPOLD, K.: (Operative Holding)
Operative Holding, in: HOFFMANN, F. (Hrsg.): Konzernhandbuch, Wiesbaden
1993, S. 165 - 233.

TIEMEYER, E. / ZSIFKOVITS, H.: (Information)
    Information als Führungsmittel: Executive Information Systems - Konzeption, Tech-
    nologie, Produkte, Einführung, München 1995.

TÖPFER, A.: (Umwelt- und Benutzerfreundlichkeit)
    Umwelt- und Benutzerfreundlichkeit von Produkten als strategische Unterneh-
    mensziele, in: Marketing - Zeitschrift für Forschung und Praxis 7. Jg. (1985)
    H. 4, S. 241 - 251.

ULRICH, H.: (Unternehmung)
    Die Unternehmung als produktives soziales System, 2. Aufl., Bern 1970.

ULRICH, H.: (Betriebswirtschaftslehre)
    Von der Betriebswirtschaftslehre zur systemorientierten Managementlehre, in: WUN-
    DERER, R. (Hrsg.): Betriebswirtschaftslehre als Management- und Führungs-
    lehre, Stuttgart 1995, S. 161 - 178.

ULRICH, H. / KRIEG, W. / MALIK, F.: (Betriebswirtschaftslehre)
    Zum Praxisbezug einer systemorientierten Betriebswirtschaftslehre, in: UL-
    RICH, H. (Hrsg.): Zum Praxisbezug der Betriebswirtschaftslehre, Bern 1976,
    S. 135 - 151.

ULRICH, P. / FLURI, E.: (Management)
    Management: Eine konzentrierte Einführung, 6. Aufl., Bern - Stuttgart 1992.

UNZEITIG, E.: (Shareholder-Value)
    Shareholder-Value-Analyse: Entscheidung zur unternehmerischen Nachhaltigkeit;
    wie Sie die Schlagkraft Ihres Unternehmens steigern, Stuttgart 1995.

URBANEK, W.: (Software-Ergonomie)
    Software-Ergonomie und benutzerangemessene Auswahl von Werkzeugen bei der
    Dialoggestaltung, Berlin 1991.

VAN DE VLIET, A.: (Balancing Act)
    The new balancing Act, in: Management Today o. Jg. (1997) H. 4, S. 78 - 80.

VETSCHERA, R.: (Informationssysteme)
    Informationssysteme der Unternehmensführung, Berlin u.a. 1995.

VITALE, M. / MAVRINAC, S. C. / HAUSER, M.: (Financial Scorecard)
    New Process / Financial Scorecard: A Strategic Performance Measurement
    System, in: Planning Review 2. Jg. (1994) H. 4, S. 12 - 17.

VOGEL, C. / WAGNER, H.-P.: (Executive Information Systems)
    Executive Information Systems - Ergebnisse einer empirischen Untersuchung zur
    organisatorischen Gestaltung, in: ZfO 52. Jg. (1993) H. 1, S. 26 - 33.

WACKER, W. H.: (Informationstheorie)
Betriebswirtschaftliche Informationstheorie, Opladen 1971.

WAGNER, H.-P. / VOGEL, C.: (Executive Information Systems)
Executive Information Systems - EDV-Unterstützung im Controlling, in: Controlling 6. Jg. (1994) H. 4, S. 228 - 235.

WALL, F.: (Informationssysteme)
Organisation und betriebliche Informationssysteme, Wiesbaden 1996.

WEBER, J.: (Informationsübermittlung)
Stichwort Informationsübermittlung, in: HORVÁTH, P. / REICHMANN, Th. (Hrsg.): Vahlens großes Controllinglexikon, München 1993, S. 296.

WEBER, J.: (Controlling)
Einführung in das Controlling, 4. Auflage, Stuttgart 1993.

WEBER, J.: (Macht der Zahlen)
Macht der Zahlen, in: managermagazin Dezember 1998, S. 184 - 187.

WEBER, J. / SCHÄFFER, U.: (Balanced Scorecard I)
Balanced Scorecard - Gedanken zur Einordnung in das bisherige Controlling-Instrumentarium, in ZP 9. Jg. (1998), Nr. 3, S. 341 - 365.

WEBER, J. / SCHÄFFER, U.: (Balanced Scorecard II)
Balanced Scorecard, Vallendar 1998.

WEITZMAN, M. L.: (Incentive Model)
The New Soviet Incentive Model, in: Bell Journal of Economics o. Jg. (1976) H. 7, S. 251 - 257.

WELGE, M. K.: (Internationales Management)
Internationales Management, Landsberg/Lech 1998.

WELGE, M. K. / AL-LAHAM, A.: (Planung)
Planung, Wiesbaden 1992.

WERDICH, H.: (Finanzholding)
Finanzholding, in: HOFFMANN, F. (Hrsg.): Konzernhandbuch, Wiesbaden 1993, S. 305 - 345.

WERNER, L.: (Entscheidungsunterstützungssysteme)
Entscheidungsunterstützungssysteme - Ein problem- und benutzerorientiertes Management-Instrument, in: o.V. (Hrsg.): Schriftenreihe Handeln und Entscheiden in komplexen ökonomischen Situationen, Band 5, Heidelberg 1992 - zugl. Diss. Universität Heidelberg 1992.

WERSIG, G.: (Information)
Information - Kommunikation - Dokumentation. Ein Beitrag zur Orientierung der Informations- und Dokumentationswissenschaften, München - Berlin 1971.

WHEATON, R. G.: (Ertrag)
„Ertrag aus investiertem Kapital" als betriebspolitisches Lenkungsmittel, in: ZfbF 30. Jg. (1960) o. Nr., S. 148 - 152.

WILD, J.: (Organisationslehre)
Grundlagen und Probleme der betriebswirtschaftlichen Organisationslehre, Berlin 1966.

WILD, J.: (Organisationsforschung)
Neuere Organisationsforschung in betriebswirtschaftlicher Sicht, Berlin 1967.

WILD, J.: (Unternehmungsplanung)
Grundlagen der Unternehmungsplanung, Reinbek bei Hamburg 1974.

WILD, J.: (Methodenprobleme)
Methodenprobleme in der Betriebswirtschaftslehre, in: GROCHLA, E. / WITTMANN, W. (Hrsg.): HWB, Teilband 2, 4. Aufl., Stuttgart 1975, Sp. 2654 - 2677.

WILD, J.: (Nutzenbewertung)
Zur Problematik der Nutzenbewertung von Informationen, ZfB 41. Jg. (1971) H. 5, S. 315 - 334.

WILD, J.: (Organisation)
Organisation und Hierarchie, in: ZfO 42. Jg. (1973) o. Nr., S. 45 - 54.

WILD, J.: (Unternehmensplanung)
Grundlagen der Unternehmensplanung, 4. Aufl., Opladen 1982.

WITTE, E.: (Informationsverhalten)
Das Informationsverhalten in Entscheidungsprozessen, in: WITTE, E. (Hrsg.): Das Informationsverhalten in Entscheidungs-Prozessen, Tübingen 1972, S. 1 - 88.

WITTE, E. / KALLMANN, A. / SACHS, G.: (Führungskräfte)
Führungskräfte der Wirtschaft, Stuttgart 1981.

WITTMANN, W.: (Unternehmung)
Unternehmung und unvollkommene Information - Unternehmerische Voraussicht - Ungewißheit und Planung, Köln 1959.

WITTMANN, W.: (Information)
Stichwort Information, in: GROCHLA, E. (Hrsg.): HWO, 2. Aufl., Stuttgart 1980, Sp. 894 - 904.

WÖHE, G.: (Betriebswirtschaftslehre)
Einführung in die Allgemeine Betriebswirtschaftslehre, 17. Aufl., München 1990.

WTO: (Trade)
International Trade. Trends and Statistics, Genf 1997.

WURL, H.-J.: (Liquiditätskontrolle)
Betriebliche Liquiditätskontrolle als Informationssystem, Göttingen 1990.

WURL, H.-J.: (Leistungsrechnungen)
Originäre Leistungsrechnungen für das internationale Management, in: SCHIE-MENZ, B. / WURL, H.-J. (Hrsg.): Internationales Management: Beiträge zur Zusammenarbeit, Wiesbaden 1994, S. 179 - 205.

WURL, H.-J. / MAYER, J. H.: (Führungsinformationssysteme)
Ansätze zur Gestaltung effizienter Führungsinformationssysteme für die internationale Management-Holding - Ergebnisse einer empirischen Untersuchung, in: Controlling 11. Jg. (1999) H. 1, S. 13 - 21.

WURL, H.-J. / MAYER, J. H.: (Erfolgsfaktoren-basierte Balanced Scorecard)
Gestaltungskonzept für Erfolgsfaktoren-basierte Balanced Scorecards, in: ZP 11. Jg. (2000) Nr. 1 (in Vorbereitung).

ZAHN, E.: (Informationsangebot)
Stichwort Informationsangebot, in: DICHTL, E. / ISSING, O. (Hrsg.): Vahlens Großes Wirtschaftslexikon, Band 1, 2. Aufl., München 1993, S. 965.

ZAHN, E.: (Informationsaufbereitung)
Stichwort Informationsaufbereitung, in: DICHTL, E. / ISSING, O. (Hrsg.): Vahlens Großes Wirtschaftslexikon, Band 1, 2. Aufl., München 1993, S. 965 - 966.

ZAHN, E.: (Informationsverarbeitung)
Stichwort Informationsverarbeitung, in: DICHTL, E. / ISSING, O. (Hrsg.): Vahlens Großes Wirtschaftslexikon, Band 1, 2. Aufl., München 1993, S. 979 - 980.

ZAHN, E.: (Informationswesen)
Stichwort Informationswesen, in: DICHTL, E. / ISSING, O. (Hrsg.): Vahlens Großes Wirtschaftslexikon, Band 1, 2. Aufl., München 1993, S. 982 - 983.

ZANGEMEISTER, C.: (Nutzwertanalyse)
Nutzwertanalyse in der Systemtechnik, München 1976.

ZEILE, C.: (Führungsinformationssysteme)
Klassifikation von Führungsinformationssystemen und Test nach betriebswirtschaftlichen Kriterien, Marburg 1996.

ZELAZNY, G.: (Wirtschaftsdaten)
Wie aus Zahlen Bilder werden: Wirtschaftsdaten überzeugend präsentiert, aus dem Amerikanischen übersetzt von DELKER, C., Wiesbaden 1996.

ZIEGENBEIN, K.: (Controlling)
Controlling, 6. Aufl., Ludwigshafen (Rhein) 1998.

ZILAHI-SZABÓ, M. G.: (Wirtschaftsinformatik)
Lehrbuch Wirtschaftsinformatik, München - Wien 1998.

ZIMMERER, K.: (Versicherungsaufsichtsrecht)
Die Ausgliederung von Betriebsteilen im Versicherungsaufsichtsrecht, Diss., Universität Köln 1989.

ZVEI: (ZVEI-Kennzahlensystem)
     ZVEI-Kennzahlensystem. Ein Instrument zur Unternehmenssteuerung, 4. Aufl.,
     Frankfurt a.M. 1989.

ZÜND, A.: (Kontrolle)
     Kontrolle und Revision in der multinationalen Unternehmung, Bern - Stuttgart
     1973.